《三明学院校史（1903—2023年）》编委会

主　任： 赖锦隆　张君诚

常务副主任： 廖景榕

副主任： 李莉星　吴　龙　谢松明　林建伟　游龙桂

委　员（按姓氏笔画排序）：

方斯实　占江平　朱　悦　李　鸿　李生专

吴祥发　余达忠　宋孝金　张克明　张衍辉

陈　皓　陈荣辉　范钦龙　林　静　林志兴

钟　艳　夏志勇　黄建总　龚榕容　康志亮

曾　强　靳阳春　赖祥亮　魏丽娟

1903-2023
三明学院 | 120周年校庆
THE 120TH ANNIVERSARY OF SANMING UNIVERSITY

三明学院校史

（1903—2023年）

宋孝金　余达忠　主编

厦门大学出版社　国家一级出版社
XIAMEN UNIVERSITY PRESS　全国百佳图书出版单位

图书在版编目（CIP）数据

三明学院校史：1903—2023年 / 宋孝金，余达忠主
编. -- 厦门：厦门大学出版社，2023.11
ISBN 978-7-5615-9161-1

Ⅰ．①三… Ⅱ．①宋… ②余… Ⅲ．①三明学院-校
史-1903－2023 Ⅳ．①G649.285.73

中国版本图书馆CIP数据核字(2023)第207481号

出 版 人　郑文礼
责任编辑　睦　蔚
责任校对　姚曼琳
美术编辑　李嘉彬
技术编辑　许克华

出版发行　厦门大学出版社
社　　址　厦门市软件园二期望海路39号
邮政编码　361008
总　　机　0592-2181111　0592-2181406(传真)
营销中心　0592-2184458　0592-2181365
网　　址　http://www.xmupress.com
邮　　箱　xmup@xmupress.com
印　　刷　厦门集大印刷有限公司

开本　787 mm×1 092 mm　1/16
印张　28.75
插页　13
字数　740 千字
版次　2023 年 11 月第 1 版
印次　2023 年 11 月第 1 次印刷
定价　100.00 元

本书如有印装质量问题请直接寄承印厂调换

厦门大学出版社
微信二维码

厦门大学出版社
微博二维码

全闽师范学堂创办人陈宝琛像①

陈宝琛为全闽师范学堂题写训联,此联系其75岁时所题②,原题"化民成俗,其必由学;温故知新,可以为师"

福州乌石山福建师范学校

---

①　浙江省图书馆历代名人图像数据库。

②　张森林.陈宝琛书法艺术研究与实践[D].保定:河北大学,2019.

福建省立师范学校校门

福建省立师范学校校门（内景）

陈仪题词"齐一师资训练，发扬民族精神"

1941年福建省立师范学校毕业证书

1943年福建省立永安师范学校毕业证书

福建省立师范学校校标　　　福建省立师范学校校徽　　　省立永安师范学校校徽

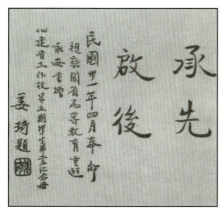

1942年4月，福建省立师范首任校长姜琦
视察永安时书赠毕业生纪念册

1938年，闽师内迁永安后，学生建于大湖的
抗战建国阵亡将士纪念碑

1951年福建省立永安师范学校毕业证书

1952年福建省永安师范学校毕业证书

1950年7月13日，福建省立永安师范学校庆祝接管开校摄影纪念

三明师范学校校园全景（狮子坑）

三明师范学校校门

1994 年夏,三明师范学校校领导与参加全国中师
健美操比赛获团体冠军的教练、队员合影

1993 年 12 月,三明师范学校举办建校 90 周年庆祝大会

三明师范专科学校教学楼（狮子坑）　　　　三明师范高等专科学校校门（荆东）

三明师范高等专科学校校园全景

三明师范高等专科学校学生在田径场上体育课

三明职业大学老校门（三元区沙洲路）　　　　三明职业大学校门（三元区荆东路）

1994年1月9日，中共三明职业大学第一次党员大会全体代表合影

三明职业大学校园全景

2000 年 10 月 15 日,召开三明高等专科学校成立大会

发展高等教育
造福三明人民

张廷发题

2000 年 11 月 7 日,张廷发老将军
来校视察,为学校题词"发展
高等教育,造福三明人民"

2001 年 9 月 7 日,中国科学院院士赵玉芬、王乃彦、林惠民和
中国工程院院士郭孔辉、王任享等组成赴明闽籍院士团莅校
考察指导,受聘为三明高等专科学校客座教授

2003 年 12 月 26 日,三明学院(筹)召开纪念三明师范建校 100 周年大会

2004 年 6 月 28 日,举行三明学院成立揭牌仪式

2005 年 7 月 4—5 日,三明学院召开首届教职工代表大会暨工会会员代表大会

2007 年 6 月 28 日,三明学院举行首届本科生毕业典礼暨学士学位授予仪式

2007 年 11 月，全国新建综合性本科院校第七次工作研讨会在三明学院召开

2009 年，召开中国共产党三明学院第一次代表大会

2012 年 6 月 6 日，三明学院本科教学工作合格评估汇报会

2014 年 6 月 20 日，两岸连线举行闽台合作项目 2011 级学生在台学习结业典礼

2014 年 6 月 28 日，举行三明学院"十年本科、百年办学"庆典

2014 年 6 月 28 日，三明学院董事会成立大会

2016 年 7 月 2 日,三明学院校友会成立暨第一届会员代表大会

2018 年 11 月 27 日,三明学院本科教学工作审核评估专家见面会

2019 年 5 月 10 日,举行"百年闽师 传承发展——纪念福建省立
师范学校迁址永安暨推进新时代师范教育研讨会"

2019 年 11 月 27 日,在三明市委礼堂召开三明学院产教融合联席会议,
签订《三明市人民政府 三明学院推进产教融合发展合作协议》

2020 年 9 月 28 日,三明学院与三钢集团公司产学研合作项目签约仪式

2023 年 4 月 6 日,院长王乾廷(右)代表学校与厦门大学签订对口支援协议

2022 年 10 月 5 日，党委书记赖锦隆为新生上开学第一课

2023 年 11 月 3 日，张君诚院长为校运会获奖学生颁奖

三明学院 2023 届毕业典礼暨学位授予仪式

三明学院领导班子成员（2005 年 4 月摄）

三明学院领导班子成员（2008 年 11 月摄）

三明学院领导班子成员（2014 年 5 月摄）

三明学院领导班子成员（2021 年 3 月摄）

三明学院领导班子成员（2023 年 9 月摄）

三明学院领导班子成员（2023 年 10 月摄）

三明学院校园鸟瞰

三明学院逸夫图书馆

三明学院科技楼行知天桥

三明学院博学佳园

三明学院南区田径场

三明学院艺术楼

三明学院工科大楼

三明学院体育馆（效果图）

三明学院校园总平面图（荆东）

全国精神文明建设工作

先进单位

中央精神文明建设指导委员会办公室
2009年1月

授予 三明学院

第一届(2015-2017年度)

文明校园

中共福建省委
福建省人民政府
二○一八年七月

全国绿化

模范单位

全国绿化委员会
二○○八年四月

全国五四红旗团委

共青团中央
二○一一年五月

模范职工之家

中华全国总工会
二○一三年八月

2018年度

全国创新创业典型经验高校

中华人民共和国教育部
二○一八年十月

众创空间

中华人民共和国科学技术部

全国民族团结进步

示范学校

中华人民共和国
国家民族事务委员会
二○二一年十二月

起　　航

（三明学院校歌）

宋孝金　词
赖登明　曲

1=F 4/4

♩=112 坚定、豪迈、富有朝气地

（5·5 ‖: i — — 7·5 | 6 — — 2·5 | 7 — — 6·2 | 5 — — 6 |

4· 32567 | 1 5·55 5）| 3· 321 | 7·7635 0 | 6·7162 5 |

万　寿岩高，沙溪河　长，　闽师源头活　水
菁　菁校园，桃李芬　芳，　莘莘学子志在

5 3· 3 — | 66 65 4 | 3·3262 — | 7·1234 2 | 65· 5 | 5·5 |

流　淌。　　　年轻的我们扬起风　帆，　让青春闪耀光　芒。　我们
四　方。　　　美好的前程我们开　创，　让事业更加辉　煌。　我们

3·3

i· i76 | 5·360 6·1 | 2 3 4 2 | 6·5305 5 | i· i76 |

站　在新的起点上，面向世界怀抱理想，明德明理明志
站　在新的起点上，面向未来充满希望，为了民族的腾飞

4· 43 1 | 7·620 6·1 | 2 i 7 5 | 1·230 3·3 | 4· 43 1 |

5·360 6·1 | 22 34 5 | 3·21 —（5·5 :‖ 3·21 — 5·5 | i i i76 |

图　强，搏击时代的风浪风　浪。　　　挑　战，为了民族的腾飞
富　强，迎接明天的挑　战。　　　　挑　战，为了民族的腾飞

70 0 0 0 1 | 00 17 5 | 6 7 1 — 0 :‖ 6 7 1 — 2 2 | 4 4 4 2 1 |

5·360 6·1 | 22 34 5 | 7 — — 5 | i — — 0 ‖

富　强，迎接明天的挑战挑　　　战。

7·620 6·1 | 22 17 2 | 5 — — 4 | 3 — — 0 ‖

20

三明学院赋

晚清大儒陳寶琛發庵先生創合閩師
範學堂是為三明學院莆身迄今百二十年
矣時程岳易歲月滄桑昔日閩師由榕北遷
永安復遷三明校名屢更校址屢遷
範高等專科學校三明職業大學等兼合為
一送成應用型本科庠序三明學院雄公元
二零一三年暨正癸卯歲三明學院百廿載初度

承命作賦用發祝善其辭曰
聖仲尼之興學兮吾庠
踔越百年兮育才亦何延前聖鴻司教化
兮依哲紛紛揚鞭樹人終身之計兮軌教輕化
以忽焉普聞全閩學兮發庵創始育規化
民成俗必由學兮溫故知新可為師儒先喆
訓在耳兮立德古承若斷繼耀時艱岳變兮
吾道念茲在茲曾自閩都邊燕城兮起山水
以擎文誕揚國魂而弘正聲兮續弦歌而奮

高情昂昂閩師多士兮其培國之干城宛若
暖風臨寒夜兮閩山花木葆其亭亭家國微
乎斯人兮吾將誰與其鳴韋奕艷陽東起兮
乾光普照諸華姿色山川頫滋兮斯文頫蒸
瑞藹大好光陰奔迫兮義和為御龍車騁望
閩師氣銳兮日新又新直如瑤圃七琪范審
岳隆行教化兮樣科承運崛
起兮蘭芝掩翠茵佳名更曰學院兮學院在
三明閩水之源沛此地丘山奇峻兮頫見風神首
彦傑人院璧擎弄訓兮訓言三明理啟遠
言明德立本兮致用經岳益民復言明志微遠
智兮敦用經月以摘星辰
遇遠來真壯偉堂堂以攬
學子莘莘韶茂兮先生攀樹門牆有教端能
無類兮桃李沁芬若唯祝我學院兮千秋
聖軌煥群光兮耀八閩及華夏兮增增丹暉
朕上庠再歷百年復百載兮閩師之光璀璨
永無疆

七七級校友張善文撰稿
校書法研究所連長生書丹
三明學院謹立石

【简注】

①庠:学校。《孟子·梁惠王上》:"谨庠序之教,申之以孝弟之义。"

②延延:众多、延续貌。韩愈《曹成王碑》:"延延百载,以有成王。"

③前圣鸿司教化:朱熹《斋居感兴》:"圣人司教化,黉序育群才。"

④树人终身之计:《管子·权修》:"一年之计,莫如树谷;十年之计,莫如树木;终身之计,莫如树人。"

⑤化民成俗必由学兮,温故知新可为师:光绪二十九年(1903)陈宝琛创全闽师范学堂,撰联为训:"化民成俗其必由学,温故知新可以为师。"此二语分别出自《礼记》及《论语》。《礼记·学记》:"君子如欲化民成俗,其必由学乎!"《论语·为政》:"子曰:温故而知新,可以为师矣。"

⑥羲和为御龙车:羲和,传说驭日之神。《离骚》:"吾令羲和弭节兮,望崦嵫而勿迫。"又《初学记》卷一引《淮南子》:"爰止羲和,爰息六螭,是谓悬车。"注:"日乘车驾以六龙,羲和御之。"

⑦镕钧:谓熔铸转化之功。唐李德裕《问泉途赋》:"万化转续,如在镕钧。"

⑧门墙:师门。《论语·子张》:"夫子之墙数仞,不得其门而入,不见宗庙之美,百官之富。得其门者或寡矣。"

朱子讲学雕像

序

党委书记　赖锦隆
院　　长　张君诚

2023 年 12 月 12 日,是三明学院 120 周年华诞。当此历史时刻,抚今追昔,不禁思绪万千,感慨良多。

近代以来,家国多舛。120 年前,正值中华民族积贫积弱的 20 世纪初叶,清末著名教育家陈宝琛创办了全闽师范学堂,开现代福建师范教育之先河。陈宝琛一生笃信教育救国,认为在时局多变、国家多难时刻,只有通过办学校、育人才,才能救国救民于水火。他在全闽师范学堂开学典礼上激情演讲"国家之盛衰强弱,全视国民之智愚贤否。……诸生今日来学师范,后来即为国家担当教育责任"。犹余音在耳,振聋发聩。全面抗战时期,内迁临时省会永安的福建省立师范学校在极其艰苦的条件下坚持办学,传承发扬了闽师精神。抗战后期,闽师在全省师范教育重新布局中走向地方化,从此扎根闽中大地,成为闽中、闽西北山区培养师范教师的摇篮。从福州乌石山走来,闽师长期作为福建师范教育的中坚力量,为八闽大地基础教育造就了一代代可用之材、栋梁之材。

新中国成立以后,在中国共产党的领导下,在社会主义建设和改革开放的征程中,历代创业者们薪火相续、攻坚克难,融进了为人民教育事业服务的历史洪流。从燕江之滨到三明新城,特别是在改革开放的新时期,三明师范学校迎来了发展历程的一个新辉煌,成为受国家教委表彰的全国 100 所中师之一,与从师范大专班独立发展的三明师范高等专科学校一起,为三明基础教育培养了大批合格师资,共同支撑起了三明教育的一片天空。

新旧世纪之交,党中央实施科教兴国跨世纪重大战略,高等教育大众化进程加快推进,师范教育体制加快调整。1999 年 9 月,三明师范高等专科学校、三明职业大学、三明师范学校以及三明市教师进修学院培训职能合并组建三明高等专科学校。2003 年,最后一届中师生毕业,第一批本科生入学,中等师范教育完成历史使命,三明学院历史翻开新的篇章,迄今走过了 20 年本科办学历程。

百廿沧桑,师源赓续;廿载本科,岁月峥嵘。作为一所主要以师范教育为基础发展起来的综合性本科高校,学校始终坚守和拓展师范教育传统优势,特别是进入新时代,学校认真贯彻中共中央、国务院《关于全面深化新时代教师队伍建设改革的意见》和教育部等五部门《教师教育振兴行动计划(2018—2022 年)》,大力实施"闽师之源"振兴工程,走出了一条从"以师为精"到"做优师范"的师范教育特色发展之路,在服务地方基础教育中作出了不可替代的贡献。今天的三明学院,已经把对师范教育的责任担当,融入对应用型本科教育的探索实践,融入对为党育人、为国育才大业的不倦追求。历届领导班子带领广大师生员工,艰苦奋斗,勇毅前行,创造了骄人的业绩,在百年师范教育厚重的底色上,描画出了一幅绚丽多彩的应用型本科办学新图景。

本科办学 20 年来,学校坚持党的教育方针,落实立德树人根本任务,着力夯实本科办学基础,面向地方经济社会发展,强本提质,改革创新,已发展成为一所以做强工科、做优师范、做特文科为导向,工学、管理学、艺术学、文学、理学、教育学、经济学、法学等多学科协调发展的综合性高校,建成以新时代教育理念为指导的应用型本科人才培养体系、科学研究体系和社会服务体系,成为福建省示范性应用型本科高校和福建省硕士学位授予培育立项建设高校,入选福建省一流应用型建设高校,谱写了以学科引领内涵提升、以创一流推动高质量发展的崭新篇章。

百廿育才,桃李芬芳。从 1903 年全闽师范学堂开学到 2003 年最后一届中师生毕业的整整 100 年间,学校共培养了 2 万多名师范生;从恢复高考后 1977 级师范大专班学生入学到三明师专、三明职业大学创建发展,为中学教育和各行各业输送了近 2 万名人才;从三明高等专科学校成立直至三明学院本科办学至今,又有 6 万名时代新人奔赴各条战线。办学 120 年,毕业生逾 10 万之众,校友遍及海内外,这是三明学院的无上荣光。

《三明学院校史(1903—2023 年)》的出版,是献给三明学院百廿华诞的一份大礼。它第一次完整梳理了学校办学历史,展示了 120 年特别是本科办学 20 年的发展成就,初步总结了各个时期师范教育、职业教育和应用型本科教育的历史经验,以历史叙事和图文并茂的方式,引领我们读懂学校发展的历史逻辑、文化内涵和大学精神,对于弘扬学校优良传统必将多有助益。

百廿历程,再续华章。在习近平新时代中国特色社会主义思想指引下,中国式现代化正展现壮阔宏伟的新图景。在教育部"对口支援西部地区高等学校计划"、福建省改革部分省属高校教学管理体制以及沪明合作等政策支持下,三明学院又迎来难得的历史机遇,正迈向高质量发展的新征程。我们对 120 年的办学历史充满自豪、充满自信,对学校未来更充满信心、充满激情。我们定当勠力同心,满怀豪情,以百廿庆典和学校史志的出版为契机,再写建设地方一流应用型大学的华彩新篇!

是为序。

2023 年 10 月

前　言

三明学院校史是一条源远流长的河。一踏进校史,我们的追溯便无法停歇。

1903 年 12 月 12 日,陈宝琛创办的全闽师范学堂开学,这是福建现代师范教育的肇端。之后,随着时代变迁,学校历经福州(乌石山)、永安(文庙、大湖、东坡)、三明(狮子坑)等多地校址迁移和 10 余次校名更易,在 20 世纪与 21 世纪之交,将百年源流汇入新时期合并重组的高等教育改革大潮,诞生了一所屹立于闽中山城的新型应用型地方高等学府——三明学院。

清末以来一个多世纪的时间里,我国师范教育体系处在不断的变革之中。从全闽师范学堂至三明学院百余年的办学历史,映射了我国教育不断发展壮大的历史进程,彰显了师范教育不断完善进步的发展轨迹,是福建师范教育史和地方应用型本科办学历史的一个缩影。从中我们看到了时代之变中教育的坚守、传承和创新发展,看到了时代发展进步中教育的巨大作用和坚实的基础性地位。

翻开百廿载办学历史,可以看到一条清晰的发展脉络:

革故鼎新,创立师范。全闽师范学堂作为晚清"废科举、兴学堂"的产物,是全国最早的师范学校之一,它的创办,标志着福建省独立的师范教育制度的开始。创校之初,先是将福州东文学堂由新式学堂改建为现代师范学堂,随后又将福州致用书院并入。乌石山上,"洋为中用""古为今用""经世致用"思想融会贯通,蔚成风气。

增设高师,两级办学。1906 年,全闽师范学堂改名为"福建师范学堂"。1907 年,增设优级师范选科,培养中学师资。1912 年,民国成立后,学堂改学校,校名改为"福建师范学校";1913年,又改为"福建高等师范学校",设高师科和中师科,仍以中师为主体。1914 年,根据教育部关于全国只设 6 所高等师范学校,福建不设高师的决定,高师科不再招生,并改校名为"福建省立第一师范学校"。1915 年 7 月,最后一班高师毕业生离校,历时 8 年多的中高师两级办学结束。

师中合并,延续师范教育。五四运动之后,受美国师范教育发展的影响,独立的师范教育体系受到了破坏。1927 年,福建省立第一师范学校、省立福州女子师范学校、省立第一中学和第二中学等七校合并为"福建省立第一高级中学",又于 1929 年改称省立福州高级中学,均保持设置师范科。因国民政府重新重视师范教育,师范学校恢复独立设置,1931 年,校名改为"福建省立福州师范学校"。

师范合分与迁址,赓续闽师源流。1936 年,省政府取消师范学校分区设置的惯例,合并全省省立师范与乡村师范学校,省立福州、莆田、龙溪、建瓯四所师范学校及闽侯、晋江两所乡村师范学校合并组建为"福建省立师范学校",通称"闽师"。1938 年,为了躲避战火,闽师从福州乌石山内迁山城永安(文庙、大湖)。1942 年,全省师范学校重新按地区分设,福建省立师范学校遂更名为"福建省立永安师范学校"。抗战胜利后,省政府及其附属机构陆续迁回福州,而闽师(永师)则留在了永安。新中国成立后,人民政府接管学校,后更名为"福建省永安师范学校",1969 年因"文革"一度停办。1971 年 11 月,复办筹建"福建省三明地区师范学校",因永安原校址在"文革"期间被改建为工厂难以复原,另选址在辖区政府所在地三明市麒麟山东侧的狮子坑。

高教崛起与合并升格,开启新航程。1977 年,全国恢复高考制度,教育得到优先发展,创建更高层次教育是时代发展的趋势,三明地区师范大专班应运而生。1981 年开始独立办学,1983 年正式成立"三明师范专科学校",后又更名为"三明师范高等专科学校"。同年,三明职业大学创办。两所新兴的专科学校坐落在原福建农学院三明荆东校址,一北一南,即今天三明学院校园的北区和南区。新旧世纪之交,高等教育大众化带来师范办学体制调整和高校合并大潮。1999 年,"三校"实质性合并;次年,三明高等专科学校正式成立,随即着手本科筹建。2003 年秋季,学校开始招收本科生;2004 年 5 月 18 日,教育部正式批准成立三明学院。从新建本科的夯基兴业,到新型一流应用型本科的高质量发展,三明学院迄今走过了 20 年不平凡的办学历程。

纵观 120 年,闽师自乌石山发轫,虽校名数易,校址几迁,但校史始终是连续的,属成建制迁移延续,整体性有序承袭。2019 年 5 月,学校邀请厦门大学、福建师范大学、湖南大学等省内外高校校史专家学者对三明学院办学源流做进一步梳理与论证。专家们一致认为,"全闽师范学堂—福建师范学堂—福建省立师范学校—福建省立永安师范学校—永安师范学校—三明师范学校—三明学院"办学脉络清晰、顺畅,承传有序、无断点,实事求是,文献档案与历史实物均可相互佐证,校名变更与校址搬迁不影响校史溯源。

正是秉承坚实的历史事实和传承有序的文献资料,我们编纂了三明学院校史。伏案倦首,躬耕其间,我们仿佛触摸到了历史的脉搏,感受其筚路蓝缕之多艰,以启山林之永志,不由肃然起敬。

我们感佩校长的承先启后——

校史上的历任校长(书记)在任期上是紧密衔接的。其中,在几个重要的历史关口,校长(书记)们承先启后,接棒传递,延续、推动并见证了历史。

陈宝琛(任期 1903—1909),全闽师范学堂监督(校长),主持创校和致用书院的并入,更名"福建师范学堂",创设优级师范选科,成就两级师范办学。

姜琦(任期 1936—1938),福建省立师范学校首任校长,主持了 1938 年 3 月从福州到永安的迁校,5 月离任。1942 年 4 月,他在视察闽省高等教育重游永安时为福建省立师范学校第五期学生毕业纪念册题写"承先启后"。

王秀南(任期 1938.6—1942.12),省立师范学校第二任校长,主持了 1939 年 10 月从永安文庙到大湖的迁校。1942 年 6 月,本省分地区设立师范,省立师范学校改名为"福建省立永安师范学校",王秀南仍为校长,直到 12 月离任。1988 年 12 月 12 日,在母校 85 周年校庆时他从新加坡发来寄语:"记住,我们是发祥自乌山之麓、大湖之乡,而发展于燕江之畔的福建师范、永安师范、三明师范校友会。唯一职志,要在继承优良传统,配合时代需要,而把'闽师精神'一代代地传下去!"1993年12月,他率海外校友团回校参加90周年校庆,回到了阔别已久的永安大湖。

崔立勋(任期1958—1969,1972—1978),永安师范学校末任校长,学校因"文革"一度停办,1972年在三明复办时,他继续担任三明地区师范学校革委会主任(校长)。1978年10月,又任三明师范专科学校筹建领导小组组长。不仅延续了师范的历史,更是开启了三明高等教育的新篇。

马长光,曾任三明地区师范学校党总支书记兼革委会主任(校长)、三明师范专科学校校长兼党委书记、三明职业大学常务副校长。任上完成了从师范大专班到师专的独立建校和职业大学的创建。

李长生,历任三明师范高等专科学校、三明高等专科学校、三明学院党委书记;赵峰,历任三明职业大学党委书记、三明师范高等专科学校和三明高等专科学校校长、三明学院党委副书记。任上完成了学校的合并和升格。

我们感动教师的一路相随——

其一,在几次办学变迁中,师道传承,延续了血脉。抗战时期内迁永安,一批文化教育名师领着学生从闽江逆流西进,执教闽师。其中,不乏像文学家许钦文这样的坚守者。1936年8月至1948年2月他在福建省立师范、省立永安师范任教,1979年在回忆录《三干主义》中真实记录了从福州乌石山到永安的难忘经历。其二,"文革"后迁址三明复办,当时三明地区革委会明确,原永安师范学校的领导干部、教职员工,原则上调到地区新办师范学校任职、任教,可谓薪火相传。其三,"文革"结束后恢复高考,从三明师范办大专班直至师专独立建校,师资来源最重要的基础和骨干包括从事大专班教学的100多位师范教师。当时还有个不成文的规定,若是一对夫妻,就要分开在师范和师专任教,可见两校渊源之深厚。三明职业大学创办之初,师范、师专在职教师也是其师资组成的重要来源。20世纪90年代开始,不少老教师回校寻访,参加庆典活动,赋诗寄怀母校。还有一批师出母校又曾在母校从教的校友,他们受聘兼职教授,继续为母校出力,可谓母校情深。

我们感慨学子的情感依归——

史载1942年6月,"福建省立师范学校"因校址所在地隶属永安,校名改为"福建省立永安师范学校"。"校名虽改了,但校园是同样的校园,师生都是原班人马",那些入学于福建师范、毕业于永安师范的学生,纷纷同时佩戴两枚校徽,"以示学校历史的一脉相承"。

学子对母校的认同无非是曾在这里求过学,受过教育,最后的依凭往往是毕业证书和学籍。而补领、补发毕业证书应该是那些学子最温馨的记忆了。据记载,1938年7月至1949年7月历届保存下来的各类毕业证书,有普通师范科、体育师范科、艺术师范科、幼稚师范科、社会师范科的,共313张。1998年以后,有20多位古稀校友回校认领或托人代领,成为一时佳话。朱鸣冈有诗赞道:"世上真多稀奇事,老翁七十领文凭。"20世纪80年代中期,学校为永安时期毕业的学生补发近500张毕业证书,有因"文革"(1966—1968年)未发的,有因落实政策补发的,还有因遗失补证明的,因学校保存完整的学籍档案而得以顺利进行。1989年春,1947届省立永安师范学校台湾校友、书法家钟福天从日本东京举办完书法个展回国办展,在北京通过原国家教委咨询福建省教委,确认三明师范学校为母校,随后专程回到母校,举办个人书法展,并领取一直保存在母校的毕业证书。母校是学子坚强的依靠,而热爱母校,回馈母校,则成了不同时期校友惜惜相守的赤子情怀。

我们感奋校庆的历史见证——

1936 年 12 月 12 日,福建省立师范学校在乌石山举行 33 周年校庆,校长姜琦作了一番"校庆之意义及其重要性"的演讲。他认为,本校所以要举行第 33 周年校庆,其主要目的就在于要发挥教育之社会性与历史性。"我总必要饮水思源地追溯陈先生暨历届校长之功绩与他们的劳苦,并要发挥光大他们所留给我们的种种好教训。我们一方面当然要取法于前人的长处,把它继续下去;而他方面须要加些我们自己所设想的计划,去适应新需要。"

从永安师范到三明师范时期,先后举办了 60 周年、85 周年、90 周年、95 周年校庆活动。

2003 年 12 月 26 日,三明学院(筹)举办纪念三明师范建校 100 周年庆典活动。

2014 年 6 月 28 日,三明学院隆重举行"十年本科、百年办学"纪念活动。

2019 年 5 月 10 日,在福建省立师范学校迁址永安大湖兴学 80 周年之际,三明学院举办"百年闽师 传承发展——纪念福建省立师范学校迁址永安暨推进新时代师范教育研讨会"。

此外,三明职业大学、三明师范高等专科学校分别举行了建校 10 周年和建校 20 周年庆祝活动。

校庆是学校的重大纪念、庆典活动,具有历史的正当性,是串联校史链条的重要节点,其产生的社会影响不可低估。

我们感念遗产的保存利用——

三明市档案馆至今还保存着学校移交的 1905—1931 年师生合影、乌石山校园建筑物等原始照片;新中国成立前未领取的毕业证书;1929 年以后直到永安师范时期的学籍档案、学生成绩表、教师名册计 679 卷。这是保存、延续并见证历史的重要载体,弥足珍贵。

学校拥有各个时期包括福州致用书院、福州东文学堂、全闽师范学堂、福建师范学校等清末民国期间 11 个办学机构的藏书,共计 1.2 万余册。学校建成"闽师之源"文献室、数字图库加以保护利用。2016 年 11 月获得中共福建省委宣传部专项资助,福建省古籍保护中心将学校纳入古籍文献保护帮扶对象。此外,学校保藏了民国时期福建省立师范学校等办学机构遗存下来的生物教学仪器及标本;支持福建省立师范学校大湖办学遗址的保护工作。2020 年 12 月,该旧址群被列入第十批省级文物保护单位名单。

不少教师利用校史资料开展学术研究,发表了一批有学术价值的研究成果。学校设有省社会科学研究基地"闽台书院与经世致用文化研究中心",已出版《闽台书院文献汇刊——致用书院卷》(8 卷本),另有研究致用书院成果论文 10 余篇。目前,学校正在组织开展"以史为用"的系列研究,期待有更丰硕的成果。

我们感激校史书籍的记忆叙事——

在不同的历史时期,校史的整理、挖掘都受到重视,在本书编纂前,已有若干校史出版物见之于世。记录福建省立师范学校时期的有《今日的师范学校》(1941 年)、《王秀南教授九十回忆录》(1995 年)第十章"福建师范在战时"等。90 周年校庆前夕,校友陈祖昆主编的校史资料专辑《闽师之源》(1993 年)由中国文史出版社出版发行,为研究福建师范教育史提供了宝贵借鉴。校友陈宗辉出版专著《闽师之光》(1999 年),该书以访谈的形式,不仅叙写历史,宣传教育家,还触及普通教职员工和校友。学校自行编印的还有《三师风采》(1999 年)、《百年芬芳》(2003 年)等校史资料专辑。此外,学校有定期整理毕业生名录的传统,包含收录 1928 届以前部分毕业生名单和 1929 届以后较完整的毕业生名单,其中,台湾校友 300 多人。这些书籍,尽管体例不同,也不成体系,却从不同侧面呈现了史实,活化了校史。

我们感悟闽师精神的血脉赓续——

全闽师范学堂创立之初,陈宝琛题写训联"化民成俗其必由学,温故知新可以为师"作为办学"本旨",按照 1936 年后任校长姜琦的解释,它强调了教育的社会性、历史性。而其社会性,在陈宝琛的开学告诫文中则表述得更具体:"诸生今日来学师范,后来即为国家担当教育责任。"后来的师范办学乃至今日的三明学院的应用型办学,无不是基于这一"国之大者"的发扬光大。1936 年福建师范集中办理,即以"齐一师资训练,弘扬民族精神"为出发点,施行于 1940年的"三杆教育"更是名噪一时。省立师范时期的校长,多有给学生毕业纪念册题序的传统。黄震说,完成我们师范生要做"民众的良师益友"这一信条,使我们闽师精神随着时代的巨轮日进不已;王敦善说,要像从军的战士、开垦的拓荒者奋斗刻苦,到穷乡僻壤去,到农村工厂去,充分发挥自我创造的精神,负起教育建设的使命;王藏修说,一片丹心为国为民,中国之兴,固可计日而待也;陈子彬说,本百折不回之精神,致力于国民教育事业;等等,谆谆教诲,如洪钟回响。从五四运动到新中国成立,面对反动政府的迫害和外敌入侵,闽师的进步师生表现出了高昂的爱国热情和英勇无畏的斗争精神,涌现出了一批革命志士。

新的历史时期,三明师范学校注重培养师范生爱乡、乐教、爱劳动、肯吃苦、讲奉献等优良品质。1986 年,杨真才校长提出的"立志从教,乐于奉献者请进;求官求财,贪图安逸者莫来!"是新时期闽师精神的凝练表达。三明师专、三明职业大学的兴起本来就是适应新时期社会主义建设事业需要的产物,其艰苦建校、砥砺奋进的精神闻名遐迩。后来,在合并组建三明高等专科学校的基础上筹建本科,靠的是"有条件要上,没有条件创造条件也要上"的创业精神。三明学院成立后,崇尚"艰苦奋斗,追求卓越"校园精神,以"明德、明理、明志"为校训,强调"明德致善、明理致用、明志致远",体现了"德为先、理为基、志为本"的教育思想,抒写了应用强校的时代新篇。

今天,"闽师精神"与新时代校园精神、校训精神融为一体,是三明学院人的精神渊薮。"闽师精神"内涵中的"胸怀国家""教育图强""艰苦奋斗""人师世范""经世致用"等已成为三明学院精神和校园文化的核心要义;校史元素已深深烙在学校的校门、道路、楼栋、校歌和节日活动中,成为校园文化的重要组成部分;校史资源已成为学校特有的教育资源和精神动能。

徐徐展开 120 年发展历史,昨天与今天竟如此血脉相连,根系缠绕;今天与明天又坚实地前后推动,汩汩向前。

《三明学院校史(1903—2023 年)》是三明学院第一部校史著作。校史记述分为三个时期,即中师办学时期、专科办学时期和本科办学时期。为了更好地体现办学特点,本科办学时期又以学校通过教育部本科教学工作合格评估和党的十八大的胜利召开为标志,大略分为两个阶段。故相应地三明学院校史分为四编:第一编　百年闽师(1903—1999 年),记述从全闽师范学堂开学到三明师范学校的办学历史;第二编　高教春晖(1977—2004 年),记述新时期三明师专、三明职大及新旧世纪之交合并组建三明高专、筹建三明学院的历史;第三编　本科新程

(2004—2012年),记述三明学院成立后夯实本科办学基础,推进科学发展情况;第四编 时代新篇(2013—2023年),记述三明学院新时代应用型本科办学,推进高质量发展情况。

"夫源远者流长,根深者枝茂。"1992年10月,时任全国人大常委会副委员长的叶飞将军为三明师范学校题写"闽师之源"。而闽师源流又是根脉相连的。1906年,全闽师范学堂开设女子师范传习所,尔后衍生出一所新型的福州女子师范学校;1907年,福建师范学堂设优级师范选科,是福建高等师范教育之嚆矢;1943年,以省立永安师范学校体育师范科为基础扩建省立永安体育师范学校,抗战胜利后迁福州,更名为省立福州体育师范学校,后于1948年被撤销并入林森(闽侯)师范学校,闽师薪火得以在福州地区存续。

"泱泱大哉,古我八闽,名传邹鲁,俗厚海滨,绍述启后在青年人。""万寿岩高,沙溪河长,闽师源头活水流淌。年轻的我们扬起风帆,让青春闪耀光芒!"不同时代的校歌正穿越时空交响。

"一切过往,皆为序章。"两个甲子的历史传承、文化积淀,成就了今天的三明学院。如今,三明学院已然卓立于福建省一流应用型本科建设高校行列。作为一所年轻的应用型本科高校,三明学院将以120年办学历程为新起点,乘新时代东风,百尺竿头,宏图再展,与众多新型大学一道,走出一条中国特色的地方应用型大学发展之路。

让我们开启百廿序章,续写明天辉煌!

目 录

第一编　百年闽师（1903—1999 年）

第二编　高教春晖（1977—2004 年）

第三编 本科新程(2004—2012 年)

第四编　时代新篇(2013—2023 年)

第一编　百年闽师(1903—1999 年)

福建师范学堂校门

百年闽师，闽师百年。

120 年前，即公元 1903 年 12 月 12 日，全闽师范学堂在福州乌石山创建，拉开了福建现代师范教育的序幕。此时，中国社会正处于前所未有之历史大变局中。是延续千年未变的腐朽没落的科举模式办学育人，还是顺应时代变迁，主动迎接现代，开办新式学校，是那个时代志士仁人必须面对的抉择。陈宝琛等闽师的创办者，主动顺应时代，走向现代，将旧式学堂改造为新型学校。闽师的创办，是福建现代师范教育的肇端，是福建教育史上的大事，也是福建发展史上的大事。

闽师从诞生之日起，就始终与国家民族命运与共，始终扎根八闽大地，以培养师范人才为己任，是福建师范教育的中坚，是福建小学教师的摇篮。120 年来，闽师历经艰难曲折走过了由弱小到壮大辉煌的发展历程。从东海之滨的乌石山走来的闽师，随着时代的发展而发展，随着民族的命运而不断易名、迁徙。闽师历经全闽师范学堂—福建师范学堂—福建师范学校—福建高等师范学校—福建省立第一师范学校—福建第一高级中学—福建省立福州师范学校—福建省立师范学校—福建省立永安师范学校—福建省永安师范学校—福建省三明地区师范学校—福建省三明师范学校等校名更易，最终扎根于闽中大地的沙溪河畔，并融入合并组建三明高等专科学校的历史进程，成为三明学院的前身，这是历史对于三明学院的馈赠。

三明学院始终继承和发扬闽师传统和闽师精神，一如既往地珍惜和维护闽师这一崇高的荣誉，面向新时代落实立德树人根本任务，培养德智体美劳全面发展的社会主义建设者和接班人。

第一章　闽师之源

清朝后期,中国社会处于前所未有之历史大变局中。19 世纪中期,西方列强凭借其坚船利炮,轰开了中国长期以来闭关锁国的大门,中国社会陷入前所未有之动荡中,这既有西方列强的扩张、入侵及现代社会各方面影响所带来的社会大变局,也有因封建体制和清朝统治所引发的各种矛盾加剧而导致的社会大动荡。大批志士仁人探索救国之路,提出了科学救国、实业救国、军事强国、教育救国等种种口号,开启了中国走向现代化的进程。在 19 世纪和 20 世纪之交,古老的中国迈入了现代社会的门槛。

中国现代教育正式拉开序幕。

作为百年闽师传承的三明学院的历史,随着陈宝琛创办的全闽师范学堂正式开学,开始了浓墨重彩的书写。

第一节　书院的转型与现代师范教育的兴起

书院的转型与致用书院

中国的现代学校很多是由古代书院转型的。福建第一所现代师范学校——全闽师范学堂,也是在 1903 年由东文学堂转型创建的。

"通经致用""经世致用"是儒家传统思想的重要构成,强调学问当经世以致用。在晚清的社会大变局中,经世致用思想在继承传统经世思想的同时,强调关注现实,解决现实问题,增添了西学的内容,主张向西方学习,掌握新式科学知识并善于实践,"师夷长技以制夷"[1],体现了传统经世思想在近代的嬗变与延伸,出现了由通经而致用的变革潮流,"为晚清书院注入了注重实学的精神,从而为新质书院的建立做了一定的心理准备"[2]。在经世致用思想影响下,思想界、学术界,尤其是教育界出现了新变化,即重视培养接受、学习、运用先进技术,制造先进设备的人才,由此实现强国之路。1862 年创立的京师同文馆,拉开了中国传统教育向现代教育

---

① 魏源.海国图志[M].长沙:岳麓书社,2004:1078.
② 田正平,朱宗顺.传统教育资源的现代转化:晚清书院嬗变的历史考察[J].厦门大学学报(哲学社会科学版),2002(5):93-101.

转型的序幕。康有为曾上《请饬各省改书院淫祠为学堂折》①。李端棻奏请:"令每省每县各改其一院,增广功课,变通章程,以为学堂。"②1898 年 7 月 3 日,总理各国事务衙门在《奏呈京师大学堂章程折》中提出:"近又叠奉上谕,停试八股、讲求西学。各省向课制艺书院,自应一律更改。"③1901 年 9 月 14 日,清廷再发上谕:"除京师已设大学堂,应切实整顿外,着各省所有书院,于省城均改设大学堂,各府及直隶州均改设中学堂,各州县均改设小学堂。"④改传统书院为新式学堂渐成朝野共识。晚清书院既是中国开启现代教育的起点,也是其基点。在西学东渐思潮影响下,沿袭千余年的中国传统书院的转型全面开始。

19 世纪 70 年代后,福州的官绅合力开办了一些新书院,增加了适应时代的"经世致用"的课程。

与三明学院存在渊源关系的致用书院,是清末省城福州四大书院之一,也在这样的背景下创办成立。⑤"致用堂之设创议于辛未年,壬申夏间甫于抚署月立一课,酌给奖赏,迨癸西筹议经费,始给膏火,并于西湖书院旧址新建讲堂、学舍,粗具规模。"⑥辛未年时当同治十年(1871 年),壬申年为同治十一年(1872 年);据此,则福建巡抚王凯泰在 1871 年已有致用堂之"创议",并于 1872 年先于福建巡抚衙门对生员进行考课、奖赏。同治十二年(1873 年),王凯泰为了进一步振兴闽学、研究经史,培养讲求实学之人,参照浙江诂经精舍和广东学海堂规则,将福州已毁的西湖书院加以修葺,正式设立"致用堂",并建"十三本梅花书屋"扩大规模。同治十三年(1874 年),改称"致用书院",直接取"通经致用""经世致用"之意。光绪二年(1876 年),西湖书院与致用堂并圯,致用书院移至福州乌石山南麓。光绪三年(1877 年),致用书院获赐"人文经纬"匾额。光绪三十一年(1905 年),全国废科举,致用书院并入全闽师范学堂。关于创立致用书院,王凯泰在《致用堂志略·文檄》中强调:"拟择九郡二州之英,于常课外别悬一格,专考经济有用之才。"致用书院在强调"通经"的前提下,更重视"通经致用"和"经世致用",这是与传统书院最大的区别。但此时的致用书院仍是一所处于由传统书院向近代学堂转型中的书院。致用书院专招举人、贡生、监生,不招童生;每年共计 60 名生徒。第一批录取正课生 10 名,每次给膏火银 4 两;外课生 20 名,附课生 30 名,一律无膏火。学生课经史,每月一次。书院首任山长是林寿图。至并入全闽师范学堂,致用书院开办 30 余年,前后共有 2100 余名生徒。在仍然实行科考的晚清,致用书院的入院竞争极为激烈,许多生徒报考前就已取得举人资格,而部分求学致用书院的生徒在获得举人资格后,仍选择继续留院学习,直至考取进士。书院中"解元、会元、朝元皆备;辛卯十二房首,自一至九皆在书院。合前后乡会十数榜,院中入毂者四百余人,群推为极盛"。致用书院不仅科名极盛,造就的人才也是层出不穷,如教育家张亨嘉、古文学家兼翻译奇才林纾、同光体闽派首领陈衍、出版家高凤谦、同光体闽派殿军何振岱等。

1903 年,在东文学堂基础上,由士绅陈宝琛等倡议,创办全闽师范学堂,设初级师范本科(即完全科)和师范特科(即简易科)。1905 年,同在乌石山的致用书院并入全闽师范学堂,成

① 陈谷嘉,邓洪波.中国书院史资料:下册[M].杭州:浙江教育出版社,1998:2467.
② 高时良.洋务运动时期教育[M].上海:上海教育出版社,1992:695.
③ 杨家骆.清光绪朝文献汇编:光绪朝东华录[G].台北:台湾鼎文书局,1978:4109.
④ 杨家骆.清光绪朝文献汇编:光绪朝东华录[G].台北:台湾鼎文书局,1978:4719.
⑤ 清末福州的四大书院,称为省城四大书院,分别是鳌峰书院、凤池书院、正谊书院、致用书院。
⑥ 赵所生,薛正兴.中国历代书院志:第 10 册[M].南京:江苏教育出版社,1995:511.

为全闽师范学堂的一部分。致用书院存留下来的藏书等,大部分都保存在三明学院,由此证明致用书院与三明学院存在渊源关系。

东文学堂的创办与招生

洋务运动是晚清大变局中探索实业救国的一次实践,位于东南沿海的福州一直是洋务运动的中心之一。左宗棠等创办马尾船政局是洋务运动的标志性事件。"办好船政,根本在于学堂。"同治五年(1866 年)创办的船政学堂,是我国最早按照"中体西用""师夷长技以制夷"理念设立的近代学堂之一,也是福建第一所近代学堂,在传统教育向现代教育转型进程中具有重要影响。

甲午战争失败标志着洋务运动失败和实业救国行不通。更多志士仁人开始关注从体制上和教育上改造中国,在戊戌维新运动失败后的世纪之交,清末实行新政,张百熙在光绪二十八年(1902 年)《进呈学堂章程折》中提到,"值智力并争之世,为富强致治之规,朝廷以更新之故而求人才,以求才之故而本之学校"。世纪之交的福州聚集了一大批有影响力的开明官绅,他们一般饱读诗书,条件优越,学而优则仕,在地方有较大影响力;同时,普遍思想开明,重视教育,有忧国之思、济世之志,能自觉接受西方科学知识,融入世界潮流,是世纪之交社会文化思潮和新式教育改革的倡导者和实践者。光绪二十二年(1896 年),为适应新式教育发展需要,福州官绅陈璧、陈宝琛、孙葆瑨、力钧、林纾、任鸣珊等联合,利用南台苍霞洲林纾旧居,创办苍霞精舍。林纾为汉文总教习,任鸣珊任监学。这是福州第一所兼习中西文化科学知识的新式学堂,与传统书院有根本区别。苍霞精舍开设的课程有经、史、时务等国文课程,也有算学、地理等西学课程。1898 年百日维新后,学生日益增多,林纾旧居狭窄,不敷应用,苍霞精舍遂迁址于城内乌石山蒙泉山馆,改名为福州绅设中西学堂,增设日文、英文课程,并根据社会需要,开设英文班、日文班,由陈宝琛主持校务。

甲午战争后,日本明治维新取得的成就引起国人注意,国内出现研究和学习日本的热潮,学习日文一时成为时尚。在这样的背景下,福州士绅陈宝琛、陈璧、力均、孙葆瑨等合力于光绪二十四年(1898 年)创办东文学堂。日本"明治维新变用西法,实始于同治七年。三十年来,励精锐进,学校林立,妇孺知书。中人株守跬步,身历而目睹者万无一焉"。"诸君子倡建苍霞精舍,专课英文。二年以来,颇著成效。""日本迩来广译西书,富我取资,壤地至近,既鲁之闻邾,取径至捷。"[1]东文学堂的创办受稍早时期创办的新式学堂苍霞精舍的成功启发和激励。其"东文"即指日文,以教授日文为主,兼习汉文。东文学堂办学宗旨中说:"本学堂以习东文为宗旨,初学教授日本语言文字,更进理解再读日本新刻各书,以期贯通,为他日阅报译文书普通专门之用。"[2]学习日文之目的,在于学西学,接受现代教育。东文学堂办学经费主要由联合创办的士绅捐助,不足费用则由绅董互保向钱庄借贷。学堂设主理总董主持校务,下设东文总教习、东文副教习、汉文教习、监院、驻堂董事、领班学长、司事等,分管教学、训导及学生生活。学

---

①　王纯孝.福州东文学堂三年报告汇编[M].手抄本.光绪十七年(1891 年).

②　王纯孝.福州东文学堂三年报告汇编[M].手抄本.光绪十七年(1891 年).

堂首任主理总董是刘学恂,光绪二十六年(1900年)由陈宝琛接任;陈成侯、林宝崑等任监院,王孝绳、林志钧等任驻堂董事;还聘请日本人冈田兼次郎等担任东文总教习、副教习。学堂主要招收15～30周岁的童生、监生、附生等文理通顺者来学习,并每年选派2～3名优等生至日本进一步学习。学堂的学制刚开始分为两种,即预习科和本科(正科)。"预习科主习语学,以一周年为限。本科兼习普通学,以二周年为限。"学堂分别制定《东文章程》和《汉文章程》。主要开设日语课程,汉文课程主要有"经义""通鉴""文献通考""本朝圣训""名臣奏议""试策论"等。学堂另外还开设"数学"(包括数字用法、数学用法和数学大意)、"万国地理大意"、"万国历史大意"等课程;1901年增设翻译专修科和速成科;1902年又开设政治科,教授法制、经济等课程。在师资方面,东文教习由日本人担任,汉文和算学教习由中国人担任。据《福州东文学堂三年报告汇编》的"学生三年沿革表",1898年、1899年和1900年三年期间开学到堂的学生共有53人,其中1899年6月考试领一年毕业证的有13名,1900年12月考试领一年毕业证的有9名。据"二年毕业学生调查表",1899年8月到日本留学的有2人;1900年9月到日本留学的有1人。东文学堂是在戊戌维新的影响下由福州当地士绅共同创办的,是维新变革的产物,章程制度上效仿上海南洋公学,从招生、教师聘用、教学课程到学生生活指导等都有规章制度可遵照,按照近代教育模式培养新型人才,并力邀社会各界参与,尤其是商界参与,为福州创建新式学校起到引领作用,为建立新式学校积累了宝贵经验。

东文学堂创办之后,按照近代教育模式开设的新学堂在福建不断涌现。光绪二十五年(1899年),著名革命者、教育家林白水联合黄展云、黄翼云等共同创办福州蒙学堂,成为福州培养进步学生的重要场所。在光绪二十九年(1903年)新学制颁布前,福建创办的新式学堂还有厦门私立小学堂(1898年)、莆田官立小学堂(1900年)、莆田公立砺青小学堂(1902年)、安溪县立安溪学堂(1902年)、晋江永宁行实小学堂(1903年)等。

现代师范教育的兴起

由于洋务运动等事件推动,中国传统书院渐次转型,具有近代特色的新式学堂不断开办,19世纪末,中国的教育到了现代的门前。

甲午战败后,许多有识之士意识到实行"中体西用""师夷长技以制夷"并不能根本改变中国现状,必须实行变法维新,从学"西艺"到效"西政",扩大向西方学习的范围。而学习西政,则必须重视教育,进行教育改革,大力发展普及教育,优先培养师范教育人才,师范教育的价值被逐渐接受。为保证普及教育所需的大量师资,则必须广设师范学堂。维新派代表康有为、梁启超等主张开民智、兴教育,以期普及教育、培养新民。梁启超言教育"受病之根有三:一曰科举之制不改,就学乏才也。二曰师范学堂不立,教习非人也。三曰专门之业不分,致精无自也"。"欲革旧习,兴智学,必以立师范学堂为第一义。""故师范学校立,而群学之基悉定。"①许多手握实权的开明大臣和实业家也积极主张教育改革,学习西方,尤其是仿效日本教育制度,设立

---

① 朱有瓛.中国近代学制史料:第一辑下册[M].上海:华东师范大学出版社,1986:980-983.

现代学校,大力开办师范教育。"办理师范教育为办理学堂一事之先务"成为许多人之共识。

1901 年,清王朝迫于内外压力不得不次第恢复维新运动期间实行的"新政",史称"清末新政"。先是明令全国书院改为学堂,第二年又陆续颁布了一系列教育制度。其中与师范教育有关的有:1902 年,颁布了由张百熙拟奏的《钦定学堂章程》,是年为壬寅年,故又称"壬寅学制",这个学制是系统的中国现代教育制度的开始。它提出在京师大学堂附设"师范馆",并把师范教育分为中、高两级,分别附设于中学堂及高等学堂内。"壬寅学制"还来不及实行,1903 年又颁布了由张之洞、张百熙、荣庆会同制定的《奏定学堂章程》,即"癸卯学制",它对"壬寅学制"作了较多的修改与补充。"癸卯学制"构建了普通教育、实业教育、师范教育三驾齐驱、上下衔接的现代教育模式。这个学制单独制定了《初级师范学堂章程》《优级师范学堂章程》《实业教员讲习所章程》,把师范学堂分为两级(初级、优级)且独立设置,并按照其不同的培养目标划分为初级师范学堂、优级师范学堂、实业教员讲习所以及师范传习所四类,同时建立了相对应的政策体系、课程体系、教师资格认定体系、权利义务体系等。

《奏定学堂章程》规定,初级师范学堂以造就小学师资为主,每州县必设立初级师范学堂 1 所,但囿于当时的社会形势,可先于省城暂设 1 所,待省城师范学堂有合格毕业生后,再于各州县依次增设。由于初级师范学堂的创建是为快速弥补基础教育师资的不足,因此在此创办之际以 5 年为修业年限,同时特设 1 年期毕业的简易师范学堂。初级师范学堂学生人数的设立,省城为 300 人,各州县 150 人,学班视学生人数而定,每班以 60 人为限。在师范生选录方面,《初级师范学堂章程》规定,"选初级师范学生入学之定格,须取品行端谨,文理优通,身体健全者"。其中,完全科学生年龄为 18 岁以上、25 岁以下;简易科学生年龄为 25 岁以上、30 岁以下。在学费方面,初级师范学堂由各地筹备款项以待备用,师范生无须缴纳学费。各学堂允许设私费生,但其数额由学堂实际情形酌定,并须得到地方长官批准。在服务年限上,凡初级师范学堂毕业生皆有充当小学教员的义务,官费毕业者中完全科生须服务 6 年,简易科生须服务 3 年;私费毕业者中完全科生须服务 3 年,简易科生须服务 2 年。同时,《初级师范学堂章程》对初级师范学堂的课程设置、教员资格、学堂管理、毕业生奖惩等均进行了详细的规定。初级师范学堂以"造就教小学之师范生,尤为办学堂者入手第一义"的极高地位,肩负起历史赋予的为中国初等教育现代化建设培养师资的重大使命和任务。

《奏定学堂章程》,即"癸卯学制"的颁布和实行,标志着我国现代师范教育制度得以正式确立。

在清末新政及《钦定学堂章程》《奏定学堂章程》等教育新规的推动下,中国现代教育、现代师范教育的大幕拉开。

盛宣怀于 1896 年在上海创办了南洋公学,"考选成材之士四十名,先设一师范学堂"。这是我国第一所现代师范学校。1898 年 11 月,京师大学堂开学。《京师大学堂章程》的"总纲"中规定,"今当于堂中别立一师范斋以养教习之才"。1902 年 12 月,京师大学堂师范馆正式开学,可以算作我国现代最早的高等师范学堂。1902 年 2 月,实业家、教育家张謇以其经营实业所得筹备成立通州师范学校,并于 1903 年 4 月正式开学。这是我国近代设立最早的私立师范学校。[①]

[①]　张焕庭.教育辞典[M].南京:江苏教育出版社,1989:733.

进入 20 世纪之后,全国各省陆续开办了不同类型的师范学堂。1902 年,张之洞创办湖北师范学堂,袁世凯创办直隶保定师范学堂,贵州士绅创办贵州公立师范学堂;1903 年,俞廉三创办湖南全省师范传习所,张之洞在南京创办三江师范学堂,周馥在山东创办山东师范学堂;等等。这些学堂虽然规模不大、数量不多而且没有完整的制度体系,但是却标志着我国现代师范教育在实践中迈出了难能可贵的一步,为我国培养了早期的师资队伍,为我国现代师范教育体系的建立奠定了基础。

在创办师范学堂、建立现代师范教育制度方面,素有敢开风气之先、最早响应近代变革、作为开展洋务运动核心区域的福建也不甘人后。1903 年,在东文学堂基础上,陈宝琛等创办了福建第一所现代师范学校——全闽师范学堂,开始了福建现代师范教育历史的书写。

第二节　全闽师范学堂的办学

全闽师范学堂的创办

全闽师范学堂的创办,与为中国现代教育奠基的《奏定学堂章程》,即"癸卯学制"的颁布和实行是同步的。

进入 20 世纪,在福州和福建其他地区,按照现代教育制度开设的新式小学堂、中学堂纷纷创建。设立新式学堂,首先面临新式师资不足问题。新式学堂急需新式师资,为了培养福建的师资力量,1903 年,闽浙总督崇善与谪居闽籍故里的前内阁学士陈宝琛商议后,在原福州绅设东文学堂的基础上,创建了官办全闽师范学堂,校址设在福州乌石山,俗称"乌石山师范学堂"。清末刊印的《福建师范学堂一览》载:"福建之有师范学堂,师范学堂之设于乌石山。先由绅士数人私立东文学堂,三迁而赁范公祠积翠寺,添建讲堂、宿舍、楼屋二十一间,意在培植师范、政治、实业、翻译各项人才;至光绪二十九年始与各大宪议立师范学校,即就其中更聘教员、配制教科,改为官立全闽师范学堂。"[①]由此可明确全闽师范学堂是在福州士绅创办的东文学堂基础上新创办的新式师范学校。"三迁"则指东文学堂开办时期,曾经经历的三次学堂堂址移迁。闽浙总督崇善在给朝廷的奏折中说:"福建省城师范学堂系光绪二十九年,奴才初次兼署闽浙总督任内设立,其时省城风气未开,仅有高等学堂一所,略仿山东大学堂章程办理。奴才署事后亲赴高等学堂详细考察,见该堂规模粗具而学生程度每病参差。因思造就高等学生必先从小学、中学层递而上,庶几各生学术整齐,教授、管理方能划一。然办理中小学堂又必须先培初级、优级师范之才,然后授受有资,学派无虞歧异。当与在籍前内阁学士陈宝琛商议,以闽省各属尚未能自设师范学堂,因将省城乌石山旧有绅设之东文学堂改建全闽师范学堂,俾福建全省士人均得入堂肄业,其东文学堂原聘之洋教习量为裁留,并增聘日本国早稻田高等师范毕业之日本教习四员,又华教员数员,一面将该堂自习室、寄宿舍、讲

---

① 福建师范学堂一览[M].铅印本.1909:1.

堂、操场、休憩室、图书室一律扩张,添招学生,增购仪器、图书、标本,更订教授、管理规则。即延陈宝琛为该堂监督,并添委稽查管理各员,于是年秋间开学。堂中应需经费,经奴才于张鸣岐之母李氏报效公款项下,措拨银三万元存司储备陆续支用,曾经咨明京师学务处有案,此师范学堂初次成立之情形也。"①这是光绪三十二年(1906 年)五月二十八日,闽浙总督崇善《奏陈闽省设立师范学堂先后办理情形折》中的陈述。在全闽师范学堂的创办中,陈宝琛显然是开创者。

　　1903 年 12 月 12 日(农历十月廿四日),全闽师范学堂正式开学,由陈宝琛任学堂监督。②

　　全闽师范学堂是福建第一所现代中等师范学校,也是福建现代师范教育的嚆矢。

　　全闽师范学堂创办后,陈宝琛在东文学堂基础上添招学生,更聘教员,确定教学科目。他将原东文学堂讲堂、自习室、宿舍、操场、休息室和图书室向外扩张,购买新的仪器、图书和标本,重新订立教授管理规则。学校先设初级师范本科(即完全科)班,新招举、贡、生、监等读书士子入学,为初级师范第一班,学制四年;将原有东文学堂留下的学生编为初级师范科特班。学校初建时,有教职工 13 人,其中教员 6 人,职员 7 人,有科举出身的,也有留学海外的。陈宝琛亲自为全闽师范学堂撰写训联:"化民成俗,其必由学;温故知新,可以为师。"强调教育担负着促进社会进步和提高全民族素质的重要作用。学校的发展方向是"培养师范、政治、实业、翻译各种人才"③,强调人才培养的多样化,既培养师范人才,也培养其他方面人才。

全闽师范学堂的组织机构与师资

　　全闽师范学堂甫一创办即设立健全的组织机构。学校设监督一员,教务长一员,庶务长一员,斋务长一员。教务长下设教员、助教员若干员,管书一员;庶务长下设文案一员,会计官一员,杂务员一员;斋务长下设监学若干员,检查员一员。监督即校长,监督领导全校教职员,主管全校事务。监督可以随时改定学规,负责最终核查学校经费;校中发生重大事,如无校规可循,由监督随时定夺。学校具体教学事务由教务长管理。教务长负责功课学科的核定设置,教科书的审定采用;商量决定功课时刻表,总结核定学生功课成绩,调查教员课业和学生学业方面的勤惰事;将各种教务和教室、教具设备的使用方法告诉给教习和庶务工作者;指导教务文书和表簿的起草、整理、保存。教习受教务长管理。庶务长维持学校内的规则,专门管理学校内一切庶务,具体包括管理校内一切公文和经费记录;管理和看守校印,整理和保存所有的调查表簿;聘请外国教习和处理外来公务;校员的升降、进退,学生的进退情况揭示;综合制定统

① 福建师范学堂一览[M].铅印本.1909:7.
② 关于全闽师范学堂的创办人,《福建师范教育史》《闽都教育史》等著作的表述均因古文句读之误而出现领会错误。闽浙总督崇善《奏陈闽省设立师范学堂先后办理情形折》中,第一句即为:"奏为闽省设立师范学堂先后办理情形恭折具陈仰祈圣鉴事",因句读原因,将"恭折具陈,仰祈圣鉴事"理解为"恭折具,陈仰祈,圣鉴事",将陈仰祈误为人名,故才有全闽师范学堂系闽浙总督仰祈与陈宝琛创办的表述。崇善作为闽浙总督,以官方身份主张和支持全闽师范学堂创办,真正的创办人应该是陈宝琛等福建地方士绅。
③ 福建师范学堂一览[M].铅印本.1909:7.

计报告一览和日记诸记录;商议制定变更各种规则,审查学生在校行为和学生修业、旅行、毕业礼等;检查堂舍物品和校内外的设备等。斋务长主要是维持斋舍的所有规则,内容包括检查学生在宿舍房间内的行为,负责全部斋舍卫生情况检查及学生请假,警戒防备斋舍内有危险的地方、设备和物品并及时通知庶务工作人员。学校另外还由教员或副教员兼任监学官和检察官。监学官的职责主要包括考查学生的勤惰情况,要求学生按规则行事,稽查学生出入斋舍的情况,监察学生宿舍内轮流值日情况,管理学舍丁役等。检察官的职责包括协同监学官检查校内饭食和汤水,要求保持清洁,检查学生的被服帐褥、操衣和制服按要求保持整齐,督促丁役清洁斋舍等地方,视察校内日常卫生清洁,检查学生体格,对学生临时生病进行处置,照看休疗室,核定生病学生缺课请假日期等。

学校还设有专门机构评议会,为监督咨询学堂内重要事项而专门设置。评议会成员包括本校各管理员和附属学校的办事官、教务长、庶务长、斋务长等。评议会的议长为监督,评议员如有特别的评议事项,需要五人以上同意,可准请监督开会;评议时由教务长或庶务长或斋务长一人阐明评议事项,获得多数评议员同意并得到议长许可,就可以在会议上讨论决定;评议会的评议记录由庶务长保存。

全闽师范学堂创办之初,教师以原东文学堂教师为主,后随着办学规模不断扩大,学校主动向社会各界延揽人才,形成了一支高质量的教师队伍。全闽师范学堂的教员主要由几种群体构成:一是曾经考中进士或举人的士绅,主讲经史和文学;二是从船政学堂等新式学校毕业的新式人才,主讲新设学科;三是延聘以日本人为主的外籍教员,主讲外文和新设学科;四是留学归国人才和由学堂选派出国深造的人才。学校重视外籍教员的管理监督,一律签订合同协议。合同内容列举如下:外籍教员上课方面的事情要随时和教务长商量办理,如有异议,要经教务长转达给监督,由监督采择施行;外籍教员所任教科目的教授,务必要按照学堂的规定行事;每学期编订课程表前要先与教务长商定妥善后,呈交给监督核准;外籍教员每学期按照编订好的内容授课,还要专门将教授内容编订成书,呈交给教务长以备检核;外籍教员教授学生要尽职尽责,如果下课后学生仍有不明白的地方可以到教员室请教;外籍教员要严格遵守学部颁行的学堂章程和学堂现行续订的各项章程;担任教授课程的外籍教员不得干预校内一切其他事务;等等。合同分为汉文和洋文两份,双方各执一份;如果有疑惑,以汉文合同为准。从合同里我们可以清楚看到,外籍教员的权利局限在课堂内,不允许外籍教员插手学校事务,教育主导权牢牢把握在学校手中。当时,正值帝国主义加深对中国侵略的时期,强调教育主权、自主办学,对维护中国教育权有重要的意义。

全闽师范学堂的招生与课程设置

1903 年,全闽师范学堂将原东文学堂留下的 16 名学生编为初级师范特班;同时另招一批学生编为初级师范本科班;光绪三十年(1904 年)正月招收初级师范本科一班。之后,初级师范特班学生多数被派往日本留学,特班剩余学生和光绪二十九年(1903 年)十月及光绪三十年

(1904 年)正月所招的两个班合并,名为初级师范第一班。光绪三十年(1904 年)八月所招的班级定名为第二班。两个班级均为三年制。光绪三十一年(1905 年)十月招收初级师范第三班,为五年制。初级师范本科虽已开设,但学习年限太长。此时全省许多县已设立小学堂,师资非常缺乏,初级师范本科学生无法缓解现实情况。因此,学堂决定开办初级师范简易科,缩短学习年限以应需要。"遵照《奏定学堂章程》另设师范简易科,檄饬各府州县咨送就地之举贡生监到省合班肄习,专设初等小学教授、管理各法,定期一年毕业,计送到学生约二百余人,于三十一年春间开课,并在该堂左侧空地建筑附属小学堂及女子师范传习所各一区。"①光绪三十一年(1905 年)正月,各县选送品学兼优的秀才或童生前来学习,简易科第一班开学。闽浙总督崇善在给朝廷的奏折中称之为全闽师范学堂的第二次扩充。②

全闽师范学堂创办以初级师范教育为主。在课程设置上,遵照《奏定学堂章程》即"癸卯学制"中的《初级师范学堂章程》。完全科按 5 年制规划课程,除修身、读经和中国文学等传统课程外,更多为现代教育和现代社会需要之新式课程。

完全科共设置 15 门课程(见表 1-1-1):

(1)修身。以陈宏谋《五种遗规》为教材。

(2)读经。讲读《春秋左传》《周礼》两经。

(3)中国文学。包括文义、文法和作文三部分。

(4)教育学。讲授教育史、教育原理、教育法令及学校管理法,并进行"实事授业",即教育见习和实习。

(5)历史。讲授中国史、亚洲各国史、欧洲和美洲史。

(6)地理。讲授地理总论、中国地理、外国地理和地文学。

(7)算学。讲授算术、代数、几何和簿记。

(8)博物。讲授植物、动物、人身生理和矿物。

(9)理化。讲授物理、化学及其教学法。

(10)习字。学习楷书、行书及小篆。

(11)图画。讲授和练习自在画和用器画。

(12)体操。包括普通体操、兵式体操。

(13)外国文。学习日语和英语。

(14)农商工业。讲授农业、工业、商业基本知识。

(15)乐歌。学习音乐。

完全科在讲授本学科专业内容的同时,都必须讲授本学科"教授之次序法则",即学科教学法,并要求进行一定的实验、实习和练习。

简易科学制短,课程设置在完全科基础上进行精简,总计 9 门课程,即修身、教育、中国文学、历史、地理、算学、格致、图画、体操(见表 1-1-2)。

---

① ②　福建师范学堂一览[M].铅印本.1909:9-14.

表 1-1-1　全闽师范学堂完全科教学安排表①

科目	第一学年	第二学年	第三学年	第四学年	第五学年
修身	1	1	1	1	1
读经	8	8	8	8	8
中国文学	3	2	2	2	2
教育学	4	6	7	12	13
历史	3	3	3	1	1
地理	2	2	2	2	1
算学	3	3	3	3	3
博物	2	2	2		
理化	2	2	2	1	
习字	2	1	1	1	1
图画	1	1	1	1	1
体操	2	2	2	2	2
外国文	2	2	2	2	2
农商工业			1	1	1
乐歌	1	1	1	1	1
合计	36	36	38	38	37

表 1-1-2　全闽师范学堂简易科第一学年教学安排表②

科目	周学时	课程及课程内容
修身	2	陈宏谋《五种遗规》选讲
教育	12	教育原理、教授法、管理法、教育制度,并结合到附属小学堂实习
中国文学	2	平易雅驯古文,日用书牍记事文,论说文,兼习官话
历史	3	中外历史基本知识
地理	2	中外地理基本知识
算学	6	加减乘除、分数、小数、比例、开方
格致	3	理化、博物示教
图画	2	自在画及用器画
体操	4	普通体操、兵式体操
合计	36	

全闽师范学堂创办初期,因福建中小学师资紧缺,在学制上实际实行 4 年制。闽浙总督崇

---

① 福建师范学堂一览[M].铅印本.1909:267-268.
② 福建师范学堂一览[M].铅印本.1909:269.

善在奏折中即已言明:"以闽省需用教员甚亟,学生毕业期限定为四年,前二年授寻常小学师范功课,后二年授高等小学师范功课。"①

全闽师范学堂课程设置体现几个特点。一是强调维护统治阶级利益,维护封建伦理道德的政治教育课程被列为首要课程,其周时数为各学科课程之冠。二是体现鲜明的师范性特征,重视开设教育类课程,教育史、教育原理、教育法令、学校管理法等课程在学科中占比很大,而且很重视教育见习和实习。三是重视全科型人才培养,要求初级师范生具有人文社科和自然科学等多方面的知识,能胜任多门课程的教学。四是重视技能培养和训练,习字、图画、体操、乐歌等均作为单列课程对待。五是每周授课时数较多,学生自习、自学时间偏少,学习负担较重。

光绪三十二年(1906 年)五月,全闽师范学堂改名为"福建师范学堂"。在培养初级师范的同时,学堂还根据全省各州县实际情况和师资需求,进行优级师资培养。被选入初级师范学习的学生原则上要求是高等小学堂毕业生,被选入优级师范学习的学生原则上要在初级师范或者中学堂取得毕业证,优级师范选科要求学生曾在中学二年级以上学习或者是简易科毕业生。简易科要求学生为各府州县举贡生,年龄在二十岁以上、三十岁以下,品行端正谨慎,文理清楚,文句通顺。经过考核准入的学生需要上交正副保证人出具的保证书、入学意愿书和履历书各一份。入学意愿书上明文规定,如果因懈怠学习和错误行为而被学校开除,或者毕业后不能履行服务义务,要照章归还学费。全闽师范学堂创办之初,小学堂和中学堂刚刚兴起,没有毕业生,初级师范的生源"须选本省内各州县之贡廪增附监生"②。截至清末,全闽师范学堂(福建师范学堂)共开设了初级师范本科 7 个班级,简易科 15 个班级,优级师范理化、博物、史地和数学 4 个班级,博物本科 1 个班级。此外,还开设了初级师范体操专修科 2 个班级,音乐专修科 1 个班级,宣统三年(1911 年)四月附设单级教授练习所 1 个班级。

全闽师范学堂创办经费以官办经费为主,也接受社会捐赠。学堂固定经费主要来源于藩库、财政局、学务公所和完全科、简易科学费。学堂初办时,"学堂房屋皆乃旧贯,并未如式另建,图书仪器之属亦不齐备"。崇善、陈宝琛等创建者积极鼓励社会捐助,向地方士绅、商贾募捐。"张鸣岐之母李氏报效公款项下,措拨银三万元存司储备陆续支用。"③"其推广简易科及筹办优级选科一切增建校舍则取于林庆纶所捐四万两,及关务处特别增筹备五万两之款。添置博物标本理化器材等项,则取于郑善锦所捐一万两。"1905 年,福建教育总会成立,陈宝琛为会长。福建教育总会成立后,即敦促福建政府给全闽师范学堂拨款。经过福建教育总会的不懈努力,藩库拨款数额有了明显增加,财政局也开始向全闽师范学堂拨款。1907 年,福建师范学堂开办优级师范选科,学务公所也在此期间向其拨款。由于官办经费逐年增多,社会捐赠力度日益加大,学堂由初办时 100 人的规模,不断扩大,校舍也不断增建。运动场、教室、办公室、礼堂、图书馆、实验楼、宿舍、膳厅、浴室、自习室、亭台楼阁等,一应设施基本具备;教育教学所需之图书、教具、仪器、化学药品、动植物标本、体育器材、美工设备等,也大多配备完善。一所初具规模的新型师范学校在短短几年内就立于福州风景名胜区乌石山上。

---

①　福建师范学堂一览[M]. 铅印本. 1909:9-10.

②　朱有瓛. 中国近代学制史料:第二辑下册[M]. 上海:华东师范大学出版社,1989:235.

③　福建师范学堂一览[M]. 铅印本. 1909:8,19.

全闽师范学堂创办人陈宝琛

陈宝琛(1848—1935),字伯潜,号弢庵、橘隐,晚号沧趣老人、听水老人,福建闽县(今福州市螺洲)人。咸丰十年(1860 年)13 岁中秀才,同治四年(1865 年)18 岁中举人,同治七年(1868年)21 岁成进士,选翰林院庶吉士,同治十二年(1873 年)派任顺天乡试同考官。光绪元年(1875 年)擢升为侍讲,光绪五年(1879 年)升任甘肃乡试正考官,光绪六年(1880 年)授右春坊右庶子及武英殿协修、纂修、总纂、提调,国史馆与功臣馆协修、纂修。光绪七年(1881 年)授侍讲学士,次年简放江西乡试正考官,不久转任江西学政。光绪九年(1883 年),升内阁学士兼礼部侍郎衔。陈宝琛入翰林院后,与左庶子张之洞、侍讲张佩纶、侍郎宝廷交厚,四人意气相投,不避权贵,直言敢谏,时称"清流党",又称"枢廷四谏官"。光绪十一年(1885 年),陈宝琛因"荐人失察",被降五级调用处分。适逢其母病逝,丁忧回籍,从此闲放家乡 25 年之久。

陈宝琛谪居故里期间,与地方士绅一起专力于地方教育事业。先与乡绅合办陶南书院,后于光绪二十一年(1895 年)出任福州鳌峰书院山长,从事办学活动。光绪二十二年(1896 年),与陈璧、林纾等人创设苍霞精舍,这是福建最早开办的新式普通教育学堂。光绪二十四年(1898 年),与陈璧、力钧、孙葆瑨等联合创办以学日文为主,兼学汉文的福州东文学堂,这是福建在戊戌变法期间首设的新式中等专业学堂,陈宝琛任学堂主理兼总董。光绪二十九年(1903年),闽浙总督崇善与陈宝琛商定将东文学堂改组扩充为官办全闽师范学堂,后又开办优级师范选科,陈宝琛为学堂首任监督,这是福建第一所培养中小学师资的现代师范学校。光绪三十一年(1905 年),陈宝琛兼任福建高等学堂监督,这是福建第一所大学预科程度的学校。光绪三十二年(1906 年),福建官立商业学堂成立,陈宝琛兼任首任学堂监督,这是福建现代第一所中等商业学校。宣统元年(1909 年),陈宝琛奉诏开复原缺,重入仕途。宣统三年(1911 年),陈宝琛为毓庆宫授读,成为"帝师"。辛亥革命后,陈宝琛仍效忠清室,矢志不移,因撰写《德宗本纪》和《德宗实录》,加封太傅。1931 年,溥仪在日本人的诱使下就任伪满洲国,走上背叛中华民族的道路,陈宝琛多次力劝,未有成效,但自己并未随行。之后,他数次赴东北劝溥仪不可成为日本之傀儡,虽终未成功,但保全了自己一生爱国名节。1935 年,陈宝琛因病逝世于北京寓所。

陈宝琛是清末著名教育家,也是福建现代教育的奠基人,更是福建现代师范教育的开拓者。陈宝琛笃信教育救国、实业救国,谪居故里 20 余年,致力于兴办闽省教育。他一生"务以培人才、广教育为职志"[①],强调学以致用,"崇实学以励人才",主张任用学有专攻的学堂毕业生和留学生;不但注重办普通中小学教育和学前教育,还着力于办职业教育和师范教育;不但加强全日制的学校教育,还重视成人教育和社会教育。作为旧式知识分子,他积极倡导新式教育,热衷于创办新式学堂、新式学校;积极宣传和推广中西文化交流,相信"文明新旧能相益,心

---

① 卞孝萱,唐文权.辛亥人物碑传集[M].北京:团结出版社,1991:660.

理东西本自同"①，主张东西方新旧文化应当互相补充，互相包容，兼收并蓄，相互交流。他重视人才培养，重视师范教育，认为"师资根基在于师范"，"世变急，非兴学育才，无以相济也"，在时局多变、国家多难时刻，只有通过办学校、育人才才能救国救民于水火。他在全闽师范学堂开学典礼的演讲中强调："国家之盛衰强弱，全视国民之智愚贤否。学堂固所以造就人才，然必先使人人知义理，人人知爱护国家，人人能自立，而后国民之资格始备，而人才亦出乎其中。故学堂必以小学为最急，顾安得无数师资，为七十余县普开其知觉哉！诸生今日来学师范，后来即为国家担当教育责任。自治其性情，而后能治人之性情；自励其志节，而后能励人以志节。吾闽数年后之学风，方于诸生眷之，谁谓皋比非事业耶。"②在全闽师范学堂的课程设置上，他重视学生能力的培养和训练，将强化学生技能提到重要地位，主张学生不但要会教书育人，还要具备工、商、农等实业能力。他重视师范生的实践和实训，创办全闽师范学堂后即着手创办附属小学，为学生提供实践实训基地。他重视女子教育。1905 年，他与妻子王眉寿即在全闽师范学堂基础上，开办"福州乌石山女塾"，开闽省女子教育先河。光绪三十二年（1906 年），他又在全闽师范学堂中开设女子师范传习所，在福建女子师范教育中有开创作用。全闽师范学堂创办伊始，就聘请外籍教员，且课程设置、教材等也多学习和取法日本等国之经验，但他始终结合国情，重视传统文化教育，坚持中国文化之"体"、西学之"用"的原则，在办学方向和学校管理方面，始终注重掌握教育的主导权和国家的主权。尤其在聘请外籍教员上，他强调外籍教员不得干预学校事务，要服从学校的领导和监督。

陈宝琛毕竟是一个在浓厚的封建思想、封建礼教熏陶下走出来的旧式知识分子，有着鲜明的时代局限性。在他的教育思想、教育理念和教育实践中，封建思想、封建社会的陈规旧习始终是他执意坚持和遵守的准则。在教育中，他始终将"忠君"放在第一位，将几千年来封建的经典规程作为学生安身立命的根本，封建礼教是学生必须遵循的准则。在其所办学校的课程设置中，"读经讲经""人伦道德""群经源流"等符合封建制度需要的课程，时数最多，所占比例最大。这说明陈宝琛的思想倾向有明显的两面性和复杂性，既有开拓革新的一面，又有封建保守的一面，是一位比较复杂的历史人物。

第三节　全闽师范学堂的衍变与分化

易名福建师范学堂

1903 年，随着《奏定学堂章程》即"癸卯学制"的正式颁布并实行，全国宣告"废科举，兴学堂"，与私塾、书院等传统教育模式不一样的现代教育体系，在中国普遍建立起来，各式新型学校如雨后春笋在中华大地涌现，社会对新型人才的渴望强烈，要求更高、更多，新式学校的类型

---

① 陈宝琛为哈佛大学燕京学社撰写的对联，此联至今还挂在哈佛大学燕京学社会议室。
② 福建师范学堂一览［M］. 铅印本. 1909；15.

也日益多样化、层次化。

全闽师范学堂作为福建师范教育之嚆矢,从创办之初,其衍变与分化就在进行着。

1903年12月12日,全闽师范学堂开学,设初级师范本科(即完全科)、初级师范特班两个班。本科为新招学生,特班为原东文学堂留下的学生。光绪三十年(1904年)正月和八月,又各招收初级师范本科班。除在福州招收外,各府县还按额保送,经考试合格予以录取。一年多后,由于福建各县小学堂新式师资奇缺,而现设完全科学生学制较长,学校便在光绪三十一年(1905年)春增设初级师范简易科,大量招收全省各县品学兼优的秀才或童生入校肄业,学制1年至2年。为扩大校舍,充实师资,同在乌石山的致用书院全面并入全闽师范学堂,并加紧建设简易科教室和学生宿舍。

完全科、简易科和特班的招生设置,符合"学部各项学堂招考限制章程之规定"。"初级师范学堂应尽高等小学堂毕业学生,及与高等小学堂毕业程度相等之学堂毕业学生升入肄业。惟现今需用小学教员甚急,暂准招考年在十八岁以上,二十二岁以下,已读四书五经文学,确有根底者入堂肄业。先入预科二年,实习各项普通课程,准其升入本科,将来各高等小学堂毕业学生渐多,即将此例停止。""初级师范简易科为应小学教员之急需而设。暂准招考有中学根底,略知科学,年在十八岁以上,至二十二岁以下之学生入堂肄业。惟此项简易科设立已多年之省份,应即停止。将所有经费合并一府或二府,开办初级完全师范学堂。其未经多设简易科之省份,应赶紧筹设,由学部于二三年内体察情形,分别令其停止。"[①]从1905年至1911年,一共招收简易科15个班,其中2个班是2年制,1个班是半年制,其余均是1年制。简易科的设立,为临时缓解福建各小学师资紧缺现状作出重要贡献。

光绪三十二年(1906年)五月,全闽师范学堂改名为"福建师范学堂"。在设置简易科招收速成初级小学师资的同时,学堂还根据全省各州县小学教育的实际情况和师资需求,进行多层次、多形式的师资培养。学堂在1906年设置体操专修科,培养小学体育师资,学制1年,当年招收2个班学生。1907年,学堂设置音乐专修科,培养小学音乐师资,学制1年,当年招收1个班学生。1911年,学堂设置单级教授练习所,作为小学教师的应急培养机构,学制1年,招收1个班学生,毕业后可以担任小学副教员。

《奏定学堂章程》即"癸卯学制"实行,各地不但热衷于创办各级小学堂,也热衷于创办各级中学堂。中学师资也同样面临紧缺。国文、读经、修身等课程师资尚可从科举出身人员中选拔,英语日语等课程师资也可从船政学堂毕业生或教会设立之学堂中选拔,而理化、博物、数学、史地、美术等师资则无从获得。培养中学师资也顺应成为全闽师范学堂的重要职责。全闽师范学堂创办的第二年,陈宝琛等创办者和管理者就筹划增设优级师范科。光绪三十年(1904年),特派庶务长林柏棠、斋务长王孝绩赴日本考察高等师范规程。光绪三十二年(1906年),又派王孝绩和会计官许中杰赴日本,考察日本高等师范学校校园规划建设等事务,同时开始计划建设优级师范科教室和宿舍。光绪三十三年(1907年)正月,优级师范科成立,

---

① 学部奏准各项学堂招考限制章程折(附)各项学堂分别停止招考及考选详细办法[A]//杨学为.中国考试制度史资料选编.合肥:黄山书社,1992:467.

将光绪三十一年(1905 年)十月所招初级师范第三班学生全部升入,另招收一班新生,并将一部分简易科毕业生分配进入理化选科和博物选科两班肄业。光绪三十四年(1908 年)正月,开办史地选科一个班。宣统元年(1909 年)十二月,开办数学选科一个班。由于师资紧缺,四个优级师范选科班学制都是三年。宣统二年(1910 年)正月,开办博物本科一个班,学制 4 年。闽浙总督向朝廷汇报福建师范学堂创办情形时,称之为全闽师范学堂创办以来的第三次扩充:"本年三月间接准学部来电,属推广师范简易科、选科、体操专修科等因,复经奴才督饬福建学务处司道会商师范学堂监督,拟将旧有师范简易科再行扩充,并将传习所学生归并教授,学生名额拟增至五百名以上,一面建造优级师范选科堂舍,拟俟原设师范学堂之头班学生及福建高等学堂学生毕业时,挑选品学较优者二百人入堂,分习优级历史、地理、博物、理化、算学各科功课。若届时选择学生未能足额,再于本省各学堂中选拔程度适合之学生充数。另附设体操专修科,专教体操、游戏、生理各法。应需开办常年经费,除将在籍候选道林庆纶前次报效师范学堂经费四万两拨用外,不敷银两另行设法筹措备用以济要需,此又师范学堂第三次筹议再行推广之情形也。"因初级师范培养小学师资,优级师范培养中学师资,福建教育界有时亦将福建师范学堂称为福建两级师范学堂,但在教育统计和上报中央学部时,仍然按福建师范学堂名称统计和上报。[①]

优级师范科的招生完全按照学部相关章程之规定。"优级师范学堂应考选中学堂毕业学生,初级师范学堂毕业学生,及与中学堂程度相等之学堂毕业学生升入肄业。自戊申年(1908 年)六月为始,不准招考未经各中等学堂毕业之学生。优级师范选科为应初级师范学堂及中学堂教员之急需而设,暂准考选曾在中学堂或与中学堂程度相等之学堂肄业满二年以上,及曾习初级师范简易科之学生,并举贡生经史文学有根底者入堂肄业。先入预科一年,再入本科。此项选科由学部体察各省情形,于二三年内分别令其停止。"优级师范科的招生标志着福建高等师范教育正式启动,此时学堂承载起既为全省初级小学、高级小学培养师资,也为全省各级中学培养师资的任务,其师资培养和教育使命的双重性,使其在福建获得了福建两级师范学堂的美誉,既是福建初级、中级师范人才培养的源头,也是福建高级师范人才培养的源头。"闽师之源"的荣耀是实至名归的,其奠基者和开创者的地位也是不可动摇的。

女子师范学堂的创办

全闽师范学堂创办之始,创办人兼监督陈宝琛就很重视女子教育。光绪三十一年(1905 年),陈宝琛在其夫人王眉寿推动下发起创办了"福州乌石山女塾",这是福州创办最早的女子学校。光绪三十二年(1906 年),陈宝琛在全闽师范学堂开设了女子师范传习所,成为全闽师范学堂的附属女学,该传习所亦由其夫人王眉寿任监督,掌管具体教授事宜,设在学堂附近的

---

① 　查 1907—1911 年间福建给朝廷的奏折,以及朝廷和福建地方政府的各种官方统计,都只有"福建师范学堂"名称。

刘氏园林。在办学之初招收了 60 名女学生,分为小教和保姆两个班;修业年限 4 年,每年授课时间 45 周,每周授课 34 学时。根据《女子师范学堂章程》,女子师范学堂修业年限为 4 年。所学科目为修身、教育、国文、历史、地理、算学、格致、图画、家事、裁缝、手艺、音乐、体操等。女子师范传习所的开设在清政府颁布《女子师范学堂章程》之前,是全国最早开设的女子师范传习班之一。光绪三十三年(1907 年),清政府颁布《奏定学堂章程》,允许女子接受学校教育。其中,《女子小学堂章程》明确,“女子小学堂以养成女子之德操与必须之知识技能并留意使身体发育为宗旨”。《女子师范学堂章程》明确,“女子师范学堂,以养成女子小学堂教习,并讲习保育幼儿方法,期于裨补家计,有益家庭教育为宗旨”。抓住清政府颁布《女子师范学堂章程》这一大好时机,陈宝琛大力发展女子师范教育。首先,扩大招生规模。1907 年,在原先只有两个小班的基础上,女子师范传习所扩大招生规模,原校舍刘氏园林已难容纳现有学生,遂搬迁至光禄坊玉尺山房作为新校址。其次,增加教育经费。陈宝琛每月从其主持的全闽师范学堂中划拨 400 元作为女子师范传习所的专项经费。最后,完善教学课程设置。一方面,响应清政府女子师范教育的宗旨,将女子师范传习所分为保姆班和小学教员班;另一方面,在教学课程设置上,既有家政、裁缝及手工等实用性课程的开设,也有教育学和数学等新式课程的设置,还有体操、唱歌和图画等文艺性课程的列入。宣统元年(1909 年),陈宝琛赴京就职之后,女子师范传习所依然循正常轨道发展。当年,省提学司将女子师范传习所升级为各种办学条件更加完备的“福州女子初级师范学堂”,聘请福建师范学堂监督潘炳年兼任福州女子初级师范学堂监督,并附设幼稚园,作为学生实习场所。福州女子初级师范学堂成为福建最早的、独立的、女子师范学校。可以说,在陈宝琛夫妇的共同努力下,福建女子师范教育从无到有,从简陋到初具规模,并为接下来的发展奠定了良好基础。这是福建女子师范教育的起步,在福建师范教育史上具有开拓性意义。

从女子师范传习所创办的宗旨和其课程设置来看,在清末这个大的社会背景下,对于女性人才的培养和教育也主要按照封建传统礼教、相夫教子等封建纲常来要求和约束女性,强调教育主要以培养女子的德操,以“讲习保育幼儿方法,期于裨补家计,有益家庭教育”为宗旨,而不是赋予女性独立的社会地位和走向社会的整体素质、实践能力。

1909 年,学校更名为福州女子初级师范学堂。1912 年,学校又更名为福州女子师范学校。现当代著名作家冰心(谢婉莹)亦于本年入福州女子师范学校预科学习。[①] 1914 年,学校再度更名为省立女子师范学校,时有教职工 46 人,学生 193 人。从 1906 年的女子师范传习所到 1909 年的福州女子初级师范学堂,再到 1912 年的福州女子师范学校,短短几年,作为“闽师之源”的全闽师范学堂再一次衍生出一所新型师范学校,使福建的现代师范教育在清王朝灭亡的最后时光逐渐完善起来,显示了闽师强大的发展潜力。

---

① 李新,孙思白,朱信泉,等.中华民国史·人物传:第一卷[M].北京:中华书局,2011:65.

全闽师范学堂清末办学成就概述

作为"闽师之源"的全闽师范学堂在清末总体完成了由近代学堂到现代学校的转型,为福建教育尤其是福建师范教育的发展作出重大贡献。第一,全闽师范学堂的创办是福建现代师范教育的肇端,开启了福建现代师范教育的新纪元。中国传统教育虽然一直存在和延续尊师重道的传统,但是从来没有专门培养师资的学校,没有实现教师的专门化、专业化、资格化。作为福建第一所和全国最早创办的师范学堂之一,全闽师范学堂的创办标志着福建教育进入了一个新的时代,即普通教育师资专门化、专业化、资质化的时代。第二,全闽师范学堂的创办和招生,为全省各地的中小学堂培养了大量的师资和管理人才,为福建普通教育发展作出重大贡献。在辛亥革命前,从全闽师范学堂毕业的各级各类毕业生近1500人,分布于全省各地,是福建各类中小学堂重要的师资力量和管理人才,尤其是初级师范简易科的开设和招生,适应了"废科举,兴学堂"新形势下专门化、专业化、资格化师资紧缺的社会需求,为福建普通中小学教育处于全国领先地位提供充裕的师资保障。第三,全闽师范学堂不但完成了由近代学堂向现代学校的转型,而且其多层次的办学实践和八年来不断的演变与分化,完善了福建师范教育的类型,成为真正意义上的福建师范教育的源头。短短八年间,全闽师范学堂通过初级师范简易科,为初级小学培养师资;通过师范完全科,培养高级小学师资;通过优级师范选科,为普通中学培养师资;同时还设立女子师范传习所,培养女子师范人才。全闽师范学堂是福建中等师范学校、福建高等师范学校的源头,也是福建女子师范学校的源头。"闽师之源"于全闽师范学堂名副其实,实至名归。

全闽师范学堂完全科一班毕业留影

全闽师范学堂职员与简易科学生合影(三明市档案馆提供)

福建师范学堂优级选科地理历史班毕业照

第二章　师范教育的改革与闽师

20 世纪初期,是中国社会由近代社会向现代社会转型的关键时期,社会发展进程的各个方面都对教育形成重要影响,尤其是 1911 年辛亥革命后,旧的封建社会体制被推翻,新的社会体制开始建立,整个社会处于大动荡、大变革中,封建与共和、传统与现代、专制与民主、陈腐与科学、忠君与自由等不断进行较量。虽然经历了种种曲折艰难,但整个社会始终是向前发展的。教育也在这一历史进程中进行着改革,向着更具现代性和适应现代潮流的现代教育方向发展。从 1903 年的"癸卯学制"到 1912 年的"壬子学制",中国现代教育初步形成一个全面完整的学制系统;1922 年,北洋政府公布了《学校系统改革案》,即"壬戌学制",中国教育基本上完成了现代化转型。在这一教育改革背景下,福建的师范教育事业和福建师范学堂在 20 世纪 20—30 年代发生了一系列改革和分化。

第一节　福建师范教育的改革

从福建师范学校到福建省立第一师范学校

辛亥革命后,政府要求所有学堂一律改称学校。1912 年 3 月,福建师范学堂自行改名为福建师范学校,"监督"改为"校长"。由于原优级师范博物本科和图画手工专修科的学生还在校学习,1913 年 4 月,学校改称为福建高等师范学校,下设高师科和中师科。当年底,高等师范博物本科学生毕业。

1914 年 8 月,教育部决定全国只设 6 所高等师范学校,福建不办高等师范,福建高等师范停止招生,福建高等师范学校改为福建省立第一师范学校。1915 年 7 月,图画手工专修科学生毕业离校,至此福建省立第一师范学校高等教育办学结束,完全成为以培养小学师资为主的中等师范学校。从光绪三十三年(1907 年)开办优级师范选科起,福建师范学校开展了八年半的高等教育办学,为福建高等师范教育开了先河,总计开设本科、选科、专修科等 6 个班,培养毕业生 238 人,为福建教育发展作出重要贡献,为福建各类中等学校、职业学校、师范学校提供了重要师资和优秀管理人才。

1915 年秋季,学校执行教育部《师范学校课程标准》,改革课程设置。1916 年秋季,学校执行教育部《修正师范学校规程》的课程标准。1917 年秋季,福建省立第一师范学校附设闽海道福宁师范讲习所。

师中合并与福建省第一高级中学①

  北洋政府于 1922 年 11 月 1 日以大总统令公布了《学校系统改革案》，又称"壬戌学制"。这个学制确立了我国小学、初中和高中的"六三三"教育制度，简称"六三三学制"。中国学制由"仿日型"转换成了"仿美型"。但这个学制"并不是盲从美制"，它是中国教育界经过长期的讨论和实践，最终集思广益的结果，是中国教育现代化发展到一个重要阶段的标志，对中国现代教育产生深远影响。新学制将师范教育纳入中等教育体系，提高了师范生的受教育水平，延长了修业年限，由旧制的预科 1 年、本科 4 年增加到 6 年。在师范学校教育的后 3 年实行分组选修制。一方面突破学历限制，实现对学生专业知识的培养，将科学知识学习与文化陶冶相结合；另一方面，减少必修科目，增加选修科目，以学分制的形式灵活适应不同学生的能力水平、兴趣爱好和发展需要。

  但"新学制"对于我国师范教育的影响更多是负面的。从 1912 年民国成立到 1922 年"新学制"的颁行，我国的师范教育虽然也出现过大的起伏，但总体发展态势还比较平稳。到 1922 年，全国有 385 所师范学校，在校生数达到 43846 人。"新学制"对师范教育制度的改革基本体现在种类得以增多、程度相应提高，而且设置灵活。但总体来看，"新学制"削弱或者取消了师范教育的独立性。例如，改师范学校 5 年制为 6 年制，后 3 年施行分组选修制；单设后 3 年的师范学校或于高级中学设师范科，或设两年制师范专修科；高等师范学校改为师范大学，并在大学设教育科。"新学制"主张设立大规模的综合性中学，让师范成为中学中与农、工、商并列的一科。"新学制"公布后，各地独立设置的师范学校大部分归为中学，而且某些省还依此取消了师范生的公费待遇，使得中等师范教育地位降低，丧失了其应有的独立性。正是在实施"新学制"这一背景下，全闽师范学堂在 20 世纪 20—30 年代间，经历了一系列的分合，其归属、地位、办学层次、人才培养、课程设置、招生规模、毕业生去向等，都受到重要影响，这个时期也是办学进程中最多变化的时期。

  1922 年秋季，教育部公布《学校系统改革案》后，福建省在修学年限、课程设置、招生等方面，遵令进行了改变。福建省立第一师范学校于 1922 年秋季开设六年制师范科。在课程设置上，新改革令将六年制的师范学校科目分为社会科、语文科、算学科、自然科、艺术科、体育科、教育科等七大类课程。七大类课程总学分 319 分，加上选修学分 11 分，总计 330 学分。1924 年春季，学校开始执行福建省教育厅拟定的新学制实施办法，并按新办法进行招生。

  由于《学校系统改革案》中规定高级中学可设师范科，普通大学设立教育科，并可以附设两年制师范专修科，在职业学校内设立职业教员养成科，这在全国引发了一场关于师范教育是独立设置还是与中学合并共办的争议。争议持续 10 余年，是实行学校建制以来关于教育问题的最激烈的讨论。也正是因为出现"师中合并"与否的争议，各省对于师范的设置没有统一的规

---

① 师中合并时期，因有多所学校并为一所学校，但在论述校史时，我们坚持只论述师范科办学情况，即福建省立第一师范学校办学情况，其他学校办学情况一般不涉及，其师资与培养的人才也仅涉及师范科师资和培养的人才。

定和时间进程,但总体上是按照"师中合并"的方向进行师范教育改革。所谓"师中合并"就是师范学校与普通中学合并,即模仿美国建立综合中学,兼顾升学和就业的双重需要,在综合中学里设师范科,施以专门训练。此举初衷是既增加学生的就业谋业能力,又提高小学教师质量。但照搬美国的做法并没有带来相应的效果,各地执行时往往避难就易、避重就轻,既没有取消独立的师范学校,也没有强制师范学校并入普通中学,只是允许综合中学增设师范科。"师中合并"在一定时期缓解了师资供求的矛盾,却付出了牺牲师范教育独立地位和专业标准的沉重代价。在"师中合并"上,最先进行改革的是浙江。1923年,浙江就启动"师中合并"工作,随即,广东、湖北、江西等省也逐步跟进。在全国"师中合并"大趋势下,1926年,福建教育界也开始酝酿和筹备"师中合并"工作。1927年3月,福建省教育厅命令福建省立第一师范学校、福建省立女子师范学校和福建省立第一中学、福建省立第二中学、福建女子职业学校、福建甲科商业学校高中部、福建公立法政专门学校预科等合并为一所学校,定名为福建省立第一高级中学,并以原福建省立第一师范学校所在的乌石山为校址。合并后的福建省立第一高级中学,分设普通科(即普通高中)、师范科、女子职业师范科、商科等;并以原福建省立第一师范学校的附属小学为第一附小,原福建省立女子师范学校附小为第二附小,此外还附设稚园第一部、第二部。

为适应《学校系统改革案》的要求和规模扩大后学校管理体制的需要,福建省立第一高级中学进行了一系列改革。在领导体制上,改校长制为校务委员会制,校务委员会由五人组成,校务委员由省政府直接任命。1928年3月,废除校务委员会制,恢复校长制。在机构设置上,由于合并学校多,专业方向多样化,学校下设科、系。学校根据学生培养方向和专业构成,设置普通科、师范科、商科等;由于师范科下专业多样,又设置有文史地系、理学系和艺术系。但在运行实践中,师范科设系又存在管理上的不统一。1928年,师范科撤销系一级设置,实行班级制。1928年秋季入学的新生就不再分系,而是分成甲乙丙丁四个班,其中丁班为女子班。在教学制度上,改学时制为学分制。根据教育部规定,学生每学期应修30学分左右,三年全程应修学分155~160分。而实际上,由于学分制系初次实行,在实际运行和操作中存在一系列弊端,影响学校日常教学安排和师资调配,学分制在实行一年多后被取消,学校重新恢复学时制。在课程设置上,师范科总体遵照《学校系统改革案》之要求,对师范课程进行重大改革。一是将师范科课程分为共同必修科和共同选修科两类。共同必修科有党义、国文、教育、外国语、科学原理、音乐、体育等门类,共同选修科有世界语、拳术、家事等门类。二是根据系的学科性、专业性,又分为系必修科、系选修科两类。在系必修科中,文史地系必须开设国文、历史、地理、化学等课程,理科系必须开设数学、物理、化学等课程;艺术系必须开设西画、中画、声乐等课程;在系选修科课程中,文史地系开设应用文、文学史、修辞学等课程,理科系开设大代数、微积分、解析几何等课程,艺术系开设写生、舞蹈等课程。

1929年,根据省教育厅指示,福建省立第一高级中学改名为福建省立福州高级中学,仍然实行校长制,学校规模进一步扩大,增设幼稚师范科和初中部。

师范独立设置与福建省立福州师范学校

1923年,全国渐次进行"师中合并"后,其弊端不断表现出来,尤其是对师范教育的削弱,引起社会各界人士的关注,进而推动关于师范教育改革的争议。据 1928 年出版的《全国教育会议报告》乙编归纳,"师中合并"存在的主要问题表现在:第一,师中合并以来经费不独立,设备不完全,师范生难得特殊之训练,而校内又无充分之教育空气,师范教育遂失其尊严;第二,师范生选修课程全与普通生同班,前者以养成教师为目的,后者以升学为宗旨,教员均注重升学目标,而忽视教师之训练;第三,师范生免费,普通科学生要缴费,引起普通科学生存轻视师范生之心理;第四,教育专业训练不集中,不易养成专业的兴趣及良好的服务态度,存在师范生不愿意当教师的现象。"师中合并"导致师范教育地位被削弱,师范学校的办学和招生出现严重滑坡。1922 年末"师中合并"前,全国计有师范学校 385 所,师范学生 43846 人;而到 1928 年"师中合并"后,全国师范训练机关仅 236 所,师范学生仅 29470 人。[①] 福建进行"师中合并"后,师范教育也受到严重影响。1928 年,福建全省有师范学校 9 所,在校师范学生 580 人;而到 1930 年,全省师范学校仅存 5 所,在校师范学生 336 人。合并后的福建省立第一高级中学,其师范性也有很大削弱。一方面,原来设置的科系被撤销,学业多样性受影响,与普通高中相同看待;另一方面,招生规模受到影响,呈萎缩趋势。

1928—1929 年,江苏等地大学和教育部门纷纷向教育部呈报提案,呼吁允许师范教育和师范学校独立。1929 年 3 月,国民政府《中华民国教育宗旨及实施方针》颁布,回应关于教育的争论,规定全国师范学校在可能的范围内独立。针对师范教育,国民政府提出了具体的实施方针,"师范教育,为实现三民主义的国民教育之本源,必须以最适宜之科学教育及最严格之身心训练,养成一般国民道德上学术上之最健全之师资为主要任务,于可能范围内使其独立设置,并尽量发展乡村师范教育"。[②] 1932 年 12 月,国民政府颁布《确定教育目标与改革教育制度案》,确定师范学校脱离中学单独设立,师范大学脱离大学单独设立,师范教育机关分为简易师范学校、师范学校和师范大学三种,均由政府办理,师范学校与师范大学不收取学费。同时,由政府制定的《师范学校法》公布。1933 年 3 月,教育部配合《师范学校法》颁布《师范学校规程》。1934 年 9 月,教育部再公布《师范学校课程标准》;1935 年 6 月,《师范学校课程标准》进一步修订后再颁布。1935 年 6 月,《修订师范学校规程》实施,规定师范学校的培养目标在于,"锻炼强健身体;陶融道德品格;培育民族文化;充实科学知能;养成勤劳习惯;启发研究儿童之兴趣;培养终身服务教育之精神"。[③] 政府通过细化师范教育培养目标,初步明确了中等师范教育的培养方向,对师范生的培养起到了标准化和规范化的作用,同时突出中等师范教育的特点,使得中等师范教育在民国时期始终保持较为一致的发展,为当时初等教育输送了大量合格的师资力量。

经过 1922 年至 1935 年间的教育改革和讨论,我国师范学校的办学宗旨、机构设置、经费来源、课程开设、教学气度,以及简易师范的开办设立等师范教育的重大事项,都基本上以法规形式明确规定。至此,我国独立设置的师范教育体系正式确立。

全国师范教育的改革和福建师范教育的滑坡在福建教育界引起很大震动,"师中分立"的呼声越来越高。较早响应"师中分立"的就是省立福州高级中学。1931 年 8 月,省立福州高级

① 中国第二历史档案馆.中华民国史档案资料汇编:教育(一)[M].南京:凤凰出版社,2013:532-533.
② 李国钧,王炳照.中国教育制度通史:第七卷[M].济南:山东教育出版社,2000:74.
③ 中央教育科学研究所教育史研究室.中华民国教育法规选编:1912—1949[M].南京:江苏教育出版社,1990:490.

中学师范科独立出来,成立福建省立福州师范学校。学校的普通科、商科停止招生,专办师范科,校址仍在乌石山。在省立福州师范学校恢复建制后,省内其他师范学校也陆续独立,恢复建制。福建师范教育进入新一轮发展时期。至 1935 年,福建全省各类师范学校计有 17 所,各类在校师范学生达到 1707 人。

1933 年 7 月,福建省政府专门召开会议,讨论全省师范独立设置等问题,要求设在高中之师范科应独立为师范学校或改办高中普通科;发展乡村师范学校,但只办简易师范科;师范学校附设之初中部应改为独立初级中学;全省分为四个师范区统筹师范学校管理和招生,每个师范区设立一所省立中等师范学校和一所省立乡村师范学校。根据省政府要求,省立福州师范学校附设初中部改为福州初级中学,暂附在省立福州师范学校内;省立福州师范学校分属闽海师范区,同属闽海区的师范学校还有省立福州乡村师范学校、霞浦初中附设简易乡村师范科。至 1933 年底,省立师范学校全部恢复独立建制。

全国关于师范设立的讨论促进了师范教育的规范化、制度化,强化了师范教育的地位,对各类师范学校的发展有很大推动。福建省立师范学校独立建制后,省教育厅加强了对师范学校的管理,要求师范学校认真执行有关师范教育的各项法规政令。1932 年 12 月,福建省立福州师范学校执行国民政府公布的师范学校 17 条。1933 年 7 月 22 日,省教育厅召开省立师范学校校长谈话会,决定在省立师范学校附设体育科和劳作科,省立福州师范学校随即附设。1934 年,省立福州师范学校增设社会教育师范科。1935 年,省立福州师范学校又根据全省体育教师欠缺情况,增设体育师范科。由于具有地处省城的优势及悠久的办学历史、优良的教学资源、较完备的教学设备、较完善的专业结构、较齐全的管理机构,在没有实行全省师范统一办学前,省立福州师范学校已经是全省规模最大的师范学校。

福建师范教育改革与福建省立师范学校

从 1933 年秋季学期开始,省立福州师范学校执行省教育厅关于师范科毕业生必须经过厅统一进行的学科考试和实习考试的规定。省教育厅要求各师范学校,必须按照教育部《师范学校课程标准》开设所有规定的课程,所以自 1933 年秋季学期开始,省立福州师范学校遵照省教育厅要求,按照《师范学校课程标准》对全校各年级开设课程进行调整。

一所学校的发展兴衰、设立分合,任何时候都与时局密切相关,都与教育管理部门的决策密切相关。20 世纪 30 年代,日本侵略者步步紧逼,不但导致东北的沦陷,也将华北、华东日渐置于抗日前线之中。20 世纪 30 年代的福建,是时局最动荡的时期,日本侵略、军阀混战、党派争斗等,对福建的政治、经济、文化教育事业等产生了重要影响。这些因素的叠加,使福建的师范教育相较于周边省份呈现一定的滞后现象。1934 年,福建事变后,陈仪主政福建,对福建教育进行了一系列改革。

1936 年上半年,省政府发布《二十五年度整理全省教育方案》,提出"师范教育为小学教育基础,与复兴民族关系至大,教育精神宜力求齐一训练,应以集中为原则"。1936 年 6 月 22 日,陈仪在总理纪念周作关于福建教育改革方案要点的报告中指出:"过去的师范学校,分散于各地,程度不齐一,设备不完全,每级人数不定额,而且教育的精神,学生的思想、意志不能集中统一,甚且有此校与彼校各树派别的恶现象。现在省立的师范,只要办一个,这些积习都有法破除,而可以负责去改进。"随即,省教育厅决定聘请曾留学日本的著名教育家姜琦主持全省师范学校合并工作,将全省中等师范学校集中统一办学,即将原省立福州师范学校、省立莆田师范学校、省立龙溪师范学校(二、三年级,一年级尚未招生),以及省立福州乡村师范学校(二、三年级,一年级尚未招生)、省立建瓯乡村师范学校(含高中年级)合并,命名为福建省立师范学校,通称"闽师"①。陈仪为福建省立师范学校题写训联:"齐一师资训练,发扬民族精神。"福建省立师范学校于1936 年 10 月 9 日正式开学,校址仍位于乌石山。姜琦任合并后的福建省立师范学校校长。

合并后的福建省立师范学校将各校二、三年级学生合并为 14 个班,另招一年级新生 7 个班,合计 21 个班;设三年制普通师范科、体育师范科、社会教育师范科和两年制幼稚师范科,以及第一、二、三附属小学和第一、二附属幼稚园;另在闽侯尚干乡附设简易乡村师范,设四年制乡村师范科和三年制社会教育师范科。全省师范合并后,福建省立师范学校共有教员 59 人,其中专任教员 45 人,兼任教员 14 人;学生 777 人,其中男生 533 人,女生 244 人;普通师范生618 人,体育师范生 43 人,幼师 60 人,社会师范生 56 人。由于多所师范学校合并,福建省立师范学校组织机构庞大,校长之下设有校务委员会、教务处、训育处、事务处;校务委员会下设训育、经费稽查、健康教育、招生、实习指导、校景布置、消防演习、出版、地方教育指导委员会、初等教育研究会、军事训练队等;教务处下设教务课、出版课、图书课;训育处下设训育课、体育课、校医;事务处下设事务课、会计课、文书课;各课之下还设有若干股。

由陈仪主导的这次全省师范合并,在合并之初就引起福建教育界讨论。尤其是合并过程中,一系列不利于师范教育发展的问题暴露出来,"师范教育不宜集中办理"的观点渐渐成为社会共识,即便主张合并的校长姜琦,也认为全省师范教育还是各区分散办理更好。

当时,关于"师范教育不宜集中办理"的讨论,主要有以下观点:第一,师范教育除具有师范性,必须一起训练外,还具有地方性,师范教育办在各地区,更利于培养地方需要的人才。第二,师范学校除培养小学师资职能外,还兼备辅导各地教育之责任,集中办理师范教育,违背各地教育机会均等和普及义务教育之精神。第三,师范教育集中办理,招生上存在诸多不便,致使许多贫困县和山区农村考生无法前来报考,对于解决贫困落后地区师资无补。第四,集中省城办学,师范生专业思想不易巩固,毕业生不愿意到偏僻山区任教。第五,集中办学,学校合并,班级减少,导致部分师范教师失业。第六,集中的目的是齐一训练,但全省各地师范学校教学条件和学生水平程度不一,给集中上课、齐一训练带来诸多不便。第七,集中省城办学,不能发挥各地办学的积极性,且全省只有一所师范学校,招生有限,不能解决全省师资紧缺问题。

1927 年至 1937 年间,全国和福建围绕师范教育进行的一系列改革和采取的各种行政措施,都深刻影响福建省立第一师范学校。这 10 年间,学校经历了一系列分分合合,校名也几度更改;在一系列的师范教育改革和一直没有停顿的种种行政决策中,学校既发展壮大,也面临许多挫折和困境。总体上,这 10 年间,福建省立第一师范学校作为全省师范教育的领军学校

---

① 檀仁梅,庄明水.福建师范教育史[M].福州:福建教育出版社,1990:00.称省立福建师范学校为闽师,有两层含义。 是省立福建师范学校是合并全省师范学校而组建的新学校,可以称为闽师;二是省立福建师范学校传承延续全闽师范学校历史沿革,亦可以称为闽师。

和龙头地位得到巩固,为福建师范教育的发展和小学师资的培养作出重要贡献。

第二节　闽师在福州

乌石山与闽师

闽师自办学伊始,校址就设在福州乌石山。乌石山以花岗岩为主体,山体花岗石经风雨侵蚀而发黑,福州话称"黑"为"乌",故称乌石山,俗称乌山。乌石山位于鼓楼区古城西南隅,与于山互为犄角,拱卫着福州古城南门。唐天宝中,敕称"闽山"。乌石山海拔 85 米,占地 25 公顷,山石挺拔多姿,千岩竞秀,自然景观原有三十六奇,如东峰的放鹤亭、坐禅台、天台桥,西峰的般若台等。全山遍布摩崖题刻,自唐至清保留 200 多段。历代文人学士、道士僧人、权贵谋臣、乡绅贤达都钟情于乌石山,留下众多历史遗迹。乌石山是福州城内不可多得的一处风景名胜,更是福州历史文化的象征,是福州文教的渊薮。在乌石山办学建校,一直是福州教育界和士绅心中的执念。正缘于此,闽师办学历程虽屡经波折,但一直选址于乌石山,既能延续古代书院多设在名胜之区的传统,又能让广大学子近距离感受福州的历史文脉。

从 20 世纪初至 20 年代,闽师可称得上是福州规模最大的一所新型学校。学校主体位于乌石山南面,校舍从山麓几至山顶,规模十分可观。东至城边街鲁班庙隔壁的东大门,西至白水井终点的附属小学大门,南至旧城墙,北面是校内最高的海天阁,距山顶的进香台只有数丈之遥。校舍东西相距一里有余,南北相距几百步,四面筑有围墙。从东大门到附小的西大门,建有雨盖过路亭,曲曲折折延伸里许。闽师虽然创建于清末,是在书院基础上改建而成的,但其新建校舍,总体上是按近代新型学校的规划要求设计修建,能够适应现代教育多科性、专业性之要求。

在东大门之内,是原来致用书院的校舍,书院后面为十三本梅花书屋。书院的南边和西边有一片较平坦的地,建有大操场、运动场、雨盖操场和大饭厅。大饭厅北面沿山拾级而上,建有 10 间排、6 间排、13 间排、8 间排 4 座 2 层楼学生宿舍。在学校中部建有 2 座红砖楼大教室及木工教室、金工教室、手工器具和成绩储藏室。各个教室内有理化仪器、实验用具、化学药品、博物标本挂图、史地挂图、大小地球仪,以及金工、木工、竹工等手工用具和参考书籍等,种类多样,琳琅满目,其数量之多质量之精,在全省中等学校中首屈一指。红砖楼教室的北面是图书馆,藏书几万册,供全校师生借阅;图书馆旁建一楼房,作为办公厅和会议室,后来扩建为可容千余人的礼堂,礼堂讲台前有陈宝琛题的训联"化民成俗,其必由学;温故知新,可以为师"。图书馆往北沿小路上山,有望耕亭、凛训堂、岁寒楼、江山如画楼等古迹,是范公祠、积翠寺等祠堂寺庙遗留的建筑,也是原福州东文学堂的校舍。再往上就是学校最高处的海天阁,是陈宝琛兴建的办公和休息之所。海天阁两边石壁上刻有"海阔""天宽"4 个大字,阁门口两旁悬有陈宝琛题写的对联:"海日宜晞发,天风与振衣。"自望耕亭至海天阁是学校的风景区,林木茂盛,楼阁参差,风景清幽,是学生温习功课、埋头读书的好地方。学堂西部筑有两层楼的教员准备室、办公室、楼长室、会议室等。再往西是几座木结构的两层楼房,楼房西边就是学堂的后门。出了后门是附属中学的所在地,建有四五座楼房和平房,以及大操场、雨盖操场和厨房、膳厅等,厨房和膳厅面积宽大,设有浴室、服务部等。附属中学的西边就是附属小学。从乌石山东麓的城边街到西麓的白水井,集大、中、小学三部于一个大校园之内,图书馆、实验室、生物室、体育室、音乐室、美术室、医务室、劳作工场以及邮政代办所、物品供应室……样样齐全,其规模之大,建筑之宏伟,风景之秀丽,在福州乃至全省都是无与伦比的。[①]

在 1938 年 3 月内迁山城永安之前,虽然校名几经变更,但福州乌石山一直是闽师的办学所在。师生们弦歌不辍,始终以饱满的热情和无畏的勇气参与到一次又一次的爱国主义运动中,一批又一批学子也不断从福州乌石山奔赴全省乃至全国各地,为教育现代化和社会的文明进步贡献自己的力量。

师生在五四新文化运动中的进步活动

随着清朝封建帝制的推翻和中国民族资本主义的发展,大批志士仁人积极探索古老中国救国强盛的现代化道路。进入 20 世纪后,中国向现代转型的进程加快,从 1915 年开始,一场规模宏大的新文化运动在全国展开。省立第一师范学校和福建省其他学校一样,出现了提倡民主科学、反对封建礼教的热潮。俄国十月革命胜利后,一些马列主义启蒙书刊开始在校内流传,师范生大多是穷人家庭出身,很快就接受了进步思想,并逐步激发了反帝反封建的爱国热情。1919 年春,省立第一师范学校正式成立了学生自治会,发行《师范校刊》,并代售由旅京福建学生联合会在北京创办的进步刊物——《闽潮周刊》。5 月,巴黎和会外交失败的消息传来,北京学生愤然于当月 4 日掀起了轰轰烈烈的反帝反封建的爱国运动。福州青年学生纷起响应,由李述圣(私立协和大学)、章于天(省立福州二中)、谢翔高(华侨中学)、陈锋和王庚年(省立第一师范学校)等学生代表出面联络,在公立法政学校开会,议决 5 月 7 日举行游行。7 日早晨,福州 2000 多名学生齐集南校场(今五一广场),举行示威游行,冲破军警阻拦,向位于仓前山的日本领事馆进发,并在日本领事馆前张贴标语,高呼口号。5 月中旬,学校派代表参加了在吉庇巷谢氏祠堂举行的福州中等以上学校学生代表会议,正式成立福州学生联合会(后改为福建学生联合会)。为了纪念在五四运动中被殴致死的闽籍学生郭钦光并抗议北京政府的卖国行径,福州学生联合会于 5 月 24 日在西湖公园召开郭钦光烈士追悼大会。会后,包括省立第一师范学校在内的 42 所学校共 8000 多名学生,分为 32 队,举行声势浩大的示威游行。游行学生身穿白色制服,头戴白色帽子,手举旗帜,一路上慷慨激昂,高呼口号,浩浩荡荡向仓前山各国领事馆进发,"八闽气象为之一壮"[②]。

当时,福州学生联合会内部分为公立学校和教会学校两个系统,公立学校以私立法政学校和省立第一师范学校为主体。两校学生会各自组织宣传队和贩卖队。宣传队沿街演讲日本侵略情形及抵制日货的意义,贩卖队则沿街贩卖国货日用品,如肥皂、牙粉、脸巾、线袜之类,倡导

---

① 福建省政协文史资料委员会.文史资料选编:教育编[M].福州:福建人民出版社,2000:339-341.
② 石建国.福州革命史[M].北京:中央文献出版社,1999:29.

购买国货、不用日货。当时福州学生对抵制日货、倡用国货态度非常坚决,他们还协同福州商会对全市商店进行日货登记,凡商店存有日货,皆须据实报明数量,限期廉卖肃清,如再进货即予没收焚毁,情节重大者给予处罚。恰在此时,福建学生联合会获知奸商黄瞻鸿在福州上杭街开设恒盛布庄,大量囤积日货。6月14日下午,黄瞻鸿假意请学生代表到店检查,却事先纠集10余名彪形大汉,对学生关门围殴,造成一死数伤的惨案,震惊福建教育界,史称"黄案事件"。6月15日上午,商店罢市,学生罢课。当天下午,福建学生联合会组织了数千名学生,向闽侯地方检察厅控告黄瞻鸿的罪行。数百名学生谒见福建督军兼省长李厚基,请其主持公道。李厚基在日本帝国主义的压力下,竟然派军警分头包围请愿学生,封闭了学联刊物,发出诬蔑学生为匪的布告。6月17日,李厚基派军队强迫开市,激起了全市人民的愤怒。在各地爱国团体和广大群众的强烈反对和舆论谴责下,李厚基不得不接受各方调解,释放被捕的市民和学生,下令逮捕黄瞻鸿。这场由学生发起的抵制日货、倡用国货运动,经过"黄案事件",更加深入人心,激发了福州人民的爱国情感。为了纪念这段历史,现今福州市政府在福州南公园门前广场重立了一块"请用国货"碑。

日本帝国主义对于福州学生掀起的抵制日货浪潮始终怀恨在心。1919年11月16日下午,日本"敢死队"携带刀、棍、手枪,分三路向台江大桥头、坞尾、安乐桥进发。下午5时,日本"敢死队"对经过大桥头的青年学生刀刺枪击,连过路群众和警察也惨遭毒手,死伤10余人,制造了骇人听闻的"台江事件"。事件发生后,全市人民非常气愤。翌日下午,包括福州各校学生在内的1万多人在省议会门前广场召开国民大会,要求严惩凶手。22日至26日,日本军舰进抵福州,妄图进行武力恐吓,这更引起福州人民的强烈愤慨。在全国人民激烈反对和世界舆论的谴责下,日本不得不撤换驻闽领事,赔偿经济损失,同时撤走军舰。"台江事件"被誉为五四运动的最后一个浪潮。"台江事件"发生后,福建军阀李厚基卖国媚外,继续镇压进步学生运动。1920年1月5日,全国各界联合会声讨李厚基十大罪状,请求罢斥李厚基,要求"闽人自治"。1922年10月,李厚基被国民党的许崇智等人驱走,福建学生爱国运动取得了初步胜利。

师生在全面抗战爆发之前的进步活动

1923年4月,北洋政府的直系首领曹锟、吴佩孚派孙传芳、周荫人入闽,黄展云、陈群等国民党人纷纷逃离福州,萨镇冰仍任省长。在以直系军阀为主导的军人统治下,福建又陷入一片混乱之中。在福建学生联合会的率领下,省立第一师范学校和福州其他各校学生一道携手,继续为反对帝国主义和封建压迫而不懈斗争。在此过程中,有一位学子以其大无畏的革命气概和赤诚的爱国热情,在福建青年运动史上书写了光辉的一笔,他就是翁良毓。

翁良毓(1905—1926),字子濯,号一赤,福建福州人。他于1921年考入省立第一师范学校,在校期间认真阅读政治书刊,关心国家大事,思想觉悟迅速提高。为了寻求革命真理,1923年初他前往上海,见到李大钊并得到其教导。从上海返回福州后,在周围的老师和同学中间开展革命宣传工作,用自己积蓄的钱购买新书刊,包括马列主义基础理论书籍和《向导》《新青年》等革命刊物,在班上办起了一个小阅览室。在他的倡导下,同学们还自发组织了读书会,经常在一起讨论帝国主义列强瓜分中国、反动军阀争权夺利给群众造成的苦难,从而认识到不革命只有坐待亡国灭种,青年学生必须担负起救国救民的责任。

1923 年秋,福州进步青年方尔灏等组织"民导社",出版《民导报》。翁良毓积极参加此项活动,并以学校为阵地,编写油印小报,宣传马列主义,分析国内外形势,在同学中播下了革命的火种。学校很快成为福州早期革命活动的主要据点之一,翁良毓也逐渐成为福建学生联合会的骨干,担任副理事长。① 1924 年 12 月,在福建学生联合会的领导下,福州各校学生共同开展反对美国在福州倾销黄泽鱼的斗争。1925 年 2 月,美国驻福州领事莘来福污蔑学生刺伤洋行送货员,并指使军阀政府将翁良毓拘捕。经社会各团体强烈抗议与交涉,警厅被迫释放被捕学生。此后,福州学生抵制黄泽鱼的斗争益趋激烈。3 月 25 日,军阀政府在美国的压力下,封闭福建学联会所,逮捕 4 名学生。这一卖国求荣行径,激起学生的普遍反抗。4 月 1 日,共青团福州支部于府直街青青小学内成立(后于 1925 年 7 月 19 日改建为共青团福州地委,直属团中央领导),陈聚奎任支部书记,翁良毓第一时间加入,后当选为共青团福州地委组织委员兼工农委员。4 月 2 日,福建学生联合会在刚成立的共青团福州支部领导下,组织 18 所学校 3000 余名学生向政府请愿,要求释放被捕学生。4 月 6 日,福建学生联合会在省立第一师范学校召开秘密会议,组织斗争分工,推选 20 人专理游行请愿事务,另 20 人专理禁锢官署时署内事务。4 月 7 日,军阀政府派军队包围公立法政学校,当时学校内有省立第一师范学校、华侨中学、法政学校、福建中学等校学生 600 余人。学生们从后门逃出,会同后来的各校学生前往南街示威游行,路过省政府时,2000 余名学生涌入省长公署请愿。当日下午,学生推举代表 5 人,要求面见省长萨镇冰陈述意见。当代表正在接待室等候时,军阀政府却下达武力驱逐的命令。军警挥舞刺刀枪托对付学生,打伤 130 多人,制造了臭名昭著的"福州惨案"。4 月 8 日,福州城内外全部罢市、罢课,抗议军阀暴行。共青团福州支部以福建学生联合会的名义,通电全国各地揭露和声讨福建军阀的罪行,吁请声援福州学生的爱国斗争。4 月 12 日,中共中央主办的《向导》和共青团中央主办的《中国青年》分别发表文章,揭露美帝国主义勾结福建军阀当局屠杀爱国学生的罪行,号召全国人民支持福州学生的斗争。不久,军阀政府被迫释放被捕学生,高审、地审检察厅各长引咎辞职。②

在共青团福州地委的影响下,愈来愈多的进步青年学子参加革命,福州的首个党组织——中共福州地委也建立起来了。省立第一师范学校于 1925 年 10 月建立了共青团第一师范支部,由教员施松龄任书记;随后于 1926 年 4 月建立了党支部,仍由施松龄任书记。③ 福州的党团组织建立后,迅速投入领导工农群众运动,星星革命之火,渐成燎原之势。

1925 年 5 月,"五卅惨案"爆发。中共中央召开紧急会议,决定组织行动委员会,建立各阶级统一战线,发动上海人民进行罢工、罢课、罢市斗争,掀起全国反帝爱国运动浪潮。6 月 3 日,共青团福州支部决定以福建学生联合会之名,发起组织"上海惨案福建各界后援会",以领导福州民众声援"五卅"爱国斗争。6 月 7 日,共青团福州支部发动全体学生举行示威,随后翁良毓带领学生分头到洋务、人力车、码头起卸、建筑、理发、印刷、角梳及屠宰工人中去,发动工

① 黄启权.壮丽青春垂千秋:翁良毓烈士传略[J].革命人物,1985(S1):25-26.
② 福建省地方志编纂委员会.福建省志·青年运动志[M].厦门:鹭江出版社,2016:92-93.
③ 陈敏洗,徐君藩.先驱者的足迹:福建师范大学暨附中校友英烈传略[M].福州:福建师大印刷厂,1991:34.

人们为声援上海反帝斗争举行罢工。6 月 17 日,"后援会"在仓前山巷下庙召开工人大会,翁良毓等先后在会上讲演。会后,青年学生到马尾港发动引水工人、轮船起卸工人等实行"经济绝交",不替帝国主义轮船引航或起卸货物。7 月,新成立的福州团地委以废除一切不平等条约为号召,建立"福建废约运动同盟会",取代渐次沉寂的"后援会",继续领导声援"五卅"爱国斗争,保证"经济绝交"得以继续。

除了抵制帝国主义的经济侵略,省立第一师范学校还和福州其他各校学生众志成城,共同发起"收回教育权运动",反对教会学校的奴化教育,要求彻底收回教育权。早在鸦片战争后不久,西方列强就依仗不平等条约,通过传教士在八闽大地上开设教堂、教会学校,开展"慈善事业"等进行文化侵略。据 1919 年统计,西方列强在福建创办的各类教会学校有 1709 所。这些教会学校,既不向中国教育部门立案注册,也不受中国教育团体的干预,俨然是中国教育界的"法外之地"。为此,1925 年 9 月 12 日,在共青团福州地委的领导下,福建学生联合会正式成立"收回教育权运动委员会",由翁良毓出任委员长。翁良毓认为,"教育事业是社会事业,是公家服务,决不允许为压迫阶级所利用,利用它来作宣传机关"。为此,他组织发行了《收回教育权运动》宣传册,指出"教会学校的学生,什么自由都被剥夺殆尽。言论不自由,思想不自由,行动不自由,信仰不自由,以及学校种种压迫情形,言之令人泪下"。"禁止学生加入任何爱国运动,违者开除学籍……一入牢笼,心灵手足被其禁锢,爱国运动遭其压迫,根本摧残中国之新生命,减少中国国民革命之势力",用大量事实揭露了帝国主义利用传教、办学进行文化侵略的险恶用心。为了表明"收回教育权之决心",翁良毓代表福建学生联合会通告全省各县学生联合会、各校学生会组织支会,号召大家一致行动,并向教会学校学生宣传脱离教会学校,"争国家之主权,保个人之人格"。

在翁良毓等人的领导、推动下,福建收回教育权运动迅速发展,福建废约运动同盟会、格致书院收回教育权临时委员会、扬光学校学生会、福州青年会学生决志离校同盟会、培元中学学生会等先后成立并发表宣言,宣告脱离教会学校。为了把收回教育权运动引向深入,帮助脱离教会学校的学生转学他校,1925 年 9 月 17 日下午,翁良毓代表福建学生联合会前往省教育厅请愿,要求脱离教会学校同学转入国立各中学、专门学校和大学学习,"遂其爱国之志,符契尊重国权之论"。随后在他的努力下,福建学生联合会召开了校长联席会议,讨论如何收容教会学校退学学生的转学问题,翁良毓在会上作了工作报告。10 月 3 日,福建教会学生转学资格审查委员会正式成立,为教会学校学生的转学工作提供方便。

爱国青年学生的革命行动,给帝国主义以沉重的打击,他们对翁良毓和福建学生联合会恨之入骨,虎视眈眈。1925 年 12 月 23 日,福建军阀周荫人逮捕了翁良毓并将其关押在陆军审判处,反动军警也进驻福建学生联合会,白色恐怖顿时笼罩了整个福建。共青团福州地委虽然进行了积极的营救工作,但反动军阀始终不肯释放翁良毓。1926 年 9 月,在被囚近十个月之后,翁良毓从容就义,时年仅 21 岁,[①]成为福州地区为共产主义事业、为无产阶级革命牺牲的第一人。翁良毓牺牲后,福建学生联合会士气低落,力量涣散。1926 年底国民革命军入闽时,福建学生联合会完全解体。

除了翁良毓之外,这一时期曾就读于闽师的著名革命志士还有范浚、何文成、叶秀藩、姜源舜等。

---

① 高其兴.烈士英名垂千古:记福建收回教育权运动中的翁良毓烈士[J].革命人物,1987(S4):39-41,63.

范浚(1902—1933),字子澄,福建寿宁人。1924 年,考入省立第一师范学校,在校期间他经常阅读《向导》《新青年》等刊物,接触进步同学,探讨救国之道。1928 年,加入中国共产党,积极投身革命活动。他与叶秀藩共同组织"白水学会",带领同学阅读马列著作,积极印刷、分发、张贴传单,深入工人中间讲解形势。1930 年,他受党组织委派回寿宁山区,以小学教师的身份为掩护开展革命活动。1932 年 10 月,中共寿宁县特别支部成立,范浚当选为宣传委员。他率领农民开展分粮斗争,发展"红带会"镇压土豪劣绅,令敌人闻风丧胆。1933 年 5 月,范浚奉命赴江西参加苏维埃代表大会,在路经福安赛岐时被枪杀。

何文成(1911—1935),福建福清人。1928 年,考入省立第一高级中学,他开始接触进步同学,阅读马列著作,不久参加"争自由大同盟",成为爱国学生运动积极分子。他随后创办《融声》报并任编辑,发表了杂文《人间地狱》,无情地揭露了旧社会的黑暗,反动派将其逮捕入狱。1932 年初,经党组织营救和各县教育会声援,何文成提前获释。5 月,他受福州市委的委派回福清建立党组织。7 月,中共福清县特别支部成立,何文成任书记。1934 年初,何文成任福清县委书记,他将革命重心由城镇转移到农村,使福清出现了农民运动蓬勃发展的大好形势。然而,正当他准备发动北西亭暴动时,不幸被捕。1935 年 2 月 3 日,就义于福州。

叶秀藩(1904—1935),福建寿宁人。1928 年,考入省立第一高级中学师范科,他结识了许多志同道合的同学,加入反帝同盟,同年秋加入中国共产党。1929 年 9 月,他与范浚一道组织"白水学会",传播进步思想。1931 年夏,他受党组织委派回到寿宁开展革命活动,成立了一批"赤色农会"小组,建立交通站,点燃了寿宁的革命火种。1932 年 4 月,他任中共寿宁特别支部书记,随后积极开展党建、镇反工作。1934 年 1 月,他调任福安苏区独立二团政治部主任;嗣后,协助叶飞等攻占柘洋,建立苏维埃政权;2 月,当选为闽东苏维埃政府副主席;6 月,闽东特委在福安成立,叶秀藩当选特委委员;9 月,任工农红军闽东独立师政治部主任。1935 年 5 月,由于叛徒出卖,叶秀藩在突围中连中数弹壮烈牺牲。

陈炳奎(1907—1937),福建福清人。1928 年,考入省立第一高级中学。在闽师的党组织引导下,他积极投身革命活动,加入共青团,嗣后加入中国共产党。他与何文成等福清籍同学共同创办《融声》报,并组织福清籍同学加入反帝大同盟,节假日晚间在闽师的望耕亭秘密集会,布置散发传单,揭露鞭挞国民党反动势力勾结帝国主义欺压人民大众的罪恶行径。1932 年夏,中共福清特别支部成立,陈炳奎任特支委员。11 月,他与返乡青年学生成立进步文化团体"同攻读书会"。1934 年春,福清县委成立,陈炳奎任县委委员;1935 年,闽中特委成立,任福清县委会记。1937 年 2 月,陈炳奎由于叛徒出卖被捕,6 月牺牲。

姜源舜(1910—1933),沙县夏茂人。1928 年,考入省立第一高级中学范科,不久后加入共产党,曾担任校学生会主席和中共福州市委宣传部部长。1928 年暑假,姜源舜与沙县籍学生黄可英等人回到夏茂建立了中共沙县特别支部,有党员 6 名,成为三明地区最早建立的党组织。1931 年 7 月,姜源舜受党组织委派回到沙县开展革命工作,恢复沙县的党组织。1933 年 9 月,他随红军北上,不久壮烈牺牲。

李光(1909—1930),福建浦城人。1930 年初,尚在英华中学就读的李光经常与闽师的进步学生叶光焕、叶秀藩、张志坚等人探讨马列理论,抨击时弊,后在他们的影响下加入共产党,并重新报考省立福州高级中学。入学后,他与叶秀藩等秘密油印党的文件,把传单放在同学的脸盆里,夹在图书馆的书刊内,散放在校园草丛中,不断扩大党的影响。他们以闽师为基地,经常召集进步青年和党的外围群众召开研讨会。1930 年 12 月 11 日,福州党团组织了纪念广州暴动三周年集会,由李光担任总指挥,当晚李光不幸被捕,后光荣就义。

叶挺荃(1918—1948),字信芳,福建霞浦人。1934 年,考入省立福州师范学校,他怀着救国救民的理想勤奋学习,有空到图书馆阅读五四以来的进步文学作品,毕业后回霞浦先后任小学教师和中学教师。1946 年,他辞去教职考入省立师范专科学校,翌年 2 月加入中国共产党。4 月,他被选为中共福建师专支部书记,后又任闽浙赣省委城工部闽东工委组织部部长兼福州闽东籍学生支部书记等。1948 年 5 月他因"城工部事件"不幸牺牲。

1927 年,由于大革命失败,团组织遭受严重破坏。12 月,团福州地委开始恢复。1928 年初,共青团福州市委成立,地址设在福州市将军山 3 号。据中共福州市委 1929 年 4 月 3 日统计,团市委下辖 5 个支部,共有 23 名团员,其中省立第一高中有团员 3 人,第一高中第二分校有团员 4 人。[①]

1931 年 9 月 18 日,日本帝国主义发动"九一八"事变,全国各地掀起抗日救国的浪潮,福建各主要城市的青年立即响应,开展了广泛的抗日民主运动。25 日,福州各中、小学联合召开反日救国运动大会,号召全省学界人士投入抗日运动,开展抗日救国宣传,并要求福州师生员工一致抵制日货,加强军事操练,时刻准备抗日杀敌。30 日,福州学生又召开反日救国大会,号召热血青年奋起抵抗,省立福州师范学校组织抗日救国反日会,走出城市,深入长乐、连江等县进行演讲宣传。1933 年 4 月 1 日,省立福州师范学校的女生建立了北上抗日救护队,发表了《告福州同胞宣言》。[②]

此后直至 1936 年 6 月,师范学校分区设置被取消,福州师范学校一直是福建省规模最大的师范学校,毕业生也大多成为各条战线革命和建设的骨干力量。

第三节　闽师的生源、师资和办学概述

中华民国成立初期的闽师

辛亥革命胜利后,同盟会老会员黄展云出任福建教育司司长,他委任留学日本东京高等师范学校的刘以钟为教育司次长。刘以钟就职后,就委任留日同学林元乔担任福建师范学堂监督。[③] 1912 年 3 月,学校遵教育部令改名为福建师范学校,监督改为校长,仍由林元乔担任,下设教务处、训育处和事务处,处设主任 1 人,办事人员若干人,专办 5 年制初级本科班。[④]

林元乔(1882—1953),字一谔,福建福州人。林元乔为全闽师范学堂首届毕业生,留学日本东京高等师范学校,1910 年毕业回国后在母校任教,1911 年至 1925 年先后任福建师范学

---

① 福建省地方志编纂委员会.福建省志·青年运动志[M].厦门:鹭江出版社,2016:11.
② 福建省地方志编纂委员会.福建省志·青年运动志[M].厦门:鹭江出版社,2016:312.
③ 江盈盈.近代福建留学生群体研究[D].福州:福建师范大学,2020.
④ 福建省教育史志编写办公室.福建省教育史志资料集:第 5 辑[M].1991:14.

校、福建高等师范学校、福建省立第一师范学校校长。1925 年任北京女子师范大学教授。1927 年重回母校任教,后又担任福建学院教授、福州黄花岗中学校长等职。中华人民共和国成立后,特邀出任福州三中校长,至 1953 年在任内因病逝世。

1912 年 9 月,教育部发布《师范教育令》,明确规定:"师范学校以造就小学校教员为目的……高等师范学校以造就中学校、师范学校教员为目的。""师范学校定为省立,由省行政长官规定地点及校数,报告教育总长分别设立……高等师范学校定为国立,由教育总长通计全国,规定地点及校数分别设立。""师范学校、高等师范学校学生免纳学费,并由本学校酌给校内必要费用,依前项规定外,得收自费学生。""师范学校经费,以省经费支给之。高等师范学校经费,以国库金支给之。""师范学校应设附属小学校,高等师范学校应设附属小学校、中学校……师范学校得附设小学校教员讲习科。高等师范学校、女子高等师范学校,得设选科、专修科、研究科。"[①]可以说,《师范教育令》只是从宏观角度对师范教育的性质进行界定。然而,《师范教育令》中对师范学校和高等师范学校的设立程序和经费来源等方面进行不同规定,这为此后福建高等师范的停办和学校的改制埋下了伏笔。

1912 年 12 月,教育部公布了《师范学校规程》,翌年 2 月又公布了《高等师范学校规程》,1916 年 1 月又公布了经过修正后的《师范学校规程》。《师范学校规程》对教育目的及宗旨、修业类别和年限、课程主要要求、校园编制及设备、入学退学及毕业服务等方面进行了具体规定。据此,学校学制分为预科(1 年)和本科,本科又分为第一部 4 年(即完全科)和第二部 1 年(即简易科);预科入学资格以高等小学毕业生为原则,年在 14 岁以上;本科一部以预科升入为原则,年在 15 岁以上;二部以中学毕业生为原则,年在 17 岁以上。学校专收男生,入学者须"身体健全""品行端正"。招生名额大都分配到县,各县初试后由县长等人保送,并由一位保证人出具保证书呈交校长(高等小学毕业生还需要核验毕业证书),由校长进行选拔考试,考试合格方可录用,高等小学毕业生的考试科目为国文、算术,非高等小学毕业生的考试科目为国文、算术、历史、地理、理科等。入学之后,还需要试习 4 个月左右,试习合格才转为正式生。入学之后,公费师范生免交学费,并按月供给伙食费,一律寄宿校内,免收住宿费,并发放统一制服。凡因学业不及格或其他原因作退学处理的学生,以及毕业后无故不履行服务规定者,公费生、半费生必须偿还在校期间给予的各费,自费生必须偿还学费。这一规定对于约束学生行为、鞭策学生努力学习能起一定作用。

1914 年后,学校每年暑假各招收初级师范预科学生 2 个班,直至 1922 年相沿未变。1923 年起,学校采用二重学年制,当年 9 月招收初级师范预科学生 1 个班,另招补习班学生 1 个班。补习班录取成绩较差的学生,入校补习一学期,经考试及格后升入次年春季始业的预科班。这样每年新生就分为春季始业和秋季始业各 1 个班,直到 1926 年底都没有改变。[②]

至于修学课程,预科为修身、读经、国文、习字、外国语、数学、图画、乐歌、体操;女生加习缝纫,每周 33～35 课时。本科第一部为修身、读经、教育、国文、习字、外国语、历史、地理、数学、博物、物理、化学、法制经济、图画、手工、乐歌、体操,选学农业或商业,每周 33～35 课时,一年 45 周。《师范学校规程》还对上述课程的教学要求进行了细致规定,如修身要"采取嘉言懿行,

① 舒新城.中国近代教育史资料[M].北京:人民教育出版社,1980:702.
② 福建省政协文史资料委员会.文史资料选编:教育编[M].福州:福建人民出版社,2000:330.

就学生平日行为,指示道德要领,渐及对国家社会家族之责务,兼授伦理学大要及教授法与演习礼仪法";讲经要"先就《论语》《孟子》全文中之合于儿童心理,及其学年程度,简明诠释;次即节取《礼记》中之《曲礼》《少仪》《内则》《大学》《儒行》《檀弓》等篇,《春秋·左氏传》中之大事记载,撮要讲解;并宜研究高等小学校及国民学校读经教授法;不得沿袭旧日强为注入之习";教育"首宜授以心理学、伦理学之要略,进授教育理论、哲学发凡、教授法、保育法、近世教育史、教育制度、学校管理法、学校卫生及教育实习;教育实习时,除各科教授外,凡关于管理等事项均应随时指导";国文要"授以近世文,渐及于近古文,并文字源流、文法要略及文学史之大概,使熟练语言,作实用简易之文,兼课教授法"。修满毕业之后,毕业生应在福建省高等小学及国民学校进行从教服务,从教服务时间亦有详细规定:自受毕业证书之日起算,第一部(完全科)公费生 7 年、半费生 5 年、自费生 3 年;第二部(简易科)生 2 年。毕业生欲去外省或去侨居地,须经省教育厅认可,并须以从事教育工作为限。毕业生在服务期限内若想报考高等师范学校再求深造或有特殊原因不能服务者,需要得到省教育厅的许可。1913 年 3 月,教育部颁布了《师范学校课程标准》,进一步条分缕析地对课程、课时、每学年具体要求等作出规定,学校据此改革课程设置。值得注意的是,1913 年的《师范学校课程标准》已不设自清末相沿的"读经",改设"修身",然而袁世凯上台之后,为了尊孔复古,下令于 1916 年的《师范学校规程》中重开"读经"。随着袁世凯的死去,"读经"于 1917 年被废止,"修身"被改为"公民";"法制经济""农工商业"等课的开设,可以使师范生了解生产、生活和法律知识,有助于将来从事城乡教育工作;本科第一部第四学年每周须安排 9 学时进行教育实习和见习,学校为此特设教育实习指导员一职,其职责是制订学生实习计划,联系附属小学和其他小学安排实习活动,指导实习生编写教案,组织实习生到外地师范学校和小学参观考察;教育课的课时相对于清末来说被大大削弱了,这对师范生掌握教育科学明显不利。

因为中等师范的校名与高等师范的教学实际互相矛盾,学校于 1913 年 4 月改称"福建高等师范学校",下设高师和中师两部。然而,《师范教育令》中关于高等师范学校和师范学校分别设立的规定,以及《教育部整理教育方案草案》(1914 年 12 月)中"高等师范学校之设置采集中主义;师范学校之设置采分立主义"的进一步规定,导致全国设立了 6 所高等师范学校,福建并不在其中,高等师范科遂停止招生,附属中学也随之停办。与此同时,福建巡按使许世英为整顿福建教育,决定在全省设立 4 个师范区,每区设一所省立师范学校。1914 年 8 月,福建高等师范学校改名为福建省立第一师范学校。同年,福建省教育厅对全省各级各类教育情况进行综合统计,汇编成《福建省各县民国三年度教育统计简明表》。据统计,福建高等师范学校共有学生 195 人、教员 28 人、职员 12 人、资产 96827 元,是当时全省最大的师范学校。

民国初期,江浙地区的教育发展速度较福建更快,尤其是在乡村师范教育方面。从 1921 年开始,学校师生利用教育见习时间前往江浙地区著名的师范学校和小学参观学习。回校之后,师生即根据参观的所见所闻、所思所感开展教学改革,成立体育部、音乐部、劳作部、美术部、贩卖部,积极开展学生课外活动;同时大力提倡写作练习,每月铅印出版学校新闻一期,分送本市各小学;各班编写学级新闻,每半月或每星期一份,由级任主编学生抄写,贴在本级教室内外,作为各级学生发表写作的园地,这些举措培养和提高了师范生的教育教学能力。值得一提的是,赴省外教育见习一度也成为福州党团组织秘密募集资金的途径之一,如 1925 年 5 月

22 日,共青团福州支部在给团中央的信中提道:"赴省外募捐资金组人员,以本届男女师范学生之赴江浙参观者充之,内中如施松龄、严明杰(男师)、游寿、李培兰(女师)概为同志友。"[①]

师中合并前后的闽师

由于政局激烈动荡和学校领导个人原因,学校的领导机构和职位更迭十分频繁,主要行政领导的频繁变动以及"师中合并"的调整变革,均为学校的稳定发展带来不小的挑战。这一时期先后担任校长职务的有林炯、陈鼎亨、吴则范、陈秉乾、王勖等人。

林炯(1883—1964),字颖丞,福建福州人。为全闽师范学堂首届毕业生,毕业后赴日本东京高等师范学校留学。辛亥革命后他曾一度回国,在福建省政务院教育司工作,旋再赴日本完成学业,1913 年回闽;自此至 1936 年,除 1930 年左右调福建省教育厅任科长、督学外,其余都在母校任教,历任教育实习主任、教务主任、校务委员会委员(代理主席委员)、校长等职,1936 年夏因病退休;1941 年至 1950 年复出任勤工高级工业职业学校等校教员,1964 年去世。他曾多次代表福建教育界参加在广州、太原等地举行的全国教育会议。1930 年前后任中华学艺社福州分社干事,曾出版《历法》,并与林元乔校订出版《哲学概论》一书,为福建师范教育的早期教材。

陈鼎亨,字泽杰,福建福州人。毕业于全闽师范学堂初级本科第二班,1905 年正月赴日本速成师范科留学,是全闽师范学堂第三批赴日留学学生。1906 年 1 月毕业回闽,随后进入福建师范学堂担任监学和教员等职。

吴则范,字石湖,福建福清人。为全闽师范学堂首届毕业生,1906 年由清政府公费选送日本东京高等师范学校留学。毕业归国后他曾担任闽师附中主事,后任闽师教职,主要教授物理、化学等课程,曾于 1918 年通过商务印书馆出版《新体化学讲义》,用于推广化学在国内的普遍传播,并曾于 1926 年和 1928 年两度担任校长。

陈秉乾,原名陈修贤,1909 年毕业于福建师范学堂理化选科,1920 年赴法勤工俭学。

王勖,字东生,1918 年毕业于北京高等师范学校。

1925 年 4 月,担任闽师校长之职长达 15 年的林元乔辞职,前往北京女子师范大学任教授,由林炯继任校长。随后,因数学教师董子良和学生发生激烈矛盾,林炯为表示对董子良的不满,担任校长仅两个月又愤而呈辞。省教育厅一时之间难觅合适的校长继任人选,乃委派庶务主任陈鼎亨暂代。1926 年 4 月,陈鼎亨请辞代理校长,改由吴则范接任校长。12 月,北伐军胜利进入福州,收复福建全省。1927 年 1 月,成立福建省的临时政府(政治会议),另设福建省政务委员会和福建省财务委员会,政务委员会是全省最高行政机关,分设民政、教育、建设三科。北伐军入闽后,工人、农民、学生反帝反封建的群众运动风起云涌,革命标语贴满街头,到处是新兴气象,教育改造运动应运而生。为此,福建省政务委员会专门设立了教育改造委员会,由教育科长黄展云兼任主任委员。教育改造委员会成立后,鉴于刚从军阀手里接管政权,库空如洗,北伐军费需用甚急,不能兼顾教育经费,就开会讨论通过参照广东和江西的办法,将

---

① 福建省地方志编纂委员会.福建省志·青年运动志[M].厦门:鹭江出版社,2016:375.

全省公立各级学校停办 3 个月进行改组。同时,教育改造委员会为了打破军阀时期教育界派系或私人把持学校的局面,把学校实权收归政府掌握,决定继续参照广东和江西的办法,改各级学校的校长制为校务委员会制。据此规定,各级学校应由当地教育科选任委员,每校 3 人或 5 人,并指定 1 人为主任委员,集体领导学校。据此,闽师也改为校务委员会制,吴则范离任,由陈秉乾和王勖先后担任主任委员。随后,政务委员会教育科决定趁此时机执行自 1922 年开始的"师中合并"改革,先将省会福州各中小学加以改造。

1927 年 3 月,省立第一师范和中等工、农、商各专业学校及普通中学合并,改称为普通科、理工科、师范科、农科、商科等,成立福建省立第一高级中学,并以原省立第一师范学校所在的乌石山为第一高中的校址。合并后的省立第一高级中学分设普通科、师范科、女子职业师范科、商科等,以原省立第一师范的附属小学为第一附小,原省立女师附小为第二附小,此外还附设幼稚园第一部、第二部。正当教育改造积极进行时,"四一二"反革命政变发生。1927 年 6 月,蒋介石派他的亲信杨树庄来闽任福建省政府主席,黄琬为教育厅厅长,省政委会的教育科和教育改造委员会宣布改组撤除。[①] 1928 年 3 月,校务委员会制被废除,校长制得到恢复。1929 年,省立第一高级中学改称省立福州高级中学,内设师范科,仍招收男女各 2 个班,分为文学系、艺术系和理科系,另招收体育音乐师范专修科和幼稚师范科各 1 个班,又附设初中部,招收初中一年级学生 2 个班。[②]

当时,文学系的课程(包括必修和选修)主要有体育、英会话、英作文、英文法、英修辞、英语、中国地、中国史、修辞学、国语法、国文、国语、教育史、教学原理、论理学、心理学、党义、英美名著、外国地、外国史、教育行政、教学法、文学、管理法、农艺、算术原理、日文、文学史、农村教育、测验统计等。[③] 艺术系的课程(包括必修和选修)主要有普操、体育、音乐、手工、透视画、色彩学、西画、中画、英语、国语、社会学、教学原理、论理学、心理学、党义、拳术、乐理、音学、农艺、中乐、图案画、美学、科学概论、农村教育、教学法、世界语、教育测验、儿童心理、体育原理、艺术论、教育统计、小学教育、小学体育教材、体育原理、医学常识、教育行政、教育史等。[④] 理科系的课程(包括必修和选修)主要有党义、心理学、儿童心理、论理学、教学原理、教学法、教育史、教育行政、小学教育、教育测验、教育统计、农村教育、医学常识、国语、国文、社会学、大代数、立体几何、平三角、解析几何、微积分、近世几何、方程式论、用器画、生物学、矿物学、物理、物理实验、有机化学、无机化学、理论化学、化学实验、英语、日文、世界语、普操、拳术、军事训练等。[⑤]

从以上课程安排中可以看出:第一,受当时"黄金十年"相对稳定的局势影响,相较于后来日本帝国主义侵略的愈发危急,这一时期"军事训练"尚未成为必修课,仅有"党义"是属于思想政治方面的必修课,代表国民党势力意欲支配学生思想的企图。第二,教育学类和心理学类课程是三系学生的重点必修课,体现了学校对师范生基础能力的重视。第三,学校重视培养学生实证调查和社会实践的能力,如开设教育测验、教育统计、教育行政、农村教育、农艺、教授实习

---

① 福建省政协文史资料委员会.文史资料选编:教育编[M].福州:福建人民出版社,2000:8-9.

② 檀仁梅,庄明水.福建师范教育史[M].福州:福建教育出版社,1990:42.

③ 省立福州高级中学师范科文学系毕业生成绩表(0094-001-0001-0001)[A].三明市档案馆,1929 年.

④ 省立福州高级中学师范科艺术系毕业生成绩表(0094-001-0002-0067)[A].三明市档案馆,1929 年.

⑤ 省立福州高级中学师范科艺术系毕业生成绩表(0094-001-0002-0088)[A].三明市档案馆,1929 年.

等课程,使学生成为理论知识丰富、动手能力强的优质人才。第四,学校继承自全闽师范学堂开始的优良传统,希望将学生培养成为小学里的全科型教师,因而管理学、社会学、医学、体育学等学科的知识都在课程设置中有所体现。第五,学校倡导广纳中西的教学观念,不仅英语学科开设有众多的关联课程,还设有日语和世界语课程;历史、地理、音乐、绘画等学科皆开设有中外两种课程。第六,学校课程设置具有明显的因地制宜特点,如针对福建人方言驳杂,普通话发音不标准的现象,开设"国语"课程;针对福建乡村人口众多,许多乡村相对闭塞的特点,增设"农艺""农村教育"课程。

1928 年起,吴则范在校长任内长达 8 年的时间里,一直带领学校向前发展。自清末以来,全校师生员工饮食洗涤用水都要到校外白马河肩挑,把水挑到地处学校最低点、离校门最近的学生厨房。吴则范于 1931 年在白马河中建了电动水泵房,在半山望耕亭附近建了储水塔,水管分布全校,解决了师生的用水困难问题。学校旧日没有礼堂,全校师生难得集合,就算集合也是挤在膳厅。1932 年,吴则范多方筹措经费,开始建造大礼堂,翌年竣工。大礼堂砖木结构,外观宏伟,楼下楼上共设座位六七百个,主席台可以演戏,为全校师生活动提供了一个良好场所。从 1933 年起,吴则范利用学生膳余经费陆续开辟了物理实验室和化学实验室。学生实验桌上布置了水管和燃气管。学生实验用火,不用酒精灯,而用燃气灯,这样火焰大小可以调节;同时还添置了当时对中学来说算是高级的仪器设备,如电动油真空泵、火花长 12～13 厘米的大感应圈等。1935 年,福建科学馆举行福州市中学生物理演讲竞赛,陈基、林开华两位同学以《大气压力》为题参加比赛,最终摘得桂冠。这优异的成绩和当时学校优良的实验设备分不开。

当时,学校下设校长室、教务处、训导处、事务处、辅导处和女生部,校长室有秘书、人事、会计、出纳等人员,教务处分注册、教学、设备、图书研究等组,训导处分训育、体育、卫生、生活管理等组,事务处分庶务、校产、膳食等组和医务室,辅导处分编审、社会教育辅导、毕业生指导等组,女生部分女生生活指导和家事等组。各处室均有勤杂人员若干人。各部门职责分工均有明文规定。

学生主要招收公费生,免交学杂费,并由学校发给膳宿费;也招收自费生和半费生,其人数和收费标准由省教育厅核定。学生全体住校,不得随便外出,校门设有警卫,只有星期六下午和星期日才可自由外出。学校制定了各项教学规章制度,同时教室、宿舍、阅览室、实验室、图画室、音乐室、操场都有相应规则,新生入学第一周必须进行专门学习。学生的学习用品放在教室后面的专用橱柜里,每人一柜,可以关锁。每座宿舍都有专人管理,学生每天早上起床后要整理内务,每星期大扫除一次,公共场所分片包干。学校风尚严正纯朴,学生在外遇见师长必须立正敬礼,碰见同学也要互相行礼,以示友爱。学生衣着必须整齐,男生一律穿黑衣帽,打黄绑腿;女生穿士林蓝上衣,围过膝黑裙,不得涂脂抹粉或穿奇装异服。学生生活条件较好,每餐四菜二汤,八人一桌,实行卫生用膳(每人用两把汤匙进食)。

学生每晚在教室自修,学校配有教师轮流巡视并为同学答疑解惑。学校教导处负责制订学年教学计划,规定考试考查细则和升留级、插班、转学规则,制作学生成绩卡,安排各科任课教师、学生班级导师,编写新生学号,编排周课程表、作息时间表。学生的成绩考查分为平时、临时、学月、期终四种类型。平时考由各科教师平日于课堂上向学生个别提出问答。临时考是教务处临时出题抽若干班作临时测验。学月考和期终考是每一学月和学期终时,各班学生统一到大礼堂集中考试,按编号进场,用密封试卷,座位左右前后都为不同班级学生,进考场后不得交头接耳夹带作弊,如被监考人员发现,即把试卷作废。学校一般每月召开 1 次学科会议,研究教材,确定教学内容的目的要求和讲授方法。学生从二年级开始进行教育实习,实习场所是附属第一小学和第二小学,两所附小都是当时福州首屈一指的小学,有着丰富的办学经验,为学生理论联系实际和将来从事教学工作打下坚实的基础。学生们还利用课余时间办乡村夜校,根据农民的需要来进行教学,深受周边乡村的欢迎。

学校组织了体育、写作、美术、音乐、歌咏、戏剧、舞蹈、制作教具等兴趣小组,各小组都配有教师专门指导,每位同学至少要报名参加 1 个兴趣小组。每周六下午举行兴趣小组比赛或展览,周六晚上举行文娱活动,每月举办 1 次文艺晚会。学校还经常举行各种学术讲座和学科竞赛,不断提升学生的综合能力。学校每学期召开 1 次体育运动会,会期 3 天;上半年开幕日定于"五四"青年节,下半年开幕日定于 12 月 12 日校庆纪念日,地点一般在省体育场(现福州五一广场),项目有田径、球类、拔河等。这些有声有色、多彩多姿的课外活动让学生们在紧张的学习之余,感受到不少轻松和愉快。

师范教育改革后的闽师

1931 年,省立福州高级中学改为省立福州师范学校,普通科和商科停止招生,师范科恢复独立建置,初中部仍继续办理。此后数年间,学校每年都招收普通师范科男女共 4 个班,幼稚师范科女生 1 个班,初中男女生共 2 个班;1934 年 9 月起,增招社会教育师范科学生 1 个班。此前,师范学校已招收小学毕业生为预科学生,经过预科 1 年、本科 4 年共 5 年毕业。1932 年,教育部颁布《师范学校法》《师范学校规程》,规定师范学校改为招收初中毕业生,学制 3 年毕业,以后相沿不改。简易师范学校招收小学毕业生,学制 4 年,招收初中毕业生,学制 1 年。同时,《师范学校规程》规定,设公民、国文、历史、地理、数学、物理、化学、生物、体育、卫生、军事训练、劳作、美术、音乐、论理学、教育概论、教育心理、教育测验及统计、小学教材及教法、小学行政、实习等科目。乡村师范学校增设关于乡村及农业科目,有的乡村师范学校增设水利概要、农业及实习、乡村教育等科目。每周 34 课时。

1933 年,省立福州师范学校除设置《师范学校规程》中规定的课程外,还开设了丰富多彩的选修课,比如乡村教育、民众教育、歌舞、图书馆学、比较教育等,进一步凸显出小学全科型、全能型教师的培养目标。1934 年,省立福州师范学校普通师范科一年级 4 个班,共 150 人;二年级 4 个班,共 114 人。幼稚师范科一年级 1 个班,共 24 人。全校共有学生 288 人。普通师范科一年级修习科目为公民、国文、国语、伦理、心理、教育概论、小学行政、数学、历史、生物、生物实验、美术、体育、音乐、农业、军事训练、体育选科、英文、教育;二年级修习科目为党义、国文、国语、教学法、小学行政、社会学、健康教育、物理、化学、美术、音乐、体育、外国历史、外国地理、军事训练、农业、体育选科、英文、教育、中乐。幼稚师范科一年级修习科目为公民、国语、教学概论、教学法、心理、算术、自然、音乐、乐器、体育、唱游、儿童卫生、工艺、幼教概论、美术、实习。① 学生毕业考试包括会考和非会考,会考科目包括党义、教学概论、教材法、国文、历史、地

---

① 1934 年各级学生成绩表(0094-001-0013-0019)[A].三明市档案馆,1934 年.

理、数学、心理等,非会考科目包括论理学、小学行政、健康教育、教育测验、国语、社会、美术、农业、音乐、体育、英文等。毕业成绩主要由 3 个部分组成,包括课程的各学年平均成绩、会考各科成绩和毕业会考各科成绩,均以百分制计算,并根据毕业成绩的高低评定等次。

从这一时期的课程设置和教学管理中可以发现,国民党的思想控制逐渐渗透到各级学校。1926 年,国民党要求各级党部及国民政府所属各机关、各军队均应于每星期举行"总理纪念周",此后学校每逢星期一第 3、4 节课时举行"总理纪念周",除由学校领导作报告外,还请各界知名人士到校演讲。随着 1927 年"宁汉合流",以及 1928 年"东北易帜",南京国民政府在形式上统一全国,蒋介石逐步在各级学校推行思想控制,要求自 1927 年始增设"党义"课程,和"公民"课程一道用以鼓吹三民主义和国民党的独裁统治。1932 年,蒋介石在南昌提倡"新生活运动",规定学校以"四维"(礼义廉耻)、"八德"(忠孝仁爱,信义和平)为校训,实行所谓"管教养卫"教育。1935 年,蒋介石要求在各师范学校设军训处,派军训教官,对学生实行军事管理,学校由此设军训主任教官 1 人(中校团级),教官 2 人(少校营级),主持每天早晚升降旗及三餐排队进膳厅就餐和对学生实行军事生活管理。男生一律穿黑色校服,头戴军帽,腰缠皮带,脚打绑腿。全校学生按军队序列编队,年级为大队,班级为中队,每个中队辖三个分队。不仅学生实施军事化管理,教师也不例外。1937 年,福建开始举行中等教师暑期集训,全省中等以上学校教员都集中福州东湖营房实施军事训练。1938 年,蒋介石又在各校建立"三民主义青年团",发展三青团员,进行国民党"一个主义、一个政党、一个领袖"的教育。同时,学校的课程设置继续突出强调应用性,对培养学生的专业基本功十分重视,把"教学法""心理""教育""小学行政"作为教学的重要内容,安排较多的学习课时。在文化课学习之余,学校还重视体能训练。民国初年,教育部规定体操课每周 4 课时。1923 年,体操课改称体育课。1927 年,教育部规定体育课每年第一学期每周 2 课时,第二学期每周 1 课时。学校除开设"体育课"教授体育理论常识外,还附设"体育选科",学生可选择体操、田径、器械、球类、武术等,体育成绩分体格、技能、出勤三方面,体育成绩不及格者予以留级处理。

1935 年 3 月,校长吴则范因年老体弱请求退休,省教育厅委派林炯继任校长。1935 年暑假后初中部停办,学生并归省立福州中学肄业,师范所招新生除普通师范科、幼稚师范科、社会教育师范科外,又增加体育师范科 1 个班。1936 年 4 月,校长林炯因病请假,由教务主任陈良玑代理校务,恰在此时发生毕业班学生反对会考风潮。5 月,省教育厅委派王受泰代理校长。王受泰是黄埔军校毕业生,当时在福建军界工作,王受泰接收学校大权后,实行高压军事管理,招致学生普遍不满。这年暑假全省各师范学校又被归并到福州师范学校,扩大规模,改称福建省立师范学校,省政府主席陈仪遂委派姜琦任校长。

位于福州乌石山的闽师是福建最早设立的培养小学师资的学校,从民国初年至抗战内迁之前,曾陆续办理初级师范本科以及后来的普通师范科、幼稚师范科、社会教育师范科、乡村师范科、体育科、音乐科等共计 80 余班。学生们毕业后多数担任教育工作,有的又升学至北京高等师范等大学,高师毕业后才从事教育工作。因此,福建全省各教育机关和中小学都能看到毕业生的身影,他们兢兢业业,时刻牢记母校的教诲,不断为八闽教育事业倾注心力,有力推动了福建近代基础教育事业的发展。

民国二年(1913 年),福建师范学校新年会摄影

福建师范学校(优级数学选科)修学旅行合影

民国三年(1914 年),福建高等师范学校毕业合影

民国十五年(1926 年),福建省立第一师范学校辛酉班毕业照

民国十六年(1927 年),福建省立第一高级中学开校式合影

民国二十年(1931 年),福建省立福州高级中学幼稚师范科全体毕业生与教职工合影

第三章　闽师的内迁与地方化

　　1931年，"九一八"事变爆发,中国人民反抗日本帝国主义侵略的斗争由此拉开序幕。由于国民党政府实行绥靖政策,数月之内,东北沦陷。1935年,日本帝国主义的魔爪又伸向华北地区,民族危机进一步加深。1937年7月,日本帝国主义制造"卢沟桥事变",出兵占领北平,并全面入侵中国。中国人民的全面抗战就此爆发。1937年9月,位于东南沿海的福建遭到日本军队的侵入,成为抗战前线,全省各地进入战时状态。为了躲避战火,保存抗日力量,闽师随同省政府的多数机关、学校一起,从福州内迁福建中部山区小县城永安,开始了战时由省城至内地山区小城的办学历程。

　　战时闽师的办学历程,始终与中华民族的生死存亡相与共。正如中华民族虽然屡经艰难困苦,屡受磨难打击,屡遭侵略欺侮,但始终保持了不屈不挠的斗争精神,始终坚定勇往直前的坚强意志,始终坚持誓死不屈反抗和斗争。中华民族没有在屈辱、压迫和打击中衰落,而是在抗争中变得更为强大和不可战胜。在抗战的艰难岁月中,闽师与全国人民同呼吸共命运,谱写了战时的辉煌篇章。

第一节　在永安文庙与永安大湖的闽师

省会内迁永安

　　1937年7月7日,日军从卢沟桥进攻平津地区,之后,战争规模不断扩大。日军飞机、军舰不断袭扰福建地区,不仅实施空中轰炸,还伺机出动兵舰进犯沿海岛屿,残杀平民,大肆焚烧工厂、商店、学校、机关、民房、渔船等,制造了许多骇人听闻的暴行。1937年9月,日军侵占马祖列岛并对厦门展开空袭及炮击。10月,日军夺取厦门外海的金门岛,妄图封锁厦门港。次年2月,日军开始轰炸福州。5月10日,日军在金门集中3个陆战大队1000多人,在30多艘舰艇、1艘航空母舰和20多架飞机的支援下,对厦门发起进攻。攻占厦门后,日军随即沿陆路兵逼省会福州。省政府考虑到福州离海口太近,战事一开,政府行政工作将无法顺利运作,而且教育文化事业将不可避免受到巨大冲击,因而决定把省政府及所属单位、中央驻闽各机构、在福州的高等中等学校及图书馆迁到福建内陆山区。

　　位于福建中部的山区小城永安成为首选。永安距全省其他地方路程相当,便于省政府提高行政效率、联系全省各地、下达行政命令、全面领导八闽抗战事业。且"省府的内迁可带动和开发闽西、闽北文化的发展,从而促进当地经济的发展,使全省的文化经济有平衡的进步。迁治永安不仅是需要,更为必要"①。经过反复的权衡和商议,省政府最终决定迁往永安。

永安古称浮流。明正统十三年(1448 年),邓茂七在沙县二十四都(今永安上坪乡和三元中村乡)发动起义,自称"铲平王"。起义军势如破竹,连破二十余县,"控制八闽"。起义军被镇压后,明景泰三年(1452 年)九月,朝廷决定划出沙县新岭以南二十四都上四保至三十三都和尤溪宝山以西四十都至四十三都设立新县,赐名"永安",寓意"永久安宁"。永安居于武夷山脉和戴云山脉的过渡地带,整体地势东、西、南三面高,中部低。境内溪河密布,源长流急,同时"山峦环错,岩峰陡峭",千米以上高山有 80 多座,山地和丘陵面积占总面积的 90%以上。山地又多喀斯特地貌,地下溶洞,变化莫测;山中原始森林广被,林深幽密,故有"九山半水半分田"之称。永安"交通既称不便,而治安又极不靖",对于全省经济"殊不重要","除普通商业外,实无工业之可言"②。"山岭绵亘,溪流萦带"导致永安经济落后,产业寥寥,但在抗战如火如荼的关键时刻,这一劣势却可转化为优势,成为阻挡侵略者最好的屏障,这也是省政府决定以永安作为临时省会的原因之一。

1938 年 5 月 1 日,省政府正式发出通告,"决迁治永安",并拟定了各部门的内迁日期。1938 年 5 月至 1945 年 10 月,永安作为战时省会所在地,成为福建省政治、经济、文化中心。燕江之滨聚集了一大批共产党人和爱国知识分子,他们在抗日民族统一战线的旗帜下,以笔代枪,共同战斗,开展了各种形式的抗日救亡运动和进步文化活动,使永安成为东南抗战文化名城。他们向社会各阶层人民和海外侨胞宣传抗日政治主张,揭露日本帝国主义的侵略暴行和汉奸特务的投降卖国行径,在永安形成了抗日情绪高涨、进步文化活跃的新局面,为争取抗日战争的最后胜利作出巨大贡献,为中国革命史和文化史增添光辉一页。据不完全统计,当时小小的一个永安山城,拥有文化学术团体 40 余个,编辑单位近 20 个,出版社 42 家,印刷所 19家,出版各种报纸 12 种、杂志 129 种、各类专著 700 多种、丛书丛刊近 40 套,内容涉及政治、经济、军事、文学、艺术、新闻、教育等各个领域。

抗战时期省政府及省直机关单位、各级各类学校的内迁,使永安成为福建现迹抗战文化遗存最多、最集中、内容最丰富的地方。2013 年 5 月,"永安抗战旧址群"被国务院公布为第七批全国重点文物保护单位,包含永安文庙、复兴堡、萃园、上新厝、材排厝、棋盘厝、团和厝、大夫第、燃藜堂、渡头宅、刘氏祖屋、刘氏宗祠等 12 处;2015 年 8 月,入选第二批 100 处国家级抗战纪念设施、遗址名录。

闽师的内迁

如前所述,由多所省立师范学校合并的福建省立师范学校,通称"闽师",共有教员 59 人,学生 777 人,是当时福建规模最大的一所师范学校。③

① 陈耀.论永安地区的经济特色与社会发展[D].福州:福州大学,2006.
② 福建省银行经济研究室.福建省永安县经济调查[Z].1940:34.
③ 邬干于,刘季伯.三月来的本校教务[J].福建师范,1936(1):250.

伴随内迁大潮在全省范围内的不断展开,闽师的师生们也不得不忍痛割舍这一片静谧、温馨的校园,从福州乌石山迁往永安。1938 年 2 月,闽师二、三年级学生刚刚参加完在福州东湖举办的福建省民众训练干部总队训练,随后被年轻教师带领到各县开展民训工作。因此,闽师仅有一年级学生和部分教职员带着教学设备迁移到临时省会永安。3 月,师生们怀着依依不舍的心情,作别榕城,奔赴燕城。闽师从福州带去的设备有桌椅 1000 多张、图书数万册、钢琴 3 台、风琴 60 多架、显微镜数十台、动植物和矿石标本数百件以及大量的理化生实验仪器,还特别携带了稀少珍贵的白金杯、珊瑚树、钻石、玛瑙等物品和学校几十年来的档案资料。[①]

闽师师生先是乘汽船一路沿闽江上溯至南平。由北而至的建溪和由西而来的西溪在此交汇,虽可由西溪通往永安境内的沙溪,但永安一段却是礁石密布、滩多流急,不利于汽船航行,尤以安砂上游的“九龙十八滩”为最,舟排在此时有覆翻,民间素有“九龙十八滩,滩滩鬼门关”之说。直到 1943 年 5 月 27 日,南平至永安间的浅水汽船才试航成功。[②] 到了南平后,师生从南平换乘汽车先抵沙县,再乘车抵达永安。沙县至永安的公路于 1934 年建成通车,是永安境内的第一条公路。山路盘桓,崎岖不平,汽车颠簸摇晃得厉害,加之路途遥远,不少师生晕车呕吐,十分狼狈。又因师生人数较多,调集的几辆汽车远远不够,只好分作多批运输,大批的人滞留在船上等候,焦急万状,辛劳备尝。经过漫长艰辛的跋涉,师生们终于到达永安。由于城区较为促狭,燕江小学迁出文庙搬到隔壁的城隍庙,闽师就在文庙安顿了下来。

文庙的短暂办学

永安文庙位于城区大同路 123 号,始建于明景泰六年(1455 年),弘治八年(1495 年)被烧毁,弘治十六年(1503 年)重建,此后曾多次修葺。文庙主体大成殿坐北朝南,面宽 16 米,深 18 米,重檐歇山顶,屋面用筒瓦、瓦当为勾头,梁架为如意斗拱,天花板有明代云纹彩绘,石柱仿唐莲瓣式、云纹式、春草式等,阶有石雕大盘龙。

文庙本是封建时代奉祀孔子的庙宇式建筑,因而并没有足够的堂屋供师生使用。大成殿较为轩敞,权且作为礼堂,东西厢房作为教室,一些偏屋就暂时用作临时宿舍。迁校之时,闽师 3 个年级共有 21 个班级,文庙显然无法容纳,正好当时二、三年级学生被派往各县从事民训工作,仅一年级的 7 个班级迁来永安,能够勉强安置。当时,福建省为了办好战时民训,每月从教育经费中支出 5 万元专款,导致全省各级学校教育经费都有相当缩减。闽师过去每月从教育厅支取 4800 余元,现在只剩下 1200 余元。[③]

校舍搬迁、环境陌生、学生减少、经费紧缩,这些对于在省城福州过惯舒适生活的师生来说,的确是一个巨大的挑战。他们初到内地山城虽有诸多不便,但仍觉精神愉快。在整理环境、修缮校舍的同时,师生积极参与抗日救国宣传活动,唤起民众的爱国热情。闽师学生常利

①　黄典文.福州师范百年史[M].北京:中国文史出版社,2003:35.
②　福建省地方志编纂委员会.福建省志大事记[M].北京:方志出版社,2000:242.
③　王秀南.今日的师范学校[M].永安:省立福建师范,1941:8.

用夜晚时间,收听广播新闻做好记录,第二天马上将之油印成墙报,张贴在永安的大街小巷,使民众及时获悉最新的新闻资讯。学生们还组织了一支"晨呼队",黎明即起,列队唱着歌曲,走街串巷督促居民早点起来工作。同时,学生们深入永安居民家中,倡导居民在种植地瓜之余,可在冬季多种麦子,增加临时省会的口粮供应。

就在师生刚刚安顿好之时,1938 年 5 月,姜琦由于个人原因辞去校长之职。6 月 4 日,省教育厅派王秀南接任校长。6 月底,到各县做民训工作的二、三年级学生陆续返校复课,并接受一个月的学习任务。王秀南为了合理调配本不宽裕的文庙校舍,令一年级新生提早结束学期返乡,三年级毕业生毕业考试过后就分配到各县工作。8 月,闽师创办了附属小学,附设幼稚园,由梁士杰任校长。同时,学校开始招收一年级新生。文庙校舍促狭的问题眼看就要再次困扰闽师,恰好此时省政府号召开展战时民众教育工作。闽师遂奉命将二、三年级学生派往沙县战时民众教育处,接受一个月的战时民教训练,而后分配到各县去办 1 年的战时民校。校舍的问题再次顺利解决,师生们也开始逐步适应永安的新校区和新生活。

然而,师生们的安定生活很快就被打破。省政府内迁永安仅一月有余,狡诈的日军就尾随其后,于 1938 年 6 月 3 日首次空袭永安,炸毁民房数间,群众死伤数人。据不完全统计,在永安成为临时省会的约 7 年半时间内,日军共进行 11 次轰炸,给永安人民生命财产造成巨大损失。[①] 自 1939 年起,永安空袭警报逐渐增多,为了确保师生安全,学校决定夜晚和雨天在文庙教室里上课,白天则疏散到近郊的小山坡下上课。一般由值日生负责携带小黑板,教师将粉笔盒子放在衣袋里,一手夹着讲义夹,一手拿着教鞭跟在队伍后面。到了树林里,教师把小黑板挂在高大的树干上,学生们席地而坐。虽然条件简陋,教学质量却从不将就。[②] 1939 年 5 月 9 日清晨,师生们如往常一样出城到郊外的下渡村上课,队伍刚过燕江浮桥,刺耳的空袭警报声便划破永安的迷雾上空。日军飞机突如其来,开始轰炸永安城区。师生们只能躲藏在树荫下和灌木丛中,等到傍晚夕阳西下,才整队回城。文庙因中 7 枚炮弹早已是遍地破砖碎瓦,用作礼堂的大成殿虽安然屹立,但周围的教室、宿舍、厨房、膳厅却受损严重,房屋倒塌不少。校长王秀南因及时躲入树洞内而幸免于难,教职员仅一人为流弹所伤,迅速包扎之后亦无大碍。此时,文庙显然无法继续停留,学校当夜召集紧急会议,决定翌日迁往城外的大湖。当时,闽师之所以决定迁往大湖,主要是因为其地有赖氏的社学——"义斋"及 10 多座家族祠堂可资利用,有空旷的土坪可作操场,还有"石洞寒泉"等名胜,周围怪石奇岩林立,可作为敌机轰炸时的庇护之所。

当夜,学生们艰难地从瓦砾中翻找出自己的行李,在大成殿礼堂的地板上就寝。5 月 10 日,天刚蒙蒙亮,师生们就纷纷收拾行李,在军事教官的率领下,各自挑着行装,多数人各挑一担,少数人合挑一担,浩浩荡荡往大湖进发。当时,二、三年级学生还在各县做战时民教工作,因此迁往大湖的仅有一年级的 7 个班,400 余人。文庙校舍后来留一排边厢作为"驻城办事处",委托陈汉承夫妇主持,以便与永安城内各单位保持联系,并兼作闽师的报名和考试地点。[③]

① 张吉华.难以泯灭的记忆[M]//政协福建省永安市文史委.永安文史资料第 24 辑,2005:70.
② 政协福建省三明市委员会文史资料委员会.福建省三明师范学校.闽师之源[M].北京:中国文史出版社,1993:68.
③ 政协福建省三明市委员会文史资料委员会.福建省三明师范学校.闽师之源[M].北京:中国文史出版社,1993:57.

再迁永安大湖

大湖,别名湖山,位于永安城区西北部,距离城区约 13 千米,东邻贡川镇和三元岩前镇,南接茅坪,西南与曹远和安砂接界,北与明溪胡坊毗连。罗家坪至魏坊村以北为山区,大湖村到新冲为低丘地带,属亚热带季风山地气候,夏长冬短,气候温暖,雨量充沛,境内有著名的石林风景区。大湖主要为赖姓族人聚居地,赖姓家族于宋代迁入,人口迅速繁衍,占大湖、坑源两个村居民总数的 90% 以上。

1939 年 5 月正值春夏之交,师生们未暇安稳便投入整治大湖新校园的工作之中。他们利用课余间歇打扫、修理村中各座民居、家庙、祠堂。

大湖石林风景区素有"福建小桂林"的称誉,由鳞隐、石洞寒泉、洪云山、寿春岩、十八洞等多处石林风景片组成,分布在一个呈马蹄形的岩溶喀斯特地表上,石峰、石柱、石牙、石锥、石笋等景致参差错落,美不胜收。其中,石洞寒泉位于皆山西北角,古称扇风岩,入口处有一宽阔洞穴,内有泉水,幽壑生寒。清雍正年间,大湖人赖价将皆山辟为读书处,建筑精舍,为此处佳景题名。当闽师抵达大湖时,清代所建的引胜门、朱翠门、宜雨楼、宿影亭、石盘亭、清啸阁等都已倾圮,唯有天桥、云窝、石洞寒泉仍在。闽师以此为基础,对皆山加以修整,辟为中正公园,王秀南校长还在山顶岩石上留下"鹊桥秋夕"的题词。

与石洞寒泉相对的是当地居民所称的黄狮岩,因山形如狮,土皆黄色,故名。黄狮岩下有大石洞,可容数百人,深不可测。据说明末兵荒马乱之际,当地村民曾避乱其中,被称为"十八洞"。十八洞内石乳下垂,石笋丛生,蝙蝠横飞。闽师的师生们常于休闲之时,三五结伴,高举火把,到此一探险胜。

义斋为大湖的社学,是古代大湖乡绅主持的教育场所。元世祖于至元七年(1270 年)颁布立社令文,每五十家立一社,每社设立学校一所,选择通晓经书者为学师,于农闲时令子弟入学,明清两代相沿不废。[①] 明永乐十七年(1419 年)举人赖福辞官返乡后,向大湖赖姓族众募款,在大湖后巷街创建义斋,供地方子弟免费就读。因义斋供奉孔子,故大湖乡民又称之为圣殿,左门有"礼门"二字,右门有"义路"二字,墙上书"万仞宫墙"四字,门内有泮池,池上有一泮桥,景致幽雅。闽师抵达大湖后,即将义斋作为临时礼堂。

大湖村中心原有一座华光庙,据说始建于元朝,供奉华光大帝。闽师将华光庙作为门房和会客室,将华光庙旁一间赖氏祠堂——三姑堂作为总办公室,名之为敬业院,为全校行政工作的中心。如今,华光庙依旧是大湖的信俗场所,当地村民将供奉在庙里的华光大帝称为"太保公"。

敬业院前有一口 3000 多平方米的池塘,当地人称湖尾池,闽师将之改名为襟清湖,并在襟清湖上加盖一座湖心亭,供师生和宾客休憩,四周遍植花木,以添其佳胜。闽师又将湖边一块大旷地建为大礼堂,名曰中山纪念堂。

---

① 郑天挺,吴泽,杨志玖.中国历史大辞典上卷[M].上海:上海辞书出版社.2000:1585.

　　闽师的教室先是租用大湖和坑源两村的宗祠、祖房,如尔龄公房(俗称新厝)、燕桂宗祠(俗称上晶厝)、赖氏右福房(俗称上新厝)等。闽师又在林荫的掩蔽之下,环绕襟清湖新建了四座新教室,以纪念合并前来的四间师范学校:以"三山院"纪念福州师范,以"芗江院"纪念龙溪师范,以"莆阳院"纪念莆田师范,以"芝城院"纪念建瓯师范。四座学生教室与襟清湖相映如画,风景甚佳。

　　大湖的赖氏家庙原有两座。一座在大湖的前巷街,又叫仄元公祠,是大湖建筑规模最大的古祠之一。闽师将此辟为图书馆。另一座赖氏家庙在大湖的曲尺街,原名天爵公祠。因该祠堂在建成后相当长时间内都是大湖建筑规模最大的房屋,当地人称作后渊大厝。这座建筑系赖氏第二十六代天爵公所创建,始建于明朝初年,清嘉庆年间由进士赖华钟主持改建为赖氏家庙。家庙规模宏伟、建筑精美,共有三进五开间,原来两边还各有一排厢房,因规模宏大,闽师故将此处辟为膳厅。家庙大门口正面和背面上方各有四幅做工精细的砖雕,线条流畅,刻画细腻;前堂原先挂有赖华钟的进士匾;天井的西面墙壁有一幅闽师遗留的标语——"相让举筷生冷宜戒",旁边还有一幅闽师壁画,描绘当时学生用膳的情景。

　　闽师还租借陈忠毅祠(陈氏家庙)作科学馆;赖氏旧屋作美术馆;家松公祠(现已拆除)作校办工场;坑源村的李江王祠作农场办事处;吉泉公祠作三民主义青年团团部;宗厚公祠作医务室;千二公祠作附属中心学校;坑源村的文昌阁作大众俱乐部;璞园公祠作女学生和女教师的宿舍,名之曰"笃行斋",门题"壮志追红玉,英风效木兰";达斋公祠、振华公祠、敬轩公祠作男学生和男教师的宿舍,名为"尚勇斋""立信斋""居仁斋",后另辟"育智斋""行严斋""近圣斋"。闽师还租借赖荣厝的两层小楼作为单身教师和领导宿舍(另有一部分教职员租住肃庵郑公祠),取陶渊明《饮酒·其五》诗句"心远地自偏",命名为"心远楼",寓意内心要摆脱世俗的束缚,于大湖僻静之地实现教育理想;厝外有一口水井,大湖乡民称之为七星井,师生们就从这口水井汲取饮用水。除此之外,厨房、盥洗室、浴室、厕所和青年服务社等也一应俱全,真可谓"麻雀虽小,五脏俱全"①。

　　随后,闽师又陆续兴建了许多新校舍,于大湖北郊"乔木郊墟"之处开辟了一块广阔的运动场(现为大湖初级中学),在运动场西南处松荫之下建了一座青年楼兼体育馆(现为大湖中心小学),除作为师生体育活动和集会检阅之用外,也兼作学校党部与三民主义青年团的办事处。1939 年 6 月 7 日,《福建民报》特地发表一篇通讯报道《大湖在前进中》,盛赞闽师在大湖的一系列行动。1940 年,为纪念全面抗战三周年,彭乔松、柯维俊、苏忠泉、许子家、黄式昭、林敦莘等 12 位同学,在主任教官汪瀚的鼓励之下,搬砖运灰,在大湖村入口处修建 1 座 7 米多高的"抗战建国阵亡将士纪念碑",以纪念为民族独立、国家富强而牺牲的无数革命先烈。通过辛苦的劳作和修缮,闽师把大湖周围环境整理得井井有条,战时校园初具规模。校长王秀南甚至认为大湖校区占地之广、规模之大,"较之乌石山校舍,犹有过之"②。

　　在闽师迁来大湖之前,这里原有省义务教育实验区创办的大湖中心小学、魏坊单级小学、坑边工读小学、湖峰简易小学以及瑶田、增田、益溪等地的短期小学。闽师迁入大湖后,省义务

---

① 赖应乾.闽师之源抗战学堂[N].三明日报,2017-07-07(B1).
② 王秀南.教学著述六十年[M].新加坡东南亚教育研究中心,1985:172.

教育实验区便决定撤销停办,改由闽师负责承担相关义务教育工作。1939 年 8 月,闽师在大湖恢复附属小学建制,并附设幼稚园。9 月,闽师招生工作并未受到两度迁校的影响,照常招收普通师范科、体育师范科、社会教育师范科、幼稚师范科各科新生,还增招 3 年制艺术师范科一班。此时,到各县办理一年战时民教工作的二、三年级学生陆续返校,加上新招的各班学生,闽师在大湖的办学氛围显得十分热闹。[①]

1940 年 8 月,省教育厅制定了《福建省师范学校毕业生服务实施细则》,规定师范毕业生服务期限一律为 3 年。1941 年 1 月,省教育厅又制定了《福建省师范学校毕业生具领毕业证书办法》,规定师范学校的毕业生,其毕业证书必须等服务期满后发给,在服务期内,只发给小学教师检定合格证及毕业生服务证明书。按照这一规定,此后的闽师学子们在毕业时不能马上领取自己的毕业证书;后来又因时局变化,各奔东西,失去联系,所以有的学生的毕业证书始终在母校珍藏着。至今,三明学院还保存有 300 多张毕业证书,包括普通师范科、体育师范科、艺术师范科、幼稚师范科、社会师范科,还有体育师范普通科和特别科、乡村师范本科、四年制简易师范科等。

在迁往内地的过程中,闽师的师生们克服了校舍、经费、设备、师资、疾病、生活等多方面的困难,坚持办学,弦歌不辍,教学育人井然有序。不仅如此,他们还走出校门,深入农村,运用自己的知识和爱国热情,把抗战爱国的种子撒在全省每个角落,为国家总动员植下了深厚的基础,也为福建省战时学校教育的改革走出了成功的一步。这些可歌可泣、艰苦卓绝的办学事迹感人至深,充分展示了其爱国的热忱、对敌人的仇恨、抗战必胜的信心和中华民族刻苦耐劳的精神。

直至今日,永安城区及大湖镇仍保留有闽师各类遗址 30 余处,共同见证了这段光辉灿烂的岁月,例如:中正公园遗址、中山纪念堂遗址、三山院等教室遗址、湖心亭、敬业院遗址、华光庙会客室、图书馆遗址、居仁斋遗址、赖荣厝校长楼、立信斋、尚勇斋、大厝民校旧址、吉泉公祠三青团团部旧址、抗战建国阵亡将士纪念碑遗址、许钦文故居、宗厚公祠医务室旧址、唐一帆故居、赖氏家庙学生膳厅旧址、膳厅水井旧址、上新厝教室旧址、上晶厝教室旧址、若驹公房旧址、余庆堂教室旧址、李江王祠农场办事处遗址、肃庵郑公祠教室旧址、文昌阁俱乐部旧址、邦佐公房夜校教室旧址、陈忠毅祠科学馆遗址、大湖中心小学青年楼体育馆遗址、大湖初级中学农场运动场遗址等。2020 年 11 月,"福建省立师范学校旧址群"(包括赖荣厝、大厝、上晶厝、赖氏家庙、若驹公房)被福建省人民政府公布为第十批省级文物保护单位。

留设永安办学

1942 年春,新任省政府主席刘建绪到大湖视察,他认为师范教育不宜集中办理,下令自 1942 年秋起全省所有省立简师都改为省立师范学校,所有师范学校分区设立并按地区命名,福建省立师范学校因而更名为福建省立永安师范学校。1943 年夏季,由于小学体育教师缺额

---

① 政协福建省三明市委员会文史资料委员会,福建省三明师范学校.闽师之源[M].北京:中国文史出版社,1993:58.

很多,省政府决定将省立永安师范学校体育师范科分出,独立办学,扩建为"福建省立永安体育师范学校",由万籁声任校长,并将原在省立永安师范学校体育师范科二年级的两个班、三年级的一个班拨往该校。1943 年 12 月,省立永安师范学校在校生共 557 人,毕业生 145 人。

从 1938 年内迁永安至 1945 年抗战胜利,闽师(永师)共有 8 届、1435 名学生毕业。毕业后,他们多数在福建各县市从事教育工作,有的到高等院校继续深造,有的直奔抗日疆场,还有的远赴宝岛台湾去支援当地教育事业发展。正如工秀南所言,"而今的闽师毕业生,布满八闽教育界,所有各县的中心小学校长、青年团主任、县议会议长,甚至县党部主委,几乎都是闽师的毕业生"[①]。

1945 年 10 月 15 日,伴随着抗战胜利的喜悦,省政府及其附属机构开始从永安等地陆续迁回福州,至 11 月全部迁毕。战时内迁闽西北各地的大、中学校亦陆续迁回福州各校原址。为了加强闽西北教育事业的发展,且因为校名已改为省立永安师范学校,抗战胜利后,省政府决定省立永安师范学校不再迁回福州,而是继续留设永安办学。至此,福建省立师范学校完成了由省属学校向地方师范学校的转变,成为扎根闽中大地的省立地方师范学校——省立永安师范学校。

1945 年 10 月 25 日,台湾光复,脱离日本帝国主义统治。日据时期的大批日籍教师被遣送回国,台湾中小学师资严重匮乏,福建担起了为台湾培养和提供师资力量的重任。接收台湾的行政长官是福建省主席陈仪,他除了在台湾本省选派人士接管学校事务外,还从福建等地选派大批具有专业知识的资历相当者赴台从事教育工作,其中包括教师、教育部门或各级各类学校的行政管理人员。陈仪曾委托永安师范负责培训台湾省新成立的行政干部训练团,因此永安师范的一些老师和毕业生就去了台湾。台湾教育得到福建师资力量的大力支持,为战后台湾教育的重建作出了巨大的贡献。据不完全统计,1993 年时闽师在台还有 300 多位校友。

1945 年冬季,因学生罢课驱走军事教官陈得恩,校长王敦善向省里引咎辞职。1946 年 2 月,王藏修接任校长。学校从大湖迁回文庙。由于日机的轰炸和几度搬迁,当时校产破损严重,教学用具寥寥无几,文庙校舍也破旧不堪。1947 年,永安县国民教育研究会配合永安师范学校推行国民教育研究及指导工作,在城区、大湖、吉山等地多次举行示范教学。1947 年 8 月,永安县立初级中学附设简师班并入省立永安师范学校。

随着全面内战的爆发,经济遭到破坏,教育经费骤减。后因物价日涨,师生生活愈差,同时国内政局动荡,永安的闽南、闽西同乡会势力暗暗向永安师范学校渗透,两派对立又趋激烈。1947 年冬,因学校伙食问题发生罢课学潮,王藏修校长无法收拾,在效仿前任提前放寒假后,自己到福州向省政府辞职了。

1948 年春季,魏承驹出任省立永安师范学校校长。此时社会局势动荡不安,永师也暗流涌动。1949 年 3 月 17 日,魏承驹携家眷离校去福州就没有再回来。学校因无人主持,便召开全体教职工会议,公推陈子彬为临时负责人。这时国民党政府濒临崩溃,自顾不暇,学生伙食费、教职员工薪水均无着落,生活面临绝境。留校师生推派代表与国民党永安县政府交涉,最后同意由县政府按月拨给学校大米以维持师生生活。

---

① 王秀南.教学著述六十年[M].新加坡东南亚教育研究中心,1985:188.

　　1949 年 5 月 11—23 日,刘汝明残部经过永安,抢劫奸淫无所不为,城内秩序大乱,学校受扰乱而又停课。6 月 26 日曹晖部进驻永安,学生及部分教师被疏散回乡。因为永安与福州交通断绝,省立永安师范学校经费来源中断,全体师生为了维护历史悠久的光荣学校,在万分困难中,决定全校员工每人月支 3 银圆以过活。9 月,在校教师开会讨论,决定向学生酌收学费,以维持学校公杂费和教职员工最低生活费,学生伙食费自理。

　　1949 年 10 月底,福建省第六行政督察专员公署正式委派原临时负责人陈子彬代理校长。学校勉强开学,教职员工 25 人,学生 9 个班,144 人。1948 学年下期毕业班学生因兵乱无法举行毕业考试,亦在开学初给予补考,其中简师本科毕业生 16 人,普师毕业生 32 人,共计 48 人。[1] 当时全国各地相继解放,不少师生出走大田、漳平等地从事革命活动。在校师生亦克服重重困难,坚持教学,妥善地保护了校产、档案,迎接解放。

　　闽师自诞生之日起,就一直与国家和社会同呼吸、共命运。不论校址如何更迁,闽师一直闪耀着艰苦创业、拼搏进取的光辉,为抗日战争和祖国建设培养了成千上万的合格人才,校友的足迹遍布大江南北、长城内外,以其艰苦卓绝的努力、出类拔萃的成绩,为福建教育事业谱写了令人敬佩的篇章。

第二节　战时闽师的担当

特殊时期的军事教育

　　抗战时期,为适应战时需要,配合抗日救国、民族解放的伟大目标,闽师的课程从只注重文化教育,转变为集文化教育、政治教育、劳动教育、军事教育于一体;从只注重小学师资训练,到将民众教育的责任添加在师范生的肩膀上。广大的闽师学子奋起反对日本帝国主义的侵略,反对国民党政府的腐败和反动统治,勇于承担社会责任,不畏艰险,英勇奋斗,为中国的独立和教育的振兴作出了自己的贡献。

　　全面抗战爆发后,为了适应战争的需要,闽师进一步加强了对学生的军事管理、军事训练和军事教育。学校规定学生统一着装,男生一律理光头,穿草绿色军装,戴军帽,扎皮带,打绑腿,穿草鞋,后改为穿黑色中山装,戴学生帽,但仍要扎皮带,打绑腿;女生则上着青蓝色旗服,下穿黑裙。男女生都要佩戴番号和校徽。番号是布质印的,约 7 厘米×4 厘米大小,分为三格,上格写着"福建省立师范学校军训团",中格是"第×中队第×区队第×分队",下格是"学生×××";如果担任队长,就不写"学生"而写"区队长"或"分队长",一般每个班级为一个区队,三个区队为一个中队。整个学校就是一座军营,学生的生活作息也如士兵一般。

　　每天清晨要举行升旗仪式。起床钟一响,学生就要迅速穿衣、戴帽、穿鞋袜、打绑腿、扎皮带并整理内务,棉被要摆得整整齐齐,盖上白色床单,蚊帐要整齐地翻折到帐顶,床下不能放任

---

① 政协福建省三明市委员会文史资料委员会,福建省三明师范学校.闽师之源[M].北京:中国文史出版社,1993:134.

何东西。内务整理好后,学生要迅速跑步到操场,站好队列。此时,分队长向区队长报告人数,区队长向中队长报告人数,最后向教官报告人数。全校教职员则排成横队,站在学生队列前面。升旗钟声响起后,教官向升旗仪式主持人报告学生总人数后下口令,全场立正、唱国歌、升旗,同时学生号队吹奏军号。教官与男生举手行军礼,教师与女生行注目礼。升旗仪式结束后开始做早操,锻炼体魄,下午还要举行降旗仪式。三餐进膳厅吃饭都要整齐排队,学生盛饭后要坐下安静等候,直到教官发出口令才能吃饭,吃饭时不仅禁止讲话,还规定要迅速吃完。晚上熄灯前,学生也要在"抗战建国阵亡将士纪念碑"前集合一次,齐唱爱国歌曲,同时检查人数,熄灯后就不准再讲话。有时候,学生半夜还要紧急集合,进行夜行军演习,一般规定要在 5 分钟内穿戴好并抵达指定地点列队完毕。学校每周安排 2 个下午上军事课,除了讲解步兵操典和军礼由来外,还特别重视战时需要,有计划地进行班、排、连的徒手教练,攻击防御的战斗训练,射击投弹的实弹训练,以及地形地物的野外演习和军事器材的识别训练。①

正是因为出色的军事管理、军事训练和军事教育,1940 年闽师被省政府确定为学生军训试点校,成为全省的楷模。1941 年元旦,为了鼓舞抗战的士气,省会各学校联合于永安燕江之畔的广场上举行军事大检阅,参加的有省立农学院、国立音专、省立师专、省立高农、省立永安中学和闽师等校。闽师远在 10 公里外的大湖,没有汽车可以接运,学生们依然在教官的带领下清晨即起,以整齐的队伍从大湖步行至永安。上午 8 时检阅开始,当闽师的队伍步入检阅场时,人数既多,步伐又齐,以笔挺的雄姿昂首走过检阅台前,受到检阅嘉宾的交口称赞,以"钢铁的队伍"荣获第一名。

1941 年 4 月 21 日,日寇占领福州,5 月又妄图通过闽侯县大湖乡挺进古田县,而后进攻闽北战略要地南平。为了痛歼来犯之敌,国民党第 100 军 80 师师长李良荣率部先期抵达大湖,进行侦查准备工作。5 月 23 日,李良荣部与日军在距大湖东南约 50 千米的秦洋遭遇,激烈战斗由此打响。5 月 25 日,在李良荣的指挥下,中国军队发起大湖战役,日寇死伤惨重,仓皇逃窜。大湖战役以少胜多,以弱胜强,是日寇入侵我国东南以来的一次惨重失败,此役之后日寇不敢进犯福建境内,极大地鼓舞了福建人民的抗日斗志。当时,李良荣的队伍中有多位闽师爱国学生,其中有两位不幸在战斗中牺牲。消息传来,全校师生为之默哀伤悼,并立碑纪念。

民众训练与民众教育

全面抗战爆发后,为了唤醒民众、训练民众,1937 年 12 月,陈仪下令全省高中、职校、师范学校二年级以上学生到福州东湖集中,参加为期 1 个月的福建省民众训练干部总队训练,而后派到各县开展 4 个月的民训工作。闽师积极响应,派出二、三年级学生 500 余人参加训练,训练的内容主要是政治训练、军事训练、生活训练及补助教育。②

---

① 檀仁梅,庄明水.福建师范教育史[M].福州:福建教育出版社,1990:83.
② 陈培光.我们需要提倡笠剑学风[J].时事半月刊,1938(11):21.

　　1938年2月,集训结束。受训学生准备出发前往农村,省政府主席陈仪模仿军官学校毕业生授"中正剑"的形式,赠送每位学生一把镀金短剑,剑柄上刻着"捍卫祖国",同时省教育厅厅长郑贞文赠送每人一顶斗笠,这就是所谓的"笠剑学风"。其目的是鼓舞学生深入农村发动民众参加抗日,改良社会风气,反对醉生梦死的旧生活,树立艰苦朴素的新作风。[①]

　　出发之时,闽师学生穿戴整齐,背挂斗笠,身穿中山装校服,腰系武装带、佩短剑,精神饱满,斗志昂扬。他们各自组成民训队,陆续分派到福建各县。一个县的民训队由一位教师带队,一般有三四十人,每人每月发放生活费12元。[②] 抵达各县后,他们将当地群众依照不同性别和年龄分别组队受训,由军训组以军事方式训练青壮年男子和妇女、少年,由政训组以流动方式训练一般民众。[③] 他们每到一地,都会举行民众抗敌宣传大会,张贴抗敌标语和漫画;训练之余,以演话剧、教唱抗战歌曲等形式,强化抗战救国的民众意识。

　　1938年6月,省政府对民训工作做了总结,认为这种流动式的民训工作,不能达到最大限度发动民众的效果,"抗战中坚分子是成年的民众,可是一般民众知识水准很低,抗战力量很薄弱,我们为培养民众的抗战知识和增强抗战的能力,准备民众总动员,共同负起抗战的责任,就要普遍地大规模地推行民众教育"[④]。8月间,陈仪下令全省进行民众教育工作,计划在各县的山区、边区设立战时民众学校1万所。为此,省政府在沙县设置战时民众教育处,学生下乡开展民教工作之前,都要先集中在此受训1个月。培训的内容分为干部培训和教员培训,干部培训针对负责各县民教的行政人员和指导员,如教育科长、督学、军训教官、民教指导员等。教员培训分为两类:第一类是在各县区兼设民校的小学中抽选教员,共1200人;第二类是民校的专设师资,即全省高中、职校及师范学校二年级以上学生,共2323人,令其停学1年,参加培训后派赴各地民校担任校长和教员。闽师二年级以上学生停学1年,奔赴沙县参加集训。

　　此时,日军已开始轰炸省内重要城市,沿海公路多处被破坏,形势危急。1938年9月,闽师受训学生陆续被派到各县去开办战时民校,每生每月依旧发放12元生活费,但没有教师带队。民校的创建一般以200户到400户居民为原则,已经设立小学的地方也要兼设。战时民校属于扫盲性质的义务教育,一般设成人班、妇女班、儿童班,招收成人、妇女及失学儿童入学;统一以省教育厅编著的《福建战时民众学校课本》为教材,免费分发给入学学生使用。战时民教包括政治、军事、生产和文化等4个方面的内容。政治教育包含拥护领袖、服从政府、肃清汉奸、严密保甲、贡献物力等;军事教育包含壮丁训练、服从兵役、救护职能、防空防毒常识、战时服务组训等;生产教育包含改进农业、发展工业、推进合作;文化教育包含识字写字、树立艰苦朴素作风、了解历史文化、改良社会风气等。教育的内容都针对保家卫国而制定,每项内容都非常详细具体,具有很强的针对性和实用性。

　　省政府原计划将民教工作分3期展开,第一期预设民校4000所,于1938年8月底完成;第二期预设民校1000所,于1938年12月底完成;第三期预设民校5000所,于1940年6月完

①　邱其永.郑贞文在吉山[M]//永安市政协文史委员会.永安文史资料第8辑,1989:11.
②　黄钟麟.回国参加抗战的华侨机工[M]//政协漳州文史资料研究委员会.漳州文史资料第9辑,1987:1.
③　汪瀚.学校军训在福建[J].福建征训,1942(2):49-50.
④　檀仁梅,庄明水.福建师范教育史[M].福州:福建教育出版社,1990:85.

成。实际上，从 1938 年 9 月至 1939 年 3 月，第一期民校共举办 3946 所；1939 年 3 月至 6 月，第二期民校共举办近 4000 所；从 1939 年 7 月开始，全省普遍实施战时国民教育，将原有战时民校、短期小学、简易小学等一律合并改办为战时国民学校。1939 年下半年，以五保设一校为原则，共设立约 3400 所战时国民学校。整个民教工作一直持续到 1941 年，全省前后共有四五千名学生参加民教工作，受教人数达 50 多万人。①

为了进一步扫除文盲、普及义务教育工作，省教育厅令各师范学校在学校附近设立国民教育实验区，让师范生在教师指导下独立经营这些民校。闽师在大湖设立五所民校，进行"征学留生办法、班次编制、教材教法、设备管理、自卫组织、大众俱乐部、公益社及其他战校实际问题"的实验。② 大湖村大厝和坑源村余庆堂就是目前已知的民校教室。闽师在大湖实行"来者不拒，不来者送上门"的办学办法，学生们不怕艰难，风雨无阻，挨家挨户动员农民和他们的孩子来上学，结合抗战宣传积极开展义务扫盲教育；并推出师范生包教制，每个师范生都要包教一两个文盲识字，收效很大。而且，教师们还针对扫盲工作中暴露出来的问题和知识缺漏，重新组织课堂教学，引导学生在难题面前，自寻办法或相互研讨以求解决。在师生们的共同努力下，以永安全县为例，文盲占全县总人口的比重从 1940 年的 81％下降到 1945 年的 70％。③ 1945 年，全省有各类初等学校 5900 余所，在校学生 60 余万人；普通中学 150 余所，在校学生 5.6 万余人。特别是内陆山区，中小学校增长较多，过去普通教育畸形发展的状况有所改观。

"笠剑学风"及其引发的民训、民教工作，是在战争年代以拯救危局为初衷的宏大教育实践。残酷的战争环境、落后的农村地区、基础薄弱的文化教育，对当时福建的抗战来说是一个巨大的考验。包括闽师在内的广大福建学子，深入农村把抗战救国的种子播撒在全省每个角落，对农村地区的人民开展广泛的教育，宣传了抗战爱国思想，提高了爱国主义觉悟性，促进了全民抗战事业的发展。他们在艰苦卓绝的环境下，创造了以教育服务政治与民族未来，并取得成功的典型范例，为后来的福建教育事业发展提供了丰富的经验。④

抗战宣传与发展生产

在"笠剑学风"及民训、民教工作的鼓舞下，为了使普通民众进一步认识革命洪流的伟大意义，进一步提高科学文化素质，1938 年 7 月，闽师出版了旨在揭露侵略者野蛮暴行，号召学生与民众英勇抗战的爱国刊物——《教战导报》，每半月出版一册，收载有关战时教育和砥砺民族意识的文章。10 月 12 日，闽师成立了战时后方服务团，团员 300 多人，团长由王秀南兼任，下设警卫、宣传、交通、防空、救护、纠察等 6 个中队，不但进行基本常识和技能技巧的训练，还切实为当地的防空、防特、防毒、防火和维持地方秩序服务。

当时，学生们在宋居田等教师的指导下，大唱抗日革命歌曲，排练爱国题材话剧，走上街头

① 福建省政府统计室.第一次福建省统计手册[M].福建省政府统计室,1944:196-197.
② 刘海峰,庄明水.福建教育史[M].福州:福建教育出版社,1996:512.
③ 永安市地方志编纂委员会.永安市志[M].北京:中华书局,1994:926.
④ 陈惠兰.论"笠剑学风"与闽海抗战[J].闽南师范大学学报(哲学社会科学版),2015(1):102-106.

巡回演出,演出剧目有《十三年》《放下你的鞭子》《东北一角》《牛头岭》等,不仅有适合城市百姓的普通话剧目,还编排了适合乡村农民的方言剧目。这些剧目多反映人民群众高昂的抗战情绪和爱国志士坚贞不屈的斗争,同时暴露日寇的侵略暴行和汉奸无耻卑劣的面目。由于节目浅显通俗、易导易演,在民众中产生了很大的鼓动和教育作用。王秀南也在闽师亲自组织了一个抗敌剧社。1941 年夏,抗敌剧社到永安南门戏院公演大型话剧《家》,受到永安民众的热烈欢迎。

学生们还组织了抗战宣传队,由朱鸣冈、吴启瑶和唐一帆等教师指导,每星期轮流到附近村庄去绘制抗日漫画,张贴抗日壁报,书写抗日标语。直到今天,闽师在大湖坑源村上晶厝(赖氏佛兴公分支振荣公燕桂宗祠)留下的抗日标语——"精神所至金石为开",以及在大湖大厝墙壁上留下的抗战将士威武头像壁画依然保存完好。[①]

1942 年 11 月,学校发动学生捐款 2120.5 元,上缴中国滑翔总会福建分会,购买滑翔飞机用于抗日。1944 年 5 月,学校抗敌剧社在城关南门剧院义演《日出》《家》等名剧,得款全数献于抗日救国运动,全校师生响应冯玉祥将军号召,掀起"献金救国"高潮。1944 年 11 月,学校响应国民政府发动"十万青年十万军"的知识青年从军运动,王敦善校长在青年从军动员大会上率先登台,代表全校师生报名,掀起参军热潮,后有 70 余名学生被批准正式入伍,为全省中等师范之冠。12 月 9 日,全校师生参加由省政府主办,省知识青年从军征集委员会及省教育厅主持的"万人大合唱"。

战时宣传和服务大大提升了学生的综合能力。学生从学校里的受教育者转变为乡村和街头的教育者,这一身份转变对其生命成长而言,意义重大。这不仅是重要的学习过程,磨砺学生吃苦耐劳的意志品质;更重要的是,学生在新环境中,直接触及底层社会的人与事,能够培育出对人民、对乡村、对这片黄土地最深沉的感情。

永安境内群山连绵,山地和丘陵面积占总面积的 90% 以上。由于山多地少,且只能种植单季稻(永安当时的水稻品种主要是三至六月的"六十日"以及四至八九月的"八月白"[②]),因此永安粮食产量有限,供不应求,无米的人在每月的赶墟日都要到县城以南约一百里的吉口去买米。除此之外,一直到 20 世纪 50 年代土地改革前,占永安总人口 5% 左右的地主还拥有着约 33% 的土地,农民人均占地仅为 0.66 亩。[③] 广大农民难以立足,多选择种植甘薯,以增加土地资源的利用率。

闽师刚搬到永安时买米还不算困难,等到永安做了临时省会以后,省级机关陆续迁来,人口突然大量增加,买米自然成了问题。全面抗战爆发前永安全县人口不过 6.4 万,1938 年省府迁治后,人口骤增至 9.7 万。[④] 闽师在内迁各校中算学生数量较多的,经济又很困难,不能自己从远处运粮米,只好从节约口粮方面想办法。师生的口粮一减再减,每人每天只吃 4 两米,蒸在毛竹筒里,多放水也不过小半筒,只四五汤匙便可吃完;粮食紧张时,竹筒饭里还拌着地瓜;配饭的只是一小撮黄豆,或是自己生产的青菜,或是当地产的咸笋干,此外还有一暖锅的

①　赖应乾.《闽师之源抗战学堂》追踪永安大湖又发现闽师抗战标语遗址[N].三明日报,2017-08-04(B1).
②　厦门大学历史研究所中国社会经济史研究室.福建经济发展简史[M].厦门:厦门大学出版社,1989:35.
③　永安市地方志编纂委员会.永安市志[M].北京:中华书局,1994:294.
④　福建省银行经济研究室.福建十年福建省银行十周年纪念刊[M].福建省银行总管理处,1945:327.

盐开水权且作为羹汤,肉类食品几个月也吃不上一回。这样的伙食很难称得上是饱足,只不过是免于挨饿罢了,生活十分清苦。

闽师在大湖安家之后,依然要面对物资匮乏的困难。大湖不比永安城区,只是一个小山村,街上没有一家米店,也没有一个菜摊。当地农民男耕女织,日出而作,日落而息,各自经营几块山田,粮食和蔬菜都是自产自销,以地瓜为主粮,大的刨成丝晒干,以备一年之用,小的单煮作为点心。小小的大湖一下子涌入如此之多的师生,吃饭的问题马上就摆到了面前。

为此,王秀南在担任校长期间,一方面,每周不辞辛劳从大湖步行往返永安县城一趟,向粮食公沽局交涉学校的食米问题;另一方面,积极推行包括"锄杆教育"在内的"三杆教育",鼓励自力更生、自给自足。1940 年,省教育厅颁发《高级中学农业生产训练实施办法》,提出以园艺、畜养为训练的主体,以作物、森林、土壤、肥料、气象、病虫害相关知识为辅,至本地农作物的产销状况、品种类别及农村经济的调查,都可作为生产训练的内容。1941 年,省教育厅又制定《福建省中等以上学校员生实施公耕办法》,规定各校教员和学生每人每周至少应以 4 小时从事生产工作,并要各校设置生产指导员,分期充实生产设备,切实做好生产自救工作,减轻国家负担,帮助解决战时生活困难。[①] 同年春,闽师发出"向土地要粮""一人开一畦,一班开一片"的号召,并成立生产指导委员会,请当地有经验的老农帮助,指导师生开荒种地。

当时,闽师一、二年级学生每周安排两个下午生产劳动课,在农场老师指导下开展种菜活动。学生们在十八洞前山坡上开地种黄豆,在小溪边的地里种青菜。每个学生分管五六十米长的一畦,每学期要上交至少 25 千克的蔬菜,生产劳动才算及格。学生常常是一大早就挑肥上山施浇,然后到操场参加升旗跑步。有时食堂缺粮、缺柴,学生就响应学校号召到几里外去挑米、砍柴。

劳动无疑是艰苦的,但通过生产劳动课和种菜活动,学生们既学习了生物学中的一些有关种菜的理论、技术、田间管理等,又协助学校食堂解决了日常吃菜难的问题,同时还锻炼了身心,培养了吃苦耐劳、勤奋俭朴的意志品质。经过闽师的努力,大湖的荒山野地被开垦成了绿油油的菜园,呈现出一派热火朝天的景象。1940 年,在省政府的支持和各乡帮助下,闽师还牵头建成了大湖至永安县城的道路。国立音专校长卢前到大湖参观后曾写诗赞叹:"洞口寒泉杂管弦,旧时书屋渺荒烟。大湖早是秋收了,但养肥鱼水满田。"

纵观抗战时期闽师的办学史,师生们在校长的带领下排除万难,不畏艰辛,勇敢担当抗战爱国责任,大力发展农村教育事业,不仅为福建乃至全国教育界培养了众多人才,更为广袤的偏远山区点燃了自强进步的烛光,以自律、自强、自信的英姿树立了闽师的光辉形象,在福建教育史上书写了一篇精彩华章。

爱国民主运动

全面内战爆发后,国民党政府加紧迫害进步师生,从而激起广大师生的愤怒和反抗。全国

---

① 刘海峰,庄明水.福建教育史[M].福州:福建教育出版社,1996:516.

各级学校师生在中国共产党的领导下,不断掀起波澜壮阔的爱国民主运动浪潮,形成了反对国民党反动统治的第二条战线。[①]

按照中共福建省委的部署,各地的地下党组织采取秘密活动和合法斗争相结合的方式,在进步师生中宣传革命道理,组织他们学习毛泽东同志的著作,宣传反内战、争和平、要民主、求团结的精神,揭露特务分子的反动丑行,扫除开展学运的障碍,掌握学生自治会、学会、级会、膳委会的领导权,壮大进步力量;建立并发展党的组织,领导广大师生从生活斗争发展到政治斗争,从校内分散斗争演变为各校的联合斗争,迅速掀起群众斗争高潮。[②]

据目前所知,抗战时期曾在闽师(永师)活动过的中共地下党员有 3 位。他们按照党中央的指示精神,积极宣传党的方针政策,影响了一大批进步师生,促进了抗战教育工作的发展。

林汝楠,1939 年或 1940 年入党,1940 年到福建省立师范学校读书,1943 年离开永安。

陈伟顺,入党时间和组织关系不详,曾任《建设导报》校对。1944 年 3 月《建设导报》停刊后,由谌震介绍到省立永安师范任教,后任永春毓斌中学教员。1945 年 8 月因"永安大狱"在晋江被捕,后经亲人营救出狱。[③]

何柏华(1911—1974),又名何正生、何阿英,福建福清人。1924 年,考入省立女子师范学校。1927 年参加南昌起义,同年 10 月底加入中国共产党。1928 年 6 月,参与领导"永定暴动"。1930 年 2 月,当选福建省委候补委员兼妇女运动委员会书记。1939 年,参加台湾义勇队,先后担任少年团辅导员和卫生员。1942 年 9 月到永师任历史教员,与其夫赵天问居住在现大湖镇坑源村 39 号民宅内。他们利用合法身份积极宣传党的政治主张和方针政策,引导广大教职员工和学生进步。在他们的影响下,永师进步学生陈文治组织了学生会,并发动同学组织读书会、历史研究会、文艺研究会等,一时间进步活动十分活跃。1943 年 3 月,何柏华、赵天问在《东南日报》副刊《采桑》发表《吕不韦著书》一文,以此讽刺蒋介石的《中国之命运》,又发表杂文《阿 Q 在鄞都》,讽刺三青团和军事教官,并写招贴揭露军事教官十大罪状。[④]

1944 年,军事教官叶明圣诬蔑陈文治降旗集队时没有唱"总理纪念歌",对陈加以拳打脚踢。他指使一些学生对陈和进步学生跟踪监视、搜箱子、偷看日记、截走信件,宣称陈有"异党"嫌疑,并逼迫其交出"异党"名单。因此,陈文治、何柏华、赵天问等迅速逃走,免于被捕。随后,一些同学被开除学籍,有的被迫转学和退学。尽管国民党政府摧残、迫害进步学生,但仍没有扑灭学生的爱国活动。不久,学生组织了普通话剧社和方言剧社(后者专门下农村演出,每周末下乡演一次),剧目有《打杀汉奸》《雷雨》《雾重庆》《原野》《为祖国飞行》等,以文艺宣传为武器回击了国民党顽固派的反共叫嚣。[⑤]

1944 年 12 月,省立永安师范学校学生罢课,反对军事教官殴打学生的法西斯行为。省里派警察前来镇压,但罢课声势大,当局仍无法维持,只好决定提前放寒假。几个大田籍学生被以"异党嫌疑闹罢课"的罪名给予停学一年或记大过的处分。

① 檀仁梅,庄明水.福建师范教育史[M].福州:福建教育出版社,1990:134.
② 刘海峰,庄明水.福建教育史[M].福州:福建教育出版社,1996:571.
③ 林洪通,肖传坤.抗日战争时期永安进步文化活动中地下党员的组织关系[J].党史研究与教学,1990(5):29-35.
④ 王长达.红星闪耀闽师之源[N].三明日报,2022-07-01(5).
⑤ 中国人民政治协商会议福建省永安市委员会文史研究委员会.永安文史资料第四辑[M].1985:7.

1946 年 12 月,北京爆发了抗议美军强奸北大女学生暴行的爱国反美运动,福建各地大中学校的学生起而响应。1947 年 1 月,省立永安师范学校举行抗议美军暴行、要求美军撤出中国的示威游行。这是抗战胜利后永安首次开展的大规模反帝抗暴斗争,给反动政权以有力打击。1947 年 9 月,省立永安师范学校学生配合全国的反饥饿、反内战运动,掀起反对贪污"救济物资"的罢课学潮。1947 年 12 月,省立永安师范学校学生举行罢课,反对军事教官殴打学生的法西斯行为。

1948 年 9 月,聂诗治受中国共产党组织委派从宁化回到永安,在省立永安师范学校任教。他以教师身份,团结了一批进步学生,并成立"时事座谈会"和"历史研究会",组织学生开展进步活动。1948 年 12 月,为抗议警察开枪打伤群众,省立永安师范学校教师、中共党员聂诗治发动本校部分学生及群众冲击永安县警察局。同月,学生要求改善膳食,举行全校性罢课。

至 1949 年,全面内战导致经济崩溃,民不聊生。福州市中学以上学校师生扛抬"反饥饿、反迫害、反征兵、反征粮""反内战、反独裁"等巨幅字牌,手持标语彩旗示威游行,一路高呼口号,整个福州城都沸腾起来了。消息传开,各地学校的师生纷纷响应。1949 年 3 月 17 日,省立永安师范学校师生闻风而动,组织罢课。学生们高呼口号,唱着《义勇军进行曲》,连续举行示威游行,罢课坚持达 2 个多月之久,革命声威震撼八闽大地。1949 年 6 月,聂诗治等人还组织省立永安师范学校师生在夜间张贴革命标语、散发革命传单。

省立永安师范学校的师生素来就有强烈的爱国民主思想,他们的反抗斗争和组织的学生民主运动沉重打击了反动当局的腐败统治,为革命力量的发展壮大、为永安的解放作出了贡献。

第三节　闽师的师资、课程设置与地方化

姜琦校长的办学理念

1936 年 7 月 27 日,姜琦出任并校之后闽师的首任校长。[①]

姜琦(1886—1951),字伯韩,别号柏庵,浙江永嘉人。1908 年毕业于日本东京同文书院;同年入山口高等商业学校,未几归国,任广东陆军速成学堂炮兵科翻译官。1909 年 9 月,复赴日本;1910 年入东京高等师范学校;1911 年回国参加革命。1912 年,复赴日本求学。1915 年毕业于东京高等师范学校,同年 6 月归国,任浙江省第七师范学校校长。1920 年春,任浙江省第一师范学校校长。1921 年秋,任南京高等师范学校教授,并兼任中华教育改进社《新教育杂志》编辑。1922 年赴美国哥伦比亚大学,1924 年获硕士学位。1925 年 7 月归国,任暨南大学校长。1927 年夏辞校长职,后改任上海浦东中学校长。1928 年 4 月,任厦门大学教授;9 月赴日本,任驻日留学生监督,2 年后回国。1930 年至 1936 年,先后任厦门大学教育行政学系教授

① 邹干于,刘季伯.三月来的本校教务[J].福建师范,1936(1):250.

兼主任、安徽大学文学院院长、湖北省立教育学院院长。1936 年夏,任福建省立师范学校校长。1938 年 5 月辞职后,任教育部训育委员会专任委员及参事、西南联大教授兼教务长、遵义浙江大学训导长、社会教育学院及中央大学等校教授。抗战胜利后,任台湾行政长官公署参议兼台湾省编译馆编纂。著有《西洋教育史大纲》《中国新教育行政制度研究》《欧战后之西洋教育》《知难行易与教育》《教育学新论》等。

姜琦对于当时师范教育的问题有着深入思考。他认为,中国近代以来的师范教育发展史可以大致划分为"诞生时期"、"发育时期"、"衰微时期"、"死灭时期"和"复活时期"。通过总结各时期的得失和利弊,他建议师范教育应"一律独立设置,而不可附设于各大学之内";同时,为了防止旧日师范教育常见的"分门别户、互相倾轧"问题,与其以地方命名学校,不如以数字为记号更佳,并且各个学校的校长和教员也应当时常互相调动。因此,对于当时省政府为了"齐一师资训练,发扬民族精神"而实行的师范学校合并举措,姜琦认为是合理的。在课程设置上,姜琦认为"以哲学、历史、音乐、体操为绝对的必修科,论理学也是一种必修科。因为这些科目无论于德性、思想、志向、兴趣、体魄都有莫大的帮助的缘故"[①]。因此,闽师当时也相应设置了哲学、历史、音乐和体操课程,并将之作为学生教育的重中之重。

姜琦主持闽师之时,恰是全面抗战爆发之际,当时的社会各界尤其是教育界,对于中国教育应当采取何种对策及其发展方向问题产生了很大分歧。面对中国教育何去何从的争论,姜琦坚决反对中断平时教育而紧急采取一种"全新的"战时特殊教育的看法,坚持主张国家教育不应受到"战时"或"平时"的左右,而应有"一贯的基本精神","凡是教育的实施方法,都应该以此为依皈"[②]。他认为,平时教育原本就应包括战时教育的必要内容,战时教育应是平时教育的组成部分,"战时即平时""平时即战时",要把"'平时教育'和'战时教育'打成一片,始终一贯地以三民主义为中华民国教育的基本精神;倘若"一旦碰到抗战才去谈'战时教育',那么,这不啻像'临时抱佛脚'一般;复次,一旦缓和外侮,又来讲所谓'平时教育',那么,这不啻好像'贼去紧关门'一般"。这种将"平时"和"战时"一以贯之、打成一片的看法与后来王秀南校长所提出的"三杆教育"迥然不同。因此,虽然全面抗战如火如荼,但闽师在教育理念上并未发生特别大的变化。

姜琦认为,"教育之本质是民生"。他指出,按照孙中山的三民主义理论,"民生是社会进化的重心,社会进化又是历史的重心,归结到历史的重心是民生","民生就是政治的中心,就是经济的中心,和种种历史活动的中心",而"民生"包含"人民的生活、社会的生存、国民的生计、群众的生命"等丰富内容,"教育之本质是民生;再简短地说:'教育就是民生'"[③]。因此,姜琦十分重视民生工作,他鼓励学生走入社会,去积极参与社会实践活动。1937 年 12 月,他指派闽师二、三年级学生参加福建省民众训练干部总队训练,为期一个月,随后将参加训练的学生陆续派往福建各县开展民众训练工作。

姜琦办学认真负责,对待学生就像自己的子女一样。他在校长室的墙壁上按班级座号贴学生的照片,每天下午课外活动时,他就轮流通知约 10 位学生到校长室座谈。首先对一

---

① 姜琦.三民主义教育与世界教育思潮之比较[J].民意周刊,1938(55-56):10-12.

② 姜琦.论战时教育与平时教育之分界[J].教育研究,1938(4):1-5.

③ 姜琦.三民主义教育哲学述要[J].三民主义半月刊,1945(3):3-6.

对照片和姓名,认识一下来访的学生,继而询问学生对各科教师教学和对学校各方面工作的看法,鼓励学生向教师和学校多提意见和建议。他态度和蔼又亲切,因此深得学生的爱戴和尊敬。[①]

1938 年 3 月,为了避免战火波及、保存抗日力量,姜琦带领全校师生有序地从福州乌石山迁往永安文庙,并迅速做好新校园的安顿工作。5 月,全体师生在永安县体育场举行了迁校之后的首届夏季体育运动会。然而,由于与省教育厅厅长郑贞文的个人矛盾,以及学校管理工作颇受掣肘,姜琦灰心失望,遂于 1938 年 5 月断然去职。

1938 年 6 月,王秀南接任校长。

王秀南与"三杆教育"

王秀南(1903—2000),乳名文丙,别号逸民。自童年起就奋发上进,由同安小学、私立集美师范至中央大学,均在艰苦岁月中完成学业。1931 年毕业,获教育学士学位。后历任河南大学、中山大学、暨南大学、厦门大学等教授及福建集美师范、福建省立龙溪中学(今漳州一中)福建省立师范学校校长(1938—1943)。1938 年 8 月,于永安创刊《教战导报》(半月刊),并兼社长和总编。1949 年后,王秀南先任印尼印华高级商业学校首任校长,1956 年转任马来亚麻坡中华中学校长,1958 年改任马来亚巴生光华高级中学校长至 1965 年退休为止。退休后,又应新加坡师资训练学院之聘,兼任教职,为新加坡培养了 500 多名中学教师和校长。著有《抗日救国与儿童教育》《小学校行政组织问题》《战后中国的国民教育》《教育学科教学法综论》《东南亚教育史大纲》《教学著述六十年》等。2000 年 2 月 20 日病逝,享年 97 岁。

王秀南接任校长之时,全面抗战正如火如荼,全国上下烽火连天,战局十分紧张。1938 年5 月 10 日厦门沦陷,5 月 19 日日军占领徐州,6 月 6 日日军占领开封。6 月 9 日,蒋介石命令在河南花园口炸开黄河南岸大坝,此举虽然暂时阻挡了日军南下,但也造成了黄河下游的大规模水灾,千百万人流离失所。同年 10 月,广州、武汉相继陷落。为了应对日益紧张的局势,充分发挥教育界救亡图存的力量,省教育厅厅长郑贞文在全省上下大力倡导"笠剑学风"教育:"笠,就是学习农民戴着斗笠艰苦劳动,你们戴上笠,是勤劳、质朴的象征;剑,就是学习士兵拿起刀剑英勇战斗,佩上剑,是庄重、勇敢的象征。"[②]他以"笠剑轩"命名厅长公署,又专作歌曲《笠剑学风》,以铿锵有力的旋律,欢送戴斗笠、悬佩剑的抗战队伍踏上征程。

正是在"笠剑学风"的影响下,1940 年春季,王秀南提出"三杆教育"战时办学方针,提倡进行"三杆教育",即枪杆教育、笔杆教育和锄杆教育。枪杆教育,就是厉行军事训练、军事管理、体育卫生,响应抗战,以求"自卫卫国",保障民族独立,是民族主义的教育;笔杆教育,就是培养儿童导师、民众师保、推动社教、协助村政,以求"自教教人",弘扬民主政治,是民权主义的教育;锄杆教育,就是实施农业教育、生产劳动、农业推广、开发交通,以求"自养养群",促进国民

① 政协福建省三明市委员会文史资料委员会,福建省三明师范学校.闽师之源[M].北京:中国文史出版社,1993:43.

② 郑贞文.在福建教育厅任职的回忆[M]//福建省政协文史资料委员会.福建文史资料第 12 辑.福州:福建人民出版社,1986:19-29.

生计,是民生主义的教育。王秀南认为,综合枪杆、笔杆、锄杆合一的训练,就是三民主义的教育,也就是对学生进行文化教育、军事教育和劳动教育。为了更好地推动"三杆教育"落到实处,王秀南亲自领导和推动了一系列改革举措。

在枪杆教育方面,他提倡以军事训练与管理,使学生获得军事技术和守纪习惯;以体育卫生的锻炼,培养坚强的体魄与整洁的美德;以拥军优属和爱国宣传,培养爱国主义和民族主义。他希望,学生通过接受这样的严格训练,平时成为民众的导师,一旦应征入伍,就是军事骨干、抗战先锋。因此,一要厉行军事训练,二要实施军事管理,三要注重体育卫生,四要响应抗战。

厉行军事训练。以儒家伦理所强调的智、仁、勇与知廉耻、辨生死、负责任、守气节为军事训练目标:(1)男生一律实施军训,女生实习军事看护;(2)以军乐、军歌鼓励军训的士气;(3)实施中心训练周,如精神动员周、军风纪周、爱国肃奸周、献身报国周等;(4)实行每月份军护演习、每学期军事检阅,乃至一年一度的省会各校元旦大检阅;(5)与各科教学相配合,如国文多读精忠报国的文章,历史多读国光与国耻的史料,地理多习军事地理及地图,科学多习军事器械与化学工程等。

实施军事管理。(1)学生一律住校,实施军事管理,务使饮食起居等日常生活,达到整齐、严肃、迅速、敏捷、确实的标准;(2)内务除由干部及军训教官按日检查外,每周举行一次比赛,分个人及团体优胜,分别予以奖惩;(3)所有勤务鼓励学生服役,以养成管理和互助的习惯;(4)以团体协力,取代个别分工,培养协同一致的精神;(5)师生同甘共苦,以军队的生活为生活,以军中的纪律为纪律。

注重体育卫生。(1)按日厉行早操,以平衡学生身心,促进健康;(2)提倡体操表演,以健全学生身心,养成机动活泼的精神;(3)运动技能配合国防需要,使国防体育与军训相结合;(4)体育要普遍发展,一扫过去重点培养的旧习;(5)课外运动鼓励师生共同参加,混合比赛;(6)注重武术、射击和民间运动,如舞龙舞狮、踢毽子、跳绳、放风筝等;(7)重视体格检查,一有缺点即加以矫正;(8)每学期举行运动会,欢迎民众参观;(9)开放体育场,让学生家属和民众参加;(10)与乡公所联络,举行街道大扫除,并走访居民家中进行指导,以改善卫生环境;(11)举办灭蚊、灭蝇、灭鼠运动;(12)灌输营养知识于民众,以促进国民的健康。

响应抗战工作。(1)与三民主义青年团相结合,致力于献身抗战运动;(2)鼓励进入军校或参加政干,为民前锋;(3)举办入伍欢送仪式,由女学生代表献花;(4)学校周会表演或游艺集会,欢迎学生家属或民众参加;(5)组织流动宣传队,下乡宣传抗战;(6)设立宣传站,按时举行歌唱活动、时事报告和说书;(7)与乡公所合作,欢送壮丁入伍,并钉上"荣誉之家"的匾额;(8)逢年过节,慰劳出征家属,并为通信代笔,解决困难问题;(9)为军属代耕代收,以示亲切的扶助;(10)与乡公所联络,招待过境的军队。

在笔杆教育方面,他提倡用师资的专业训练,在教、学、做、想合一的原则下,来培养儿童导师、民众师保,并推行社会教育,协助村庄治理,使教育与生活合一、学校与社会沟通、政治与教育合作。因此,一要培养儿童导师,二要训练民众师保,三要推行社会教育,四要协助地方自治。

培养儿童导师。要使学生先有儿童兴趣,乐于与儿童为友,然后加以训练,做到眼到、口到、心到、手到。在"眼到"方面:(1)充实图书馆设备,特别是教育书刊,以启发师范生阅读的兴趣;(2)办好附小与幼稚园,以提供师范生的示范;(3)参观民众教育馆和民众学校,以增进社会教育的知识;(4)考察乡公所及当地民俗,以了解地方自治的进展;(5)以教育电视和电影,拓展师范生的眼界。在"口到"方面:(1)利用教育座谈会、时事讨论会,以供师范生的质疑问难;(2)举办演说比赛,以训练师范生的口才;(3)举办辩论会,以利各种问题的切磋;(4)提倡小组学习,以鼓励师生的相互请益。在"心到"方面:(1)出版《教战导报》,利用小组讨论,以引导师范生的思想;(2)举办有关教育问题的斗智竞赛,以发展师范生的思考;(3)举办教育灯谜游戏,以引起师范生的兴趣;(4)举办教育论文比赛,以启发师范生的思路;(5)增强教育设计训练,如日课表的编排、教育公文的写作;(6)倡导"教学做想"的精神,于教、学、做之外,多多反思,以增进师范生的心得。在"手到"方面:(1)训练师范生听讲笔记的能力;(2)养成师范生写周记、做报告的习惯;(3)训练师范生写作的能力;(4)指导师范生进行心理学实验;(5)指导师范生实习;(6)指导师范生制作各科教具;(7)指导师范生绘制图表;(8)培养师范生剪报搜集材料的能力与习惯。

训练民众师保。师范生若要做民众师保,应有健康的体魄、劳动的身手、科学的头脑、艺术的兴趣和改造社会的精神。因此:(1)要有亲近农民的兴趣,乐于与农民做朋友;(2)要能与农民共生活,为农民改善环境;(3)要能创办民校;(4)要能布置民校成为民众的乐园;(5)要能主持民众集会;(6)要能做通俗演讲;(7)要能讲时事;(8)要能了解当地的掌故与大事;(9)要能了解本国现况;(10)要能了解世界大势;(11)要有当地职业的常识和改进的方法;(12)要能指导组织合作社;(13)会做记账先生;(14)会计算钱粮;(15)会看契据公文等;(16)会写对联和婚帖;(17)会调解民间纠纷;(18)会写壁报;(19)会几套武术;(20)会联合民众组织自卫团;(21)会演通俗戏剧;(22)会歌咏;(23)会说书;(24)会开茶馆;(25)懂得生理卫生,会医小病。

推行社会教育。为了更好地推动社会教育,"户"应设家庭会,"甲"应设教育站或读书班,"保"应设国民学校或巡回学校,"乡、镇"应设中心学校或巡回教学团。为此:(1)学校所在地的大湖乡,增设国民学校4所;邻近的曹岩、胡峰、坑边、益溪等乡各设国民学校1所,以办理儿童、成人、妇女教育,为扫除文盲而努力;(2)以国民学校、中山室、科学馆为基础,扩设为"民众教育馆",办理讲座、展览、广播及说书;(3)请准省新生活运动协会,就村务促进会扩大组织,联合区署、乡公所、县卫生所及附属小学组织"新生活运动实验区",推行新生活运动;(4)厉行家庭清洁检查,并特约本校教职员及本乡士绅的住宅为"模范家庭"以作示范;(5)成立"青年服务社",设有合作社、青年食堂、青年宿舍、民众书报社、大众俱乐部、民众代笔处,以及理发、浴室、照相等;(6)充实中正公园,并将附小石山增辟为大湖公园;(7)开放体育场,并增设儿童游戏场;(8)开放图书馆、美术馆、工场及医务所,为民服务;(9)与乡公所合作,每月一日召开国民月会,演剧助兴,又每月十五日推行至各保,解释政令,助以话剧、歌咏及练习国语、国歌;(10)举办民教巡回团,包括壁报、话剧、歌咏及漫画,巡回各乡保。

协助地方自治。学生不应只待在"象牙塔"内,而要走出校园,走入社会,与当地政府合作,助力地方治理和社会和谐。为此:(1)协助复查户口,健全保甲组织;(2)协助办理户口异动及人事登记;(3)协助清理乡保公产;(4)协助定期召开乡镇民代表会、保民大会及户长会议;(5)整理市容乡容;(6)举办社会调查;(7)戒烟戒赌;(8)破除迷信;(9)灭蝇、灭蚊、灭鼠;(10)举办婴儿健康比赛;(11)倡导家庭清洁及环境卫生;(12)协助训练各级壮丁队;(13)协助组织在乡军人会;(14)慰劳出征军人家属;(15)联合各社团,在纪念节日展开纪念。

在锄杆教育方面。农业教育能够培养学生手脑并用的本领,以锄杆为主要工具,通过生产劳动,发展国民生计。为此,一要实施农业教育,二要厉行劳动服务,三要协助农业推广,四要开发道路交通。

实施农业教育。(1)专设生产训练人员,负责农业指导;(2)创立农场办事处,负责农具、种苗和肥料的供应;(3)将十八洞的一大片荒地收为示范农场,栽种蔬菜、瓜果、花生、甘薯及旱稻;(4)提倡农村副业,饲养种鸡、种猪;(5)大量生产蔬菜,源源不断供应厨房;(6)每周杀猪一头,辅助学生伙食;(7)利用襟清湖和下圳水田,春季种水稻,秋收后放下鱼苗生产;(8)继续开发荒地,扩大耕种面积;(9)实行助耕制度,加惠军属及农民。

厉行劳动服务。(1)美化大湖工作由全体师生负责,种植花木,绿化一切山坡;(2)教室、宿舍、厨房、膳厅、仓库、厕所的清洁打理,一律由学生负责;(3)膳食采办及运输,全由学生负责;(4)实行分区整洁制度,定期比赛,加以奖惩;(5)开辟四百米跑道运动场,妥善布置足球场、篮球场、排球场和机械操场所;(6)配合防空需求,挖掘修筑防空壕洞,并定期予以维护;(7)整理街道,加以拓修,冠上路名;(8)所有墙壁画上抗战漫画及建国标语;(9)配合乡公所,举行乡镇大扫除。

协助农业推广。(1)与农业改进处合作,成立大湖推广站;(2)推广种子、种苗、鱼苗及种鸡、种猪;(3)介绍家禽、家畜防疫治病知识;(4)提倡农村副业,如养鱼、养猪、织苎、烧灰、烧砖等;(5)组织各种合作社;(6)举办农业展览;(7)介绍农业知识书刊,免费赠送给当地农民;(8)开办农业讲习班。

开发道路交通。(1)配合乡公所,修整街道,整理市容,疏浚沟渠;(2)会同各乡,拓宽大湖乡至燕江渡的二十里公路;(3)沿途植树、建亭,美化道路;(4)沿途竖立路牌,说明地点和里数,安置抗战标语;(5)提倡乡有林、保有林,推行林业合作;(6)禁止放火烧山;(7)招待游客,引导游览大湖风光。①

为了更好配合"三杆教育",充分激发、调动学生的爱国力量,王秀南将全校学生分成前、后方 2 个队伍。他将毕业班的三年级学生派到福建沿海前线,主办战时民校,组织训练民众,协助抗敌工作;而留在永安后方的一、二年级学生,则在校接受基本教育,作为后备力量;一年过后,将三年级毕业班自前方召回,来校接受补充教育,而新的三年级学生又将继续奔赴前线。王秀南认为,如此轮流上阵,既使教育与抗战合一,后方即前方,共同为抗战贡献力量,又使战时的师资训练和学生培养更趋于实际。为了落实这一轮番赴前的行动,王秀南亲自巡视长乐、福清、莆田、泉州、同安、龙溪等地,视察当地学生的服务情况,并分发《致战时教育前线的朋友》一书,作为服务战时民校的参考。他每到一地,民众都盛赞闽师学生的吃苦耐劳和拼搏奉献精神,也都希望这批学生毕业之后能够来当地服务。可见,"三杆教育"已经把闽师学生锻炼成钢铁般的队伍,他们所表现出的"闽师精神",不仅为社会各界所赞扬,也证明"三杆教育"确有奇效,师生们的努力没有白费。

---

① 王秀南.教学著述六十年[M].新加坡东南亚教育研究中心,1985:176-181.

"三杆教育"虽然源自郑贞文所倡导的"笠剑学风"，但其内涵更加深化，举措更加具体，目标更加明确，因此以战时教育而论，乃独树一帜于东南，是抗战教育史上的精彩篇章。1940 年夏季和 1942 年春季，省政府主席陈仪和刘建绪分别到大湖视察，都充分肯定了闽师开展"三杆教育"所取得的优异成绩。1941 年 10 月 9 日，王秀南组织闽师教职员编著出版了《今日的师范学校》一书，系统总结了其就任闽师校长以来的经验和成果。《今日的师范学校》对闽师在教务、训育、事务管理、体育行政、军事训练与管理、社会教育、地方教育、党务与团务等方面的做法进行了总结；对闽师在国文、历史、地理、数学、化学、物理、生物、美术、音乐、体育及教育心理学、教育课程论、教育教学法、教育研究法等课程上的教学心得和教学经验进行了介绍；还对大湖山水风光、师生每日生活、农场生产劳动、乡村社教工作、民众移风易俗等方面进行了生动叙述。因此，与其说《今日的师范学校》是一本学校工作的全面报告，毋宁说是王秀南践行"三杆教育"，取得丰硕成果的纪念册。

1942 年，中山大学师范学院来信邀请王秀南，正好王秀南也希望暂别行政管理工作，在安静的大学内将 10 多年来的行政经验与学术研究相融合，整理研究出一定的成果。同年 12 月，王秀南向省教育厅请辞校长之职，应聘到中山大学师范学院任教育系副教授，结束了其在闽师近 5 年的校长生涯。

黄震与"国民教育示范区"

黄震（1900—1968），仙游县榜头镇人。1922 年考入北京师范大学。1923 年加入社会主义青年团，后加入中国共产党。1924 年担任北京学生联合会干事。1925 年"五卅惨案"发生后，在李大钊等人的指导下，积极发动学生运动。1926 年大学毕业，回到福建省立第四师范学校教书，后投笔从戎在北伐军中担任第十七军第一师政治部宣传科科长。1927 年参加八一南昌起义等。1927 年底，受周恩来委派回福建组建莆田党组织。1928 年筹建中共莆田党支部，任中共莆田县委书记，后遭通缉，四处漂泊，投身教育工作。曾先后在江苏省立女子中学、北京师范大学、武汉大学、厦门中学、湖南省立第一中学、日本东京帝国大学农学部、广西教育厅、长沙《抗战日报》、上海《时事新报》、国立重庆编译馆等地工作。1940 年 6 月，再次回闽，先后任永安师范学校校长和福建研究院研究员。先后发表学术论文 10 余篇，编写《中国农业害虫手册》《解剖动物学》《比较解剖学》《实用生物学》《普通生物学》等教材。中华人民共和国成立后，被聘为福建省首届各界人民代表会议筹备委员会委员，曾担任福建人民科学馆馆长等职。1953 年，任福建省人民政府文化教育委员会委员。1958 年 2 月被划成"右派"，1960 年 10 月脱去"右派"帽子，1968 年 12 月在福州去世。

1943 年春，留日的生物学家黄震担任省立永安师范学校校长。他极力推行王秀南校长提倡的"三杆教育"，注重学生社会实践活动，特别是抗战宣传工作。[①] 黄震十分注重学术交流，除每周六晚对学生作生物学术讲座外，每隔一周还步行 20 里到农学院讲课。他交游甚广，每

---

① 政协福建省三明市委员会文史资料委员会，福建省三明师范学校.闽师之源[M].北京：中国文史出版社，1993：60.

遇来大湖游览名胜的专家学者,他必邀其到校做学术演讲,包括改进出版社的主编黎烈文、留法的文学博士黄曾樾、文学家沈从文等。①

1939年9月,国民政府颁布的《县各级组织纲要》规定:"每乡镇设中心小学,每保设国民学校,均包括儿童、成人、妇女三部分,使民众教育与义务教育打成一片;乡(镇)长、中心学校校长及壮丁队队长、保长、保国民学校校长及保壮丁队长,均暂由一人兼任之。在教育、经济发达之区,乡镇中心学校校长及保国民学校校长以专任为原则。乡镇中心学校教员兼任乡镇公所文化股主任及干事,保国民学校教员兼任保办公处文化干事。"②这就是所谓的基层组织"自治""军训""民教"三位一体制度,就教育而言,称之为国民教育制度。该制度规定各乡(镇)设一中心学校,其校长也须负起辅导乡(镇)内保国民学校之责任,辅导任务分教学、管理、训练等各种示范辅导,还帮助解决困难,介绍书报、领导参观、联合研究等。③ 1940年开始,福建省作为先行实施国民教育制度的省份,以积极的态度开展这一事业。

为此,黄震提出"政教合一"主张,认为"政治不靠教育,政治就会发生贪污腐败现象;教育不靠政治,就无法发展教育。两者关系密切,必须结合起来办理才好"④。于是他毛遂自荐,于1944年春兼任大湖乡乡长。1944年3月,黄震校长呈请省里批准建立"国民教育示范区",区办事处设于大湖瑚轩公祠,主任由他兼任,下设总务、宣教、组训3组。当时大湖示范乡共10个保,拟定每保都要设一所国民学校,派师范应届毕业的实习生去实习当政教合一的负责人。但当时大湖乡只有坑边、湖峰、益溪、增田设有国民学校,乡公所所在地有由附小和永师实习生办的中山、中正、罗坪三所民校(成人、妇女班)。因此,计划下半年对未办国民学校的保,都办一所国民学校,并规定一甲或两三甲联合设一读书处,供群众读书报与宣传时事,增长群众知识,激发群众爱国志气。"为适应当地群众生产与生活的情况,采取全日制、半日制、夜校等多种形式进行教学。大部分采取上午儿童班,下午妇女班,晚上成人班,拉开扫盲教育的序幕。"⑤这些班组"均以识字为主,兼有唱歌、图画、体育活动。每隔一周的星期日,分别安排理化仪器、卫生模型、生物标本和挂图展览。向农民介绍科技知识,宣传卫生常识。平日进行卫生检查、评比,村卫生面貌大有改观"⑥。

经过近半年的努力,"国民教育"取得了明显成效,"一是严禁赌博,消灭了不正之风;二是为扫除文盲,创办了省国民教育示范区;三是移风易俗,改正过去不良风气;四是办征兵比过去文明合理"⑦。"整个大湖乡的文盲少了,明理达义的人多了,风气大有改变,获得示范乡的美名。"⑧在推行国民教育的过程中,学生也得到了锻炼。

1944年秋,黄震奉调永安东坡的福建研究院工作,由王敦善接任校长。王敦善校长在姜琦任校长时就在学校任教,王秀南主校时也任过一段时间的教务主任,所以他对学校的情况非

① 政协福建省三明市委员会文史资料委员会,福建省三明师范学校.闽师之源[M].北京:中国文史出版社,1993:122.
② 刘海峰,庄明水.福建教育史[M].福州:福建教育出版社,1996:478-479.
③ 王豫生.福建教育史[M].福州:福建教育出版社,2004:581.
④ 政协福建省三明市委员会文史资料委员会,福建省三明师范学校.闽师之源[M].北京:中国文史出版社,1993:60.
⑤ 中国人民政治协商会议福建省永安县委员会文史工作组.永安文史资料:第二辑[M].1983:54.
⑥ 政协福建省三明市委员会文史资料委员会,福建省三明师范学校.闽师之源[M].北京:中国文史出版社,1993:122.
⑦ 政协福建省三明市委员会文史资料委员会,福建省三明师范学校.闽师之源[M].北京:中国文史出版社,1993:60.
⑧ 政协福建省三明市委员会文史资料委员会,福建省三明师范学校.闽师之源[M].北京:中国文史出版社,1993:122.

常熟悉。他认为学校应该像姜琦时期一样重视学生知识教育,不同意王秀南提倡的"三杆教育"和黄震校长主张的"政教合一"。因此,他到任后,不再兼任乡长,减少了学生的社会活动和劳动,国民教育示范运动也随之告一段落。

闽师的师资与课程

据三明市档案馆的档案资料,1936年11月,闽师合并后第一学期共有85位教职员,其中13位是管理人员。13位管理人员中3位的籍贯是福建,其余均为外省,管理人员队伍具有明显的全国特色;除校长姜琦、会计课主任周心敏外,其余11位管理人员都兼教员。全校共有59位专任或兼任教员,3位军事教官,还有校医、女生指导、图书管理员、会计、书记等工作人员。59位教员中41位的籍贯是福建;7位有留学日本或美国的经历,39位毕业于中央大学、燕京大学、浙江大学、厦门大学等国内高校,11位毕业于高等师范、美术专科或体育专科学校,1位毕业于童子军教练员训练班,3位军事教官中2位毕业于中央陆军军官学校,1位毕业于湖南大学。[①] (见表1-3-1)

表1-3-1 1936年第一学期闽师管理人员简况表

姓名	职务	籍贯	学历	担任学科
姜琦	校长	浙江永嘉	日本东京高师;美国哥伦比亚大学	
邹干于	教务处主任兼教员	湖南新化	美国太平洋大学;华盛顿大学研究院	公民
徐元龙	训育处主任兼教员	江苏溧阳	中央政治学校大学部	公民
张化清	事务处主任兼教员	湖北	厦门大学	教育
刘松青	简师部主任兼教员	福建闽侯	燕京大学研究院	国文、教育
刘季伯	教务课主任兼教员	湖南	厦门大学	教育、英文
王敦善	图书馆主任兼教员	江苏睢宁	中央大学	教育
陈竺同	出版课主任兼教员	浙江永嘉	日本明治大学研究生	国文
刘焕章	体育部主任兼教员	江苏江阴	东南大学	体育
吴笔峰	舍务课主任兼教员	浙江奉化	日本北海道水产学校	农艺
张域	教官兼训育课主任	福建	中央陆军军官学校	军事
周心敏	会计课主任	福建闽侯	福建簿记专修学校	
李献之	文书课主任兼教员	江苏仪征	江苏宁属师范学堂	国文

这一时期的教职员工变化情况与陈仪来闽主政不无关系。福建事变后,1934年1月12日,陈仪任福建省政府主席。陈仪来闽时带来一大批亲信,安排到各部门。1936年7月,陈仪让浙江同乡姜琦任闽师校长,而把原校长王受泰调至厦门。姜琦来闽时也带来自己的一套人马,因人数较多于省教育厅暂时无法安插,就全部安排在闽师,使闽师教职员工从40余人陡增至约90人。学校只得扩编科室,除原有教务、事务、训育3处外,又增设教务课、出版课、图书

---

① 王晓暖.抗战时期福建省立师范学校暨省立永安师范学校部分档案述论[J].三明学院学报,2010(5):453-463.

馆、舍务课、会计课、文书课、体育部等机构,均设有主任,且以浙江、江苏、湖南等地籍贯占多数。① 随后,直到 1938 年 5 月姜琦辞去校长之前,闽师的教职员结构并未发生显著变化。

1938 年 6 月 4 日接任校长的王秀南对闽师的行政机构进行了大胆的改革,精简了许多机构,缩减了不少教员,因此这一时期闽师的教职员概况发生了很大变化。据三明市档案馆的档案资料,1939 年 8 月,经过王秀南改革之后,全校教职员减少至 49 位,行政机构也发生大幅变化。(见表 1-3-2)

表 1-3-2　1939 年度闽师拟聘管理人员一览表(部分)

姓名	职务	学历	担任学科
王秀南	校长	中央大学教育学士	小学行政
郑永祥	教务课主任、级任导师	中央大学教育学士	小学教材及教法
谢新周	训育课主任、级任导师	厦门大学集美国学专科	公民
俞桐谟	事务课主任、导师、村务促进会常委	日本东京高等农业学校	生产训练
李经猷	军事教官		军事学、军事
陈福清	体育馆主任、级任导师	中央大学体育科	体育及课外运动
张捷春	级任导师	中央大学体育科	体育及课外运动
包和清	级任导师	中央大学体育科	体育及课外运动
许钦文	级任导师	交通部职工教育讲习会毕业,北京大学专习文学	国文
郑稔	导师	全闽师范学堂甲班	国文
齐毓昭	级任导师	上海私立南方大学中国文学系	国文
张永明	级任导师	北平中国大学文学士	国文及应用文
王新民	导师	齐鲁大学神学专修科	国文、历史
郑开泰	导师	厦门大学教育学士	国文
谢诗白	级任导师	中央大学理学院地理系	地理、历史
陈瑾英	女生指导员、级任导师	北平师范大学外国文学系	美文
王邦珍	导师	福建优级师范数学选科	算学
郭东炳	训育员、级任导师	厦门大学理学士	算学
吴仁民	科学馆主任、级任导师	美国西南大学理科学士,波士顿大学理科硕士	物理
陈富玉	级任导师	厦门大学理学士	化学、生物
陈振福	导师	私立福建协和学院生物系	生物、卫生
陈梅羹	导师	私立福建协和学院教育学士	教育概论、教育心理、生物学
吴启瑶	美术馆主任、导师	日本东京高等工艺学校	美术、美术概论
唐一帆	工场主任、级任导师	上海新华艺术专科学校艺术教育系	劳作
林兢志	训育员、艺术馆教员	上海私立美术专门学校	美术、劳作
李思姜	导师	燕京大学文理学士	家事、算学

① 黄典文.福州师范百年史[M].北京:中国文史出版社,2003:30.

姓名	职务	学历	担任学科
李元庆	导师	西湖艺专音乐系	音乐
郑语樵	级任导师	美国辛辛那提专门幼稚师范学校	儿童心理、保育法、游戏、教育概论
汪养仁	社教推委会常委、级任导师	日本大学专门文科伦理学教育学专攻毕业	小学教材及教学法、实习
叶济川	图书馆主任、导师	厦门大学教育学士	教育概论、乡村教育
章葆真	实习指导员、级任导师	大夏大学教育学士	小学行政、参观实习
施丙泉	军事助教	军事委员会干训团第一团一期	军事训练、劳动服务
宋亨嘉	兼任教员	华南大学	音乐
郭化祥	襄助警卫(兼任)	厦门精武体育会讲习班	国术
林淑如	生产训练家事组助教(兼任)	华南女子学院家事系	全校生产训练家事
吴昭印	文书	集美师范	
陈步青	会计	集美商业学校	
江延登	事务员	厦门大学教育学院肄业	
吴春鉴	事务员	福建省立师范学校	
王书俊	生产助理员	福建省立簿记学校	
陈汉承	教务员	集美师范	
吴淑端	教务员	厦门崇德女中	
梁天生	科学管理员	集美师范	
林怀民	校医	福州塔亭医院附设医科	解剖学、急救学、健康检查
王芷洲	护士	基督教医院医师毕业	军事看护
陈远风	图书管理员	福州国学专修学校	
施宗瀚	书记	开智学校	
许若钟	书记	汕头商业初级中学	
陈基桪	福州校舍管理员	福建省立商业甲种学校	

这一转变与王秀南的一系列改革举措,特别是大力提倡"军、训、教、团合一"紧密相关。首先,他裁汰旧有的教务课、出版课、舍务课、会计课、文书课等机构,将校长之下的行政组织重新划分为教务、训育、事务 3 部,各设主任 1 人。为了密切各部门的联系,每周举行"军训教团干部会议",会议除校务委员会出席人员外,还加上军训团的各中队长和三民主义青年团的各分队长等,一切重要的决定和师生意见的沟通,都在此会议上讨论商定。其次,全面实行"导师制"。1938 年 3 月,国民政府教育部颁布了《中等以上学校导师制纲要》和《实施导师制应注意之各点》,省教育厅随即制定《福建省中等学校导师制施行细则》和《修正福建省中等学校导师制施行细则》,对师范学校和其他中等学校推行导师制作了详细规定,要求中等学校每一班级分为两组,每组 10~25 人,各配备一名导师。因此,闽师规定专任教员必须兼作学生的级任导师或导师,每班分为两组,各配备一位导师,在每个年级的导师中确定一位为级任导师,负主要领导责任;各导师同时为各中队的指导员,负责指导学生的思想行为、协助军训设施、督促学生

运动、领导劳动服务、注意学生课业等,"其导师即等于 20 人乃至 30 人之家长,其 20 名至 30 名之学生,即等于某教师之自家子弟,教之训之,诱之导之,为严父、为慈母、为导师、为长官,贵在因材施教,因时因地而制宜"。与此同时,全面实行"军训编制",不论是内务整理、早操跑步、劳动服务,还是旅行露营和各种比赛等,皆以军训编制为活动单位。具体而言,学级编制与军训编制合一,每一学级作为军训的一个区队,中队长同时也是级长;宿舍编制与军训编制合一,宿舍的分配按照军训的中队、区队、分队编排,不再采用"室长"称号,统一改为中队长、区队长和分队长。接着,开展战时服务和战时生产的试验,增设劳作工场、社教推委会、村务促进会、生产训练家事组、实习指导员等。

在这 49 位教职员中,担任学科教学任务的共有 37 位,开设学科课程有国文、应用文、历史、地理、算学、物理、化学、生物、卫生、美术、音乐、体育、小学教材及教学法、教育概论、教育心理、儿童心理、保育法、乡村教育、小学行政、公民、实习、生产训练、劳动服务、解剖学、急救学、健康检查、军事训练、军事看护,等等。其中,与生产劳动相关的课程有生产训练、劳作、家事、劳动服务等,与军事相关的课程有解剖学、急救学、健康检查、军事学、军事训练、军事看护等,课程设置充分体现了抗战救国的需要。同时,为了进一步唤醒青年学生的爱国热情、民族意识和革命力量,在课程的课时、内容、时间上也做了相应调整。根据省教育厅于 1937 年编订的《非常时期福建省中等学校各科补充教材选择要点》,闽师做了如下调整:算学减少课时;公民和国文增加课时,补充发扬民族意识、民族道德的文章及历史上民族英雄的传记;历史和地理增加本国内容的比重,补充各国历史上抵抗外敌和民族英雄的史料以及日本侵略中国的史实;教育概论补充战时教育和民众教育的材料;小学行政增加教育行政材料;小学教材及教学法补充成人教育教材及教学研究材料;物理、化学、生物等务求发扬科学精神,提高学生科学水平;基本学科课程尽量集中于上午时段,而与学生训练有关的课程,如军训、体育、生产训练、劳动服务、课外运动等一般集中于下午时段,使学生训练得到更多便利。[①] 学校规定,每节课 50 分钟,必须留出 10 分钟作为学生自学和讨论的时间,并规定教学方法要"随学科而差异,因教材以更动"。理化、博物等科采用实验教学法;历史、地理、教育、公民等科采用讨论式教学法;音乐、舞蹈采用表演式教学法;算学、理化采用练习式教学法;国文、英语采用记诵式教学法;自然科学或社会科学某些问题采用研究式教学法,组织学生从事实地调查和观察,搜集参考资料,然后撰写研究报告;体育、工艺等科采用操作式教学法;集体活动采用设计式教学法。[②]

随着抗战的深入和"三杆教育"的推行,闽师的教职员及课程设置又发生了显著的变化。据三明市档案馆的档案资料,1941 年 3 月,全校共有 59 位教职员,其中管理人员 11 位。(见表 1-3-3)

表 1-3-3　1940 年度第二学期闽师管理人员简况表

姓名	职务	籍贯	学历	担任学科
王秀南	校长	福建同安	中央大学教育学士	实际问题、教育行政
汪养仁	教务主任兼级任导师	福建厦门	日本大学专门文科伦理学教育学专攻毕业	教育概论、教材教法

[①]　王秀南.今日的师范学校[M].永安:省立福建师范,1941:4.
[②]　王秀南.今日的师范学校[M].永安:省立福建师范,1941:16-17.

续表

姓名	职务	籍贯	学历	担任学科
陈秉瑄	训育主任兼级任导师	福建莆田	美国惠敦学院学士,密歇根大学硕士	经济合作、地方自治、公民
张国华	总务主任兼导师	福建莆田	福建协和大学教育学士	教育心理、纠察
茅乐楠	训育指导员兼导师	福建沙县	厦门大学教育学士	教育辅导、教育概论
吴赣卿	主任教官	江西高安	训练总监部县军训教官班、庐山暑期训练团	军事学科
祝亢浪	副主任教官	甘肃西固	中央军校第三分校	军事学科
张捷春	体育主任兼级任导师	福建莆田	中央大学体育科教育学士	田径、解剖、设备、体育
郭东炳	科学馆主任、导师兼教员	福建南安	厦门大学理学士	算学、交通
叶济川	图书馆主任、级任导师兼教员	福建长泰	厦门大学教育学士	教育概论
吴启瑶	美术馆主任、导师兼教员	福建福清	中华艺术大学	美术、西画、音乐、色彩

从表 1-3-3 可以看出,与姜琦时期相比,11 位管理人员中有 9 位来自福建,省外籍贯的管理人员大幅减少,这或许与王秀南是福建同安人不无关系。值得注意的是,全校设置了 8 位军事教员,远多于之前任何一个时期,反映了当时抗战局势的紧张和焦灼。学校还设置了专门的粮食采办员,负责战时学校的粮食供应,亦可看出抗战时期学校经营维持的艰辛与不易。事实上,为了支援前线抗战,陈仪在主政福建期间一手创立了粮食公沽制度,即统制收购民间粮食,然后由政府统一配售,该制度于 1941 年起施行。当时,省政府在粮食管理处设公沽总局,各县设公沽分局,对居民实行"计口售粮",需凭公沽局签发的米条认购。然而,福建并非产粮大省,粮食供应在平常时期已属勉强应付,如今战争的阴霾使粮食更加难求,就算有米条也往往买不到食米。1941 年 4 月,公沽局向宁化采办一批粮米打算运到永安安砂,闽师军训教官带领一队学生,持枪到永安曹远九龙溪边拦截公沽局粮船,以解决学校的断粮问题。公沽局局长徐学禹闻讯后,上告陈仪,要求严办闽师学子。后来,在王秀南的斡旋和疏通下,陈仪决定不再追究,但严禁再发生类似事件。

此后,直到 1942 年福建省立师范学校改为福建省立永安师范学校,闽师的教职员结构和数量都未发生太多变化(1941 年 9 月共 54 位教职员,其中管理人员 13 位;1942 年 9 月共 44 位教职员,其中管理人员 12 位)。1943 年 1 月,省立永安师范学校共有教职员 42 人。其中教务主任、训育主任、体育主任、总务主任、主任教官各 1 名,有教员 21 名(专任教员 13 名),另有地方教育辅导员、校医、文书、会计、出纳、庶务员、管理员、训育员、护士若干名。当时,校长每月薪俸为 340 元,教务主任、训育主任、体育主任每月薪俸为 280 元,专任教员每月薪俸最高为 260 元、最低为 200 元,其他职员每月薪俸为 50~130 元不等。随着新校长黄震的到任,王秀南时期的管理队伍也随之更易。全校共 51 位教职员,其中有管理人员 8 位。这 8 位管理人员(包括校长黄震)均属于"新面孔",其中 5 位来自莆田和仙游,这或许与校长黄震属于仙游籍贯有关。[1]

[1] 王晓暖.抗战时期福建省立师范学校暨省立永安师范学校部分档案述论[J].三明学院学报,2010(5):453-463.

虽然人事经常变动,但闽师始终拥有一支强大的师资队伍。他们或是知识渊博、为人所敬仰的学者,或是留学归国、学有专长的专家。就算是在抗战的硝烟中,他们也毅然来到山城永安,为培养福建师范人才而无私奉献。

前后曾在闽师任教的著名教师有:

许钦文(1897—1984),浙江绍兴人,作家。1917 年毕业于浙江省立第五师范学校。1920 年到北京,一面为杂志社工作,一面进北京大学旁听。1923 年开始与鲁迅交往,鲁迅曾"拟许钦文"的小说《理想的伴侣》,在《妇女杂志》上发表《幸福的家庭》,使许钦文声望提高。鲁迅还为他选编了第一部短篇小说集《故乡》。1926—1927 年,出版短篇小说集《毛线袜及其他》,中篇小说《回家》《赵先生的烦恼》《鼻涕阿二》等。其作品多以故乡绍兴农村生活为题材,描摹世态人情,地方色彩与生活气息浓厚,为五四时期乡土文学的代表之一;鲁迅在其所撰的《中国新文学大系序言》中,对他的作品评价很高。许钦文 1927 年抵杭州,任教于几所中学,业余从事创作。1933 年被卷入刑事案件受累入狱,次年经鲁迅营救出狱。1936 年起任教于闽师。1945 年 7 月,发生了震惊中外的"永安大狱",许钦文也因同案被控,处于"白色恐怖"之中。抗战胜利后,许钦文离闽返浙。新中国成立后,他任浙江师范学院教授、浙江省文化局副局长、浙江省文联副主席等。[①]

据闽师学生回忆,许钦文虽然是名噪一时的作家,但却十分平易近人。"他教学很认真,重视作文,对同学的较佳作品,常拿到课堂上向大家介绍,分析文章的优点和不足之处。他还向同学介绍优秀小说,指导欣赏,析评名作,同时结合讲授小说的写作方法。他对待书写十分严肃认真,对作文中的错别字,按字扣分。"许钦文还启发学生要注意观察生活,熟悉周围的人和事,指导学生概括、提炼题材,有时还亲自替学生修改文稿,展现出对青年学子的热情和关怀。

吴秋山(1907—1984),原名晋澜,字秋山,笔名吴昊、吴天庐、白冰、茅青等,福建诏安人,文学家。1933 年毕业于复旦大学中文系,留校任教。1937 年返回福建,从事抗日救国宣传工作,任省教育厅国文专科视导员,并先后任教于福建省立师范学校和福建音乐专科学校,1943 年任协和大学中文系副教授,1948 年转任国立海疆学校中文系教授。新中国成立后,他任教于漳州师范专科学校,后调至福建第二师范学院中文系。主要作品有诗集《秋山草》《枫叶集》《游击者之夜歌》,散文集《茶墅小品》等。

据闽师学生回忆,吴秋山上课语言简洁文雅,讲解清晰,在课堂上教学非常认真。他对同学的要求也很严格,作文必须在两节作文课内交卷,字体必须端正,错别字要扣分,凡评上甲等的,就在课堂上讲评并予以表扬和张贴;凡被评为不及格的,也在课堂上讲评及张贴,这对同学们语文知识和写作能力的提高起了很大的推动作用。

朱鸣冈(1915—2013),安徽凤阳人,美术家。1934 年入苏州美术专科学校国画系学习山水花鸟。1939 年开始专攻木刻。1940 年任改进出版社《战时木刻画报》编辑,不久又因眼疾辞职,病愈后相继在长汀中学、国立侨民师范、永安师范任教。[②] 抗战胜利后至台北师范任教。1948 年任香港"人间画会"研究部长。新中国成立后,历任旅大文联美术工作委员会副主任、

① 钱仲联,傅璇琮,王运熙,等.中国文学大辞典[M].上海:上海辞书出版社,1997:1553.
② 张望.版画家朱鸣冈[J].美术研究,1983(4):21-24.

东北美术专科学校教员、沈阳鲁迅美术学院教授兼版画系主任、中国美协理事、中国版画家协会理事、辽宁省美协副主席。他长期从事版画创作,作品在写实的基础上略带装饰性,题材多选自小知识分子和小市民生活,画面朴实,内容深刻,富有生活气息,主要作品有《孩子之间》《三代》《天下无难事》《田间学习》《新的课题》等。[①]

陈金铭(1912—1995),福建莆田人,体育运动和教学专家。1933年毕业于上海东亚体育专科学校,随后辗转福建五个县(市)、九所大中学校。1948年,在国立海疆专科学校任教时,获评副教授。新中国成立后,任厦门大学体育教研室主任、校体委副主任,20世纪80年代初晋升为教授,是福建体育界的第一位体育教授。1958年获得田径国家级裁判员称号,1984年被评为全国优秀裁判员。担任过福建省田径队总教练、华东地区田径队教练、福建省运动会总裁判等。在体育理论上也有较深造诣,先后编写了《学校体育行政》《体育教学法》《田径教学与训练》等著作。[②]

据闽师学生回忆,陈金铭教学要求严格,处处以身作则。每次上排球课,他都在课前亲自画好场地界线,挂好球网。那时的排球是开口的,打气后要把球胆的颈部塞进球内,再像系鞋带那样把皮条拉紧,准备工作十分烦琐,但他不厌其烦,总是提前把排球的气打足。他还担心学生训练时口渴,经常带好一瓶开水供学生饮用。当时学校偏处大湖,体育设备有限,陈金铭就用大木块铺草垫代替跳马的马箱,在靠近的两棵大松树上绑自来水管代替单杠。即使条件简陋,学子们依然在他的带领下刻苦训练,不断提高排球技巧水平。1940年,全省机关、院校及部队在永安举行了排球赛,闽师代表队勇夺冠军。[③]

王邦珍(1890—1963),福建闽侯人,数学家。1912年毕业于福建师范学堂数学选科,精通日文、德文,早在20世纪20年代初,便致力于近代初等几何的译介和研究,出版《轨迹问题》《近世几何》《作图问题》《极大极小问题》等著作。他长期从事数学教学和科研工作,治学态度严谨,曾通过商务印书馆编撰出版《三角学教程》《方程式论》《解析几何》等专供中学、师范使用的教材,一时闻名全国数学教育界。曾先后在福建师范学堂、福建省立师范学校、福建师专、福建师院担任教职。20世纪50年代,王邦珍与林辰等共同倡组中国数学会福州分会,是中国数学会最早成立的地区组织之一,后来发展为福建省数学会。同时,他还在《数学通报》上发表文章,列举尺规作图不能问题152例,以引导数学爱好者避免盲目追求解决作图难题的偏向,对我国近代数学教育作出一定贡献。[④]

据闽师学生回忆,王邦珍上课一般不带课本,他解题速度很快,讲解解题过程深入浅出,重点突出,语言生动。上数学课时,他往往先把这堂课要上的内容讲清楚,然后把关键地方着重点出,有时还联系学过的章节,恰当地引导后续章节,使学生把数学看成是一个整体,启发学生认真钻研。他为人慈祥诚恳,但对学生的学习要求却毫不含糊,无论提问、黑板演算、作业练习,一点也不通融了事,因此在当时颇受学生欢迎和敬佩。

宋居田(1890—1972),字经畬,山东蓬莱人,音乐教育家。1916年在东昌师范读书,1922

① 中国名人研究院.中国当代艺术界名人录[M].北京:社会科学文献出版社,1993:273.
② 陈晶.莆田体坛人物春秋[M].福州:海峡书局,2017:20.
③ 黄典文.福州师范百年史[M].北京:中国文史出版社,2003:38.
④ 福建省地方志编纂委员会.福建省志科学技术志[M].北京:方志出版社,1997:14.

年毕业于上海艺术专科师范学校并留校任教。1924 年起,先后在上海艺术大学、交通大学、成都大学、四川美专、福建省立师范学校及福建音专任教职。抗战胜利后,因不满国民党的反动统治,辞去教职返乡务农。新中国成立后,应聘重返讲坛。1956 年在山东师范学院艺术系任教,1958 年起任山东艺术专科学校音乐系副教授、教研室主任。宋居田是民国时期较有影响的音乐教育家之一,对音乐理论有较深的研究,国内不少知名的音乐家都曾为他的学生。著有《国乐概论》《歌曲作法》《童谣作曲法》等。[1]

据闽师学生回忆,宋居田身材魁梧高大,是一位典型的"山东大汉",给学生们留下了十分深刻的印象。他经常教唱抗日革命歌曲,由于身材高大、声音洪亮,歌声极富感染力,颇能引发学生共鸣。每天早晨他都站在教师宿舍楼上练声,不论寒暑,从不间断。他对差生并不另眼看待,而是耐心辅导,态度和善;鼓励学生学习爱国歌曲,并深入乡村街巷去宣传、教唱。

吴启瑶(1899—1979),字柏琼,号龙耕,笔名绮遥、岂遥,福建福清人,美术家。1925 年,入上海美专西画系,师从刘海粟。后考入中华艺术大学绘画系,攻读西画,其间与著名画家徐悲鸿建立深厚友谊。1935 年,在日本东京高等工艺学校读研究生。1938 年后,历任福建省立师范学校教员、省政府秘书编译室编译、福州华侨富国工艺厂厂长以及福建师专教授。新中国成立后,历任福建师范学院、福州大学、福建师范大学教授等。吴启瑶擅长水彩画、图案画,作品选材广泛,立意清新,富有生活情趣和时代气息,其丰富的艺术实践和社会活动,深厚的文学素养和国学功底,构建了作品丰富的文化内涵和"洋为中用""追求民族化"的艺术风格。代表作有《厦门港》《鼓浪屿轮渡码头》《日光岩》《假日的西湖》《东张水库》《九龙江上》等。[2]

据闽师学生回忆,吴启瑶的美术造诣很高,能够准确把握色彩的融合调配和明暗的对比变化。当时,他常带学生去野外水彩写生,学生大多没有经过专业美术训练,普遍缺乏色彩调配的能力,他总是耐心讲解色彩的分类原理,指导学生将几种颜料调制成最接近实景的色彩,教会学生准确捕捉大自然的光影变化和一草一木的生动情态,深得当时学生的敬爱。

唐一帆(1914—2007),福建仙游人,劳作教育家。1933 年毕业于上海新华艺术专科学校艺术教育系。毕业后,先后在仙游县立文贤小学、县立中学等地担任教员。1939 年 8 月至 1941 年 7 月,唐一帆在闽师担任劳作科教员、工场主任、级任导师和级任教员等职。1941 年 8 月,唐一帆进入福建师专担任工艺科教师。唐一帆积极投身劳作教育,积累了丰富的教学经验,先后出版专著《师范劳作教学新论》《劳作教学研究》,并发表《中国劳作教育的本质》等 20 余篇文章,是名副其实的劳作教育专家。

唐一帆认为劳作教育是一种"手脑并用"的教育,关键在于"做",要"从做上去发现理论,从做上去印证理论,从做上去获得一切知识、技能、习惯"。首先,他强调劳作教师必须具有劳动的身手、敏捷的行动和实际的技术,只有这样才能更好地指导学生开展劳作活动。其次,他认为劳作是一种技术的学科,教学方法不同于一般学科,因此格外强调"实习"在劳作教学中的作用。再次,对于劳作科成绩的考查,他一般分为"知识、技能、态度和结果"4 个方面,知识和态度分别占 20%,技能和结果分别占 30%,相比于理论知识的学习,他更注重动手能力的

① 山东省地方史志编纂委员会.山东省志人物志[M].济南:山东人民出版社,2004:637.
② 福州市地方志编纂委员会.福州人名志[M].福州:海潮摄影艺术出版社,2007:128.

训练。[①]

据闽师学生回忆,唐一帆手艺精巧,木工、竹工、金工样样在行,每个工种都有教具。例如教授木工做榫头的技艺,他就用几块小木片做成教具,使学生看了一目了然;教授竹工时,他不仅用竹片编织成各种实用家具,而且利用各种不同大小、形状的竹块做成花瓶、花篮等装饰品。唐一帆还认为,人们的生活是在不断改造的,劳作教育作为一种生活的教育,自然也应特别注意改良与创造。为此,他格外注重废物利用的教学,将无用的事物进行加工组合,变为在实际生活中供玩耍、使用的事物。他经常引导学生把日常生活中的草根、树皮、纸屑、贝壳等不起眼东西,变成精致的艺术品,借此培养学生创造的兴趣与能力,深得学生的喜欢。

除上述教师之外,仅以 1941 年 10 月为例[②],其他教职员名单见表 1-3-4。

表 1-3-4 王秀南担任校长时期教职员一览表(1941 年 10 月)

职务	姓名
教务主任	汪养仁
训育主任	陈秉瑄
体育主任	李价民
事务主任	梁士杰
主任教官	文少平
地方教育指导员	茅乐楠
教育教师	王秀南、汪养仁、郑永祥、郑干溙、梁士杰、郑语樵、茅乐楠、黄振祺、叶济川、王景纪、陈赞昕、李安水等
公民教师	陈秉瑄、谢新周、翁国梁、陈之良等
国文教师	许钦文、齐毓照、吴晋澜、吴孝乾、陈大法、陈勋、王义、刘大澄、林鸿耆、朱茂珍、刘天兴、张永明、曹守瑞、邵倩侬等
史地教师	谢诗白、李云程、王新民、魏而立等
英文教师	杨时英、陈谨英、陈秉瑄、郑语樵等
数理教师	王邦珍、郭东炳、吴仁民、陈富玉、王景纯、李大佑、罗振夏、陈梅羹、杨锡建等
美工教师	吴启瑶、唐一帆、王克权、林椿、邱景升、林竞志、刘正咏、陈再思等
音乐教师	宋居田、郑语樵、卢禹昌等
体育教师	李价民、包和清、王章宪、陈金铭、朱间开、李兰芳、江秀苏、林甲庄、郭化祥等
军训教员	汪瀚、文少平、陈国栋、周达武、朱经犹、施雨泉、骆树帜、陈耀民、万益皋、刘世琦、李葆林、钟震崇、陈修慧、吴赣卿、龙介卿、周鼎、张汉青、陈人石、王绿荷等
生产训练教员	杨锡建、罗振夏、俞洞谟、杨谦光、李良训、张开拔、钟日成等
校医院医护人员	林怀民、曾韵秋

---

① 张思伟,叶哲铭.小西重直与唐一帆劳作教育本质观比较研究[J].文教资料,2021(25):87-90.
② 王秀南.今日的师范学校[M].永安:省立福建师范,1941:203-205.

第四章　闽师的传承与发展

1949 年 10 月,中华人民共和国成立。百废待举,师范教育面临的首要问题是对其进行全方位的恢复与改造。1951 年 8 月,第一次全国初等教育及师范教育会议确定了"用革命办法发展人民教育"的方针,并明确"中等师范学校的任务是培养小学和幼儿园的师资和部分的工农业与学校的师资",为新中国师范教育体系的建构奠定了重要基石。到 1956 年,通过改造旧教育、建立新体制,永安师范学校经历了从接管、整顿、调整到稳定发展的过程,培养了一批中小学教师,为地区基础教育事业的发展作出重要贡献。而后,随着各种政治运动的出现,永安师范学校在艰难曲折中向前发展。"文革"期间,全国教育界受到全面冲击,师范教育遭受严重破坏,学校一度停办,后又逐渐恢复办学,但仍然带来地区师资奇缺、基础教育发展缓慢的不良后果。

粉碎"四人帮"以后,党中央及时召开了一系列教育工作会议,强调要迅速恢复和发展师范教育,建立新的师范教育体制,[①]从指导思想上进行了拨乱反正,这为三明师范学校的发展创造了良好条件。沐浴改革开放的春风,三明师范学校"为基础教育培养合格师资,方向明确,成绩显著"[②],在 20 世纪 90 年代发展成为全国知名的中等师范学校。

第一节　从永安师范学校到三明师范学校

改造与调整:曲折前行的永安师范

1949 年 8 月,福州市宣告解放,省人民政府随即派员接管国民党教育厅。随后,各地、市军管会或人民政府也先后派人接管全省 11 所公、私立师范学校。1950 年 2 月初,中共永安地委指派蒋平、金谷芳二同志为永安师范学校联络员,准备接管学校。留校教职工积极清理校产、档案,编造清册,并逐步移交。当时学校下设教务处、训导处、事务处、医务室、图书馆、科学馆、会计室、工场、美术馆,以及师范生服务指导委员会、地方教育辅导委员会、实习指导委员会、招生委员会、经济稽核委员会、学生自治会 6 个委员会。[③]

在中共永安地委及永安专署的直接领导下,学校成立校务委员会、生活指导委员会、经济

① 檀仁梅,庄明水.福建师范教育史[M].福州:福建教育出版社,1990:263.
② 政协福建省三明市委员会文史资料委员会,福建省三明师范学校.闽师之源[M].北京:中国文史出版社,1993:6.
③ 上报学校领导人变动、机构设立及上级批复(94-3-1-76)[A].三明市档案馆,1950 年.

委员会等民主管理机构。其中,校务委员会为全校最高决策机构,校长是在校务委员会领导下执行校委会决议的行政负责者;生活指导委员会直属校务委员会领导,为学校生活管理的行政机构,校长受校委会行政领导委托,对其有负责指导与督促实现校委会决议的权利与责任;经济委员会则是促进学校生产节约、合理开支的群众性经济组织,亦隶属于校委会之下,而决非学校的总务处。① 在 3 个委员会具体负责下,接管工作顺利进行。

1950 年 7 月 13 日,永安师范学校举行接管典礼。8 月 31 日,省人民政府任命永安专署专员林志群兼任永安师范学校校长,学校各方面工作逐渐走上正轨。9 月,永安师范学校正式开学,普师招收初中毕业生,初师招收小学毕业生,学制均为 3 年。全校共有 5 个班,在校学生 145 人,应届毕业生 36 人(其中初师 18 人),教职员工 22 人。②

为适应广大工农子女入学的要求,以及发展山区文化教育的需要,原设在文庙狭小空间的永安师范已远远不能"大容量"满足工农子弟入学的需求。1951 年春,永安专署决定将永安师范学校从文庙搬迁至西门外东坡(原永安县立中学旧址)。2 月初,学校开始搬迁。人民政府共拨给学校基建款 54747 万元(1 万元等于新人民币 1 元),但政府拨给建校资金有限,学校师生发扬艰苦奋斗精神,亲自动手参与学校搬迁和建校活动,"为学校基建节省了不少钱,做到了少花钱多办事、办好事"③。师生们开出周长达 280 米的一个大操场,平整出两座新建筑的地基,新建木结构和三合土结构的教室各一座,同时还新建一座木结构的学生宿舍。校园占地面积 19395 平方米,建筑总面积 5303.5 平方米,基本满足当时的教学与生活需要。④

1951 年 9 月,永安师范学校招收初师两个班,并创办两所街道民校,学生轮流到民校教课。首期开办高、中、低三种不同文化程度的常年小学民校班,学制为 3 年,招收 6 个班,共计 180 多人。课程有语文、数学、政治、音乐,还设有课外活动,教学员跳舞、打腰鼓、排演文艺节目等,以配合中心工作和政治运动宣传的需要。⑤ 民校制度健全,教学要求严格,教学质量好,办学作用十分显著。"凡工人、农民、居民、妇女、女童进永师学习三年,文化程度达到高小毕业的,不少人都被企业单位和国家机关吸收参加工作。"⑥此外,民校办学还起到了解放思想的作用。当时,童养媳特别多,上民校接受教育后,她们带头反对包办和买卖婚姻,坚持婚姻自主、自由恋爱,为深入贯彻新的《婚姻法》开了头。

1952 年伊始,学校设立函授部,招收文化程度不足中师毕业的在职小学教师,到 1953 年有在学函授生 352 人。1952 年春,增设 2 个速成师范班,招收初中毕业生 90 余人,学制 1 年,教学内容以专业课为主,兼顾文化基础课。同年,还增设 3 年制初师班,招收小学毕业生,教学内容以基础课、专业课并重。

1952 年 10 月,省人民政府任命永安专署新任专员林汝南兼任永安师范学校校长。

林汝南(1914—1974),曾化名许达、老许,莆田东峤镇人。先后就读于莆田师范、厦门大学历史系。1939 年 1 月,加入中国共产党,任厦大总支宣传委员。1943 年大学毕业后,在莆田中

---

① 上报学校领导人变动、机构设立及上级批复(94-3-1-76)[A].三明市档案馆,1950 年.
② 永安师范学校基本数字统计表(94-4-50-50)[A].三明市档案馆,1950 年.
③ 中国人民政治协商会议福建省永安市委员会文史资料研究委员会.永安文史资料:第十三辑[M].1994:35.
④ 政协福建省三明市委员会文史资料委员会,福建省三明师范学校.闽源之源[M].北京:中国文史出版社,1993:137.
⑤ 中国人民政治协商会议福建省永安市委员会文史资料研究委员会.永安文史资料:第十辑[M].1991:6.
⑥ 中国人民政治协商会议福建省永安市委员会文史资料研究委员会.永安文史资料:第十辑[M].1991:7.

山中学任教,从事党的地下工作。年底,调入省委机关。1946 年,调闽中特委,参加为省委筹款的上林亭截钞战斗。1949 年 2 月,主持组建闽浙赣人民游击纵队闽中支队,任支队副政委。1952 年任永安专署专员,兼任永安师范学校校长,后任中共晋江地委常委、福建省统计局局长、福建省教育厅厅长、华侨大学副校长、福州大学党委副书记。

1953 年 6 月,省人民政府任命党员干部何邦基为永安师范学校校长,免去永安专署专员林汝南的校长职务,这是党员干部专任校长的开始。至此,为永安师范学校教育、教学工作的全面提高,创造了更好的条件。

当时,省教育厅根据"整顿、巩固并适当发展师范教育"的精神,对中师教育进行了调整并稳步推动发展。1953 年 8 月,"为了集中力量,加强领导,减少初师附设在中学所产生的人事配备和必要的建设以及教学等困难",宁化中学初师班 38 人和大田初中初师班 42 人并入永安师范学校。① 至 1956 年,全校共有 8 个班,在校学生 392 人,应届毕业生 43 人,教职员工 36 人,永安师范学校步入稳定发展时期。在此期间,学校试行校长负责制,并取消 3 个委员会建制,正式成立教务处(1955 年改为教导处)、总务处。此外,学校还成立了党支部和团组织,确保党在学校的领导地位,积极加强思想政治教育,鼓励青年团员入党,并把一些德才兼备的学生骨干留在本校或附小工作,在教师中先后发展了一批党员。②

1958 年以后,在各行各业竞相"大跃进"的形势下,教育领域也掀起"教育大革命"的高潮,各类型的师范教育在这个背景下也跟着大办起来。至 1960 年,整个永安专区中等师范学校发展到 25 所,初级师范学校发展到 41 所。1959 年 9 月,永安师范学校复办初师班,招收一个班 52 人,学制 1 年,新生全部为各学区(校)保送的品学兼优的小学毕业生。当时没有初师的专用教材,基础知识原则上采用初中教材,专业知识则选用普师教材,任课教师还需自己编写补充教材。③ 1960 年 7 月,全班由国家统一分配工作,基本上从哪个学区来回到哪个学区的小学任教。

1960 年 9 月,永安师范学校招收 2 个初师班、1 个初师幼师班,共 150 人。这届新生小部分保送,大部分统考按志愿录取,所以质量参差不齐。"当时正值国民经济困难时期,新生一入学,就下乡支农一个月,有些年纪小的学生吃不消,就跑回家了","每学期除下乡支农外,还要下校农场劳动一个月,在校还要种菜和采猪饲料,真正上课时间不足两个月"④。因此,屡有学生辍学回家,到第二学期开学,学校撤销初师幼师班,将该班余下学生合并到初师甲乙两班,每班 50 多人。至 1961 年 9 月,学校又将两个初师班并为一班,共 52 人。开学后,有 10 名第一届初师毕业生放弃工作返校复学,全班达 62 人。

这些坚持下来的学生希望毕业后回家乡当一名小学老师,可是他们的希望破灭了。1962 年春季开学不久,上级指示贯彻"调整、巩固、充实、提高"八字方针,初师班停办。至 6 月,全班毕业 50 人,不分配工作,哪里来回到哪里去。1962 年 7 月,他们被迫离开学校下放回家。1964 年社教时,第一届初师班学生被安排到上杭、宁化等地搞社教。1966 年夏,"文化大革命"

①　宁化、大田初级师范合并永安师范的情况报告移交清册报表(94-3-67-22)[A].三明市档案馆,1953.

②　政协福建省三明市委员会文史资料委员会,福建省三明师范学校.闽师之源[M].北京:中国文史出版社,1993:144.

③　中国人民政治协商会议福建省永安市委员会文史资料委员会.永安文史资料:第十七辑[M].1998:133.

④　中国人民政治协商会议福建省永安市委员会文史资料委员会.永安文史资料:第十七辑[M].1998:134.

席卷全国,社教结束,初师班学生被分配到食品、政法、企业等系统工作,到 1967 年春又被陆续下放。

此外,位于明溪雪峰镇的三明师范学校于 1960 年 9 月 1 日正式开学,招收 2 年制普师(招收对象为初师毕业)一年级 1 个班共 35 人,招收三年制初师(招收对象为高小毕业)一年级 2 个班共 72 人、二年级 1 个班共 34 人。学校共有教职员 11 人(普师 1 人、初师 4 人、行政 1 人、工勤 2 人)。1961 年起,为了贯彻"调整、巩固、充实、提高"方针,福建相继撤并 9 所中等师范学校,停办 41 所初级师范学校。1962 年 2 月,三明师范学校除师训班留在三明二中外,其余学生并入永安师范学校;7 名教师调永安师范,其余教师或调三明二中,或调小学;钢琴、手风琴、风琴随学生归永安师范,其余财产归三明二中。

在"左"倾思想指导下,仓促上马、盲目发展的初师班,连学制都没有明确(既有 1 年制,又有 2 年制),教师也是临时抽调的。再加上不断增加的政治运动与生产劳动,导致教学质量普遍不高,给师范教育事业造成了不良的影响。

教学秩序的建立与教学改革运动

新中国成立以后,随着经济不断恢复、社会日益安定,永安师范学校按照教育部颁发的《师范学校暂行规程》规定,设置学校课程,健全规章制度,教学秩序逐步恢复与建立起来,教育工作也慢慢走上正轨。

学制方面,初期仍沿用旧制。1952 年后,师范学校修业年限为 3 年,招收初中毕业生或具有同等学力者,入学年龄暂定为 15 周岁至 30 岁;附设的师范速成班,招收初中毕业生或具有同等学力者,修业年限为 1 年。此外,还附设各种短期师资训练班,学习时间视具体情况有几个月或 1 年。[①]

课程方面,普师设 15 门课程:语文及教学法、数学(几何、代数、三角、算术)及算术数学法、物理、化学、达尔文理论基础、自然及教学法、地理及教学法、历史及教学法、政治(社会科学基础知识、共同纲领、时事政策)、心理学、教育学、学校卫生、体育及教学法、美术及教学法、音乐及教学法,每周 34 课时。[②] 学校重视体育教学,克服体育设施差、体育用具少、体育场所小等困难,因地制宜、因陋就简组织学生开展体育活动,"学生毕业后分配工作时,都能自己挑着行李步行数十里,甚至数百里到各县教育局报到"[③]。

教材方面,新中国成立初期,师范学校无统一编定的教学大纲和教材。1950 年,教育部通知各省中等师范学校,普通文化课暂用普通中学相应年级的教科书,师范教育专业课可据延安学校教育经验,选学马列主义教育理论和新民主主义教育方针、政策,由各省组织教师自编讲义。[④]

---

① 福建省教育史志编写办公室,福建省教育科学研究所文史志研究室.福建省教育史志资料集:第 10 辑[M].1992:179.
② 福建省地方志编纂委员会.福建省志·教育志[M].北京:方志出版社,1998:493-494.
③ 中国人民政治协商会议福建省永安市委员会文史资料研究委员会.永安文史资料:第十三辑[M].1994:37.
④ 福建省地方志编纂委员会.福建省志·教育志[M].北京:方志出版社,1998:498-499.

自 1954 年中教会议后,永安师范学校明确了全面发展的教育方针及"改革教学内容,相应的改进教学方法"的教学改革方针,在教材研究、教学质量、教学方法等方面有了许多收获:一是对各科性质、任务有了较明确的认识,在教学方向上逐渐走上正轨;二是初步明确各科教材的系统性、科学性,开始注意教材前后联系、学科与学科间的联系,克服了"多教点总是好的"错误看法和面面俱到、照书讲书的偏向;三是挖掘教材内容的思想性,注重从多方面对学生进行思想政治教育,并重视科学世界观的教育,重视基本技术的培养;四是重点在普师实行"五级制记分法",在教学时更加注重理论与实践结合,注重日常检查;五是根据各科教学的特殊性,不同程度地改进了教学方法,如理化科重视实验,地理科注意填图,音乐科重视表情演唱,体育科取消了不合理的单元教学。①

永安师范学校非常重视平日实习,据 1954 年的毕业生吕培地回忆:"每学年毕业班实习,学校非常重视,动员能指导实习的老师都下去指导。实习生从备课、互助组预演到小组、大组试教,教师都参加指导。每次实习,何校长都亲自过问,组织指导力量,深入实习点听课、检查、指导。"②学校认真贯彻"面向小学"的方针,在联系小学教学实际、指导师范生实习等方面做了一些有益尝试:一是通过督促附小教师重视教学参考资料钻研、改正教学方法、对学生严格要求等措施,帮助附小提高教育质量。二是通过明确每一个实习类别要求、提高课堂分析能力、重视实习生独立工作能力培养,进一步提高实习指导质量。③

通过教学改革与重视实习,教学质量有了显著提高,人才培养质量也在稳步提升,先后保送王铎全(曾为上海师大历史系教授)、杨真才(曾任三明师范学校校长)、许礼相(曾任福建师大图书馆流通科科长)等 24 名学生到华东师大、福建师院、福建教育学院等院校深造,动员李春盛(曾任清流一中校长)等 16 名普师毕业生报考大学。"一批一批的保送生,现都成为大学、中学、师范的骨干。"④其他分配到各县小学任教的,也都成为教学的骨干,为山区教书育人作出了贡献。

当然,教学中仍然存在一些问题。教学领导上,缺乏有系统、有步骤、有组织的教学改革,远远落后于国家以及教师们对提高业务水平的迫切要求;思想教育上,停留在"体会多少就结合多少"的无计划状态,还不能在学期初制定出各章节的贯彻办法;面向小学上,只死守附小,对于其他小学尤其是农村小学的联系还没有进行,远不能满足师范生将来工作的需要;教学方法上,多数学科基本停留在"老师讲学生听、老师写学生记"的单纯讲演状态,既缺乏启发积极思维的提问,也缺少直观演示,联系实际也做得不够;教材研究上,还停留在重点部分讲得慢一些或重复一下的层面,而不能根据教材内在联系帮助学生抓住逻辑线索,一定程度上造成了教材的割裂,损害了教材的系统性与完整性。⑤

1958 年,党中央正式提出"教育必须为无产阶级政治服务,必须同生产劳动相结合"的教育方针。1959 年 1 月,永安师范学校举行教学改革誓师大会,成立由党政工团师生代表 11 人

---

①　永安师范学校教学情况(94-4-2-52)[A].三明市档案馆,1954.

②　政协福建省三明市委员会文史资料委员会,福建省三明师范学校.闽师之源[M].北京:中国文史出版社,1993:145.

③　永安师范学校教学情况(94-4-2-52)[A].三明市档案馆,1954.

④　政协福建省三明市委员会文史资料委员会,福建省三明师范学校.闽师之源[M].北京:中国文史出版社,1993:144.

⑤　永安师范学校教学情况(94-4-2-52)[A].三明市档案馆,1954.

组成的教学改革委员会,下设办公室负责具体工作,并制定《永安师范教学改革初步计划》。

在"大跃进"的气氛中,学校教学计划变动频繁,随意停开教学科目,如根据省教育厅要求,将小学自然、历史、地理、体育、音乐、美术 6 门的教学法与各科合并,儿童文学与语文合并为语文,学校卫生、达尔文理论基础 2 门课停开,地理与外国地理合并为地理,植物学与动物学合并为生物学。1958 年,又把劳动列入正式课程,规定全年劳动时间为 6~8 周,生产劳动课每周半天,汉语、文学、儿童文学合并为语文,算术及教学法合为一科,政治课改为社会主义课。① 可以看出,这一时期专业课和公共课因大幅度砍并而导致教学时间不断减少,教育学课的教学时数也被压缩,生产劳动和政治运动则占了较多的教学时间。

虽然在办学实践中出现了一些偏差,但学校还是紧紧围绕"培养合格的山乡小学教师"这一目标,加强思想教育,稳定教学秩序,掀起了轰轰烈烈的教学改革运动,并取得了一定的成绩。

一是注重思想教育。针对山区小学教育工作工资较低、条件艰苦、个人独处等 3 个特点,学校思想教育的内容侧重于专业、吃苦精神、慎独等,即教育学生要热爱专业工作,收入虽低却不动摇;能吃苦有韧性,即便办学条件艰难,也能自己动手改善条件;一人独处山乡,少有人监督而能洁身自好,自觉遵守法规纪律。②

二是注重校史教育。崔立勋校长当时反复指出:"学校的一切工作、一切活动对学生都是教育。"③因此,学校有意识地将思想教育渗透在每一个教学环节。比如,新生入学后的第一项教育活动就是校史教育。1963 年校史馆建立后,学生参观校史馆就成为传统的教育项目。当学生们从馆藏相片上了解到,学校是由全省第一所师范——全闽师范学堂发展而来,抗战时随省政府内迁永安,新中国成立后获得新生,自豪之情油然而生。

三是注重劳动教育。学校素有劳动的传统和气氛,何邦基校长在任时"就带领师生前往后山沟开荒造田,并在农忙季节带师生下乡,帮助农民插秧、割稻"。当时,国家正处于三年困难时期,学校发动师生开荒种菜、养猪、砍柴、烧炭,开垦农田 100 余亩,"当年曾收入番薯 8 万多斤,木薯 1 万多斤,稻谷 5000 多斤。各年级还往学校后山开荒种菜,养了 200 多头大肥猪,全校实现了吃肉、吃菜自给"④。一些来自城市的学生在这样的熔炉中锻炼,入校时遇粪桶掩鼻而过,后来可以打起赤脚,挑起粪便,前后判若两人。

四是注重"一专多能"。"一专"是指语文、数学要着重学好,"多能"是指理化、政治、史地、体音美等学科要全面掌握。以语文科为例,学校将语文分成阅读、写作、语法、逻辑、修辞等项,确定每项的具体学习目标,分项检测。一度还规定:语文总分及格、各项亦及格者,准予毕业;总分及格而某单项不及格者,先毕业,工作后回校补考不及格的某项。对语文科的严格要求,于此可见一斑。学校还注重培养学生的动手能力和组织能力,以使学生适应将来山区小学特别是单人校的环境,能够独立工作,独当一面。⑤

---

① 福建省地方志编纂委员会.福建省志·教育志[M].北京:方志出版社,1998:494.
② 中国人民政治协商会议福建省永安市委员会文史资料委员会.永安文史资料:第二十辑[M].2001:135.
③ 政协福建省三明市委员会文史资料委员会,福建省三明师范学校.闽师之源[M].北京:中国文史出版社,1993:148.
④ 政协福建省三明市委员会文史资料委员会,福建省三明师范学校.闽师之源[M].北京:中国文史出版社,1993:161.
⑤ 中国人民政治协商会议福建省永安市委员会文史资料委员会.永安文史资料:第二十辑[M].2001:136-137.

五是注重深入群众。一方面,通过教育实习,这些未来的小学教师亲身体会到乡村教师的苦与乐,也深感肩上的责任重大和专业技能的不足,主动学习的意识日益增强。学校还创造性地支持教师到附小兼课,使师范和附小的教学质量双双提高。另一方面,学校还组织师生深入生活,创作了大量文艺作品。据 1959 年 1 月统计,师生们共完成小说 100 余篇,剧本 150 篇,诗歌、散文 400 篇左右,歌曲 100 余首,舞蹈 50 余个,出版了《永师民歌选》《永师歌声》等选集。[①]

六是注重言传身教。学校从领导到教师形成了勤奋学习、认真工作、深入群众、艰苦朴素的良好作风,特别是以身作则的风格。时任校长崔立勋经常到课堂、宿舍、餐厅了解情况,对许多学生的姓名、籍贯、思想、性格、学业了如指掌。他做报告时总是"手中有典型",经常举出某班某人怎样,信手拈来,富有说服力。[②]当老师住进新盖的宿舍楼时,他一家人仍然挤在冬冷夏热的旧木板房里。校长的这些作风如无声命令,带出具有同样作风的领导班子和教师群体,一旦成风,不令而行。副书记、副校长、教导主任等与老师一起谈心、探讨工作;教师则同学生打成一片,同劳动,同活动,随时进行思想教育和业务指导。

这一时期,永安师范学校开展的教学改革运动,一定程度上扭转了"左"的偏向。这种强调并实行面向农村、为山区基础教育服务的大方向,是值得肯定的,为以后中师办学方向的探讨提供了有益的借鉴。

社会实践的开展与政治运动的干扰

永安一解放,人民政府为了办好学校,委派永安专区公署专员林志群兼任校长。当时,学校始终把思想政治工作放在首位,强调学习要理论联系实际,提高思想觉悟,改进工作作风。教师在各科教学中结合教材,联系学生印象比较深刻的事例,对学生进行思想政治教育。比如1949 年国民党刘汝明残部溃退经永安,一路抓丁拉夫,人民怨声载道,而人民解放军严格遵守"三大纪律八项注意",不仅对群众秋毫无犯,还为群众做了大量好事。通过对比教育让同学们心悦诚服,收到很好效果。[③]为了使广大群众跟上形势,适应时代要求,学校成立了一支宣传队伍,一方面组织师生学好文件,转变思想;另一方面要求师生经常深入群众进行访贫问苦,参加贫雇农诉苦会、斗争恶霸地主会等。这样既提高了师生的觉悟,又使师生掌握了典型事例,能够更有效地对群众进行宣传教育。

通过政治学习和思想改造,永安师范学校师生的思想觉悟大为提高,广大师生纷纷热情地投入各项社会活动中。1950 年 2 月初,全县人民举行永安解放庆祝大会。在短短的一个星期里,师生学会打腰鼓、扭秧歌、唱解放区歌曲,在游行时及庆祝晚会上表演。师生们还组织宣传队到城区及附近郊区茅坪、吉山、麻岭、黄竹洋、大溪等地进行宣传,发动群众积极投入解放事业的各项活动。

① 檀仁梅,庄明水.福建师范教育史[M].福州:福建教育出版社,1990:205.
② 政协福建省三明市委员会文史资料委员会,福建省三明师范学校.闽师之源[M].北京:中国文史出版社,1993:148-149.
③ 政协福建省三明市委员会文史资料委员会,福建省三明师范学校.闽师之源[M].北京:中国文史出版社,1993:140.

学校师生对群众的宣传教育最初采用群众喜闻乐见的形式,如教革命歌曲、扭秧歌、打腰鼓、说相声、演话剧等,后期放电影《白毛女》,演大型话剧《赤叶河》《王秀鸾》等。1951年春,学校组织演出《黄河大合唱》,各种乐器齐全,独唱、对口唱、大合唱都由学生担任,演出颇为成功,充分发挥了师范生的音乐才能,演出效果完全不亚于抗战时福建音专师生的演出。[①]

除积极参与宣传工作外,永安师范学校师生还响应人民政府号召,办起了扫盲班,掀起了一个学习文化的热潮。扫盲班开班后,附近迫切要求学习文化的群众争先入学。除学文化外,还上政治课,教唱歌,配合政府的各项中心工作,上街宣传,做群众工作。[②] 后经学校领导研究,同意按班级分别到一个街道(村)办一所夜校。学生通过办夜校的任教实践,既可以帮助群众学习文化、提高社会主义觉悟,又是从事教学实践、取得教学经验、印证教育理论的最好途径。

随着思想觉悟的提高,永安师范学校师生的政治热情高涨。当时县里有个进步的群众性组织"中苏友好协会",全校大部分同学和部分老师都入了会,经常组织学习苏联的重要经验和模范人物的先进事迹。同时也通过这一组织,动员会员一定要努力学习,跟共产党走,建设新中国。[③] 1950年底,永安开始土地改革,师生们又积极投入土改宣传。学校还专门举行土改方面的专题作文竞赛,提高学生的政治觉悟。1951年10月,学校响应上级"抗美援朝"号召,在校学生145人中有121人报名参军(报名人数为全专区之冠),被批准参军31人,对社会和其他学校起到良好的示范作用。1952年4月,学校开展"三反"运动(反对贪污、反对浪费、反对官僚主义),批判各种旧思想、旧作风。

这一时期,因形势需要,永安师范学校陆续开展肃反、整风、"反右"、大炼钢铁、创办农场和工厂、成立永安民兵卫星团永师钢铁民兵营、创办大炼农场基地、成立红卫兵组织、师生大串联、工人毛泽东思想宣传队进校、清理阶级队伍等政治运动。它们多以群众运动形式普遍开展,且几乎没有间断。虽然各学校对政策的把握不尽相同,但这些政治运动挫伤了师生的积极性,破坏了正常的教学秩序,影响了教学质量的提高,留下了严重的"后遗症"。[④]

从1961年至1962年,学校积极贯彻"八字方针"和教育部相关工作条例,教职工从84人精简为63人,并努力纠正工作中的"左"倾错误,克服随意停课、政治活动过多、无限制参加劳动等混乱现象,稳定了教学秩序,教育质量有所提高。但是,从1962年9月开始,党的八届十中全会又重新强调阶级斗争的普遍性和严重性,"左"倾错误再度滋长。1964年12月后,永安师范学校又开展社会主义教育运动,致使1958年以来的"左"的偏差又重新出现。

永安师范学校的停办

1966年5月,"文化大革命"拉开序幕。在全国形势的影响下,永安师范学校的"文化大革

① 政协福建省三明市委员会文史资料委员会,福建省三明师范学校.闽师之源[M].北京:中国文史出版社,1993:136.
② 中国人民政治协商会议福建省永安市委员会文史资料研究委员会.永安文史资料:第十辑[M].1991:5.
③ 政协福建省三明市委员会文史资料委员会,福建省三明师范学校.闽师之源[M].北京:中国文史出版社,1993:142.
④ 檀仁梅,庄明水.福建师范教育史[M].福州:福建教育出版社,1990:185.

命"开展起来,广大师生被卷入批判《海瑞罢官》、揭批"三家村"的运动中。6 月 9 日,有一位学生贴大字报,大批判矛头转向学校内部。6 月 10 日,学校"停课闹革命",校领导向全体师生动员,要求师生"端正态度",全力以赴投入"文化大革命"。至此,"文化大革命"在永安师范学校全面展开。一时间,大字报贴满学校走廊和墙壁,头 4 天就贴出大字报 3000 多张。到了 9 月,学校停止招收新生,在校学生处于停课闹革命状态,学生纷纷离校加入全国学生"大串联",打乱了正常的教学秩序。由于"文化大革命"的干扰,永安师范学校 1966—1968 年三届毕业生的毕业分配工作被一再拖延。1967 年和 1968 年最后两届毕业生共 370 人,全部被安排去"上山下乡"。

1969 年 8 月 25 日,三明地区革委会下文撤销永安师范学校,校舍全部暂借给生产建设兵团使用。11 月,永安师范学校停办,"有的教师调到县委县府去工作,有的调到一中和三中去,还有一批则安插到各公社去办初中班或在公社工作,有的参加毛泽东思想宣传队下到乡村生产大队去,最后只留三四人在校,保护学校的财产"。因为护校人少,小偷小摸人多,虽有看守也无法控制,这段时间里学校财产损失不小。

之后,生产建设兵团第四师师部要进驻学校,永安师范学校只好将科学馆设备、图书馆藏书全部寄存在永安一中。"当时无运输工具,也无搬运费用,更无移接手续,一中方面只好叫初中部学生由班主任带队,每人动手搬一些,一路上看呀,玩呀,搬到一中时已乱得不成样子……好端端的一所学校就变成了一个空壳。"①

生产建设兵团进校后立即大兴土木,把教室和科学馆改为小套间的宿舍。改建还没有全部完成,上级又决定将师范校舍转给漳州轴承厂搬迁永安使用。不久轴承厂搬进来,又把新修好的小间宿舍全部拆光,扩大成为工厂仓库用房。运动场也被改建为厂房,高大的烟囱矗立在校园内,原先的永安师范已经面目全非。许多下乡还未毕业分配工作的学生回校,见此情景不禁为之泪下。

永安师范学校停止招收师范生,导致本地区少培养中小学教师数百名,少培训在职教师千余名。这是造成三明地区以后师资奇缺、基础教育发展缓慢的重要原因,其恶果在很长一段时间内都未能根本消除。

第二节　"文革"后期三明师范学校的办学与招生

筹办三明地区师范学校

发展中小学教育,需要有教师,可"文化大革命"对基础教育造成了巨大的冲击,使中小学教育出现严重的断层。从 1966 年到 1971 年,全省师范院校停止招收师范生;1970 年初,福建省的所有中等师范院校全部被停办撤销;"文革"中毕业的师范院校学生的分配或者被取消,或

---

① 政协福建省三明市委员会文史资料委员会,福建省三明师范学校.闽师之源[M].北京:中国文史出版社,1993:177-178.

者拖延不分配。永安师范学校的停办和永安师范学校毕业生的取消分配或延迟分配,使三明地区面临培训中学教师和培养小学教师均无场所、设备和人员的问题,出现中小学教师严重短缺问题。

遵照中共中央〔1971〕44 号文件中关于"争取在第四个五年计划期间农村普及小学五年教育,有条件的地区普及七年教育"和"中等专业学校和技工学校是我国普及科学技术、文化教育的一支重要力量,必须认真办好",以及省委书记在 1971 年 9 月省工作会议、省教育会议上指示"占用学校要退还或退赔"的精神,1971 年 10 月 29 日,三明地区革委会提交《关于原永安师范学校房产问题的报告》,对于原永安师范学校房产问题的处理进行报告:请求省革委会将原永安师范学校房产归还三明地区复办中等师范学校之用。如果认为该校舍已改建省轴承厂,不能归还,请求省革委会按原永安师范学校房产建造面积 7800 平方米、土地面积 35000 平方米、造价 40 万元批拨基建经费和三材,以资新建一所师范学校。①

1971 年 11 月,省革委会政治部、生产指挥部发出《关于筹办中等师范学校的通知》:"为了适应普及小学的需要,培养新的师资,提高在职小学教师的政治、业务水平,决定每个地(市)各筹办一所中等师范学校,于明年春季开始招生。""校舍暂不新建。原有师范校舍还在的,仍用原有师范校舍;原有师范校舍已被占用的,应尽可能收回或由各地(市)另行调整房子;一时无法调整的,可选择一所普通中学设师范班,以后逐步改为师范学校。""原师范学校的专用设备,原则上应一律调回使用。"1971 年 11 月,三明地区革委会遵照省革委会通知精神决定复办师范学校,因永安师范学校原址改建为工厂,难以复原,指派吴进灼负责择地复办筹建工作。

学校筹备组人员起初到永安的黄竹洋、沙县的洋坊择地,后又到三明的台江、下洋等地选择校址,但都无法确定下来。② 1972 年 4 月,三明地区革委会选定三明麒麟山东侧的狮子坑迁址复办永安师范学校,因狮子坑地处专区革委会所在地,遂改校名为三明地区师范学校,并动工兴建新校舍。原永安师范学校的财产(指动产)收归地区新办的师范学校使用。③ 1972 年 7 月,三明地区师范学校收回原永安师范学校图书馆、科学馆和生物馆等部分校产。后来,永安师范学校的部分生物标本、图书档案、仪器设备、风琴钢琴以及农场的水牛等也陆续搬回。到 1988 年 10 月,学校从永安收回原永安师范学校全部历史档案,含原福州致用书院、东文学堂、全闽师范学堂等珍藏古籍。

关于三明地区师范学校编制问题,根据省革委会政治部、生产指挥部《关于筹办中等师范学校的通知》规定:原师范学校撤销后,教职工编制省里没有收回,因此,新办师范不再给编制名额,由各地(市)在现有编制中调剂解决。三明地区革委会发出通知,原永安师范学校的领导干部、教职员工,原则上调到地区新办师范学校任职、任教。④ 按原永安师范学校编制 63 人,提出新办三明地区师范学校编制方案:校革委会主任 1 人、副主任 2 人、政工组 4 人、教改组 30 人、师训组 12 人、行政组 14 人。其中,师范教师 27 人中,语文 8 人,政治 4 人,音乐 2 人,美术 2 人,体育 3 人,农基 2 人,历史 1 人,数学 3 人,物理 1 人,化学 1 人;师训教师 11 人中,语文 3

① 三明地区革委会.关于处理原永安师范学校房产问题的请示报告(地革〔1972〕综 326 号)[Z].1972-12-12.

② 政协福建省三明市委员会文史资料委员会.闽南之源[M].北京:中国文史出版社,1993:180.

③④ 三明地区革委会.关于调动、收回原永安师范人员和财产问题的通知(地革〔1972〕综 114 号)[Z].1972-05-06.

人，政治 2 人，数学 2 人，物理 1 人，化学 1 人，农基 1 人，英语 1 人。学校创办初期的教师主要来自原永安师范学校、下放的大中专学校及省外调回的中年骨干教师。这些教师为学校招生和教学提供了师资保障，后成为三明师范学校及三明师专的教学骨干。1972 年 2 月，正在筹建中的三明地区师范学校根据省革委会文件开始招生。

在学校筹建经费上，三明地委把转让永安师范学校原校址的 40 万元资金投入三明师范学校，规划建设 1 座 4 层教学主楼、1 座食堂兼礼堂、2 座 3 层教工宿舍。1972 年 5 月，三明地区革委会首次拨基建款 20 万元。三明地区师范学校开始一边规划设计，破土兴建校舍；一边抓紧三明地区师训班（三明市教师进修学院前身）校舍基建的施工（师范学校与师训班合并办公），以作为新生开学用房。在土地征用上，1972 年 12 月 4 日，三明地区革委会作出批复："三明师范学校和师训班按总体布置共需征用土地 74.25 亩。第一期工程建教学楼、食堂、厕所、公路等，需征用土地 45 亩（其中征用园林管理处苗圃荒地 35 亩，城区公社城东大队农田 10 亩）。"①1973 年 2 月，第一座教学楼破土动工；8 月，教学楼、礼堂、两幢简易学生宿舍和两幢教工宿舍基本建成；9 月，学校逐步搬迁到麒麟山东侧的狮子坑，1973 级新生就在新校舍上课。1974 年初，首届学生从师训班搬到新校舍，从此师范与师训分家。

师范是培养小学教师的摇篮，解决实习基地是当务之急；全闽师范学堂从创办之始，就高度重视实习，创办全闽师范学堂附小为师范生提供实习基地。1972 年 3 月 24 日省革委会政治部教育组发布《关于中等师范学校教学计划的试行意见》，提出"教育实践是师范学校的重要课程，必须贯彻教学始终。各地（市）教育部门可指定一所小学作为师范学校的附属小学，经常组织学生到学校进行教育实践"。在三明地委和有关部门的大力支持下，三明市东方红小学自 1973 年 2 月 1 日起，正式改为三明地区师范学校附属小学。附属小学的党政以及业务领导关系隶属于三明地区师范学校，人事管理属地区教育组，经费包括工资由地区直接拨款。② 1975 年 9 月 1 日，附属小学改为三明师范附属学校，小学与中学合办，招收小学和初中学生。

招生工作与毕业分配

1971 年，省革委会《关于筹办中等师范学校的通知》规定："全省 1972 年招生 1800 名，每校各招 4 个班 200 名。"1972 年 1 月 3 日，三明地区革委会政治处发布《关于师范学校招生工作的通知》，三明地区 1972 年中等师范学校招收新生 200 名，招生对象为复退军人、两年教龄以上的优秀民办教师、经过两年以上劳动锻炼的上山下乡（回乡）知识青年，年龄 17～22 周岁（民办教师可适当放宽），具有初中文化程度的男女未婚青年。学制暂定 2 年，期满后由国家统一分配。在学校期间，学校每月发给生活费 16 元（伙食费 12 元，津贴费 4 元），全年发足，但假期不另发路费。招生对象由大队党支部推荐，公社党委审查，县（市）革委会政工组复审，送地区革委会政治处审批。招生时间从 1972 年 2 月 20 日开始，3 月 10 日报地区革委会政治处审批。

---

①　三明地区革命委员会.关于三明师范学校和师训班基建征用土地的批复（地革〔1972〕综 321 号）[Z].1972-12-04.
②　三明地区革委会政治处.关于将三明市东方红小学改为三明地区师范学校附属小学的通知（明地政〔73〕005 号）[Z].1973-01-18.

通知还对新生名额进行分配:三明市 14 人,永安 18 人,沙县 19 人,尤溪 19 人,明溪 15 人,大田 18 人,清流 17 人,宁化 19 人,建宁 19 人,泰宁 18 人,将乐 16 人,地区机动 8 人。经过一番艰苦筹备,三明地区师范学校首届新生于 1972 年 10 月 15 日正式开学,共 4 个班 206 名。[①] 由于没有校舍,设施还不完善,学校暂设在三明地委党校内,与三明地区师训班办在一起。

1973 年 6 月,根据省高招领导小组有关中等师范学校招生工作的指示精神,三明地区结合实际情况作出一些调整,要求招生对象为非在职人员,主要从小学民办教师、上山下乡(回乡)知识青年、复退军人中选拔,其中小学民办教师原则上不少于 60%;具有初中或相当于初中的实际文化水平;劳动、实践时间在 2 年以上;未婚,年龄为 17~23 周岁,个别不超过 25 周岁。招生对象可同时报考高等学校和中等师范,先由群众评议,大队、公社推荐,再由县(市)高招领导小组预选,最后经地区高招领导小组审批。各县(市)上报地区的预选对象应比分配指标多 30%。[②]

1972 年至 1976 年各年学生数情况:1972 年 206 人,1973 年 502 人,1974 年 618 人,1975 年 743 人,1976 年 750 人。[③] 为缓解小学师资不足,招生呈逐年扩大之势。1975 年、1976 年招生范围扩大,学生数也随之增加。1975 年 8 月,三明地区师范学校增设 2 年制体师专业 1 个班。9 月,为解决中学师资青黄不接的问题,三明地区师范学校受福建师范大学的委托,创办数学大专班,开设数理专业,招收工农兵学员 56 人(由于师资、校舍等因素,这些学员到 1977 年春才入学。1978 年修业期满,全部毕业分配工作,只办 1 届即停办)。数学大专班的开办,为三明地区师范学校自己创办大专班拉开了序幕。1976 年 9 月,三明地区师范学校增招 1 年制"社来社去"班。1976 年秋,三明地区师范学校还受托开办了初中语文教师培训班。

三明地区师范学校毕业生数情况:1974 年为 200 人,1975 年为 301 人,1976 年为 294 人。[④] 毕业生大多分配担任小学公办教师,分配原则上是从哪里来回哪里去,各县(市)分配时要根据农村普及小学 5 年教育需要,重点补充几年来普及教育发展快而民办教师比例大的山区和农村小学。为了解决中学师资、政工干部的不足,政治表现好、业务水平较高的少数毕业生也可充实到中学工作。1975 年 7 月,为了照顾教育发展较快的县、社,支持个别新建扩建厂矿企业办学,地区从各县(市)选留一部分毕业生,由地区统一分配,地区师范、附小需要的教师均从这次毕业分配中给予充实。1976 年 7 月,根据地区教育事业发展需要和师资情况,从这批毕业生中留下少数名额(毕业生总数的 3%),充实师范、师范附属学校增生增班所需老师,支持厂办校的发展。

思想政治教育与教学开展

1971 年 4 月,在全国教育工作会议上,张春桥、姚文元抛出了"两个估计"的谬论。同年 8 月,《全国教育工作会议纪要》正式公布,对新中国十七年来的教育工作作出"两个估计",全盘

① 政协福建省三明市委员会文史资料委员会.福建省三明师范学校.闽师之源[M].北京:中国文史出版社,1993:180.
② 关于三明地区师范学校招生工作的通知(明地政教[73]016 号)[Z].1973-06-14.
③ 政协福建省三明市委员会文史资料委员会.福建省三明师范学校.闽师之源[M].北京:中国文史出版社,1993:362.
④ 政协福建省三明市委员会文史资料委员会.福建省三明师范学校.闽师之源[M].北京:中国文史出版社,1993:362.

否定"十七年"教育事业所取得的成绩,完全否定绝大多数知识分子是劳动人民知识分子的事实。[①] 福建省各级师范院校复校后的中心任务之一就是贯彻《全国教育工作会议纪要》精神,批判"十七年","端正教育革命方向"。福建省 9 所中等师范学校和福建师大复办之后,其办学指导思想是在无产阶级专政条件下,坚持以党的基本路线为纲,深入开展教育革命,把学校办成无产阶级专政的工具。

学校根据省革委会政治部教育组的规定,政治课以毛泽东的一系列批示为重要内容,"进行思想和政治路线方面的教育";教育革命理论与实践课以《毛主席论教育革命》为基本教材,并选学马克思、列宁、斯大林关于教育革命的论述;史地常识课学习中国现代史,以党内两条路线斗争史为纲,以"两报一刊"编辑部文章《纪念中国共产党五十周年》作为主要学习材料,适当补充史实。数学、自然常识、军体、音乐、图画等课程,也注意"两个阶级""两条路线斗争"在教学中的反映,加强所谓"革命大批判",深入进行基本路线教育。

根据《全国教育工作会议纪要》,中等师范学校缩短学制,由"文革"前的 3～4 年压缩为 2 年,砍并专业课程,压缩专业教学时间。1972 年 3 月 24 日,省革委会政治部教育组发布《关于中等师范学校教学计划的试行意见》,规定两学年共 104 周,其中政治课和社会主义文化课 62 周,复习考核 6 周,教育实习 10 周,学工、学农 8 周,假期 16 周(包括野营拉练和社会调查),机动 2 周。[②] 1973 年 7 月,全国煽起一股否定文化学习、反对考试的歪风,福建省各级师范院校也就跟着废除考试,教育名存实亡,部分学生更加不重视文化学习。1973 年至 1974 年,"四人帮"抓住一些"典型"事件,开展对"十七年"来"资产阶级教育路线"和"资产阶级知识分子"的批判。

1974 年 1 月,工宣队进驻三明地区师范学校。在那特殊的年代,三明地区师范学校很难进行正常教学,教育教学质量受到严重影响。要建立起良好校风学风,提高教育质量,培养适应小学教育需要的人才,是很不容易的。学校没有教学大纲,1972 年 9 月,三明地区师范学校顶风研究制定各科教学大纲,校领导反复要求教师按照教材认真备课教学。学生是"工农兵学员",基础较差,程度参差不齐,学校又没有考试和升留级制度,对学生没有约束力,校领导崔立勋总是苦口婆心地教育要求学生,要掌握"为人民服务"的本领,把书读好;每学期要召开几次教研组长会议,了解教学情况,研究安排教学工作;每学期也要召开几次班主任会议,了解学生的思想、学习和生活情况,分析研究教育工作;同时召开学生干部座谈会,听取学生对学校工作的意见,研究探讨教育教学工作。他深入教研组、学生宿舍、教工家庭了解情况,做深入细致的思想教育工作。在崔立勋的领导下,三明地区师范学校在"文革"期间得以正常教学,免受不少折腾和波动,为国家培养了大批素质较好、质量较高的人民教师。[③]

建校劳动与实践活动

三明地区师范学校要求新生入学必须带一把锄头,强调劳动是重要的教学内容,是学生的

① 檀仁梅,庄明水.福建师范教育史[M].福州:福建教育出版社,1990:245.
② 檀仁梅,庄明水.福建师范教育史[M].福州:福建教育出版社,1990:248.
③ 政协福建省三明市委员会文史资料委员会,福建省三明师范学校.闽师之源[M].北京:中国文史出版社,1993:185-186.

必修课,并将劳动列上课程表,定时、定量、定质进行。学校复办时百废待兴,几乎从零开始,遇到了极大困难。三明地区师范学校革委会主任崔立勋组织带领全校师生员工始终坚持自力更生、艰苦奋斗,充分调动师生建校的积极性,高度发挥师生的聪明才智。建校初成立了基建设计组,师生自己测量地形,规划学校布局,设计校舍。师生艰苦劳动,挖山修路,把公路给修通了;从虎头山上修渠引水,建池蓄水,解决用水问题;利用山涧的小溪流水,拦溪筑坝,建设了小水电站,解决用电问题:超前完成路、水、电三通和平整工地的基础设施。①

1973 年 8 月,学校开始筹办农场,其目的一是培养学生的劳动观念,二是配合"农基课"教学,掌握农作物栽培技术,三是在物质比较匮乏的条件下,增加经济收入,改善师生生活。② 全体师生开辟农场,种水稻、地瓜、花生,取得了勤工俭学的首批成果,大大鼓舞了斗志,增强了信心。1974 年,全体师生再接再厉,齐心协力,以"愚公移山"精神,搬掉一座山丘,填平几十米深的峡谷,建成一座办公楼,开辟出一片近 20 亩的操场,接着又挑砂石铺建水泥路 1200 平方米和水泥灯光球场,并种树绿化校园。1975 年,全体师生发扬连续作战精神,披荆斩棘,劈山整地,造果园 20 亩,种柑橘、桃、李 1500 多株。师生自己设计建造 1 座石头砌的猪舍和 1 座 20千瓦的水电站,提供学校教学楼和学生宿舍的照明用电,每月可节省电费 500 元左右,电站的小水库每年还可产鱼 2000 多斤。1976 年春,师生们开垦了坐落于城区公社列东大队虎头山上的"三番"山场作为学农基地,种茶树 300 亩,辟为油茶园。此后,师生宿舍、教工之家等基建项目陆续在 2 年内建成。

三明地区师范学校在校外也开展了各种实习实践活动。1974 年和 1976 年,学校各招了一个数理班,数理班除安排师范课程外,还适当增加农村实用教学,例如小水电、渠道、道路、山塘和小水库等简易测量设计和农村电工基本常识。1974 年春夏之交,学生到永安洪田和热西小学进行为期 2 个月的教育实习,班上的实习生一半顶班教育实习,另一半前往黄坑大队在短短 2 个月中建成 40 千瓦的水电站。1974 年 12 月,学校组织师生到大田、将乐、宁化等县进行教育调查。1975 年,学校派 3 位同学到陈大机床厂去学习,随后在学校创办起五金厂,为后来发展成三明市非标化工配件厂奠定了基础。1975 年 5 月,各实习队举办小学教师培训班,永安实习队为洪田公社测设安装 2 座小水电站。1975 年秋天,1974 级数理班部分同学为列西大队平整百亩土地进行测量规划,测设 30 万方灌溉养鱼兼用的小水库,还为列东大队测设通往虎头山五斗仔橘子园的 8 公里公路。1976 年,学校师生为三明城区公社、永安贡川公社测设公路共 23 公里;大专班数理专业学生先后赴尤溪二中、永安二中开门办学(实习),赴三明纺织厂学习 3 周,并赴洋溪维修水电站。

学校创造条件,添置工具,让学生自己理发、缝补衣服、维修水电装置、测量设计等,在劳动过程中有效地培养了学生的劳动技能与习惯。几年的劳动与实习实践活动不仅为学校改善了办学条件,如修建招待所、车库、凉亭、幼儿园及购买面包车等,还让师生们增强了劳动观念。但实行"开门办学",把学校"办"到社会中去,专业课程学习减少,也导致教育质量下降,浪费了学生的学习时间。

① 政协福建省三明市委员会文史资料委员会,福建省三明师范学校.闽师之源[M].北京:中国文史出版社,1993:181.
② 政协福建省三明市委员会文史资料委员会,福建省三明师范学校.闽师之源[M].北京:中国文史出版社,1993:187.

学校的党建、机构组织与领导

1972 年,三明地区师范学校复办时成立了党支部,由校革委会主任崔立勋兼支部书记。1976 年 1 月 22 日,中共三明地区师范学校总支委员会成立。[①] 1976 年 3 月 18 日,中共三明地区师范学校教工支部委员会、附属学校支部委员会成立。学校也重视共青团的发展。1972 年 10 月 27 日,共青团三明地区师范学校一班、二班、三班、四班支部委员会成立。在此基础上,1973 年 4 月 27 日,中共三明地区委员会同意成立共青团三明地区师范学校委员会。1974 年 12 月 9 日,中共三明地委组织部经研究同意共青团三明师范学校委员会由 13 位同志组成。

在学校组织机构方面,学校复办时设教务、政教、总务 3 个处。1974 年 2 月 14 日,工宣队进驻学校,直到 1976 年冬撤离。1974 年 3 月 20 日,吴进灼和崔立勋分别任三明地区师范学校民兵营营长和政治辅导员。根据当时特殊的形势和班子成员的特点,崔立勋又逐步组建了学校政工组、教改组、行政组等中层机构和学科教研组,为学校正常教学工作的开展打下了良好的基础。

在学校主要领导方面,1971 年至 1972 年,吴进灼为迁校筹建负责人。1972 年 10 月 7 日,原永安师范学校校长崔立勋任校革委会主任,马新民和吴进灼为副主任。1973 年 5 月,孙萍任校革委会副主任。1974 年 2 月 14 日,工宣队队长周汉昭任校党支部副书记。1975 年春季,王振铭任校革委会副主任兼校党支部副书记。9 月,林耀坤任校革委会副主任,兼任附属小学党支部书记。1976 年 1 月 22 日,崔立勋任中共三明地区师范学校总支书记,王振铭、周汉昭为副书记。

十年“文化大革命”中的师范教育是灾难重重的,但中央周恩来、邓小平等同志始终与“四人帮”进行斗争,坚持整顿教育事业;三明地区师范学校在永安师范学校的基础上迁址复办,有一大批忠诚党的教育事业的干部、教师认真工作,有一部分工农兵学员因热爱科学、追求真理而努力学习,三明地区师范学校培养的不少工农兵学员是合格或基本合格的。这绝不是“文化大革命”搞“开门办学”和学“朝农”的成果,而是师范学校干部和师生反对“四人帮”极“左”路线,顶着风浪,坚持办学的结果。[②]

三明地区师范学校革委会主任崔立勋是原永安师范学校校长,三明地区师范学校的师资不少为原永安师范学校的教师,永安师范学校的藏书等校产也搬到三明地区师范学校。在教学理念上,三明地区师范学校接续了停办的永安师范学校,也传承了闽师精神。1976 年 11 月,三明地区师范学校参加庆祝粉碎“四人帮”的集会游行。三明地区师范学校在揭批“四人帮”的罪行中调整师范教育,迎来了师范教育发展的新时期。

① 中共三明地区委员会.关于成立中国共产党三明地区师范学校总支部委员会的批复(明委〔1976〕组 11 号)[Z].1976-01-22.

② 檀仁梅,庄明水.福建师范教育史[M].福州:福建教育出版社,1990:256.

第三节 恢复发展的三明师范学校

1976 年 10 月,党中央粉碎"四人帮"反党集团。党在指导思想上拨乱反正,努力肃清极"左"思潮的影响,及时召开一系列教育工作会议,提倡重视教育与科技,号召全党全国加强教育战线上的拨乱反正,促进我国教育事业迅速发展。1977 年 8 月邓小平同志主持召开的科学和教育工作座谈会,1977 年 10 月教育部召开的中小学师资培训座谈会,1978 年 4 月的全国教育工作会议,1980 年 10 月的全国师范教育工作会议,1983 年 8 月的全国普通教育工作会议等,对教育界的拨乱反正发挥了重要作用,强调要迅速恢复和发展师范教育,建立新的师范教育体制。[①]

三明地区师范学校在上级领导指挥下,深刻揭批"四人帮"的反革命罪行,对教育教学及时作出调整,积极响应改革开放时期的教育要求。有近百年办学历史的三明地区师范学校,在改革开放的新时期,迎来了其发展的一个新阶段。

揭批"四人帮"反革命罪行

粉碎"四人帮"后的首要工作就是揭批"四人帮"的反革命罪行,分清是非,拨乱反正,肃清流毒,纠正林彪、"四人帮"造成的大量冤假错案,同时落实党的各项政策,发扬党的优良传统,调动广大师生积极性,以保证教育事业的迅速恢复和发展。福建省教育局于 1977 年 1 月召开地市教育局局长会议,布置深入揭批"四人帮"的工作;4 月,组织 6 个调查组赴 9 个地市 33 个县,开展教育调查,深入了解"四人帮"破坏教育的具体情况;7 月,召开全省中小学教育工作会议,进一步揭批"四人帮"破坏教育的罪行,中等师范学校的代表在会上控诉林彪、陈伯达、"四人帮"摧毁福建师范教育的滔天罪行,表示要彻底清除"师范教育是资本主义产物"这一荒谬口号,振兴福建师范教育。

三明地区师范学校是地委传达贯彻中共中央〔1977〕10 号文件的试点。1977 年 3 月 23 日接到文件后,学校立即召开总支扩大会,学习中央文件精神,进一步明确传达、贯彻党中央战略部署。三明地区师范学校通过宣传中央文件,组织师生在搞清楚"四人帮"的罪恶事实及其对革命事业的重大危害基础上,及时引导大家把"四人帮"散布的种种反动谬论和其罪恶历史一一联系起来进行批判,追根溯源,加深认识了其反动本质。学校进行骨干训练,突出重点,从具体事实入手,深入揭批"四人帮"反动思想对学校各项工作的危害。中共三明地委认为,三明地区师范学校根据学校的特点,认真负责地抓紧好文件的传达,其做法值得各单位学习参考。1977 年 4 月 6 日,中共三明地委将三明地区师范学校试点做法和体会的报告转发给各县(市)委,省、地属厂矿企事业党委。[②]

---

① 檀仁梅,庄明水.福建师范教育史[M].福建教育出版社,1990:263.
② 中共三明地委.转发三明师范《关于传达贯彻中共中央 10 号文件的报告》(明委〔1977〕3 号)[Z].1977-04-06.

调整办学方向与招生工作

1978 年 12 月,党的十一届三中全会作出实行改革开放的重大决策,中等师范学校教育也进入改革调整时期。1979 年 2 月,福建全省中等师范学校实行省属地管的领导体制,"三明地区师范学校"改为"三明师范学校"。1980 年全国师范教育会议和全省师范教育工作会议相继召开后,在一定程度上端正了各师范院校的办学方向。师范教育的基本任务是培养师资,但就具体的任务来说,各级师范院校又有所分工。高师院校本科培养中等学校的师资,同时为师专及各地市教师进修学院培养师资;师范专科学校培养初中师资;中等师范学校培养小学和幼儿园师资。福建省教育厅按照"调整、整顿、改革、提高"的方针,对各级师范院校进行全面调整。1981 年 4 月,三明师范学校贯彻全省师范教育工作会议精神,执行教育部颁发的《中等师范学校规程》。经过探索调整,1987 年 2 月,三明师范学校确定把"面向农村、面向小学、研究小学、为小学服务"作为办学宗旨。

1977 年,教育部明确提出废除"推荐"办法,实行统考、统招制度。三明地区师范学校 2 年制普师招收高中毕业生,1977 年底便招生 500 人。为了发展山区教育事业,迅速扭转"四人帮"干扰破坏教育带来师资严重缺额的被动局面,各地扩大了师范招生规模。1978 年,省教育厅于春季下达 423 名招生指标之后,又于秋季分配三明地区招收 500 名师范生,并批准创办了宁化师范学校。三明地区师范学校由于在 1978 年承担招收大专班学生的任务,新建校舍尚未完工,住宿面临困难,师资也周转不过来。为了不影响新生入学,三明地委决定将学校招收的 270 名普师学生,暂时分散在三明、永安、沙县、大田、尤溪等 5 个县(市),以充分发挥各县(市)办教育的积极性。[①] 直至 1980 年,大专班教学楼、教工宿舍、学生宿舍各 1 座基本完工,三明师范学校逐步取消各县分班。1981 年 3 月,1980 级普师在各县的近 500 名学生回到校本部,当年招收的普师一年级学生回校本部上课。

随着中等师范学校的教育教学工作逐步走上正轨,2 年学制招收高中毕业生的制度暴露了不少弊端,主要是招生的选择余地很小,多数高中毕业生不愿报考师范,超志愿录取的考生很多,学生的年龄也相对较大,而且偏科现象严重。由此,要在短短的 2 年时间里把学生培养成合格的小学教师,必然会在教育、教学上遇到大量难以解决的实际问题,于是中师改制的问题被提到议事日程上来。[②] 教育部在 1980 年全国师范教育工作会议后,发布了《中等师范学校规程》和《关于办好中等师范学校的意见》,明确规定:中等师范学校学制定为 3 年和 4 年 2 种,招收初中毕业生或具有同等学力的社会青年。1982 年 6 月,福建省教育厅决定全省中等师范学校停止招收高中毕业生,改招应届初中毕业生,学制由 2 年改为 4 年。

三明师范学校根据全国、全省师范教育工作会议精神,结合三明地区实际,调整了招生工

---

① 三明地区行政公署教育局.关于在我区五个县(市)暂设三明师范分班的通知(明教普〔78〕字第 50 号)[Z].1978-10-07.
② 檀仁梅,庄明水.福建师范教育史[M].福州:福建教育出版社,1990:290.

作。1982 年 9 月,三明师范学校开办 4 年制普师专业,招收初中毕业生。1985 年 9 月,三明师范学校普师改招 3 年制新生,并在宁化、永安、明溪、建宁设师范分班。1986 年夏,1984 级 4 年制改为 3 年制。1987 年 8 月,三明师范学校增设 3 年制体师专业,面向三明和龙岩地区招生。

三明师范学校于 1980 年恢复函授教育,1983 年 9 月恢复函授部,它是为培养学历不达标的在职小学教师而复办的。函授部招收 12 个县(区)学历未达标的在职小学教师,毕业后相当于中师毕业。1983 年和 1985 年,学校函授部曾 2 次招收学员共 859 人,1985 年还组织"文革"前入伍的有高中文凭的小学教师参加函授自学考试。管理机制上,按照"省中师函授部—师范学校函授部—县进修学校函授站"和"县教育局—进修学校—学区—学员任职学校"网络,自上而下,以协调业务开展,畅通学员管理,保障教学质量。

1979—1988 年三明师范学校学生数情况如下:1979 年 2764 人,1980 年 2051 人,1981 年 2054 人,1982 年 1173 人,1983 年 1099 人,1984 年 1291 人,1985 年 1954 人,1986 年 2464 人,1987 年 2587 人,1988 年 2350 人。①

以改革创新加强教育教学工作

根据 1978 年《福建省中等师范学校暂行教学计划》,2 年制师范学校设置科目如下:第一年设置政治、语文、数学、化学、教育学、生物卫生常识、史地常识、体育、音乐、美术等,每周上课时数为 30 学时,教育实习 2 周,生产劳动 4 周。第二年设置政治、语文、小学语文教材教法、数学、小学算术教材教法、物理、心理学等,每周上课时数为 30 学时,教育实习 6 周,生产劳动 2 周。② 从 1978 年起,中等师范教育停止学工、学农、学军课程,而增加物理、化学、生物等课程。1980 年,三明师范学校贯彻全国师范教育会议精神,明确中等师范性质任务,在教学上主抓 3 个中心环节:一是加强师范生的专业思想教育,树立"办师范,读师范,当人民教师"的观念;二是在加强语文、数学等基本学科教学的同时,切实加强教育学、心理学、小学教材教法等专业课和体育、音乐、美术等技能课的教学;三是办好师范学校的实习基地,做好教学实习,并认真为小学服务,真正做到"面向小学"③。1982 年,学校基本恢复"文革"前的教学计划。1986 年 1 月,三明师范学校贯彻国家教育委员会颁布的《调整三年制师范学校教学时数表》,加强教育理论课程和教育实习,并规定可以适当安排选修课。

实施积分奖学金制。1982 年起,三明师范学校从学生助学金中每生抽出 2.5 元作为学期和学年的奖学金,用以表彰各级各类先进,这对于改变当时"精神鼓励"的奖励方式确实起到了一定作用,也激发了一部分学生的上进心。但在实际工作中,大部分同学还存在"不求有功,但求无过"的消极懒散思想。1986 年,学校全面开始实施积分奖学金制。学生的个人表现、班主任的工作态度、班级的实绩都与班级积分挂钩,积分的高低又同经济利益挂钩。这大大调动了学生群体的工作热情,年段之间、班级之间、班主任之间、学生之间的竞争意识大大加强。由于

① 政协福建省三明市委员会文史资料委员会,福建省三明师范学校.闽师之源[M].北京:中国文史出版社,1993:363.
② 檀仁梅,庄明水.福建师范教育史[M].福州:福建教育出版社,1990:291.
③ 檀仁梅,庄明水.福建师范教育史[M].福州:福建教育出版社,1990:275.

三明师范学校在全省首创的积分奖学金制获得了成功,福建省有 20 多所中等师范学校的同行到三明师范学校采访学习。

强调思想政治教育。三明师范学校根据《中等师范学校德育大纲》《中等师范学校学生行为规范》,结合学校特点制定较系统的德育工作内容,包括政治思想教育系列、专业思想教育系列、道德品质和行为规范教育系列、个性心理品质教育系列,通过课堂阵地、课外宣传阵地、课外阅读阵地、学生宿舍阵地等对学生进行系统、细致的教育。1983 年,三明师范学校首届教代会通过了关于清除精神污染、建设精神文明的决议。1985 年,学校更加明确培养目标,端正办校思想,牢固树立"教育必须为社会建设服务,社会主义建设必须依靠教育"的观念,明确师范学校是培养小学师资的摇篮,应坚定不移地面向农村、山区小学输送更多人才,在师生中加强理想纪律教育,提高从事山区小学教育的光荣感和责任感。

加强教育实习管理。教育实习是师范学校整个教学过程重要的组成部分,是理论联系实际,进一步提高毕业生政治、业务水平的有力措施,是师范专业特性的集中表现。在 1977 年至 1978 年间,福建不少学校由于校舍拥挤、师资不足,甚至连附小也没有,为了接受超额的招生任务,不得不把毕业班学生打发出去,名为"教育实习",其实是无计划无指导,为完成招生任务而采取的权宜之计,对教学质量有一定影响。为了从制度上确保各校教育实习的正常开展,福建省教育厅于 1979 年 7 月颁布了《福建中等师范学校教育实习办法(试行草案)》,对全省中师教育实习的目的、步骤、成绩评定、组织领导、实习指导人员的职责、实习生应注意的事项等都做了详细的规定。[①] 1979 年 8 月 7 日,三明师范学校将《关于七九届普师学生教育实习的安排意见》上报给地区教育局,决定 1979 届普师学生于下学期开学时进行教育实习,确定本校、三明师范附小、宁化师范和附小、三明市红星小学及全区各县(市)完小等作为实习地点。实习生组成实习小组,不得少于 3 人,要配备实习小组长。为了加强对实习生的生活和后勤等事务管理,学校指定一名普师学生常驻县局或进修学校协助工作,专管实习生的有关生活、后勤、联络汇报工作等事宜。通过见习、集中学习、总结和鉴定的实习过程,实习生鉴定成绩及其他有关材料报送学校,以便上级做好毕业生的统一分配工作。1982 年中师改制,三明师范学校按新的 4 年制教学计划规定,加强教育实习的安排,二年级为 2 周,三年级为 2 周,四年级为 6 周,共计 10 周。

开展第二课堂教学活动。福建省中等师范学校在教改过程中十分重视"第二课堂"的开辟,认为"第二课堂"是第一课堂的必要补充,是丰富学生知识、培养学生能力的重要渠道。福建省教育厅于 1984 年 3 月在三明召开全省中等师范教育工作会议之后,"第二课堂"活动进入新的阶段。三明师范学校也积极开辟"第二课堂",开展丰富多彩的文体活动,组织兴趣小组,举办各种学术讲座,扩大学生知识面,培养学生爱科学、用科学、讲科学的习惯。组织成立"春泥"文学社等学生社团。1985 年起,开展一年一度的毕业班文艺会演;1986 年改为"班班一台戏",后来这一传统得以延续,并演变成以毕业会演为主要内容的校园文化艺术节活动。1988 年 3 月,为发挥三明师范学校的专业优势,体现"岗位学雷锋"精神,在校团委牵头下,学校从二、三年级学生中选出 108 人担任家庭义务"小教师"。这些家庭小教师利用周末和节假日上门为小学生提供辅导服务。三明师范学校开展丰富的学习锻炼活动,为师范生将来真正从事

教育教学打下良好基础。

开展普通话推广活动。1982 年 10 月,林耀坤校长在全校教职工大会上宣布成立"推普"领导小组,三明师范学校开始有计划地开展推普工作,开办普通话朗读培训班,添置"推普"设备,建立学生语音档案,开展一年一度的"推普活动周"。1983 年 6 月初,学校决定创建一间语言实验室。在筹集资金的同时,学校依靠理化组的力量完成设计论证、采购原料、安装设备、调试性能等系列工作,历时不到 3 个月,就建成了有 48 个座位的语言实验室,用费省了 3.4 万元。由于三明师范学校在全省各师范中率先拥有较现代化的语言实验室,1983 年 8 月,学校受省教育厅委托举办全省中师语音和小语教讲习班。1985 年暑期,福建省教育厅决定在三明师范学校再次举办福建省实验小学语文教师普通话讲习班,全省各地近 70 名学员参加。三明师范学校的推普工作逐渐形成一定的声势和影响。1985 年 6 月,教育部"中等师范推普检查组"前来学校检查;同年 12 月,福建电视台播放该台摄制的反映三明师范学校推普工作的专题报道——《课堂内外改乡音》。1983 年,1982 级学生获省中师首届普通话比赛一等奖。1986 年,陈祖昆被评为全国文字改革和推广普通话积极分子。1989 年,学校被福建省教委评为"福建省推广普通话先进学校"。

推行"小先生"制。从 1984 年开始,学校从上一期的语音培训班中抽调尖子生辅导下一期培训班的学员,而后发展到早读课和写字课遴选高年级尖子生到低年级学生中进行大面积的辅导,并成为一直坚持的制度。后来,该制度被推广到政治教育活动和各种比赛活动中,以高年级尖子生指导低年级学生。"小先生"制实施后,人人相师、能者为师在校园内蔚然成风。

重视毕业分配工作。根据相关文件要求,师范毕业生应根据需要和学以致用的原则,全部分配担任小学公办教师及部分初中教师,一般应按原招生培养计划返回原选送县(市);同时,三明地区每年也从毕业生总数中留下一定名额充实师范、师范附校增生增班所需教师和支持厂办学校的发展。[1] 1977 年,有毕业生 294 人;1978 年,有毕业生 348 人。根据省计委《关于印发 1979 年中等专业学校毕业生分配计划》的精神,1979 届毕业生为"文革"后入学的,总体质量较好,应分配到教学第一线,充实基层,在具体分配工作中,首先应保证省、地重点小学和各地实验小学、师范学校附属小学的实际需要,幼师毕业生应分配到教育部门办的幼儿园,同时选拔优秀毕业生分配担任重点小学、中心小学的少先队总辅导员。[2] 1979 年,三明地区师范学校普师毕业生有 422 人,其中择优分配三明师范学校及附校 23 名。[3]

1979—1988 年毕业生情况如下:1979 年 832 人,1980 年 1484 人,1981 年 1682 人,1982 年 844 人,1983 年 395 人,1984 年 158 人,1985 年 118 人,1986 年 411 人,1987 年 889 人,1988 年 229 人。[4] 1977—1988 年,三明师范学校向全市各小学共输送毕业生 8000 多名,95% 的毕业生都在山区小学任教。他们服从分配,扎根农村边区,到艰苦的地方去,积极在教育事业上作出贡献。

① 福建省三明地区革命委员会人事局教育局.关于一九七七年三明师范学校毕业生分配工作的通知(明人干〔77〕038 号、明革教〔77〕17 号)[Z].1977-07-03.
② 福建省教育局.关于一九七九年中等师范学校毕业生分配工作的通知(闽教政〔80〕012 号)[Z].1980-01-18.
③ 三明地区教育局.三明师范七九届大专班和普师毕业生分配方案(明教人〔80〕9 号)[Z].1980-01-21.
④ 政协福建省三明市委员会文史资料委员会,福建省三明师范学校.闽师之源[M].北京:中国文史出版社,1993:363.

教师队伍建设、机构组织及附属

1979 年 10 月,三明师范学校在册职工 68 人,属于 1978 年底前参加工作的职工有 67 人。到 1986 年,三明师范学校有教职工 142 人,其中专任教师 78 人。学校师资得到大幅充实。

进入新时期,随着教育、科学重要地位的确立,知识分子普遍得到重视,学校教师的地位无论在社会层面还是学校层面,都得到大幅提升。三明师范学校关心教工成长,注重提高教职工素质。1979 年学校工会重建,随即积极开展各项有益教职工身心健康的活动,如开展"师德教育,为人师表"活动、"一个忠诚,两个守则,三个文明,四个合格"系列活动、"振兴中华"读书活动等,并组织教职工参加省市举办的读书、演讲等比赛。1979 年 11 月,学校举办首次教育教学论文交流会。为了使教学更切合小学教育需求,1982 年 2 月,三明师范学校开始实行语、数、体、美、音教师定期到附小兼课、听课制度。1984 年 10 月,创办《三明师范》校刊,作为学校教师发表教研文章的园地。1987 年,学校为进一步加强教育教学管理,把教导处分为教务处和教研室,并原则上规定教务处侧重抓学生工作,教研室侧重抓教师教研工作。教研室以"从实求虚,以虚带实"为工作指导思想,首先聘任了 11 位语、数、体、音、美等科的骨干教师为教研员,开展教研工作。[①] 1987 年,教研室开展一系列教研活动,组织教师到省内师范学校参观学习,以提高教师的专业素质。1988 年 4 月,教研室开展"青年教师课堂教学比武"活动,规定 30 周岁以下教师都必须参加,比赛设计了详细的评分标准,要求青年教师从备课教案到课后作业处理,每个环节都必须规范化,要求依照师范教学规律和学生特点,选择使用教学方法,并鼓励大胆创新;后来教研室又陆续开展了"讲师课堂教学比武""高级讲师课堂教学研究课"等活动。

1980 年,三明师范学校有党员 81 人,正式党员 75 人,预备党员 6 人。在三明师范专科学校独立办学后,三明师范学校的党员情况发生了一些变动。1985 年,三明师范学校设立党总支委员会,下设办公室、教工、总务处、附小 4 个支部,有党员 44 人,占教职工总数的 25.8%,总支委员 3 人,支部委员 9 人。从 1984 年起,全省各师范院校先后开展了大规模的整党学习。根据市委部署和教育局党委的安排,三明师范学校列入第二期整党单位。三明师范学校党总支组织全体党员认真学习《中共中央关于经济体制改革的决定》《中共中央关于整党的决定》《中共中央关于教育体制改革的决定》及党章等,抓紧政治时势、党史,彻底否定"文革",进一步清除"左"的影响,认真落实知识分子政策,解除后顾之忧。1986 年,党总支带领全体党员开展"创先进支部,争做合格党员""五提倡,十不准""精神文明千分赛"活动,进行"一个忠诚,两个守则,三个文明,四个合格"教育和教学改革。

1981 年 2 月,三明师范学校恢复实行校长负责制,下设教导处、办公室、总务处,后来增加了函授部。办公室除承担人事管理、对外联系、治安保卫,还须负责学生生活管理及师生政治教育工作。1987 年 9 月,学校将原有的"两处一室一部"进行调整,设置了办公室、政教处、教务处、教研室、总务处、函授部。教务处、教研室由原教导处分出,教务处负责教学"硬件"管理,

---

① 政协福建省三明市委员会文史资料委员会,福建省三明师范学校.闽师之源[M].北京:中国文史出版社,1993:228.

教研室负责教学"软件"调控。原办公室和教导处分出部分职责由政教处承担,负责学生管理、思想政治教育及研究。后来又设立了财务室、保卫科、现代教育技术中心等,学校机构逐步健全,干部队伍充实壮大,保证了上级主管机关和学校的计划、决策能较及时地得到落实。

教代会制是学校民主管理的基本形式。1983 年 11 月 20 日,三明师范学校召开首届教代会,会上成立了 4 个提案落实小组,开辟了全体教职工共同参与学校建设管理的机制。以后,学校每 3 年开 1 次换届教代会,每学期开 1 次大会。教代会后来发展到代表评议学校干部、对学校干部进行测评等,逐渐走向制度化。学校的重大问题都要提交教代会讨论决定,这不仅培养了教职工的主人翁意识,更调动了其工作积极性。

1979 年 9 月,在教工宿舍区 3 号楼的 106 室办起了三明师范学校复办后的第一个校幼儿园。1980 年 2 月,"三明师范附属学校"中学部分独立办学,组建"三明师范大专班附属中学"。1980 年,学校因地制宜地盖了 1 座 3 层楼房,底层做仓库,二、三层做招待所,这是当时全省第一家师范内部招待所;除便利本校师生外,还为学校办培训班等提供住宿条件,成为学校的创收源泉之一。学校于 1981 年建成音乐楼,共有琴房 56 间,后因办学规模扩大,1989 年又申请扩建琴房 40 间。

1986 年 9 月,杨真才任三明师范学校党总支书记、校长。

杨真才,1953 年毕业于永安师范学校,同年被保送到福建师范学校物理系学习深造,先后在福州高级中学和三明第二中学执教近 30 年,在福建省中学物理教学界享有较高威望。他曾任三明市第二中学党总支副书记、副校长,主要社会兼职有三明市物理学会理事长、福建中师教育研究会副理事长等。他还先后获得福建省特级教师、三明市拔尖人才、福建省优秀共产党员、全国"五一劳动奖章"、曾宪梓教育基金会师范教育系统二等奖等荣誉。1991 年,中央电视台二套播放了介绍其先进事迹的专题片《爱的奉献》。

杨真才校长到任后,学校工作呈现出新的气象。

1986 年底,三明市政府为学校到市区的 1.3 公里"泥粉路"铺设了水泥,结束了行路难的历史。1987 年,全省中师开展标准化建设,三明师范学校在大路口修建了一个具有象征意义的"红烛花坛",此后,学校又修建"闽师之源"浮雕、"两代师表"雕塑等,对原有几处景点进行修整扩建,使之成为学生们求知求乐、陶冶情操的去处。

1988 年春,新教工宿舍动工;8 月,1 幢 6 层的讲师楼竣工。为了尽快改善住房条件,还先后完成了教工宿舍一、二号楼的扩建,增加了厨房、卫生间。后又于 1997 年新建 1 幢 9 层(含负二层)32 套框架结构"高讲楼",加上争取到市里的解困房 30 多套,大大改善了教师的住房条件。

三明师范学校在办学定位、德育工作、推普工作、校园建设等方面取得显著进步。1987 年 9 月,国家教委师范司副司长孟吉平到三明师范学校视察。1987 年 11 月,全国中师标准化建设现场会代表到三明师范学校考察,全国人大科教文卫委员会副主任刘冰一行到三明师范学校视察。1988 年 12 月,福建省教委师资处确定三明师范学校为农村师范办学模式试点校。

第四节　开创新局的三明师范学校

1989 年 9 月,为贯彻国家教委制定的《三年制中等师范学校教学方案(试行)》及省教委制定的《福建省三年制中等师范学校教学计划(试行)》,三明师范学校作为省教委确定的试点校,允许根据本校特点制订教学计划。因此,三明师范学校确定 1989 级为贯彻落实新教学方案试点年段,开始试行学校的"教学计划",1990 级起还实行定向编班。三明师范学校借助新时期改革开放的大好时机,不断改革发展,明确办学方向,加强教育教学管理,在教书育人和科学办学方面取得显著成效,在 20 世纪 90 年代成为全国百强中等师范学校。

农村师范的办学模式与新教学方案

1989 年,为了深入研究农村师范的整体改革思路,进行复式教学专题研究,三明师范学校指派教师分赴永安、尤溪、三元的 10 多个乡村,调查农村基础教育情况,从而探索出面向农村师范的办学模式——"115332"模式:一个目标——坚持社会主义办学方向,面向农村、面向小学、研究小学、为小学服务,培养合格的农村小学教师;一条轨迹——德育放首位,教学为中心,共建共育,塑造山乡师魂;五个定向——定向招生、定向培养、定向实习、定向分配、定向跟踪调查;三大基地——德育基地、实习基地、劳动技术教育基地;三职教育——职前、职初、职后;两支队伍——校内专职、校外兼职。学校提倡"严谨求实,改革创新,民主团结,献身教育",把"办成全国一流的师范学校"作为奋斗目标。1990 年 6 月,全省农村师范办学研讨会在三明师范学校召开,三明师范学校在会上作重点介绍。根据这一办学模式,学校先后在 1989 级、1990 级、1991 级展开了试点工作,其中 1989 级重点实施课程结构和教育实习的改革;1990 级、1991 级从入学起就试行定向编班,着眼在"定向培养"上下功夫。1991 年 6 月,国家教委表彰三明师范学校"为基础教育培养合格师资,方向明确,成绩显著",成为全国 100 所受表彰的师范学校之一。

三明师范学校为贯彻国家教委颁布的《三年制中等师范学校教学方案(试行)》,采取了一些具体措施:确保必修课的主体地位,提高教学质量;精心安排选修课,发展学生特长,培养多种能力;加强见习、实习工作,提高师范生教育、教学实践能力;开展多样化课外活动,发展学生智能;试行奖学金制度,调动学生学习积极性。为了加强学生"说""写"能力训练,学校除了按《教学方案(试行)》要求开足全部必修课程外,还增开了"说话""写字"课。早读和晚写字成为每天固定的安排。为了培养师范生热爱劳动的品质,使学生养成劳动的习惯和具备劳动能力,三明师范学校把劳动技术教育列入正式课程,针对农村小学教师的需要及学校实际,开设了"家畜养殖""果树栽培""风琴维修"等劳动技术教育必修课程。学校还组织学生参加自我服务劳动、建校劳动、生产劳动等,学生自己动手,挖山不止,建 400 米跑道田径场,3 个层次的劳动活动没有间断,形成了师范教育的优良传统,不仅让学生的劳动技能普遍提高,增强了适应农村生活的能力,而且增强了劳动观念,养成了劳动习惯。

学校采取一系列措施保证教学的主体地位。一方面,严格考核制度,强化基本功训练。除正常期末考试外,学校连续多年实行"月考"制度。学校选择了师范生必备的"三字一话"、黑板画、风琴弹唱、队列动作口令等内容作为强化训练的重点,按年级分层次逐项进行考核过关。毕业生回县实习时,由各县教育局考核验收,规定基本功未过关者不能毕业。其他学科基本功项目由学校不定期抽查考核。另一方面,严格教学常规管理,提高教师教育教学水平,学校定期检查教案、作业和听课情况,定期召开学生座谈会,及时反馈教学情况。

《三年制中等师范学校教学方案(试行)》对师范生的实习提出了更高的要求。三明师范学校教育实习已经按年级的不同要求序列化。全学程共安排了10周的教育见习实习时间。一年级上学期1日见习,一年级下学期至二年级下学期每学期1周见习,三年级上学期安排3周农村小学实习,三年级下学期回城镇小学实习4周。见习活动不仅见习课堂教学、课外活动和主题班队会,还要了解、辅导小学生;不仅要听课、评课、编写教案,还要"普遍预演、典型试教"。实习则分农村和城镇小学各一次,在农村小学实习期间,除实习教育教学活动外,还必须实习乡村的精神文明建设,实习独立生活自理,规定必须实习农村复式教学。无论是农村还是城镇小学实习,都要求学生积极组织开展各项活动,认真总结实习体会,写出"教学小论文"进行评比。

教育师范生树立科技意识,增强现代教育观念,培养学生科技启蒙教育的能力,是新时期合格农村小学教师培养的一项重要内容。1996年2月,学校教职工大会审议通过《三明师范"园丁科技教育行动"实施计划》,把科技教育列入学校发展的工作规划。学校确定每年5月为"科技月",开展"十二个一"活动。课程设置方面,增加了三年级的电脑课、二年级的电教课。课外活动开展小制作活动,增加了环境化学、无土栽培、航模、摄影等兴趣小组。寒暑假期间组织学生调查农村科技发展状况,举办科技夏令营活动,组织撰写科技小论文等。

三明师范学校的教学质量得到社会认可,师生在参加省市竞赛中获各种奖项,如:宋哩担任教练的福建省中等师范学校健美操队参加全国首届中师健美操比赛,荣获团体第一名、个人单项第一名、集体六人第一名;张淑敏任班主任的1994级5班获全国先进班集体称号;福建省中师第2届男排、女篮比赛中,学校体师男排荣获冠军,体师女篮获第二名;校武术队参加首届福建省中师武术比赛,获团体总分第一名和5个单项第一名。

招生与毕业情况

1990年,三明师范学校有23个教学班,学生1000多人。到1992年6月,全校有3年制普师专业15个班,学生684人;2年制普师专业5个班,学生189人;3年制体师专业3个班,学生128人;另有函授生2173人。1993年2月,有在校生1109人,函授学生1050人,设置有体师、民师、普师3个专业,共有27个教学班。1993年9月,三明师范学校面向泉州招收40名学生;恢复设置3年制幼师专业,面向三明招生;增设中函班(中师函授起点的民师班),面向三明招生。1995年11月,三明师范学校有在校生1649人,30个教学班。1997年9月,三明师范学校增设3年制英语和美术专业,面向三明招生;招收3年制普师西藏生10名。1998年9月,三明师范学校改设4年制英师、美师和小学教育技术等专业,面向三明招生,全面恢复招收4年制各专业学生;招收普师4年制西藏生10名。1999年1月,学校有在校生1200多人。

通过面试把好生源质量一直是中等师范学校招生的良好传统。1998年6月30日,三明市教育委员会发布了《关于做好1999年中等师范学校招生面试工作的通知》,规定:普师面试以本县(市、区)招生名额,按照1∶1.4的比例上送面试名单,男、女生的面试比例均不能低于各县(市、区)招生总数的30%;幼师、特师、英语、小学教育技术专业各按照本县(市、区)招生名额1∶2的比例上送面试名单。凡报考三明师范英语班的考生,其中英语成绩不低于120

分;报考小学教育技术专业的考生,英语、物理单科成绩都要在及格分数线以上,方可参加面试。招生面试工作由学校会同市中招办统一组织。

从优秀的初中毕业生中招收师范生,并经过口语、音乐、美术、体育等多项面试把关,形成生源优势,为培养小学以及幼儿园师资创造了良好的条件。

1989—1992 年学校毕业生数如下:1989 年 879 人,1990 年 330 人,1991 年 945 人,1992 年 339 人。[①] 1990 年 6 月,三元、梅列、沙县、尤溪、大田教育局领导到三明师范学校考核验收毕业生基本功。三明师范学校的毕业生就业一般定向分配,或从哪里来回哪里去。为了做好中等师范学校毕业生就业工作,从 1994 年起,凡三明师范学校、宁化师范学校的毕业生,因家庭特殊困难需要跨县(市、区)就业的,由学生提出申请,学校按规定认真审核,经有关县(市、区)教育主管部门签署意见后,于每年 5 月底前附有关证明材料报市教委政治处审批。[②]

随着毕业生的增加,三明产生了就业分配的难题。1999 年,三明共有回到本市的师范类毕业生 1671 人,实际接收毕业生 1240 人,还有 26% 的毕业生未正式分配。2000 年,三明师范类毕业生总数为 1223 人,其中中师毕业生 840 人,加上 1999 年未分配的 431 人,2000 年要分配的毕业生总数是 1271 人,分配形势十分严峻。为切实解决好三明市中师毕业生就业分配难的实际情况,化解社会矛盾,三明市教育委员会申请三明师范学校、宁化师范学校 1997、1998 届的毕业生再延长 2 年学习时间,改为 5 年专,既解决地方小学编制超编问题,又可暂缓中师毕业生分配难的矛盾,并提高三明市小学教师队伍的学历层次。[③]

师资队伍建设

随着学校的发展,三明师范学校的师资不断得到补充,教师队伍不断扩大,教师整体素质不断提升。具体如下:1990 年有教师 158 人,1992 年有 167 人,1993 年有 170 人,1997 年有 185 人(其中专任教师 118 人中有高级讲师 20 人、讲师 48 人、特级教师 2 人),1999 年有 200 多人(含离退休人员),师资力量较为雄厚。

为进一步提升师资水平,三明师范学校采取措施加强教师的教学教研能力建设。课堂教学是学校最主要的教学形式,学校把教研主要力量放在课堂教学的改革试验上。从 1988 年起,三明师范学校连续 3 年实行纵向排课(即同时任 2 个以上年级的课),而后转为横向排课,促使教师尽早熟悉教材、钻研教材。学校组织开展"农村师范整体改革"研究,从 1989 年冬起,着手重新进行复式教学研究。1989 年和 1990 年校工会与教研室联合举办教学研究课活动,开展教师教学论文评比活动。1993 年 12 月 13 日,以校庆为契机,三明师范学校与福建中师教育研究会、《师范教育》编辑部联合举办首届"海峡两岸师范教育研讨会"。1995 年,学校制定相关制度,加大奖惩力度,对发表、交流的论文按级别给予相应奖励。1998 年 6 月,学校成

① 政协福建省三明市委员会文史资料委员会,福建省三明师范学校.闽师之源[M].北京:中国文史出版社,1993:363.
② 三明市教育委员会.关于中等师范学校毕业生跨区就业的通知(明教人〔1994〕36 号)[Z].1994-02-21.
③ 三明市教育委员会.关于申请延长三明师范、宁化师范 97、98 届毕业生学习时间的请示(明教人〔1999〕276 号)[Z].1999-12-08.

立陶行知教育研究会,鼓励教师将教学与研究结合。由于重视教研活动,鼓励教师进行教学研究,学校在教学改革和教学研究方面,取得了积极成果,进一步推动了教学质量的提升。教师获奖论文主要有:汪震国《童话教学的情境探索》获全国中等师范学校儿童文学研究会举办的首届儿童文学教学论文评选一等奖;罗强《关于师范生数学教学能力形成机制的初步研究》获全国 11 省市中师数学教学研究论文一等奖;宋孝金《贯彻教学方案,树立农村师范大语文观》获第 2 届全国中师青年教师教学论文评比一等奖,张美英论文获二等奖;张清水《关于"自学辅导教学法"的实验研究》获首届全国中师青年教师论文二等奖;邱锦明获全国高师教学教育研究会中师工委会第 4 届论文评选一等奖;吴永忠、林金花《改革师范教育的若干设想和建议》获福建省中师教育研究会首届论文评比一等奖;黄新周《知识经济与小学语文教育》获省第 6 届基础教育论文评比一等奖。

教师特别是青年教师队伍的建设是学校发展教育事业的关键。三明师范学校有一支有活力、有朝气的青年教师队伍,教职工的平均年龄为 33 岁左右。学校高度重视教师成长,组织骨干教师到省外参观学习,选送部分教师脱产进修,鼓励教师参加函授、自学。1989 年,学校组织 12 位年轻的班主任到上海、南京等地交流学习,学习南京晓庄师范奉行的陶行知"教学做合一"的教育方法以及南通师范、丹阳师范的宿舍文化建设。三明师范学校的年轻教师受到不同形式的业务培训,1991 年暑假邀请省语文中心组到校举办写作培训班;派遣语文教师往北京、浙江等地师范院校进修语音和儿童文学;派遣音乐组教师到上海进修手风琴;派遣美术组教师多次到省外参观学习画展;[①]选送骨干教师代表福建中师参加在上海举办的全国中师青年教师培训班。学校鼓励教师深入小学、幼儿园一线,熟悉小学、研究小学、为小学服务,参加小学听评课、为实习生上"下水课"、指导学生教育实习,成了师范教师的必修课和基本功。

学校先后制定并由教代会审议通过了《三明师范教职工行为规范》等几十个规章制度,这些规章制度从制度上保证教职工思想素质和行为规范的训练和提高,有力地促使良好的校风、教风和学风的形成,对学校发展起了积极推进作用。教师敬业乐教,大力发挥主人翁精神,在教育教学中作出显著成绩,为学校赢得了荣誉。20 世纪八九十年代,许多教师获得国家和省级荣誉,主要有:杨真才获"五一劳动奖章";陈修庆被中华侨联授予"全国优秀归侨、侨眷教师"称号;张清水、宋哩获全国优秀教师称号;王钦焕、吕培地获三明市劳动模范称号;王生樵、童春如被评为福建省优秀教师;曾春林获福建省教书育人先进个人称号;宋孝金被省教委授予福建省师范教育工作优秀教师称号;谢松明获团省委新长征突击手称号,被福建省教委授予中小学先进德育工作者;曾道荣被福建省教委授予中小学优秀班主任。1997—1999 年,邱锦明获福建省中师青年数学教师教学教研评比一等奖、全国中师数学青年教师评优活动二等奖,曾道荣获福建省中师语文优秀教案评选一等奖。

思政教育与精神文明建设

三明师范学校一贯坚持"育师德为首,树人品先行"理念,把德育放首位,着力提高学生的

---

① 政协福建省三明市委员会文史资料委员会,福建省三明师范学校.闽师之源[M].北京:中国文史出版社,1993:235.

思想品质、道德素质,养成文明行为习惯。1989 年 11 月,三明师范学校校长杨真才代表福建省中等师范学校出席在南京召开的全国中师政治思想工作座谈会。1991 年 5 月,为了贯彻国家教委颁布的《中等师范学校德育大纲(试行)》和《中等师范学生行为规范(试行)》,三明师范学校结合实际情况,依照不同年段的学生特点,确定德育重点,要求做到"7 个到位":德育组织系统建设到位、教师德育素质训练到位、德育任务明确到人到位、德育目标内容落实到位、德育管理措施到位、德育评估量化到位、德育设施配套到位。学校坚持把坚定正确的政治方向放在首位,不断加强和改进德育工作,特别强调德育要融入教学的全过程。①

从具体的教学安排来看,在纵向上,一年级进行"明日教师,今日做起"的敬业教育,重点突出日常行为规范教育和传统教育。新生入学的第一堂课就是参观校史展览室,接受母校的光荣传统教育,而后开始一周军训。二年级进行"全面发展、多能一专"的专业教育,重点突出人生观、世界观及个性心理品质的教育,定期组织学生调查了解小学,参观工厂,举行征文、演讲比赛等一系列活动。三年级进行"立足山区、献身教育"的乐业教育,重点突出热爱农村教育和师德教育,通过调查家乡农村的社会教育发展情况、请农村一线优秀校友回校现身说法等途径进行。在横向上,学校以"爱党、爱国、爱教"为主线,将其贯穿于整个教育过程:一是对学生进行热爱共产党、热爱社会主义的教育;二是对学生进行热爱祖国、热爱农村、热爱家乡的教育;三是对学生进行职业教育和热爱农村小学的教育。

为了确保将德育放在首位,学校建立了在党总支领导下的"政教处—年段—班级"三级管理体系。学校长期坚持以群体竞争和个体竞争为特征的"积分奖学金"制度,把思想表现、纪律、劳动、卫生、宣传和文化学习等列为积分项目,量化评估德育效果。学校还大力倡导全体教职工"人人都成为德育工作者",相应建立了德育工作岗位责任制,规定党政干部、科任教师直接参与学生的政治思想教育,指导班级的各项活动。从校长到职工,每人与一间学生宿舍挂钩,同学生共建文明宿舍。学校要求领导干部值周、教师值日,负责当周(日)学校学习、生活和纪律的检查指导,处理偶发事件,还倡导各学科教师研究在教学中融入德育。

三明师范学校德育工作,在教育界得到高度评价。1991 年 9 月 28 日,中央人民广播电台专题报道三明师范学校德育工作经验;10 月,杨真才校长应邀在全国中师校长培训班介绍德育工作经验。1992 年 5 月 22 日,全国中小学德育工作会议 30 个省(自治区、直辖市)的 300 多名代表到三明师范学校参观考察。

1993 年 8 月,姜维光任党总支书记,1996 年 2 月,杨真才校长退休后,姜维光主持学校全面工作。在德育工作中,他首先要求校级领导下年段,中层领导下班级,普通老师到宿舍。工作目标是要创"三个一流":质量一流、队伍一流和校园一流。这一时期学校领导班子成员还有,校长陈修庆、党总支副书记陈言霭、副校长卢昌荆、副校长王招凤。

三明师范学校以教学为中心,狠抓教学过程管理,以创建省级文明学校为目标,促进学校各项工作的开展。1995 年,学校组织学习"孔繁森同志先进事迹",结合开展爱国主义教育、制订爱国主义教育实施方案,增强学生的爱国之情、成才之志、报国之效,让学生树立热爱农村、献身教育、振兴农村的理想信念。学校还开展弘扬民族文化的爱国主义、集体主义、社会主义主旋律教育,掀起德育热潮。1995 年,三明师范学校被推选为三明市十佳文明学校,并通过了省教委创建文明学校领导小组的验收。

开办大专班与合并组建三明高等专科学校

1977 年 12 月,经省教育厅批准,"三明地区师范大专班"正式开办。大专班的师资来源主要有 4 个渠道,即三明师范学校中选拔的骨干教师、各县中学借调的 20 多名骨干教师、社会聘任的兼职教师,以及新分配来的大专院校毕业生。

因为三明地区师范大专班筹办得太仓促,500 名大专班学生入校的上课、睡觉、吃饭等都没法安置,学校只好采取临时应急措施:1978 年,学校本部除保留普师 4 个班外,其余学生分配到各县开设师范分班,同时让在校学生提前回各县实习。经过上述处理,大专班的办公、教学和师生员工的住宿问题得到暂时解决。从 1977 年至 1980 年,三明师范学校共招收 4 届大专班学生,培养了 2000 多名中学师资,为发展三明地区中学教育作出了应有的贡献。

随着教育的发展,师范办大专班已不能适应时代的需要。1980 年 8 月 6 日,三明地区教育局提交《关于三明师范大专班与三明师范及附属单位建制问题的请示报告》,经上级教育行政部门批准,从 1981 年 1 月起,大专班逐步从三明师范学校分离出来,开始独立办学。教职工实行"分家",当时教职工的总数为 281 人,分到大专班的有 188 人,其中教学人员 115 人,行政人员 45 人,工人 28 人;留在师范学校的有 93 人,其中教学人员 49 人,行政人员 24 人,工人 20 人。[①] 1983 年底,经福建省政府批准正式成立"三明师范专科学校"。

此时,三明师范学校与三明师范专科学校仍在狮子坑同一个山坳办学。自 1981 年福建农学院决定从三明荆东迁到福州后,福建省政府和省教育厅就计划把荆东校址移交给三明师范大专班和后来于 1983 年创办的三明职业大学。1983 年、1984 年省政府和省教育厅先后 3 次下达文件,明确决定搬迁;1983 年,省政府把三明师范专科学校的校舍划归三明师范学校,计划将三明师范学校办成包括幼师、体育在内的门类齐全、设备完善的师范教育中心。但是,三明师范专科学校对搬迁意见不一,迟迟未搬,而省里从 1981 年起就停止了对三明师范学校的基建投资,三明师范学校的师生宿舍、教室和实验室严重不足。经过多方协调,1986 年 8 月,三明师范专科学校开始搬迁到原福建农学院三明荆东校址。

1990 年 7 月 25 日,三明师范专科学校原校址的教学楼、办公楼、食堂、学生宿舍楼、游泳池、球场等部分校舍和设施都移交给三明师范学校,三明师范学校校园面积扩大了近三分之一。到 1997 年,三明师范学校占地 300 余亩,总建筑面积 3 万多平方米。1998 年 6 月 18 日,三明师范高等专科学校与三明师范学校签订协议,将 10546.67 平方米征地面积移交三明师范学校。三明师范学校曾于 1973 年、1979 年、1980 年先后 3 次征用麒麟新村土地 43346.69 平方米。经实地调查测量划分为四宗地,合计 115370.2 平方米,超用面积 74023.5 平方米未办用地手续。鉴于历史形成的使用现状和有关规定,1998 年 11 月 17 日,市政府确认三明师范

---

① 关于三明师范学校、三明地区师范大专班教职员工分家的报告[R].1980-12-15.

学校在麒麟新村四宗土地的使用权,同意按公共建筑用地性质,确认 115370.2 平方米的土地使用权归三明师范学校。[①]

进入世纪之交,随着师范教育形势的发展,教育规模的扩大,高等教育的大众化,在三明创建更高层次、更大规模、更高水准学校的时机已经到来。具有百年办学历史的三明师范学校,再一次站在了时代的前列,为新世纪三明教育的腾飞发展作出新抉择、新贡献。

1999 年 9 月,三明师范学校、三明师范高等专科学校、三明职业大学、三明市教师进修学院(部分)实行实质性合并,按新体制运作,组建新的三明高等专科学校。从此,百年闽师续写崭新篇章,迈入高等教育发展的新阶段。

[①] 《三明市人民政府关于确认三明师范学校在梅列列东麒麟新村 4 宗地土地使用权的批复》明土权〔1998〕字第 34 号,1998 年 11 月 17 日。

第五章　百年闽师成就概述

1999 年,三明师范学校进入一个新的时期——由中等教育提升到高等教育时期。2003 年,最后一届中等师范生从合并后的三明高等专科学校毕业,至此,三明师范学校中等师范教育办学历史整整延续了 100 年。

一百年的砥砺前行,一百年的茁壮成长,一百年的艰辛耕耘,一百年的春华秋实。百年闽师创造了历史,也见证了历史。百余年来,学校举办了多次校庆活动,并推动各地校友会成立和发展。百年闽师,有无数教师默默耕耘,薪火相传,为师范教育事业无私奉献;百年闽师,更有无数刻苦学习的师范学子,以闽师为起点,走向教师岗位,传道授业,为人师表;百年闽师,有不少知名校友成为社会的杰出人才,成为学校办学宣传的励志榜样。

百年闽师,薪火沛然,成绩斐然,熔铸成具有鲜明时代特征和地域特色的"闽师精神"。

第一节　闽师校庆活动、校友会及知名校友

闽师在百年办学中举办了多次校庆活动,如在 20 世纪二三十年代福州办学时,学校每学期召开一次体育运动会,会期 3 天,项目有田径、球类、拔河等。在逢五、逢十的重要时间节点,校庆活动的规模更大,形式多样,内容丰富。1936 年 12 月 12 日,福建省立师范学校举行校庆活动,姜琦校长做了"校庆之意义及其重要性"的演讲。校友会是加强校友联系的重要平台,来自各地的师生自发组建校友会,共叙情谊,凝聚闽师力量,为助力学校和社会发展起了重要作用。众多知名校友成为文化科教等领域的精英,在学校的办学中被口口相传,为学校的发展作出了突出的贡献。

60 周年校庆活动

据裴耀松《母校六十周年校庆记事》[①],1963 年,为了举行 60 周年校庆活动,永安师范学校认真开展校庆筹备工作:一是搜集资料,编辑校庆专刊;二是校庆展览馆资料、实物汇集;三是赶制象征人民教师工作光荣和伟大的塑像;四是师生动手除草挖沟,美化环境;五是准备文娱节目的老师、学生弦歌一堂,利用课余时间积极排练。

---

① 政协福建省三明市委员会文史资料委员会,福建省三明师范学校.闽师之源[M].北京:中国文史出版社,1993:256-260.

庆祝永安师范学校创校 60 周年大会于 1963 年 10 月 3 日如期举行。省教育厅初教处副处长张岳、三明专署副专员吴永培、三明地委宣传部副部长许焕民、三明专署文教局副局长徐崇暇及永安县委领导,还有来自龙岩、三明两个专区的部分校友代表 14 人到会热烈祝贺。庆祝会上,崔立勋校长向来宾校友表示热烈欢迎,宣讲永安师范学校历史;张岳副处长宣读了祝词,代表省教育厅向永安师范 60 年校庆表示祝贺;校友代表、永师工会代表、学生代表相继发表讲话。庆祝会上,还宣读了龙岩专署文教局、清流文教局及校友的贺电贺信。

学校布置了校庆展览室,分为校史展览室、礼品陈列室、优秀作业教具等展览室、图画展览室、教学仪器展览室。

为了对师生进行一次深刻的专业思想教育,从龙岩、三明两个专区回校的 14 位校友代表,分班进行了一次校友师生座谈会,校友代表介绍了教育工作的心得体会。他们在实际锻炼中,在教学工作和教学领导工作中探索到的一些宝贵经验给予师生良好的专业思想教育。

校庆期间,学校工会组织新老教师座谈会,举办丰富多彩的文娱晚会、体育活动等;语文组组织了国庆校庆征文比赛,语文组的组刊《红花》特出了一期专刊,以大量篇幅刊登了校庆纪念文章;全校各班都出了校庆专刊。1963 年 12 月,永安师范学校编印《庆祝创校六十周年纪念专刊》。

85 周年校庆活动

1988 年 12 月 12 日上午,三明师范学校隆重举办全闽师范学堂成立 85 周年校庆,成立"全闽师范—福建师范—永安师范—三明师范校友会"。校长、校友会筹委会主任杨真才做了题为"团结拼搏,为母校添光加彩"的演讲。当日下午,三明师范建校 85 周年庆祝大会在装饰一新的灯光球场隆重举行。庆祝大会由副校长陈修庆主持。前来参加庆祝大会的有市政协主席郑成辽、副市长周申、省教委师资处处长梁孝忠、市教育局局长韦忠錘、市委宣传部副部长邹运恒以及市各大中专学校的领导、来宾,以及来自全国各地的校友代表和在校师生近 2000 人。

周申副市长在大会上发表了热情洋溢的讲话。省教委师资处处长梁孝忠代表省教委向大会致贺词,三明师专党委书记马长光代表曾在母校工作过的历任校长发表讲话,来自各地的校友会代表也先后上台发言。在讲话中,大家充分肯定了 85 年来三明师范学校所取得的显著成绩,一致认为作为福建最早的一所师范学校,三明师范学校的发展史就是一部形象的福建师范教育发展史和创业史。大家纷纷表示,一定要同心协力把三明师范学校建设得更好,为母校增添更多的光彩。大会还宣读了省教委、市教育局、各县(市、区)教育局以及各地校友发来的贺电贺信。市档案局领导在会上还宣读了颁奖决定,对 1954 届校友、永安市原人事局局长张金声同志在"文革"期间,冒着风险完整保存保护了永安师范学校的档案资料一事予以奖励。[①]

在校庆活动中,来自省内外的校友云集母校,回忆母校发祥自乌山之麓、大湖之乡,发展于燕江之畔、三明新城的历程,抒发对母校的深厚感情。许多老校友还特别谈起抗战时期母校实

---

① 政协福建省三明市委员会文史资料委员会,福建省三明师范学校.闽师之源[M].北京:中国文史出版社,1993:267-270.

施的"三杆教育",感人至深。王秀南老校长还从新加坡寄来了《教学著述六十年》一书,其中所记所论实为宝贵。这些为三明师范学校办学的理性思考提供了历史启迪和有益借鉴。当晚,省、市领导和来自全国各地的校友代表同全体师生一起,观看了丰富多彩的校庆文艺演出。

为迎接校庆,学校在校礼堂左侧的平房内布置了校史展览室。学校还编印了《校友录(初稿)》,收录各地校友共1万多人。

90 周年校庆活动

1993年12月12日,三明师范学校举行盛大的建校90周年庆典活动,参加庆典活动的校友、来宾达2000余人。新加坡和我国台湾地区的13位校友还组团回母校祝寿。远在新加坡的老校长王秀南正值90高龄,他坐着轮椅也来参加校庆活动。[①] 学校共收到校友65万元捐款及钢琴、仪器、书画、图书等捐赠物品。12月13日,福建中等师范教育研究会、《师范教育》编辑部与三明师范学校联合举办首届"海峡两岸师范教育研讨会",教育部师范教育司包同曾处长、省教育厅领导及两岸专家学者与会。

为迎接校庆,三明师范学校历时10个月改建了校史展览室,增加和更换展品700余件。新建立的校史展览室位于图书楼3层,共5间展室,设有校史室2间,成果室、美展室、留言室各1间,展室史料珍贵、内容丰富。1992年5月,国家教委副主任何东昌、柳斌及全国中小学德育工作会议代表300人观看了展览。1993年12月,市政协文史资料委员会编辑出版《三明文史资料》第十辑《闽师之源》,书名"闽师之源"由时任全国人大常委会副委员长的叶飞将军题写。

100 周年校庆活动

2003年12月26日,三明学院(筹)隆重纪念三明师范建校100周年。来自海内外的700余名嘉宾校友、兄弟院校代表、社会各界人士齐聚校园,与全校师生员工一起共庆三明师范学校百年华诞。福建省教育厅、福建师大、漳州师院、泉州师院、香港福建三明联会等发来贺信贺电。通过庆祝大会、校友捐赠仪式、"情满荆东"文艺演出、"师范教育与高等教育创新"座谈会等,校庆活动达到了"更好地重温历史,继承传统,团结校友,凝聚人心,再展跨越式发展宏图,开创新世纪教师教育和高等职业教育层次提升、体制创新的崭新局面"的预期效果。[②]

其他小规模校庆活动

除了重大校庆活动外,学校还开展不同形式的小规模校庆活动。

---

① 陈祖昆.征编《闽师之源》琐忆[J].政协天地,2005(Z1):74.
② 三明学院(筹)纪念三明师范建校100周年公告[N].三明高专报,2003-05-30(4).

1989 年 12 月 12 日晚,学校在礼堂举行庆祝 86 周年校庆文艺联欢晚会。其中有一个特别节目,校长杨真才代表母校为 72 岁高龄的苏崇谢校友颁发 47 年前的毕业证书。苏崇谢是从漳州回母校参加校庆活动的代表,1942 年 7 月毕业于省立永安师范学校体育师范科。由于当时师范毕业生必须服务 3 年并取得服务证后才能领取毕业证书;后来又因时局变化,各奔东西,校址迁徙,失去联系,所以毕业证书一直在母校珍藏着。苏崇谢领到证书后,激动不已,当即重显青年风姿,在台上表演武术,博得全场观众热烈的掌声。

1998 年 12 月 12 日,三明师范学校举行 95 周年校庆活动,并出版《闽师之光》和《闽师之源》(画册)。

三明师范学校办学历史悠久,校友遍布海内外,举办校庆活动对弘扬学校优良办学传统,推动师范教育的改革与发展,加强对学生进行献身教育事业的教育,以及促进海峡两岸教育、经济的交流和祖国的早日统一,都有着积极而深远的意义。

台湾永师校友会

永安师范学校在台湾工作的校友很多,分布在全省各个城市。在台北市的老师有王敦善、王效三、陈朋、吴启予、郑庆菁、马秀发、林念慈、詹树千夫妇、卢秋涛等,学生则有陈泽沧、陈忠夏、郑振模、陈成俊、伍王成、蔡祖鳌等。为了增进在台永师校友的感情,加强团结,在陈泽沧等的倡议下,经筹备酝酿,台湾永师校友会于 1948 年 5 月正式成立。

成立大会的地点在台北市的一间菜馆楼上,约三四十人参加,其中老师有王敦善、陈朋、吴启予、郑庆菁、马秀发、林念慈、詹树千等。会上先由陈泽沧致辞,说明成立校友会的意义及筹备经过,宣布了校友会的组织章程。王敦善、陈朋都做了简短的发言,勉励校友加强团结,努力工作,为母校争光。会上一致推选陈泽沧为台湾永师校友会会长,下设三个小组。

台湾永师校友会开创了成立母校校友会的先河,[①]此后每年开一次会,到 1989 年,已联系到在台校友 200 多人。到 20 世纪 90 年代初,台湾仍有 300 多位校友。[②] 台湾校友与母校一直保持着联系。三明学院档案室现收藏有 2003 年之前 300 多位台湾校友的通信信息。1993 年 12 月 12 日,学校举行建校 90 周年庆典活动,10 多位台湾校友组团回母校祝寿并参加首届"海峡两岸师范教育研讨会"。

闽师校友会泉州分会

1988 年 11 月 13 日,闽师校友会泉州分会在泉州市实验小学举行成立大会,到会人数 71

① 政协福建省三明市委员会文史资料委员会,福建省三明师范学校.闽师之源[M].北京:中国文史出版社,1993:253-255.
② 陈祖昆.征编《闽师之源》琐忆[J].政协天地,2005(Z1):74.

人。大会由苏伯遒主持,陈永州宣读母校的《告校友书》,苏炳坤代表筹备组向大会汇报筹备组织校友会经过。在热烈的掌声中,刘任廷老师代表母校发言。刘任廷是闽师校友会筹备组副组长,首先传达杨真才校长向泉州校友会举行成立大会的祝贺,向出席大会的校友和其他泉州校友致以问候;其次说明永安师范转办三明师范的经过和三明师范的办学现状;最后介绍各地校友筹组校友会情况,预祝泉州分会成立大会圆满成功。大会将近尾声,泉州分会理事长谢景明代表理事会讲话。[①] 后来,闽师校友会泉州分会还成立了惠安校友小组。

全闽师范—福建师范—永安师范—三明师范校友会

1988年12月12日上午,"全闽师范—福建师范—永安师范—三明师范校友总会"成立大会在三明师范学校会议室举行。该校友会是侨居新加坡回国观光的老校长王秀南来泉州时,由泉州校友发起,后经母校领导老师积极筹备而建立。大会通过了《全闽师范—福建师范—永安师范—三明师范校友会章程》和《全闽师范—福建师范—永安师范—三明师范校友会首届理事会名单》。老校长王秀南和20世纪40年代的校友、市政协主席郑成辽被聘请为名誉理事长,林志群、何邦基、吴进灼、马长光、林耀坤、孙萍、林春堂等原校领导被聘请为理事会顾问,时任校长杨真才被推举为理事长。随着闽师校友会的成立,1989年3月10日,《校友志》创刊。

闽师福州校友会

1989年12月12日,在福州的闽师校友正式组成了福州校友会,共240余人在福州西湖公园聚集,庆祝母校诞辰86周年。从台湾回福州定居的黄宏珂校友,前教职员傅祖德、陈梅羹等多人闻讯赶来参加并看望校友,还有远从福清、永泰、古田等地前来的;省政协副主席、名誉理事长陈仰曾校友到场祝贺。三明师范学校姜维光副书记等专程到福州参加庆典,与校友们亲切会面,受到热烈欢迎。

知名校友

1988年85周年校庆时编印的《校友录(初稿)》,共收录各地校友1万多人。根据《闽师之源》附录所列的"三明师范学校及其前身历年学生、毕业生一览表"统计,除去因有些年份缺档案而未能统计的,从1906年到1992年毕业生数为17185人(从1983年起包括函授生)。加上档案缺失的年份和1992年后的10年在校学生,百年闽师共培养了2万多名学生。他们有的留校任教,成为闽师的骨干;有的继续深造,成为社会精英;有的深入基层,甚至成为地方中小

---

① 政协福建省三明市委员会文史资料委员会,福建省三明师范学校.闽师之源[M].北京:中国文史出版社,1993:266.

学的领导。作为闽师的杰出校友,他们是学校立德树人的标杆榜样。下文列举新中国成立前在闽师就读的部分校友。

邓萃英(1885—1972),字芝园,出生于福建闽县(今福州市)。全闽师范学堂首届毕业生,保送入东京高等师范学校留学。在日期间与林觉民等人过从甚密,并一起参加同盟会。辛亥革命后回闽执教,任福州女子师范学校校长。历任厦门大学校长、河南大学校长、河南省政府委员兼教育厅厅长、北京高等师范学校校长、教育部首席参事,兼任教育次长等职。晚年在台湾致力于实施义务教育。他被推崇为"当代儒宗"和"新闻学"的代表人物。

刘佐成(1883—1943),字鹰公,又名国云,永安人。清光绪二十九年(1903 年)到福州全闽师范学堂求学。毕业后被选送日本留学,加入同盟会。1910 年 8 月,清廷拨款让他与李宝焌制造飞机。次年,在国内成功制造的第一架飞机。1912 年 1 月,他和李宝焌终于试飞成功。他是近代中国航空先驱。

李宝焌(1886—1912),字焜甫,永安人。清光绪二十九年(1903 年)入全闽师范学堂读书,毕业后和刘佐成一起被选送到日本留学。在日期间,他加入孙中山组织的中国同盟会,进行革命活动。1912 年,李宝焌应召到南京,担任飞行营营长。该营训练注重科学,飞行技术一律由李宝焌亲授,颇具成绩。与刘佐成再次合作研制的飞机终于在南京试飞成功。1912 年 3 月,试制的单叶飞机由李宝焌亲自驾机试飞成功,获南京临时政府颁发的奖状与勋章。

朱腾芬(1880—1931),福鼎人,法制教育家。全闽师范学堂毕业,1905 年加入同盟会。1912 年返国,出任福建法政专门学校校长、福建省临时议会委员长。次年当选为国会众议院议员。1914 年返闽任福建法政大学教授。1917 年随"护法国会"迁广州。翌年为福建民军招抚使。1922 年南北国会统一,他返京任法典委员兼总统府顾问。

黄葆戉(1880—1968),字蔼农,福建长乐人。早年就读于全闽师范学堂,后从上海法政学堂毕业。历任福建省立第一图书馆馆长、上海美术专科学校教授、商务印书馆编辑。著有《青山农篆书百家姓》《青山农分书千字文》《青山农书画集》《蔗香馆印存》《青山农一知录》等。

苏郁文(1888—1943),号监亭、小阮,晚年自号眇公,福建海澄(今龙海)人。1905 年入全闽师范学堂,有志于社会改造,倡办"闽报书社",因密印邹容之《革命军》事泄,流亡日本。次年加入同盟会。1909 年被派往印尼爪哇任《公报》编辑。不久,因撰文宣扬革命,被驱逐回国。1911 年 11 月福州光复后,他奉命南下漳州,密谋起义;11 月 11 日漳州光复。他又回海澄与许秀峰等领导海澄光复,被选为漳州临时参事会会长。不久,参事会撤销,苏郁文再赴福州,任《群报》总编辑。

邓拓(1912—1966),原名邓子健,福建闽侯人,无产阶级革命家、中国现代杂文家、诗人、政论家、历史学家、新闻工作者。1929 年夏,从福建省立高级中学毕业。曾任中国共产党第八次全国代表大会代表,中国人民政治协商会议第一届全体会议代表,第一、二、三届全国人民代表大会代表,中华全国新闻工作者协会主席,晋察冀日报社社长、总编辑,人民日报社社长兼总编辑。1937 年,出版史学专著《中国救荒史》。1945 年 5 月,主持编辑出版了中国革命历史上第一部《毛泽东选集》。1949 年 2 月 2 日,协助彭真、赵毅敏等人一起审定《人民日报·北平版》创刊号。1957 年 6 月,任人民日报社社长。1961 年 3 月 19 日,开始以"马南邨"为笔名撰写"燕山夜话"专栏杂文。1962 年 9 月,与吴晗、廖沫沙合作,在《前线》杂志上开设专栏"三家村札记"撰写杂文。

林默涵(1913—2008)，原名林烈，笔名雪邨，福建武平人，中共党员。1928 年入福建省立第一高级中学师范科。1929 年后从事中共地下工作，后到上海任校对和资料员，1935 年赴日本东京新闻学院学习，"一二·九"运动爆发后回到上海，曾任香港《生活日报》副刊编辑，《读书与出版》《世界知识》编辑，武汉《全民周刊》编辑，《中国文化》《解放日报》副刊编辑，重庆《新华日报》新华副刊主编，香港《群众》周刊编辑，《华商报》社论编辑。1949 年后历任政务院文教委员会委员，办公厅副主任，中宣部副部长，文化部副部长、顾问，中国文联副主席、党组书记。曾任中国作协理事及名誉副主席，全国第三届人大代表，全国第五届政协委员及第六、七届政协常委。1934 年开始发表作品。著有杂文集《狮与龙》，评论集《在激变中》《更高地举起毛泽东思想的旗帜》《林默涵劫后文集》《心言散集》《林默涵文论集》等。曾主持《鲁迅全集》的编辑与注释工作。

陈仰曾(1919—1994)，福建福清人。1937 年毕业于福建省立师范学校社会教育师范科，毕业后回福清任教。1940 年，赴印尼谋生，被推为万隆玉融公会、清华学校复校委员会委员。1949 年，担任玉融公会常委兼清华学校董事长、万隆中华总会理事。1952 年，回国参加建设，加入中国民主同盟。曾担任福建华侨投资公司常务董事、经理，福州市归国华侨联合会副主席，福建省归国华侨联合会第四、五届副主席，中华全国工商业联合会第五、六、七届执行委员，福建省民主青年联合会常委，政协福州市常委，政协福建省第二、三届委员，第四届常委兼副秘书长，第五、六、七届副主席。

林国梁，福建莆田人，1942 年毕业于福建省立永安师范学校。先后在永安、莆田、福州等地小学任教。1947 年赴台，先后在台湾大学、台湾师范大学深造，历任台北师专教师、副教授，台北师院、台湾师大教授。长期从事中文教育和教学法研究，提出"读、说、写、作"混合教学法的整体设想，受台湾地区教育主管部门特聘主持混合教学"国语"课程实验，并在岛内得以正式实施。他还曾任中小学"国语"课程标准起草人和修订人，主编小学与师专"国语"教科书，编著出版各种教研论述 120 万字，获得"服务四十年资深优良教师"荣誉。

陈明谋(1920—2010)，福建德化人，著名画家。1942 年毕业于福建省立永安师范学校。他曾任中国美术家协会会员、福建师范大学教授、首届福建省人大常委会书画室副主任、福州市国画研究会副会长、菲律宾中国神墨研究院顾问等。其作品多次入选全国美展，1965 年《丽人行》被中央对外联委会选上出国巡回展览，1985 年《延年益寿》入选全国美展，并被人民美术出版社选中，在《现代中国画》上出版，书法《寿》字入选《翰园碑林》，出版《当代中国画家陈明谋》《花鸟画名家陈明谋》《中国画名家陈明谋》等多部画集。

张公钧(1921—2002)，福建闽清人，马来西亚归国华侨。1942 年毕业于福建省立永安师范学校体育科。1946—1951 年，在福州英华中学任教。曾担任福建师大附中体育教研组组长、福建省排球协会副主席，为国家输送许多优秀运动员；获全国优秀体育教师、全国优秀排球裁判员、福建省中学特级教师、全国优秀归侨和侨眷知识分子等称号。

陈培基(1925—?)，福建漳平人。1945 年毕业于福建省立永安师范学校。中国中文信息学会、辞书学会会员，著有《排版游戏》《部首号码查字法》《陶潜归隐真相新解》等。主编《部首号码多功用词典》，编发的《古汉语通用字字典》获全国优秀图书奖。发明的"普及码中文输入方案"获新闻出版系统科技进步奖；"部首号码兼拼音号码输入法"和"太极图排版"在 1995 年分别获第三届中国专利博览会金、银奖。

钟福天（1922—？），福建武平人，1945 年毕业于福建省立永安师范学校，1948 年赴台。他吸取西方绘画中各种现代画派的风格，不断创新自己的作品，衍生出"说字是画，说画是字"的独特风格，成为台湾著名书法家，曾先后在东京、北京、福州等地举办个人书法展，《人民日报》（海外版）、《中国日报》（英文版）等曾先后对其刊发报道。

张厚进（1925—？），福建永春人。1946 年毕业于福建省立永安师范学校艺师科。他着力于水彩画创作，作品《海味》《篮里的蟳》《蟳与虾》等 10 余件作品选入全国水彩粉画展，第七届、第八届全国美展，并收入画集。其作品曾参加杭州中国水彩大展、香港中国水彩画大展、台北中国精品油画水彩大展、台中市两岸作品观摩展、第三届全国水彩粉画展。百幅作品广为海内外收藏。出版有《张厚进水彩画》《中国水彩画家——张厚进水彩画》。

刘泰隆（1927—？），笔名太龙、大同、兴无、辛午，福建武平人。文艺理论家，中国现代文学研究家。1948 年毕业于福建省立永安师范学校，后在福建师院、华东师大继续深造，1956 年毕业后分配到广西师院（今广西师范大学）中文系，后为广西师大中文系教授。曾任广西师大中国语言文学研究所所长、广西中国现代文学研究会会长、广西抗战文艺研究会副会长等职。1985 年加入中国作协。主要著作有《鲁迅杂文选讲》《鲁迅小说诗歌散文选讲》《中国现代文学史》《朱自清作品欣赏》《赵树理短篇小说欣赏》《鲁迅研究概要》等。

陈嘉柱（1926—？），福建仙游人。1948 年毕业于福建省立永安师范学校，后于福建师范大学、南京大学、吉林大学等校进修或深造，曾任南京林业大学外语教研室副主任，主要从事俄语、日语的教学、翻译与研究工作。译作有《木材的防霉法》《水溶性木材防腐防虫剂》等。1959年主编《俄、汉木工字典》，合编《俄语语法》等。

第二节　闽师百年成就与闽师精神

闽师百年成就

以全闽师范学堂的创办为肇端，从 1903 年起步至今，福建现代师范教育走过了 120 年的历史进程，取得了辉煌的历史成就。百年闽师的发展历程，既创造、参与、见证了福建的现代师范教育史，也为福建现代教育事业及师范教育的发展作出巨大的历史贡献。

首先，开创了福建现代师范教育的历史。1903 年成立的全闽师范学堂，是全国最早创办的现代师范学堂之一，既开了福建现代教育之先河，也在全国现代师范教育中发挥了引领示范作用。全闽师范学堂在清末总体完成了由近代学堂到现代学校的转型，是福建中等师范学校、福建高等师范学校、福建女子师范学校的源头。

其次，为福建基础教育培养了大批人才。从全闽师范学堂创办伊始，就自觉地肩负起为全省初等小学、高等小学培养师资的责任，既是全省初等小学、高等小学教师培养的摇篮，也是全省初等、中等师范教育的开拓者、引领者、示范者,更是培养小学师资、幼儿园师资的中坚力量。在各个历史时期,"闽师"毕业生遍布八闽大地,推动了地方初等学校的发展,特别是在内陆山区,中小学校增长较多,闽师提供的师资保障,极大地改变了地方初等教育发展状况。百年来,闽师通过普通科师范教育、全科师范教育、简易科师范教育、选科师范教育、普师师范教育、幼儿师范教育、学前师范教育、体育师范教育、民办教师师范教育、函授师范教育、教师岗位培训等多种办学形式,为福建培养了大量基础教育人才和合格师资,为福建基础教育的发展奠定了坚实的师资基础,提供了可靠的师资保障。闽师培养的各类师范人才超过 2 万人,在福建教育史上书写了精彩华章。

再次,为抗战胜利后台湾教育"祖国化"贡献了力量。1945 年台湾光复后,闽师有 300 多位师生陆续赴台,除少数人在教育行政部门任职外,大多在全岛各地从事小学、中学和高等师范教育工作。他们以增强民族意识、廓清奴化思想、普及教育和提高文化水平为己任,参与战后台湾教育重建,为结束日本殖民教育,推进教育的"祖国化"和后来基础教育发展发挥了重要作用。

最后,对三明教育发展作出了卓越贡献。百年办学历程中,有三分之二的办学时间立足于三明境域。抗战时期,闽师扎根永安,全力投入抗战鼓动和宣传激励中,师生走出校门,走向社会,走向抗战前线,在闽中大地掀起民众教育高潮,既向广大民众宣传坚持抗战的信心,启迪民智,又深入乡村开展扫除文盲、普及义务教育工作,设立了国民教育实验区,让师范生在教师指导下独立经营民校。在师生们的共同努力下,永安地区文盲占总人口的比重从 1940 年的 81%,下降到 1945 年的 70%。[①] 抗战胜利后,闽师实现地方化,扎根三明,成为永安师范学校、三明师范学校之后,把服务三明地方基础教育,为三明地区培养基础教育师资作为主要责任,成为三明地区培养幼儿园、小学师资的中坚力量。学校培养的各类学生荟萃于三明教育界,遍布三明各领域、各行业,是为三明各中小学、幼儿园输送师资的主要力量。闽师为三明教育的发展,尤其是基础教育的发展作出了卓越的贡献。进入新时期,三明师范学校积极适应时代发展需要,始终站在时代潮流前列,引领三明教育发展,促进三明教育由中等师范教育向高等师范教育层次迈进,开启了三明教育史的新篇章。

闽师百年经验

2003 年 12 月 26 日下午,出席三明学院(筹)纪念建校 100 周年大会的部分专家和校友代表参加了"师范教育与高等教育创新座谈会",与会同志回顾了福建省百年师范教育的光辉历程,畅谈了对新时期高等教育的创新的认识,大家认为:

三明师范及其前身在历经一个世纪的中师教育发展后,完成了历史使命,但作为历史沿革,一百年的校史,是不可多得的宝贵财富,其中积累的丰富的办学经验、形成的优良的教育传统,是值得我们加以借鉴、继承和发扬的。

---

① 永安市地方志编纂委员会.永安市志[M].北京:中华书局,1994:926.

从闽师百年的办学历程中,可以得出几条基本的经验:

(1) 提高国民素质,弘扬民族精神,是不同时代师范教育的共同使命,或者说是贯穿百年师范教育的一条主线。

闽师创办人陈宝琛一生笃信教育救国,把开启民智、启迪大众作为强国之基础。之后,各个历史时期的闽师校长,始终将办好师范教育与提高国民素质、普及全民文化教育紧密联系在一起,把师范教育作为国民教育的基础,把国民教育的提升与国家命运的兴衰,民族精神的弘扬与凝聚紧密结合在一起。中华人民共和国成立后,基础教育的地位提升到一个新的高度,师范教育得到空前重视。教育兴则国家兴,教育强则民族强,是落地三明的闽师的办学信念。办好师范教育是实现国家普及义务教育国策的重要举措和根本途径,闽师主动承担起通过师范教育,通过培养大量合格的基础教育师资实现国家普及义务教育、提升国民整体素质战略目标的历史使命,为社会主义建设培养一代代合格的建设者和接班人,为民族文化的传承和民族精神的弘扬筑牢精神家园。

(2) 创新与特色,是师范教育的生命。一百年的闽师历史证明,只有创新,才有特色;创新和特色,是办学生命力之所在。

三明师范时期,特别是改革开放以后,正逢基础教育大发展的好时机,教育优先发展的战略地位得到确认,师范教育处于历史上最好的发展时期。三明师范抓住机遇,深化改革,踏出了一条卓有成效的办学新路,焕发新的生机活力。20 世纪 90 年代,三明师范跻身全国百强师范行列,成为全国中等师范学校示范校。

三明师范学校的教育创新在于:

一是确定了"全面发展,多能一专"的目标要求。

二是实行"三性"统一、"四大块"结合的课程体系。"三性",即基础性、专业性、地方性的统一;"四大块",即必修课、选修课、课外活动和社会实践有机结合。这使师范教育能够在促进学生个性社会化的过程中最大限度地满足个性化方面的需要,生动活泼地、全面地实现中师培养目标。

三是形成了多样统一的特色教育。包括专业思想的序列化教育、基本功的网络化训练、"小先生"的制度化训练和生活能力的常规化培养。

这些有效措施,造就了一大批政治素质过硬、文化素质较高、基本功扎实、适应性较强,在广大山乡农村"留得住、干得好"的合格小学教师,为福建和三明基础教育作出了重要贡献。进入新时期,三明师范学校的办学模式和人才培养模式正是遵循创新与特色这条道路,不断进行探索与实践的结果,也因此受到社会各界的广泛好评。

百年传承的"闽师精神"

1.胸怀家国,教育图强

20 世纪初,国家内外交迫,有志之士寻求变革图强,而以教育图强的呼声愈加强烈,但新式教育面临师资不足的问题,亟需培养师资。在此背景下,陈宝琛笃信教育救国、实业救国,谪居故里 20 余年,致力于兴办闽省教育。陈宝琛在全闽师范学堂《开学告诫文》里强调学生要爱护国家,师范生要为国家担当教育责任。全闽师范学堂一方面吸引国内外优秀师资,以外国教员补充师资的不足,要求外国教员教授学生要尽职尽责,要严格遵守政府颁行的章程和规定;另一方面对外国教员有严格规定,如教授课程的外国教员不得干预校内一切其他事务等,切实维护教育办学的领导权。

闽师学生,身寄校园,心怀国家,积极关注社会形势,以实际行动展现爱国情怀。民国时期,在帝国主义疯狂侵略、国家民族危难深重的形势下,学生爱国主义思想不断高涨。民国初年,袁世凯复辟帝制,与日本订立《二十一条》卖国条约,均在闽师学生中引起强烈抗议。1919年5月,闽师学生响应北京学生爱国运动,师生上街示威游行,发出通电要求我国出席"巴黎和会"代表拒绝签约,并开展罢课斗争。1925年4月8日,师生举行示威游行,抗议美帝国主义对我国的文化侵略,并向省公署请愿。学校还建立了共产主义青年团组织。共青团员翁良毓等在学生中建立支部,传播马克思主义和反帝救国思想。在党的领导下,广大进步师生奋起反对帝国主义侵略,反对国民党政府的腐败和反动统治。面对敌人的威胁利诱和血腥屠杀,他们不畏艰险,不怕牺牲,英勇奋斗,为中国的独立、人民的解放、教育的振兴作出了贡献,直至献出自己年轻宝贵的生命。

"九一八"事变后,学校学生组织宣传队和抗敌剧社,开展抗日活动。抗日战争时期,闽师内迁永安,不久临时办学点永安文庙的闽师校舍遭日机轰炸破坏。在极为困难的环境下,学校提出"三杆教育"(笔杆、枪杆、锄杆)方针,其中的枪杆教育,就是提倡以军事训练与管理,使学生获得军事技术和守纪习惯;以体育卫生的锻炼,培养坚强的体魄与整洁的美德;以拥军优属和爱国宣传,培养爱国主义和民族主义。1938年7月,学校出版了旨在揭露侵略者野蛮暴行、号召学生与民众英勇抗战的爱国刊物《教战导报》,刊载有关战时教育和砥砺民族意识的文章。"愿将铁血夷倭寇,敢献头颅奠国基",王秀南校长把这句豪言壮语印于自用的信笺上作为座右铭。《福建省立师范学校校歌》唱道:"爰集多士,训练心身。训练维何? 智勇与仁。广兹三德,敷教国民。固我邦本,振我精神。庄严璀璨,于焉一新。"闽师学生,从二年级起,即分赴八闽大地,深入乡村创办国民教育实验学校,在民众中间宣传抗日思想,激发民众救国热情,强化中华必胜之信念。1944年5月,抗敌剧社在永安城关南门剧院公演《日出》和《家》,捐献得款,支持抗日救国运动。全校响应冯玉祥"献金救国"倡议,掀起"献金救国"高潮。同年11月,王敦善接任校长,全校又掀起参军热潮。抗战胜利后,国民党发动内战,学校同各地大中专学校一样掀起"要和平、要民主""反内战、反迫害"的学生运动,沉重打击了国民党当局的腐败统治,为革命力量的发展壮大、为永安的解放作出了贡献。

中华人民共和国成立后,在人民政府的领导下,闽师学生广泛学习马克思主义,发扬爱国主义优良传统。1951年10月,学生响应政府"抗美援朝"号召,121名学生报名参军,31人入伍。三明师范学校加强思想政治工作,广泛开展爱国主义教育。1995年,学校制定实施了《三明师范学生爱国主义教育实施方案》,开展弘扬民族文化的爱国主义、集体主义、社会主义的主旋律教育活动,增强学生的爱国之情、成才之志、报国之效,树立热爱农村、献身教育、振兴农村的理想信念。

2.艰苦奋斗,自强不息

闽师百年办学,不仅校名多次变更,办学地点也多次变迁,加上战时环境等客观因素影响,学校办学面临着很多困境。全体师生发挥自力更生、艰苦奋斗的精神,推动了学校教育的发展。在抗战时期,为了保证学校的正常运行秩序,解决生活物资匮乏的现实问题,学校提倡在组织方面实行职、教、生、工合一,即职员、教员、学生、校工四者一元化。职员要多教功课,教员要分任校务,学生要参加校务,全体师生要尽量劳动化,将校工人数减少到最低限度,而一切劳作则由师生分担。[①] 1940 年春季,王秀南校长提出"三杆教育"战时办学方针,其中"锄杆教育",就是实施农业教育、生产劳动、农业推广、开发交通,以求"自养养群",促进国民生计。面对艰苦的环境,王秀南校长号召全校师生在大后方一边团结抗日,一边自力更生改造环境。当时校园内刷了不少标语,如"自力更生,艰苦奋斗""人定胜天""吃得苦中苦,方为人上人"等。1941 年春季,学校发出"向土地要粮,一人开一畦,一班开一片"的号召,并成立生产指导委员会指导师生开荒种地。

不论在文庙还是大湖,永安的办学条件都十分困难,但师生们抗日热情日益高涨,他们节衣缩食,勤俭办学,坚持上课;同时走出校门,帮助山区农村发展教育事业。迁往大湖后,师生们把各座祠堂打扫修理起来作校舍,没教室上课就搬块黑板悬挂大树上,同学们坐于树下听老师讲课。在课余,师生整理环境,开辟筹建校舍基地,开垦荒地种蔬菜以改善生活。

1951 年春,永安师范学校从文庙搬迁至西门外东坡,为建好新校舍,师生发扬艰苦奋斗精神,亲自动手把在文庙教室、宿舍拆下来的旧木料,用肩扛抬到东坡,为建新校舍所用;对拆下来无用的旧废料,也不丢弃,搬到学校食堂当柴火烧,以节省师生的柴火费。另外,学校还利用劳动课和课外时间发动学生挖土,到河边挑沙、担石,以铺路、修建操场和球场等,基本上满足了当时的教学与生活需要。[②] 永安师范学校有开展劳动的传统,何邦基校长在任时,"就带领师生前往后山沟开荒造田,并在农忙季节带师生下乡,帮助农民插秧、割稻"。1958 年,学校制定《永安师范劳动生产规划》,劳动建校蔚然成风。当时,国家正处于连续 3 年遭受自然灾害的困难时期,学校发动全校师生学习南泥湾精神,开垦农田、开荒种菜、养猪、砍柴、烧炭,"全校实现了吃肉、吃菜自给"[③]。

三明师范学校继承了闽师的优良传统,着力培养学生艰苦朴素、自力更生、拼搏创业的作风。三明地区师范学校复办时从零开始,遇到了极大困难,师生发扬过去劳动建校、艰苦创业的优良传统,不但认真教学、勤奋学习,而且积极开展勤工俭学。三明师范学校要求新生入学必须带一把锄头;校领导带头,利用劳动课时间,带领师生以大无畏的精神,用勤劳的双手,排除万难,在荒山坡上建设新校园。建校之初成立了基建设计组,师生自己测量地形,规划学校布局,设计校舍。师生艰苦劳动,挖山修路,把公路给修通了;从虎头山上修渠引水,建池蓄水,解决用水问题;利用山涧的小溪流水,拦溪筑坝,建设了小水电站,解决用电问题;超前完成路、水、电三通和平整工地的基础设施。[④] 历届校领导组织带领全校师生始终坚持自力更生、艰苦奋斗,充分调动师生建校的积极性,高度发挥师生的聪明才智。

1983 年 6 月初,学校决定创建一间语言实验室,但购买、安装 48 个座位的实验室设备要花费 5 万元。学校财力有限,办这件事的出路只有一条——自己动手。于是,在筹集资金的同时,学校依靠理化组的力量完成设计论证、采购原料、安装设备、调试性能等系列工作,仅花费

① 王秀南.今日的师范学校[M].永安:省立福建师范,1941:1-7.
② 政协福建省三明市委员会文史资料委员会,福建省三明师范学校.闽师之源[M].北京:中国文史出版社,1993:137.
③ 政协福建省三明市委员会文史资料委员会,福建省三明师范学校.闽师之源[M].北京:中国文史出版社,1993:161.
④ 政协福建省三明市委员会文史资料委员会,福建省三明师范学校.闽师之源[M].北京:中国文史出版社,1993:181.

1.6 万元,历时不到 3 个月,就建成全省中等师范学校第一座语言实验室,比原造价省 3.4 万元。20 世纪 80 年代中后期,师生依然挖山不止,建成了 400 米跑道田径场。时任国家教委师范司副司长孟吉平到校视察,颇有感慨地说:"'挖山不止、艰苦创业'是很好的传统,应该继续发扬。"①

3.明德求实,人师世范

闽师把立德树人作为师范办学的首要任务,注重学生的道德修养,提升师范生的教书育人能力。

首先,大力支持师范生的培养。全闽师范学堂对招生对象有严格的要求,而录取的学生入学后享受公费待遇,除免交伙食费、住宿费外,每年还发夏衣、冬衣各一次,书籍学习用品或由学校供给,或由学校代办。修业期满经考试合格准予毕业,必须服务小学教育工作。服务时间,初级师范毕业生规定为 5 年,简易科毕业生规定为 3 年,完全科 6 年,如果不履行相应服务时间的规定,必须偿还在学时的一切公费待遇。民国时期,学生继续享受公费待遇,除免缴学费、住宿费、膳食费、图书费外,1940 年起还免缴卫生费,新生来校肄业、毕业生分派服务以及清寒优秀学生均有一定的津贴补助。

其次,注重师范生的道德修养。陈宝琛在《开学告诫文》强调:"自治其性情而后能治人之性情,自励其志节而后能励人之志节。"三明师范学校中心花园镌着一条醒目的碑文:"育师圣地——立志从教,乐于奉献者请进! 求官求财,贪图安逸者莫来!"学校一贯坚持"育师德为首,树人品先行",把德育放在首位。教育部颁布《中等师范学校德育大纲(试行)》和《中等师范学生行为规范(试行)》后,三明师范学校结合实际情况,认真贯彻执行,确定德育重点。一年级进行"明日教师,今日做起"的敬业教育,重点突出日常行为规范教育和传统教育。二年级进行"全面发展,多能一专"的专业教育,重点突出人生观、世界观及个性心理品质的德育。三年级进行"立足山区,献身教育"的乐业教育,突出热爱农村教育和师德教育。

最后,注重培养师范生的综合素质,塑造扎实的教书育人技能。全闽师范学堂课程设置体现鲜明的师范性特征,不仅重视开设教育类课程,教育史、教育原理、教育法令、学校管理法等课程在学科中占比很大,而且很重视教育见习和实习。学校重视全科型人才培养,要求初级师范生具有人文社科和自然科学等多方面的知识,能胜任多门课程的教学;重视技能培养和训练,习字、图画、体操、乐歌等均作为单列课程对待。福建省立师范学校在课程设置上,姜琦认为,以哲学、历史、音乐、体操为绝对的必修科,论理学也是一种必修科,因为这些科目于德性、思想、志向、兴趣、体魄都有莫大的帮助。因此,学校相应设置了哲学、历史、音乐和体操等课程,作为学生教育的重中之重。永安师范学校十分重视培养与提高师范生的实际教学能力,强调"一专多能"。"一专"是指语文、数学要着重学好,这是关系小学、初中、高中乃至大学质量的两块基石。"多能"是指理化、政治、史地、体音美等学科要全面掌握。至于技能课,音乐课要求学生掌握一般歌曲,特别是少儿歌曲的识谱、视唱等能力,掌握风琴、二胡、笛子的基本演奏技巧;美术课着重于练习美术字、图案及绘制刊头插图、布置教室、写标语等;政治、历史、地理等课侧重指导学生讲故事、画地图等。学校还注重培养学生的动手能力和组织能力,使学生适应

---

① 政协福建省三明市委员会文史资料委员会,福建省三明师范学校.闽师之源[M].北京:中国文史出版社,1993:216.

将来山区小学特别是单人校的环境,能够独立工作、独当一面。①

20 世纪 90 年代,三明师范学校贯彻国家教委颁布的《三年制中等师范学校教学方案(试行)》,采取有针对性的措施:确保必修课的主体地位,提高教学质量;精心安排选修课,发展学生特长,培养多种能力;加强见习、实习工作,提高师范生教育、教学实践能力;开展多样化课外活动,发展学生智能;试行奖学金制度,调动学生学习积极性。本着定向培养以及"一专多能"培养的需要,学校实行"双向"选修制。除了按教学方案要求开足全部必修课程外,为了加强学生"说""写"能力训练,增开了"说话""写字"课。针对农村小学教师的需要及本校实际,为了培养师范生热爱劳动的品质,养成劳动的习惯和劳动能力,学校在各个时期都把劳动技术教育列入正式课程,组织学生参加自我服务劳动、建校劳动、生产劳动等,形成了师范教育的优良传统。

4. 化民成俗,经世致用

陈宝琛办学强调学以致用,"崇实学以励人才",主张任用学有专攻的学堂毕业生和留学生;不但注重办普通中小学教育和学前教育,还着力于办职业教育和师范教育;不但加强全日制的学校教育,还重视成人教育和社会教育。他曾为全闽师范学堂撰写训联:"化民成俗,其必由学;温故知新,可以为师。"其中"化民成俗",就体现重视教育的教化功能。

经世致用是学校落实人才培养要求、教育服务地方社会的体现。姜琦十分重视民生工作,他鼓励学生走入社会,积极参与社会实践活动。1937 年 12 月,他指派二、三年级学生参加省民众训练干部总队训练,为期 1 个月,随后将参加训练的学生陆续派往福建各县开展民众训练工作。1938 年 9 月,受训学生陆续被派到各县去开办战时民校,每生每月依旧发放 12 元生活费,但没有教师带队。战时民校属于扫盲性质的义务教育,一般设成人班、妇女班、儿童班,招收成人、妇女及失学儿童入学。战时民教包括政治、军事、生产和文化等 4 个方面的内容,具有很强的针对性和实用性。1944 年 3 月,黄震校长呈请省里批准建立"国民教育示范区",区办事处设于大湖瑚轩公祠。黄震兼任主任,下设总务、宣教、组训 3 组。当时,大湖示范乡共 10 个保,拟定每保都要设立一所国民学校,派毕业生去实习,当政教合一的负责人,增长群众知识,激发爱国志气。"为适应当地群众生产与生活的情况,采取全日制、半日制、夜校等多种形式进行教学。大部分采取上午儿童班,下午妇女班,晚上成人班,拉开扫盲教育的序幕。"②这些班组"均以识字为主,兼有唱歌、图画、体育活动。每隔一周的星期日,分别安排理化仪器、卫生模型、生物标本和挂图展览。向农民介绍科技知识,宣传卫生常识。平日进行卫生检查、评比,村卫生面貌大有改观"③。

新中国成立后,永安师范学校发动学生走向社会兴办冬学(扫盲班)。1951 年,学校创办两所街道民校,学生轮流到民校教课。20 世纪 70 年代,三明地区师范学校除安排师范课程外,还适当增加农村实用教学,例如小水电、渠道、道路、山塘和小水库等简易测量设计和农村电工基本常识。1975 年 5 月,三明地区师范学校各实习队举办小学教师培训班,永安实习队为洪田公社测设安装 2 座小水电站。1975 年秋,1974 级数理班部分同学为列西大队平整百亩土地进行测量规划,测设 30 万方灌溉养鱼兼用的小水库,还为列东大队测设通往虎头山五斗

① 中国人民政治协商会议福建省永安市委员会文史资料委员会. 永安文史资料:第二十辑[M].2001:136-137.
② 中国人民政治协商会议福建省永安县委员会文史工作组. 永安文史资料:第二辑[M].1983:54.
③ 政协福建省三明市委员会文史资料委员会,福建省三明师范学校. 闽师之源[M].北京:中国文史出版社,1993:122.

仔橘子园的8公里公路。1976年,三明地区师范学校师生为三明城区公社、永安贡川公社测设公路共23公里,并赴尤溪二中、永安二中开门办学(实习),赴三明纺织厂学工3周,赴洋溪维修水电站。

1988年3月,为发挥三明师范学校的专业优势,体现"岗位学雷锋"精神,学校从二、三年级学生中选出108人走上社会担任家庭义务小教师,利用周末和节假日上门服务。后来,学校探索出农村师范的办学模式:坚持社会主义办学方向,面向农村、面向小学、研究小学、为小学服务,培养合格的农村小学教师,确立德育基地、实习基地、劳动技术教育基地。大部分毕业生被安排到地方学校从事教学工作,为地方小学教育发展起到重要作用。

总之,百年闽师办学,受政治局势等影响,走过了不少弯路,留下许多深刻的教训,但闽师勇于探索和改革,也取得了巨大成绩,积累了丰富经验。总结百年闽师办学历程,我们应传承"闽师精神",明德、明理、明志,继续办好当下三明学院,更好地落实立德树人的办学根本任务。

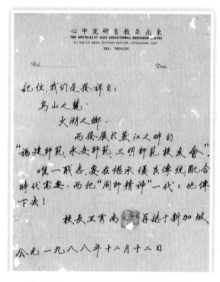

1988年12月,福建省立师范学校
第二任校长王秀南为校友会题词

1988年12月,全闽师范—福建师范—永安师范—
三明师范校友总会成立合影

部分校史出版物

福建省立师范学校校歌

姜伯韩　审定
龚达清　词
林啸余　曲

福建省立师范学校校歌(1936 年 10 月作)

永安师范学校校歌

邱一冰　词
向　榕　曲

庄严地歌颂

永安师范学校校歌(创作时间不详)

三明师范学校校歌

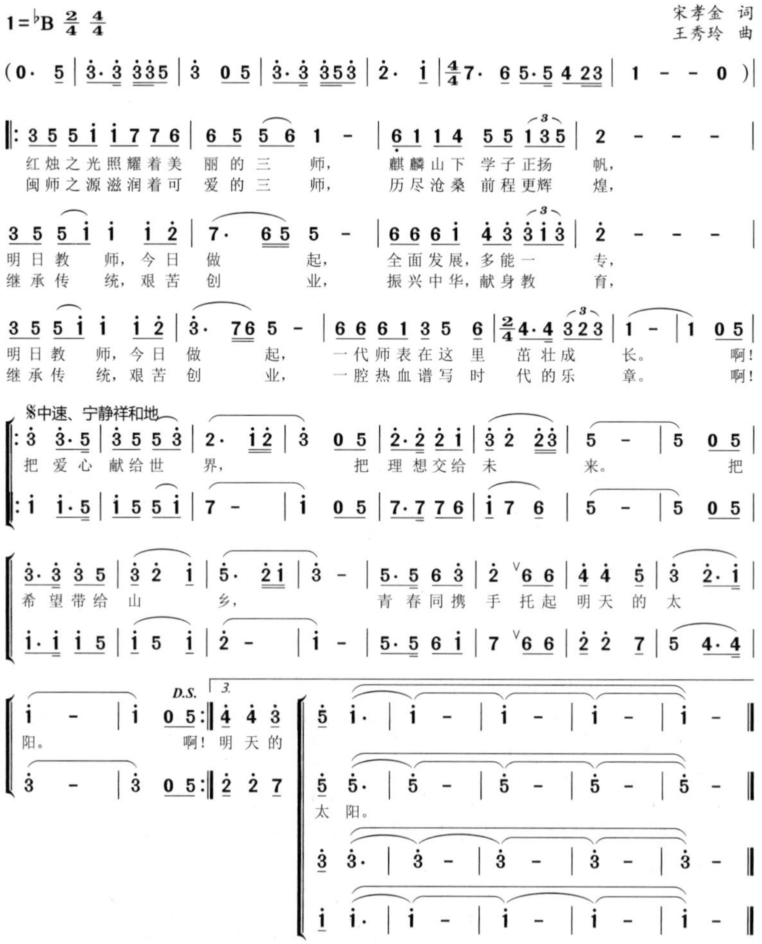

三明师范学校校歌(1993年6月作)

第二编　高教春晖(1977—2004 年)

1999 年 6 月 30 日,召开三明高等专科学校(筹)教职员工大会,"三校一院"开始实质性合并

"文化大革命"结束后，在拨乱反正和思想解放的滚滚浪潮中，我国迎来了改革开放的春天。1978年，党的十一届三中全会召开，中国共产党用改革开放的伟大宣示把中国带入一个崭新的历史时期。百业待举，重视和发展教育已成为党和国家的当务之急。随着1977年12月全国恢复高等学校招生考试，高等教育终于迎来了春日暖阳。

　　经过拨乱反正，福建高等学校迅速得到恢复和整顿。1977年至1986年，全省新增高等学校28所，其中普通高等专科学校13所、职业大学12所。1978年3月，三明师范学校大专班开学了，而后大专班于1983年改建为三明师范专科学校。同年，三明职业大学成立。这一年春，也就是1983年4月28日，经国务院批准，撤销三明行署，实行地、市合并，以市带县的新体制。从此，两所高校的历史与新三明的城市记忆联系在了一起。

　　新的世纪之交，从三明师范学校分离出来而成为三明最高学府的三明师范高等专科学校与三明师范学校、三明职业大学实行实质性合并，组建新的三明高等专科学校，随即展开三明学院的筹建。一所地方新建本科高校宛如新世纪的朝阳，在创业者的托举中冉冉升起。

第一章　改革开放背景下创建的三明师范专科学校

公元 1977 年,注定是不平凡的一年。

这一年 7 月,党的十届三中全会决定恢复邓小平的职务。邓小平复出后,主动要求分管科学教育工作,以此作为推动拨乱反正的突破口。他领导批判林彪、江青等人鼓吹的"文艺黑线专政论""教育黑线专政论",号召尊重知识、尊重人才,强调"科学技术是生产力",指出为社会主义服务的脑力劳动者是劳动人民的一部分。从此,党扭转了对知识分子的政策,知识和知识分子重新受到党和国家的重视。一大批被长期禁锢的电影、戏剧重新放映上演,许多中外优秀文艺作品得以解禁,文联、作协等群众团体恢复工作,文艺创作逐步活跃起来。1977 年底,"文化大革命"中一度中断的高等学校统一招生考试制度得到恢复。参加高考的 570 万人中,27.3 万人被录取,怀着喜悦的心情步入大学校园。①

随着我国恢复高考和福建省内高等学校的恢复和整顿,三明师范大专班也应运而生,由此拉开了改革开放背景下创建三明师范专科学校的序幕。

第一节　发展历程　彰显活力

孕育与诞生

1975 年 9 月,三明地区师范学校受福建师范大学的委托,创办数学大专班,开设数理专业,招收工农兵学员 56 人,学制 3 年。1978 年修业期满,全部毕业并分配工作。此后该班停办。

1977 年 8 月 4 日至 8 日,邓小平主持中共中央召开的科学和教育工作座谈会,决定恢复高考制度。8 月 13 日至 9 月 25 日,全国高等学校招生工作会议在北京召开。会议决定恢复已经中断了 10 年的中国高考制度;全国高等院校招生考试,以统一考试、择优录取的方式选拔人才上大学。招生对象是工人农民、上山下乡和回乡的知识青年、复员军人、干部和应届高中毕业生。会议还决定,录取学生时,将优先保证重点院校、医学院校、师范院校和农业院校,学

---

① 中国共产党简史[M].北京:人民出版社、中共党史出版社,2021:219.

生毕业后由国家统一分配。10 月 12 日,国务院决定高等学校招生实行统一考试,并批准了教育部的《关于高等学校招收研究生的意见》,研究生的招生也开始恢复了。

10 月 21 日,中国恢复高考消息公布。高考分文理 2 类,文科考政治、语文、数学、历史、地理;理科考政治、语文、数学、物理、化学;报考外语专业的加试外语。由省、自治区、直辖市命题,县或区统一组织考试。高考时间为 11 月 28 日至 12 月 25 日。

随着高考制度的恢复,中国的人才培养重新步入了健康发展的轨道。这不仅改变了几代人的命运,尤为重要的是为我国在新时期改革开放和社会主义现代化建设奠定了良好的基础。

在此背景下,1977 年 12 月,经福建省教育厅批准,正式开办"三明地区师范大专班",设政教、中文、数学、物理、化学等 5 个专业。

1978 年 2 月,马长光同志任三明地区师范学校党总支书记兼革委会主任,统管"大专班"和"普师班",林耀坤任党总支副书记。林耀坤、吴进灼、林春堂、李吕铭等任革委会副主任。

1978 年 3 月,三明地区师范大专班面向三明地区招生的 1977 级新生共 495 名开始分批入学,学制 2 年。9 月,政教专业停止招生。同时 1978 级增设历史、地理、英语、体育专业,加上原中文、数学、物理、化学专业共招收新生 487 名。

1978 年 10 月 28 日,明署〔1978〕综 93 号文件决定成立三明师范专科学校筹建领导小组,成员有崔立勋、张焕成、张汉功、孙加平、李吕铭等。崔立勋为组长,张焕成、张汉功为副组长,李吕铭兼办公室主任。同年 11 月 18 日,即三明师范专科学校筹建期间,三明地区行政公署教育局发出通知①:根据省教育局闽教高〔78〕374 号文件通知,刻制"三明地区师范大专班"印章,自 1978 年 11 月 18 日启用。

1980 年 10 月,马长光同志任三明师范大专班校长,伍开谟同志任副校长。

1981 年 2 月,三明地区师范大专班从福建省三明师范学校分出,逐步开始独立办学。由此三明地区行政公署特向省人民政府发文请示,详细回顾了三明师范大专班筹办的时间、规模和取得的成效,并敦请省人民政府尽快报请国务院批准成立"三明师范专科学校"。

1983 年 12 月 9 日,经福建省人民政府批准,以"三明师范大专班"为基础成立"三明师范专科学校"。批文如下:

关于同意成立三明师范专科学校的批复

三明市人民政府:

明政〔1983〕综 147 号报告收悉。经研究,同意以三明师范大专班为基础,成立三明师范专科学校。目前设中文、英语、数学、体育四个专业,从一九八四年入学新生起,学制三年(其中,英语专业暂为二年制,从一九八六年起改为三年制)。学校近期规模六百人。校址定在三明原福建农学院院址,两校必须办好校舍设备交接手续;福建农学院尚未全部搬迁福州之前,双方应互相支持,协商过渡办法,保证完成教学任务。

福建省人民政府
一九八三年十二月九日

---

① 三明地区教育局.关于启用"三明地区师范大专班"印章的通知.明教办〔78〕56 号[Z].1978-11-18.

　　1984 年 1 月 1 日,"三明师范专科学校"印章启用,原"福建省三明师范大专班"印章同时作废。这标志着"三明师范大专班"已经完成了它的历史使命,而"三明师范专科学校"将担负起继往开来的责任。

　　4 月 16 日,中共三明市委发文,为三明师范专科学校配备了校领导。[①] 校长兼党委书记仍由马长光担任,伍开谟任副校长,陈纯珀任党委副书记,何国清任副校长。

　　在此期间,省委省政府同意成立三明师范学院筹备领导小组,1982 年 8 月 16 日,三明地区行政公署还发布了通知。

迁址与更名

　　根据闽政〔1983〕综 686 号文件的要求,新成立的"三明师范专科学校"校址,定在三明原福建农学院校址。然而经过省厅和市政府领导的认真考察和商讨,一致认为,三明师专现在校址[②]具有比较齐全的办学设备,因此向省人民政府提出三明师范专科学校仍在原校址办学的请求。

　　1986 年 8 月,省人民政府予以批复。[③] 批文如下:

关于处理福建农学院原三明荆东校址问题的批复

三明市人民政府,福建农学院,省高教厅、教育厅:

　　三明市人民政府明政〔1985〕综 147 号、266 号报告和福建农学院闽农院字〔85〕31 号报告均悉。关于福建农学院原三明荆东校址的处理问题,省政府闽政〔1983〕综 378 号、686 号和闽政〔1984〕综 296 号、函 41 号文已多次明确批复。现经省政府再次研究,决定仍按上述文件规定办理。为了迅速落实,特对有关问题批复如下:

　　一、决定成立移交工作领导小组。由官清(三明市副市长)任组长,马长冰(省教育厅副厅长)、周申(三明市副市长)任副组长,省教育厅派二名,省高教厅、福建农学院各派一名处级干部,三明市教育局、三明师范专科学校、三明职业大学、三明师范学校各派一名负责人参加领导小组。下设办公室负责处理具体事宜。由周申兼任主任,韦忠铻、司秋云任副主任。

　　二、向江坪茶果园全部及奶牛场以东草地和简易建筑物留归福建农学院作为闽西北地区茶果、牧草科研推广和学生实习基地,其他校舍分别移交给三明师范专科学校和三明职业大学。农学院应妥善安排,本着方便三明师范专科学校、三明职业大学及时迁入的精神,逐步迁出,并于一九八七年底前搬迁移交完毕。

　　三、为有利今后三明师范专科学校、三明职业大学的发展和建设,确定以小河为界,凡属原农学院征用土地、地面建筑物及构筑物、水电设施等,北区划归三明师范专科学校,南区划归

---

① 中共三明市委(通知)明委〔84〕组字 68 号.

② 编者注:列东狮子坑。

③ 福建省人民政府.关于处理福建农学院原三明荆东校址问题的批复.福建省人民政府文件闽政〔1986〕综 292 号〔Z〕.1986-08-11.

三明职业大学。固定资产交接手续由领导小组办公室负责与各有关院校办理。全部搬迁移交手续应于一九八七年底以前完成。

四、三明师范专科学校现有校舍除教工住宅 A、B、C 三幢及列东路教工住宅仍归三明师范专科学校外,其余所征用土地、地面建设物及构筑物、水电设施均划归三明师范学校。固定资产交接手续由领导小组办公室与上述两校办理。

五、三明师范专科学校搬迁及迁入新校址维修等费用,其各项开支由三明师范专科学校编造预算,由省教育厅审核后予以一定的拨款补助。三明职业大学搬迁费用由三明市政府负责解决。

六、三明职业大学维修原农学院荆东校址北区费用,由省教育厅拨还修缮费 30 万元,资金来源由三明市征收教育费附加上交省级部分三年内返还解决。省政府八五年补助三明职业大学专项经费 50 万元,已用于三明师范专科学校修建驳岸等费用,由省教育厅审核,按实拨还。

七、在搬迁过程中,各有关院校必须负责保护好房屋、水电设施等国家财产,不得损坏,不得化公为私,违者要追究有关领导及当事人责任。

八、为做好各校的搬迁工作,望各有关单位领导顾全大局,互相配合,互相支持,加强政治思想工作,严格遵守组织纪律,办好交接手续。

以上各项,请认真贯彻执行。

福建省人民政府

一九八六年八月十一日

根据文件要求,1986 年 8 月,三明师范专科学校开始搬迁。政教、化学、生物等 3 个专业率先迁至荆东原福建农学院旧址。

9 月新办音乐、美术专业,学校专业数发展到 12 个。

11 月 6 日,中共福建省委任命马长光为三明师专党委书记,福建省人民政府任命徐政同志为三明师专校长。学校由正处级单位升格为副厅级单位。

到 1987 年,全校教学单位及各处室机构设置基本完成。共有处(室)机构 10 个、专业 12 个、教研室 2 个及附属中学 1 所。

1989 年 12 月,马长光同志离职休养,中共福建省委任命林发茂同志为三明师专党委书记。

1990 年 8 月,学校搬迁任务完成。新学期开始,学校各专业由"科"改称为"系"。

同年 9 月,中共福建省委任命蔡添瑞同志为三明师专党委书记。

随着我国高等教育事业的发展,根据闽教高〔92〕091 号《关于调整各省属普通专科、师范专科学校校名的通知》的精神,学校向省教委提出《关于调整我校校名的请示》。

1994 年 3 月 11 日,经国家教委教计〔1994〕72 号文件批准,"三明师范专科学校"校名更改为"三明师范高等专科学校"。并于 5 月 6 日发出通知:"即日起启用'三明师范高等专科学校'新印章,原旧印章同时停止使用。"

此前,即 1992 年 2 月 27 日,福建省教育委员会曾要求三明市人民政府制定《三明师范专科学校、三明职业大学合并成立三明高等专科学校具体方案》,但终因时机不成熟而搁置。

建设与成就

1994 年 7 月,福建省教委拨款 8 万元,三明师范高等专科学校自筹资金 19 万元,建设 300 米跑道的田径场一座,于 1995 年 4 月竣工交付使用。

1995 年 2 月,三明市人民政府拨款 100 万元,三明师范高等专科学校自筹资金 70 万元,新建校行政办公楼、音乐系钢琴楼、图书馆阅览厅 3 幢,建筑总面积 2805 平方米,于 1995 年 12 月底竣工交付使用。

1997 年 8 月三明师范高等专科学校自筹资金 17 万元,建设 1445 平方米简易钢结构雨盖灯光球场一座,于当年 9 月竣工交付使用。

同年 9 月,福建省教委拨款 85 万元,三明市人民政府拨款 120 万元,三明师范高等专科学校自筹资金 100 万元,三明师范高等专科学校新建学生食堂、礼堂综合楼,建筑面积 3450 平方米,于 1998 年 8 月竣工交付使用。

1998 年 6 月 5 日,三明师范高等专科学校党委扩大会议决定举办"三明师范高等专科学校创建 20 周年暨招生 23 周年"庆祝活动。

同年 8 月 19 日,蔡添瑞同志退休。中共福建省委研究决定,李长生同志任中共三明师范高等专科学校委员会委员、书记,赵峰同志任三明师范高等专科学校校长。

同年 11 月 28 日,"三明师范高等专科学校创建 20 周年暨招生 23 周年"庆祝活动隆重举行。

20 周年校庆前夕,福建省委书记陈明义题词:教书育人。福建省人大常委会主任袁启彤题词:与新世纪同行,创教育改革之光。福建省委副书记兼省委党校校长何少川题词:教泽海。20 年的办学历程,23 年的招生,三明师范高等专科学校筚路蓝缕,几经坎坷,开拓前进,由小到大,逐步发展成为一所系科较齐全的高等师范专科学校。特别自 1986 年起,系科经调整充实发展到 12 个,学校进入稳步发展时期。至 2000 年,学校为中学和社会输送了 10681 名毕业生,其中绝大多数成为三明市教育战线上的骨干力量,还有相当一部分毕业生走上了各级领导岗位,成为三明社会、经济发展的带头人。学校多次受到省委、省政府的表彰,先后获福建省教育工作"先进单位"、省暑期高校学生实践活动"先进单位"、省级"先进档案室"、省级"绿化先进单位"和"文明单位"等荣誉称号。

第二节　办学理念　追求卓越

改革开放之初,真可谓百废待兴,尤其是我国的教育行业。

1966—1976 年,中国经历了"文化大革命"。十年浩劫,我国的教育行业遭到严重破坏,已经到了崩溃边缘。全国学校教学秩序完全被打乱,大中专院校的各级领导多被揪斗,教学工作被迫停止,广大教师也受到严重的摧残,青年一代丧失了接受科学文化教育的机会。

1976 年 10 月 6 日,"四人帮"被粉碎。学校的教学秩序迅速得到恢复和发展。学生回归到"以学为主""兼学别样"的主渠道上来。

1980 年 5 月 26 日,中共中央副主席邓小平给《中国少年报》和《辅导员》杂志的题词:"希望全国的小朋友,立志做有理想、有道德、有文化、有纪律的人,立志为人民作贡献,为祖国作贡献,为人类作贡献。"其中"有理想、有道德、有文化、有纪律的人"即"四有新人",迅速成为各级各类学校,包括大中专院校的办学理念。"四有新人"是国家对公民的基本要求,也是提高整个中华民族的思想道德素质和科学文化素质的基本内容。公民素质的好坏,决定着一个民族、一个国家的未来。因此,要实现社会主义现代化,就要培养一代有理想、有道德、有文化、有纪律的人才,推进社会主义现代化建设。

办学理念体现的是学校的办学之道、教学之道、求学之道、管理之道,是教育工作者实现自己人生价值,追求卓越,走向辉煌之道。

三明师范专科学校创建之初的办学理念,是根据党的教育方针,培养有社会主义觉悟、有一定的马列主义理论水平、有较高的文化科学知识和一定的教育技能、身体健康的初中教师,即遵循我国的教育目的,培养德、智、体全面发展的社会主义建设者与接班人。

三明师专对应的是培养初中教师的任务。自创办以来,紧紧围绕培养初中教师这一目标,突出专科性、师范性、实践性、地方性的特点,面向农村、面向中学、面向当今市场经济发展的需要,把"培养合格的初中教师当成学校一切工作的出发点和归宿",树立了"办师范,读师范,当人民教师"的理念。

突出师范性

师专要不要体现师范性的问题,早在师专创办之初,许多教师本着从办好师专的愿望出发展开了争论。1980 年全国师范会议召开后,争论宣告结束,全校教师在师范性问题上形成了一致意见。当时中央领导提出教师应具备 3 个条件:(1)有比较渊博的知识,有现代化的科学知识;(2)掌握教育科学,懂得教育规律;(3)有高尚的道德品质和精神境界。这 3 个条件点明了师范教育的特点。

20 世纪 80 年代初,学校针对师范性特点,在招生录取过程中增加面试一关,从而保证了生源的质量。进入 90 年代以后,根据农村普及九年义务教育师资紧缺的需要,尤其是适应贫困和边远山区的需要,学校在积极调整长短线专业招生数的同时,先后实施了委托培养、中学保送优秀生和定向培养的制度,使来自农村的生源数超过 80%,招生指标中非农生源降到20% 以下,保证了毕业生能够安心从事农村山区的基础教育事业。

突出专科层次

师专是 2 年制专科学校,目标是培养初中教师,学生在校学习时间有限,因此怎样给学生的教与学定位?1981 年学校领导提出:师专只有两年,培养初中教师,制订教学计划时有关知识程度、具体能力和思想要求都应从"师"和"专"二字来做文章,明确了办师专要突出"专科层次"的特点。教师处理教材时要做到认真钻研大纲和教材,做到敢于和善于取舍、增删,要狠抓基础课,认真研究各门课的"三基"与中学对口课程的"两基"的关系,加强"三基"教学,注重能力培养;教师要克服重理论轻实践、重知识传授轻能力培养、重上讲台轻下实验室的现象,克服重理论、轻基础向本科靠拢的倾向。

学校教师还就实施素质教育展开讨论,认识到现行教育中存在的重专业轻基础、重知识轻能力、重理论轻实践等诸多问题,更新了观念,转变了教育思想,增强了教育教学改革的危机感和紧迫感。1996 年开始实施新教学方案,抓住课程体系改革这一核心问题,形成了正确的指导思想,即坚持整体优化的原则,突出师范教育特点,发挥文科优势,淡化专业意识,合理压缩专业课程,拓宽基础和专业口径,加强德育、体育和美育,将素质教育和能力培养贯穿于师专教育的全过程,把改革课程体系、优化课程结构、提高学生整体素质作为教学改革的重点工程。随着新教学方案的实施,师范性和专科层次的特点更加突出,为向素质教育转轨,培养适合 21世纪的基础教育的新型教育人才打下更坚实的基础。

提高综合素质

学校历来重视学生的素质教育,通过第二课堂活动和各种社团活动扩大学生的知识面,提高学生的各种能力。聘请校内外专家开讲座,组织兴趣小组,开展各类文体活动等,这一系列活动深受学生的欢迎。为此,学校成立了 15 个社团,成为学生提高自身素质的重要场所。为适应应试教育向素质教育转变的趋势,适应 21 世纪对教师素质要求的需要,课程结构和教学内容上有较大的调整,即拓宽基础和专业口径,以提高学生的综合素质。1995 年恢复了曾一度中断的"大学英语"公共课,1996 年又增设了"计算机应用基础"课程,1997 年学校成立了计算机中心,把计算机等级考试和英语四级考试纳入教学计划。

为配合新教学方案的实施,各专业根据自身特点和实际需要,在压缩专业课和优化教学内容的同时,开设了部分特设课程,如政史系的大专自考法律系列课程,中文系的文秘课,物理系的电器维修,化生系的特种养殖、花卉栽培等,进一步拓宽了学生的专业口径和知识面,增强了学生的适应能力,为学生综合素质的发展创造了条件。新教学方案还增加了活动课程和实践课程内容,学校在原有的"第二课堂"活动和社团活动的基础上,从各学科(包括校外)选聘一批指导老师,分别开设体育、艺术、科技、文化 4 大类 20 多种跨系选修的活动课程,要求每个学生根据个人兴趣和特点在校期间选修 3～4 门以上,同时将军训、班级值周、社会调查、志愿者活动、专业考察等分别纳入 3 大块实践课程,活动课程与实践课程的考核采取了定性与定量相结合的办法,成绩按等级评定,纳入学生的学籍和综合积分管理。

实践证明,加强活动课程和实践课程的改革,一方面有助于提高学生的整体素质,发展个性,培养能力,另一方面也是校园文化不可或缺的组成部分。此外,中文系和英语系还开设了专升本自学考试辅导班,使本系学生在校期间获得本专业自学考试本科文凭,政史系的法律专科、数学系的计算机及其应用专科自学考试辅导为学生获取双专科文凭创造了条件。

办学形式灵活

福建省各级师范院校,经过几年的恢复发展,初步形成了 4 个层次,即中等师范、师范专科、师范本科和高师研究生。这种多层次的职前师资培养体制,为全省教育事业的发展提供了不同水平的师资。实践证明,这种师资培养体制,同本省国民经济发展水平和教育事业发展规模基本相适应。但也有比例失调的地方,如高层次比例偏小,全省仅有一所高师本科大学,无法满足全省教育事业进一步发展的需要。因此实行多层次、多形式、多规格办学就成了迫切的要求,即除了正规全日制师范教育外,还要有函授、夜大学、培训班、自学考试等各种办学形式,从而形成了不同的培养规格。学校积极响应号召,开展了多层次、多形式、多规格办学。

一是"招收委托代培生"。1988 年,经三明市教委批准,学校招收政教、文秘、图档、英语、音乐、美术、群文、金融财会、无线电电机、微生物食用菌专门化、应用化学、旅游土地、计算机、电教、体育专业的自费生,共 633 名,于 1989 年 4 月结业。

1983 年至 1992 年,三明师范专科学校在教学工作中,根据"面向中学、面向农村、面向基层",培养德才兼备的初中合格教师的需要,强调加强基础知识、基本理论、基本技能训练的教学,突出师范特点,切实抓好学生口语、书写、操作、班级管理等基本技能的训练。以纠正"重课堂、轻实践,重校内、轻校外,重笔头、轻口头"的倾向为重点,开展教学活动。增设选修课,扩大学生知识面,增强适应性。同时,为打开学校与用人单位直接联系的渠道,招收部分委托代培生。

二是"开设非师范类新专业"。根据三明市经济和各类人才的需求及学校的现有条件,开设微机应用与维修、电脑信息管理、商贸信息管理、涉外文秘、经济情报、市场营销与公共关系、保安、装潢、实用化学、城乡绿化与花卉工艺、药用植物开发与利用、实用生物新技术、音乐、计算机与档案管理、党政干部管理、土地管理、幼儿教育、电机电器、编辑学等 19 个非师范类专业,共招生 700 名,学制均为 2 年。

三是"承办小学教师大专学历自考系列培训"等,均取得很好的效果。

第三节　学科设置与教学实践

党的十一届三中全会召开后,党和国家的工作重点转移到四个现代化建设上来,三明师专也着重把学校的工作重心转移到教学工作上来,并紧紧围绕培养初中教师这一目标,突出师范性、专科性等特点,面向农村、面向中学、面向社会发展的需要,在学科设置、教学内容、教学方法、教育实习,以及开辟第二课堂等方面,进行了大量有益的改革。

学科设置

福建省师范专科学校的学制没有定型,几年来曾变动了两次。1978 年至 1980 年,9 所师专或师范大专班,均实行 2 年学制。经过几年的办学实践,各校都感到,随着普教事业的发展,2 年的师专学制,已不能适应"四化"建设的需要。因此,很有必要把师专的学制延长为 3 年。当时省高教厅也考虑到几年来师专在校舍、师资、设备等方面已有一定基础,基本具备了改制的条件,决定 9 所师专在 1981 年和 1982 年,分批将 2 年学制改为 3 年。1985 年 3 月,全省师专由高教厅转为教育厅管理。由以省为主管理转为以地区为主管理。省教育厅考虑到普及九年义务教育对师资的需求情况,为了缩短初中教师培养周期,于 1985 年 4 月提出《关于我省师范专科学校学制问题的请示报告》。同年 10 月 30 日,经省人民政府批复同意对 7 所师专的学制进行调整:福州、泉州、龙岩、三明、南平、宁德、集美等校的部分专业的学制由 3 年改为 2 年。

1. 学科调整

学制的变动,同时带来了学科设置的不稳定。几年来,福建省师专的学科设置处于不断调整和变动的过程中。

师专教育在 1978 年全面恢复后,各校的学科专业设置基本相同,普遍设置了中文、外语、数学、物理、化学等 5 个专业,有的还设置政教、历史、地理、体育、美术等专业中的一个或几个。由于各校普遍设置这么多专业,结果只好将有限的人力、物力、财力分散投放,优势得不到发挥,学校办得没有特色,教学质量无法保证。部分地市在 1978 级扩招班毕业后,出现了初中理化教师饱和、过剩,而政教、体育、音乐、美术、历史、生物、地理等专业的师资严重不足的现象。

1980 年在全省师范教育工作会议上,省教育厅为了解决师专专业长短线的问题,提出了《福建省师范专科学校(师范大专班)专业设置和调整的意见》,对师专、师范大专班的专业设置进行全面调整。除各校普遍开设中文、外语、数学等 3 个专业外,三明师范大专班增设政教、体育专业。增设的专业均由省教育厅统筹安排,分工协作。各专业或面向全省,或面向邻近地市招生。至于各校原设置的物理、化学专业,则根据本地区的需要招生,如已饱和,则停招全省师专的专业设置。经过调整,全省师专保留 12 个专业,57 个专业点。

1984 年,省高教厅调研发现,师专的学科设置仍然存在不合理的现象。比如 9 所师专都设有中文、英语、数学、物理、化学等专业,各专业盲目招生,结果造成一些专业初中教师供求比例失调,长短线矛盾突出。省高教厅于 1984 年 6 月提出进一步调整师专专业设置的意见,决定保留英语、政教、历史、地理、生物、体育、中文专业的所有专业点,取消数、理、化的部分专业点。全省保留 6 个数学专业点、3 个物理专业点、2 个化学专业点。经过调整后,全省 9 所师专共设有 11 个专业 40 个专业点。这种调整和变化,完整地体现在三明师专的历史上。

1975 年,三明师范附设大专班仅招收数理教育专业 56 名学生,学制 3 年。1977 年增设了政教、中文、数学、物理、化学等 5 个专业。1977 级共招收 495 名学生,学制改为 2 年。1978 年又增设了历史、英语、地理、体育等专业,招生数为 446 人,同时政教专业停止招收新生。1979 年尽管停办历史、地理专业,体育也停招 1 年,招生数却仍扩大到 602 人,仅数学专业就多达

242 人,造成师资不足,甚至超过了当时师资力量所能承担的好几倍。之后的几年,学校专业数维持在 6 个以下(其中 1984 年物理、化学专业停招 1 年)。

1985 年,针对三明市政治、历史教师缺乏的实情以及农村普及初中教育的需要,学校又复办了政教、历史、地理专业,新增生物专业,物理、化学专业恢复招生,至此共设 10 个专业,1985 级招生 639 人。1986 年又新设音乐、美术专业,全校共 12 个专业,形成一个学科专业齐全的师范类学校。在校生规模保持在 1200 人左右。学校进入稳步发展的新阶段。

1988 年上半年,学校招收计划外、自费的共青团干部班,秋季又陆续开设了中文秘书、图书馆学、英语、美术、音乐、无线电电机、应用化学、微生物食用菌、地理、体育共 11 个自费专业班,后因故于 1989 年上半年停办。进入 90 年代以后,学校对长短线专业招生数进行了调整。

1996 年又进行了专业结构和学制的调整,政教、历史专业合并为政史系属双学科专业,化学、生物专业合并为化学系属主辅修专业,学制均为 3 年。中文、数学、英语专业改制为 3 年。随着社会发展的需要,学校在专业结构和学制方面已在继续调整,为下一步师专教育事业的发展创造良好的条件。

在学科设置不断调整的过程中,学校十分重视课程建设,为此还成立了"重点课程建设试点小组"。

2.教学计划调整

学科专业结构和学制方面的调整,使得学校的教学计划也在不断修订。

全省师范专科学校在 1978 年以师范大专班的形式纷纷出现时,根本没有现成的教学计划可循。1978 年 3 月,省教育局召开师范大专班工作会议,在福建师范大学的帮助下,制定了《福建省师范大专班(中师训练班)试行教学计划》;1978 年 12 月,又修订为《福建省师范大专班(师专)试行教学计划》。1979 年 5 月,省教育局参照教育部颁发的 2 年制师专部分专业教学方案(征求意见稿)的精神,经师专工作会议预备会议讨论修订为《福建省师范专科学校(师范大专班)试行教学计划》。

1981 年 11 月,教育部在天津市召开师专教学工作座谈会,会后颁发了师专 2、3 年制 10个专业的教学计划。1984 年后,改革的潮流席卷全国,学校的教改也迅速展开。在改革的形势下,发现师专的教学计划仍存在"旧、窄、偏、死"等问题,很难适应新形势下教育"三个面向"和发展学生智力,培养学生能力的需要,因此改革势在必行。

各师范专科学校所采取的改革措施主要有:减少教学总时数,减轻学生课业负担,增开选修课,个别专业试行主辅修制度,培养双学科师资;适应教师工作需要,开设音乐、书法、工具书应用等课程,试行毕业作业制度,培养学生具有初步的科研能力;等等。

学校的教学计划也在不断调整和完善。1981 年下半年,为总结师专几年来办学的经验教训,并拟定下学期工作计划,学校展开了大讨论,最后在如何制订教学工作计划,包括学校的教学计划、学科的教学计划、任课教师教学计划和教学中贯彻因材施教、增强学生自学能力等方面达成了共识。针对师范性和 2 年制专科的特点,提出了狠抓基础课,重视教育学、心理学课程,在教材处理、优化教学内容、培养学生能力等方面做了大胆的尝试,取得了一定的成效。

1988 年学校开始实行全国统一的 2 年制师范专科教育。学校 8 个专业都编制了教学大纲,使各专业制订教学计划开始有章可循。1996 年 6 月,学校根据国家教委师范教育司《关于试行"高等师范专科教育二、三年制教学方案"的通知》精神,决定从 1996 级学生开始试行新教学方案,新方案课程设置包括公共课程、学科课程、教育课程、实践课程、活动课程 5 大块内容。各系根据新教学方案制订了新的教学计划,新计划注重发挥课程的整体功能,有利于促进学生综合素质的提高。

3. 加强"两课"建设

20 多年来,为了实现学生德、智、体、美、劳全面发展这一育人目标,学校高度重视马克思主义理论课和思想品德课(简称"两课")的建设。围绕学生思想品德教育的重要性、方向和方式方法问题,"两课"教师经过长期的摸索,走出了一条适合师专学生健康成长的道路。

1976 年,学校便开设了公共马列课,主要讲授马克思主义哲学、中共党史、政治经济学等课程。马列课教师没有自己的教研室,长期挂靠在政教系,直到 1980 年才单独成立马列室。在当时简陋的教学条件下,马列课教师克服了没有正式教材、教学经验不足等困难,经过近 7 年的探索,从无到有,逐步发展,为以后的"两课"建设奠定了坚实的基础。

随着改革开放的深入,商品经济观念和西方自由化思潮不断地冲击着青年学生的思想。为迎接新时代的挑战,抵御各种不良思想的侵袭,自 1983 年起,学校又开设了德育课,成立德育教研组,主要讲授大学生思想修养、法律基础及形势政策等课程。"两课"教师针对不同时期热点问题,如"西方哲学思潮热""经商热""出国热"等,结合课堂教学内容,及时对学生加以教育引导,取得了良好的教育效果。同时,马列课和德育课互相渗透、互相补充,改变了以往教学中重理论轻实际的弊病,大大增强了青年学生分析问题、解决问题的能力。

由于历史的原因,最初德育课同样没有自己的教研室,这在一定程度上也影响了德育课教学的顺利进行和育人效果。为加强学生思想政治工作的力度,1989 年,学校成立德育室,负责德育课程的建设和教学领导工作。在"两课"教学内容的拓展过程中,注意增强教育的针对性和实效性,兼而考虑到"两课"建设的系统性,以强化思想道德和校园精神文明建设。通过教育,努力使青年学生克服享乐主义、利己主义的思想,坚定自己为教育事业奋斗终身的信念。

在教师构成上,这一时期马列课的教师仍从属于政教系,而思想品德课除设一位专职教师外,其教学任务主要由党委办公室、校长办公室、团委和学生处的部分行政干部承担。行政干部对教学的直接参与,既发挥了他们思想政治工作的优势,又便于形势政策的及时传达,大大提高了"两课"教学的实效性,成为"两课"建设的一大特色。

为了进一步了解学生,在"两课"教学中做到有的放矢,自 1990 年起,德育室多次组织全校性学生思想状况调查,并对学生思想状况进行比较分析,及时了解和掌握各个时期学生思想动态。根据这些调查结果,认真分析,及时改进教学方法,对重点、难点以及青年学生关心的问题,用课堂讨论、举办讲座、电化教学等方式,给予正确的解释和引导,使"两课"教学工作更富有针对性。闫伟强、耿鸣、杨业辉、俞白桦老师参与了国家社会科学基金课题——当代港台思想对青少年影响研究丛书中《港台思想对青年影响调查报告选编》《港台思想与大学生》的调研与写作。

从建校到 1993 年,全校师生经受住了多次严峻的考验,表明"两课"建设是行之有效的。1993 年,为强化马列课教学,学校采取了一系列有力措施。校党委先后召开了几次"两课"改革研讨会,要求结合学校实际,按照"两课"教学的根本目标,围绕邓小平理论"进课堂、进教材、进学生头脑",研究深化"两课"教学改革的新举措。政教系和德育室认真总结过去"两课"建设的得失,积极探索"两课"教改方案。经过全校上下的努力,"两课"的教改工作取得了新的突破。

1994 年,政教系成立了公共马列课教研组,抽调经验丰富的教师授课。公共马列课教研组和德育室的教学工作进行了统一协调,共同以《邓小平同志建设有中国特色社会主义理论学习纲要》作为纲要,及时充实、调整、更新教学内容。公共马列课教研组拟定了两个教改方案:《政教系公共马列课教学改革思路及操作方案》和《关于贯彻以〈邓小平同志建设有中国特色社会主义理论学习纲要〉为教学纲要的思路与措施》。为了规范教学内容,马列课教研组还编写出《革建教学纲要》(上下册),做到有步骤、有方案、全面系统地进行马克思主义理论课的教学内容改革。

在不断改革教学内容的同时,学校加强了"两课"教师的挑选和培养,重视他们的再学习和提高,为他们提供参加较高层次的培训和学习机会;在经费的划拨上给予倾斜;在学校审批资助的科研课题中,对有关"两课"的课题,给予积极扶持。通过参与短期培训班、在职或脱产攻读与思想政治相关的硕士学位等形式,来提高"两课"教师的业务素质。学校参加培训的专职"两课"教师 5 人,兼任教师 9 人,其中副教授 1 人,讲师 5 人,助教 8 人。而在兼任"两课"教学的行政干部中,半数以上进修过研究生课程,是一支具有较好的思想政治素质和业务水平的朝气蓬勃的生力军。

1997 年 5 月 6 日,学校将公共马列课教研组与德育室合并,成立了马列德育室。马列德育室的成立,加强了马列课与德育课之间的联系,提高了"两课"教书育人的效果,它标志着学校的"两课"建设进入了一个新的发展阶段。

4.教学改革加大力度

1980 年全国师范会议召开,明确提出教师应具备 3 个条件:(1)有比较渊博的知识,有现代化的科学知识;(2)掌握教育科学,懂得教育规律;(3)有高尚的道德品质和精神境界。为此,学校在几个方面进行了改革。

第一,调整教学计划。师范性必须体现在科学性上,科学性又表现在完成教学计划、课程设置及大纲和教材是否能实现培养初中教师所具备的"渊博"知识。基于此,学校调整了教学计划,加强各专业基础课,特别是与初中教育有密切联系的课程的教学,做好各专业学科"三基"与中学教育"双基"的挂钩,同时对某些专业的教材进行了必要的压缩和处理。

第二,重视各学科的教材教法。学校为心理学、教育学两门课程配备了较强的师资。

第三,注重学生能力的培养。师专学生应具备什么样的能力?经过不断探索,认为师专生至少应具备自学能力、口头表达能力、笔头能力(钢笔、毛笔和粉笔三字书写)、手头能力(实验操作和示范动作)、组织能力(班级工作组织和各类文体活动的组织),培养学生能力的途径主要通过各学科教学内容和教学的各个环节去实现。从 1983 年开始,由学校组织、按学科特点,每学期以学科为单位进行教学能力竞赛,此外还从培养学生组织能力的高度去要求学生开展各类比赛活动。

1986 年,成立了教育学科教研室,增加了教育学和心理学两门课程的课时数,保证了教育学、心理学在教育类课程中的主导地位。同时在教学内容方面,心理学加强了对中学生心理素质方面的调研和教学内容的调整,教育学则把重点落在了中学生素质培养及班主任工作技能方面,以加强与中学教育的接轨。

第一,1997 年学校批准了教心室的科研立项"三明地区初中生心理素质调研"和"中学优秀教师人格特征调查",并取得了阶段性的成果。这一切都有力地推动了教育课程教学水平的提高,促进了教育学、心理学师资队伍的建设。

第二,加强了教材教法课程建设的力度。1992 年,学校首次召开"教材教法课程建设座谈会",数学系的"中学数学教材教法"课程建设和物理系的"中学物理教学法"改革都取得了阶段性的成果;在师资队伍建设方面,做好老教师传帮带的同时,还积极从中学引进有丰富教学经验的年富力强的教师来充实教材教法教师队伍;在加强实践性方面,注重见习环节,采取走出校门、深入中学的办法,主动加强与中学的交流,以推动教材教法课程的改革;此外还充分发挥电教中心的作用,加大电化教学的力度,充分利用音像资料宣传并普及现代教育技术手段;举办微格教学研讨会,通过加强微格教学训练来促进教学手段和方法的改革。

第三,强化教师职业技能训练。师专生是否具备将来从事教育教学活动的职业技能,是能否实现教育目标的重要一环。为此,学校花大力气强化教师职业技能训练。1989 年在教务处设置了教师职业技能教研室,负责指导全校学生教师职业技能的训练工作。经过多年的探索和努力,在组织机构上建立了校、系、班 3 级训练网,每级都有专人负责,做到职责明确,同时将技能教学列入教学计划,归入教学类课程,有计划、有目的地开展各种技能训练活动,并将考核成绩纳入学籍管理;在训练内容方面,确定了教师口语、三字、音乐、美术基本和电化教学为全校性公共职业技能课,各系也酌情开设了部分技能课,诸如体育专业的绘图,化生专业的标本制作,英语专业的简笔画、打字,音乐专业的唱、弹、跳、指、编、导等;在教学和考核方面,校技能室制定了《三明师专教师职业技能训练手册》,新生入校人手一册,让学生详尽地了解各项技能训练的内容、要求及考核办法和标准,以增强学生训练的主动性。强化教师职业技能训练,使学生在口语、书法、绘图、小制作等方面有了较大提高。

第四,加强教育实习环节。教育实习是学校教学工作的一个重要组成部分,是对学生的专业水平、知识结构、文化修养、心理素质、从事中学教育教学的能力的大检阅。学生教育实习工作是在不断探索中发展完善的。创办之初的 1975 级学生以开门办学的形式到中学实习;比较正规的实习始于 1977 级,1977 级实习从 1979 年 8 月底进点,为期一个学期;1978 级时间安排在第四学期的第 10 周左右进行,为期 4 周,以科为单位组队,每个实习队配备本科的指导教师对学生的实习工作进行全面管理。当时的校长、教务处主任、科主任都深入第一线,对实习步骤、教学实习、班主任实习等几个实习环节进行现场观摩指导。1980 级改为第四学期一开学就到中学实习,使实习有了明显的效果。这一实习形式持续到 1986 级。从 1987 级以后到1991 级,学校将实习形式改为以生源县组队的形式,即将各个系的同县(籍)的学生组成实习总队,然后分成若干实习队到本县若干所中学进行实习,这种方式主要依靠实习中学教师进行专业实习指导,每个队配备一名学校教师带队,主要负责实习生的日常管理工作。同时,学校教育实习制度建设也不断加强,1979 年制定了《实习生成绩评定标准》,1980 年又制定了《实习生守则》和《实习有关人员职责》,对实习生、领队教师及实习指导教师的职责、任务做了明确的规定;1987 年制定了《教育实习暂行办法》,对实习工作作出全面具体的规定,随后进一步修订了《三明师专学生实习成绩评定标准》和《实习生守则》,实习工作更加规范。1992 级到 1994 级,学校进行了教育实习改革试验,教育实习形式改为"顶岗实习",即学生在校学习期间不进行教育实习,2 年后分配到中学任教的第一学期为实习期;实习结束后用人单位根据学校制定的实习生考核标准及本单位对试用教师的考核办法,对实习生进行全面的考核和鉴定,学校进行验收,合格后发给毕业证,成绩不合格者,再延长半年实习期,仍不合格者按结业处理;这一实习形式持续 3 届。1995 级以后又改为以生源县组队的形式。总之学校在教育实习改革进程中,不断探索,不断完善,使教育实习这一实践环节更加科学有效。

5.实验室建设稳步进行

实验室是学校进行教学科研的基地,是办好学校的基本条件,实验室工作也是反映学校教学、科研和管理水平的重要标志。师专自创办以来,就重视实验室这一教学基本设施的建设,在财力十分困难的情况下,优先安排教学设备的投入,根据教学计划、实验大纲的要求选配好实验设备。学校共有各类实验室 28 个,其中物理专业 7 个,化生专业 10 个,地理专业 3 个,数学专业(计算机中心)1 个,英语专业语音室 2 个,美术专业画室 1 个,音乐专业琴房 1 个(幢),教心室 1 个,办公室、教务处、电教中心 2 个。随着世界银行"师范教育发展项目"贷款设备采购项目的到位,学校教学设施设备价值达到 600 多万元,大大充实了实验设备,保证基础实验和科研的正常进行,使实验开出率和实验室利用率分达到 85％和 55％,学校教学条件和行政管理条件得到了很大改善。

为了适应教学管理信息化和综合化的趋势,学校 1988 年成立了电子计算机室,1990 年成立学校管理微机室,1996 年成立了教学微机室,加快了管理手段现代化的步伐;1997 年成立了电教中心和计算机中心,促进了电化教学和计算机教学的开展,同时对物理、化生、数学、英语、音乐、美术专业的实验室、语音室、教学场地进行了改建扩建,办学能力进一步加强。1990 年以后,实验室管理在规范化和制度化方面迈进了一大步,各系实验室制定了实验室管理条例、实验教师岗位职责、实验员岗位职责、保管员职责,顺利通过省教委对实验室的达标评估。

6.校际教学研究协作组建立

福建高师在这一时期的教改中,一个重要的特色是各师范专科学校建立了校际教学研究协作组。协作组是在教育厅领导下,全省师专教师开展教学研究和协作活动的群众性组织。几年来它在组织各学科教师开展校际教学研究、教学经验交流、组织各种学术讨论等协作活动方面做了大量工作,对加强全省师专各学科的建设,不断提高教师的业务水平和教学质量,对促进师专的建设和发展作出了积极的贡献。师专校际教学研究协作组的诞生并不是偶然的,它是在全省师专创建初期,客观上需要将各校力量联合起来,解决各种教学问题的特定历史条件下的必然产物。当时各师专都处于草创阶段,各学科的教学工作面临着大量亟待解决的问题,但各校的师资力量又都十分薄弱,教学经验也非常缺乏,仅靠一个学校的师资力量去解决众多问题是不可能的,而省地市又没有专门的机构和人员来研究指导解决学科教学中所遇到的困难,因此,广大师专教师迫切要求有一个跨校的横向联合机构,来研究解决在教学上遇到的各种难题。

1979 年,经省师专教育工作会议讨论决定,并报省教育厅批准,于下半年正式成立了师专校际教学研究协作组。协作组初建时有中文、英语、数学、物理、化学和教育 6 个组,1980 年又增设了政教、体育 2 个组。

校际协作组创建以来,开展了下列工作:

(1)修订了 2 年制专 11 个专业的教学计划,并完成了教育部委托的向天津会议提供 2 年制师专教学计划讨论稿的任务。

(2)制定了 2 年制 7 个主要专业 42 门课程的教学大纲,解决了各主要专业全部或大部分课程缺乏教学大纲的问题。

(3)组织编写了部分教材,讨论了其他部分课程的教材处理意见。

(4)聘请师大及其他老本科大学有经验的教师莅校讲学,传授经验,指导业务,提高了师专教师的业务水平。

(5)开展教学经验的交流活动。

当然,所有新生事物都难免有一些缺陷,协作组在成立初期也存在着一些问题,如:组织的性质不够明确,制度不健全,一些活动计划性不强,活动的质量不高等。为了解决这些问题,1982 年省师专教学工作座谈会制定了《协作组工作条例》,从制度上保证了协作组活动的正常开展。

教学实践

教学实践是高等学校人才培养的一个重要组成部分,是提高学生实践能力和创新能力的重要教学环节。实践教学的基本任务是培养学生的应用能力和职业能力。因此,要切实加强学生实践技能的全面训练,培养学生思维能力、观察能力、动手能力和创新能力,以及严肃认真的科学态度和求真务实的工作作风。

实践教学内容包括实验、实习、实训、社会实践、课程设计、毕业设计(论文)、学年论文等,也包括军训、创业活动以及纳入教学计划的社会调查、科技制作、学科竞赛活动等。上述内容要形成科学合理的体系,对实现人才培养目标才有重要作用。

考查内容有:实践教学在教学计划中的内容、学时、学分等分配情况;实践教学内容、方法、手段、形式等更新和改革情况;学生参加科研和科技活动情况;实践教学的效果,包括实验开出率等。

1. 开辟第二课堂

在认真抓好课堂教学的同时,学校广泛深入地开辟第二课堂的活动。第二课堂活动的开展,不仅活跃了校园的学习气氛,开阔了学生视野,增长了学生知识,培养了学生兴趣,而且还提高了学生的思想政治水平,陶冶了学生情操,培养了学生各种能力,加深了学生对教育事业的感情。第二课堂活动主要有以下几种形式:

(1)成立学生社团和各类兴趣小组,创办刊物和大型墙报。有演讲协会、书法协会、集邮协会、摄影协会、武术学会等学生社团,参加人数相当多,此外还成立多个课外兴趣小组和文学社,并出版文学刊物《学步》《水花》《春草》《苗圃》《阡陌》等,尤以学步社久负盛名。其中,《山鹰》还作为《三明师专报》的副刊沿用多年。

（2）举办各种类型的学术讲座和报告会。学校经常邀请专家学者、社会名流来给学生做专题学术报告,开阔学生视野,培养学生兴趣,陶冶高尚情操。

（3）根据专业特点,开展形式多样、生动活泼的竞赛活动。学校除了一年一度的田径运动会以外,还经常组织一些球赛和其他项目的体育竞赛。根据师范的特点,为了扩大学生的知识面,经常有针对性地开展"百科知识竞赛"、演讲比赛、朗读比赛、书法或板书比赛、黑板报比赛、歌咏比赛、辩论赛等。这些活动,形式生动活泼,效果极佳,深受学生们的欢迎。

（4）鼓励学生走出校门,面向社会,搞社会调查,增强实际工作的才干。学校十分重视学生的社会调查活动,除了寒暑假部署回乡调查的任务以外,还利用教育实习、见习等机会鼓励学生开展社会调查工作。

2.开展教育实习活动

教育实习活动经历了一个不断完善发展的过程。起初,有的师范学校对教育实习工作未予足够重视,缺乏周密计划,甚至没有专人指导,学生出去后就不管了。尤其是在 1977 年至 1978 年间,不少学校由于校舍拥挤、师资不足,甚至连附小附中都没有,为了接受超额的招生任务,不得不把毕业班学生打发出去,名曰"教育实习",结果是既无计划,又无指导;学生在毫无准备的情况下,匆匆到中小学顶班教学,这种徒有其名的实习,是毫无质量可言的。省教育厅发现了这个问题后,要求各校切实重视和加强教育实习工作,使学生通过教育实习在思想上、业务上获得全面锻炼,以培养独立工作的能力(主要包括教学能力和做班主任、少先队辅导员工作的能力);同时责成各校必须按教学计划的要求,安排好分散的见习和集中的全面实习,每次教育见习、实习都要有组织、有计划、有要求。

1990 年 2 月 15 日,学校不仅作出了具体而明确的规定,而且做了认真的安排,发出《关于进一步搞好实习工作的通知》,明确要求:

一是各实习队学生应积极、认真地参加实习工作,开展各项实习见习活动。

二是加强纪律性,切实做好对实习生的管理工作。

三是各实习队的带队教师在认真搞好实习工作的同时,应积极主动做好所在实习学校三明师专历届毕业生的跟踪调查;同时各带队教师应深入到县教育部门、有关中学,广泛了解历届毕业生的政治表现、工作表现和教学情况。返校后学校将统一组织汇报此项工作。

四是本届实习结束后,学校将组织各队总结交流和表彰,请各实习队及早做好准备。

同时向三明市委、三明市人民政府申请建立教学实习基地,如《关于建立我校教育实习基地的请示报告》《关于我校教学见习、实习基地继续设立的请示报告》。

3.社会实践效果显著

学校党委十分重视学生的社会实践活动,对此进行了精心组织和指导,从而使得这项活动取得了显著的效果,并总结出了以下经验:(1)举办社会实践活动骨干培训班。通过学习、专题报告、交流思想等形式,培训了一批学生骨干队伍。(2)社会实践使同学们开阔了眼界,增长了知识,发现了自己的不足。(3)加强家、校联系,要求家长关心和支持子女参加各项有益的社会实践活动。(4)通过实践锻炼,许多学生对培养社会主义合格人才的标准有了新的认识。

人才培养

人才培养是关系到党和国家的前途命运的大事,是党和人民事业兴旺发达的根本大计,是各行各业事业发展的关键问题;人才也是推动科技进步和教育发展的基本力量,是推进经济社会发展的重要因素,是夺取新时代中国特色社会主义伟大胜利,实现中华民族伟大复兴的重要力量。因此高等学校要努力培养具有良好人文、科学素质和社会责任感,学科基础扎实,具有自我学习能力、创新精神和创新能力的人才。

新中国成立以来,对高校人才培养有一个逐步提高和完善的过程。1950 年,我国的《高等学校暂行规程》中就规定:培养具有高级文化水平,掌握现代科学和技术的成就,全心全意为人民服务的高级建设人才。1961 年《教育部直属高等学校暂行工作条例(草案)》中规定:培养学生具有爱国主义和国际主义精神,具有共产主义道德品质,拥护共产党的领导,拥护社会主义,愿为社会主义服务、为人民服务;通过对马克思列宁主义、毛泽东著作的学习和一定生产劳动、实际工作的锻炼,逐步树立无产阶级的阶级观点、劳动观点、群众观点、辩证唯物主义观点;掌握本专业所需的基础理论、专业知识和实际技能,尽可能了解本专业范围内科学的新发展;具有健全的体魄。

1962 年《全国重点高等学校暂行工作条例(试行草案)》中,增加"培养分析问题、解决问题的能力,比较熟练地运用一种外国语阅读专业书刊"的要求。1985 年颁布的《中共中央关于教育体制改革的决定》,要求培养有理想、有道德、有文化、有纪律,热爱社会主义祖国和社会主义事业,具有为国家富强和人民富裕而艰苦奋斗的献身精神;不断追求新知,具有实事求是、独立思考、勇于创造的科学精神;具有现代科学技术和经营管理知识,具有开拓能力,能够适应现代科学文化发展和新技术革命要求的各类工作人员。

总之,要培养德智体美劳全面发展的社会主义建设者和接班人。

20 多年来,学校为国家培养了 1 万多名合格的毕业生。他们有的已走上各级各部门的领导岗位,有的成为行业骨干,特别是已成为三明市中学教育中一支举足轻重的生力军。他们扎根山区,安心教育,有的成为中学领导,有的成为教坛新秀,默默耕耘在中学教育这块园地,为教育事业贡献自己的一生。

在这 1 万多名的毕业生中,仅举几位在学术文化领域较有成就的代表:

池汝安,1980 年毕业于化学专业。曾任清华大学核能技术设计研究院院长助理,副研究员、研究生导师。1989 年考入中南工业大学矿物工程系研究生,获博士学位;1992 年进入清华大学原子能科学技术博士后流动站。先后负责承担国家、部委及地方的科研课题 11 项,在国内外杂志上发表论文 72 篇,著有《稀土选矿与提取技术》《稀土矿物加工》等 4 本专著,获地质矿产部科技进步三等奖。1997 年获国家杰出青年科学基金。现为武汉工程大学二级教授、博士生导师,国务院政府特殊津贴专家、湖北省"楚天学者计划"特聘教授。

张善文,1979 年毕业于中文专业。现任福建师范大学中文系易学研究所所长,兼任国家《续修四库全书》"经部"特约编委、中国周易学会副会长、福建中华易学研究中心理事长、东方国际易学研究院学术委员、台湾易经学会学术顾问。在海内外出版《周易译注》(合撰)、《周易辞典》、《象数与义理》、《易经初分》等著作15种,主编《十三经漫谈》。

史秋衡,1980年毕业于物理专业。厦门大学教授、博士生导师,教育研究院副院长,高教质评所所长。国务院政府特殊津贴专家,教育部"新世纪优秀人才",福建省哲学社会科学创新领军人才,福建省高校领军人才,福建省"百千万人才"。获教育部高等学校科学研究优秀成果奖(人文社会科学)三等奖和教育部教育科学研究优秀成果二等奖等省部级政府优秀科研成果奖8次。独立或第一作者出版8部专著,在国内外权威报刊发表60余篇学术论文。

巴桐,本名郑梓敬,当代小说家、散文家,诗人、书法家,中国作家协会会员。1978年入师范大专班中文专业学习。主要作品有:长篇小说《日落香江》《蜜香树》;短篇小说集《佳人有约》《女人的一半是……》《巴桐幽默小说》《浅水湾之恋》《无尘》等;散文集《香岛散记》《巴桐煮字》《情缘醉语》《征战商场》《巴桐文集》等;电影剧本《东瀛游侠》;传记文学《香港富豪奇人奇事》等。

学校十分重视各类竞赛活动,鼓励学生积极参加各类竞赛活动,以此来检验教学的成果。

自1979年以来,学校在省教委历次组织的统考中都取得了较好的成绩。如:1979年全省师专物理科"电磁学"统考,名列总名次第二名,物理科的叶普同学考出了"状元卷"。1984年全省师专统考,数学、英语两个专业均获得总分第一名,两门课程都考出了"状元卷";中文专业获得了总分第二名。1987年全省师专数学科"数学分析"统考,获总平均分第一名。1991—1992学年全省师专物理科"光学"统考,获集体第一名,个人前三名。物理科的无线电测向和航模活动开展出色,两次荣获高校航模比赛二等奖。

1984年省第7届大学生田径运动会上,学校代表队获专业组男、女第二名,公体名列全省师专第一名。1987年省第8届大学生田径运动会获专业男子组第三名,公体女子组第一名。1984年,省高校乙级排球大赛,校男排获得第二名;1987年华东地区师专排球赛校男、女排球队获第一名。1983年省高校武术比赛中学校获女子第二名。此外,学校曾连续3年获全省学校音乐周比赛第一名。

福建师范大学实行中期选拔后,有67名毕业生被选拔到福建师大继续深造。

第四节　文明校园　环境育人

中国近代社会,大学校园的基本特征是趋向城市化,建筑趋向一体化,功能趋于综合化。然而,20世纪80年代以来,校园模式开始由封闭型向分散、开放型转变。这表现为:学科建设不断分化、综合;学科教学用房从不便交流,向有机开放转变。许多高校形成了校园社区化的格局,校园空间内外开放;学科界限被打破,交叉融合发展。校园基本特征的上述转变,要求在规划理念上,应该由传统的机械功能分区,转变为以人为本的区域互动。传统教育以传授知识为主要目的,以教师、课堂和教材为中心,与之相对应的建设规划和设计,则把教室、教学楼和教学区作为重点。而当今的教育即以全面提高学生的素质及其实践能力为目标,既重视课堂内教学,又重视课堂外的教育。显然,与之对应的建设规划和设计,就应该同时重视教学空间和非教学空间、内部空间和外部空间的联系,重视校园、校舍自身与社会不可分割的联系。

校园物质文化建设

完善的校园设施将为师生员工开展丰富多彩的寓教于文、寓教于乐的教育活动提供重要的阵地,使师生员工教有其所、学有其所、乐有其所,在求知、求美、求乐中受到潜移默化的启迪和教育。完善的设施、合理的布局、各具特色的建筑和场所,将使人心旷神怡,赏心悦目,将有助于陶冶情操,塑造美好心灵,激发开拓进取精神,约束不良风气和行为,促进身心健康发展。为此学校极为重视。

1.大门、道路

由于学校的大门和道路不完善,为维护校园内安定,保障正常的教学秩序,学校向省教育委员会和市人民政府提出了申请,如《关于要求拨款兴建校大门的请示报告》《关于要求拨款修建校园道路的请示》。

以上请示均得到省教育委员会与市人民政府的有力支持。拨给了专款修建校园围墙。学校在原收容站处修建校园大门,并在荆东村渔池处及与职大交界处修建两个边大门,从 205 国道进入校园的主干道路由原来的 3.5 米宽的简易道路,改为 8 米宽的混凝土道路,形成了整个校园的环闭空间。校园基础设施的完善,对维护校园安定,保障正常的教学秩序起了很大的作用。

2.教学场所

教学场所是学校得以办学的根本保证,为此学校向省教育委员会提出了申请,如《建设关于要求拨款扩建田径场的报告》。

同年 10 月 8 日,学校又向省教委提出建设 400 米田径场、50 米×25 米标准游泳池、雨盖球场、水泥灯光球场、投球机场、篮球练习场等的申请。

1994 年 11 月 15 日,学校再向福建省教育委员会请求追加扩建一个 300 米田径场。

以上教学场所的建成,较好地改善了学校的办学条件。

3.生活设施

生活设施的建设与完善,使得同学们能够进一步地安心学习。然而,校园建设是长期不断完善的系统工程,学校为此进行了不懈的努力。比如向三明市人民政府上报《关于要求增拨学生澡堂工程款的报告》《关于申请给学生食堂专项修缮费的报告》《关于增拨基建投入,改善办学条件的报告》《关于要求支持九六年兴建学生生活、活动综合楼的请示》等;向省教委上报《关于改善办学条件的报告》。经过积极争取与建设,校园面貌焕然一新,为同学们的安心学习和环境育人打下了坚实的基础。

校园精神文化建设

苏联教育家苏霍姆林斯基曾指出,丰富的校园精神生活,使每一个人都能找到发挥、表现和确立自己力量和创造才能的场所。校园精神文化建设所包含的内容十分广泛。它通过丰富多彩的内容和各种各样的形式,对学生价值观念、道德情操、思想内涵和行为模式的形成和发展起着深刻的影响,是学校发展的重要保证。

1. 向先进学习

榜样的力量是无穷的。通过组织学生向榜样学习,让他们树立起胸怀祖国、忠诚党的教育事业的信念。学校积极响应教育部的号召,向先进学习,及时转发了教育部《关于组织毕业生学习周礼荣先进事迹的通知》,并附上周礼荣先进事迹,以便同学们参照学习。

学校十分重视开展向雷锋同志学习的活动。如制定《关于开展学雷锋活动几点实施意见》并提出具体要求:(1)各班级必须利用每天晚自习前半小时时间,学唱雷锋之歌,并从中自行录制两首歌曲,用于评选。(2)各党支部、团总支在学雷锋活动月中,必须有本学科"学雷锋动态"简报,在此基础上,党办、团委编印《学雷锋活动先进事迹集》。(3)完成校内标语牌书写工作以及举办一期以"向雷锋同志学习"为内容的书法展。(4)筹办校学雷锋典型经验交流会。

2. 职业自豪感

党的第十三次全国代表大会,制定了社会主义初级阶段的基本路线,强调把发展教育事业放在突出的战略地位,使经济建设转到依靠科技进步和提高劳动者素质的轨道上来。振兴和繁荣我国教育业,已经成为摆在全党、全社会面前的一项十分迫切的历史性任务。振兴民族的希望在教育,振兴教育的希望在教师。努力提高教师的政治地位和社会地位,调动他们教书育人的积极性至关重要。

教师节的活动应当成为每年一次的全民尊师重教的教育。学校通过教师节的庆祝活动,使社会了解教育、关心教育、支持教育,促进全社会形成尊师重教的良好风尚;同时要鼓励教师为人师表,热爱学生,激发教师的光荣感和责任感,鼓励教师终身从事教育事业。改善办学条件和提高教师待遇,逐步使教师工作真正成为最受人尊敬、最值得羡慕的职业之一。为此,学校发布《关于庆祝今年教师节活动的通知》,结合教师节活动,提升师范学生的职业自豪感。

3. 共建活动

首先是开展了师生共建文明宿舍活动。据报道,师生共建文明宿舍活动较好地发挥了教师、干部、职工的群体优势,有力地调动了教师、学生的积极性,切实强化了学校思想政治工作和精神文明建设,开创了教书育人工作的新局面。全校12个专业教师与208间学生宿舍结成"共建"对子,参加共建活动的专业教师有168名,参建率为95%以上,其中有35人被评为共建积极分子,在208间学生宿舍中涌现了33个标兵宿舍,9个文明宿舍,达标率在90%以上。通过共建文明宿舍活动,提高了学生的文明水准和道德素质,丰富了教书育人工作的内容,建立了新型的人际关系,推动了学生宿舍管理工作。

其次,开展竞赛活动和组织志愿者协会。如发出《关于进一步落实"创建国家卫生城竞赛活动"的通知》,对参加竞赛活动的目的要求、竞赛内容、方法步骤等都做了具体的规定和细致的安排。

为贯彻团中央、全国学联有关青年志愿者服务的精神,结合学校的实际情况,成立了三明师范高等专科学校青年志愿者协会,不仅设置了完整的青年志愿者服务机构,还开展了丰富多彩的活动。

4.安全秩序

学校位于荆东市郊偏僻之地,交通不便,社情复杂。为切实加强治安保卫工作,保障学校的财产和师生的生命安全,维护正常教学秩序和生活秩序,学校申请成立公安派出所,成立"创安"工作领导小组。在校党委领导下,全面深入地开展创建"安全单位"活动,围绕"稳定压倒一切",坚持以防为主、确保重点、保障安全的方针,加强思想政治工作,积极、稳妥、扎实地开展"六联六建"活动,努力创建一个安定稳定的教育教学环境和校园秩序。

5.自我教育

学校为深入开展"争达标、创文明、树标兵"社会主义精神文明建设竞赛活动,进一步强化学生管理,发挥校学生会"自我教育、自我管理、自我服务"的职能,建立学生工作信息反馈网络,促进学校精神文明建设工作上新台阶,成立了"学生自我管理部"。学生自我管理部由学生会干部组成,下设二组一队,即"宿舍管理小组""膳食管理小组""校园督导队";组织校学生会干部,各学科、班级学生骨干、校记者站成员参加。其职能是:促进全体同学积极开展创建文明宿舍、文明班级、文明学科等活动,培养自觉遵守校纪校规、遵守良好文明行为规范的大学生。

为繁荣校园文化,活跃校园文化气氛,丰富同学的课余文化生活,培养一专多能的人才,学校举办了丰富多彩的"社团活动周"活动。活动内容有:(1)举办征文大赛。(2)文学知识问答、猜谜、对联活动。(3)全校钢笔书法和毛笔书法赛。(4)竹笛、吉他演奏会。(5)围棋棋力测验及围棋知识问答活动。(6)以自由组队方式,举行双人对式桥牌赛。(7)全校性象棋比赛,比赛分男、女两组,采取二胜制和循环式。

6.制度建设

学校从制度建设入手,使评选"三好生"、奖学金、先进荣誉称号以及学生升留级、毕业分配等更加科学和公平公正。如印发《学生德智体考核评分试行草案(二)》,规定学生德智体考核评分的比例,即德育方面占百分之三十五,智育方面占百分之六十五,对学生进行考核。具体考核方法是:(1)成立由班主任、学生干部和学生代表参加的评分小组。(2)教务处提供学生的学习总成绩、实习成绩、考勤情况。(3)此项工作在每学期末和下学期初(第一周)前完成,毕业班要在毕业前完成。

为了保证制度建设和顺利实施,学校还成立了以校党委书记林发茂同志为组长的领导小组,统领学校精神文明建设工作。结合实际情况,寓精神文明建设于制度建设之中,细化切实可行的制度措施,颁布了《三明师专"三好生""优秀学生干部""文明宿舍建设积极分子""先进班级"评选、表彰实施办法》的通知,以及《关于表彰一九九二年度暑期社会实践先进集体、先进个人和优秀调查报告的决定》《关于表彰一九八九——一九九〇学年度三好生、优秀学生干部(八八级)的决定》《关于表彰一九八六——一九八七学年我校先进教师、优秀班主任、先进育工作者的决定》等文件。

7.思想政治教育

多年来,全国许多高校开设了共产主义思想品德课,收到了良好效果。福建省高校在向学生进行共产主义思想品德教育方面也进行了一定的工作,积累了一些初步经验;有一部分学校还初步建立了这门课的教研室,配备了一些专职教师和兼职教师等,为福建省高校普遍开设这门课程创造了有利条件。

学校积极响应胡耀邦同志的号召,按省人民政府文教办的要求,在全校开设了共产主义思想品德课。应从建设社会主义精神文明和培育社会主义新人的战略高度,去努力实现理想教育、道德教育、纪律教育在全国人民中,特别是全国青少年学生中的普及。而在高校中对大学生进行有计划的共产主义理想教育、道德教育和纪律教育是十分必要的,为此学校做了具体的规定:(1)共产主义思想品德课作为一门必修课纳入教学计划,正式排上课程表,有计划地进行教学。(2)由各系根据对大学生共产主义思想品德的要求和专业的特点,以及学生的实际情况自行编写。(3)共产主义思想品德课的教学,应坚持理论联系实际的方针,要针对不同专业,不同年级学生的思想特点进行教学,使教学有明确的目的性、有较强的针对性,同时还要有较高的艺术性。在教学方法上要灵活多样,除课堂讲授外,可组织专题讨论、参观访问、社会调查和运用各种形象化的教学手段。努力使我们的教学有战斗力、有说服力、有吸引力。(4)共产主义思想品德课和形势任务教育课。可用每星期的政治学习时间,平均每周 2 学时,由各系根据具体情况统筹安排。(5)共产主义思想品德课,每学年考核一次,主要是考核学生的思想品德表现。(6)共产主义思想品德课教学,由主管学生思想政治工作的部门组织实施。讲课任务主要由从事学生思想政治教育的人员担任,也可请校内外同志讲课。(7)凡是能够独立担负共产主义思想品德课教学任务、具备高校教学人员职称条件的教学人员,可根据其政治、业务理论和教学等情况,按高校教学人员职称评定的条件要求,给予评定相应的教学职称。

第五节 党的建设 政治保证

加强高校党的建设是推动科教兴国战略的政治保证。中国共产党只有赢得青年,才能赢得未来;要赢得青年,就要用先进的理论引导青年、培养青年用马克思主义观点指导实践,把符合入党条件的优秀学生吸收进党的队伍中来,培养一批建设社会主义事业、为实现中华民族复兴伟大中国梦而奋斗的可靠接班人。因此,强化高校党建工作,既是全面贯彻党的社会主义教育方针的政治保证,也是为实施科教兴国战略提供智力的支持和人才培养的制度保证。

学校历来十分重视加强党的建设和思想道德建设,积极开展"学雷锋"等富有特色的道德实践活动,不断提高广大师生的道德修养。为了不负使命,培养合格的社会主义接班人,学校加强对全校党员、团员以及学生干部的培养,认真抓好在青年教师和大学生中发展党员工作,努力把优秀人员吸收到党组织中,进一步提高党员队伍质量。加强对高校的管理尤其是网络管理,坚决抵制各种消极舆论对师生的影响和渗透,确保高校和谐稳定。加强党风廉政建设,推进反腐倡廉工作制度化,努力从源头上铲除滋生腐败的土壤,不断净化政治生态环境,推动高校党建工作再上新台阶。

制度保证

组织制度是推动高校党建工作上新台阶的保证。中共三明市委为学校及时配备了党委组成人员。

1987 年 8 月 20 日,三明市委组织部下发《关于三明师范专科学校党委组成人员的通知》,明确中共三明师范专科学校委员会由马长光、徐政、谢扬庭、陈纯珀、何国清等 5 位同志组成,马长光同志留任书记。原校党委委员、副书记、书记除留任者外一律免除,原享受的待遇不变。

为了加强学校纪律检查工作,努力端正党风,保证教育体制改革的顺利进行,学校党委决定申报成立中共三明师范专科学校纪律检查委员会。机构设书记一人,副书记 1 人,委员5 人。

为加强党的建设,提高党员的素质,保持党员队伍的先进性和纯洁性,增强党的战斗力、凝聚力、吸引力,根据中央领导同志关于加强党的建设的一系列重要讲话精神,以及省、市委党建工作会议的精神,贯彻落实中央关于"两手抓"的指导方针及市委《关于开展民主评议党员活动,妥善处置不合格党员的意见》,学校党委统一部署,以在全校形成各级党组织抓党的建设的大气候,努力开创学校党建工作的新局面。1989 年 3 月,学校出台了《关于加强党的建设开展民主评议党员,妥善处置不合格党员活动的意见》,决定从 4 月下旬至 5 月下旬在全校党组织中开展民主评议党员活动,并在这个基础上,围绕党风廉政、党的凝聚力、党的吸引力这 3 大问题进一步加强党员教育、基层组织建设和廉政建设,抓好各项工作的落实。

为切实加强对校民主评议党员、处置不合格党员工作的领导,经党委研究决定成立"三明师专民主评议党员,妥善处置不合格党员领导小组"。组长由马长光担任,副组长由徐政、谢扬庭、何国清、陈纯珀担任。

为了加强党的建设,加强思想政治工作,加强对党员和党的领导干部的监督,进一步转变作风,为学校的改革、发展和稳定提供强有力的思想和组织保证,学校每年都会出台党建工作意见。如《三明师范高等专科学校 1995 年党建工作意见》,提出具体要求:(1)加强理论学习,提高广大党员和党的领导干部的思想政治素质。(2)加强党的基层组织建设,增强凝聚力和战斗力。(3)加强精神文明建设,改进思想政治工作。(4)加强党的廉政建设,坚持从严治党。以此号召各党支部和全体共产党员,一定要认清形势,明确方向,树立信心,振奋精神,同心同德,艰苦奋斗,力争使学校党建工作迈上一个新台阶。

根据校党委的统一部署,全校先后组织了中央十四届五中会议重要文件及教育法规的宣传、学习活动。响应中央领导同志关于讲学习、讲政治、讲正气的号召,党政一班人带头学习,沟通思想,提高认识,增进团结,认真做好领导干部廉洁自律、自查自纠的工作,深化对反腐倡廉重要性的认识。以此为契机,学校先后举办了科级干部短训班、党校培训班和团校学生干部培训班。通过坚持系列学习培训与日常政治学习相结合的制度,广大干部、党员、师生的思想政治素质有了进一步的提高,责任感、使命感和事业心有了进一步的增长。民主生活会是实现这一目标的有效办法,下发了《关于九五年度下半年校领导干部民主生活会的通知》《关于一九九六年上半年领导干部民主生活会的通知》。

党委领导下的校长负责制是中国共产党对国家举办的普通高等学校领导的根本制度,是高等学校坚持社会主义办学方向的重要保证,是中国特色现代大学制度的核心内容,必须毫不动摇、长期坚持并不断完善。为进一步贯彻执行高等学校党委领导下的校长负责制,学校不仅组织认真学习《关于坚持和完善普通高等学校党委领导下的校长负责制的实施意见》,而且结

合学校实际,制定实施办法。明确:

(1)党委统一领导学校工作。校党委是学校的领导核心,履行党章等规定的各项职责,把握学校发展方向,决定学校重大问题,监督重大决议执行,支持校长依法独立负责地行使职权,保证各项任务完成。

(2)校长主持学校行政工作。校长在学校党委领导下,贯彻党的教育方针,组织实施学校党委有关决议,行使高等教育法等规定的各项职权,全面负责教学、科研、行政管理工作。

(3)健全党委与行政议事决策制度。党委在党员代表大会闭会期间领导学校工作,党委会由党委书记召集并主持,会议议题由学校领导班子成员提出,党委书记确定。

(4)健全协调运行机制。建立校领导1~2周一次定期沟通制度,及时交流工作情况,做到心中有数。对学校发展的有关问题进行研讨,集体决定重大事项前,党委书记、校长和有关领导班子成员要个别酝酿、充分沟通、形成共识。领导班子成员要自觉维护集体领导,按照分管的工作范围,各司其职,抓好落实,成员之间密切配合、团结协作、共同协商。同时,在平时的工作中,发现问题也要及时通气。

(5)加强民主管理。加强学术组织建设,按要求建立健全学术委员会为核心的学术管理体系与组织架构,并按规则运行充分发挥其在学科建设、学术评价、学术发展和学风建设等方面的重要作用,积极探索教授治学的有效途径。发挥教职工代表大会及群众组织作用,健全师生员工参与民主管理和监督的工作机制。完善教代会制度,畅通民主参与和民主监督的渠道。每学年至少召开1~2次教职工代表大会或专题会,报告学校年度工作,审议学校建设、改革和发展的重大问题,机关部门向工会通报情况,有效发挥教代会民主管理和沟通上下的主渠道作用。

(6)加强基层组织建设。强化抓党建是党总支书记主责主业的意识,切实落实从严治党要求,严肃党内政治生活,改进工作作风,不断提升党建科学化水平。制订相关议事决策规则,完善二级学院党政联席会议制度,集体讨论决定重大事项。

(7)建立健全保障机制。注重党内监督,积极支持纪委按照党章及《中国共产党党内监督条例(试行)》《党员权利保障条例》规定,充分履行监督职能,严格按议事规则、工作程序办事。对于重大改革措施、重要规章制度的出台,都要广泛听取各方面意见。

中国共产主义青年团是党的得力助手,是共产党的预备队。团员队伍是共青团组织的主体,加强对团员的思想教育和组织管理,不断提高团员队伍的素质,是增强团组织活力,发挥团在青年中的先锋模范作用的重要保证,也是新时期团组织建设的一项重要工作。因此要从制度建设入手,加强团员队伍建设,抓好团前教育、团员发展、团员教育、团干队伍建设、团员管理、团费收缴、团员违纪处理7个环节,建立健全团的组织生活和组织工作制度,逐步建立起科学、系统的团员教育管理机制等。学校十分重视对群团工作的制度建设,制定了《关于加强团员教育管理的若干规定》,保证团员教育管理工作有章可循。

树立榜样

为了总结经验,树立典型,表彰先进,进一步激励广大共产党员发挥无私奉献精神,忠诚于党和人民的教育事业,学校积极推荐参加省市各类先进评选。从 1990 年至 2000 年,学校对涌现出的先进党支部、优秀党务工作者和优秀共产党员进行表彰,树立榜样。其中获得省表彰的有:

1997 年,中共三明师范高等专科学校文科第一党支部获得省先进基层党组织称号;曾国华获得省优秀共产党员称号;黄荣获得省优秀党务工作者称号。

1999 年,中共三明师范高等专科学校文科第一党支部委员会获得省先进基层党组织称号;赖锦隆获得省优秀共产党员称号;李长生获得省优秀党务工作者称号。

对其他荣誉的获得者也进行广泛的宣传,如:

1993 年,唐桂明被福建省教委授予“省优秀教师”荣誉称号。

1993 年,苏秋华被团省委评为“新长征突击手”。

1996 年,吴长彬被评为“全国优秀教师”;赖锦隆被团省委评为“新长征突击手”。

1997 年,丁黎明被福建省教委授予“省优秀教育工作者”荣誉称号。

1998 年,李秀明被团省委评为“新长征突击手”。

通过树立典型和表彰宣传,激励广大党员发挥无私奉献精神,忠诚于党和人民的教育事业起到了良好的效果。

理论学习

为了加强各级领导干部的理论学习,提高干部的政治素质,增强各级领导班子团结,加强干部队伍建设,学校十分重视理论学习。例如下发《关于举办党校第五期科级干部理论学习班的通知》,对参加学习的时间、对象、学习内容与方式、学习要求、分组名单、分组对象、召集人、联络员、讨论地点等都做了具体的要求。

学校也十分重视群团干部的理论学习。为提高全体学生干部的思想政治素质和业务能力,进一步搞好学校的团学工作,常常举办业余团校干部培训班,如下发《关于举办业余团校第四期干部培训班的通知》。通知对参加学习的时间、对象、学习内容与方式、学习要求、分组名单、分组对象、召集人、联络员、讨论地点等都做了具体的要求,培训对象十分广泛,有校学生会成员,各系团总支、学生分会成员,各班班委、团支部委员,各团小组长(宿舍长),学生社团负责人,学生宿舍管理小组、膳食管理小组成员,校园督导队成员,学通社成员等。

积极培养

培养青年用马克思主义观点认识世界、观察问题、指导实践,把符合入党条件的优秀学生吸收进党的队伍中来,培养一批建设社会主义事业、为实现中华民族伟大复兴中国梦而奋斗的可靠接班人,高等院校责无旁贷。为了做好入党积极分子的培养教育工作,学校经常举办入党积极分子培训班,如下发《三明师专党校关于举办第四期入党积极分子培训班的通知》:

为了做好入党积极分子的培养教育工作,确保发展新党员的质量,严格把好入口关,根据市组织部《中国共产党发展党员工作细则(试行)》的要求,决定举办入党积极分子培训班,具体通知如下:

1. 培训内容:以邓小平同志建设有中国特色的社会主义理论和中国共产党章程为主要内容,进行马列主义基本理论和党的基本路线、基本知识教育。

2. 培训方法:以个人自学和专题辅导报告相结合,穿插组织观看党章《讲座》录像,集体讨论和党章知识测试等。

3. 参训对象:已递交入党申请书并被列为入党积极分子的教师、学生。

4. 培训时间:分为两个阶段,安排详见附表。

中共三师范高等专科学校委员会

一九九五年五月一日

第六节　教师队伍与学术活动

教师队伍

百年大计,教育为本。教育是立国之本,是民族兴旺的根基。一个国家有没有发展潜力看的是教育,这个国家是否兴旺发达看的也是教育。无论在什么时代,教育都是一个国家发展中的重中之重,而发展教育,就要有一支优秀的教师队伍。

三明师范专科学校的师资来源,主要有 4 个方面。一是原三明师范学校分出来的 115 位教学人员。这是三明师范专科学校最重要,也是最基础的师资来源。二是从全地区各中学调入骨干教师。三是从厂矿企业和事业单位聘任兼职教师。四是新分配来的大学毕业生。

建立一支稳定的、素质较强、结构合理、各有特点、能够适应师专教学的师资队伍,是实现学校办学目标、提高办学质量和效益的根本保证。建校以来,学校注重教师队伍建设,使广大教师即使在极其艰苦的条件下,在学校搬迁的情况下仍然可以一心扑在师专教育教学事业上,为师专的生存和发展贡献自己的聪明才智。

1. 严明教师风纪,树立严谨教风,培养爱岗敬业精神

学校注重对教师进行风纪教育、师德教育,营造教书育人的良好氛围,提倡爱岗敬业的奉献精神。首先从制度建设入手,以"三把关""四检查"制度培养教师严谨的教学风气。1984 年制定了《科任教师十条》,对教师课堂教学做了明确而具体的规定;1990 年制定《三明师专教师教学规范条例》,使教师的教学、科研活动有"法"可依。其次,打破分配中的平均主义。1984 年下半年,学校开始试行教师教学工作量制度,并通过考试改革检查教师的教学质量,以此作为教师奖励的依据,打破了分配中的"平均主义""大锅饭"现象。1993 年 11 月校第 2 届教职工代表大会通过了《三明师专岗位津贴暂行规定》;1997 年又出台了《教学系(室)定编和津贴发放规定》,试行岗位责任制,激发教师的工作积极性。此外还通过改革教学评议、教师年度考

核、选优评先、进修晋级等一系列管理措施,激励教师安心本职工作。

20 多年的师专历程,离不开教师们辛勤的耕耘。办学初期,没有大纲、教材,全靠教师自己编写,他们一心扑在事业上,白天上课,晚上辅导,开设选修课、观摩课,带学生实习见习,参加社会实践等,他们既教书,又育人,常常深入到学生当中做耐心细致的思想工作。学校小而全的专业设置,使人员编制十分紧张,教师的工作量常常是超负荷运转,骨干教师往往要担任两门以上课程,正是依靠教师们严谨的"教风",勤奋务实的工作态度,才使得师专在相当艰难的条件下得以生存和发展。

2. 重视继续教育,优化学历结构,提高教师整体素质

教师的继续教育是师资队伍建设的重要方面。师专创办之初,主要从中学、师范抽调骨干教师,组成学校教师主体。1978—1979 年招生数猛增,超过师资力量所能承受的好几倍。为解燃眉之急,学校新进了大批刚刚大学毕业和大专毕业的新教师。为提高教学质量,学校一方面利用暑假派新教师外出短期培训,另一方面也派教师到其他大学进行长期专业培训。

学校为优化教师知识结构,加强了教师的继续教育,每年都选送一批教师到各类大学进修深造。1980—1983 年,先后将 64 位教师送到老本科大学进修 1 年或 2 年,占教师总数的 40%以上。1993 年制定了《关于选送教师业务进修的规定》;1995 年起学校又设立了教师培训专项基金,并利用世行贷款技术援助部分加大了对青年教师和行政管理人员的培训力度。

积极鼓励教师申请参加研究生同等学力硕士学位进修。其中一次性派出罗关德、李秀明、王立端、施建雄、李应春、黄宝玖、曾令超、徐涛、蔡秀珊、张君诚等教师到全国著名的高校进行同等学力硕士学位进修。他们不仅获得了硕士学位,当中多人还进一步取得了博士学位。

到 1997 年为止,先后有 3 名教师参加访问学者进修,5 名骨干教师出国访问学习,20 人攻读硕士研究生学历,111 人参加硕士研究生课程学习,18 人获本科学历,88 人参加各类单科结业进修,1 人获中专学历,还有大量教师和管理人员参加各类短期培训。据不完全统计,建校以来,共选送了 300 多人次到复旦大学、北京师范大学、上海外国语学院、中国美院、厦门大学、福建师范大学等 50 多所大学学习。同时,还利用本校师资优势,开办了 2 期青年教师英语提高班,增强了青年教师英语学习的能力;举办了 2 期校园网计算机终端操作员培训,2 期青年教师计算机培训班,有 160 多名教师及管理人员参加学习,其中 100 多人分别通过了全国计算机一级 B 及以上考试合格证书,从而普及了计算机应用知识;主办了 1 期全省师专图书馆图书管理软件培训班,为图书馆管理初步实现自动化做了充分准备。

此外,学校还举办了 2 期高校教育及管理理论培训班,共有 61 人参加,提高了教学与行政管理人员的业务理论水平。教师继续教育的加强,大大改善了教师队伍的学历结构和知识结构,使教师整体素质不断提高,教师的科研积极性和科研水平显著提高。截至 1998 年,教师中相当于研究生水平的比例已从 1991 年的 30.5%提高到 61%,具有硕士学位的教师从原来的 2人增加到 8 人。

教师队伍的职称结构也大大改善,学校选拔一批学科带头人,对高职后备队伍进行重点培养,政策倾斜,积极为骨干教师晋升副高、正高级职称提供科研和再进修的机会。教师获得职称晋级的给予及时发布,加以鼓励,如下发了《关于批准确认陈会明等三十二位同志高校中级职务任职资格的通知》。1991 年,具有高级职称的教师只有 9 人,到 1998 年增加到 22 人,其

中 35 岁以下副教授 2 人,中级职称教师 52 人,一大批高素质的中青年教师开始崭露头角,成为教学、管理骨干,教师队伍的群体结构正日趋合理。

此外学校还短期聘请高级职称教师和外籍教师充实教师队伍。1990 年 12 月从福建师范大学聘任 4 位高级职务教师;1992 年 9 月,聘请亨利·伯根和伊丽莎白·伯根两位加拿大籍教师。

学术活动

学术活动是指与学术研究、学术交流有关的社会活动,包括专题讲座、学术研讨、学术年会、发明比赛、论文审稿等。学术活动的信息交流,使科学信息、思想、观点得到沟通交流,从而推进新的学术思想和学术创新。

学校办学伊始就十分重视学术活动。1978—1985 年,先后邀请了福建师范大学黄寿祺教授到三明地区师范大专班做"漫谈如何自修和讲授中国古典文学"学术报告、福建师范大学李联明教授做"关于文艺理论若干问题"学术报告、厦门大学黄典诚教授做"古闽语的研究"学术报告、福建师范大学张萍芳老师做"如何做好学生思想政治工作"报告、福建师范大学李如龙副教授到三明师范专科学校做"谈人民教师的语言"学术报告等。

教师的教研活动也积极开展起来。师专创办之时,没有大纲、教材,学校组织教师自编大纲、教材(讲义)和习题集。到 1983 年,先后编写了《古代汉语》《中国古典文学作品选》《特别英语词汇集》《中学英语教学法》《高等数学——微积分初步》《均值不等式与极值问题》《化学教学分析》《百步跑速步频、步长测定》《电子学实验讲义》等共 80 多本教材和讲义。80 年代后半期,专科学校开始编写统一教材,师专教师积极参与、合作编写师专全国性或地区性教材。据不完全统计,1984 年以后师专教师参与编写的教材、教学参考资料和专著近 50 部。

同时广大教师还积极撰写科研论文。建校以来至 1998 年 10 月,教师在国家级、省级刊物上发表论文 280 多篇,其中部分论文被国际学术刊物摘录。1989 年赖江基、黄荣、吴长彬等的教研成果"关于培养学生自学能力的研究"获省级优秀教学成果一等奖;1991 年徐和庆老师撰写的《兴趣、习惯对运动行为延续性的影响》获国家体委举办的第 8 届亚运会体育论文奖;1992 年 8 月唐桂明副教授的科研成果"三值矢量图及其应用"获三明市科技进步二等奖,1994 年 1 月又获曾宪梓师范教育奖励基金三等奖;1996 年 6 月周文富副教授获三明市有突出贡献科技人员三等奖,1997 年 11 月又获曾宪梓师范教育奖励基金三等奖;1997 年王宗簾副教授的《教学能力的综合评价模型》和雷晓宁讲师的《对素质教育问题的思考》获省高教学会第三届高教优秀科研论文三等奖。

1990 年,青年教师池汝安应邀赴日本讲学。他在东京名古屋大学以"有色金属选矿理论进展"为题进行专题讲座,同时还参加日本冶金年会和材料年会。为此学校还申请创办"三明市稀土学会"。

1984 年 1 月 1 日,《三明师专报》创刊。10 月,《三明师专学报》创刊,成为学校教师重要的学术阵地。

1989 年,《三明师专学报》经国家新闻出版署批准,取得国内统一刊号复刊。

《三明师专学报》复刊 10 年来,出版了 35 期,共发表论文近 600 篇。此外,学校美术系师生有 80 余件作品先后在国家级、省级、市级展出、发表,其中入选国际、全国展作品 20 余件并获奖。

为确保教师科研活动的顺利开展,调动教师从事科研的积极性和创造性,提高科研水平,学校引进了激励机制,加大了科研资金投入。1990 年 9 月制定了《关于表彰我校在学术与教研上作出显著成绩的教师的评选细则》。1996 年起,第一年投入科研基金 3 万元,并制定了《关于我校科研基金管理的暂行办法》。教师的科研立项也逐年增加。1991 年唐桂明副教授获得省自然科学基金立项,1994 年获世行贷款改革课题立项"师专教学管理现代化研究",该立项因故于 1997 年 3 月停止;1996 年王宗簏副教授获世行贷款改革课题立项"师专物理教学目标实施与评价的 CAI 系统及应用"。1996—1997 年两年间,白永莲、黄革木副教授的"三明地区初中生心理素质调查研究""中学优秀教师人格特征调查",周文富副教授的"甲烷制取中 $CaO-M_x(O)_n$ 的催化氧化研究",蒋先立老师的"师范院校教育法学教学的研究"等共 12 个校内科研立项基本完成。

1997 年 9 月,生物系教师张新文作为访问学者应邀到英国威尔士斯旺西大学生物学院研修。

1997 年 11 月,学校召开第 3 届教育学术研讨会。福建师范大学林可济教授来校做"自然辩证法"学术报告。

1997 年,美术系张永山老师的作品荣获"全国高校美术系教师画展"优秀奖,罗奋涛老师的作品获"全国书画大赛"银奖。

1998 年 8 月,赖登明老师的著作《另一种声音》由沈阳出版社出版。

随着教育教学改革的深入,学校学术气氛愈加浓厚。自 1991 年 12 月召开首届教育学术研讨会后,又于 1996 年 11 月和 1997 年 10 月召开了 2 届教育学术研讨会。3 届共收论文 94 篇,内容涉及教育、教学理论、教学方法与经验总结、教学管理及其他专业论。教育学术研讨会召开后,全校教师教育学术研究气氛更加浓厚,教育学术研究成果直接服务于教学实际工作,促进了教育教学事业的发展。

第二章 为服务地方建设创建的三明职业大学

职业技术教育是现代教育的重要组成部分,是工业化和生产社会化、现代化的重要支柱。党的十一届三中全会之后,我国职业教育获得了巨大的发展活力。1980 年,国务院批转了教育部和国家劳动总局《关于中等教育结构改革的报告》,开始对全国中等教育结构进行调整,重点是大力发展职业技术教育。随着位于厦门经济特区的鹭江职业大学率先创办,福建省高等职业教育开始兴起,成为与地方经济和社会发展以及人民群众利益联系最直接、最密切的教育类型。

响应新世纪的召唤,抓住难得的历史机遇,时任三明地委书记的邓超同志提出创办三明职业大学的构想。1983 年 7 月 11 日,福建省人民政府批文同意创办三明职业大学,校址设在三明荆东原福建农学院北区校舍。学校由市政府主管,面向全市,为企事业单位、农村培养急需的、合格的高等专业人才。

第一节 发展历程与办学特色

三明职业大学的创建与发展

1983 年教育部、劳动人事部、财政部、国家计委联合下发的《关于改革城市中等教育结构、发展职业技术教育的意见》指出:改革中等教育结构、发展职业技术教育是"四化"建设的迫切需要,它有利于全面贯彻党的教育方针,促进教育与生产劳动相结合;有利于提高劳动后备力量的文化技术与思想政治水平,促进劳动生产率的提高;有利于调动学生的学习积极性,促进他们在品德、智力、体质等方面更好发展;有利于劳动就业,促进社会的安定团结。各级政府高度重视,统筹规划,充分调动各部门、企事业单位和社会各界的积极性,形成全社会兴办多种形式、多层次职业技术教育的局面。

1983 年 4 月 11 日,三明地区行政公署向省人民政府递交了《关于创办三明职业大学的报告》(明署〔1983〕综 060 号)。报告指出:三明是一个新型的工业城市,为了大力发展教育事业,必须创办一所新型的全日制职业大学。职业大学培养目标为工矿企事业单位和机关干部、工农业方面的技术人员及职业中学教师。1983 年 7 月 11 日,福建省人民政府下发《关于创办三明职业大学的批复》(闽政〔1983〕综 378 号),文件明确指出:

一、为了加速发展我省高等教育事业,适应三明地区四化建设对人才的需要,同意创办三明职业大学。

二、三明职业大学是全日制高等职业专科学校,主要培养三明地区工矿、企事业单位和机关急需的合格高等专业人才和部分职业中学教师。

三、学制为二至三年,同意先设中文(学制两年)、英语(学制三年)、水泥工艺(学制三年)3个专业。中文招收 60 名(其中干部专修科 30 名),英语招收 30 名,水泥工艺专业招收 40 名,列入 1983 年招生计划。

四、三明职业大学主要面向三明地区招生,招生计划要列入国家事业计划,报考该校的学生,必须参加全国高校招生统一考试,录取工作在全日制普通高等院校录取以后进行,参照志愿、德、智、体全面衡量,从高分到低分择优录取,保证新生质量。学生在学期间,实行自费、走读,毕业后国家不包分配,根据需要,经推荐,择优录用,录用后享受专科毕业生待遇。

三明职业大学归三明市领导,办学经费由三明市地方财政解决,校址在三明荆东福建农学院院址。

1983 年 8 月 30 日,中共三明市委发布《关于三明职业大学领导干部任职的通知》(明委〔83〕组 59 号),任命邓超同志为三明职业大学校长,马长光同志为三明职业大学副校长。同时,中共三明市委下发《关于成立三明职业大学临时党委会的批复》(明委〔83〕组 58 号),同意成立三明职业大学临时党委会,由洪广大、马长光、伍开谟等 3 位同志组成,由洪广大同志任副书记。

1983 年 10 月 22 日,三明职业大学召开成立大会,中共三明市委书记邓超、市长杨维杰等领导同志出席了成立大会,邓超同志为学校题名并剪彩。

1984 年 6 月 24 日,中共三明市委发布《关于设立三明职业大学党委员会的通知》(明委〔84〕组字 105 号),决定设立中共三明职业大学委员会,委员会成员由洪广大、马长光、赖启明、林春灼、邹运恒等 5 位同志组成,洪广大同志任党委副书记。

1985 年 4 月 3 日,三明市人民政府下发《〈关于同意设立三明职业大学永安分班的报告〉的批复》(明政〔1985〕综 124 号),同意设立三明职业大学永安分班,开设化工、林业经济、企业管理 3 个专业班,每班招生 40 名,共 120 名,主要面向永安市招生。1985 年 9 月,三明职业大学永安分校成立。

在三明市委、市政府的直接领导下,经过全体教职工的努力,至 1988 年 11 月,三明职业大学已建设成为初具规模的高等职业专科学校。学校共有中文秘书、工业企业管理、工业与民用建筑、化学工程、英语、电子、医疗 7 个专业 685 名学生,已毕业学生总数为 831 名,共有专任教师 125 名,校舍建筑面积 1.18 万平方米,图书馆藏书 7 万多册,有 18 个专业实验室,全校共有固定资产 236 万元,教学设备 76 万元。学校各项办学指标基本上达到了国务院发布的《普通高等学校设置暂行条例》规定的标准。随着教育改革的不断深入发展,三明职业大学锐意进取、大胆探索,逐步形成了自己的办学特色,闯出了一条自我发展的路子。

1993 年 10 月 17 日,三明职业大学举行建校 10 周年暨董事会成立庆典。

至 1998 年 10 月,学校面貌发生了显著的变化,共有中文、英语、经济管理、化学工程、工业与民用建筑、电子工程、计算机、机械 8 个系 13 个专业,在校生 2000 名,专任教师 174 名,校舍建筑面积 6.02 万平方米,并具备较齐全的文化体育活动场所和设施,图书馆藏书 13.5 万册,有 25 个专业和基础实验室,教学仪器设备总值 414 万元,通过了国家教委第一步达标验收,办学规模和办学效益位于全省职业大学的前列。至 2000 年 7 月,学校共培养大专毕业生 4344 名,培训各类人员 4000 余名,有力地促进了三明市的经济社会发展和改革开放。

办学理念与办学特色

1. 立足地方,面向地方,服务地方

三明职业大学自创办以来,坚持面向三明地区,面向现代化,为全地区的经济建设和改革开放培养应用型高级专门人才。

三明职业大学的办学宗旨是:立足地方、面向地方、服务地方。这是三明职业大学办学的基础。职业大学的办学特色是职业性和地方性,职业大学的办学活动和办学特色来源于主动适应、牢牢把握地方经济发展对人才的需求,以及全力满足这种需求所做的努力。三明职业大学建校初始,就确立了"服务三明地方经济"的宗旨。因此,学校的招生、专业设置、人才培养的方向以及毕业就业等工作,都紧紧围绕这一目标而不断探索实践,并根据三明人才市场的需求,灵活办学。例如,硅酸盐专业就是根据三明地区中小型水泥厂多而硅酸盐技术人员少的实际情况设置的。

20 世纪 80 年代,在世界范围内,电子技术和电子计算机的广泛应用,推动了一场新技术革命。马长光副校长认识到新技术革命的重点是每个人必须学会使用电子计算机,即电脑,将来的社会必定随着电脑的普及实现信息化,必定是一个信息资源被高度有效利用的社会。基于这个认识,他奔走于市委、市政府的各个有关部门,得到了市有关领导的支持,以三明职业大学现有的电子技术人员为主体,连续举办了 2 期三明市微电脑技术开发服务中心培训班,掀起了一股学电脑的热潮,为三明市电子信息化的应用打下了基础。

2. 灵活多样,长短结合的办学形式

坚持"一校多制",走多形式、多层次、多渠道的办学路子。学校开办了函授班、短期培训班、资格证书班等各种学历班,使学校教育向多元化发展,为三明地方经济社会发展培养出更多种类、更高质量的建设人才。学校先后举办了清流县行政专业大专证书班、市区行政专业大专证书班、水泥专业证书班;开办了中文秘书、硅酸盐、计算机函授班;招收非学历的专科旁听生和选修生,允许一些具有实践经验的在职人员或社会青年到校旁听或选修有关专业课程,成绩合格,发给单科结业证书;筹办了三明职业大学实用技术培训部,为乡镇企业及社会青年举办各类实用技术培训,进一步突出职业性办学特色。[①] 学校还允许学生在完成本专业课程学习的前提下进行第二专业学习,学校教育呈现出新的活力,焕发出蓬勃的生机。[②]

至 1988 年,学校已初步形成以统招班为主,各类培训班为辅的多类型、多层次、多规格、多

---

① 服务地方建设,培养合格人才:三明大学办学现况及今后设想[R].1993-08-21.
② 戒骄戒躁,再创佳绩:三明职业大学 95 年双文明建设总结[R].1995-11-25.

学制、多形式的教学网络。既有统招,又有定向培养、委托代培;既有普通教育,又有成人教育;既招 2、3 年学制学生,又招几个月或 1 年的培训班学员;既以本地区为主,又兼收外省、外地区代培生;既招城镇户口,又收农业户口;既有分班办学,又有联合办学。至 1988 年 2 月,在校学生总数 922 人,其中统招生 717 人,代培生 205 人,已毕业或经师专培训结业的学生总数为 708 人,其中统招生 377 人,代培生 15 人,水电培训班 27 人,水泥培训班 35 人,电大党政班 65 人,建筑队长培训班 39 人,电脑培训班 111 人,计算机班 39 人。[①] 学校实行一校多制,除全日制大专 3 年制外,还有干部专修科、英语师资委培班、电大普通班、专业资格证书班、短期培训班和职业中专班等多种办学形式,以培养多层次人才。1992 年通过了国家教委第一步达标验收。1993 年被国家外国专家局确认为具有聘请外籍文教专家资格的院校。1993 年经国家教委批准,设立函授部,开设中文秘书、硅酸盐、计算机应用 3 个专业。1996 年通过普通高校函授、夜大学办学资格评估,成为福建省首批合格院校。[②]

3. 注重实践,培养学生社会实践能力

学校切实加强实践教学,以提高专业实践能力为中心,培养有较强动手能力的应用型高级人才。英语 1983 级学生帮助翻译资料 30 万字,有的学生能与西德专家交谈,并获得赞扬。电子系师生组织微电脑协会,高年级学生能直接编写程序。中文系学生参与 2 届市人大、政协全体会议的秘书行政组织工作,为市政协大会出了 17 期简报,成绩突出受到赞扬。中文 1984 级实习生,协助三明文史馆编写政治、经济发展史和革命斗争史两大专集。土建系 1984 级学生真刀实枪进行毕业设计,为宁化林产化工厂、宁化针织厂、宁化泉上五中、永安小陶中学、尤溪水泥厂设计厂房、楼房。有许多学生毕业后就能独当一面负责施工和设计工作,如蓝永庚、陈福生、梅玲郁等,表现突出,获得赞誉。

学生毕业后敢于创新路,自谋职业。1984 级企管毕业生王一钦、黄新华刚毕业就勇闯海南岛,分别担任大型水泥厂和大理石厂厂长助理;1983 级英语毕业生卢顺明和 1983 级中文毕业生郑智勇到深圳旅游局应聘,业绩斐然。

许多学生毕业后肩负重任,并已成为单位骨干,如干部班李再振担任清流县纪委书记,黄文兰担任三元区文明委党委书记,林致凡担任将乐县委宣传部副部长,还有同学担任乡长等职务。化工系林韶柳、廖启炸、苏耀志在厂里担任重要的技术职务,易国良获全国化工系统学术论文竞赛奖。[③]

至 1990 年 6 月,三明职业大学为社会输送了水泥工艺、土木建筑、电子、化工、针织、中文秘书、企业管理、英语等专业共 1060 名毕业生,通过对几届毕业生的 165 份抽样调查来看,普遍反映良好。大多数毕业生政治上积极上进,业务上认真钻研,富有实干和创新精神,在生产第一线能够解决管理和技术上的一些难题,有的已经崭露头角成为单位的技术骨干,44 名担任所在单位中层以上领导干部职务,14 名获得初级专业技术职称,5 名被评为市、县先进工作者。[④]

---

① 三明职业大学关于教学质量检查的情况报告[R].1988-02-27.

② 李显淮.历经十五年创业奔向示范性职大:三明职业大学校史展览馆巡礼[J].三明职业大学学报,1998(3):6-8.

③ 三明职业大学关于教学质量检查的情况报告(三大综〔1988〕007 号)[R].1988-02-27.

④ 关于我校现况及今后设想的汇报[R].1990-06.

第二节　专业设置与教学工作

三明职业大学紧紧围绕"坚持社会主义办学方向,整顿教育环境和教学秩序,全面提高教育质量,培养和造就社会主义事业接班人和建设者"的总体目标,以师资队伍建设和制度建设为中心强化学校管理,改善办学条件和环境,锐意改革,开拓进取,不断提高教育质量,得到了社会愈来愈广泛的关注和肯定,日益成为三明市培养两个文明建设人才的重要基地。

专业设置日益完善

三明职业大学列入全国统一招生计划,学生来源于参加统考的三明市 12 个县(市)区的高中毕业生。至 1988 年 2 月,在校学生总数 922 人,设有中文、外文、经济管理、化学工程、土木建筑、电子工程 6 个系,有中文秘书、中文干部专修科、英语、企业管理、硅酸盐、化学工程、工业与民用建筑、电子技术等 8 个专业。[①] 至 1995 年 10 月,在校学生总数 1367 人,设有中文、英语、经济管理、化学工程、工业与民用建筑、电子工程、计算机、机械 8 个系,有中文秘书、公关文秘、实用英语、企业管理、商业管理、财务会计、工业与民用建筑、机械制造工艺与设备、精细化工、硅酸盐、应用电子技术、计算机应用等 12 个专业,有 37 个全日制教学班。[②] 至 1998 年 3 月,在校学生总数 2000 人,设有中文、英语、经济管理、化学工程、工业与民用建筑、电子工程、计算机、机械 8 个系,有文秘、实用英语、企业管理、财政金融、工业与民用建筑、硅酸盐、精细化工、环保监督、橡胶工艺、电子技术、应用电器维修、计算机应用与维修、机械自动化管理等 13 个专业,[③]专业设置日益合理、完善。

合理调整专业结构,充分体现服务地方特色。职业大学地方性与职业性的特征,要求学校在设置专业时,必须对社会需求、生源来源、办学形式、教学环节、毕业就业等方面进行全方位的预测,以避免专业设置的盲目性,增加办学活力。1988—1991 年,学校下大力气进行专业结构的合理调整,使高等职业教育服务地方的特色更加凸显。

确定以中文秘书、工业与民用建筑为主的拳头专业。三明地区对文秘人才的需求量很大,毕业生供不应求,加上该专业拥有 3 名副教授、10 名讲师,师资力量较强,所以有条件作为一个拳头专业来设置。工业与民用建筑专业的人才亦是紧缺,每年分配到三明市的该专业毕业生寥寥无几,特别是随着城乡建设的迅速发展,社会急需工民建专业和建筑施工专业的人才。由于该专业师资力量较强,具有 3 名高职教师和 3 名中职教师,并具有校办建筑设计所这一良好的教学实践基地,所以有条件作为一个拳头专业来设置。

拓宽经管、电子、化工 3 个系的专业口径。地方经济发展的需求,就是专业设置的方向。

---

① 三明职业大学关于教学质量检查的情况报告(三大综〔1988〕007 号)[R].1988-02-27.
② 三明职业大学办学十二年总结(1995 年 10 月 20 日)[R].1995-10-20.
③ 李显淮.历经十五年创业奔向示范性职大:三明职业大学校史展览馆巡礼[J].三明职业大学学报,1998(3):6-8.

专业设置只有考虑内外部的条件,较为准确地确定它们各自的优势,才能使其更富有针对性和可行性。专业方向调整,必须适应社会对各类专业人才的需求,拓宽专业口径是一个十分有效的途径。如经管系拓展财会专业、电子系拓展无线电技术专业,以及化工系采取化学反应工程专业与硅酸盐专业隔年招生的做法,既可保证生源和毕业生就业,又可以充分发挥学校独设的硅酸盐专业优势,通过校际对等招生等形式扩大招生数。

增设机械专业。三明市是福建省重要的工业基地,随着经济社会的发展,乡镇企业和各行业的大、中、小厂矿对机械技术人才的需求越来越迫切。可是每年由省内外分配给三明市大专以上的机械专业毕业生,尚不够填补自然减员的缺额,更无法顾及乡镇企业和县以下的中小企业。如明溪县共有 40 多家厂矿,连续几年竟然分配不到一个大专以上的机械专业毕业生。这种企业发展与专业技术人才奇缺的矛盾引起了学校的关注。学校具有创办机械专业的师资、设备、图书资料等条件,拥有自己的机械修配厂,可供日常的教学实践使用。[1] 学校还曾为明溪县举办了 2 期机械培训班(2 年制)

教学质量日益提高

学校加强教学管理,建立和完善了各项规章制度。在学生的入学教育(包括军训)、学籍管理(包括考勤、考试、升留级、奖惩)、政治思想工作等方面均制定了文件,如《三明大学学生学籍管理实施细则》《三明大学学生管理条例》《三明大学学生违纪处分条例》《学生考核管理办法》《教职工奖惩规定》等,并严格执行。

在教材选用方面,基本采用现行普通高校的教材,各任课教师能根据职业大学办学性质紧密结合专业培养方向选择教材和教学内容。学校要求教师在选择教材和教学内容时,要着重"三基"(基本知识、基本理论、基本技能),并注意内容的实用性和先进性。学校还鼓励教师自编教材,至 1988 年 2 月,编写了一套具有特色的《秘书与决策》教材,与大连工学院合编了《普通物理》教材,参与编写出版了职大用书《大学语文》,与省内其他职业大学合编一套体育教材,与省外合编《对外贸易》教材。

在教学方法方面,学校要求教师授课注重启发引导、因材施教、语言生动、通俗易懂、板书工整、图表清楚,重视培养能力。经考核,有 91％的教师达到良好水平。学校教学设备基本齐全,多数实验能独立开出,教学挂图、模型满足教学需要。

学生实习主要与校外厂矿挂钩,各工科专业在整个学习阶段设有参观见习、生产实习(包括金工实习)、毕业实习;文科专业有社会调查、毕业实习。校内提供实习的场所有微电脑技术开发服务中心、机械修配厂、建筑设计所。各系对实习非常重视,均有详细的实习大纲、实习报告、实习总结。三明市工业比较发达,能提供实习、见习的企事业单位较多,这是一个有利的条件。

为了开拓学生的知识面,学校提出文理科互相渗透,让文科学生懂得一些工业技术和管理

---

[1]　关于三明职业大学充实整顿工作检查的总结报告[R].1991-11-18.

知识,让理科学生会写应用文。学校在企业管理专业开设应用写作、书法、摄影、珠算、打字等实用科目;在中文专业开设经济管理、书法、摄影及美学讲座;在工科专业开设书法、论文写作讲座。① 三明职业大学的开创者,不仅重视自然科学,也重视人文科学。书法是我国古代的文化遗产,是中华民族独树一帜的艺术瑰宝。为了继承和发扬祖国的书法艺术,鼓励学生学习书法的热情,在马长光副校长的热情支持下,三明职业大学于1985年5月31日举办了首届书法展览。全国人大代表、市委书记、人大常委会主任兼校长邓超同志,三明书画院副院长涂大楷同志及有关单位的领导、来宾莅临指导,当场挥毫献技。邓超校长的选送作品,正幅上着墨"飞跃"二字,两旁的对句是"引曙光于世,播佳种在田"。邓超校长还现场挥毫题词:"将来都在望,当今最为贵",借此勉励三明职业大学的师生落实党的十二届三中全会精神,取得新成就。马长光副校长欣然应和,其中堂为"识途",旁联为"躬耕墨池,浸渡学海"。党委书记洪广大同志的作品是"培养一代新人,创立祖国大业",表达三明职业大学师生不负党和人民的嘱托,努力学习钻研,献身"四化"的决心。从此,全校掀起了一股学习书法的热潮,丰富了教职工、学生的业余生活,涌现出陈金清、张祖才等一批书法家。

学校聘请了省内外几十位专家学者到校讲学,如大连工学院陈方培教授、香港中文大学胡孝绳教授、中国社会科学院鲍正鹄教授、美国哲学博士布莱德先生等,获得师生一致好评。②

学校重视与国内外的学术交流。许多教师参加社会的各种学术团体活动,对于开拓知识面,起到了积极的作用。林建明副校长3次出国讲学,1963—1965年受教育部派遣赴金边柬埔寨皇家大学文学院讲授汉语,行前曾参加天安门国庆观礼,在柬埔寨受到陈毅副总理的接见;1982—1984年受法国外交部之聘,任巴黎第八大学中文系合同教师,讲授基础汉语和中国文学,1984年法国国庆应邀在观礼台参观阅兵;1990年10月1日至1992年9月30日,林副校长受聘担任突尼斯大学布尔吉巴语言学院汉语副教授,所教学生1人得优秀奖,4人来华留学,1人赴印度留学(主修英语)。1992年7月林建明夫妻双双受到国家主席杨尚昆的接见。1999年7月29日,教育部在北京向全国15所高校的85位1961—1964年国家出国储备汉语师资颁发纪念牌,林副校长是福建省高校唯一榜上有名的。③

学校始终把工作重点放在提高人才培养质量和办学效益上,经过不懈努力,文秘专业和工民建专业在1992年全省职业大学评估中双双荣获第二名,2个专业的综合成绩均名列全省第一。④ 1992年12月29日,在由福建省教育委员会、福建省高等学校校报研究会联合举办的福建省第五届大学好新闻评选颁奖大会上,三明职业大学校报共获2个一等奖、1个二等奖、2个三等奖的好成绩,获奖数居全省高校榜首。1995年,部分学生参加全省高校计算机水平考试,通过率达51.9%。2名学生通过了全省计算机程序员考试,成为在校生获初级职称的先例。全国大学生英语四级考试(本科要求),通过率达19%,大学生英语二级考试(专科要求)通过率达91%,均居全省职大前列。⑤ 1997年12月,学生参加全省第3届职业大学学生技能竞赛,

① 三明职业大学关于教学质量检查的情况报告(三大综〔1988〕007号)[R].1988-02-27.
② 三明职业大学关于教学质量检查的情况报告(三大综〔1988〕007号)[R].1988-02-27.
③ 教育部表彰的首批出国汉语师资第一个出国的林建明[J].三明职业大学学报,1999(S3).
④ 三明职业大学办学十二年总结[R].1995-10-20.
⑤ 戒骄戒躁,再创佳绩:三明职业大学95年双文明建设总结[R].1995-11-25.

获得了三金一银三铜的好成绩,金牌数和奖牌数均居全省第一。[1] 在福建省第 10 届大学生运动会上,学校第一次派选手参加就夺得了一金二银二铜的好成绩,团体总分名列 20 所专科院校的第 13 位,全省职大排名第二。[2]

第三节　师资队伍与科学研究

师资队伍日益壮大

三明市委、市政府对三明职业大学的人才引进工作十分重视,不拘一格引进人才。学校创办之初,只要是调动中级职称以上教师,市委宣传部、市人事局特事特办,半天之内就可以完成调动手续。引进的教师没有宿舍,市里马上花 50 万元购买 36 套商品房,并拨给 30 套高标准住房供引进高职称人员居住。仅一年时间,从北京、上海、西安、郑州、贵阳、昆明、包头、厦门、湖南、新疆等地引进了讲师、工程师、统计师、留学人员等中级职称教师 13 人,助教 5 人,他们都走上了教学岗位,成为系主任或教学领导骨干。

学校从 4 个渠道解决师资问题:一是原三明师范骨干教师;二是从全地区各中学调入骨干教师;三是社会聘任兼职教师;四是新分配来的大学生。至 1988 年 2 月,学校从 14 个省市引进 50 多名各类教师,形成了一支由 118 名专职教师、30 名兼职(外聘)教师组成的师资队伍。其中有副教授、高级工程师、高级经济师、高级会计师、讲师、工程师、会计师、统计师 50 名,初级职称或职务 56 名,科研人员 13 名。学校注重培养年轻教师,注重教师知识结构和技能的更新、提高,每学期选派 5～6 名教师进修或作为访问学者外出学习,先后选送 27 名教师到各高等院校进修,[3]为教师创造深造及晋级的条件。

至 1995 年 10 月,学校在积极引进学有成就的外地教师的同时,大力抓中青年教师的培养、进修工作,教职工人数已达 230 人,专任教师 120 人,其中高级职称 16 人,中级职称 58 人。1993 年学校被国家外国专家局确认具有聘请外籍文教专家资格,并于 1993 年、1995 年分别聘请了英、美等国的英语教师到校任教。[4]

建立健全教师管理制度。在学校教育中,教师是教学活动的主体,良好的教风是良好学风、校风形成的基础。为加强教风建设,学校制定了教学常规管理制度、教师工作规范条例,建立了教师业务档案,修订了《三明大学教师职业道德规范》,要求教师以身作则,为人师表,当好学生的楷模。

强化双重,专兼结合,注重教师的职业道德教育。学校在师资队伍建设上,历来重视理论与实践双重素质的有机结合。不仅在引进教师上注重其学有所成,在学校内部中青年教师的

① 李显淮. 历经十五年创业奔向示范性职大:三明职业大学校史展览馆巡礼[J]. 三明职业大学学报,1998(3):6-8.
② 突出办学特色,加快发展步伐,迎接新世纪的挑战:中共三明职业大学委员会 1995 年工作总结[R]. 1995-12-31.
③ 三明职业大学关于教学质量检查的情况报告(三大综〔1988〕007 号)[R]. 1988-02-27.
④ 三明职业大学办学十二年总结[R]. 1995-10-20.

培养上也重视其职业性与应用性知识技能的培养。此外，还广聘企业、科研及其他科类的专家、学者、工程技术人员担任专业课的兼职教师，以提高现有教师队伍的整体水平和适应能力。学校在引进和选用教师时在职业道德方面严格把关，确保教风的良性发展。

重视改善教师待遇，稳定教师队伍，完善教师教学激励机制。为鼓励教师多上课，上好课，学校修订了《三明职业大学教师超课时酬金计算办法》和《三明职业大学岗位津贴及奖金发放规定》，较大幅度地提高了超课时酬金和岗位津贴，激发了教师工作的积极性。

成立教学质量考核组，对教师进行综合评估，奖优罚劣，奖勤罚懒。学校制定了《关于加强教学组织管理工作的暂行规定》《教师教学考评细则》《教职工奖惩规定》，对教师备课、上课、教师职责、教学研究、教学检查、教学档案等 15 个环节提出了具体的实施要求和相应的检查考核办法，并组织开展互相听课、重点听课、以老带新、经验介绍等活动，对教师的教学进行评估检查，以促进教学质量的提高。学校成立教师初级职务评审委员会[①]和校学术委员会[②]，不断规范教师职务评审，规范和促进开展学术活动。

科研成果日益显著

地方高校是一个地区的学术中心，也是服务地方经济的一支重要力量。学校鼓励教师积极开展以应用技术为主的科研活动，密切理论与实践的联系，以此促进实践教学水平的提高。学校历来关心和支持科研开发工作，相继设立电子研究所、微电脑中心、建筑设计所等，鼓励科研技术人员多出成果，多做贡献，一方面为地方经济建设贡献力量，另一方面为学校带来经济效益。[③] 定期召开全校性的学术研讨会，为活跃校园学术研讨气氛，提高科研水平，起到了积极的促进作用。1992 年 11 月，学校承办福建省高等职业技术教育研究会第 3 届学术年会。

学校积极探索教学、科研、生产相结合的路子，使教学更加密切联系实际，并推动了三明市有关单位的技术革新。至 1990 年 6 月，学校创办了微电脑技术开发服务中心、建筑设计所、机械修配厂、科学器材引进协调公司、外文翻译公司、稀土开发实验室、科研咨询服务站。在推广微机应用成果方面，协助市中医院成功地自编出三明市第一套中医科软件。应将乐机床厂和轴承厂、三明 8470 厂等单位的要求，完成了微电脑控制线切割机床、旋压机床微机控制系统、新型光栅数显装置、电脑门锁等项目的研制和开发。在开展变废为宝科学实验方面，研制成功的钢渣矿渣水泥和用粉煤灰代替水泥填料，大大降低了成本，化公害为有用之物。在稀土开发和应用方面，对外承担了 1000 多个矿样分析，为宁化县、乡镇设计了 3 个稀土矿开采的生产工艺流程。在工业建筑设计方面，为本市乡镇企业设计了 7 座水泥厂，节省投资 1027 万元，同时设计了电化厂、硅铁厂、硅钙厂等 9 座工厂。在外文翻译和史料撰写方面，为本市 20 多个单位

---

① 关于成立三明职业大学教师初级职务评审委员会的通知（三大综〔1989〕033 号）[Z].1989-10-26.
② 关于成立校学术委员会的通知（三大综〔1993〕018 号）[Z].1993-03-18.
③ 三明职业大学办学十二年总结[R].1995-10-20.

翻译了数十万字的各类外文资料,协助撰写了近 80 万字党史、文史资料。①

学校重视挖掘科技潜力,充分发挥科技是第一生产力的巨大作用,在服务经济社会发展中增加办学经费收入。至 1995 年 10 月,学校共有 1 个产品获国家专利,6 个产品通过省级鉴定,其中,由校电子研究所研制的 M03 电脑门控器在 1993 年 7 月的第 2 届中国专利新技术、新产品博览会上荣获金奖,并以技术入股,与泉州长城宾馆联合成立科贝电脑公司,产品已定型,具备批量生产的能力,已在大连市星级宾馆中投入使用;由校微电脑中心研制的系列光栅数显表被省经委列为省重点开发产品;由化工系、建筑设计所与永安市建材公司共同论证的粉煤灰硅酸盐水泥技改项目被列入省科委星火计划;建筑设计所设计资质由丁级晋升为丙级,先后完成了三明日报社、列东百货大楼、市老干部活动中心等 60 多项工程设计任务,总面积达 20 多万平方米;改建、兴建了大田广平水泥厂、永安粉煤灰水泥厂、尤溪坂面水泥厂等 6 座水泥厂。同时,积极开展以应用技术为主的科研活动,解决了乡镇企业提出的一些技术咨询和开发课题,为乡镇企业节省各类投资 2000 余万元。② 至 1998 年 3 月,学校共有 SX 光栅数显表、微机控制 MX-350 旋压机床、微机改造数控线切割机床、银行多功能贷款计算机、罗兰 A 双线自动定位仪、M03 电子门控器、CYK-1 表面印刷设备智能控制器、DJT-100 电脑电压监测仪等 8 项成果通过省级鉴定。其中罗兰 A 双线自动定位仪获省发明银奖,M03 电子门控器获国家专利和全国新技术新产品博览会金奖;CYK-1 表面印刷设备智能控制器获 1997 年省科技新产品三等奖,它是三恒集团公司彩色丝网印刷机和移印机的配套,使主产品的产值和利润增长 40％以上。建筑设计所自成立以来共完成 12 座水泥厂的建筑设计任务,生产规模达 76 万吨;完成 90 多项建筑设计任务,设计面积达 78.5 万平方米。③ 为了更好地贯彻国家教委“积极发展以高新技术产业为主的校办产业”精神,促进教学改革,增强办学活力,1993 年 4 月,学校成立了经济开发总公司,加强了对学校原有校办企业和科研单位的统一规划和领导,进一步发挥了学校的智力优势。④ 科研活动的积极开展及所取得的成绩,不仅在三明市经济建设上发挥了应有作用,同时也促进了教学质量的提高,给学校带来了明显的经济效益和社会效益。

《三明大学学报》(福建省内部期刊准印证第 7106 号),经福建省新闻出版局 1991 年 1 月 28 日批准,自 1992 年创刊至 1998 年 5 月,已印行 10 期,除 1992 年、1994 年只出 1 期外,每年均出 2 期,累计已发表 220 余篇学术论文,930 余页,约 100 万字。论文和编印质量越来越高。为活跃学术氛围,促进科学研究,探讨高等职业技术教育的特色和培养实用型技艺型人才的途径,与近 80 家兄弟院校建立互赠学报关系。⑤ 1989 年,陶荣达老师撰写的题为“加强职业大学无机化学教学改革的探索”的论文,在全国高等学校学术会上受到国内外 53 所高等学校教授及日本、法国、德国、加拿大等国家的化学教授好评。1990 年 3 月 19 日,中文系教改项目“强化专业训练和领导能力的培养”获福建省高校优秀成果二等奖。

① 关于我校现况及今后设想的汇报 [R].1990-06.
② 三明职业大学办学十二年总结[R].1995-10-20.
③ 李显淮.历经十五年创业奔向示范性职大:三明职业大学校史展览馆巡礼[J].三明职业大学学报,1998(3):6-8.
④ 服务地方建设培养合格人才:三明大学办学现况及今后设想[R].1993-08-21.
⑤ 请准予给《三明大学学报》正式刊号(三大综〔1998〕31 号)[Z].1998-05-22.

第四节　校园建设与制度改革

加强校园环境建设,充实办学设施

三明职业大学创建之初,办学基础极其薄弱,生活设施极其简陋。1983 年 3 月,借用三明师范附小两间教室作为办公地点。1983 年 6 月,借用原三明市委党校(现三明学院三元校区)作为职业大学的临时办学地点。1983 年 10 月,三明职业大学成立,校址设在三明荆东原福建农学院北区校舍,占地面积 16154 平方米。为了尽快改变面貌,校党委号召全体师生发扬自力更生、艰苦奋斗的精神,建设新"三大",对学校布局和专业结构进行了不同程度的调整,促进了学校教育质量和办学效益的提高。

在三明市委、市政府的直接领导下,学校不断改善教学条件,加强教学设施建设。三明市委书记、市政府领导先后亲自兼任校长,地方财政每年拨款 100 万元(1987 年为 86.7 万元)作为学校办学经费。至 1988 年 2 月,学校占地面积 120060 平方米,建筑面积 16920 平方米,其中教室 2710 平方米,阅览室 650 平方米,实验室 1000 平方米,行政用房 1500 平方米,教工宿舍 5760 平方米,学生宿舍 1200 平方米,食堂 700 平方米,其他用房 3400 平方米。学校已拥有 6 万多册藏书,700 多种各类报纸杂志。建立了材料力学、物理、电工、分析化学、无机化学、岩相、木工、建筑材料、测量、制图、无线电线路、电子计算机等 18 个专业实验室。设置了 9 个资料室、阅览室、语音室。开辟了体育活动场地,购置了一批体育文娱器材。学校已有固定资产 350 万元,其中教学设备 140 万元。[①]

1988—1991 年,学校基本建设总投入 326 万元,新建了教学大楼、办公楼、田径场、游泳池、荷花池及各类球场,改造和翻新了学生宿舍、教工宿舍、食堂、礼堂、招待所、教工之家等各项生活娱乐设施,新增校舍面积 14853 平方米,生均校舍面积增加了 25 平方米,校园绿化面积达可绿化面积的 87.5%。[②]

至 1995 年 10 月,学校占地面积 220 亩,校舍总建筑面积 5.4 万平方米,图书馆藏书 12 万册,有 27 个设施较好的实验室,1994 年仪器设备总值已达 370 多万元,办学条件的各项指标均达到或超过国家教委对全日制普通高校设置标准的要求。[③]

建章立制,学校管理走向科学化

1.建立健全学生管理制度

根据国家教委、省教委有关学历证书及学籍管理的新规定,学校制定了《三明职业大学学

---

① 三明职业大学关于教学质量检查的情况报告(三大综〔1988〕007 号)〔R〕.1988-02-27.
② 关于三明职业大学充实整顿工作检查的总结报告〔R〕.1991-11-18.
③ 三明职业大学办学十二年总结〔R〕.1995-10-20.

生学籍管理实施细则》《三明职业大学学生手册》《学生考勤制度》《三明职业大学关于考试工作的暂行规定》《学生考试考场规则》《学生实验规则》，进一步完善了各项规章制度，做到各项工作有章可循。

建立奖学金制度，健全专业学习激励机制。1994 年，学校制定了《三明职业大学学生奖学金制度》，并严格执行。此举在全校学生中引起强烈反响，学生的学习热情大大提高。这是学校教学改革的一项可喜尝试，调动了学生的学习积极性，促进了学风的根本好转，为学校教学体制从学年制过渡到学分制打下了良好的基础。

进行主辅修试点教学。首先在经管系财会专业进行试点，向全校开设"会计学原理"和"财政金融"课程，目的是扩大学生的知识面，增添学生走向社会的本领和信心。随着市场经济体制的逐步建立和完善，社会对人才需求的变化越来越快，对人才的类型提出了"通用""博学""技艺型""适应性强"等要求。将一些社会急需、通用的课程面向所有专业的学生开放，是教学改革的重要内容，而且有助于学校教学体制从学年制最终过渡到学分制。①

严格考勤制度。由于部分学生较散漫，自控能力差，学校加强课堂考勤制度，确定由任课教师负责考勤。根据《学生考勤制度》的有关规定，对一学期旷课 10～50 节的学生给予警告直至退学的处分。

实行学生学习成绩淘汰办法。为了保证教学质量，推动学生学习，把竞争机制引入教学活动。学校于 1987—1988 年度第一学期开始执行学生学习成绩淘汰办法，规定每门学科（包括考试、考查科目），至少有 10％学生必须参加补考或复试。倒数 10％名次的学生即使成绩及格，也必须经过复试。复试及格者，按原来成绩或复试成绩（较高分数）记入成绩册。若复试不及格，则按补考不及格对待。这个办法增强了学生的上进心和竞争精神，普遍反映较好。②

严格考试制度。规定期末考试科目必须出 A、B 两份试卷，并附标准答案，经系或教研室审定后由教务处抽取其中一份试卷考试，另一份试卷作为补考（或复试）使用。考场上不同班级学生互相插开，每个考场有 3 位教师监考。1996 年，学校制定了严格的考场纪律：凡发现作弊者开除回家一年。③ 严格的考试制度，促进学生认真学习，学风大有好转。

2. 建立健全后勤管理制度

学校坚持"三服务、两育人"的宗旨，逐步完善后勤管理制度，加强和改进后勤工作。后勤工作具有双重任务，不仅要为教学、科研和师生员工生活服务，而且要服务育人、管理育人。学校立足于服务、着眼于育人，先后制定了《总务处各类人员岗位责任制》《食堂管理暂行规定》《关于家具行政设备的管理办法》《固定资产管理办法》《物资仓库管理办法》《仪器设备管理办法》《车辆管理规定》《校产使用审批规定》《学生宿舍管理条例》等一系列制度，促进了后勤工作优质服务和严格管理。

学校还制定了《财务管理暂行规定》《行政经费包干办法》《学生班费管理办法》《教职工公费医疗规定》《档案查阅借阅制度》《干部档案工作条例》《外国专家工作管理制度》《妇女联谊会

① 三明职业大学办学十二年总结[R].1995-10-20.
② 三明职业大学关于教学质量检查的情况报告（三大综〔1988〕007 号）[Z].1988-02-27.
③ 三明职业大学 96 年创建文明单位总结[R].1997-01-08.

工作条例》《校园治安保卫规定》等。随着一系列规章制度的建立健全,学校的各方面工作初步形成科学化、制度化的管理模式,对于稳定学校教学秩序,提高办学整体效益起到了积极的保障作用。

3. 推行校务公开制度

为进一步充分发扬民主,增强学校管理工作的透明度,使校务管理更趋于科学化、制度化,学校于 1999 年 6 月 4 日颁布了《关于实行校务公开的决定》,成立了三明大学校务公开民主管理监督小组,由校党委副书记余能干任组长。校务公开的内容有:学校的各项规章制度,学校的长远规划,学校年度计划,各处室职责权限,年度考核实施方案及结果,教职工的计划生育工作,财务收支情况,教职工职称评聘,各类"先进、优秀"的评选,各项服务的承诺,学生干部的任用和对学生的奖惩,招生工作,教职工的住房分配,各项经济合同的承包,学校的物资采购,学校公务接待费,落实党风廉政建设责任制情况。[①] 实行校务公开,促使学校管理进一步向民主化、制度化、规范化、科学化的方向发展。

第五节　党的建设与思政教育

三明职业大学自建校以来,始终坚持正确的政治方向,坚持四项基本原则,认真贯彻执行党的教育方针,加强思想政治工作,为培养"四有"新人作出了积极的努力,取得了可喜的成绩。

加强党的建设

1. 加强领导班子自身建设

学校重视党委班子成员的思想作风建设和党风廉政建设,把党委建成坚强的领导核心。多年来,党委委员作风正派、清正廉洁。党委班子团结一致,拧成一股绳,带领全校教职员工认真学习贯彻党的路线、方针、政策,出色地完成了各项任务。

校党委坚持党委中心组学习制度,坚持民主集中制原则,不断完善党委领导下的校长负责制。党委书记支持校长积极主动地开展工作,校长在工作中注意处理好党政关系,自觉接受党委的领导,并在党委的领导下管理学校具体事务,对学校的全局工作负全责,积极贯彻落实党委决定,充分发挥校长在学校工作中的行政管理职能作用,学校党政关系顺畅,团结和睦。校党委成员定期参加民主生活会,自觉听取群众的意见和建议。凡涉及学校或教职工重大利益问题集中讨论决定,民主气氛浓厚。自 1995 年开始,设立校长信箱和校长接待日,耐心地听取师生员工的意见和建议。[②] 学校在实行党委领导下的校长负责制的同时,实行教职工代表大会制,保障工会组织与教职工代表在审议学校重大决策、监督行政领导、维护教职工合法权益

---

① 关于实行校务公开的决定(三大综〔1999〕27 号)[Z].1999-06-04.
② 突出办学特色,加快发展步伐,迎接新世纪的挑战:中共三明职业大学委员会 1995 年工作总结[R].1995-12-31.

等方面的权利,发挥作用。1991 年 12 月 21 日,学校召开首届教职工代表大会,①制定了《三明大学教职工代表大会条例》,明确规定:教职工代表大会是学校实行民主管理的基本形式,是教职工行使民主管理权的机构。校工会委员会是教代会常设机构,负责教代会的日常工作。教代会在学校党委领导下,贯彻执行国家的方针、政策,正确处理国家、学校、教职工三者利益关系,在法律规定的范围内行使职权。② 学校的管理逐步向民主化、制度化、规范化、科学化的方向发展。由于坚持改革开放,积极探索,在社会主义精神文明建设中作出了显著成绩,校党委于 1989 年 6 月被评为三明市先进党委③、三明市先进党组织;④于 1997 年 6 月被评为三明市先进基层党组织,⑤1998 年 6 月被评为三明市先进基层党组织。⑥ 校党委书记赵峰获得福建省总工会颁发的 1996 年福建省五一奖章。⑦

2.加强党风廉政建设

坚持"严格要求、严格管理、严格监督",从自身做起,从小事做起,强化党委班子成员的自律意识。首先,廉洁自律,领导作表率。党委班子成员认真学习有关廉洁自律的文件,规范自己的言行,模范执行各项规章制度,自觉抵制不正之风,增强了领导班子拒腐防变的能力。其次,用制度规范党委班子成员。校党委根据中纪委关于党员领导干部廉洁自律的新旧五条规定以及中央、国务院厉行节约、禁止奢侈浪费行为的八项规定,制定了《党政领导干部廉洁自律八项措施》,从制度上保证廉政勤政,从行为上对领导干部提出了具体要求,为校党委成员廉洁自律奠定了坚实的基础。再次,建立和完善监督机制。一是完善内部监督,党委班子每半年召开一次民主生活会,邀请市委组织部、宣传部及上级领导参加,党委成员联系各自的思想和工作实际,特别是根据群众提出的意见,认真开展批评和自我批评。二是坚持领导干部的述职评议制度,自觉接受下级的监督。三是党委支持纪检会独立开展工作,充分发挥纪检会对党委的监督作用。1994 年 1 月,学校召开了首次全体党员大会,民主选举产生了首届党委会和纪律检查委员会,选举产生了 7 名党委委员和 5 名纪委委员,进一步完善了党委领导下的校长负责制。⑧ 最后,完善民主党派和无党派人士的监督,党委注重民主党派的参政议政作用,广泛听取他们的意见和建议。把组织监督与党员干部认真自律结合起来,把注重制度建设同加强思想政治工作紧密结合起来,在全校范围内形成一个党内监督、群众监督、民主党派和无党派人士监督相结合的强有力的监督体系。通过制度的约束、领导的以身作则和完善监督机制等方式,在多次自查和检查中,校党委成员中均未发现有违纪现象,树立了学校党委班子廉政勤政的形象,受到了广大教职员工的赞扬。⑨

---

① 三明大学首届教职工代表大会日程表[R].1991-12-20.
② 三明大学教职工代表大会条例[R].1991-12-22.
③ 关于表彰一九八八年度先进党组织、优秀党务工作者、优秀共产党员的决定(明委工〔1989〕006 号)[Z].1989-06-28.
④ 中共三明市委关于表彰一九八八年度先进党组织和优秀党务工作者的决定(明委〔1989〕16 号)[Z].1989-06-30.
⑤ 关于表彰一九九六年度市直机关先进基层党组织、优秀共产党员、优秀党务工作者的决定(明委工(97)023 号)[Z].1997-06-24.
⑥ 关于表彰一九九七年度先进基层党组织、优秀党务工作者和授予"党员示范岗"的决定(明委工(98)06 号)[Z].1998-06-28.
⑦ 关于颁发一九九六年福建省五一奖章、奖状的决定(闽工发〔1996〕007 号)[Z].1996-04-08.
⑧ 三明大学德育工作情况汇报[R].1996-09.
⑨ 高举邓小平理论伟大旗帜,切实抓好高校党建工作:1998 年三明大学党建工作汇报材料[R].1998-10-04.

3.开展"三讲教育"

为了认真贯彻中央和省委《关于在县级以上党政领导班子、领导干部中深入开展以"讲学习、讲政治、讲正气"为主要内容的党性党风教育的实施意见》精神,落实市委"三讲"教育部署,切实有效地开展以"三讲"为主要内容的党性、党风教育活动,1999 年 4 月 20 日,三明职业大学成立了"三讲"教育领导小组,以校党委书记江芳俊为组长,校长何国清为副组长,校党委委员余能干、叶良茂、李显淮为组员。① 按市委关于认真组织学习"三讲"教育必读篇目的通知精神,根据学校的实际,"三讲"教育领导小组对"三讲"教育做了周密安排。(1)学习对象:学校党委、学习中心组成员,副处以上领导干部。(2)学习内容:中发〔1998〕17 号文件、闽委发〔1998〕27 号文件和中发〔1998〕17 号文件规定的 35 篇必读篇目及三明市委明委(1999)19 号文件指定的学习文件和《中国共产党纪律处分条例(试行)》系列电教片《警钟》等。学习分三个阶段三个专题进行。(3)学习方法:自学与辅导相结合。采用领导干部个人自学和党委学习中心组专题学习互相交流相结合形式,安排一场党员大会请讲师团辅导;安排一场先进人物报告会,请本校先进模范人物介绍敬岗爱业先进事迹;召开一场学习交流会,请各支部选派一名代表在大会上交流学习经验和体会;安排党委学习中心组学习讨论,交流心得体会。(4)有关要求:一要切实加强领导。二要弘扬理论联系实际的学风。三要建立理论学习的督促检查和报告制度。四要统筹安排,把学习同当前工作紧密结合。② 通过"三讲"教育学习,领导干部的素质普遍得到提高,对加强党的领导、促进党风廉政建设起到了积极的促进作用。

4.加强基层党支部建设

学校重视各系党支部的建设,充分发挥基层党支部的作用,使各系党建工作进一步落实和强化。做好学生党建工作,坚持不懈地对学生党员和学生积极分子进行马克思主义基本理论、党的基本路线和基本知识的教育,是全面加强高校党建工作的重要组成部分,也是坚持社会主义办学方向,实现人才培养目标的一项战略性措施。为此,校党委坚持积极、慎重的原则,多次召开会议,专题研究学生的党建工作,并突出落实好三项具体措施:

一是把好教育关。学校成立业余党校,对要求入党的学生进行系统的党的基础知识教育,规定凡是申请入党的积极分子必须参加一期党的基础知识培训班,考试合格才能发展。各班级也相应成立了学马列、学党章小组。

二是抓好三环节。在发展学生入党的过程中,各支部应定期与政教处、校团委共同抓好确定、培养、发展三环节,在确定为培养对象之前多方地听取意见。针对学生发展对象的学习问题,支部曾有不同看法,校党委不是急于表态,而是分头召开学生座谈会,让同学们谈谈他们心目中的党员应有的标准。经过充分的讨论,同学们认为:学生党员除了政治思想好,工作处处带头外,学习也要好,这样才能为大家树立榜样,激励大家对党组织的热爱和追求。校党委在广泛听取意见后,对发展学生党员在学习方面作出了更加具体的规定:一看发展,即用发展的眼光看待学生的学习成绩;二要达到中上水平,即学生的学习成绩要达到评选优秀学生的学习水平。在确定为培养对象之后,有意识地对培养对象交任务、压担子,从不同层面进行培养

---

① 关于成立三明职业大学"三讲"教育领导小组的通知(三大党综〔1999〕12 号)[Z].1999-04-20.
② 关于认真组织学习"三讲"必读篇目的通知(三大党综〔1999〕9 号)[Z].1999-04-20.

考察,关心青年学生的全面发展。只有这样,才能真正把德、智、体全面发展的学生吸收入党。

三是建立检查汇报制度。各支部必须定期向校党委汇报对学生积极分子的教育、培养和考察工作,校党委每季度对学生党建工作进行一次检查,发现问题,及时解决,坚持标准,确保质量。由于校党委加强对学生党建工作的指导,各支部对申请入党的学生热情关心和主动帮助,广大学生关心政治,积极向上。

学生党建工作的加强和改善,促进了学校党建工作的发展,促进了党组织的建设。文科党支部实行政治辅导员制度,选派有较高党性修养和一定工作经验的党员教师到各班级,协助班主任做好学生的思想政治工作和党建工作。这种做法不仅加强了党组织和班级学生之间的联系,而且锻炼了党员队伍,提高了党在群众中的威信。为了贯彻落实闽教委(1992)002 号文件精神,充分发挥基层党支部的战斗堡垒作用,校党委对基层党支部进行了相应的调整,切实加强了组织领导力量,进一步优化年龄结构和梯队层次,大胆地选拔优秀的青年党员任支委,使支部工作更加协调开展和富有生机。为了把职能部门和理论教育有机地结合起来,教育和管理好学生党员,摸清学生的思想动态,校党委决定由政教处、团委和学生党员组建一个新的支部,进一步促进学生积极分子和支部的联系。[1] 自 1994 年开始,学校把党支部建在系,充分发挥党支部对各系行政、教学及科研生产等方面的组织、领导作用,确保党委重大决策的贯彻落实。实行系负责制后,各系党支部切实抓好基层党建工作,尤其是学生党建工作有了明显进步。

1995 年度,学校发展学生党员 11 名,教职工党员 1 名。[2] 1996 年度,学校发展党员达 45 名,其中学生党员 35 名。[3] 至 1998 年,共发展 197 名学生入党。[4] 至 1999 年,学校已有党员 168 名。[5] 电子系党支部工作扎实,成绩显著,先后于 1997 年 6 月[6]、1999 年 6 月[7]被评为福建省高校先进基层党组织。

5.加强党员的思想和作风教育

学校重视对党员的思想和作风教育,通过各种形式,对广大党员进行形势与政策、党纪国法等教育。实行党员目标管理和评估制度,使党员管理步入科学化、制度化轨道。坚持"三会一课"制度,切实抓好党员的思想教育,增强党员的共产主义信念和改革开放意识,提高党员为人民服务的自觉性。

为了使党建工作制度化、规范化,更好地发挥广大党员在深化教育改革、建设社会主义高校中的先锋模范作用,校党委提出了党风建设的 6 条要求,主要内容是:(1)全体党员必须在政治上、思想上、行动上与党中央保持一致,不得在任何场合发表违背四项基本原则、不利安定团结的言论,不得利用课堂宣传资产阶级自由化的言论。(2)要坚持原则,积极开展思想斗争,进一步强化党性观念,维护党的团结和统一。(3)必须增强党员的光荣感和责任感,全体党员要

① 坚定社会主义办学方向,把学校建成反和平演变的坚强阵地:三明职业大学党建工作检查总结[R].1992-03.

② 突出办学特色,加快发展步伐,迎接新世纪的挑战:中共三明职业大学委员会 1995 年工作总结[R].1995-12-31.

③ 三明职业大学 96 年创建文明单位总结[R].1997-01-08.

④ 李显淮.历经十五年创业奔向示范性职大:三明职业大学校史展览馆巡礼[J].三明职业大学学报,1998(3):6-8.

⑤ 一九九九年中国共产党党内统计年报表[R].1999-12-31.

⑥ 关于表彰全省高校先进基层党组织和优秀共产党员、优秀党务工作者的决定(闽委教组〔1997〕08 号)[Z].1997-06-23.

⑦ 关于表彰全省高校先进基层党组织和优秀共产党员、优秀党务工作者的决定(闽委教组〔1999〕10 号)[Z].1999-06-12.

在教书育人、服务育人、管理育人中起模范带头作用,党员教师的教学评估成绩必须达到"良"以上。(4)严格落实"三会一课"制度。自 1988 年 11 月始,校党委将党的活动安排在星期三下午,每月第一周为支部委员会活动,第二周为党小组活动,第三周为支部大会,第四周为上党课时间,党委扩大会每两个月召开一次。① 校党委要求党委成员必须过好双重组织生活,党员每个月至少要过两次组织生活。(5)建立党员联系群众制度,每个党员要负责培养一名党外积极分子,关心帮助一名后进的同志。(6)建立和健全检查评比制度,实行定期和不定期的突击检查,每学期各支部必须自查一次,年终校党委进行总结表彰。

各支部根据校党委提出的 6 条要求和定性与定量相结合的原则,制定了各支部党员目标管理的实施方案,每个党员结合自己的岗位特点和实际,提出了具体的"创先争优"计划。校党委对党员目标管理工作进行了经常性的检查和指导,做到统一部署,层层落实,为党员达标提供服务,使民主评议党员活动和"创先争优"活动得以广泛深入地开展。各支部根据校党委的部署,结合党员目标管理,认真开展了民主评议党员活动,重视抓好党员标准的再教育。在评议中严格地按照党章规定的党员标准,力求客观地、实事求是地评议每个党员。特别是党委委员带头自我剖析,找差距查根源,为全体党员作出了榜样。广大党员放下了包袱,根据评议内容和目标考评要求进行了认真的对照检查,开展批评与自我批评,使"民评"活动达到了弘扬正气、鼓励先进的目的。与此同时,学校坚持把"民评"活动和"创先争优"活动有机结合起来,组织党员开展"学雷锋、树新风"、党的知识竞赛、文明宿舍建设、社会实践、教学改革、绿化美化校园等多类型多形式的活动,掀起了一个"比、学、赶、帮、超"的热潮,大大激发了广大党员的积极性和创造热情,涌现出一批党性强、作风正派、勇挑重担的带头人和一批默默无闻、埋头苦干的无名英雄。②

20 世纪 90 年代,在世界各种政治力量不断分化组合,国际范围内的两种社会制度、两种意识形态的斗争越来越尖锐,西方敌对势力正在加紧向社会主义国家推行和平演变战略的形势下,校党委认真贯彻落实中发〔1990〕12 号文件和全国、全省高校党建工作会议精神,坚定社会主义办学方向,以思想政治教育为主导,以学生党建工作为契机,以党员目标管理为杠杆,切实加强学校的党建工作和思想政治工作,充分发挥党组织的战斗堡垒作用和党员的先锋模范作用,筑起反和平演变的钢铁长城,维护了校园的安稳,促进了学校各项工作走上新台阶。校党委要求全体党员、师生按照四项基本原则严格规范自己的言行,特别是在严峻的国际形势下,更应保持清醒的头脑,坚定信念,振奋精神,旗帜鲜明地粉碎和平演变的阴谋。在理论学习中,校领导班子率先一步,成立中心组,坚持定期学习制度,校党委书记蔡添瑞同志亲自给师生做形势报告,校党委成员兼任形势教育课和《毛泽东选集》系列讲座的主讲教师,一年来共开28 讲。学校还经常选派领导干部和党员到省、市参加理论培训,各支部也加强了对学习的组织领导。通过学习讨论,对照比较,大家找出了差距,提高了政治觉悟和分辨是非的能力。为了配合学习,全校共订 68 份《支部生活》、74 份《党建》《党风党纪》等各类党刊,全校党员人手至少一册党刊,全校教职工人手一册《反和平演变教育参考资料》、全校师生每人一部《毛泽东

① 关于"三会一课"安排意见的通知(三大党办〔1988〕001 号)［Z］.1988-11-25.
② 坚定社会主义办学方向,把学校建成反和平演变的坚强阵地:三明职业大学党建工作检查总结［R］.1992-03.

选集》。校党委还组织全体党员、干部认真学习邓小平同志关于建设有中国特色社会主义的一系列重要论述和江泽民同志与厦门大学师生座谈时的讲话精神。通过学习,全体党员干部信心百倍,表示一定要全面贯彻执行党的教育方针,进一步开展教育教学改革,真抓实干,做好"教书育人、服务育人、管理育人"工作,努力培养和造就社会主义事业的建设者和接班人。①

为及时做好新党员和党外积极分子的思想教育工作,学校于 1992 年 10 月 8 日成立三明大学业余党校,校党委书记赵峰任业余党校校长,坚持每学期办一期党校,每期党校均有上百名政治上积极要求进步的师生参加学习。1995 年,有 200 余名师生向党组织递交了入党申请书,15 名党员勤恳工作,甘于奉献,分别被评为市、校优秀共产党员,一个积极向上的良好政治氛围在校园形成。②

自建校以来,学校加强党员队伍的自身建设,充分发挥共产党员的先锋模范作用,涌现了一批优秀的共产党员,先后受到省、市表彰。1990 年至 1999 年,有 18 位同志被评为市优秀共产党员和优秀党务工作者,2 位同志被授予"党员示范岗"。③ 1997 年 6 月,陶榕同志被评为省优秀共产党员;④1999 年 6 月,饶连周同志被评为省优秀共产党员,余能干同志被评为省优秀党务工作者。⑤

加强思想政治工作

学校坚持多渠道、多形式的政治思想教育,在师生中深入开展爱国主义、集体主义教育,有力促进了良好教风、学风、校风的形成。

1983 年至 1992 年,学校采取多层次、多渠道地开展思想政治工作,建立"三个体系":一是思想理论教育体系,由马列室、德育室、业余党校、党的知识学习班等负责;二是责任体系,制定政工人员、系主任、班主任和教师"教书育人"责任制,做到分工明确,责任到人;三是考核体系,建立检查、评比、考核制度。同时积极开展社会实践和课余文体活动,潜移默化地培养学生爱国主义和集体主义观念。1996 年学校通过了全省高校德育工作检查评估,总分位居全省专科院校前列。⑥

开设政治理论课。学校通过开设马列主义基本理论课、德育课、时事政治课等课程,对学生进行普遍的马列主义基本理论教育,注重用正确的理论武装头脑。学校坚持在一年级开设"形势与政策",通过中国革命史与当前时事政策相结合的教育,让学生进一步了解中国历史、中国现状。在二、三年级开设"马克思主义哲学"与"马克思主义政治经济学",⑦以马列主义理论来进一步加深对中国历史及世界大势的认识,帮助青年学生树立正确的人生观、世界观和价值观。

① 坚定社会主义办学方向,把学校建成反和平演变的坚强阵地:三明职业大学党建工作检查总结[R].1992-03.
② 突出办学特色,加快发展步伐,迎接新世纪的挑战:中共三明职业大学委员会 1995 年工作总结[R].1995-12-31.
③ 关于表彰一九九七年度先进基层党组织、优秀党务工作者和授予"党员示范岗"的决定(明委工(98)06 号)[Z].1998-06-28.
④ 关于表彰全省高校先进基层党组织和优秀共产党员、优秀党务工作者的决定(闽委教组〔1997〕08 号)[Z].1997-06-23.
⑤ 关于表彰全省高校先进基层党组织和优秀共产党员、优秀党务工作者的决定(闽委教组〔1999〕10 号)[Z].1999-06-12.
⑥ 李显淮.历经十五年创业奔向示范性职大:三明职业大学校史展览馆巡礼[J].三明职业大学学报,1998(3):6-8.
⑦ 唱响新时代的主旋律:我校深入开展爱国主义教育(1995 年 9 月)[R].1995-09.

加强舆论阵地建设。学校充分运用校报、广播台、黑板报、橱窗、宣传栏等舆论工具,及时、正确地宣传党和国家的路线、方针、政策,切实做到用正确的舆论引导人。《三明大学报》自创刊以来,在校党委的直接领导下,坚持正确的社会主义办报方向,在宣传政策、传播信息、交流经验、提供园地、指导工作等方面起到了积极的作用,为培养两个文明建设的合格人才做出了积极努力。《三明大学报》在舆论宣传方面作出了重要贡献,历次参加全省大学报评比均名列前茅。[①] 总编辑杨为春因负责组织《三明大学报》好新闻作品在福建省第 5 届、第 6 届、第 7 届大学报好新闻评选中连创佳绩,获奖数和评优成绩蝉联 2 届全省高校第一,并荣获 1991—1993 年度福建省高校优秀新闻工作者荣誉称号。[②]

多年来,学校始终高擎爱国主义旗帜,在广大师生中开展内容丰富、形式多样的爱国主义教育。

1994 年 12 月 6 日,学校党委根据中央、省、区、市有关精神,认真组织各党支部、各部门利用党团组织活动时间,学习贯彻落实《爱国主义教育实施纲要》和《中共中央关于进一步加强和改进学校德育工作的若干意见》,同学习《邓小平文选》《中共中央关于加强党的建设几个重大问题的决定》紧密结合起来,同贯彻落实全国、全省和全市教育工作会议精神紧密结合起来,积极深入开展爱国主义教育活动。深刻理解和把握文件的精神实质,把学习落到实处,提高实施爱国主义教育、加强和改进学校德育工作的自觉性。

充分利用舆论、宣传工具,加大宣传力度,积极配合爱国主义教育。校广播台开设"爱国主义教育"专栏,日日宣讲《爱国主义教育实施纲要》,播送学生来稿,呼吁全校师生"从我做起,从爱校做起";校学生会宣传部广泛张贴海报、标语,宣传《爱国主义教育实施纲要》精神;各系团总支、各班团支部等基层单位则以宣传板报、"团员一角"为阵地,开辟"学习心得"栏目。校工会也发出倡议要求工会会员们学好学深学透,发挥积极带头作用。

学校把爱国主义教育融入专业教育中去,渗透到学校工作中去,同"教书育人、管理育人、服务育人"有机地结合起来。各系、各部门有意识地加强学生道德品质修养,把学生的思想提升定位在"爱国、爱校、爱班、爱专业"上,并选送优秀学生到党校、团校去学习,以提高他们的政治素质,使他们的爱国思想进一步得到升华。1994—1995 学年,第 5 期业余党校有 50 余人毕业,第 6 期业余团校毕业生人数达到 81 人。校党委积极做好吸收优秀团员青年加入党组织的工作,仅 1992 届就吸收近 20 名学生加入党组织。

在学习《爱国主义教育实施纲要》的基础上,学校把贯彻落实爱国主义教育与校园文化建设紧密结合起来,加强校园文化建设,使校园文化建设上一个新的台阶。

(1)形象教育。学校增加校内电影场次,组织学生观看《董存瑞》《开国大典》《英雄儿女》《党的女儿》等爱国主义优秀影片。

(2)前辈教育。学校通过邀请老红军、老英雄现身说法增强学生爱国情怀。5 月初,中文系邀请老干所 3 位老新四军、老红军座谈;5 月 11 日,全校师生听取刘功老同志做"纪念抗战胜利五十周年"的报告。同学纷纷反映这对自己正确认识中国历史起到很好作用,并表示要好

---

① 三明职业大学办学十二年总结[R].1995-10-20.
② 杨为春工作总结[R].1995-08-30.

好学习,掌握技能,报效祖国。

(3)文化教育。学校在重要法定节日,举办各种纪念活动,突出爱国主义教育内容,寓教于乐。例如,为纪念毛泽东同志 100 周年诞辰,化工系组织纪念毛泽东电影专场,放映影片《秋收起义》;中文系举办以毛泽东诗词为内容的书法比赛;校团委举办"纪念毛泽东同志一百周年诞辰演唱会"。为纪念"一二·九"运动 59 周年,校团委、学生会举办"中华大家唱"歌咏比赛等。①

大力开展向英雄学习活动。1994 年 2 月 20 日,江泽民同志为见义勇为的英雄战士徐洪刚题词:"向徐洪刚同志学习。"学校积极响应号召,遵照国家教委发出的通知精神,迅速在全校师生中掀起"向英雄徐洪刚学习,做新时代的大学生"的活动热潮。各基层支部、系、处、室、团委从实际出发,结合学雷锋活动,制订出学习徐洪刚教育活动的具体计划,并认真加以实施,涌现出许多先进集体和个人,形成了人人学雷锋、处处树新风的局面。②

积极开展第二课堂教育活动。学校历来注重培养学生的社会实践能力,积极开展各种有益的社会实践活动,融爱国主义、集体主义教育于其中。学校经常组织开展各种竞赛活动,如"先锋杯""美室杯""志愿杯""实践杯""文体杯""勤学杯"等,增强了学生的社会责任感和奋发图强意识,提高了学生的自我管理和自我教育的能力。学校还结合学生所学专业组织开展青年志愿者活动,利用节假日上街进行专业咨询、科技服务、家电维修等活动,把知识献给人民。学校组织开展的校园文化艺术节,以其鲜明的主题、丰富的内容,深受广大师生的欢迎和好评。学校每年组织的暑期社会实践活动均受到社会各界的广泛好评,在校内外产生了积极的影响,多次受到团市委的表彰。

加强实践环节,坚持教育与生产劳动相结合。多年来,学校始终把大学生科技、文化、卫生"三下乡"社会实践活动作为学校德育工作的延伸与补充,根据职业大学自身的特点,着力培养锻炼学生的实践能力和适应生存能力,使之能更好地适应社会发展的需要。根据省、市有关返乡大学生暑期社会实践活动的意见精神,学校党委高度重视,积极部署、精心筹划,成立了以分管思想政治工作的副校长为牵头人的暑期社会实践领导小组,制定了《三明大学学生暑期社会实践活动实施意见》,明确规定社会实践活动列入教学计划,按一门课程计算,同学们的暑期鉴定及成绩存入学籍档案,作为学生学年积分评估、评优的一项主要内容。为了更好地抓好暑期社会实践活动的队伍建设,学校在各地返乡大学生中建立了 17 个以学生干部为骨干、团员青年为主体的"三下乡"暑期社会实践活动临时团支部。临时团支部抓组织、抓宣传、抓协调、实现自我管理,充分发挥主动性和创造性,因地制宜地开展形式多样、内容丰富的"三下乡"活动,暑期活动有声有色。

建宁支部救困助学"三下乡"小分队深入省级贫困乡——建宁县客坊乡水尾村,与该村小学结对子,捐书 200 余册,开展文化扶贫。1997 年 10 月,学校发动全体师生为该乡希望小学捐书 2000 余册及捐赠部分学习用品、体育器材等,受到乡党委、团县委、村民的一致好评。大田支部为希望工程捐款 697.84 元,并同沙县等地团支部一起为希望书库捐书 465 册。清流、泰宁支部科技文化"三下乡"小分队深入乡、镇、村,开展环境保护宣传,共展出图片 100 多幅,

① 唱响新时代的主旋律:我校深入开展爱国主义教育(1995 年 9 月)[R].1995-09.
② 关于大力开展向英雄徐洪刚同志学习活动的通知(三大党综〔1994〕004 号)[Z].1994-03-10.

传单 1600 多份,取得良好的社会效益。泰宁支部还开展"爱心召唤"主题活动,向社会发出倡议,为一名年仅 20 岁患白血病的姑娘邹桂兰募捐 1300 多元,引起广泛社会影响。尤为引人注目的是学校组织的科技、文化、卫生"三下乡"服务小分队深入永安、三元、梅列、沙县等县市区的 10 余个乡、镇、村,开展科技服务科普宣传,义务为民修理家电等活动,深受广大人民群众的欢迎。三明市区 6 个临时支部开展"我为文明城市添光彩"火车站义务送水周活动,为乘客义务送水,打扫站台卫生,清理白色垃圾,受到车站领导、工作人员及广大旅客的好评,三明电视台专门为此做了新闻报道。学校还选派暑期活动积极分子组成实践总团,突出以"社会主义市场经济与我"为主题,深入工厂、农村、机关、企事业单位广泛开展社会调查活动,了解国情、民情、乡情。内容涉及工农业生产、教育、卫生、建筑、人口、资源、交通旅游等 20 多个课题及社会活动的各个层面。学校还精选 45 名优秀学生干部赴乡、镇、机关、企事业单位挂职锻炼。有 23 名学生被评为市优秀学生干部、挂职锻炼先进个人,占全市受表彰的 51.1%,居全市首位。此外,学生积极投身社会,共有 300 多名学生通过不同形式的有偿便民活动,开展勤工助学,获得 24000 元工资。

由于在大学生暑期科技、文化、卫生"三下乡"活动中成绩突出,三明职业大学连续 5 次蝉联(每 2 年评选一次)福建省"大中学生志愿者扫盲与科技文化服务行动先进单位"。《福建日报》、福建电视台、东南电视台、《三明日报》、《三明青年报》、三明电视台及各县区的有线电视台曾多次报道活动情况,市《暑期通讯》、各县(市、区)《暑期通讯》均有大量篇幅报道。市暑教办、团市委、团区委、团县委的领导同志对暑期社会实践活动予以高度的评价。1999 年 2 月,三明职业大学文化科技下乡服务队受到全国表彰。[①]

加强政工队伍建设。学校成立综合治理领导小组,由党委办公室和团委具体负责学生政治思想工作及学生的生活管理,初步形成一支以班主任、政治辅导员、团总支、学生分会为主体的相对稳定的思想政治工作队伍。学校制定了《班主任、辅导员工作职责》《系、处、室岗位责任制》,明确规定教师晋升中、高级职称的教师必须担任一年以上的班主任工作。[②] 学校从教师中选拔思想政治素质较好的同志担任班主任工作,通过班级月考评制度及班主任经验交流会来检查监督和改进班主任工作。1994—1995 学年度,刘湘秋、王勤芳、刘云祯三位同志被学校授予优秀班主任称号。[③] 学校地处三明市郊荆东,根据师生居住分散、校园客观地理条件差等情况,校党委认真抓好"六级"值班制的贯彻执行。学校坚持每天有一名校领导、一名总务后勤负责干部、一名政治工作领导小组成员、一名系、处、室负责人,以及班主任和保卫科干部在校值班。"六级"值班做到职责明确,分工负责,遇到问题值班人员紧密配合,共同维护校园的安定。[④] 在 1989 年政治风波期间,校内没有张贴一张反动标语或大字报传单,没一人参加游行,没停过一节课。各系如期完成教学计划,学校各项工作正常开展,为三明市的社会安定稳定尽了一份力量。[⑤]

① 关于表彰 1998 年暑期社会实践活动先进集体的决定(团闽委联〔1999〕8 号)[Z].1999-02-24.
② 三明职业大学关于教学质量检查的情况报告(三大综〔1988〕007 号)[R].1988-02-27.
③ 关于表彰刘湘秋等优秀班主任的决定(三大综〔1995〕31 号)[Z].1995-10-06.
④ 落实值班制度,培养学生自律能力:三明职业大学校园整顿的点滴体会 [R].1989-03.
⑤ 三明职业大学一九八九年度工作总结[R].1990-02.

第六节　创建文明校园

在三明市委、市政府的领导下,在三元区、荆西街道的关心支持下,学校在争创双文明建设方面做了大量的工作,取得了显著的成绩,连年被授予三明市文明单位的荣誉称号。学校坚持以邓小平建设有中国特色社会主义理论和党的基本路线为指导,认真学习贯彻《中共中央关于加强社会主义精神文明建设若干重要问题的决议》精神,坚持"两手抓,两手都要硬",认真对照《三明市社会主义建设双文明单位标准》,联系学校实际情况,组织各部门、全体师生员工,通力协调,共同努力,将学校"双文明"建设推向新的高度。

加强组织领导,推进齐抓共管

为了保证文明建设工作正常开展,在党委的直接领导下,学校成立了三明大学创建文明校园工作领导小组,由校长何国清担任领导小组组长,小组成员分别由校党委委员、教务处处长、学生处处长和总务处处长担任。领导小组成员分工明确,相互协调,共同努力,做好"双文明"建设综合系统工程。[①]

学校加强党对工会、团委和学生会的领导,发挥他们在"创双"活动中的积极作用。校工会在校党委的领导下,紧紧围绕学校的中心工作,认真落实工会的"维护、监督、参与、教育"的职能,健全教代会制度,充分发挥教代会民主管理和民主监督的作用,整顿和健全各级组织,建立工作、学习、会议制度。组织工会干部及全体会员学习中央文件,学习工会章程,提高认识,提高工会干部的素质,增强责任心和荣誉感,真正成为教工群众的代言人。为教工办实事,配合总务部门为广大教工集体购买部分生活用品。与总务处联办"优秀炊事员"评奖活动,深入食堂、做好调查研究工作,保证师生饮食健康。与科研处、政教处联办"教书育人、管理育人、服务育人"为主题的论文研讨会。开展各类优抚活动:对困难户进行补助,对住院教工进行慰问,对教工及教工直系亲属亡故的给予慰问、补助。开展节假日的庆祝慰问活动,特别对离退休的教职工,在重阳节、元旦、春节予以慰问,听取他们的意见,让他们感受到党的温暖。召开各种类型座谈会,广泛听取意见和建议。所提意见建议,工会尽力解决,让教工养成有事找工会帮助,有话找工会同志叙谈的习惯。为活跃教职工业余文化生活,积极开展各种文娱体育活动。教师节举办教工书法比赛,国庆节举办"歌唱祖国、歌颂党"歌咏比赛;节假日举办篮球比赛、排球比赛、羽毛球比赛、乒乓球比赛、象棋比赛等;积极配合校园文化艺术节,与团委、政教处等有关部门联合举办美育讲座、集邮讲座、教工书法展览及青年教工硬笔书法比赛等活动;组织好三八妇女节,六一儿童节庆祝活动;暑期,组织教工旅游,通过旅游欣赏自然美景,陶冶情操,增强热爱伟大祖国的感情。做好女教工的保健工作,女工委员会每年组织一次女教工体格检查。

---

① 三明职业大学 1996 年"创双"工作计划[R].1996-03-21.

做好青年教工孩子的入托入园工作,并给予经济上的补助。聘请三元区文化馆同志来校教授中老年迪斯科,①聘请市气功研究会老师教授鹤翔庄功法。② 1994 年,工会被三明市总工会授予"先进职工之家"的光荣称号。③

校团委、学生会在校党委的领导下,团结带领全校广大团员青年,坚定不移地贯彻党的教育方针、政策,努力提高青年学生的素质。校党办、团委、学生处组织各系党支部、团总支,各班级团支部深入开展"两学"活动,学习马列主义、毛泽东思想和邓小平建设有中国特色社会主义理论。"两学"活动做到早安排、有计划、分阶段、抓落实,充分发挥青年学生入党积极分子、入团积极分子的模范带头作用。组织理论学习小组,通过定期的讨论、交流、报告会等形式,做到学、议、行相结合,理论联系实际,因地制宜、因时制宜地开展活动,并列出了"两学"参考书目。④

多年来,校团委、学生会在校党委的领导下积极开展工作。为了丰富学生的业余生活,开展了各种有益的体育活动,组织了各种球赛,如足球联赛、排球赛、篮球赛等,并发展学生的专项运动,努力提高学校的体育运动水平;开展了丰富多彩的文娱活动,如举办文娱晚会、周末舞会、观看电影等;联系历史开展了各种有意义的纪念活动,如纪念五四运动、"一二·九"歌咏比赛、书画比赛、演讲比赛等;利用学生特长,开展了各种社团活动,如举办"武术教导班""吉他初级班""围棋讲习班""中国象棋竞技社"等;开展了"爱我班级、建我校园"活动,为学校建设奉献自己的才华和汗水。⑤

为了加强大学生自我管理、自我教育,促进校风、学风的进一步好转,创造一个良好的读书育人环境,实现学生的自我管理与教育的良性循环,学校于 1997 年 3 月,成立了学生自律委员会,由各系思想上进、品学兼优、原则性强的学生骨干分子组成,直接隶属校学生处。自律委员会分 3 组,每周分组轮流值班,协助校系维护日常校园秩序,通过督查考评、信息反馈等形式,对校内各种违纪行为进行纠察监督,⑥为维护校园秩序,促进校风、学风好转,起到了积极的作用。由于校团委、学生会在推进学校的"双文明"建设中充分发挥了生力军和突击队的作用,许多班集体和学生个人受到了省、市表彰。1995 年 5 月,周荣钰、林辉同学被评为福建省高校三好学生,季蓉同学被评为福建省高校优秀学生干部,化工系 1993 级硅酸盐专业被评为福建省高校先进班集体;⑦1997 年 5 月,苏玉芳、邓书丹、吴锡邦同学被评为福建省高校三好学生,马竞超、张生莫同学被评为福建省高校优秀学生干部,外语系 1995 级实用英文班、1995 电子实践专科班被评为福建省高校先进班集体;⑧1999 年 4 月,罗立建、林慧莲、黄启木同学被评为福建省高校三好学生,郑毅、廖毅梅同学被评为福建省高校优秀学生干部,1997 级应用电器维修

---

① 三明大学工会一九八八年工作小结及一九八九年工作要点[Z].1989-03-04.

② 一九八九年工会工作小结(1990 年 3 月)[R].1990-03.

③ 关于表彰 1993—1994 年度三明市模范职工之家、先进职工之家、优秀工会工作者、优秀工会积极分子、关心支持工会工作的基层党政领导和保持三明市模范职工之家、先进职工之家的决定(明工总字〔1994〕041 号)[Z].1994-04-25.

④ 关于继续深入开展"两学"活动的通知(三大党办〔1997〕1 号、三大团字〔1997〕5 号、三大学字〔1997〕3 号)[Z].1997-03-18.

⑤ 自立、自律、自强:首届学生会工作报告(1988 年 5 月 21 日)[R].1988-05-21.

⑥ 关于成立学生自律委员会的通知(三大学〔1997〕4 号)[Z].1997-03-27.

⑦ 关于表彰 1995 年全省大、中、小学"三好学生""优秀学生干部""先进班集体"的决定(闽教政〔1995〕15 号)[Z].1995-05-22.

⑧ 关于表彰 1997 年全省大、中、小学"三好学生""优秀学生干部""先进班集体"的决定(闽教〔1997〕宣 19 号)[Z].1997-05-22.

班被评为福建省高校文明班级；[①]1997 年 5 月，翁志祥、陈孝策、毛文伟同学被评为三明市学校三好学生，余光明、杨青、徐光兴同学被评为三明市学校优秀学生干部，1994 级文秘班被评为三明市学校先进班集体。[②]

抓好教学管理，推进学风建设

学校进一步强化教学常规管理，严格教学秩序，重点抓好学风建设，保证教学质量稳步提高；建立激励竞争机制，强化学生各项专业技能，增强毕业生择业的竞争力。1996 年，学校出台了严格考场纪律的规定，学生学风大有好转，共有 575 名学生获得奖学金，占全校学生总数的 38%。[③] 学校加强教师队伍建设，努力提高教学质量；坚持走教学、科研、生产相结合的道路，进一步发挥已有的各种研究所、中心、设计所等机构的优势，继续研究开发新的科研项目和新产品，为三明经济社会发展服务。许多教师默默耕耘，开拓进取，取得了丰硕的成果。各专业教师先后在国家、省、市和校级刊物或学术会议上发表论文、译作 300 余篇；主编或参编的专著有 20 余种，近 300 万字，大都由国家或省级出版社刊行，其中 10 余种受到了不同层次的嘉奖。[④] 张运徽同志主持编写了 15 万字的《矿加工工艺》教材，在省级刊物上发表了 4 篇论文，为本地区设计了 3 个稀土矿的生产工艺，分析了上千种矿样，为三明地区稀土矿的开发利用作出了积极的贡献，被授予"福建省优秀教师"的光荣称号。[⑤]

优化校园环境，参与片区共建

在三明市委、市政府的支持下，学校挖掘潜力，完成文科楼、图书馆、校门、运动场的基建任务，并投入使用；改建了学生宿舍楼，进一步改善学校的办学条件和师生的生活条件。1995年，校园地面卫星接收系统、校内电话等已安装完毕，大大改善了荆东的收视状况和校内通信条件，各班均配备了彩电，解决了学生看电视难的问题。学校还花费 10 万元铺设高位水塔专用上水管道，维修深井水泵，校内用水大大改善。学校对实验室、学生宿舍、食堂及有关办公室进行了较为全面的整治和维修，安装了校内发电机组，确保学校教学、生活秩序的稳定。[⑥]1996 年，学校加大办学投入，增加教学、科研设备投资，改善办学条件，共投入教学设备经费484.45 万元，建立了 2 个文、理科计算机房，新建了健身房、溜冰场。[⑦]

---

① 关于表彰 1999 年全省大中专、中学三好学生、优秀学生干部、文明班级的决定(闽教〔1999〕宣 23 号)[Z].1999-04-16.
② 关于表彰 1996—1997 学年度三明市学校先进班集体、优秀学生干部、三好学生的决定(明教政〔1997〕102 号)[Z].1997-05-13.
③ 三明职业大学 96 年创建文明单位总结[R].1997-01-08.
④ 李显淮.历经十五年创业奔向示范性职大：三明职业大学校史展览馆巡礼[J].三明职业大学学报,1998(3):6-8.
⑤ 福建省教育委员会、福建省人事厅关于表彰福建省优秀教师和教育工作者的决定[Z].1998-08-30.
⑥ 戒骄戒躁，再创佳绩：三明职业大学 95 年双文明建设总结[R].1995-11-25.
⑦ 三明职业大学 96 年创建文明单位总结[R].1997-01-08.

学校积极参加"六联六建"文明片区共建活动,完成分配的各项创建任务。1996 年 10 月,学校与三明市三元区富兴堡街道结成"共建社区"单位,建立"三明大学援助社区青年志愿者服务中心",组建家电维修、文化服务、家教、电脑咨询、社会事务等多支志愿者服务队,制定各种服务承诺,向社区居民发放"三明大学援助社区青年志愿者服务卡"6000 多张。由 40 名思想上进、专业基础扎实、动手能力强的学生组成家电维修小分队,每逢双休日到富兴堡街道的 8 个居委会定点或巡回为居民义务维修家电,累计维修家电 3000 余件。许多群众纷纷写了表扬信,并送来"社区援助急先锋,真情奉献新青年"锦旗,三明电视台闻讯前往社区采访,引起社会广泛关注。文化服务队在社区还组织多场文艺演出和电影放映;家教服务中心为社区提供400 多人次的中小学家教服务、文秘助理、档案整理、三栏建设、居委会主任助理等项目的社会事务工作,既便利社区居民生活和工作,又为学生提供了成才锻炼的广阔天地,增强了学生的社会责任感和为人民服务的本领。

1998 年,学校与三明市三元区荆西街道办、梅列区列东街道办结成"共建社区单位",逐步形成一个以富兴堡街道办为中心点,其余各社区为辐射面的青年志愿者援助社区活动天地。全校各系计有数百名团员青年积极主动加入援助社区活动,走出课堂,融入社会施展聪明才智。学校被评为三明市首批社区援助先进单位,青年志愿者服务队分别获得 1998 年"三明市新长征突击队""福建省新长征突击队"荣誉称号。[1]

学校认真抓好校园绿化工作,新建了校园住宅区花园小区,并对校园环境的整体美化、绿化实行专业化管理。校园绿化、卫生工作由专人负责,加强了检查、督促、评比、表彰工作。1996 年,学校投资 12 万元,对教学小区进行全面规划和绿化工作,面积达 8512 平方米。学校以创建文明宿舍为突破口,以学生处为主,抓好学生创建文明宿舍、文明楼活动。1996 年,在全省高校文明宿舍评比中,有 4 个宿舍被评为省级文明宿舍。学校治安综合治理卓有成效,在荆西派出所的协助下,校园治安状况明显好转。学校与荆西派出所警校共建以来,校内秩序稳定,无任何刑事案件。学校主动配合计生部门,抓好本单位及所属单位计划生育工作,无早婚、早育,无计划外生育。学校认真抓好现住户"创双"文明户和"五好"家庭活动,住户 90% 以上达到"双文明"或"五好"家庭标准。[2]

为贯彻《中国教育改革和发展纲要》提出的积极发展高等职业教育的方针,主动适应社会主义现代化建设的需要,推动职业大学的改革与发展,改善办学条件,提高教学质量,办出高等职业教育特色,1995 年 12 月,国家教委决定在专业改革的基础上建设一批示范性学校,逐步带动职业大学总体办学水平的提高,促进职业大学的健康发展。[3] 学校积极响应国家教委的号召,抢抓机遇,开拓进取,进一步扩大办学规模,推进教学体系改革、教材更新、教法改进、提高素质教育,努力为三明市经济建设提供更多的各类实用型高级技术人才,为创办示范性职业大学而不懈奋斗,为三明市的经济发展和改革开放作出更大的贡献。

---

① 高举邓小平理论伟大旗帜,切实抓好高校党建工作:98 年三明大学党建工作汇报材料(1998 年 8 月 30 日)[R].1998-10-04.

② 三明职业大学 96 年创建文明单位总结[R].1997-01-08.

③ 关于开展建设示范性职业大学工作的通知(教职〔1995〕15 号)[Z].1995-12-19.

第三章　新世纪合并组建的三明高等专科学校

为迎接 21 世纪的到来,实现社会主义现代化建设三步走的宏伟目标,党中央实施科教兴国跨世纪重大战略。在此背景下,国家相继启动"211 工程"和"985 工程",同时,加快推进高等教育大众化的进程,合理调整高校布局结构,继后出现了一大批经教育部批准由专科升格的本科院校。世纪之交,地处老区苏区的三明师范高等专科学校、三明职业大学、三明师范学校,响应市委、市政府的教育改革决策,呼应新世纪的召唤,抓住难得的历史机遇,走过了从合并组建三明高等专科学校到筹建升格三明学院的不平凡历程。

1999 年 9 月 1 日,"三校"及三明市教师进修学院培训职能实质性合并;2000 年 10 月 15 日,三明高等专科学校正式成立;2003 年 3 月 20 日,举行"三明学院(筹)"挂牌仪式。在此过程中,三明学院的筹建工作同步推进,三明高等教育在 21 世纪初实现了新的崛起和跨越。

第一节　三明高等专科学校的组建

三明高等专科学校的申报与批复

1999 年 7 月,根据我国高等教育改革"共建、调整、合作、合并"的方针,三明市人民政府发函给省教委,提出高等教育与中等师范教育改革的方案:三明高等师范专科学校、三明职业大学、三明市教师进修学院、三明师范学校撤销原有建制,实行紧密型实质性合并,即"三校一院"合并。三明市教师进修学院合并时一分为二,将师资培训职能并入高专,教研职能分离出来,成立独立建制的"三明市普通教育科学研究所",直属市教委管理,负责全市基础教育的教学研究、教学指导、教学质量监控和课程教材培训、教材建设的有关工作。① 12 月,福建省教育委员会向福建省人民政府上报了《关于合并组建三明高等专科学校的请示》(闽教〔1999〕高 112 号)。同时,三明市人民政府和福建省教育委员会分别形成《关于三明师专等三校一院合并组建三明高等专科学校的可行性报告》和《关于三明师范高等专科学校、三明职业大学、三明师范学校和三明市教师进修学院合并组建三明高等专科学校的论证报告》。

论证报告指出,合并组建三明高等专科学校,主要是根据《中共中央、国务院关于深化教育改革全面推进素质教育的决定》和国务院批转的《面向 21 世纪教育振兴行动计划》,以及教育

---

① 三明市人民政府关于三明师专等三校一院合并组建三明高等专科学校的函(明政〔1999〕函 14 号)[Z].1999-07-27.

部《关于师范院校布局结构调整的几点意见》的精神,为了适应三明市经济建设、社会发展对高等专业人才的需求,适应三明市基础教育事业改革和发展对高素质师资的需求。经三明市人民政府和省教委组织专人进行调研论证,认为将"三校一院"合并组建三明高等专科学校是十分必要,也是切实可行的,符合第三次全国教育工作会议和教育部关于师范院校布局结构调整的精神,符合三明市和福建省高等教育、师范教育的实际情况。组建三明高等专科学校,有利于重组三明市高等教育、师范教育资源,优化布局结构,提高质量和办学效益;有利于加快"三级师范"向"二级师范"过渡,提高中小学教师培养培训质量;有利于加快三明市的高等职业技术教育的发展,为三明市的经济建设、社会各项事业的可持续快速发展,提供智力和人才支持。

论证报告提出,组建三明高等专科学校的必要性,一是三明市经济建设、社会发展的需要。三明市经济建设、社会发展所需要的各类高等技术人才,除靠国家和省属高校培养外,还应当靠地方高等职业技术教育大力发展。但现有三明职业大学的办学规模较小,由于受到校舍、设备、师资等办学条件的限制,难以适应三明市对加快发展高等职业技术教育的需要。二是三明市基础教育改革与发展的需要。三明师范高等专科学校和三明师范、宁化师范已经基本完成了培养初中、小学师资的历史任务,已经不能适应 21 世纪对初中、小学教师的更高要求。国务院批转的《面向 21 世纪教育振兴行动计划》指出:"到 2010 年,沿海和经济发达地区,小学、初中教师的学历应分别提升到专科和本科层次。"截至 1999 年 12 月,三明市小学、初中专任教师中达到专科、本科学历分别只有 8.5%、15.3%。三明市现有师范教育的办学层次偏低,已无法适应培养提高小学、初中教师学历层次的需要。三是优化三明市高等教育、师范教育资源,提高办学质量和办学效益的需要。三明师范高等专科学校与三明职业大学在专业设置上相同或相近,尽管两校培养目标不尽相同,但各自独立办学,专业重复建设,既造成了人力、物力的浪费,又不利于办学质量的提高。合并后,可以优化办学资源,加快高等职业技术人才的培养,提高办学质量。三明师范学校办学条件很好,具有丰富的培养小学师资的办学经验,但是,中师的办学层次无法承担培养培训专科程度小学师资的任务。三明市教师进修学院由于学校规模小,办学条件较差,难以承担起全市初中教师继续教育的任务。因此,把三明师范高等专科学校、三明职业大学、三明师范学校和三明市教师进修学院合并组建三明高等专科学校,可以较好地解决上述矛盾,有利于优化三明市高等教育、师范教育的资源配置,加快发展高等职业技术教育,提高小学教师培养层次,加强中小学教师的继续教育,更好地为三明市的经济建设和基础教育事业服务。

组建三明高等专科学校的可行性,一是三明市委、市政府高度重视三明高等专科学校的组建工作。二是"三校一院"积累了较丰富的办学经验,具有较好的办学基础。三是"三校一院"合并后,增强了办学综合实力,为新组建的三明高等专科学校的改革和发展创造了良好的条件。三明高等专科学校组建后,可以充分利用"三校一院"的办学资源,根据三明市经济建设、社会发展和中小学师资培养培训的任务,合理调整专业设置,优化专业结构,实现优势互补。一方面可以扩大三明市高等职业技术教育的发展规模,为地方经济建设、社会发展培养大批应用型高等职业技术人才;另一方面,可以实现小学教师由专科培养,加快小学教师大专化的步伐。同时,可以优化三明市师范教育布局结构,有利于发挥高专的整体办学优势,开展中小学教师培训工作,提高中小学教师继续教育的质量,还可以加强教育教学研究工作,提高三明市教育教学科研水平,促进全市教育质量的提高。"三校一院"合并,必将增强三明高等专科学校的办学综合实力和竞争能力,拓宽服务领域,提高科研水平和办学质量;精简、优化行政机构、教学组织和行政人员、教师队伍,扩大办学规模,提高办学效益,为学校的进一步发展创造更好的条件。

2000 年 1 月 6 日,时任代省长的习近平同志主持召开省长办公会议研究有关院校设置议题,同意了"三校一院"合并方案。① 2000 年 6 月 12 日,教育部下发《关于同意三明高等师范专科学校、三明职业大学、三明市教师进修学院和三明师范学校合并组建三明高等专科学校的通知》(教发〔2000〕134 号)。8 月 2 日,福建省人民政府下发《关于同意组建三明高等专科学校的通知》(闽政〔2000〕文 262 号)。文件明确以下事项:

(1)三明高等专科学校为省属多科性普通专科院校,由三明市人民政府举办。学校主要从事师范教育和高等职业技术教育,全日制在校生规模暂定为 4500 人。

(2)撤销三明市教师进修学院和三明师范学校建制;原三明师范高等专科学校、三明职业大学、三明师范学校的现有人员编制和原三明市教师进修学院承担培训任务的部分人员编制,成建制转入三明高等专科学校,并按办学需要和发展规模,重新调整人员结构,核定编制。

(3)三明高等专科学校实行党委领导下的校长负责制。领导干部配备事宜按省属普通高等学校干部管理程序办理。

(4)三明高等专科学校办学经费以三明市政府财政拨款为主,多渠道筹措办学经费,基建投资由三明市负责。

(5)三明市政府、省教育厅要加强对三明高等专科学校的领导,关心支持学校办学,加快学校实质性合并工作,做好学校总体规划和建设,加强学科建设,提高师资队伍素质,深化学校内部管理体制改革和教学改革,不断提高教育质量和办学效益,切实把三明高等专科学校办好。

需要提出的是,按照文件规定和当时的实际情况,"三校一院"的"一院"三明市教师进修学院,只是将原承担培训任务的人员编制,成建制转入三明高等专科学校,未涉及土地、财产、历史档案移交等实质性问题,因此,不属于严格意义上的合并校。其机构后变更为三明市教育科学研究所,并于 2019 年合并组建为三明教育学院。

实质性合并重组

截至 1999 年 7 月,"三校一院"基本情况如下:三明师范高等专科学校校园占地 232 亩,建筑面积 5.11 万平方米,专业比较齐全,设有中文、数学、英语、物理、化生、政史、地理、体育、音乐、美术等 10 个专业,建校以来共培养了 10471 名毕业生,有在校学生 1526 人。三明职业大学校园占地 272 亩,建筑面积 4.23 万平方米,设有土建、计算机、电子、机械等 8 个系 13 个专业,已为社会输送了 4000 余名毕业生,有在校生 2043 人。三明师范学校校园占地 220 亩,建

---

① 福建省人民政府省长办公会议纪要(〔2000〕1 号)[Z].2000-01-06.

筑面积 3.72 万平方米,图书 10 万余册,设有普师、幼师和小学体育、英语、美术专业,在校学生 918 人。建校以来,共为社会培养了 2 万余名毕业生。三明市教师进修学院创办于 1958 年,承担三明市初中教师、校长的培训和中小学教学研究任务。

学校合并后,校园面积达 724 亩,校舍建筑总面积达 13.06 万平方米,其中荆东校区 9.34 万平方米,列东校区 3.72 万平方米,有 400 米田径场 2 个,300 米田径场 1 个,游泳池 2 个,教学实验设备总值 1175 万元,藏书 46.5 万册。学校共有专任教师 318 人,其中高级职称 65 人,占专任教师总数的 20.4%;中级职称 203 人,占专任教师总数的 63.8%。学校设有一所附属中学和一所附属小学,在校外建立了一批中小学教育实践和职业技术实践基地。

从酝酿启动合并到三明高等专科学校正式成立,大致经历了以下阶段:

组织准备阶段:从 1998 年 11 月起,三明市人民政府组织对“三校一院”合并组建三明高等专科学校进行酝酿,并组织起草可行性报告,拟定《三明市高等教育与中等师范教育改革方案》。1999 年 5 月 4 日,成立以中共三明市委副书记吴金容为组长的三明市高等教育与中等师范改革领导小组。6 月 9 日,成立由“三校一院”主要领导组成的三明高等专科学校筹备小组,由李长生任组长,赵峰、江芳俊任副组长,何国清、丘德奎、朱顺平、姜维光、陈修庆为筹备小组成员。[①] 从市里到学校,自上而下,为正式启动合并重组做好准备。

全面启动阶段:1999 年 7 月 18 日,三明市高等教育与中等师范改革领导小组与三明高等专科学校筹备小组召开联席会议,领导小组全体成员及成员单位联络员、筹备小组全体成员及“一办五组”有关人员约 80 人出席了会议,组建三明高等专科学校实质性工作正式启动。8 月 16 日,校筹备小组召开“三校”中层以上干部会议,就学校系(部)设置、教学人员的划分原则、场所调整搬迁、新学期课程与任课教师安排做了部署,并宣布了各处、室、馆、科、系(部)临时召集人名单。校筹备小组通过科学论证,周密设计合并组建实施方案,报经市高等教育与中等师范改革领导小组同意后开始运作。至 8 月底,完成了各项调整、搬迁任务,实现人、财、物、教学、科研等五个统一,做到一个班子(筹备小组)、一套机构、一套制度、一个财务、一个发展规划。

实质运行阶段:1999 年 8 月 30 日,校筹备小组召开“三明高等专科学校(筹)教职员工大会”,新学年顺利开学,9 月 1 日,开始按新校体制运行。校筹备小组在全局工作把握上,着重抓了五个方面:抓思想统一,以“共识”促“共为”;抓领导带头,推进改革顺利进行;抓制度建设,形成新的运行机制;抓活动开展,以增强凝聚力;抓规划制定,促进学校事业发展。在事业发展上,突出抓了五项工作:抓好人才工程,促进队伍建设;抓实基础工程,改善办学条件;做好三篇文章,提高办学层次;抓教学带科研,提高办学质量;抓好党建工作,发挥政治优势。各项工作取得了积极成效。

合并组建工作得到上级领导的高度重视和大力支持。1999 年 8 月 25 日,三明市委书记苍震华带领市直有关部门领导到学校调研,强调加快三明市高等教育改革步伐,为经济建设和社会发展服务;要求明确方向,办出特色,创一流高校。1999 年 8 月 28 日,三明市委副书记、

---

① 三明市高等教育与中等师范改革领导小组《关于成立三明高等专科学校筹备小组的通知》(〔1999〕2 号)[Z].1999-06-09.

180

市长叶继革一行到学校调研。1999年9月21日,福建省副省长潘心城带领省直部门负责人视察学校,强调要明确方向,加快改革步伐。2000年3月24日,教育部专家组对合并组建工作进行实地考察。2000年5月19日,福建省教育厅厅长朱之文一行到学校调研。

筹备组织机构健全,形成高效的决策和运行机制。校筹备小组召开成员会议67次,及时解决部署、解决问题、推进工作。1999年7月17日,根据工作实际,筹备小组发出通知(〔1999〕1号),对小组成员分工及各工作小组人员、职责任务进行补充和具体安排:李长生同志负责人事组工作,赵峰同志负责财务组工作,江芳俊同志负责办公室工作,何国清、朱顺平同志负责校产组工作,丘德奎、陈修庆同志负责教务组工作,姜维光同志负责规划组工作。工作机构设"一办五组",即办公室、人事组、财务组、校产组、教务组、规划组。组长及人员组成兼顾到"三校一院"相关对应处室现任职务。

为确保学校筹建和日常工作的顺利进行,8月16日,经三明高等专科学校筹备小组研究确定各处(室、馆)、各系(部)临时召集人。

9月27日,根据实质性运作工作实际,筹备小组对领导分工进行调整:李长生主持筹备小组全面工作,分管组织部;赵峰主持行政全面工作,分管校长办公室、成教处、人事处、财务科;江芳俊分管党委办公室、纪委办公室、团委、学生处、保卫科;何国清分管教务处,协管成教处;姜维光分管总务处;陈修庆分管图书馆,协管教务处。

成立校区工作委员会。按校区地理位置分为南区(原职业大学)、北区(原三明师专)、列东区(原三明师范)三个区域,采取"统一领导,分级管理"的新运行机制,设立校区工作委员会。各校区工作委员会指定一名召集人,北区召集人是周勇同志(三明师专党委委员、工会主席),南区召集人是叶良茂同志(三明职业大学党委委员、副校长),列东区召集人是王招凤同志(三明师范学校副校长)。校区工作委员会人员由教务处、财务处、总务处、团委、学生处、保卫科等职能部门派出。为了加强党组织机构设置及党建工作,由余能干同志(三明职业大学党委副书记)总负责。

三明高等专科学校的成立

2000年9月,福建省委省政府和三明市委市政府任命三明高等专科学校主要领导和校级领导班子。李长生任党委书记,赵峰任党委副书记、校长,江芳俊任党委副书记,叶良茂、吴长彬任党委委员、副校长,姜维光任党委委员、纪委书记,周勇任党委委员、工会主席(人选)。2002年4月,任命耿鸣为党委副书记、纪委书记。

2000年10月15日,三明高等专科学校正式挂牌成立。

上午9:00,举行校牌揭牌仪式,三明市委书记苍震华和福建省教育厅副厅长薛卫民为三明高等专科学校揭牌。

上午10:20,举行三明高等专科学校成立大会。大会由市委常委、宣传部部长吴根发主持。省教育厅副厅长薛卫民宣读了教育部批文,市委副书记吴金容宣读学校党政主要领导班子名单,市委副书记吴金容、市政府副市长严凤英分别向校党委书记李长生、校长赵峰授党委和学校印章。市长叶继革、省教育厅副厅长薛卫民、校党委书记李长生等在大会上作了重要讲话和发言。

叶继革在讲话中指出,新成立的三明高等专科学校,是一所集师范教育、高等职业技术教育和成人教育于一体的多科性地方高校,它的成立顺应了世界高等教育和当代科学技术发展的必然趋势,实现了高校设置逐步从粗放型向集约型的转变。他希望,一要面向经济建设主战场,提高办学水平。二要立足现有基础,争创办学特色。三要致力改革创新,拓宽办学思路。四要坚持以人为本,增强办学活力。五要加强思想政治工作,培养社会主义"四有"新人。他表示,三明高等专科学校是我们自己的高专,是全市人民的高专。市委、市政府寄予厚望,并将对今后发展继续给予密切关注和大力支持,共同努力把三明高等专科学校建成一所特色鲜明、朝气蓬勃、在省内外具有重要影响的高等学府。

薛卫民在讲话中希望,新组建的三明高等专科学校要抓住国家高等教育体制改革的有利时机,认真搞好学校发展规划,加强学科建设和师资队伍建设,深化教育教学改革,加快发展步伐,以育人为本、创新为魂,进一步提高学校办学水平,努力办出特色。

李长生在致辞中表示,将以改革的精神,努力探索一条适合学校发展的路子,坚持"以德立校、教研强校、依法治校、艰苦建校"的办学思想,以良好的精神状态迎接新的挑战,以崭新的面貌和优异的成绩迎接 21 世纪的到来。

三明高等专科学校设初等教育系、中文系、政史系、英语系、数学系、化学工程系、应用物理系、计算机科学系、经济系、土木工程系、艺术系、体育系和公共基础部等 13 个系(部)37 个专业。在校生 5118 人,教职工 586 人,其中高级专业技术职务 86 人,中级职务 227 人。成为全省办学规模最大、学科门类最全、专业数量最多的高等专科学校。

10 月 15 日,《三明高专报》出版庆典专刊,刊发"学校发展目标""校训""校标""校歌"等重要内容,具体如下。

学校发展目标:充分发挥合并办学特有的资源优势,优化办学条件,科学调整专业设置与布局,把三明高等专科学校办成具有鲜明特色、在省内有重要影响的学校。同时,积极创造条件,加快创办本科院校的步伐,更好地为福建省和三明市经济建设与社会发展服务,为实施科教兴省和三明市科教兴市战略作出新的贡献。

校训:厚德博学。"厚德"秉承中外重视德育的传统,调动一切手段进行德育教育,"博学"体现了综合素质的基本要求。延续了三明师范高等专科学校的校训。

校标:校标图案形似三本书托起一"人"字,意为"教书育人",表达以人为本的教育理念。确定"正绿"为底色,表现生机盎然的校园气息和蓬勃向上的人文精神。

校歌:《明天更辉煌》。歌词曲调高雅,突出为迎接 21 世纪的到来,播种希望、编织理想、憧憬未来的主题。

市高等教育与中等师范改革领导小组于 10 月 13 日批准撤销三明高等专科学校筹备小组。2000 年 10 月 26 日,学校召开筹备小组工作总结会,宣告校筹备小组的历史使命已完成。发布《关于免除筹备小组"一办五组"组长、校区工委、各系(部)召集人的通知》,决定筹备小组"一办五组"组长、三校区工委召集人、各系(部)各处室馆科召集人职务自然免除。

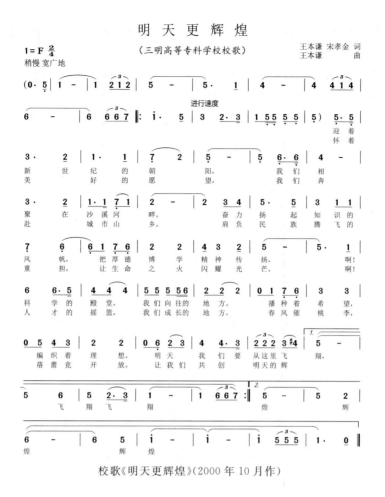

校歌《明天更辉煌》(2000 年 10 月作)

第二节 三明学院的筹建

三明学院的申报与批复

从 1998 年到 2000 年,全国新增了 62 所本科院校。2000 年,省内泉州师范学院率先建立,紧接着,福建工程学院、闽江学院、莆田学院开始筹建工作,并都于 2002 年挂牌成立。形势逼人,学校党委审时度势,敏锐地意识到,如果不抓住机遇,加快发展,积极申办本科院校,我们这所刚刚合并组建的学校在新的竞争中将丧失优势,处于不利的地位。经过学校的积极推动,福建省教育主管部门、三明市人民政府开始探讨升本方案,着手申报工作。

市级层面。2000 年 7 月 18 日,中共三明市委书记苍震华与市委、市政府组织的省级专家学者到校考察,明确将三明高等专科学校"专升本"列入三明市国民经济和社会发展"十五"计划。2001 年 2 月,三明市委市政府先后召开"申办三明学院调研论证会"、市长办公会议,研究申办三明学院工作,认为申办三明学院的时机已经成熟。3 月 27 日,三明市九届人大五次会议将组建三明学院列入《三明市国民经济和社会发展"十五"计划》。叶继革市长在这次会议上的报告中要求:"三明高专要提高办学质量,增创办学特色,积极申办本科院校。"4 月,中共三明市第六次党代会要求把申办三明学院作为实施科教兴市的重点建设工程来抓。7 月 13 日,市政府专题会议通过学校申本方案。7 月 15 日,市政府向省教育厅发出《关于组建三明学院的函》,认为在三明高等专科学校的基础上组建三明学院,条件已基本具备,函请省教育厅呈报省人民政府提请教育部予以审批。8 月 1 日,三明市委市政府成立三明学院筹建工作领导小组,叶继革(市委副书记、市长)为组长,陈则生(市委副书记)为常务副组长,徐铮(市委常委、宣传部部长)、严凤英(市政府副市长)、李长生(三明高专党委书记)为副组长,8 月 27 日召开第一次全体成员会议,研究协调解决升本筹建有关办学用地、人才引进、资金筹措等重大问题。2002 年 5 月 13 日上午,市长叶继革、市委副书记陈则生、副市长严凤英、副市长兼三元区委书记李家荣带领市直部门和三元区委、区政府领导到学校调研,指导创办三明学院工作。

省级层面。2001 年 7 月 7 日,福建省教育厅厅长朱之文一行莅校考察指导,要求三明加快申报工作步伐。7 月 30 日,福建省省长办公会议通过了福建省高等教育事业"十五"计划,同意把三明学院作为 2001 年申报单位之一。8 月 3 日,福建省委常委、省政府常务副省长张家坤专程来校视察,进一步阐明了省政府的决定。8 月 16—17 日,福建省教育厅组织省高校设置评议委员会专家组对申办三明学院进行实地考察,把脉指导,认为新组建的三明高专形成了一定的规模,具有良好的办学基础,积累了较好的办学经验,创办工作扎实有效,申报材料齐全完备,各项条件基本成熟,同意申报。10 月 25 日,福建省政协主席陈明义率省政协调研组来校考察,对筹建三明学院寄予厚望。2002 年 2 月 27 日,省长办公会议研究通过关于设立"三明学院"等 9 所高等院校的办学方案。2002 年 4 月 16 日,省人民政府正式向教育部发函提出组建三明学院的申请。

教育部层面。2003 年 1 月 16 日,教育部张保庆副部长到校考察。张保庆副部长充分肯定三明市委、三明市政府和三明高等专科学校创办三明学院工作,并对三明学院办学规模和发展规划、加大资金投入、打牢办学根基、科学制定校园建设规划等问题给予明确指导,提出了工作要求。2 月 9 日,教育部发展规划司发文同意在三明高等专科学校基础上筹建三明学院。4 月中旬,福建省教育厅下达 2003 年秋季三明学院(筹)7 个本科专业 350 名招生指标。2004 年 2 月 10 日,教育部院校设置委员会专家组莅临三明学院(筹)对申报设置三明学院进行实地考察评议。2004 年 3 月 27 日,教育部全国院校设置委员会评议会(成都)全票通过三明学院设置。同时通过评议的省内高校还有厦门理工学院、龙岩学院。

2004 年 5 月 18 日,教育部正式发文给福建省人民政府《关于同意三明高等专科学校改建为三明学院的通知》(教发函〔2004〕139 号),同意三明高等专科学校升格为三明学院,同时撤销三明高等专科学校的建制。通知具体事项包括:

(1)三明学院系本科层次的普通高等学校。

(2)学校由福建省领导和管理,实行省、市(三明市)共建,以三明市管理为主的管理体制,学校发展所需经费由福建省统筹解决。

(3)全日制在校生规模暂定为 6000 人。

5 月 27 日,福建省人民政府办公厅向三明市人民政府、省教育厅转发了该文件。[①]通知具体事项包括:

(1)三明学院系本科层次的普通高等学校,由三明市人民政府举办,学校以本科教育为主,全日制在校生规模暂定为 6000 人。

(2)三明学院发展所需经费由三明市人民政府统筹解决。

三明学院筹建工作的决策部署

三明高等专科学校成立后,迅即把升本筹建工作提上议事日程。2000 年 11 月 1 日,党委会议研究"专升本"准备工作议题。会议认为,"专升本"是直接关系学校生存发展的至关重要的问题,学校新一届党政领导必须抓住机遇,肩负起这一历史使命。会议要求做好三项工作,一是向泉州、福州、莆田等兄弟高校学习借鉴经验;二是尽快向市委、市政府汇报,争取最大支持;三是组建工作机构,为申办工作的启动做好准备。

2001 年 4 月 28 日,在三明高专第一届第一次教职工暨工会会员代表大会上,校长赵峰作了《抓住机遇,加快发展,全面推进我校新一轮创业》的报告,明确把申办三明学院作为新一轮创业的主要目标。报告提出新一轮创业的主要目标是正确处理改革、发展和稳定的关系,充分发挥合并办学特有的资源优势,进一步优化办学条件,加强学科建设,扩大办学规模,提高人才培养质量,提高综合实力和办学整体水平,争取今年之内申办三明学院,通过 3～5 年的努力,初步达到本科院校的评估标准,为三明市经济发展、社会进步作出更大贡献。

紧接着,学校针对申办本科的缺口,如占地面积、生均教学行政用房、生均教学仪器、正教授等不足问题,研究提出了解决的办法。

2001 年 7 月 13 日,学校召开党政联席会议,专题研究申办三明学院工作问题。[②]会议决定成立"三明高专迎接申办三明学院评估领导小组",要求各单位要把迎接申办三明学院评估工作作为当前和今后一段时间的重中之重任务。

2002 年 1 月,校党委确定"三提高一实现"(提高人才培养质量、提高整体办学水平、提高学校综合实力,实现专升本目标)的工作思路,对 2002 年办学和升本建院作出全面部署。

2003 年 2 月,三明高等专科学校党委确定了"做大做强、实现升本、提升水平、开创新局"新一年工作思路。3 月 31 日,《三明高专报》发表李长生书记署名文章《弘扬与时俱进精神,尽快把我校建设成为一所本科院校》,向全校发出了动员。4 月 19 日,在三明高专第一届第三次教职工大会暨工会会员代表大会上,叶良茂副校长受赵峰校长委托,作了题为《做大做强,提升水平,尽快把我校建设成为本科院校而努力奋斗》的报告。

2004 年 2 月,根据教育部院校设置专家组提出的意见、建议,按照市委、市政府部署,学校对下一步工作进行了逐项研究,提出了具体目标和任务,并落实到有关责任部门、责任人,切实

---

① 福建省人民政府办公厅转发教育部给《关于同意三明高等专科学校改建为三明学院的通知》(闽政办〔2004〕110 号)[Z].
2004-05-27.

② 中共三明高等专科学校委员会会议纪要(〔2003〕3 号)[Z].2001-07-13.

做到一手抓整改,一手抓建设,确保设置三明学院的目标得以实现。要求:一是深入开展本科办学理念的教育。二是深化细化办学目标、专业设置等申报材料。三是进一步加强学科专业建设。四是进一步加强师资队伍建设。五是进一步搞好校园规划和基础设施建设。

2004 年 3 月 18 日,李长生同志给机关党员上了一堂关于"科学发展观与办学定位"的生动党课。他敏锐地提出,即将建立的三明学院应该走一条什么样的发展道路,是跟在别人后面亦步亦趋,还是另辟蹊径,走一条超常规发展的道路,必须从中作出选择。

此时,申办三明学院已经接受教育部全国院校设置委员会专家组现场考察评议,正在等候专家投票通过和教育部批复。这是未雨绸缪,是对未来一所新建本科高校的办学之问,这样的思考,后来成了三明学院矢志不渝的探索和追求。

三明学院筹建工作的组织推进

2001 年 7 月 20 日,学校成立"迎接申办三明学院评估领导小组",下设办公室、宣传组、学科专业组、师资建设组、校园规划组、筹资组、环境整治组,时称"一办六组"。领导小组按照教育部本科院校设置标准和省专家组、教育部专家组实地评估考察的有关要求,制定阶段工作安排,对各项工作的具体内容等进行详细分解,全面展开申本迎评工作。

统一思想认识,凝聚发展合力。学校每年集中时间,在全校范围内开展"专科升格为本科的办学思想观念""建设一个什么样的大学、怎样建设这样的大学""学校要升本,我们怎么办"等系列讨论。同时,组织 6 批校级领导、中层干部、首批申报本科的教学骨干到省内外本科院校学习观摩,并先后邀请在全国高校有造诣、有影响的 18 名著名专家、学者来校做专题报告。通过学习讨论,进一步统一了广大教职工的思想,增强了创建本科的意识,营造"举全校之力办本科"的浓厚氛围,发扬了"有条件要上,没有条件创造条件也要上"的拼搏精神,为创办三明学院打下良好的思想基础。

对照设置标准,创造申办条件。对照教育部院校设置标准,加强规划,加大投入,加快建设。"三校一院"合并时,全校固定资产总值达到 2.7 亿元,为加快建设步伐,多渠道增加建设投入,从 2001 年至 2003 年共投入 8300 万元(市财政筹集 7500 万元,学校自筹 800 万元),其中 6300 万元用于实验室建设、图书资料添置、师资队伍建设和部分基建工程;2000 万元用于征地。资源条件、师资队伍等得到较大改善。截至 2003 年底,学校主要数据已经达到教育部本科院校设置标准。(见表 2-3-1、表 2-3-2)

表 2-3-1 申办三明学院主要数据一览表

内容	总数	标准	现状	余缺数
高职专任教师	140 人	100 人	140 人	＋40 人
教授	26 人	20 人	26 人	＋6
高职比	38%	20%	38%	＋18%
校园面积	1012 亩	66.67 m²/生	134.93 m²/生	＋68.26 m²/生
校舍建筑总面积	17.1 万 m²	30 m²/生	34.2 m²/生	＋4.2 m²/生

续表

内容	总数	标准	现状	余缺数
学生宿舍面积	4.12 万 m²	6 m²/生	8.24 m²/生	+2.24 m²/生
教学行政用房面积	7.81 万 m²	15 m²/生	15.62 m²/生	+0.62 m²/生
800 元以上教学仪器设备总值	3258 万元	5000 元/生	6516 元/生	+1516 元/生
藏书量	60.3 万册	100 册/生	120.6 册/生	+20.6 册/生

表 2-3-2　其他数据一览表

内容	数量	内容	数量
在校生规模	5012(本、专科生)	教职工总数	593 人
固定资产总值	3.3 亿元	专任教师数	365 人
计算机台件	1566 台	研究员	1 人
各类实验室	118 个	副教授	114 人(各类副高 123 人)
多媒体教室	26 个	中级职称	156 人(各类中级 216 人)
田径场	2 个	博士	11 人(含在读)
游泳池	2 个	硕士	103 人(含在读)

汇聚优势资源，做强首批申报专业。经过整合、充实和完善，首批申报本科的汉语言文学、英语、数学、物理、化学等 5 个师范教育类专业和电子科学与技术、化学工程与工艺 2 个工科类专业基本达到办本科专业设置的标准。到 2002 年底，7 个专业拥有高级职称的专任教师 85 人，占全校高职教师的 63%，其中教授 20 人；设备仪器方面，7 个专业集中了仪器设备的优势，800 元以上仪器设备达 1200 万元。经省教育厅批准，2003 年秋季，7 个本科专业以三明学院(筹)的名义招生 350 人，由此开启了学校本科教育的历史。

精心做好准备，迎接专家考评。在迎接 2001 年 8 月省高校设置评议委员会专家组的现场考察评议、2003 年 8 月省高校设置评议委员会专家组复查和 2004 年 2 月教育部院校设置委员会专家组考评的过程中，按照工作组的分工，精益求精做好申报材料、宣传材料的修改完善和考察点安排、接待联络、环境整治等工作。形成的申报材料主要有上报材料《关于组建三明学院的可行性报告》《三明学院章程》《三明学院发展规划(2003—2007 年)》及学科专业、师资队伍、科研、校园建设等子规划。汇报材料包括筹建三明学院的汇报、市领导致辞等。宣传材料包括《筹建中的三明学院》宣传画册、展馆、专题片《跨越》等。

教育部院校设置委员会专家组的考评

2004 年 2 月 10 日，以国务院学位办副主任谢桂华为组长、吉林省教委主任陈谟开为副组长的教育部院校设置委员会专家组一行 7 人，在省教育厅朱之文厅长、郑祖宪助理巡视员的陪同下抵达三明，对申报设置三明学院，进行了为期 1 天的考察评议。专家组实地考察了现代教育技术中心、物理实验室、化工实验室、外语语音室、图书馆、新区规划及学生生活区，认真审阅设置三明学院的申报材料和相关资料，在三明饭店召开申报设置三明学院工作汇报会。省教育厅朱之文厅长主持汇报会,张健代市长致辞,校党委书记李长生汇报了筹建工作情况,专家组观看了申办纪实专题片《跨越》。接着,专家组进行了提问和指导性发言。最后,由市委叶继革书记和省教育厅朱之文厅长作表态性讲话。

在反馈会上,专家组一致认为,三明市委、市政府对筹建三明学院高度重视,做了大量工作,取得了明显成效。在三明老工业基地和革命老区创办一所多科性大学不仅十分必要,而且目前学校基础较好,办学条件基本具备。希望筹建中的三明学院要坚持正确的发展观,加大投入力度,加强学科专业、师资队伍建设,以评促改,以评促建,评建结合,重在建设,重在发展,举全市之力,圆本科之梦。专家组对筹建工作给予肯定:

一是开展教育观念转变的大讨论,把教职工的思想认识统一到设置本科学院上来。

二是发展思路清晰,定位准确、明确,筹建迎评工作较细,材料准备齐全,数据实事求是。

三是设置三明学院基础比较扎实,学科门类比较多,现在正在试办本科专业,并有一定的科研基础和逐步提升的过程,硬件基本符合要求。

四是师资队伍建设抓得较紧,在培养、引进方面有一定的力度,尤其是"四个结合"做得比较好。

五是迎评组织安排好,反映了学校有一定的管理水平,反映了领导班子的合力。

同时,专家组也中肯地提出一些意见和建议:

一是申报材料中的必要性,应特别突出和侧重三明的需求,特别是为振兴老工业基地服务,要把张健代市长讲话中陈述的充分理由和有关数据充实到材料中去。学校章程针对性不强,领导管理体制和隶属关系表述不够准确。

二是专业设置规划面铺得太宽,发展规模的目标定得太高。

三是资金投入 1.77 亿元要有年度明细表,资金来源的构成要以市政府投入为主。

四是高级职称人数要扣除非教师系列职称的人员。师资队伍中高学历(博士、硕士)教师不足,师资队伍建设和科研经费安排得偏少。

五是教学行政用房中,理工科生均量还有些差距,新区规划要加以论证、研讨。

专家组考评结束后,市委副书记袁德俊、宣传部部长徐铮、副市长严凤英立即召集市教育局、财政局、学校领导和学校相关部门负责人,对专家组提出的意见和建议逐条进行梳理,对设置三明学院及办学模式、专业设置、师资队伍建设、基础设施建设、资金投入,进行认真修改和调整,并于 2 月 13 日专程送到正在厦门考评的专家组成员手中。

三明学院的成立

2004 年 6 月 28 日,三明学院成立庆典活动隆重举行。

上午 9 时整,省人大常委会副主任黄贤模,副省长汪毅夫,省政协副主席王耀华,客座教授、中科院院士王乃彦,省委宣传部副部长、省委文明办主任卓家瑞,省教育厅副厅长薛卫民,市委书记叶继革,市长张健等为三明学院揭牌。随后,省、市领导和兄弟院校负责人为三明学院综合大楼落成剪彩,并为学院新大门奠基。

在随后举行的三明学院成立庆祝大会上,省人大常委会副主任黄贤模代表省委、省人大常委会、省人民政府、省政协向三明学院的成立表示祝贺。他指出,新成立的三明学院要坚持社会主义办学方向,坚持把培养德智体全面发展的社会主义建设者和接班人摆在首位。要进一步加强学科建设,优化专业结构,走外延扩张与内涵提升相结合的路子,推进知识创新和科技创新,不断增强办学实力。要加强和优化教师队伍,努力在教育质量、办学水平和办学成效上下功夫,把三明学院办成一所人民满意、社会认可的本科院校。

中国科学院院士、三明学院客座教授王乃彦到会祝贺,并鼓励三明学院立足三明,面向全省,办出水平,办出特色,办出效益,成为福建省人才培养和知识创新的重要基地。

市委副书记、市长张健在成立大会上致辞。他说,创办三明学院,是三明市实施工业立市、生态兴市、科教强市战略的重要内容,是加快三明老工业基地改革与发展的重大举措,是三明市社会事业发展的一项重大成果和院校发展史上的重要里程碑。张健希望,三明学院要以改革精神拓宽办学路子,以项目带动争创办学特色,以人为本增强办学活力,推动三明高等教育更快更好发展。他表示,市委、市政府将全力支持学院的建设和发展,落实各项优惠政策措施,为学院的发展创造良好条件,提供有力保障。

李长生书记代表学校在会上表示,要始终坚持社会主义办学方向,以服务地方经济建设、科技进步和社会发展为己任,积极探索新的办学路子,用新理念、新思路新举措办好新学院,争取早日把三明学院建成一所学科门类齐全、工理文管协调发展、有鲜明特色的本科院校。

会上,省教育厅副厅长薛卫民宣读了教育部和省政府关于同意三明高等专科学校改建为三明学院的批文。市委书记叶继革向三明学院授印。

教育部高等教育司、福建省教育厅、香港福建三明联会,张廷发、郑学檬、许江,厦门大学、福州大学、福建师范大学、华侨大学、厦门国家会计学院、漳州师范学院、福建工程学院、仰恩大学、香港《文汇报》等单位和个人发来贺信贺电。

三明学院的成立,结束了三明没有自己本科大学的历史,也标志着三明高等教育新的开端。

第三节　体制机制改革与队伍建设

管理体制与组织机构设置

从实质性合并到正式成立三明高等专科学校前的一年多时间里,三明高等专科学校筹备小组统一领导改革发展,统一协调日常工作,对外开展业务。但由于"三校一院"建制未撤销,仍需以原建制及法人名义开展工作的,则以原校名义开展。如三明师范高等专科学校根据省计委、省教委《关于扩大 1999 年高等教育招生规模的紧急通知》(闽计社〔1999〕83 号文件)的要求调整招生计划工作,据《关于调整我校高职招生计划的报告》对调整后的招生专业由原来的 3 个增至 8 个、总人数由原定的 80 人增至 270 人,仍使用原校名三明师范高等专科学校。[1]

---

① 三明师范高等专科学校.关于调整我校高职招生计划的报告[R].1999-06-18.

尽管如此,仍需经筹备小组集体研究决定,原校印章及法人印章、财务账户等均实行统一管理。

随着学校领导班子正式任命和三明高等专科学校的正式成立,学校开始按三明高等专科学校新建体制运行。

学校坚持党委领导下的校长负责制。2000 年 10 月,制定《中共三明高等专科学校委员会工作规则(试行)》,规定党委会的职责,明确党委会议、党政联席会、全校党员大会、党支部委员会议、党支部党员会议等议事规则,文件审批、请示报告、督查落实、组织原则和纪律、党内生活规则及注意事项。2000 年 12 月,成立学术委员会,制定《三明高等专科学校学术委员会章程》,重视发挥学术组织的重要作用。建立健全民主管理,于 2001 年 4 月 28 日,顺利召开第一届第一次教职工暨工会会员代表大会,选举产生了第一届工会委员会委员和女工委员会、工会经济审查委员会。推行校务公开,出台《三明高等专科学校推行校务公开工作的实施意见》,成立三明高专校务公开领导小组、校务公开监督领导小组,开展校务、系务、班务公开工作专项检查,推进依法治校、民主管理、民主监督落在实处。

经中共三明市委机构编制委员会批复,学校内部党政管理机构设办公室、组织部、教务处、总务处、财务处、成教处等 6 个,机构规格相当于副处级。另设保卫科、产业科研科等 2 个直属科,机构规格相当于正科级;纪委、机关党总支、工会、团委等按党章和有关规定设立;组织部与人事处一个机构两块牌子,学生处与团委一个机构两块牌子。教学、学术机构设初等教育系、中文系、英语系、数学系、化生工程系、应用物理系、政史系、经济系、计算机科学系、土建系、艺术系、体育系、农林系、公共基础部等 14 个系(部)及图书馆,机构规格相当于副处级。学校事业编制 602 名,人员编制结构为行政管理人员 90 名,教学与科研人员 427 名,工勤人员 85 名。人员经费财政补助。校级领导职数 5 名,内部党政管理机构副处级领导职数 6 名,纪委、机关党总支、工会、团委等正副处级领导职数 4 名;科级领导职数共 23 名。系(部)、图书馆等教学、学术机构副处级领导职数 15 名,科级领导职数 30 名。[①]

在实际执行中,由于条件不具备,未组建农林系。2002 年,因工作需要,先后成立老干部工作领导小组和台湾事务办公室(挂靠在学校办公室),以加强对老干部工作的领导和学校对台工作。[②]

深化学校内部管理体制改革

为进一步健全完善内部管理体制,规范管理,提高办学质量和水平,为学校改革和发展保驾护航,2001 年 8 月 28 日,校党委决定在新学期开始同步进行后勤社会化、人事制度、教学和学生管理体制四项改革。学校党委要求,在改革中要注意解决"以稳为借口"坐而论道和为改而改、急躁冒进的两种倾向。要统一思想,充分认识改革不仅是体制和机制上的革新,更是一场思想和观念的革命。要做好宣传工作,做好思政工作,使广大教职工理解、支持四项改革,积

---

① 关于三明高等专科学校内部管理机构和人员编制方案的批复(明编〔2000〕39 号)[Z].2000-10-30.
② 老干部工作领导小组和台湾事务办公室成立[N].三明高专报,2002-04-30(3).

极参与四项改革。要加强领导,正确处理好改革与发展(申办三明学院)、改革与稳定、改革与调控、改革与管理的关系。要掌握政策,在把握方向上坚定不移,在对待每项改革方案出台和每件事的处理上,要谨慎从事,真正按政策办事。要遵守纪律,严禁在改革中出现自由主义、无政府主义,在实行改革中不能影响现职现岗工作,确保改革工作顺利进行。①

1.后勤社会化改革

2000 年 1 月 14 日,《国务院办公厅转发教育部等部门关于进一步加快高等学校后勤社会化改革意见的通知》(国办发〔2000〕1 号)明确提出,在 21 世纪,高等教育肩负着伟大而又光荣的历史使命,应该也必须有更大更快的发展。但是,当前高等学校后勤服务模式落后、后勤社会化改革滞后、后勤负担沉重的状况,已经成为制约高等教育发展的"瓶颈"。因此,必须进一步推进并尽快完成高等学校后勤社会化改革。2001 年 6 月 26 日上午,赵峰校长主持校长办公会议。会议传达了关于第二次省高校后勤社会化改革会议精神,明确后勤社会化改革分两个阶段实施:第一阶段,从 2001 年 6 月到 2001 年底,重点是改革管理体制,将后勤人员成建制地从学校行政管理体系中剥离出来,组建精干高效的后勤实体,实行企业化管理;第二阶段,再用一年左右的时间,重点是改革运行机制,逐步引入竞争、激励、制约和监督机制,建立与市场经济相适应的自主经营、独立核算、自负盈亏的后勤运行模式,争取到 2002 年底前基本实现后勤社会化,构建新型的后勤保障体系。②

2001 年 6 月 27 日,校党委会议研究成立后勤社会化改革领导小组等问题。会议同意成立三明高专后勤社会化改革领导小组,③确保 9 月 1 日正式启动后勤社会化改革。11 月 5 日,经校党委会议研究、校第一届第二次教职工代表大会审议通过的《三明高等专科学校后勤社会化改革方案》颁布施行。按照学校后勤社会化改革方案,2001 年底顺利完成了人员剥离,组建后勤服务中心实体,采用全员聘用、双向选择、竞聘上岗的用人机制。2002 年初,学校按人员编制经费计划,管理项目以上年基数加新增部分的经费核拨给后勤服务中心,将原有的学生公寓、餐饮、车辆、医务、水电、培训楼等划给后勤服务中心管理,并对资产进行清查、核实和登记,确保国有资产不流失。后勤服务中心成立后,建立健全内部管理制度,明确了内部分工,加强协调,保证了后勤服务体系的正常运转;加强管理,对餐饮、列东区水电等服务设施进行改造,校车运行线路调整,为师生提供了良好的服务;按照增收节支的原则,扩大服务范围,完善服务功能,增加投入,配备自动刷卡洗衣服务,还与校外单位联办了一些服务项目,运作情况良好,产生了一定的经济效益。后勤社会化改革取得初步成效。

学校制定了《固定资产管理办法》等一系列规章制度。顺利完成了医疗改革工作,在校内建立医疗定点机构,进一步完善膳食、水电、绿化承包管理体制和基础建设及大宗物品采购的招投标制度。

2.人事管理制度改革

为了适应我国高等教育改革和发展的要求,迫切需要进一步加快高等学校人事和分配制度改革的步伐,建立起适应社会主义市场经济体制和符合高等教育发展规律的高等学校人事

---

① 晓宸.我校全面推进四项内部管理体制改革[N].三明高专报,2001-09-08(11).
② 三明高等专科学校会议纪要(〔2001〕9 号)[R].2001-06-29.
③ 中共三明高等专科学校委员会会议纪要(〔2001〕14 号)[R].2001-06-28.

管理制度。① 2001 年 9 月 11 日,校党委会议研究人事制度改革事宜。会议认为,人事制度改革草案的修订要在定岗、定责、定编、定员的"四定"上下功夫,由重身份管理转向重岗位管理,按需设岗,精简压缩行政人员,加强教学科研一线,实行人员的合理分流。10 月 29 日,学校根据国家和省有关高校人事制度改革的精神,研究制定《三明高等专科学校人事制度改革方案》②,并于 11 月 5 日经教代会审议通过。第一阶段改革一共公布了 171 个岗位,有 216 名教职工参加竞聘,用人单位共聘用了 146 人。竞聘后,校部党政管理人员从原 123 人精简为 59人;系(部)党政管理人员由原 37 人调整为 31 人;教辅人员由原 52 人调整为 66 人。③ 12 月 27日下午,学校召开人事制度改革聘用大会,宣布了经过自愿报名竞聘、用人单位考核聘用的人员名单,这标志着人事制度改革第一阶段任务顺利完成。在人员全部安排到位的基础上经过一年多的调整,人员安排逐步趋于科学合理。之后,又将职能相近的党委办和校长办、组织部和人事处、团委和学生处 6 个部门合并、合署办公,精简了人员,提高了效率。

3. 学生管理体制改革

2001 年 7 月 9 日,学校召开党政联席会议,研究学生管理体制改革问题,明确学生管理体制改革应在 8 月 19 日前完成总体方案。11 月 15 日,学校出台《三明高等专科学校学生管理体制改革方案》④,明确改革思路:"以'理顺关系,明晰责权,落实责任,强化管理'为目标,推进'学校宏观管理指导,以系管理为主'的运行体制。"改革主要内容包括:一是理顺校系两级学生管理的主要职责和权限。二是建立校内两级学生管理工作评估体系,包括系思想政治工作考评细则和辅导员工作实绩考评办法。三是建立辅导员工作目标激励机制。四是推行任课教师学生教育管理目标责任制,以适应社会主义市场经济和教育改革发展的需要,适应学校的"努力办好专科,积极申办本科"的改革发展实际。12 月 18 日,校党委要求学生管理体制改革要紧密结合人事制度改革,把专兼职辅导员队伍配齐、配好。对专兼职辅导员的工作职责要加以明确,严格规范,并加强检查评估。⑤ 主要是在选载体、建阵地、育典型、活细胞、抓队伍、办实事等方面下功夫,在培养学生创新精神和实践能力上求突破,在提高学生综合素质和身心素养上求发展。通过深入开展以"四个如何认识"活动为载体的理想信念教育,引导学生树立正确的世界观、人生观和价值观;通过深入开展以爱国爱校教育和大学生自我形象设计为主题活动,规范学生的日常行为;通过深入开展以"创先、创优、创新"为目标的校园文化活动和以"增知识、长才干、受教育"为宗旨的青年志愿者活动,全面提高学生的文明素质。另外,采取切实有效的措施,认真为学生办实事、好事,积极探索救困助学的新途径。组织学生参加福建省大学生辩论赛并荣获亚军,还涌现出一批先进集体和先进个人。

4. 教学管理改革

学校积极推进教学改革,开展丰富生动的教学、科研活动。根据教育部深化高等教育改革的指导思想和教学工作水平评估指标体系的要求,重新修订了以素质教育为核心的各个专业的

---

① 中组部、人事部、教育部关于印发《关于深化高等学校人事制度改革的实施意见》的通知(人发〔2000〕59 号)[Z].2000-06-02.

② 关于印发《三明高等专科学校人事制度改革方案》的通知(明高专〔2001〕117 号)[Z].2001-11-05.

③ 人事制度改革成效初现[N].三明高专报,2001-10-29(15).

④ 关于印发《三明高等专科学校学生管理体制改革方案》的通知(明高专〔2001〕119 号)[Z].2001-11-15.

⑤ 中共三明高等专科学校委员会会议纪要(〔2001〕25 号)[Z].2001-12-18.

人才培养计划,不断深化人才培养模式、教学内容和课程体系、教学方法、教学手段等系列改革。

完善校、系两级教学管理体制。2002 年 3 月,学校推进学校管理创新,明确校系的责、权、利,进一步扩大系的办学自主权,并明确所负的责任,逐步实现管理重心下移。校党委、行政(校级机关部、处、室、科作为学校党委和行政的职能部门)为一级管理实体。系(部)是在学校党政领导下的二级管理实体,也是一级行政组织,又是基础教学科研单位,具有教学科研、社会服务等基本功能,根据校党委和行政授予的职责,对系(部)内实行领导和提供服务。合并之初,学校制定《系(部)教学管理职责》《系(部)教学管理工作考评办法》《系(部)教学编制计算暂行办法》。4 月,校党委、校行政印发《关于开展系(部)评估工作实施意见》,明确系(部)工作评价体系的建立,标志学校实行校、系两级管理体制的改革迈出了实质性的一步。开展系(部)评估工作,按照学校管理重心下移和系(部)工作职责,强化校、系(部)两级管理体制,使系(部)工作向规范化、制度化迈进,进一步增强办学活力,推动系(部)工作的新发展,促进系(部)整体工作水平的提高。根据《关于开展系(部)评估工作实施意见》,评估内容将系(部)工作性质分成教学、科研、党建思政和行政管理、学生工作等四部分进行量化考评,并按权重不同,折算成系(部)工作评估分值。评估采取日常工作数据采集、学期末系(部)自查、组织检查评估等手段,对各系(部)工作综合评定等级。评估结果作为年度评选先进系(部)和学期业绩津贴分配的依据。为加强对系(部)评估工作的领导,学校专门成立系(部)工作评估领导小组,下设办公室、教学考评组、科研考评组、党建思政和行政管理考评组、学生工作考评组,具体负责组织、协调、检查、评估工作。成立系务工作委员会(简称系务会),落实校、系两级管理职能。根据各学科、专业特点,每个系(部)设立若干个教研室(组),定期开展教研活动,活跃了教学研究气氛,促进了教学质量的进一步提高。①

积极稳妥地完善本科教学与学籍管理。2003 年,学校招收首届本科生,在吸收本科院校学籍管理办法和经验的基础上,制定符合学校实际的《本科学生学籍管理办法》,作为本科生学籍管理的重要依据。2004 年 3 月 5 日上午,校长办公会议研究本科生选修及重修课程收费等问题。会议认为,试行"学分制"是本科教学管理一项新的制度,鼓励本科生超计划修读课程和安排辅修、重修课程是实行"学分制"管理的配套措施。②

"高层次人才工程"与师资队伍建设

"三校一院"合并时,教职工有 586 人,其中高级专业技术职务 86 人,中级职务 227 人。学校要超常规发展,人才是关键。学校筹备小组曾提出教师的调配要以原任教师为主体,采取"引进、调整、外聘、改换"等办法妥善解决。引进,就是要积极慎重引进一些具有大学以上学历、专业对口、教学急需的人员,接收毕业生时,要认真做好面试、试讲工作;调整就是要充分挖掘现有教师队伍的潜力,合理安排专任教师和兼职教师的教学工作量。对系(部)领导兼课,要

---

① 三明学院.关于办学条件及教学工作情况汇报[R].2004-10-16.
② 三明高等专科学校校长办公会议纪要(〔2004〕2 号)[Z].2004-03-08.

有一个比较合理的兼课节数,必要时,可因人而定;外聘,就是要明确外聘人员的条件与待遇等问题,聘请部分专业人员到校授课,缓解师资不足的问题;改换,就是要鼓励具有教学资格和能力的行政人员到教学一线工作。①

鼓励现有人才采取多种形式外出深造。1999 年,全校选送攻读硕士研究生的教师为 53人,在职攻读研究生的 21 人,派出高级访问学者 6 人。2000 年,学校继续选送了 60 名教师攻读硕士研究生或研究生课程班。教师队伍素质得到进一步提高,合并一年多,全校晋升正高职称的有 2 人,副高职称的有 18 人,中级职称的有 55 人。2000 年 4 月,学校开办计算机培训班,参加学习的教职工达 240 人,占应参加培训教职工总数的 93%。②

立足校内培养的同时,向全社会公开招聘教授、博士。2000 年招聘启事发布后全国各地有 81 人来电来函应聘。经市委有关部门和省高评委的充分论证,最后确定了 6 名引进对象,并发函商调。拟引进人才的专业分布情况是:中文 2 人、数学 1 人,物理 1 人,心理学 1 人,教育学 1 人。另外确定 3 名教授作为后备人选,其中中文 1 人,数学 1 人,心理学 1 人。③ 随后 2年间,又先后引进、补充省内外教授 11 人。

学校启动"高层次人才工程"。2001 年 5 月 25 日,发布《三明高等专科学校高层次人才工程建设暂行规定》。相关政策措施具有针对性和前瞻性。如,人才培养方面:

(1)每年有计划安排副高以上职称教师到国内重点高校进修学习,当访问学者,参加高层次学术交流活动;选派部分优秀讲师参加骨干教师进修班;鼓励教师创造条件申报教授或副教授职称。要求 30 岁以下青年教师必须取得硕士学位,鼓励支持已取得硕士学位的教师攻读博士学位。加快职称转定工作,到 2003 年完成原非高校教师研究生课程学习进修及职称转评工作。

(2)校内教师评上教授或取得博士学位者,享受与引进教授博士同等待遇。

(3)鼓励学校青年教师攻读硕士、博士学位,1999 年 9 月 1 日"三校一院"合并后取得博士、硕士学位者一次性给予 6000 元、4000 元奖励。

人才引进方面:引进教授,实行年薪 6 万工资制(仍可享受学校岗位津贴,超课时补贴以及其他福利),提供 120~130 平方米住房一套,服务期满后,拥有房产权;搬家费实报实销,学校一次性给予 4000 元的安家费补贴妥善解决配偶、子女工作及入学问题。引进博士,实行年薪 4 万元工资制(仍可享受学校岗位津贴、超课时补贴以及其他福利),提供 100~110 平方米住房一套,服务期满后,拥有房产权;引进硕士,学校发给一次性安家费 2000 元,生活补贴 4000 元;等等。

自 1999 年 12 月起,教授工资实行年薪制。2002 年 7 月起,教授工资改年薪制为月工资加教授职务津贴制,月工资执行市人事局工资科核定的标准,教授津贴为每月 2800 元(聘用期满或退休后不再享受教授津贴)。

2003 年 12 月 31 日,为加快三明学院筹建步伐,吸引高层次人才来三明工作,三明市政府印发《三明市人民政府批转市人事局关于三明学院筹建期间引进高层次人才实行特殊政策意见的通知》(明政文〔2003〕160 号),明确提出:

---

① 三明高等专科学校筹备小组会议纪要(〔1999〕8 号)[Z].1999-08-02.
② 抓住机遇,加快发展,全面推进我校新一轮创业:赵峰校长在三明高专第一届第一次教职工暨工会会员代表大会上的报告[R].2001-04-28.
③ 人才引进工作和基础设施建设进展顺利[N].三明高专报,2000-10-15(1).

一是引进的高层次人才是指在三明区域外的教授、博士。

二是引进的高层次人才的专业领域为计算机科学、电子与信息、建筑设计与规划、工民建、法律、财经贸易类、路桥、水利工程、纺织工程与设计、机械、电气自动化、化工工艺、机电一体化、营销管理、热能工程、给排水、生物技术、外语、环境资源以及其他急需专业。

三是经批准引进的高层次人才不受单位编制、增人计划和工资总额的限制。引进的高层次人才的专业技术职务聘任由用人单位自主聘任,所需岗位指标由市人事局下达专项岗位指标予以解决。

四是引进的高层次人才及其配偶无法将人事关系转入三明市的,只需本人提供毕业证书、学位证书、任职资格证书、聘书、身份证等原件及用人单位外调材料,市人事局即协助用人单位给予确定工资,确认专业技术职务任职资格,工龄连续计算。

五是引进的高层次人才实行年薪制,教授年薪 6 万,博士年薪 4 万;并提供教授 130 平方米、博士 110 平方米住房一套,服务期满拥有产权。同时,享受市政府专项津贴,符合享受省政府规定生活津贴的,由市人事局负责按规定办理。

六是引进的高层次人才的医疗保健待遇按三明市有关规定执行。

七是引进的高层次人才的配偶或子女的就业问题,根据其原有工作单位性质和身份(干部或工人),由市人事局根据其身份、专业、特长在相应的并有空编的单位实行指令性调配。

人才政策的出台,有力推动了人才队伍建设。截至 2004 年初,学校教职工 588 人,专任教师有 365 人,其中正高 26 人、副高 114 人、中级 156 人。专任教师中博士(含在读)11 人、硕士研究生(含在读)103 人,与合并成立之初相比,专任教师数增加了 32 人,其中正高增加了 26 人,增幅达 2600%;副高增加了 55 人,增幅达 98.2%;中级增加了 20 人,增幅达 14.71%。[①] 一支结构合理的高层次师资队伍已经基本形成,科研学术群体初具规模。

学校还聘请了中国科学院赵玉芬、王乃彦、林惠民和中国工程院郭孔辉、王任享等 5 位院士,以及中国美术学院院长许江教授,国家会计学院院长邓力平教授,校友、加拿大四方植物业技术公司技术开发部主任、研究员池汝安博士等为客座教授,使校园学术氛围更加浓厚,学术交流日益频繁,为学校的教学和科研等发展发挥着积极作用。

第四节　人才培养与科学研究

教学与招生工作

学校确立"质量是高校的生命线""教学工作是学校的中心工作"的教育观念。2002 年 2 月 27 日,李长生书记在全校教职工大会上的讲话中强调,全校教职工都应树立教学质量第一的观念,"教学工作是学校更是系(部)工作的第一要务"。8 月 30 日,李长生书记在全校教职

---

① 根据 1999—2000 学年与 2003—2004 学年普通高等学校基层报表教职工数统计分析。

工大会上要求,要进一步把学生教育好、引导好、管理好,用创新精神塑造人、培养人。学校工作的一切成果最后都要体现在学生身上。以学生为本,面向全体学生,力争每一位进入三明高专的学生都学会学习、学会做人、学会做事,都能成才,并深受社会用人单位的欢迎。

完善教学管理组织系统。为加强对全校教学与教学管理工作的宏观指导,成立由校长担任主任委员,分管教学副校长担任副主任委员,各系(部)主任、教务处、科研处负责人及教师代表组成的教学工作指导委员会,负责审议学科建设规划,审定专业教学计划、课程教学大纲,向校长办公会议就学校教学全局工作提出建设性建议,参与学校教学与教学改革等重大问题的决策,各系(部)相应成立教学工作指导小组。成立系务工作委员会(简称系务会),落实校、系两级管理职能。由系党政领导及部分教师代表组成系务会,建立定期会议制度,及时传达贯彻学校有关决议决定,研究各系教学、教学改革等重大事宜,并具体负责组织实施。

开展专业建设。学校高度重视学科、专业建设规划,多次召集专题会议研究,由分管教学的副校长牵头,吸收各职能部门第一负责人和各学科带头人组成规划论证工作小组,根据国家经济发展规划、福建省科教兴省战略和三明市经济建设与社会发展规划,在广泛调查、论证的基础上,制定了《三明学院学科、专业建设规划》,作为学校各项工作的指导性文件,并对基础设施、师资队伍、实验室和图书馆建设以及资金筹措等作出相应的安排。

组织实施专业设置论证工作,制(修)订教学计划。在专业设置、教学计划制(修)订的程序上,明确要求各系(部)在组织力量开展社会调查的基础上,根据社会对人才需求和学院办学条件设置专业;针对用人单位对人才知识结构的要求,设计教学计划,设置课程与教学内容;写出专业设置和教学计划的论证报告,最后由教学工作指导委员会审议通过。学院明确要求各系(部)应按照学院《关于制(修)订专业教学计划的指导性意见》,规范修订行为,修订的教学计划既要符合学院的教学计划的总体框架要求,又要体现不同层次人才的培养模式和培养特色。

组织编写教学大纲。出台了《关于制(修)订课程教学大纲的指导性意见》,要求各系(部)对所有课程的教学大纲进行制定和修订,剔除过时、陈旧的知识,不断吸收学科发展的新成果,避免相关课程内容的重复,做好先行后续课程内容的衔接,根据课程在专业教学计划中的地位,保证课程内容、课程体系相对完整性和科学性。所有课程的教学大纲都输入电脑,实行计算机系统管理。

建立并完善教学管理规章制度。认真贯彻依法治校精神,重视教学管理法规的建设,进一步规范教师、学生的行为。针对学院的发展和"三校一院"合并以来的现状,不断探索教育、教学管理规律,建立健全各项教学管理的规章制度,截至 2004 年 1 月,教务处制定和修订教学管理规章制度 54 个,使学院教学和教学管理工作有章可循。

坚持教学工作例会、系(部)务会、教研室例会和调研(现场办公)制度。规定分管教学副校长,每两周召开一次由教务处、各系(部)分管教学系主任参加的教学工作例会,研究学校有关教学方面的问题,部署下一阶段有关教学工作;各系(部)每周一下午召开系(部)务会,通报学校关于教学工作的要求,研究本系(部)教学方面的问题;每周四下午教研室例会,研究教学方面的问题,开展观摩活动,组织公开课等。分管教学副校长和教务处负责人不定期地到各系(部)开展调研或现场办公,研究、解决各系(部)教学过程中存在的问题,倾听系(部)管理人员和教师对教学和教学管理工作的意见和建议。

以课程建设为平台,促进教学质量的提高。设立课程建设、精品课程建设专项经费,组织与引导广大教师积极参与专业建设和课程建设,对评上精品课程的在政策上予以倾斜。截至

2004 年 1 月,学校获省精品课程立项 1 个,校精品课程立项 10 个。课程建设与教改重点项目立项 10 个,一般项目立项 5 个。

招生录取工作。成立以分管教学副校长为组长,校纪委书记为副组长,有关部门领导为成员的招生工作领导小组,下设招生办公室和监察办公室,通过印制招生简章、宣传材料,以及开通校园网,向社会发布招生录取信息,保证招生录取工作的公平和公正。2000 年,招生 1866人,在校生(含中专生)达 5230 人,成教培训 3600 人,成教类招生 320 人。学校招生工作顺利进行,并取得良好的成效(见表 2-3-3)。如 2002 年学校秋季招生工作从 8 月 11 日开始,至 8月 31 日,全部完成省教育厅下达的 1880 名招生指标(师范类 600 名,职业类 1200 名,五年专80 名)。[①] 2003 年坚持"做大做强、实现升本、提升水平、开创新局",在办好本科专业上狠下功夫,为今后扩大本科专业招生奠定良好的基础,完成招生 1986 名,其中本科 350 人,专科 1636 人,报到率为 93%。2004 年学校录取 2057 人,其中本科 447 人,专科 1610 人,到校率 78.5%。[②]

与兄弟院校联合招生。2001 年与福建水利电力学校联办"3+2"电子系统及自动化专业,与三明林业学校联办"3+2"城市园林设计与花卉专业,与福州建筑工程职业中专联办"3+2"建筑装饰技术专业,与福建水利电力学校联办"3+2"水利水电工程建筑专业等。

表 2-3-3 三明高等专科学校 2001—2004 年联合办学与招生情况表[③]

系别	年份	专业名称	类别	招生计划	备注
应用物理系	2001 年	★[④]电子系统及自动化	五年专	50	与福建水利电力学校联办"3+2"
化生工程系	2001 年	★城市园林设计与花卉	五年专	50	与三明林业学校联办"3+2"
土建系	2001 年	★建筑装饰技术	五年专	40	与福州建筑工程职业中专联办"3+2"
	2001 年	★水利水电工程建筑	五年专	50	与福建水利电力学校联办"3+2"
艺术系	2001 年	★广告与装潢	五年专	40	与永安职业中专学校联办"3+2"
中文系	2002 年	森林生态旅游	高职类	40	与三明林校合办
艺术系	2004 年	鞋革设计与工艺	专科	100	与泉州轻工业学校联合办学
艺术系	2004 年	广告与装潢	五年专	50	与永安职业中专学校联合办学
经济管理系	2004 年	旅游服务与管理	五年专	50	与永安职业中专学校联合办学

截至 2004 年 1 月,全校有中文、政治法律、英语、数学、应用物理、化学与生物工程、计算机科学、经济管理、土木建筑工程、体育、艺术、初等教育等 12 个系和 1 个公共基础部。经过专业重组和改造,形成了多学科办学格局,有 40 个专科专业,并试办 7 个本科专业,在校生 5012人。汉语言文学、英语、数学、物理、化学、应用电子技术等专业在全省同类学校中优势较为明显。2001—2004 年,共有 5872 名学生顺利毕业。此外,全校有 7 个系同厦门大学、福州大学、福建师大联办本科班(含自考本科),积累了一定的本科办学经验。

---

① 二〇〇二级新生录取工作基本结束[N].三明高专报,2002-09-12(7).

② 三明学院.关于办学条件及教学工作情况汇报[R].2004-10-16.

③ 三明高等专科学校 2001—2004 年联合办学与招生情况表系根据 2001 年《三明高专报》第 10 期、2002 年《三明高专报》第 5 期、2003 年《三明高专报》第 9 期、2004 年《三明高专报》第 5 期和 2004 年 4 月 19 日《三明高等专科学校校长办公会议纪要》(〔2004〕4 号)等资料整理。

④ "★"表示新增专业。

成人教育稳步发展

学校自 2001 年起,大力发展成人高等教育,除积极开展与厦门大学和福建师大网络教育学院合作办学外,更加重视发挥学校自身优势,充分利用本校教育资源,扩大函授教育的办学规模,提高办学效益,打造学校品牌,对发展本校主办的成人高等教育进行了规划。通过加强招生宣传和教学管理等措施,不断扩大招生影响,2001 年招生数出现了历史性突破,当年招生数超过前 8 年总和,2002 年招生数稳步增长。2004 年,师干训培训 1300 人;学历教育扩招 200 人,达到在校 1200 人规模;社会各类培训达 1000 人以上。[①]

2002 年 12 月 28 日,学校成立继续教育学院。成教处长兼任成教学院院长。[②] 伴随着学校申办本科的进程,学校成人高等教育也实现从专科到本科的跨越,[③]网络教育、成人函授、中小学教师继续教育、社会培训等成为成人高等教育的重要组成部分。

函授教育。2002 年 12 月 31 日,福建省教育厅高等教育处批准了学校申报的 5 个成人专科函授教育新专业,分别是工商管理、物业管理、艺术设计、美术教育和音乐教育,为此学校成人专科函授专业数达到 7 个,这意味着学校成人函授教育突破了多年来招生规模小、招生人数少发展受限制的瓶颈。学校先后与大田、永安等地教师进修学校建立了合作办学关系,招收了 200 多名专科函授学员、100 多名函授预读生,并积极探索新增函授专业,为成人高等教育的发展奠定了坚实的基础。[④]

网络教育。截至 2002 年 6 月,学校与厦门大学和福建师范大学建立了合作办学关系,共开办了 13 个网络教育专业,招收学生 438 名。[⑤]

中小学教师继续教育。作为成人教育的重要组成部分,据不完全统计,仅 2001—2002 学年,成教中心就举办了各类中小学干部、教师培训班 53 期,培训人数 5327 人。[⑥]

社会培训。作为全国计算机等级考试和全国公共英语等级考试考点,成教处坚持以社会考试为龙头,不断提高培训层次,逐步扩大培训类别。2001 年夏至 2002 年夏,共招收计算机、公共英语等级考试培训和其他短期社会培训学员近 1000 人/次。[⑦]

教学科研并重

本科院校与专科学校的重要区别之一就是科研实力的区别,强大的科研实力是本科院校教学工作的坚强后盾,是教学永远保持生命力的源泉。从申办本科院校伊始,学校就把加强科

---

① 跨越:申办三明学院纪实[N].三明高专报,2004-02-09(1).
② 三明高等专科学校关于成立继续教育学院的通知(明高专[2002]109 号).2022-12-28.
③ 我校新增五个成教专业[N].三明高专报,2002-12-31(11).
④ 提高服务质量,扩大办学规模,提升学校品牌 我校成人教育发展步入快车道[N].三明高专报,2002-07-05(6).
⑤ 提高服务质量,扩大办学规模,提升学校品牌 我校成人教育发展步入快车道[N].三明高专报,2002-07-05(6).
⑥ 提高服务质量,扩大办学规模,提升学校品牌 我校成人教育发展步入快车道[N].三明高专报,2002-07-05(6).
⑦ 提高服务质量,扩大办学规模,提升学校品牌 我校成人教育发展步入快车道[N].三明高专报,2002-07-05(6).

研工作摆上重要议事日程。

学校提出"转变观念,逐步向教学、科研并重的方向转型,把学校建设成为新型人才的培养基地,成为知识创新和科技创新的基地,成为三明市高新技术发展的后盾和依托"的科研工作目标,[①]并采取了一系列行之有效的措施,取得了积极成效。

2001 年 2 月,学校成立了产业科研处(以下简称科研处),这在全省专科院校尚属罕见。科研工作从零开始,注重在两个方面进行突破:一是搞好校内科研管理,规范科研立项、申报、鉴定、奖励等制度,发挥教师的积极性;二是搞好"产学研"结合,争取各方支持,为做大"校企合作"文章办实事。2002 年 8 月 30 日,李长生书记在全校教职工大会上要求进一步加强科研和知识创新,使科研工作能更好地适应专升本的需要。没有学术就不是高等院校,更不是本科院校。要从科研兴校的战略高度来认识科研工作的地位和作用,强化科研意识,增加科研经费投入,完善奖励制度,充分调动全校师生的科技创新积极性,营造浓厚的学术氛围。[②] 学校先后制定和完善《科研管理暂行办法》《科研课题立项规程》《科研成果奖励暂行办法》,从制度上促进学校科研工作。为进一步突出科研管理和激励的导向作用,适应升本后科研工作的新要求,2004 年 3 月 5 日,校长办公会议研究决定适当调整系(部)科研工作考核中的权重,其中"科研课题"由 20％提高至 30％,"论文、论著、教材"由 70％降至 60％;加大评奖的覆盖面,增设"中国专利局授予的职务专利"等奖项;适当提高教师科研成果的奖金数额,并体现重要成果重奖的原则。[③]

为指导科研工作,学校还制定了 2003—2007 年科研发展规划即《三明学院科研发展规划》,提出科研工作 5 年发展的目标:

1. 构建学校科研工作及科研管理的新模式,建立科研活动的激励机制。以科研促进学校的学科建设,以科研促进师资队伍的建设,以科研提高教学的质量和人才培养的质量。

2. 浓厚学校的学术气氛,以科研活动促进学校学风建设,营造求真、务实、进取的育人环境。

3. 加强科研人才的培养,对学术骨干实行科研扶优,鼓励教师申报国家、省、市科研课题。

4. 充分发挥客座教授作用,加强校校联系,加大投入,建设好一批科研基地,争取多出科研成果,促进学校办学水平和办学实力的提高。

5. 做好学报编辑出版工作,力争在 2005 年,实现文、理分版,建设好特色栏目,争取在后 5 年内再创学报工科分版,把学报办成国内较有知名度的学术期刊。

营造了良好的学术氛围。积极举办校内外教授、专家学术讲座、举办博士生论坛、实行访学归来成果报告制度等。合并以来,每年校内外专家、教授讲座均达 50 场。如 2001 年 3 月 11 日,学校与福建省物理学会联合举办了"诺贝尔科学奖颁奖百年纪念学术报告会";2002 年 6 月 13 日,厦门大学邬大光教授应邀到校开办有关本科院校发展理念的专题讲座,在师生中引起了较大反响。成立了客家文化、林产化学与涂料等研究所。大力营造学术氛围,每年对每位教师的学术成果实行考核奖励,全校教师进入了从"专科"到"本科"的角色转型。

三明高专的科研不仅注重理论研究,而且面向社会和经济建设主战场,注重应用型研究,加大了产、学、研三者的结合力度,在加速科技成果转化方面迈出了坚实的步伐。如 2003 年应

① 赵峰.抓住机遇,加快发展,全面推进我校新一轮创业在三明高专第一届第一次教职工暨工会会员代表大会上的报告 [R].2001-04-28.
② 李长生书记在全校教职工大会上的讲话[R].2002-08-30.
③ 三明高等专科学校校长办公会议纪要(〔2004〕2 号)[Z].2004-03-08.

用物理系高级工程师吴永春获得省职工发明创新成果一等奖的研究项目"经编机多级送经计算机控制系统",具有国内先进水平的积极式送经控制系统,在国内尚属首创,填补了国内经编机的技术空白。这项技术应用于三明宝泰针织有限公司后,改造了三台德国 LIBA 公司生产的双针床经编机,为企业创造了一定的经济效益。他的"CYK-1 表面印刷设备智能控制器""ARSP 高速网版印刷机械设备控制器""热转印机电脑控制器"等多项科研成果先后应用于三恒集团,都为企业带来了可观的经济效益。计算机系杨志远工程师研制的"电压监测仪"用于变电所监测电网电压的运行,通过电力工业部测试中心的检验后,被厦门亿力天龙科技有限公司推广生产,产生直接经济效益 1000 万元以上,同时为企业及时排除故障,使电网正常运行,又产生了更大的社会和经济效益。

教学科研成果得到较大提升。据不完全统计,截至 2004 年 2 月,全校教师在各级各类学术期刊发表论文 2000 余篇,其中,国外期刊 21 篇,SCI、EI 各收入 8 篇,著作及教材 127 部,各类立项课题 61 项,各级获奖科研成果 67 项。内容涵盖教育学、管理学、理学、工学、经济学、文学、法学等学科,不少成果在学术界和社会上产生了较大影响。据 2001 年 4 月统计,全校教师出版著作及教材 6 部,在国家、省级学术刊物发表论文 291 篇。[①] 与合并之初相比,著作及教材增加了 121 部、论文总数增加了 1700 多篇。

2004 年上半年,学校组织开展了"首届教学优秀奖"和"科研优秀奖"活动,教师们踊跃报名参加,经过严格评审,产生 15 位获奖者,得到了学校的公开表彰和每人 3000 元的奖励,激发广大教师的教学和科研内在动力。

2001 年,《三明师专学报》与《三明职业大学学报》合并为《三明高等专科学校学报》。学报编辑部是反映学校办学质量、科研水平的一个窗口,学校建立健全学报工作机制,不断提高刊物质量和学校知名度。[②]

第五节　校区调整与基本建设

根据学校总体规划和筹建本科需要,学校不断改善办学环境和办学条件,增强筹资能力,截至 2004 年,学校固定资产达 3.2238 亿元,其中教学、科研仪器设备资产达 0.3258 亿元。与合并之初相比,固定资产增加 2.6373 亿元,增幅达 449.67%;教学、科研仪器设备资产增加 0.1453 亿元,增幅达 80.5%。[③]

征地置换逐步满足办学需要

学校合并后,为拓展发展空间,特别是满足未来本科办学用地要求,开始谋划征地工作。

---

① 抓住机遇,加快发展,全面推进我校新一轮创业:赵峰校长在三明高专第一届第一次教职工暨工会会员代表大会上的报告[R].2001-04-28.
② 各系、各部门深入学习探讨教职工大会精神[N].三明高专报,2001-02-28.
③ 根据 1999—2000 学年和 2003—2004 学年高等教育基层报表统计分析.

2002 年 1 月,由市政府牵头,市国土资源局、市水利局、市规划局、三元区政府和学校等人员组成的征地工作协调小组成立,并由三元区政府牵头,成立征地工作小组。2002 年 8 月,学校与荆东村签订征地协议,同年 9 月正式接收所征土地。

从 2003 年 8 月至 2004 年 8 月,新征用土地 308 亩,竣工房屋面积 3.31 万平方米,包括 1.27 万平方米的综合楼、0.45 万平方米的英语教学楼、0.32 万平方米学生食堂及澡堂、1.26 万平方米的学生公寓,总长 600 米、宽 24 米的南北连接道路和约 0.6 万平方米的绿化工程,改造装修电子工程实验室、化生工程实验室、计算机房、图书电子阅览厅、网络中心机房等项目 0.58 万平方米。以上建设项目总投资约 7150 万元人民币。

至 2004 年 1 月,荆东校区北区土地面积 214.5 亩,南区土地面积 286.95 亩,另有列东校区土地面积 223.2 亩。2002 年 8 月征用荆东村农地 80.25 亩,其中征用南北两区间农田 69.45 亩,将南北两区连为一个整体。2003 年置换农林大学三明荆东实训基地羊公山土地 207.9 亩,校园占地面积共 985.8 亩。

通过征地、换地,缓解了学校办学发展的用地压力,为南北校区连接道路、图书馆、综合教学实验楼建设等奠定了用地基础,筹建三明学院的基建项目工作开始逐步走上正轨。

基础设施工程与资源条件建设

学校加大对教学仪器设备和图书的投入力度,建立了全国学术期刊光盘检索部、视听阅览室,充实中外期刊和升本系资料室图书,改善阅览厅设施条件,实现图书管理自动化;有基础实验室 30 多个,计算机 650 台,钢琴 87 台,田径场 3 个,游泳池 2 个。2002 年,实施体育活动场所建设项目:(1)北区教学主楼后侧修建 6 道 100 米跑道;(2)修建南区雨盖球场;(3)修建田径场西侧看台等。① 截至 2004 年,学校教学、科研仪器设备资产达 0.3258 亿元,与合并之初相比,教学、科研仪器设备资产增加 0.1453 亿元,增幅达 80.5%。② 图书量 60.3 万册,增加 10 万册,增幅达 19.9%。校园网覆盖教学、办公场所并进入学生公寓。③

由于在校生规模迅速扩大,学校根据本科院校的设置要求和《三明高等专科学校校园建设发展规划》,先后投资兴建学生公寓、教学楼、图书馆、综合楼等基础设施建设工程和购置教授楼,以及建设连接南北校区中轴道路、校大门和广场等。截至 2004 年 1 月,学校共有校舍建筑面积 17.07 万平方米,其中教学、行政用房 7.81 万平方米,学生宿舍 4.12 万平方米,其他各类房屋面积 5.14 万平方米。

学生公寓。2000 年 2 月,新建学生公寓楼 1 幢,建筑层数 6 层,建筑面积 3375 平方米,总投资 220 万元,于 2001 年 2 月竣工投入使用。2003 年 6 月,新建学生公寓 2 幢(荷花苑 2 号楼),面积 1 万平方米,投入资金 1200 万元,2004 年 8 月竣工投入使用。

新建和改建食堂。1999 年 12 月,动工新建南区 1 幢学生食堂,建筑面积 5427 平方米,项

---

① 三明高等专科学校会议纪要.校长办公会议纪要(〔2002〕78 号)[Z].2002-5-25.
② 根据 1999—2000 学年和 2003—2004 学年高等教育基层报表统计分析。
③ 三明学院.关于办学条件及教学工作情况汇报,2004-10-16.

目总投资 480 万元,市财政拨款 70 万元,学校自筹 310 万元,①2000 年 9 月竣工。② 2004 年 2 月,改建第二食堂。2004 年秋季招生后在校生规模迅速扩大,为了改善学生用餐条件,解决学生用餐拥挤状况,在北区南北通道东面,新建临时学生食堂 1 幢,单层框架结构,建筑面积 2000 平方米。③ 学校努力营造功能完善、布局合理、建筑与环境相互协调、相得益彰的生活学习工作环境。④ 学生食堂与合并之初相比,新增 5220 平方米,增幅达 100.06%;教工食堂新增 160 平方米,增幅达 73.73%。⑤

教学实验楼。2000 年 12 月,为解决实验室面积不足的状况,建设教学实验中心楼 5000 平方米,投入资金 500 万元,于 2003 年 9 月投入使用。该楼为 5 层框架结构,主要作为化生工程专业实验室、应用物理专业实验室、计算机中心以及多媒体教室等。⑥ 2002—2004 年,新建南区教学楼 1 幢,建筑层数 5 层,建筑面积 4500 平方米,总资金 440 万元。2004 年,在新建南区教学楼 C 区原有 2 层教室上扩建 1 层,建筑面积 330 平方米。⑦

教授住房。2000—2002 年,学校根据学校专升本的需要,在"文笔花园"购置教授楼 1 幢 36 套,建筑面积 5200 平方米,投入资金 600 万元;24 套赠送引进教授和本校教授,12 套销售给教职工。与合并之初相比,2004 年生活福利及其他用房增加 5627 平方米,增幅达 65.94%。⑧

更新改造基础设施,提升办学条件。合并时,校园大部分房屋是原福建农学院遗留的 20 世纪 70 年代末建筑,年久失修。1999 年底,为尽快开展培训任务,维修改造培训教学楼 1 幢,建筑面积 1600 平方米;学员宿舍楼 2 幢,建筑面积 2200 平方米。维修资金共 120 万元,学校自筹解决资金 60 万元,市政府支持补助 60 万元。⑨ 截至 2001 年 11 月 30 日,学校投入 1000 多万元维修教学楼和 15 幢学生公寓达 4.6 万平方米,旧房改造率达 56%。⑩ 2002 年,学校安排资金 50 万元实施实验室和实训基地建设项目,用于化生系实验室的仪器设备填补、设施完善、实验楼维修;安排资金 60 万元,用于应用物理实验室仪器设备的添补、设施完善、实验室维修、实训基地建设,并于 2002 年 6 月完成。同时,将学生食堂煤锅炉改为电锅炉,逐年对校区配电房变压器进行更新增容改造,并争取福建恒源供水公司支持,无偿施工连接南北校区供水主管网 360 米。教学科研、师生生活用水、用电得到保障。

学校绿化美化工作坚持"清杂、通透、点缀、美化"的校园绿化指导思想,坚持 4 个并举,即建设与绿化并举、门前与庭院绿化并举、清杂与通透并举、绿化与美化并举,形成"点、线、面"的布局,做到高档次规划、高水平建设,建立起 6000 多平方米的 4 个可培养 3 万余盆的花卉基

① 三明高等专科学校筹备小组.关于申请学生食堂建设项目补助的请示(明高专筹〔2000〕23 号)[Z].2000-04-17.
② 福建省发展计划委员会.福建省发展计划委员会关于三明市中医院门诊楼扩建修缮工程和三明高等专科学校学生食堂综合楼稽察整改意见的通知(闽计稽察〔2001〕119 号)[Z].2001-08-27.
③ 要求批准建设北区临时学生食堂的请示(高专〔2004〕39 号)[Z].2004-06-07.
④ 中共三明高专委员会办公室.2003 年全校精神文明建设工作要点(明高专党字〔2003〕17 号)[Z].2003-05-06.
⑤ 根据 1999—2000 学年和 2003—2004 学年高等教育基层报表统计分析。
⑥ 三明高等专科学校.三明高等专科学校关于补助新建教学实验中心楼建设资金的请示(明高专〔2000〕31 号)[Z].2000-12-01.
⑦ 关于要求增加南区教学楼 C 区楼层的请示(明高专〔2004〕20 号)[Z].2004-04-21.
⑧ 根据 1999—2000 学年和 2003—2004 学年高等教育基层报表统计分析。
⑨ 三明高等专科学校筹备小组.三明高等专科学校(筹)关于要求补助培训楼维修改造资金的请示(明高专筹〔1999〕138 号)[Z].1999-10-26.
⑩ 邱泽云.提高师生综合素质 提高学校文明程度:创建文明学校工作综述[N].三明高专报,2001-11-30(10).

地,使校园三季有花,四季常绿。同时,多种树木多植被覆盖,截至 2001 年 11 月,种乔、灌木1.68 万余株,草皮 5844 平方米,新建园林绿化景点 7 个,道路绿化率达 99%,绿化总面积达240128 平方米,绿化覆盖率达 49.8%,被评为"三明市园林绿化示范单位"和"省绿化红旗单位"。[①] 2003 年 2 月学校获第二批"省级花园式单位"荣誉称号。

第六节　党建与思想政治工作

党建与思政工作的部署与成效

　　三明高等专科学校筹备小组自觉担负起学校党建和思政工作的领导责任,于 2000 年 4 月,研究出台了《三明高等专科学校(筹)2000 年党建工作要点》,提出了"以邓小平理论和党的十五大精神为指导,继续学习贯彻第三次全国教育工作会议精神和第八次全国高校党建工作会议精神,围绕教学抓党建,抓好党建促发展,为顺利完成我校各项工作提供强有力的政治保证和组织保证"的指导思想和坚持"以德立校、教研强校、依法治校、艰苦建校"的办学方针,工作内容包括理论学习、"三讲"教育、组织建设、干部工作、党风廉政、安全稳定、思政工作、精神文明建设、党建工作领导等方面。

　　学校党委成立后,继续做好党建和思政工作的部署。2001 年,学校党委提出以邓小平理论和"三个代表"重要思想为指导,以筹办三明学院为主线,以庆祝建党 80 周年为契机,围绕培养学生创新精神、实践能力和培养有理想、有道德、有文化、有纪律的社会主义建设者和接班人的目标,认真贯彻落实中央和省委思想政治工作会议、全国全省高校党建工作会议精神,大力加强党的建设和思想政治工作,广泛深入开展校园精神文明创建活动,切实维护学校的安全稳定,为加快学校的发展步伐提供有力的精神动力和思想、组织保证。

　　2002—2004 年,学校党委制定《中共三明高等专科学校委员会 2002 年党建和思想政治工作要点》,明确把党建和思想政治工作结合起来、统一起来,同计划、同部署,协同推进。校党委始终从讲政治的高度,围绕发展主线和人才培养这个根本,统领学校各项事业发展,充分发挥党委对学校改革、发展和稳定工作的领导核心作用。

　　注重责任落实。如,对 2002 年的工作要点进行责任分解,逐条对应到责任处室、党总支和党支部。对 2003—2004 学年度第二学期党建工作具体安排,按月列出活动内容和完成项目。

　　注重督促检查。如,2001 年 6 月,学校党委办公室牵头,对机关党总支、各党支部一学期来党建工作情况进行检查。学校还借助迎接第二届福建省党建和思想政治工作先进高校检查评估和第八届省高校"文明学校"评估的契机,制订迎评工作方案,狠抓检查落实,以此推动党建和思想政治以及精神文明建设工作上水平。

　　注重交流提高。2000 年 10 月、2002 年 4 月,全市高校党建工作会议在学校召开,校党委书记李长生在会上传达了第十次、第十一次全省高校党建工作会议精神。2002 年 4 月 25 日,召开了全校党建和思想政治工作会议。会上交流了经验,部署了工作,提出了新的要求。校党

---

① 邱泽云.提高师生综合素质　提高学校文明程度:创建文明学校工作综述[N].三明高专报,2001-11-30(10).

委李长生书记指出,高校的党建和思想政治工作要跟上时代步伐,就要做到理论创新,用理论指导实践。他要求结合学校当前的思想状况,注意研究如何确立中心意识、创新意识、科学意识的问题,使党建和思政工作服从服务于学校的中心工作,并由经验走向科学。①

注重表彰激励。2001年6月28日下午,举行庆祝中国共产党成立80周年大会,大会表彰了在2000—2001学年度学校党建工作中涌现出来的先进基层党支部、优秀共产党员、优秀党务工作者,以及参加省、市、校庆祝建党80周年系列活动与竞赛中获奖的集体和个人。

2001年12月13日至14日,学校接受省党建和思想政治工作先进高校检查评估,省检查组高度评价了学校党建和思想政治工作:

(1)学校党委重视抓好领导班子的思想建设,党委领导班子团结协调、党政职责明确,健全和完善了相应的领导制度、决策程序,坚持和完善党委领导下的校长负责制,校长在依法行政中的负责作用得到发挥。领导班子成员事业心和责任心强,敬业精神好,廉洁自律好。(2)党委坚持党管干部原则,注重民主党派和女干部的选拔和安排,特别是对中层处级干部全面实行"聘任制、任期制、任前公示制",科级以下干部也实行竞聘制,有力地推进了学校干部人事体制改革。党委重视对中青年干部的培养,重视老干部管理工作,充分发挥老干部的作用。(3)党的基层党组织建设抓得实、抓得细,有调研、有计划、有检查、有落实。基层党组织建设能紧紧围绕学校中心工作及改革发展的实际,认真开展创建活动。(4)党委对基层党组织情况熟悉,党务工作业务熟悉,重视党务工作的业务培训,重视师生的党建和教育工作。党员发展工作严格按照《中国共产党发展党员实施细则》办事,手续完备,制度规范,对党员进行信息与动态管理,重视党风廉政教育和警示教育。坚持不懈地对教职工进行思想政治教育,有针对性地开展思想政治工作,有效地解决实际问题,注意加强师德建设,注意发挥教师党员的模范作用,建立专、兼职相结合的政工队伍。认真落实统战政策,发挥政协委员、民主党派人士参政议政,民主监督的作用,支持民主党派开展工作。注重发挥工会、教代会的作用,增强教职工主人翁意识。加强对共青团工作的领导,团工作有活动、有载体。注重思想政治工作,有力地推进了学校各项事业的跨越式发展。

学校紧紧围绕人才培养中心和改革发展稳定的大局,围绕中心抓党建,抓好党建促发展,因此涌现出一大批先进集体和先进个人。一大批党组织和共产党员先后荣获中共福建省委教育工委和中共三明市委的表彰。自1999年到2001年,校党委连续3年被评为"全市党建工作先进单位",13个先进党组织和26名优秀党员分别受到省、市表彰。2001年学校被中共三明市委授予机关(事业)党建工作先进单位。2003年三明高等专科学校初教系党支部"特制一把爱的大伞为贫困生撑起一方晴空"和艺术系党支部"走,送文化到革命老区去"被评为全省高校党支部工作"立项活动"优秀成果。②

班子建设与"三讲"教育

校党委重视抓好领导班子的思想建设,特别是通过开展"三讲"教育和"三个代表"重要思

---

① 校党委全面部署今年党建和思想政治工作[N].三明高专报,2002-04-30(3).

② 中共福建省委教育工作委员会文件关于表彰全省高校党支部工作"立项活动"优秀成果的决定(闽委教〔2003〕30号)[Z].2003-08-30.

想学习教育活动,有力地促进领导班子的自身建设,提高了校领导班子、领导干部的整体素质,推动了学校的改革和发展。

把"三个代表"重要思想学习教育活动引向深入。校党委按照中央的要求,紧密结合实际,用"三个代表"重要思想武装党员和领导干部,加强和改进党委中心组学习。坚持落实系(部)、部门周一下午学习日制度。推进党员和干部教育培训制度建设,以学校党校为阵地,举办党员干部和入党积极分子培训班,不断增强培训工作的针对性和实效性。

学校根据中共福建省委"三讲"教育领导小组关于印发《福建省高等学校领导班子和领导干部"三讲"教育实施方案》(闽委"三讲"文〔2000〕9 号)要求,在省、市委正确领导下,学校"三讲"教育工作从 2000 年 10 月 16 日至 12 月 28 日,完成思想发动、学习提高,自我剖析、听取意见,交流思想、开展批评,认真整改、巩固成果 4 个阶段的任务。广大干部接受了一次深刻的马克思主义理论教育,找出了党性党风方面存在的突出问题,明确了努力方向,从而增强了干部的历史使命感和责任感,激发起认真学习、积极探索、求真务实、锐意进取的工作热情,使干部真正成为学校各项工作的中坚力量。2000 年 12 月 29 日,市委常委、宣传部部长吴根发在三明高专"三讲"教育总结大会上说,三明高专按照中央、省委的要求和市委的部署,扎实做好"三讲"教育的每个阶段、每个环节的工作,顺利完成既定任务,取得预期效果。[①]

组织建设和干部队伍建设

党的基层组织建设。2000 年 11 月 10 日,《中共三明高专委员会关于党总支和党支部设置的意见》规定,全校设置党总支 1 个,党支部 24 个。其中机关党总支下设 9 个党支部;系(部)党支部 13 个;离退休党支部 2 个。在发展党员工作方面,严格按照《中国共产党发展党员实施细则》《中共三明高等专科学校委员会关于发展党员工作的实施意见(试行)》《发展党员工作的实施意见(试行)》《推荐优秀团员作为党的发展对象工作实施办法(试行)》,按程序发展新党员,加强党员队伍建设,充实党的新生力量。1999—2000 学年,教职工党员 244 人,其中专任教师 110 人;2003—2004 学年,教职工党员 290 人,其中专任教师 157 人。教职工党员增加 46 人,增幅达 18.85％;其中专任教师党员增加 47 人,增幅达 42.73％。[②]

干部队伍建设。校党委坚持贯彻执行《党政领导干部选拔任用工作暂行条例》《中国共产党普通高等学校基层组织工作条例》,积极推进干部人事制度改革,逐步建立干部能上能下、能进能出,富有生机与活力的选人用人机制。在三明高等专科学校试行中层领导干部聘任制和任期制:校机关、教学单位行政领导实行聘任制,聘期 3 年,连聘不得超过两任。校机关、教学单位的党务领导干部、工会领导干部、共青团领导干部实行任期制,每届任期为 3 年,连任不得超过两届。聘任制干部在聘(任)期间,凡违反国家法律、法规而受到法纪、政纪处分和年度考核不合格者,应予解聘。因责任心不强等个人原因给工作造成损失,不再适合担任现职的,应

① 深入整改推进教育改革发展:三明高专召开"三讲"教育总结大会[N].三明日报,2000-12-29.
② 根据 1999—2000 学年和 2003—2004 学年高等教育基层报表统计分析。

责令其辞去聘（任）的职务。[1] 2000 年 10 月，学校党委研究合并办学之初进行机构设置，成立党委组织部，与人事处合署办公。按照市委的要求，学校认真做好处、科级干部任期制、聘任制和任前公示制的试点工作，经民主推荐、组织考核、配备中层干部 86 人，逐步建立起一套科学合理的、富有生机与活力的选人用人制度。党委坚持党管干部原则，注重民主党派和女干部的选拔和安排，特别是对中层处级干部全面实行"聘任制、任期制、任前公示制"，科级以下干部也实行竞聘制。党委重视培养中青年干部，也重视老干部管理工作，充分发挥老干部的作用。

反腐倡廉与作风建设

1. 反腐倡廉

校党委高度重视做好纪检和监察工作，先后制定《关于建立健全校领导成员党风廉政建设责任制的意见》和《三明高等专科学校党政领导班子成员党风廉政建设责任制责任范围》[2]，要求校级领导班子成员根据分工的责任范围，切实加强自身和责任部门的党风廉政建设。[3] 2002 年 7 月 10 日，校党委根据中共教育部党组《关于在高校管理体制改革中加强纪检监察工作的通知》精神，为深入推进高校党风廉政建设，加强纪检监察工作，成立监察室，相当副处级；党委设有纪委，为正处级机构。[4] 通过中层干部的第二轮聘任，各系（部）各部门都配备了专职或兼职的纪检委员。纪委领导干部和纪检委员素质比较高，作风比较过硬，能较好地适应学校党风廉政建设和反腐败工作的需要。纪检监察干部按照"政治坚强、公正清廉、纪律严明、业务精通、作风优良"和"体现时代性、把握规律性、富于创造性"的要求，加强自身建设，不断增强反腐倡廉的责任感和使命感，在全校师生中树立起良好形象。[5]

2. 作风建设

校党委加强和改进党的作风建设，围绕促进学校发展的主旋律，紧紧抓住思想作风、学风、工作作风、领导作风和干部生活作风等方面存在的突出问题，坚决做到"八个坚持、八个反对"，真正体现学校各级党组织和全体共产党员的先进性、纯洁性，真正保持学校各级党组织和全体共产党员同广大师生员工的密切联系，真正形成改革发展的凝聚力、战斗力和创造力。[6] 2000年 11 月，校党委实行校领导挂钩联系教学单位的制度，每个校领导挂钩联系 1～2 个教学单位，每个系（部）均有校级党政领导干部固定联系。2001 年 3 月，学校设立校领导接待日，建立校领导与系（部）、民主党派教授联系挂钩制度，进一步密切校领导与师生员工的联系。一些群众关心的热点、难点问题得到妥善解决。

---

① 中共三明高等专科学校委员会关于三明高等专科学校中层领导干部试行聘任制和任期制实施方案的请示（明高专党字〔2000〕1 号）[Z].2000-09-30.
② 中共三明高等专科学校委员会.三明高等专科学校党政领导班子成员党风廉政建设责任制责任范围（明高专党字〔2000〕18 号）[Z].2000-11-01.
③ 三明高等专科学校党委办公室.中共三明高等专科学校委员会会议纪要（〔2000〕2 号）[Z].2000-10-26.
④ 中共三明高等专科学校委员会.关于请求设立三明高等专科学校监察室的请示（明高专党字〔2002〕28 号）[Z].2002-07-10.
⑤ 赵峰.在全校党风廉政工作会议上的讲话[N].三明高专报,2004-02-26.
⑥ 中共三明高等专科学校委员会.中共三明高专委员会批转《关于加强和改进我校党的作风建设的意见》的通知（明高专党字〔2000〕6 号）[Z].2002-01-23.

思想政治工作与精神文明建设

学校深入学习贯彻十六大精神,以"三个代表"重要思想为指针,根据新时期学校面临的新情况、新任务和大学生的成长规律,突出社会主义理想信念教育。抓好"两课"和邓小平理论、"三个代表"重要思想"三进"工作。开展校园文化建设,在师生中强化以校训"厚德博学"为核心的校园精神,把思想政治教育的主题渗透到科技、文化、艺术、体育等丰富多彩的群众性精神文明创建活动中去,培养学生的人文素质和科学精神,造就社会主义事业的有用之才。

2001 年 6 月 7 日,召开全校宣传工作会议,校党委书记李长生首先总结了学校近年来宣传思想工作取得的成绩,主要是认真抓好教职工政治理论学习和党委中心组学习;坚持正确的舆论导向,积极开展宣传工作;加强思想政治工作和校园精神文明建设,努力营造良好的育人环境;加强校内外宣传工作,提高学校的社会地位和社会影响;广泛开展校园文化活动,充分发挥凝聚人、激励人的作用。

为了把全体师生员工的力量凝聚到完成十六大确定的各项任务上来,2002 年 12 月,校党委发出《关于认真学习宣传贯彻党的十六大精神的通知》,对兴起学习宣传贯彻党的十六大精神热潮进行了全面部署。

为了树立本科理念,推进本科筹建,校党委组织开展"两个问题"大讨论,校内各部门、单位利用每周的理论学习时间,采取多种形式,结合各自工作实际,谈认识、谈体会、议思路、谋发展,把"大讨论"活动一步步引向深入。

在精神文明建设中,坚持以提高师生综合素质,提高学校文明程度为目标,以环境建设为基础,以优化德育功能为重要内容,真抓实干。坚持把思想政治工作摆在突出位置,加大思想政治工作创新力度,进一步推进思想政治教育进网络、进学生社团、进学生公寓。加强学生道德建设,推行"九不"教育,促进学生文明习惯的养成。在创建省高校文明校园活动中,学校以高分通过省总评,进入省高校文明校园的行列。1999 年参加福建省第五届职业技能竞赛"中冠杯"竞赛获一金五银八铜,2001 年被省委、省政府评为"1999—2000 年度省文明学校",2000—2002 年度荣获省级文明学校等。此外,学校还于 2001 年 3 月被评为省社会治安综合治理先进单位;2003 年获"全市社会治安综合治理创建活动先进单位"等荣誉。

2003 年 1 月 2 日至 4 日,福建省第八届省级文明学校考评组一行 11 人,对学校创建文明学校工作进行了全面考察评估,给予创建工作高度评价,具体体现在"四个坚持":一是坚持以"升本建院"为动力,不断深化对创建工作的认识,狠抓工作落实。二是坚持以人为本,从提高师生素质入手,丰富创建内涵,提高创建水平。三是坚持以优化育人环境为基础,加大投入,加快建设,不断改善育人环境。四是坚持"两手抓,两手硬"方针,把文明建设与教育教学相结合,互相渗透、互相促进。①

统战和群团工作

校党委十分重视统战工作,注重发挥省、市、区政协常委、委员和民主党派人士、无党派知

---

① 第八届省级文明学校考评组莅校考察评估[N].三明高专报,2003-02-28.

识分子在高等教育改革、发展和稳定中的积极作用。学校有 4 位民主党派人士分别担任区人大代表和区政协委员,同时选拔、任用了 7 位政协委员、民主党派和无党派人士担任系正、副主任。政协委员和各民主党派人士为后勤管理社会化、人事制度、分配制度改革和学习十六大推进高等教育改革建言献策。1999—2000 学年,教职工中有民主党派成员 3 人,教职工有 40 人,其中专任教师 32 人。2003—2004 学年,教职工中有民主党派成员 3 人,教职工有 81 人,其中专任教师 49 人。民主党派骨干教师中一批成果获奖,一大批人员受表彰。2002 年,共有 5 位民主党派组织成员光荣当选为三明市 4 个民主党派组织的市委委员,邓天杰教授当选第九届福建省政协委员,赵峰校长当选福建省第十届人民代表大会代表。

1. 团学工作

紧紧围绕学校"主攻迎评,推进创新"的工作大局,把校党委对学生工作的要求落到实处;坚持以思想教育为先导,维护稳定大局;坚持把毕业生就业指导工作当成一件大事来抓,千方百计提高毕业生就业率;坚持三个重点工作思路,即重点抓好大学生素质教育、学风建设和骨干队伍建设。根据青年师生特点,大力加强青年团员的思想政治教育,举办校园文化艺术节,推进校园文化活动的健康发展,如 2002 年 4 月,开展首届"校园十佳学生"评选。加强团组织的自身建设,加强对学生会工作的指导,使其在"三自"功能和在培养提高学生综合素质等方面发挥更大作用。支持群团组织依靠各自的章程,积极主动地、独立负责地、协调细致地做好工作。学校团委先后荣获 2000—2001 年度优秀团体会员、2003 年三明市"三级联创"先进单位。

2. 工会工作

学校建立健全工会工作规则和教代会制度,切实突出广大教职工在学校工作中的主体地位,发挥广大教职工、工会会员在民主决策、民主监督中的主人翁作用。[①] 校工会围绕学校中心工作,组织召开历届教代会,维护教职工合法权益;关心弱势群众,努力为教职工做好事、办实事、解难事;组织好群众性的、有益教职工身心健康的文体活动,不断提高教职工的健康水平,指导各协会开展活动,丰富教职工的业余文化生活,如举行贤内助新春座谈会暨联欢活动,[②] 加快教职工融合,增强凝聚力。2002 年获"市先进教工之家"。

3. 关心下一代工作委员会

2001 年 3 月,学校成立关心下一代工作委员会,制定《三明高专关心下一代工作委员会工作条例》,在校党委、校行政领导下,在市关工委指导下,由校工会、人事处、团委学生处等部门牵头组织,以离退休老同志为主体,积极配合学校培养教育青少年学生。

4. 妇女委员会

为加强妇女工作,根据《中华全国妇女联合会章程》《机关、事业单位妇女委员会工作条例》有关规定,制定《三明高专妇女委员会工作条例》。2002 年 9 月 26 日成立三明高专第一届妇女委员会,代表妇女发挥民主参与、民主管理、民主监督作用,推进男女平等基本国策的落实。重视维护妇女儿童的合法权益,充分发挥女教职工、女学生的"半边天"作用。

---

① 抓住机遇,加快发展,全面推进我校新一轮创业:赵峰校长在三明高专第一届第一次教职工暨工会会员代表大会上的报告[N].三明高等专科报,2001(4).
② 筹建工作大事记[N].三明高等专科报,2000(1).

第三编　本科新程(2004—2012 年)

2005 年 5 月 12 日，三明学院召开迎接教育部本科教学工作评估动员大会

2004 年 6 月 28 日，在隆重的庆典仪式中，三明学院正式成立，站上了发展的新起点。而往前推一年，即 2003 年，同样是三明学院发展历程中具有特殊意义的年份。这一年，全闽师范学堂创办 100 周年，最后一届中师生从筹建中的三明学院毕业；这一年，筹建中的三明学院迎来第一批本科生，成为本科教育的起始年。

21 世纪的头 10 余年，正处在我国全面建设小康社会、福建省加快发展海峡西岸经济区和三明市在海峡西岸经济区建设中加快崛起的关键时期，中国高等教育大众化进程加快，高等教育在现代化建设中的龙头作用凸显，新生的三明学院面临重要发展机遇和新的挑战。

2004 年 3 月，胡锦涛对科学发展观的科学内涵、基本要求和指导意义作了全面阐述。2007 年 10 月，中国共产党第十七次全国代表大会在北京召开，将科学发展观作为中国特色社会主义理论体系重大创新成果写入党章。新的历史时期，三明学院坚持以中国特色社会主义理论体系为指导，深入贯彻落实科学发展观，在借鉴老本科办学经验的基础上，积极探索新建本科高校发展新路，着力建设具有明显特色、居省内先进水平的地方本科高校，坚持以人才培养为中心，以评促建、以评促管，于 2012 年顺利接受教育部本科教学工作合格评估，圆满完成"十一五"规划、服务海西规划和第一次党代会提出的目标任务，着力夯实本科办学基础，各项事业呈现良好的发展态势。

第一章 科学发展，肩负新建本科使命

2000 年以后教育部批准设立的本科院校，开始通常被称作"新建本科院校"，在福建省的官方表述里，也被称为"一般本科院校"。不管如何称谓，都表明，在高等教育大众化时代，无论从国家科教兴国宏观战略层面，还是从各区域、地方社会经济发展层面，兴办高层次、高规格本科大学，是社会发展的需要，是适应时代潮流的战略决策。进入新世纪之后，新建本科院校数量持续增加，在"十二五"期间占到全国本科院校的半壁江山。学术界和管理层也逐渐形成一个共识，新建本科的"新"，不仅是时间上的"新"，更重要的是要走出一条有中国特色的高等教育发展新道路。

找准学校发展定位，科学制定发展目标和战略措施，是迈上本科新征程的学校领导班子和广大师生员工面临的首要课题。2004 年 2 月，国务院批转《教育部 2003—2007 年教育振兴行动计划》(国发〔2004〕5 号)，提出努力建设一批高水平大学和重点学科，加大实施"高层次创造性人才计划"力度，启动"高等学校科技创新计划"，实施"高等学校哲学社会科学繁荣计划"，实施"高等学校教学质量与教学改革工程"，为高等教育发展注入了新动力。三明学院通过明确办学定位，制定发展战略，更新办学理念，建立和完善本科办学体制，为本科办学奠定了坚实的基础，体现了领导班子和全体三明学院人的办学使命和责任担当。

在学校由专科升格为本科的初期，中共三明市委于 2004 年 9 月 1 日发布决定，成立中共三明学院临时委员会、三明学院临时管理委员会。2005 年 2 月，中共福建省委决定成立中共三明学院委员会，同时撤销中共三明高等专科学校委员会。

第一节 确定本科发展定位

办学定位和发展目标的确定

在申报设置三明学院的材料中，对学校未来办学定位曾做过这样的表述：建成一所以培养适应社会发展需要的应用型高级专门人才和基础教育师资为主要目标，立足三明，辐射全省，直接服务于地方经济建设和社会事业发展的特色鲜明的多科性本科院校。这一办学定位，得到了教育部院校设置专家组的认可。

2005 年 7 月 5 日至 7 日，学校召开首届教职工暨工会会员代表大会。大会的一个重要贡献是，升本以后第一次比较完整地表述了学校的办学指导思想、办学定位和发展目标。

这次大会的主题是：认真学习邓小平理论和"三个代表"重要思想，贯彻落实科学发展观，继往开来，团结奋进，开拓创新，深化体制改革，加强内涵建设，大力推进人才强校战略，努力构建和谐校园，为圆满实现我院近五年的发展目标而努力奋斗。

在这次大会上，郑建岚院长代表学校做题为"继往开来，团结奋进，努力开创我院快速、协调、可持续发展的新局面"的工作报告。

报告表述了学校办学定位：立足三明，面向全省，努力把三明学院办成一所以培养高素质的应用型高级人才为主的，在学科建设、人才培养、校园文化方面具有明显特色的，工学、理学、文学、管理学、法学和教育学等多学科和谐发展的教学型本科院校。

报告提出了未来五年的发展目标：构建快速、健康、可持续发展的新机制，营造师生各尽所能、各得其所、奋发向上的和谐校园氛围；通过三年的努力，使学院教学工作水平符合教育部本科教学评估的要求；通过五年的努力创建若干个具有国内或省内先进水平的特色学科、品牌学科，把三明学院办成一所在学科建设、人才培养、校园文化方面具有明显特色的具有省内先进水平的地方本科学院。

报告提出当前的主要工作与任务：(1)优化学科布局，努力构建我院特色学科。(2)坚持以人为本，努力形成我院人才培养特色。(3)构建和谐大学环境，努力创建我院校园文化特色。(4)把握适度规模，确保我院各项工作持续快速发展。(5)以评促建，全面提高我院教学质量和办学水平。(6)正确处理教学与科研关系，积极做好科研工作，不断增强学院发展的动力。(7)加强学生思想政治工作，营造良好的学风。(8)发挥后勤保障作用，深化后勤服务社会化改革。(9)加强和改进党的建设，为我院事业持续发展提供强有力的政治、思想和组织保证。

党委书记李长生在闭幕式上的讲话中就"发展"主题谈了三个方面的意见：第一，要有创新的思维；第二，要有创业的勇气；第三，要有实干的精神。他强调，我们已经亲手绘制了三明学院的发展蓝图，为把蓝图变为现实，寄希望于全体三明学院人。他希望，全体师生员工进一步统一思想，达成共识，共创三明学院更美好的明天。

三明学院"十一五"发展规划纲要（2006—2010 年）

为更好地实现首届"双代会"提出的近五年发展目标，2005 年 10 月，学校启动了"十一五"发展规划的编制工作。规划编制工作分四个阶段进行：(1)准备阶段(10 月 15 日—11 月 15 日)；(2)起草阶段(11 月 16 日—2006 年 1 月 10 日)；(3)论证和修改阶段(2006 年 3 月 10 日—4 月 10 日)；(4)完善和通过阶段(2006 年 4 月 11—30 日)。在修改阶段，学校征求了各方面意见，包括征询了市委、市政府、省教育厅、福州大学、复旦大学领导专家的意见。

2006 年 6 月 23 日，三明学院一届二次教代会暨工代会审议通过《三明学院"十一五"发展规划纲要(2006—2010 年)》(以下简称《规划》)，并于 12 月 1 日下发实施。

这是三明学院成立后的第一个五年规划，是校领导班子根据党的十六届五中全会精神，以科学发展观为指导，按照"科学性、前瞻性、针对性"的要求，集中校内各部门各系的力量起草形成的。总体规划分"现状分析""指导思想、基本原则、办学定位和发展目标""'十一五'事业发展的主要任务"三大部分。

《规划》制定了学校总体发展战略,力求做到"一个贯穿""两个确保""四个突出"。"一个贯穿"即贯穿落实科学发展观和构建和谐校园的指导思想,对学校发展进行了科学定位,明确了发展方向和奋斗目标,反映出高等教育发展规律的要求。"两个确保",即确保顺利通过 2007 年学士学位授予权评审和 2008 年本科教学工作水平合格评估,确保创建若干个具有国内或省内先进水平的特色学科、品牌学科。"四个突出",即突出改革创新,进一步深化教学改革和院内管理体制改革,积极探索建立自我约束、自我发展、自我完善的现代大学制度;突出开放办学,积极稳妥地实施对外合作交流战略,不断拓展办学空间,实现学校跨越式发展;突出质量和特色,形成为社会经济服务、为人才市场所需求的学科专业布局和应用型高级人才培养体系,把培养在品德、学识、才能、体质等方面具有全面综合素质的学生作为我们的根本任务,形成在人才培养、学科建设等方面的特色;突出构建和谐校园,形成师生奋发向上的校园文化氛围。

"十一五"期间学校发展的总体目标是:构建快速、健康、可持续发展的新机制,营造师生各尽所能、各得其所、奋发向上的和谐校园氛围;通过 3 年的努力,使学校教学工作水平符合教育部本科教学评估的要求;通过 5 年的努力,创建若干个具有国内或省内先进水平的特色学科、品牌学科,把三明学院办成一所在学科建设、人才培养、校园文化方面具有明显特色的具有省内先进水平的地方本科院校。

《规划》从以下三个方面确定了"十一五"期间学校各项事业发展的主要目标:

在人才培养方面,走先做强再做大的发展之路。到 2008 年,全日制在校生规模控制在7000 人左右,本专比为 6∶4;在显著提高教学质量后,加快规模发展速度,到 2010 年在校生规模达到并稳定在 10000 人,成人教育规模到 2000 人。全面提高本科教学工作水平,全面提高人才培养质量,确保顺利通过 2007 年省教育厅组织的学士学位授予权评审和 2008 年教育部组织的本科教学工作水平合格评估。

在学科建设和科研工作方面,调整优化学科专业布局以适应社会经济发展的需要。到 2008年,本科专业达 28 个,2010 年达到 35 个,形成工学、理学、文学、管理学、法学和教育学多学科和谐发展的新格局,同时形成 6 个左右的院级重点学科,3 个左右的品牌学科,争取 3～4 个学科成为省级新建本科院校的重点建设学科。科研工作在原有较好的基础上更快、更好地发展,新立科研项目和科研经费按年增长率两位数增长,取得一批有影响的科技与人文社科研究成果,建设3～5 个有影响的研究所和研究中心,特别是办好与复旦大学合作的天然药物工程研究中心。

在办学资源和条件建设方面,首先要大力提高人力资源的整体水平,建设好一支水平较高、结构较合理的师资队伍。到 2008 年、2010 年,教授分别达 25 名、40 名,副教授分别达 140名、160 名,博士分别达 10 名、20 名,硕士分别达 120 名、200 名,高级职称占专任教师比例稳定在 40%,各专业主要课程至少有一名副教授主讲,硕士、博士达专任教师总数的 30%以上,覆盖全校所有专业,力争 5 年内培养出具有一定水平的教学、科研带头人 20 名,骨干教师 50名。重要仪器设备、图书资料等各种公共服务资源的数量与质量均要满足要求,同时着力提高其运行效率和管理水平。完成好一批基础设施建设项目,使广大师生员工的学习、工作、生活条件有明显改善。

为实现规划的发展目标,《规划》提出了 8 项具体任务和 3 条保障措施。这 8 项具体任务是：突出以评促建，大力提高教学工作水平；优化学科布局，努力构建学科特色；深化教学改革，努力形成人才培养特色；构建和谐大学环境，努力形成校园文化特色；实施人才强校战略，造就高水平的人才队伍；实施科研兴校战略，增强服务经济社会能力；加强基本建设，不断改善办学条件；加强对外合作与交流，不断拓展办学空间。这些任务，都具有创新性和挑战性，没有现成的模式，如应用型人才的培养、重点学科的建设等，需要我们付出艰苦的劳动和探索，需要继续解放思想、深化内部管理体制改革，需要进一步发挥党、政、工、团的合力作用，为事业发展提供各种有力保障，学校提出了 3 条措施：加强党的建设和思想政治工作，保障事业和谐发展；加强制度创新，深化内部管理体制改革；多渠道筹措经费，为事业发展提供资金保障。

中国共产党三明学院第一次代表大会

2009 年 1 月 17 日至 18 日，中国共产党三明学院第一次代表大会召开，大会的主要贡献是，进一步明确了学校未来几年的发展目标和主要工作任务，选举产生中共三明学院第一届委员会和中共三明学院纪律检查委员会。

大会的主题是：全面贯彻党的十七大和十七届三中全会精神，以中国特色社会主义理论体系为指导，深入贯彻落实科学发展观，总结过去、谋划未来，进一步动员全校各级党组织、广大共产党员和师生员工继续解放思想，坚持改革创新，推进科学发展，建设和谐校园，为实现三明学院又好又快发展而努力奋斗。

大会选举中共三明学院第一届委员会和中共三明学院纪律检查委员会。马国防、叶良茂、江芳俊、陈若灿、郑建岚、赵峰、梁一池当选中共三明学院第一届委员会委员；卢昌荆、陈若灿、陈修辉、秦玮、赖锦隆当选中共三明学院纪律检查委员会委员。在中共三明学院第一届委员会第一次全体会议上，马国防同志当选中共三明学院第一届委员会书记，郑建岚、赵峰、陈若灿等 3 位同志当选副书记。会议还批准了中共三明学院纪律检查委员会领导班子成员。

党委书记马国防做题为"深入贯彻落实科学发展观，为实现三明学院又好又快发展而努力奋斗"的报告。

报告提出今后 4 年工作的总体要求是：全面贯彻党的十七大和十七届三中全会精神，以中国特色社会主义理论体系为指导，深入贯彻落实科学发展观，坚持党的教育方针，努力建设和谐校园。坚持人才强校、科研兴校战略，以教学为中心，以评建工作为抓手，以解放思想、改革创新为动力，以党的建设和思想政治工作为保证，进一步正确处理规模、质量、结构、效益的关系，促进内涵发展、特色发展、和谐发展，加快提高整体办学水平、学校综合实力和核心竞争力；立足三明、服务海西、面向全国，力争成为三明高质量人才培养、高水平知识创新和高层次社会服务的基地，引领三明经济社会发展的重要力量，成为福建办学实力较强的新建地方本科高校。

今后 4 年发展的主要目标是：围绕"把三明学院办成具有明显特色、居省内先进水平的地方本科高校"的总体目标，到 2012 年，办学规模适度发展，全日制在校生达到 11000 人左右，成人高等教育在籍生达到 2000 人左右；初步建立起比较科学合理的学科、专业体系，本科专业达到 30 个左右，力争建成 3~4 个省级重点学科，基本形成工学、理学、文学、管理学和教育学等多学科协调发展的格局;人才培养模式改进提升、机制健全完善,教学质量处于省内新建本科高校先进水平,本、专科毕业生年度就业率稳中有升;师资队伍的学历、职称、年龄结构逐步优化,硕士和博士学位的教师达到专任教师的 50％以上,中青年学科带头人和教学、科研骨干力量壮大;科技创新机制进一步建立健全,活力不断增强,科研成果数量和质量有较大幅度提升;树立较高的学术声望,为海西建设提供较有力的支持和服务,力争建设好 4～6 个科技创新与成果转化项目、1～2 个经济文化建设与创新项目;办学条件明显改善,校园环境绿化美化;创建全国文明单位成果得到巩固提高,丰富多彩、健康向上的校园文化进一步形成,师德师风建设成效显著;平安建设和校园治安综合治理扎实有效,各种矛盾、隐患及时排查化解,校园更加稳定和谐;确保顺利通过教育部本科教学工作水平评估,实现各项工作的整体推进。

报告提出推进又好又快发展的主要任务,包括以下 7 个方面的工作:(1)以提高质量为重点,全面推进本科教学工作。(2)以人才培养为根本,切实加强思想政治教育。(3)以学科建设为龙头,加快提升整体办学水平。(4)以科学研究为支撑,不断增强社会服务能力。(5)以队伍建设为关键,深入实施人才强校战略。(6)以深化改革为动力,有效激发事业发展活力。(7)以基本建设为保障,积极改善办学环境条件。

围绕全面加强党的建设,报告提出了 5 个方面的工作:(1)加强思想理论建设,深入学习实践科学发展观。(2)加强领导班子和干部队伍建设,提高办学治校能力。(3)加强基层党组织建设,增强凝聚力和战斗力。(4)加强党风廉政建设,继续推进反腐倡廉工作。(5)加强和谐校园建设,开创全面协调发展的新局面。

三明学院中长期发展规划纲要(2010—2020 年)

根据《福建省教育厅关于做好福建省普通本科高校中长期发展规划编制工作的通知》(闽教高〔2009〕113 号)要求,为认真贯彻落实《福建省贯彻落实〈国务院关于支持福建省加快建设海峡西岸经济区的若干意见〉的实施意见的通知》精神和《三明市贯彻落实国务院和省委省政府加快建设海峡西岸经济区决策部署的实施意见》精神,推动学校事业又好又快发展,学校于 2009 年 9 月启动中长期发展规划编制工作。

为加强对规划编制工作的领导,学校成立了由党委书记马国防、院长郑建岚为组长的三明学院中长期规划编制工作领导小组,拟定了《三明学院中长期发展规划编制工作方案》,提出了规划框架及责任分工。

规划编制体现了以下特点:

(1)规划的材料来自基层。先由部门负责,草拟子规划,再进行汇总。而部分子规划的起草则建立在系部调研的基础上,如学科专业规划经过了多次讨论。

(2)规划的修订广泛征求意见。进行充分讨论和多层面征求意见,使规划编制的过程成为统一思想、集思广益的过程。2009 年 12 月上旬,召开了由教授、博士、民主党派代表和中层干部参加的 3 场征求意见座谈会。12 月下旬,以部门、系为单位集中一段时间对规划进行讨论修改。其间,还提交校学术委员会进行审议。2010 年 1 月 30 日,经学校一届五次"双代会"审议通过。

(3)规划的编制体现党委的集体领导。规划的总体目标与第一次党代会提出的学校发展目标任务相一致。总体规划框架和文稿形成后,党委都召开会议进行了研究,规划内容贯彻了党委的意图。2009 年 12 月 7—13 日,校党委组织学习考察团,带着中长期发展规划编制等问题走访了省内 12 所本科高校,拓宽了办学思路,学到了先进经验,也为规划编制提供了借鉴。

(4)规划的实施得到了市委、市政府和省委教育工委、省教育厅的支持。2009 年 11 月 24日,市政府刘道崎市长、市委常委、宣传部徐铮部长,市政府陈凤珠副市长等领导专程到三明学院视察时,我校就规划的规模问题进行了汇报。12 月 4 日,市委常委、宣传部徐铮部长,市政府陈凤珠副市长又召集市直相关部门负责人会议,对三明学院发展规划以及提请解决的问题进行了审议。2010 年 1 月 13 日,省委常委、副省长、教育工委书记陈桦来我校视察时表示支持三明学院扩大招生规模。2 月 26 日,市政府常务会议审议通过《三明学院中长期发展规划纲要(2010—2020 年)》。

《三明学院中长期发展规划纲要(2010—2020 年)》(以下简称《规划》)包含一个总体规划和四个子规划,即《三明学院中长期发展规划纲要》和《三明学院中长期学科专业建设规划》《三明学院中长期科研工作规划》《三明学院中长期师资队伍建设规划》《三明学院中长期校园建设规划》。

《规划》在客观分析了学校办学现状和面临的形势的基础上,提出了指导思想、办学定位和发展目标。总体发展目标延续“十一五”规划“把三明学院建设成为特色鲜明、居省内先进水平的教学型地方性本科高校”的提法,同时提出了“十二五”“十三五”分阶段发展的目标:

2010—2015 年,夯实基础、加快发展阶段:办学规模适度扩大,全日制在校生达到 13000人左右,成人高等教育在籍生达到 2500 人以上;完成由专科向本科的全面转型,顺利通过教育部本科教学工作合格评估;应用型人才培养水平不断提高,重点学科建设取得较大进展,实现研究生教育的突破;教学改革不断推进,“质量工程”建设成效显著,专业建设与人才培养模式形成特色;科研水平加快提升,服务海西重点项目建设成果丰硕,产学研结合不断深化拓展;师资队伍结构进一步改善,教学科研团队建设、学科专业带头人培养取得明显成效;对外合作交流大力推进,合作办学形成一定规模;校园建设满足规模发展需要,校园公共服务体系不断完善,校园文化建设持续推进。

2016—2020 年,调整提高、稳步发展阶段:全日制在校生达到并稳定在 15000 人左右,成人高等教育在籍生达到 3000 人以上;建成特色突出、优势明显的应用型人才培养体系,教育教学质量、办学声誉明显提升;学科专业建设长足进步,部分重点学科达到省内同类高校领先水平,研究生教育稳步发展;科研与科技创新能力明显增强,取得一批较高层次、对区域经济社会发展影响较大的成果;师资队伍结构进一步优化,中青年学科带头人力量壮大,形成一批高素质、高水平的教学科研团队;对外合作交流向高水平、深层次发展;办学条件全面改善,校园文化内涵丰富、特色明显,办学实力整体跃升。基本建成特色鲜明、居省内先进水平的教学型地方性本科高校。

《规划》还提出了各项事业发展的目标和措施。包括学科专业建设及人才培养、科学研究与社会服务、师资队伍建设、校园基本建设、公共服务体系建设、校园文化建设、对外合作与交流等。同时,《规划》还对事业发展提出了 3 条保障措施。

《三明学院中长期发展规划纲要(2010—2020 年)》于 2010 年 12 月 2 日印发实施(明院委〔2010〕61 号),是继《三明学院"十一五"发展规划纲要(2006—2010 年)》后又一个引导学校建设与发展的纲领性文件。

第二节　树立本科办学理念

学习教育活动树牢本科办学理念

2008 年 3 月 22 日,《中国教育报》第 1 版刊登了"关注新建本科院校发展"系列报道之四——《找准定位是升本院校生存之本》的文章。文中关注三明学院教育理念更新工作:"福建三明学院在 2004 年升本之初,便有组织地深入开展了'办学定位与办学特色''应用型本科人才的培养模式'等问题的大讨论。学院邀请一批知名专家来校做关于本科教育理念的专题报告;以提高教师教学水平为主要目的,与福州大学等高校建立了对口支援协作关系,福建师范大学、厦门大学等高校的 20 余位教学名师受邀到学院上示范观摩课。三明学院院长郑建岚说,这些措施起到了很好的效果,理念的更新是学校从专到本实现实质性转变的首要任务,它会一直伴随学校教育教学改革的深入。"

从专科到本科的转变,首先是教育理念的转变,是新建本科院校的紧迫任务。这则报道真实反映了三明学院对树立本科教育理念的重视。

早在申办本科期间,学校就十分重视教育思想理念先行。换言之,本科理念教育是伴随着三明学院的申办筹建开始,伴随着本科办学的实践活动而深入开展的。

开展大学习大讨论。2003 年 2 月,教育部发展规划司下发了《关于同意筹建三明学院、厦门理工学院、龙岩学院的通知》,学校即于当年 2 月 18 日至 4 月 18 日,开展"建设一个什么样的学校,怎样建设这样的学校"两个问题思考大讨论。要求立足于观念转变,用新的观念、新的思维来谋划发展、规划未来。组织学习教育部张保庆副部长在我校视察时的重要讲话和叶继革市长陪同视察时的重要讲话精神、全省高校领导教育局局长会议精神、市政府第一次全体成员会议精神等文件,围绕"两个问题"思考,联系实际,展开讨论,每位教职工要围绕培养新型人才谈思路、谈打算,务求在思想观念创新和教育工作创新上取得实际效果。通过学习讨论,把全体师生的思想高度统一到认真贯彻十六大精神的实际中,统一到升本建院这一关系到三明高教改革和学校发展的大业中。

三明学院成立后,为了在全校树立起本科办学理念,学校决定于 2004 年 11 月 1 日至 12 月 15 日集中一段时间,在全校范围内深入开展办学理念大讨论。这次讨论是 2003 年开展"两个问题"大讨论的继续深化。要求在"两个问题"大讨论的基础上,紧紧围绕办学宗旨、培养目标、教学特色、育人途径、学术研究、学风建设、管理服务等方面的内容,展开大讨论。通过大讨论,从思想上实现由专科向本科转变,按本科办学要求,搞好教学、科研和管理,为把三明学院办成为一所合格的本科院校夯实基础。

邀请专家讲学。2002 年 6 月 13 日,厦门大学邬大光教授应邀到三明高等专科学校开办有关本科院校发展理念的专题讲座。2003 年 5 月 29 日,原福建省教委主任郭荣辉为三明高等专科学校师生做了一场题为"21 世纪中国高等教育的历史使命与改革"的专题报告。三明学院成立后,更是有意识地邀请省内外高等教育领域知名专家学者来校讲学,先后邀请周远清、潘懋元、黄达人、刘凤泰、李志宏、吴敏生、吴仁华、黄红武、陈小虎、陈文哲、别敦荣等来校做报告。这些教育专家学者和大学书记校长的先进办学理念,对三明学院的本科建设起到了积极的指导作用。

值得一提的是,2007—2008 年,厦门大学、福建师范大学等高校的 20 余位教学名师先后受邀到我校多个系上示范观摩课,进行学术交流。这些课堂教学录像后又被上传至校园网,供全校师生点播。

赴兄弟院校学习取经。学校先后组织中层干部、学科专业带头人到省内外 30 余所高校调研,学习先进办学经验。2007 年 12 月 12—18 日,三明市政府陈凤珠副市长、三明学院郑建岚院长带领部分院领导、部门负责人一行 10 人赴湖南科技学院、湖南工程学院、怀化学院考察调研。2009 年 12 月 7—13 日,我校党政主要领导带领由 13 个职能部门和 3 个系负责人组成的学习考察团,马不停蹄地走访了省内 12 所本科高校,既是沟通交流,也是学校为职能部门和相关系部负责同志举办的一次流动的学习研讨班。2012 年 7 月中旬,由校领导带队,分四路赴国内新建本科高校学习考察办学情况,包括学校办学定位与特色、学科专业建设、人才培养模式构建、师资队伍建设、院系设置及内部管理体制改革等情况。在考察中,寻找差距、提高认识,进一步推进学校本科教学工作的整改工作。

学术交流探讨本科办学之道

从 2005 年起,学校开始派代表参加全国新建综合性本科院校工作研讨会,与全国同类院校同行专家一起探讨新建本科院校的办学之道。"质量、水平、特色"是这一时期学术交流研讨活动的主题。2005 年、2006 年郑建岚院长带队参加第五次、第六次大会,并作大会发言。在2006 年大会结束前的总结会上,大会明确了由三明学院主办第七次大会。

2007 年 11 月 12—15 日,全国新建综合性本科院校第七次工作研讨会在三明学院召开。这是继渝西学院、宜春学院、哈尔滨学院、孝感学院、德州学院、大理学院前六次会议之后全国新建本科院校的又一次盛会。来自全国 78 所新建本科院校的党委书记、校长等共 185 位代表参加了会议。

本次会议的主题是"新建本科院校的教育质量、特色与创新"。会议的目的,是通过研讨交流,进一步贯彻落实党和政府把高等教育的重点放在提高办学质量上的重要决策,推进教育部"高等教育教学质量与教学改革工程"的实施,研究探讨新建本科院校办学中迫切需要解决的理论与实践问题,交流借鉴各院校改革发展的新思路、新举措,促进新建本科院校创新人才培养模式,办出质量、办出特色,为地方经济建设和社会事业发展作出更大的贡献。

三明市委书记叶继革等市领导到会祝贺大会召开。

教育部原副部长、中国高等教育学会周远清会长为大会作了题为"当前高等教育的形势"的报告;教育部高等教育教学评估中心李志宏副主任做了"新建本科院校的发展与教学评估"的报告;中国高等教育学会副会长、厦门大学高教研究所名誉所长潘懋元教授做了"新建本科院校的定位与发展理念"的报告;福州大学吴敏生校长做了"以人才为根本,全面提高本科教育质量"的报告;高等教育出版社苏雨恒做了"'质量工程'背景下的教学资源建设"的报告。

12 所院校的书记、院长在论坛上做了专题发言。我校郑建岚院长在大会做了题为"推进新建本科院校又好又快发展的思考与实践"大会发言。

提交会议交流的论文达 80 余篇,其中我校入选 11 篇,内容涵盖新建本科院校的办学理念、发展战略与特色凝练,学科专业建设与人才培养,教学质量工程建设,党建、思政与和谐校园建设等方面。我校组编的研讨会文集《新建本科院校发展理念与特色》由教育部原副部长、中国高等教育学会周远清会长作序并题写书名,于 2008 年 6 月由高等教育出版社出版。

文集收入特邀专家报告和与会代表提交的论文。特邀专家的报告,分析了当前中国高等教育的形势,提出了遵循质量、规模、结构、效益协调发展的方针和策略,指出了深化高等教育改革的重点和难点,对于新建本科院校进一步准确定位,把握方向,推进改革创新,实现又好又快发展具有重要的指导意义。会议交流的论文,不少是联系高校工作实际的,比较集中反映了新建本科院校近年来理论研究与办学实践取得的成果,对新建本科院校如何提高质量,办出水平,办出特色很有借鉴价值。论文集的出版表明,新建本科院校作为高等教育发展与改革的一支生力军,正在茁壮成长,不仅谱写着自己的发展历史,也将为中国高等教育的发展增光添彩。

2008 年 1 月,三明学院在全省教育工作会议上作为全省新建本科院校的代表,做题为"坚持为地方经济建设服务,以质量与特色求发展"的经验交流。

2008 年 10 月 29 日,全国新建本科院校联席会议暨第八次工作研讨会选举包括三明学院在内的 18 所院校为主席团成员单位。

此后,全国新建本科院校联席会议暨工作研讨会现场随承办院校在全国各地轮换,校领导率党政办、评建办、教务处、科研处、招生与就业处等部门负责人参加了会议。

暑期研讨厘清本科教育思路

学校以教育观念的转变为先导,每年暑期举办中层以上领导干部研讨班,从干部队伍的思想观念转变入手,进行教育思想的学习和讨论,谋划新学年工作,在学校发展进程中起到重要作用。参加人员通常包括学校党政领导、副处级以上干部、教授、博士和民主党派、无党派负责人等。

2004 年 8 月 20—21 日,本科成立后的首次暑期领导干部研讨班围绕"如何转变办学理念,适应市场经济对人才培养的需求""如何正确处理办学规模与办学质量的关系""如何用科学发展观处理好教学与科研的关系"等问题展开研讨,进一步厘清了本科教育中亟待解决的关键问题。

2005 年 8 月 18—20 日,暑期领导干部研讨班围绕"学校建设发展思路"进行研讨,明确了2005 年工作思路:着力抓好、扎实开展好保持共产党员先进性教育活动,更新观念,坚持用科学发展观制定"十一五"规划,全面推进本科教学水平评估迎评工作,尽快把中层领导干部队伍建设好,进一步落实新的岗位聘任制,进一步加强科研与产业工作,坚持"育人为本"开展大学生工作,加大资金筹措、基础设施建设和后勤管理的力度,抓紧搞好建章立制等各项工作,努力提高办学质量和水平,为实现学校的跨越式发展打好根基。

2006 年 8 月 24—26 日,暑期领导干部研讨班围绕办学理念、评建工作、管理体制等问题进行研讨,进一步明晰了办学模式和人才培养、教学改革、科研工作、师资队伍建设、学生管理、开放办学、管理制度创新、本科教学评估等方面的工作思路。

2007 年 8 月 25—28 日,暑期领导干部研讨班主题是:学习胡锦涛同志"6•25"重要讲话精神,努力提高办学水平,把三明学院建成三明的城市名片和优秀品牌。围绕"如何确立三明学院的办学精神形成办学特色及师德建设、和谐校园建设""如何实施教学质量与教改工程""如何做好 2008 年本科教学水平评估工作"展开研讨,明确了以科学发展观为指导,以确保通过 2008 年教育部本科教学工作水平评估为目标,软硬件并举,一手抓教学"质量工程"的实施,深化改革,推进教育教学质量创优,一手抓五个重点工程建设,进一步改善办学条件和校园环境。同时,进一步加强管理和校园文化建设,加强队伍建设,努力构建和谐校园,在软硬件方面真正把三明学院打造成三明的城市名片的新学年工作思路。

2008 年 8 月 26—27 日,暑期领导干部研讨班围绕"如何破解难题,在科学发展观的指导下实现学校又好又快发展? 如何准确定位,增强高校为'海西'建设服务的能力? 如何进一步调动师生员工的积极性和创造性,使三明学院各项工作走在全省新建本科院校的前列?"对这几个受关注的问题,展开了热烈讨论,达成了共识。

2009 年 8 月 27 日,暑期领导干部研讨班围绕学习实践科学发展观,贯彻落实省市委全会和省委教育工委座谈会精神,围绕服务海西求作为、科学发展上水平展开研讨,对抢抓闽台教育合作、申报专业学位(工程)硕士建设点的先机形成共识。大家表示,要在海西两个先行区建设大局中找准位置、先行先试,主动融入、主动作为,按照"提升思路求作为、精心谋划求作为、突破重点求作为、艰苦奋斗求作为"的要求,实现学校事业又好又快发展。

2010 年 8 月 27 日,领导干部暑期研讨班主要围绕"认真学习贯彻全国教育工作会议和省委八届九次全会、市委七届八次全会及 2010 年省高校领导干部办学治校能力专题研讨班精神,在推动福建跨越发展中,先行先试、抢抓机遇,主动作为、服务海西,推进学校跨越发展"这一主题进行深入探讨,集思广益,共同谋划学校发展思路,推进学校跨越发展。

2011 年 8 月 23—24 日,领导干部暑期研讨班在地处海西"桥头堡"的平潭综合实验区举办。研讨班认真学习、深刻领会胡锦涛同志"七一"讲话和庆祝清华大学百年校庆讲话精神,邀请省教育厅吴仁华副厅长做了题为"努力把三明学院办成有特色高水平的应用型大学"的专题报告。通过研讨,切实增强提高质量、提升内涵、建设有特色高水平应用型大学的紧迫感和责任感,为迎接教育部教学工作合格评估和学校转型发展打下了思想基础。

2012 年 8 月 29—30 日,领导干部暑期研讨班围绕"加强内涵建设、提高教学质量"这一主题,认真学习贯彻教育部《关于全面提高高等教育质量的若干意见》、省委九届五次全会和 2012 年度高校领导干部办学治校能力专题研讨班精神,学习教育部评估中心专家组在本科教学工作合格评估反馈会上的讲话精神和暑期学校领导干部外出考察调研报告,认真研究整改措施,统一思想,明确目标,理清工作思路。

2013 年后,举办暑期研讨班的惯例得以延续,对推动学校转型发展、高质量发展产生了积极推动作用。

第三节 管理体制与工作机制

党政管理体制和决策机制

《三明学院章程》是根据《中华人民共和国教育法》和《中华人民共和国高等教育法》等法律法规要求制定的,从教育部 2004 年 5 月 18 日批准设立三明学院之日起生效。2007 年 1 月第一次修订;2010 年 9 月第二次修订。之后,经过了省教育厅两次正式核准施行。

章程规定了学校管理体制①:

学校实行校党委领导下的校长负责制。校党委按照《中国共产党章程》和《中国共产党普通高等学校基层组织工作条例》等有关规定,统一领导学校工作,支持校长按照《中华人民共和国高等教育法》积极主动、独立负责地开展工作。

学校自批准设立之日起取得法人资格。校长为学校法定代表人,全面负责学校的教学、科研和其他行政管理工作。

学校校级领导干部的任免、调动,依据干部管理权限由上级主管部门决定;中层干部的任免、调动由校党委决定。

工会、共青团、学生会在校党委领导下积极开展工作。

经费来源以政府拨款、学生缴费为主,采取政府拨款、社会投资捐赠、学校自筹等多渠道筹资体制。

学校按照章程规定贯彻落实和建立健全管理体制、完善运行机制,保证了学校办学的正确方向和各项事业的顺利发展。

中共三明学院委员会会议(简称党委会会议),是校党委对学校重大方针、政策等党政重大问题进行集体研究和决策的会议。党委会会议由校党委书记或党委书记委托的副书记召集并主持,组成人员为校党委委员。校党委于 2005 年 3 月 25 日发布《中共三明学院委员会工作规则(试行)》,规定了党委会议的议事内容、议事程序、会议制度,以及党内生活制度等。2007 年 1 月 16 日,校党委发布修订后的《中共三明学院委员会工作规则(试行)》,增加了"书记办公会""重大问题决策""监督和制约"等专节内容。

书记办公会是党委研究和处理党务日常工作或在党委会议召开前就一些重大问题进行协调沟通的会议。书记办公会的出席人员为党委书记、党员院长、副书记。书记办公会议于 2020 年修订《中共三明学院委员会工作规则》时取消。

---

① 三明学院党政办关于印发《三明学院章程》的通知(明院办政〔2010〕29 号)[Z].2010-09-28.

重大问题决策一般应经过下列程序:在调查研究的基础上提出方案,有的问题应提出两个以上可供比较的方案;方案提出后,一般应征求下级党组织和有关单位的意见,有的应广泛听取师生员工的意见或经教代会审议,有的应组织专家、学者进行分析论证,作出评估;召开党委会议充分讨论,作出决定。党委集体讨论作出的决策,由党委委员分工负责组织实施。决策实施中,应加强督促检查和信息反馈。对决策进行重大调整或变更,应由党委会议讨论决定。

监督和制约是校党委实行集体领导和个人分工负责相结合的制度。凡属党委职责范围内决定的问题,必须由集体讨论决定。委员在集体讨论决定问题时,应畅所欲言,充分发表个人的意见。委员个人对集体作出的决定如有不同意见,可以保留,但必须坚决执行,在言论和行动上维护党委的集体领导。党委委员对分管的工作要敢于负责,切实履行职责;对不属于自己分管的工作也要关心,主动提出意见和建议。

校长办公会是学校行政领导集体研究和决策其职权范围内的重要行政事项的会议,由校长或校长委托的副校长召集并主持。2005 年 3 月 25 日,学校发布《三明学院行政工作规则(试行)》,规定了院长办公会的议事内容、议事程序、会议制度,以及民主监督制度、院内外活动制度等。

学术管理体制和民主管理

为了加强学术管理,推进民主管理,学校设立学术委员会、学位评定委员会、专业技术职务聘任委员会、教学工作指导委员会,建立教职工代表大会制度,实行党务、校务公开。

学术委员会是学校的最高学术机构,负责审议学科专业设置、教学和科研计划方案,评定教学、科研成果等发展学术的有关事项。三明学院第一届学术委员会于 2005 年 4 月成立,按《三明学院学术委员会章程》开展工作,在学术审议、评议和学风维护等方面发挥了重要作用。

学位评定委员会是学校学位评定的权力机构,主要负责审议学校学士学位授予工作计划;审议学校学士学位授予学科的设立和撤销的申报书,作出初审决定;对学校学位工作的改革和发展提出咨询意见;审议、讨论并建议通过学校与学士学位工作有关的规章制度;审定学士学位获得者名单,作出撤销因违反规定授予的学位的决定。2006 年 11 月,学校制定《三明学院学位评定委员会章程》,并于 2007 年成立三明学院学士学位评定委员会。

教学工作指导委员会是对学校教学、教学管理和人才培养工作等重大事项进行调研、咨询、指导、监督、审议和评估的专门机构。教学工作指导委员会主要负责审议学校的教学工作计划、发展规划、重大教改措施以及教研教改、教学基本建设项目的立项、结项等,对学校人才培养方案、目标、模式、教学运行和管理等重大问题提出建议,审查涉及全局性的教学及管理规章制度的制定,评审校级教学成果奖等奖项及向省、国家推荐参评项目和成果,实施专业教学质量评估,完成学校委托的其他工作。2005 年 12 月,教务处发布《三明学院教学工作指导委员会章程》,后经2009 年、2018 年 2 次修订,并以学校名义发文。2006 年 3 月,第一届教学工作指导委员会成立。

专业技术职务聘任委员会是学校负责教师和各类专业技术人员的职务评审和聘任工作的专门机构。2013 年 12 月,三明学院第一届专业技术职务聘任委员会成立,依据学校专业技术职务聘任制有关办法开展工作。

学校建立在党委领导下的以教师为主体的教职工代表大会,依法保障教职员工参与民主管理和监督,维护教职员工合法权益。首届教职工暨工会会员代表大会于2005年1月召开。坚持每5年换届,每年年初召开大会,听取并审议校长工作报告、工会工作报告和学校财务收支情况报告,畅通校务公开主渠道,对学校改革发展的重大问题建言献策,对学校发展规划、重大基础设施建设方案、绩效工资、限价商品房配售方案以及事关教职工切身利益的重大改革事项进行审议和表决。建立健全工会工作规则,建立健全教代会制度,切实突出广大教职工在学校工作中的主体地位,发挥广大教职工、工会会员在民主决策、民主监督中的主人翁作用,进行二级工会、教代会的试点建设。

党务、校务公开。学校改革与发展的重大决策、学校财务收支情况、福利待遇以及涉及教职工权益的其他事项,都面向教职工公开。学校定期召开不同层面的情况通报会,向师生员工、人大代表、政协委员、民主党派负责人、人民团体负责人和无党派代表人士、离退休老同志通报学校"三重一大"决策情况和学校各项重点工作进展情况,传达有关文件和会议精神,广泛听取意见和建议,召开党外代表人士座谈会、离退休老同志座谈会,设立校领导接待日、"我与书记话心语"(时间)、"书记下午茶"、"校长面对面"等公开渠道,开通"校务公开""信息公开""校园连心桥"等网络栏目。实行干部选任三公开(即干部选任政策公开、选任过程公开和干部工作动态情况公开)等形式,畅通学校党务、校务信息沟通渠道,切实推进党委、行政决策的科学化和民主化,提高管理水平和服务质量。

机构设置与两级管理的初步实施

三明学院成立初期,基本延续三明高等专科学校的机构设置。为保证学校教学和管理工作需要,2006年2月20日,中共三明市委机构编制委员会下发《三明学院内部机构和领导职数的批复》(明委编〔2006〕1号),对三明学院内部机构和处级领导职数实行预批,待省委编委正式审批后,按其审批规定执行。2月23日上午,召开全校教职工大会,宣布了内设机构名单和首批中层处级干部的任命决定。

内设党政、教学、教辅管理机构暂按以下设置:

一、党政管理机构

党委办公室、组织部(统战部与其合署)、宣传部、院长办公室、人事处、教务处、科研处、后勤管理处、学生工作部(处)、计划财务处、监察审计室、武装保卫部(处)。

二、按有关章程设置机构

纪委、机关党总支、工会、团委。

三、教学、教辅机构

(1)教学机构:中文系、政治法律系、外语系、经济管理系、艺术系、数学与计算机科学系、物理与机电工程系、化学与生物工程系、土木建筑工程系、体育系、教师教育系。

(2)教辅机构:继续教育学院、图书馆。

从2004年到2012年,三明学院教学单位完成了从系到学院的改建。

初期设13个系(部),即中文系、政治法律系、英语系、经济管理系、艺术系、数学系、应用物理系、化生工程系、计算机科学系、土建系、体育系、初等教育系、公共基础部。教辅机构设置图书馆、继续教育(成人教育)学院、现代教育技术中心、学报编辑部、高教研究所等5个处级机构。

2005年9月,学校对部分系进行调整和更名,数学系与计算机科学系合并后更名为数学与计算机科学系,应用物理系更名为物理与机电工程系,英语系更名为外语系,初等教育系更名为教师教育系,化生工程系更名为全称化学与生物工程系,土建系更名为全称土木建筑工程系。

2006年8月31日,中共三明学院委员会三明学院《关于印发处、科级机构设置及科级职数配备方案的通知》,明确学院内部机构设置正处级机构29个,其中,党政管理机构12个,按党章和有关章程设立的纪检、机关党总支、工会、共青团等机构4个,教学单位机构11个,教辅单位机构2个。设置副处级机构3个,科级机构90个(含处级下设机构)。

机构设置及科级职数配备如下:

一、院部党政处、科级机构设置

(1)纪委、监察审计处(合署):下设办公室、监察科、审计科(3个科级职数)。

(2)党委办公室:下设秘书科、机要科(2个科级职数)

(3)组织部、统战部(合署):设干部科、组织科、统战科(3个科级职数)。

(4)宣传部:综合科、理论宣传科(2个科级职数)。

(5)学生工作部、学生处(合署):下设综合科、教育科、管理科(3个科级职数)。

(6)保卫处、武装部(合署):下设综合科、治安科(2个科级职数)。

(7)机关党总支:下设办公室(1个科级职数)

(8)工会:下设办公室(1个科级职数)。

(9)团委:下设组织部、宣传部(2个科级职数)。

(10)院长办公室:下设秘书科、综合科、发展规划科(3个科级职数)。

(11)人事处:下设人事科、工资科、师资科,离退休工作办公室(副处级、挂靠人事处管理)(4个科级职数)。

(12)教务处:下设教学教务科、教研与质量科、实践科(3个科级职数)。

(13)科研处:下设综合科、计划科、成果交流科(3个科级职数)。

(14)后勤管理处:下设产业科、综合管理科、国有资产管理科(3个科级职数)。

(15)基建办公室(副处级):下设规划建设科(1个科级职数)。

(16)计划财务处:下设综合科、会计核算科、资金结算科(3个科级职数)。

(17)招生与就业指导中心(副处级):下设招生科、就业指导科(2个科级职数)。

(18)评建工作办公室:下设评估与建设科、信息材料科(2个科级职数)。

二、教学单位(系)科级机构设置

各系下设办公室、分团委、实验室。承担全校性公共教学任务的系增设公共教学部(思想政治理论、英语、体育、教育心理学、计算机)。

三、教辅及其他单位处、科级机构设置

(1)图书馆:下设办公室、采编部、技术部、流通部(4个科级职数)。

(2)继续教育学院:下设继续教育科、学历教育科、培训中心(3个科级职数)。

(3)学报编辑部(正科级、挂靠科研处管理)(1 个科级职数)。

(4)现代教育技术中心(正科级、挂靠教务处管理)(2 个科级职数)。

(5)后勤服务中心(正科级)(3 个科级职数)。

二级学院的组建。为推进内部管理体制改革,适应建立现代大学制度和学科建设发展趋势,实现学校科学发展、跨越发展,逐步形成以学科专业建设为龙头,以学科专业群或相近学科为条件的教学、科研组织形式,完善校、院(系)二级管理模式,从 2011 年初起,学校开始酝酿完善学校两级管理体制,并于 5 月 23 日印发《中共三明学院委员会三明学院关于组建二级学院的实施意见》,明确管理机构配备院长 1 人、副院长 1～2 人,成立党总支,组建二级学术委员会、教代会,规定了二级管理组织基本架构,启动并在一周内完成二级学院组建工作。

2011 年 5 月 30 日,首批成立经济管理学院、艺术学院、物理与机电工程学院、数学与信息工程学院、建筑工程学院、化学与生物工程学院等 6 个二级学院。新组建学院下设:(1)行政管理机构:办公室、教务科研科、学生科(与团委合署);(2)教学管理机构下设:教研室(具体按学校有关规定设置)、实验室。

在接受教育部合格评估前,学校二级教学单位设 6 个学院以及中文系、政治法律系(思想政治理论课教研部)、外语系、体育系、教师教育系 5 个系,共 11 个院系。

合格评估以后,学校于 2012 年 11 月对部分学院进行更名,并将剩余的系改建成学院,全校共设置 14 个二级学院和 1 个教研部,名单如下:管理学院、艺术设计学院(鞋服学院)、信息工程学院、机电工程学院、资源与化工学院、建筑工程学院、海峡理工学院、海峡动漫学院、文化传播学院、外国语学院、体育学院、教育与音乐学院、旅游学院(经济学院)、国际学院和思想政治理论课教研部。12 月 11 日下午,以"强化内涵建设、提升办学质量"为落脚点的二级学院授牌仪式在行政楼 8 楼会议室隆重举行,校党委书记马国防、院长刘健为各新成立的学院和更名的学院授牌、授印。

在完善机构设置的同时,学校积极探索建立适应本科办学要求的校院(系、部)两级管理体制,扩大二级教学单位自主权,增强办学活力和自主发展能力。

2009 年 10 月,学校印发《三明学院校系两级管理经费分配暂行办法》,抓住经费分配这个关键推进两级管理改革,从 2009 年 9 月起试行(岗位津贴、缺编补贴部分从 9 月执行)。基本思路是,以分级管理为核心,推行管理重心下移,初步形成以资源为基础的初次分配、以绩效为导向的再分配、以学校宏观调控为补充的办学经费分配体系,进一步推动学校改革的深化,提高教育教学质量和办学效益。实施原则是,坚持"权责利结合、管理重心下移"的原则,坚持"业绩优先、兼顾公平"的原则,坚持"统一领导、分级管理"的原则。经费核拨办法是,对校内岗位津贴分配实行学校宏观管理、总额切块下拨、各系自主分配的上级分配体制;对缺编超编调节经费,由人事处、教务处根据各系人员编制数计算,将缺编补贴核定下拨给系后,由各系根据教师超课时或其他超工作量情况(包括外聘教师等费用)自主发放;对教学管理包干经费,一是按教学管理包干经费预算核定标准,原则上与各类学生人数挂钩,按学费收入比例划拨,二是规定教学管理包干经费的开支范围。要求各系严格经费管理,各系的财务收支严格实行"经费包干、超支不补、节余留用"的管理办法,加强内部民主理财和监督机制建设,制定相应的经费使用管理办法。

第二章 面向需求,抓牢本科教学质量

培养经济社会发展需要的高素质应用型人才,是学校在本科办学之初就明确的人才培养定位,为日后的人才培养工作提供了基本遵循。2009 年 1 月,学校第一次党代会报告提出"学校工作育人是根本、质量是生命,在推进学校发展过程中,必须把提高教学质量尤其是本科教学质量摆在更加突出的位置""积极探索宽口径、强能力、高素质的应用型人才培养新途径",为本科教学工作进一步指明了方向。在科学发展观的指导下,学校坚持以育人为本,全面贯彻党的教育方针,始终把培养人才作为办学的根本任务。坚持以就业为导向,着力创新人才培养模式,科学谋划各专业的发展,努力建设好具有明显特色和优势的专业,培养出符合社会和市场需要的人才,本科教学工作质量稳步提高。

第一节 学科专业建设

专业设置与结构调整

学校遵循高等教育发展规律,主动服务区域经济社会发展,制定学科专业建设规划,不断调整学科专业结构,基本实现了两个转变:从专科教育到本科教育的转变,从师范专业比重较大向以工为重、多学科协调发展的应用型本科教育的转变。

1.专科教育向本科教育的转变

2003 年三明学院(筹)招收首批本科专业学生 350 人,探索本科教育。首批设置汉语言文学、英语、数学与应用数学、物理学和化学等 5 个师范类专业,电子科学与技术、化学工程与工艺等 2 个非师范类专业。2004 年,学校升格为本科后,新增思想政治教育、市场营销、美术学、计算机科学与技术、电子信息工程、体育教育和教育学等 7 个专业,本科招生人数增至 500 人。截至 2005 年 12 月,设有 14 个本科专业和 39 个专科专业,涵盖工学、理学、文学、管理学、法学、教育学等 6 个一级学科门类,初步形成较合理的学科结构和比较明确的学科定位。通过系(部)调整和资源配置,初步形成了以文学、理学为基础,工学、管理学、法学、教育学协调发展的学科专业布局。

2006 年,围绕三明市"3+1"产业集群发展重点,紧跟社会发展趋势和科技发展动态,建设新兴学科和交叉学科,申报新增了生物技术、机械设计与制造及其自动化、土木工程、政治学与行政学、艺术设计、网络工程等 6 个本科专业,本科专业达 20 个。

2007 年 6 月,学校顺利通过省学士学位授权评审,首批本科专业获得学士学位授予权,第一届本科生顺利毕业。

2007—2010 年,学校分别新增财务管理、音乐学、环境工程、学前教育、旅游管理与服务教育、景观建筑设计、小学教育、动画 8 个专业,本科专业增加到 28 个。围绕福建省和三明市经济社会发展需要,进行了专业结构调整,加快发展应用性专业,提高了工科类专业的比例。

2010 年,政治学与行政学、艺术设计、网络工程、机械设计制造及其自动化、生物技术、土木工程、财务管理、音乐学等 8 个本科专业通过省学位委员会学士学位授权评审。

2011—2012 年,新增工业设计、资源环境科学、车辆工程等 3 个专业。教育部于 2012 年开展普通高等学校本科专业整理工作,根据《普通高等学校本科专业目录(2012 年)》《普通高等学校本科专业目录新旧专业对照表》《普通高等学校本科专业目录和专业介绍(2012 年)》对学校现有 31 个专业进行了整理:"旅游管理与服务教育"专业的学位授予门类由"教育学"调整为"管理学","生物技术"专业的学位授予门类由"理学"调整为"工学";"音乐学""美术学""体育教育"专业由"师范"调整为"两者皆可";"数学与应用数学""物理学""化学""汉语言文学""英语"专业由"非师范"调整为"两者皆可";"景观建筑设计"专业转为"风景园林"专业、修业年限由 5 年调整为 4 年,"艺术设计"专业拆分为"视觉传达设计""环境设计""服装与服饰设计";从"工业设计"专业拆分出"产品设计"专业。[①]

至此,学校共有本科专业 34 个,构建了以工为重,多学科协调发展;加强应用型专业建设,重点建设区域经济社会发展急需专业和新兴应用技术专业,巩固提高教师教育类专业,形成文理渗透、理工管结合、具有时代特征和区域优势的学科专业结构。

随着本科专业的增加,相应的专科专业招生数逐年减少,2015 年起学校不再招收专科专业学生,最后一届专科生于 2017 年毕业。

2.师范类教育为主向多类型人才培养的转变

本科办学之初,学校根据原有基础,以发展师范类专业为主,2003 年首批设置的 7 个本科专业师范类就占 5 个。至 2009 年,师范类专业发展至 12 个,当年共招收师范类学生 680 人。随着高等教育大众化的发展,师范院校传统单一的学科专业设置无法接纳骤增的生源大潮;同时,师范教育的开放化发展一定程度上挤压了师范院校的生存空间,走综合化发展道路成为师范院校发展的最佳路径,很多师范大学、师范学院、教育学院通过更名、合并或升格为综合性院校。由于师范类专业与地方经济发展的直接关联性不强、显示度不高,作为地方高校的三明学院难以通过发展师范类专业而获得相应的地方财政支持,一定程度影响其办师范类专业的积极性。2012 年师范类专业缩减至 9 个,招收师范生 485 人,与 2009 年相比,师范类专业招生比例缩减 28.68%,其中数学与应用数学、物理和化学专业分别从师范类专业转设为数学与应用数学(金融与统计方向)、物理学(光电子技术与应用方向)、化学(工业分析与质检方向)等非师范类专业。思想政治教育专业逐步停止招生,并于 2017 年撤销。

3.根据地方经济社会发展需求动态调整专业结构

坚持立足三明,服务海西,以社会需求为导向,调整学科专业布局,加大学科专业建设力

---

① 《教育部关于印发〈普通高等学校本科专业整理审核汇总表〉的通知》(教高〔2013〕3 号)[Z].2013-03-07.

度,努力形成与地方经济社会发展相适应的学科专业结构和应用型高级人才培养体系,在服务社会中增强办学实力,形成办学特色。制定了《学科专业建设规划》《专业设置与建设暂行办法》《专业建设质量标准》等文件。专业设置坚持"三符合",即符合高等教育规律、符合地方经济社会发展需要、符合学校办学定位及办学条件。专业设置的总体思路是:彰显特色,突出重点,培育专业群,兼顾长线专业与短线专业。同时,把对传统专业的改造作为学科专业调整的着力点。围绕三明市"十一五"期间重点发展的"3+1"产业,即冶金压延、机械及汽车零配件、化工建材及林产三大支柱产业和生物制药一个新兴产业,结合学校实际,重点发展机械类、化工类、电子信息类、土建类、工商管理类专业,扶持媒体创意、动画、鞋类设计与工艺等新专业(方向)的发展,巩固提高教师教育类和应用文科、交叉学科类专业,逐步形成了服务地方产业的专业群。初步建立专业动态调整机制,把招生、新生报到、学生就业等情况作为专业设置调整的重要依据。经过专业结构调整,到2012年,本科专业达34个,设置比例依次为工学37.1%、理学11.4%、教育学11.4%、艺术学14.3%、文学11.4%、管理学8.6%、法学5.71%,与地方经济社会发展的联系更加紧密。

学科专业建设与内涵提升

1.坚持立足地方,在服务海西(三明)中培育学科专业特色

牢固树立为地方经济社会服务的大局意识,顺应海西建设发展大势,组织实施《三明学院服务海西建设实现又好又快发展规划(2008—2012年)》,全面融入海西(三明)发展战略。

一是学科专业调整贴近产业发展需要。根据海西(三明)产业发展需要,千方百计加大投入,优先发展工科专业,工科专业由升本时的2个增加到10个,比例为33.3%;呼应三明市文化产业发展,联合动漫企业,组建海峡动漫学院,在省内同类院校中率先设置动画、工业设计、媒体创意等专业(方向)。初步形成服务海西(三明)先进制造业、现代服务业、电子信息业、文化创意产业、城市建设与环境产业和基础教育等建设发展的专业群。

二是以项目带动加快学科专业特色形成。2006年,学校确立5个校级重点学科与9个校级优势学科并予以重点扶持,特别是对植物学、生物化工、结构工程、计算机应用技术、汉语言文学等5个与其他学校重点学科相比具有差异性优势的重点学科,在完善管理、经费投入、队伍引进、实验室建设等方面,加大建设的力度。在此基础上,通过实施省高校服务海西8个重点项目和"质量工程"项目建设,优化资源配置,凝练学科专业,汇聚和壮大人才队伍,培育产生了生物化工、植物学、结构工程3个福建省新建本科高校重点学科。每个重点学科都有省级科技创新平台作为支撑,其中生物化工学科的"福建省固定床洁净煤气化工程技术研究中心"是省科技厅批准建立的三明市首家省级工程技术研究中心。植物学学科利用三明市丰富的天然药用植物资源,建成"福建省中药材草珊瑚规范化种植示范基地",所合作的三明市三元区被命名为"中国草珊瑚之乡"。学校7个学科门类中,有6个学科门类拥有省级以上特色专业建设点。人才培养水平和服务地方经济社会能力显著提升。

2012年5月,为贯彻实施《海峡西岸经济区发展规划》《福建省中长期教育改革和发展规

划纲要(2010—2020 年)》及《福建省教育厅、福建省财政厅关于进一步加强高等学校学科建设工作的若干意见》(闽教高〔2011〕120 号),进一步推动福建省不同类型高校建设一批代表办学水平的重点学科,分类推进高水平大学建设,省教育厅、省财政厅决定联合开展"福建省省级重点学科"建设工作。根据通知要求,我校积极开展项目的申报、评审工作,通过学校学术委员会审议遴选了生物学、化学工程与技术、机械工程 3 项参评并于 2012 年获批福建省省级重点学科建设项目。

2.注重培育特色专业

遴选 10 个本科专业作为特色专业建设点,优先发展,包括:三明老工业基地产业结构调整和技术改造所急需的化学、化学工程与工艺、机械设计制造及自动化等专业,与行业合作密切的艺术设计专业(鞋类设计与工艺方向),与山区资源优势相结合的生物技术专业,具有专业优势且山区基础教育、社会管理有需求的数学与应用数学、计算机科学与技术、汉语言文学、小学教育、政治学与行政学专业。从资金、人员、设备、场地、政策等方面对特色专业倾斜。在逐步做强特色专业的同时,积极培育社会需求大、有发展潜力的专业。以特色专业为引领、示范,对传统专业进行改造和方向拓展,以适应区域经济社会发展的需求。化学、汉语言文学、数学与应用数学、化学工程与工艺、艺术设计、小学教育、政治学与行政学等 7 个专业获批省级特色专业,其中艺术设计获批国家级特色专业。

第二节　人才培养模式改革

确立人才培养的中心地位

学校高度重视教学工作,落实人才培养的中心地位,把本科教学作为学校最基础、最根本的工作,领导精力、师资力量、资源配置、经费安排和工作评价着力体现以教学为中心。学校党委会、行政会定期研究教学工作,建立了校领导联系院(系)制度,校领导深入听课,巡察了解实习(实训)情况,掌握教学动态,研究解决教学工作问题。建立年度教学工作会议、教学工作指导委员会例会、月教学工作例会等制度,分析教学质量,部署教学工作,解决教学问题;还通过每两年一次的教学改革研讨会,年度招生与就业工作会议、科研工作会议、党建与思想政治教育工作会议,总结交流经验,部署落实教育教学各项工作。

定期举行的教学工作会议,由分管教学副院长召集,有重大议题时,院长参加并讲话。参加人员通常包含学校党政领导、副处级以上干部、教学工作指导委员会委员、系(教研室)主任、实验室主任、教学秘书(教务员)、专业带头人等。会议一般都突出了各个阶段工作主题,安排了阶段性工作部署、总结表彰等议题,着力解决人才培养和教育教学中的重点难点问题,对巩固本科教学基础地位,提高教学水平和人才培养质量,具有重要意义。

2006 年 12 月 8—9 日,学校召开 2006 年教学工作会议。以"进一步更新教育学观念,完善教学管理制度,提升教学水平,提高教育质量"为主题,动员全体教职员工统一思想,提高认识,认清形势,团结一致,埋头苦干,再接再厉,促进学校教学工作迈上新台阶,力争以良好的成绩顺利通过 2007 年学士学位评审和 2008 年本科教学工作水平评估。

2009 年 7 月 3 日下午,学校召开 2008—2009 学年教学工作总结暨表彰大会。会议表彰了 3 名校第 3 届"教学名师奖"获得者、8 项校第 2 届教学成果奖的获奖成果;分析了学校 2008—2009 学年教学管理工作及"质量工程"建设的成效、存在的问题和解决办法,并明确了下一学年教学工作的目标和任务。会议强调教学工作是学校的中心工作,要"两手抓,两手都要硬",即一手抓教学规范建设,牢固树立教学质量观;一手抓省级"质量工程"申报与建设,大力提升内涵和层次,争取下一学年省级"质量工程"申报有较大突破。此次会议对我校教学质量的提高和管理水平的提升起到很好的促进作用。

2010 年 6 月 29 日,教学工作会议以"注重内涵建设,狠抓质量工程"为主题,围绕培养高素质应用型人才的定位,强调教学工作应着重做好 5 个方面工作:一是深入教学改革,厘清应用型人才概念;二要调整优化专业结构,重在持续,重在特色;三要做好应用型人才培养的课程建设,处理好基础课程与专业课程关系,做好应用型本科教材的编写工作;四要强化学生实践能力培养,完善"7+1"人才培养模式的管理办法,加大实验室建设力度,加强校企合作;五要加强应用型人才师资队伍建设,坚持"内培外引",加大选送中青年教师到企业进修、锻炼的力度,加强对实验师的培养,选拔一批技能型的优秀毕业生留校。大会号召全校师生在学校党委、行政的领导下,与时俱进,扎实工作,把学校的教学工作推上一个新的台阶,努力实现学校建设特色鲜明的地方性本科高校的奋斗目标。

2011 年 9 月 14 日下午,学校召开"2010—2011 学年教学工作大会"。会议就今后的教学工作提出了 5 点要求:一要强化内涵建设,提高教学质量。必须加强学科专业建设,提高人才培养质量,发挥科研促进教学的作用,提升师资队伍水平。二要深化教学改革,加强教学管理,改进教风学风。必须深化人才培养模式,强化教学内容、方法,考核方式,完善教学质量监控体系,加强教风、学风建设。三要推进评建工作,力争顺利通过教育部合格评估。必须认真学习贯彻本科教学工作合格评估方案,搞好自评工作,高度重视数据信息和基础资料工作,加强迎评准备的组织领导和工作落实。四要加强对外交流与合作,拓展办学空间。进一步深化闽台合作,开展国际合作,推进校企合作。五要为教学工作提供有力保障。必须加强组织领导,促进管理制度创新,加大教学投入,改善办学条件,提高管理和服务水平。大会还表彰了省级与校级教学名师、校级优秀骨干教师、校级优秀教研室和先进教研室。

明晰人才培养模式改革思路

坚持全面育人。坚持用社会主义核心价值体系引领人才培养,积极探索有利于学生成长成才的思想政治教育新模式。培养方案体现了育人为本、德育为先、能力为重和全面发展的要求,人才培养规格明确、思路清晰。

突出实践育人。坚持以发展需要培养人才,以区域经济社会需求和就业为导向,突出应用型人才培养。人才培养方案体现能力为重的导向,强化实践教学环节,重视实践教学内容与方法的改革,初步构建了应用型人才培养的实践教学体系。制定《产学研合作教育管理办法》,密切校企联系,推进产学研合作教育的开展,着力探索、构建实践育人模式。

注重因材施教。坚持将因材施教作为教育教学改革的重要内容,关注学生不同特点和个性差异。其中,改革涉及面较大的一是大学英语、大学计算机分类分层次教学;二是实施主辅修、双学位教育,2011年首批77名学生分别修读英语、财务管理、土木工程、化学、化学工程与工艺、市场营销、会计等7个专业;三是建立大学生创新实验室,开展课外科技创新活动,2008—2011年共有522人次获得省级以上奖项。

确立应用型人才培养模式改革路径

应用型人才培养模式改革,是全面贯彻科学发展观,落实建设人力资源强国战略的重要举措;是经济社会发展,产业结构调整、优化和升级,新型工业化进程加快对高等教育人才培养工作提出的客观要求;是高等教育大众化发展阶段,加强高校内涵建设,推动高校办出特色,促进人才培养规格多样化的内在要求;是提升毕业生就业竞争力,满足学生与家长现实愿望的必然选择;对优化人才培养结构,满足社会经济文化发展需求,促进社会和谐有着现实必要性和紧迫性。

其一,积极开展以产学结合、校企合作为主要内容的人才培养模式改革。

校企联合培养人才,积极探索产学研合作教育。与泉州鞋服企业联合培养鞋类设计与工艺人才;与中国重汽集团福建海西汽车有限公司合作培养汽车工程技术应用人才;鼓励学生积极参与教师和企业合作的课题,开展与企业合作的"大学生创新性实验"项目研究;闽台合作项目联办专业6个,学生375人,已与6家台资企业建立了"校校企"合作办学关系,选派40名学生赴台学习交流,有20多位台湾教师来我校进行短期授课,组织学生到台湾企业、台资企业进行实习实训,合作培养人才。

校企共建教学实践基地,开展合作就业。学校逐步扩大产学研合作教育教学实践基地建设,已与福州华宏数码动画有限公司共建"海峡动漫(游)研发中心";与韩国安博士信息安全公司共建网络安全实验室;与福建三钢集团公司、福建福维化纤股份有限公司、福建华灿生物有限公司等建立了合作关系。与三明市三元区共建天然药物草珊瑚种质资源圃50亩、种植示范基地12700亩。与企业共建校外教学实践基地,基本满足专业教学实践需要。学校通过毕业生跟踪调查,定期走访企业和用人单位,了解企业单位对人才的需求,推介毕业生就业,逐步构建就业合作机制,开辟就业新途径。

校企合作培养"双师型"教师。合作企业为学校缺乏实践工作经历的青年教师提供顶岗实践机会,学校选派院(系)领导到企业挂职锻炼。学校从企业聘请技术人员、管理人员担任兼职教师从事毕业论文(设计)指导等实践教学工作,提高了应用型人才培养质量。

其二,促进科研与教学互动。学校重视科学研究,鼓励教师在科研中"接地气",注重研究地方经济社会发展问题,并将科研成果融入应用型人才培养的教学中,让科研成果进教材、进课堂,促进教学内容的更新;鼓励教师结合研究课题指导学生科研、社团活动和科技竞赛,吸收本科生参与课题研究并与毕业论文选题结合起来,提高应用型人才培养质量,2008—2011年,50%以上科研项目有学生参与。

其三,实行主辅修制。为了更好地适应市场经济和社会发展的需要,全面推进素质教育,充分发挥学校学科专业的整体优势,拓展多元化人才培养途径,增强广大毕业生的就业竞争力,三明学院推行主辅修制度。主辅修教育指本科学生在学有余力的情况下,以本专业为主修,跨一级或二级学科辅修另外一个本科专业,并取得规定的课程学分(35学分),经学校核准,颁发专业辅修证书。

其四,实行本科生导师制。为了提高本科教学质量,为社会和经济建设培养合格人才,2009年学校出台《三明学院本科生导师制暂行办法》,实施导师制教学管理,注重学生个性的多样性,培养学生能力,发展学生个性,提高学生素质。导师制是一种以学生为中心,教师为主导的教学管理机制,是我校实行学分制和选修课制等教学管理制度下的教学管理改革,是本科教育创新人才培养的重要环节。

其五,实行本科生创新教育学分制。为进一步推进素质教育和创新教育,培养学生的创新精神和创造、创业能力,促进学生全面进步与个性发展,鼓励优秀人才脱颖而出,学校于2006年出台《三明学院本科生创新教育学分制实施细则》,并于2010年再次修订。创新教育学分是指全日制本科生在校期间根据自己的特长和爱好从事超出培养方案要求的学习、科研和实践活动而取得具有一定创新意义的智力劳动成果或其他优秀成果,经评定获得的学分。创新教育学分由科研与实践成果、学习与竞赛成果和特长与技能证书等3大类和9个项目所构成。

第三节　教学建设与人才培养质量提升

"质量工程"建设

2007年1月,教育部、财政部出台《关于实施高等学校本科教学质量与教学改革工程的意见》(教高〔2007〕1号),择优重点建设特色专业点,继续推进国家精品课程、重点建设实验教学示范中心、实施大学生创新性实验计划、人才培养模式创新实验区、本科教学团队等质量工程项目建设。同年6月,福建省教育厅、福建省财政厅《关于实施福建省高等学校本科教学质量与教学改革工程的通知》提出,质量工程以提高高等学校本科教学质量为目标,根据"统一规划、分类指导、鼓励特色、重在改革"的原则,开展特色专业建设项目、精品课程建设项目、实践教学创新建设项目、人才培养改革创新试验区建设项目、教学名师奖励项目、教学团队建设项目、质量保障体系建设项目、高等学校支援协作项目等建设。

根据文件精神,学校部署开展相关项目申报工作,不断深化教学改革,致力于产学研合作的应用型人才培养的探索与实践,全面实施教育质量和教学改革工程。有机化学、无机化学及实验、文学概论、英语听力、毛泽东思想和中国特色社会主义理论体系概论、中国文化概论、数字电子技术基础、基础写作、中国近代史纲要、物理化学、化工制图、分析化学、数据通信与网络工程技术等13门课程获省级精品课程,"化学综合实验教学中心""计算机实验教学中心""物理实验教学中心"等3个实验教学中心入选省级教学实验示范中心,"地方性本科院校工科类人才培养模式创新试验区""地方性新建本科院校理学生物技术专业人才培养模式创新试验区""地方性新建本科院校马克思主义理论学科人才培养模式创新实验区""新建本科院校IT类应用型人才培养模式创新实验区""新建本科院校机械工程技术人才创新培养实验区""应用型市场营销专业人才培养模式创新试验区""文化创意管理人才培养模式创新实验区""新课程背景下的化学教师人才培养模式创新实验区"等8个人才培养模式创新实验区入选省级高校人才培养模式创新实验区,"资源环境信息管理教学团队"入选省级教学团队,"地方性本科院校工科类人才培养模式创新实验区子项目"入选教育部地方性本科院校工科类人才培养模式创新实验区子项目。

课程教学

学校围绕"培养理论基础扎实、实践能力较强、具有创新精神、适应区域经济社会发展需要的高素质应用型人才"的培养目标,初步构建了由通识课程、专业课程、实践课程三大课程模块加素质拓展学分构成的"3+1"应用型人才培养课程体系。

1.加强顶层设计

2005年制定《三明学院精品建设五年规划和补充办法》,2010年制定《课程建设及质量标准》,分级、分类进行课程建设,分类建设合格课程、重点课程、精品课程三类课程,分级建设校、省、国家精品课程。确定大学英语、高等数学、大学物理、计算机基础、思想政治理论系列课为重点建设课程。院(系)层面各本科专业首批建设8～10门重点课程(专业主干课程),全面建设合格课程。建设省级精品课程12门,校级精品课程44门,发挥了精品课程的带动示范作用,提高了课程整体水平。

2010年,学校制定《综合素质选修课建设与选课、开课管理办法》。确立综合素质选修课的建设原则为"打通专业、拓宽基础、提升人才培养质量",明确综合素质选修课在人才培养中知识层面、能力层面、修养层面的要求。对全校性综合素质选修课进行划分,分为人文社科类、自然科学与技术类、艺术类、综合类等四大类,鼓励教师开设增强学生人文底蕴、科学素养、艺术品位、实践能力、创新意识和反映学科发展动态的综合素质选修课。各专业积极落实办法精神,根据培养目标和专业不同特点开设专业选修课、通识任选课(综合素质选修课)。2010—2011学年全校共开设200门专业任选课和190门综合素质选修课,能够基本满足学生综合素质提升需求。

2009年,学校制定和实施《课程教学大纲管理实施办法》,要求课程教学大纲制定要符合培养计划整体优化要求,明确本课程在应用型人才培养中的地位及作用,力求在课程体系、内容更新与拓宽上有所突破,在课程的教学环节安排上有所创新,在课程教学中贯穿"基础知识、应用能力和技能、素质协调发展"的思想,突出培养学生的应用能力和创新精神。在《课程教学大纲管理实施办法》指导下,全校各课程教学大纲齐全,基本要素及格式规范,能够有效符合应用型人才培养目标,适应专业发展方向和经济社会发展需要,不断提高课程教学质量。

2.加强资源建设

2006 年制定《教材建设立项管理实施办法》《优秀教材评选奖励条例》,加强教材建设,鼓励教师编写适应本专业应用型人才培养需要的教材,共立项教材建设项目 24 项,主编出版《计算机导论》《有机化学实验与实训》《体育学》《Delphi 程序设计》《普通话教程》《美国英语听力活页教程》《大学生积极心理健康教育》《线性代数》《大学物理实验》《陶艺》《大学语文教程》《大学军事理论教程》《服装品质管理》《中国文化概论》等教材共 17 部。2011 年起,积极推进闽台合作编写应用型人才培养教材工作。制定并严格执行《教材选用与采供管理办法》等制度,规范教材选用,重点选用省部级以上规划教材、重点推荐教材、精品教材等高质量教材,定期开展教材选用评议活动,保证教材质量。这一时期,全校教材建设选用走上规范发展的道路。

伴随着信息化时代的到来,学校丰富多媒体、网络教学资源,完善网络和多媒体设备,大力推进全校教师教学手段改革。学校建成了以"网络课程平台"和"电子图书、电子期刊"为基础的网络教学科研资源群。精品课程及部分其他课程实现网上教学、教师答疑、教学资源共享。不定期组织开展提升教师利用多媒体教学技术和网络教学资源能力的培训,对多媒体课件的规范性、科学性、实用性提出具体要求,进行全校多媒体课件专项检查和优秀课件评比。

3.加强改革研究

2011 年,学校出台《关于推进教学改革创新工作的意见》,鼓励教师根据人才培养目标和课程特点进行教学方法改革,灵活运用启发式、案例式、讨论式、探究式等多种教学方法,激发学生自主学习的积极性,注重培养学生创新精神。通过教学改革课题研究,更新教学观念,改进教学方法,提高教学水平,截至 2012 年,立项教学改革项目 253 项,入选省级教改项目 16 项。通过名师示范、技能竞赛、教学研讨、教改研究,全面提升教师教学能力和水平,共有 4 人评为省级教学名师。通过精品课程建设项目、省级教学质量与教改工程项目,组建培育教学团队,入选省级教学团队 1 个,建成校级教学团队 11 个。

2011 年,根据《本科课程考试改革试点工作的通知》精神,确定 14 门课程开展考核方式改革试点,要求教师根据课程特点和教学实际,采用闭卷、开卷、网考、论文、作品设计、口试、辩论、调研报告、上机、技能操作等多种考核方式,改进考核内容,加强能力考核,客观全面评价学生学业,学生学期总评成绩结合平时、期中、期末成绩综合评定。推进教考分离,2010—2012年以来已建设 2920 多份(套)试题(卷)库并投入使用。

实践教学

坚持"学生中心"理念,以学生的就业需要为目标,以学生的能力拓展、知识结构为中心开展实践教学,构建了由课程实验、集中实践(实习实训、毕业论文设计)、素质拓展与创新训练相结合的"三位一体"实践教学体系。

1.加强实验室建设,保证实验开出率

按照培养方案制定、修订实验教学大纲并按计划开出实验项目,至 2012 年,各相关专业的实验开出率均达到95％以上。增加综合性、设计性实验,扩大实验室开放。2010—2011学年全校开设的有综合性设计性实验的课程数占实验课程总数的比例达69.3％。运用实验室开放管理软件,加大开放力度,基本满足了学生自主学习和创新活动的需求。2010—2011学年,全校12个实验教学中心(室)都设有开放实验室,参加开放性实验的学生达11867人次。实验室对参加“挑战杯”、全国大学生数学建模竞赛等国家级、省级学科专业竞赛及其他科技创新活动的学生全面开放。完善实验指导教师队伍结构,实验教学效果良好。2012年,已建立了一支理论与实验结合、专兼职结合、结构较为合理的实验教学指导队伍,拥有实验指导教师48人,其中副高以上13人,占26.09％;具有硕士及以上学位的14人,占27.08％;55岁以下的47人,占96％。实验指导效果良好,2010—2011学年学生对实验(实践)教学满意度的问卷调查中,满意度高达98％。

2.加强实践条件建设,有效开展实习实训

积极推进实习模式的改革,改革认识实习和生产实习的单一模式,建立面向市场、面向社会,有各专业特色的实习模式。理工类专业构建认识实习、生产实习与仿真实习“三结合”的实习模式,经管和文法类专业采取校外(公司、机关、事务所)实践(实习)和校内模拟仿真实习相结合的实习模式。师范类学生把组织课堂教学、班主任工作、课外活动、毕业实习等教学实践活动贯穿于4年的教育教学。到2012年,校内外实习场所基本稳定,能满足教学基本要求。建有本科实验室(中心)12个,面积42836平方米,其中省级实验教学示范中心3个,省级重点实验室1个;建立校内教学实践基地11个,面积达13579平方米,每次可以接纳学生数1598人;与校外对口单位或企事业共建教学实践基地110个,每次可以接纳集中实习学生数3000多人,基本满足教学实践需要。2009年起,为强化实习实训,学校设立实习专项经费,实行“7＋1”教学计划,专业培养方案中的校内教学环节,包括毕业论文(设计)均应在前7个学期完成,第8学期安排学生集中外出实践,以及开展各类职业技能鉴定、研究生考试等工作。各专业制定了实践教学大纲,指导书、任务书规范完备,管理和指导到位,实习实训效果良好。2009年制定和实施《毕业实习工作管理办法》,各实习环节有计划、检查和总结,管理严格。学生实习效果良好,深受实习单位欢迎,一些实习单位给予实习学生较高的月生活补贴并预约招聘。

3.改革毕业论文(设计),鼓励选题结合生产和社会实际

制定和严格实施毕业论文(设计)实施办法、质量标准、撰写规范要求等。选题注重科学性、新颖性和综合性,结合本专业培养目标,与社会、生产、工程等实际相结合。学校制定基本质量标准,各专业制定符合本专业特点的质量标准。2009届至2011届全校毕业论文(设计)在实验、实习、工程实践和社会调查中完成的比例分别为51.5％、70％、65.3％。教师指导规范,论文(设计)质量合格。要求指导教师具有中级职称或硕士以上学位,每位教师指导人数不超过8人。实行对毕业论文(设计)指导工作的全程质量监控,组织选题、中期、后期检查,组织评选校级优秀毕业论文(设计)和优秀指导教师,编印《优秀毕业论文(设计)汇编》。培养良好的学术道德,使用中国知网等对毕业论文开展反抄袭检测。鼓励发表毕业论文并给予奖励。

4.扎实开展课外实践活动,培养学生创新创业能力

课外实践活动包括科研活动、设计创新、科技竞赛、学术论文、校园文化、体育竞赛、艺术培训、社会实践等多方面内容。从学生兴趣、社会对人才需求及学生终身需要等方面入手,以实

施大学生素质拓展计划为主体,开展丰富有效的课外实践活动,积极探索课外实践活动新内容、新形式、新途径、新方法,形成激励学生课外主动探究、主动创新的评价体系,建立创新学分,构建一个多样性的、以育人为本的、注重个性发展和创新能力的课外实践教学模式,为学生提供多渠道、多途径的课外实践机会,把课外实践能力培养与课内基础技能、专业技能训练与职业技能鉴定有机结合起来,大力推广毕业生"双证制"(即学历证书和职业技能证书),全面提高综合素质和学生的创新创业能力。

5.学生专业基本理论与技能

学生能够较好地掌握专业基本理论、基本知识和基本技能。2009—2011届本科毕业生中,福建省计算机等级考试一级平均通过率98.7%,理工科毕业生二级平均通过率94.5%;师范类本科毕业生普通话测试通过率95%以上;大学英语四级过级率逐年提高,2010—2011届毕业生过级率分别为56.6%、53.2%、60.6%;有125人考上研究生;有大学生创新性实验项目117项,学生以第一作者名义公开发表论文95篇。在2010年以来所获得的奖项中,"数学建模"团队获2011年全国大学生数学建模竞赛国家级一等奖;作品《古堡仿真漫游》获得第3届全国三维数字化创新设计大赛国家二等奖、省级特等奖;"沙盘模拟"团队获"用友杯"第7届全国大学生创业设计暨沙盘模拟经营大赛福建赛区(本科组)一等奖;作品《可折叠置物架》获得第5届全国大学生机械创新设计竞赛(福建赛区)一等奖;等等。与此同时,毕业生对学校教育教学工作认可度也较高,调查表明,多数毕业生感到学校重视学生实践教学、应用能力的培养,在实现应用型人才培养目标方面作出了积极的努力,在学期间获取的知识、能力与社会的需求较为适应。2010—2012年的问卷调查结果显示,毕业生对我校教育教学工作满意度分别为85.1%、85.6%、85.2%。

6.实践教学成效显著

积极进行产学研合作教育的探索。鼓励学生积极参与教师和企业合作的课题,开展与企业合作的"大学生创新性实验"项目研究。学校逐步扩大产学研合作教育教学实践基地建设,校企共建教学实践基地,基本满足专业教学实践需要。学校从企业聘请技术人员、管理人员担任兼职教师从事毕业论文(设计)指导等实践教学工作,学生从事所学专业相关工作的能力得到全面提高。2011届本科生毕业率为99.27%,毕业生学位获取率为99.67%。学生获得专业资格证书比例较高,2008—2010学年获得各项职业资格证书3982本,毕业生双证率逐年提高。

7.用人单位对毕业生满意度较高

学校通过走访、座谈和发放"毕业生就业情况跟踪调查表"等形式进行调研,了解到社会及用人单位对毕业生的总体评价是:专业基础扎实,沟通能力和适应能力较好。2010—2012年问卷调查结果显示,用人单位对我校毕业生的素质和能力表示满意或比较满意,满意度分别为95.0%、94.6%、95.3%。2010—2012年应届本科毕业生初次就业率分别为81.6%、83.6%、85.7%,年度就业率分别为95.6%、94.5%、95.5%。就业质量、毕业生就业基本符合人才培养目标要求。80%以上面向企业等基层单位就业,且多为民营企业、外资企业、新技术企业,就业结构比较合理;多数毕业生就业岗位与所学专业具有相关性,适应性较强,有较好的发展机会,部分毕业生走上工作岗位不久就成为业务、管理骨干。

第三章　以评促建,夯实本科教学基础

学校认真贯彻教育部"以评促建、以评促改、以评促管、评建结合、重在建设"20字工作方针,经历了从"水平评估"到"合格评估"的政策调整,从2005年5月启动评估,到2012年6月专家进校评估,历时7年整。其间,学校于2007年5月顺利通过学士学位授权单位评审和首批7个专业学士学位授权专业评审。2013年12月,在经过为期1年的整改后,教育部高等教育教学评估中心正式发文,公布三明学院通过本科教学工作合格评估。学校围绕评估的核心指标加强建设,全面夯实了本科教学基础。

第一节　接受教育部本科教学工作合格评估

以评促建的工作部署

教育部本科教学工作合格评估是新时期"五位一体"评估制度中院校教学评估的评估内容之一,针对2000年以来新批准设立的普通本科院校,于2011年正式启动。合格评估以国家的标准和要求为"基本尺度",重点对学校办学经费投入、基本办学条件、教学管理和教学质量进行"把关",引导学校为地方经济社会发展培养应用型人才。学校升本后,为了尽快实现办学转型和质量提升,把学校办成一所合格的本科高校,于2005年5月组建学校评建办并启动本科教学评建工作。前期主要是对照"水平评估"指标体系开展评建工作;2009年教育部第二轮评估试点以后直到2011年新方案公布,学校认真按照"合格评估"指标体系抓好自评自建工作。

2005年5月,学校成立迎接教育部本科教学工作水平评估领导小组,由校党委书记、院长任组长,分管副院长任常务副组长,下设办公室。2006年3月,评建办作为二级机构,内设评估与建设科、信息与材料科,配备专兼职人员,开始正式运行。随后,分别成立评估专家组和教学督导组,开展评建工作指导和督促检查工作。实行了本科教学评建工作责任制,党委书记、院长为学校第一责任人,各部门、各系党政一把手为单位评建工作第一责任人,与学校签订评建责任书。

2005年5月12日,学校召开迎接教育部本科教学工作水平评估工作全校教职工动员大会,开始全面部署评建工作。500多名教职工参加了会议。市委袁德俊副书记、市政府严凤英副市长等市领导到会指导。

郑建岚院长做了题为"以评促建,全面提高我院教学质量和办学水平"的动员报告。他提出迎评促建工作的总体目标是:转变教育思想,规范教学管理,促进教学改革,提高教学质量,完善管理体制,健全激励机制,突出办学特色,培育优势学科,把学院教育事业的改革与发展引向深入,全面提高我院教学质量和办学水平。具体地说,就是争取用 3 年的时间,顺利通过教育部高等学校本科教学工作合格评价,争取用 5 年左右的时间,创建若干个具有国内或省内先进水平的品牌学科,以实现争创省内一流水平的地方本科学院。他还对如何做好评建工作做了全面部署。

市委袁德俊副书记做了重要讲话。他表示,市委、市政府一定会一如既往地支持三明学院的建设与发展,全力支持迎评工作。院党委李长生书记着重就迎评的认识、组织、重点、信心 4 个问题提出要求:要求进一步提高认识,以荣辱与共的态度,以"特别能吃苦,特别能战斗,特别能奉献"的精神,全身心地投入这场事关全局的重大战役中去,认定目标,奋力攻坚,争取以良好成绩通过本科教学工作水平评估,不辜负市领导的厚望。

2005 年 7 月 4 日,郑建岚院长在三明学院一届一次教职工暨工会会员代表大会上的报告中提出,通过 3 年的努力,使学院教学工作水平符合教育部本科教学评估的要求。

学校把通过教育部合格评估列入"十一五"和中长期发展规划,把迎评促建作为重要抓手,统筹推进各项事业发展。《三明学院"十一五"发展规划纲要(2006—2010 年)》中提出"2008 年教学工作水平符合教育部本科教学合格要求"。《三明学院中长期发展规划纲要(2010—2020 年)》提出,2010 年到 2015 年,"完成由专科向本科的全面转型,顺利通过教育部本科教学工作合格评估"。

学校领导把评建工作摆在重要突出位置,常抓不懈。2006 年 2 月 23 日,学校召开教职工大会,布置新学期工作重点。李长生书记强调新学期的工作要"切实围绕筹建迎评工作唱响主旋律",努力做到思想认识评估,领导重视评估,部门服务评估,党建围绕评估,改革促进评估,资金保证评估。

2010 年 1 月 8 日,学校召开本科教学工作评建领导小组会议,对第 2 轮评建工作提出了 3 点要求:一要充分认识评建工作的重要性和重要意义。要深刻认识达到新的合格评估方案指标的要求是学校的生命线,直接关乎学校的生存发展,关乎学校的声誉和形象。二要持续推进评建工作的落实。要对照新的合格评估指标体系抓整改提高,抓任务落实。三要加强领导、形成合力、突出重点、主动作为。还要营造良好氛围,实现全员参与,真正形成合力。要通过全校上下的共同努力,取得今年评建工作的良好成绩。要正确处理好迎评与建设的关系,把我们的本科教学工作提高到一个新的水平。

2012 年 2 月 29 日下午,在校第二届教职工暨工会会员代表大会第二次会议闭幕式上,校党委书记马国防做了题为"凝心聚力谋发展,以评促建展新篇"的重要讲话,提出要坚持以评促建,确保学校顺利通过本科教学工作合格评估。

以评促建的工作推进

1.确定重点有序推进

从 2005 年 5 月全面启动后,评建工作以"教学基本建设""教学质量创优""教学整改提高"等为主题,各有重点、分步实施、整体推进。2006 年新学期开始,抓三项重点工作:(1)调整修订本科专业培养方案;(2)建设本科合格课程;(3)规范本科教学管理。之后,在各个年度(学年)学校党政工作要点中明确工作内容,加以落实推动。

2011年10月,教育部发布《关于普通高等学校本科教学评估工作的意见》(教高〔2011〕9号)。同年12月,《教育部办公厅关于开展普通高等学校本科教学工作合格评估的通知》(教高厅〔2011〕2号)正式发布。学校对照《普通高等学校本科教学工作合格评估实施办法》《普通高等学校本科教学工作合格评估指标体系》,围绕"四个促进""三个基本""两个突出""一个引导"的合格评估核心内涵,抓好自评自建工作,把开展评建工作的过程当作探索应用型本科办学模式的过程、提高整体办学水平的过程、凝练特色亮点的过程、发现问题和改进不足的过程,明确方向推进发展的过程。

此前,学校按照合格评估的精神,于2010年1月制定《三明学院第二轮评建工作第一大阶段第一次工作方案》,开始按照合格评估方案对第一轮评估指标的调整制订工作计划。在评建过程中,学校强调重基础、强规范、保达标、有超前,力争20个二级指标全部达标。同时,以7个一级指标为序,将20个二级指标、39个观测点分解到责任单位,制定工作进程表,任务分解表,对重大工作进行序时安排。学校建设基本情况如表3-3-1:

表3-3-1　三明学院2004—2011年基本情况对比表

	指标	2004年	2008年	2011年
在校生	全日制在校生/人	5928	8086	12005
	其中:本科生/人	794	4922	9738
教师队伍	专任教师/人	383	439	548
	副高以上职称教师/人	143	169	214
	硕士以上学位教师/人	73	164	315
学科专业与质量工程	本科专业数/个	7	24	30
	省级重点建设学科/个		3	3
	国家级特色专业建设点/个			1
	省级特色专业建设点/个		1	6
	省级精品课程/门		2	12
	省级实验教学示范中心/个		2	3
	省级教改项目/项			16
	省级大学生创新项目/项			61
	省级及以上人才培养模式创新实验区/个		3	9
科研	到位科研经费/(年·万元)	14.90	422.70	1344.20
	省部级以上科研立项/(年·项)	4	13	15
	省级科研机构/个		2	7
	校级科研机构/个	4	8	12
办学条件	校舍建筑面积/万平方米	14.91	16.95	27.90
	教学行政用房/万平方米	8.46	9.53	14.78
	教学科研仪器设备总值/万元	3438	4960.33	7765.49
	馆藏图书(含电子图书)/万册	60.30	78.10	135.29
	其中:电子图书/万册	10	13.50	56.71

2.加强指导争取支持

2006 年 1 月,邀请 7 位省内知名专家"会诊"三明学院本科教学工作,对各个专业教学工作进行了首次评估。通过本次评估,进一步厘清思路,查找差距,明确方向,并根据专家意见,重点开展修订本科专业培养方案、建设本科合格课程、建立健全本科教学规章制度 3 项工作。2006 年 6 月,向省教育厅递交了《三明学院关于要求安排教育部本科教学工作水平评估的请示》。

2007 年 3 月,邀请省内 6 位专家来校进行学士学位模拟评审,找出存在的问题,有针对性地加强建设和整改。同年 3 月,邀请教育部高等教育教学评估中心主任刘凤泰莅校指导评建工作。2008 年 10 月,邀请已接受第一轮评估的皖西学院副院长祝家贵教授来校指导,做专题报告"加强教学基本建设,迎接本科教学评估"。2009 年 4 月,学校邀请福建师范大学的黄志高、郭丹、胡振德等教学名师来校开展示范课教学活动,进一步推进课程改革与课堂教学研究,提高教师课堂执教能力,增强课堂教学的实效性。

此外,学校多次开展校内专家阶段性评估,并与教学质量监控有机结合,在每次检查后认真进行总结,根据专家意见形成整改方案,并作为后一阶段的重点工作来抓,使其成为常规工作的组成部分。

三明市委市政府高度重视学校的评估工作。2006 年 8 月,《三明市国民经济和社会发展第十一个五年规划纲要》提出,"努力提高三明学院的办学质量和水平,在学科建设和人才培养方面形成特色和品牌,确保顺利通过教育部本科教学工作水平评估"。2012 年 4 月 20 日,市政府邓本元市长主持召开专题会,[①]研究解决三明学院迎接教育部本科教学工作合格评估相关问题,对编制、经费、土地出让金、房产证办理、校园周边环境整治等问题明确支持事项,要求市直有关部门加快涉及学院迎评有关问题的落实,确保顺利通过评估。

迎接评估的准备工作

2011 年 4 月 24—25 日,受省教育厅委托,以福建工程学院副院长陈文哲教授为组长的省评估专家组一行 6 人对我校进行了为期 1 天半的本科教学工作合格评估预评估检查。预评估期间,专家组听取了郑建岚院长代表学校所做的工作汇报,认真审阅了三明学院本科教学工作合格评估的相关背景材料,实地考察了教学基础设施,走访了 17 个职能部门及院系,采取听课、查阅资料、座谈、约谈等形式考察我校本科教学工作情况。在 4 月 25 日上午召开的预评估检查汇报交流会上,专家组对我校升本建院以来办学成效给予肯定,认为学校工作在由专科办学到本科办学全面转型的进程中取得了历史性的进步,紧扣新建本科院校在高等教育中的办学层次,精心培育特色,不断累积优势,着力打造品牌,不断提高办学水平。同时,专家组也指出了学校存在的问题,并提出宝贵的意见建议。

2012 年初,省教育厅办公室转发《教育部高教司关于开展 2012 年上半年普通高等学校本科教学工作合格评估的通知》,确定福建省参加上半年教育部本科教学工作合格评估院校为三

---

① 三明市人民政府专题会议纪要〔2012〕29 号[Z].2012-04-20.

明学院、厦门理工学院、龙岩学院。专家到我校考察的时间是 6 月 5—8 日。

根据有关要求,学校按倒计时进度做好迎评准备工作。一是按照截止时间 3 月 11 日,历时半年,按期完成"教学工作基本状态数据库"的采集、填报、上传工作。二是按要求在专家进校 1 个月前完成《自评报告》撰写(要求字数在 4 万字以内,其中关于"存在的问题、原因和改进措施"部分要求占总篇幅的三分之一),十易其稿,进行了多场校内多层面的征求意见。同时对《自评报告》支撑材料进行归集完善,形成 36 盒材料。三是按要求形成专家案头材料,包括《自评报告》、支撑材料目录、课程表、试卷清单、毕业论文(设计)目录汇总、数据分析报告、各类人员名册等各 30 份。四是进行氛围营造和环境整治,营造人人参与评建的氛围,进行了绿化、部分旧房整修及墙面粉刷等,以良好的精神状态和崭新的校园面貌迎接评估专家组的到来。

2012 年 5 月 5 日上午,在专家进校前夕,教育部评估中心吴岩副主任一行 3 人莅临学校指导评建工作。他与校领导、各部门负责人、各院(系)党政负责人等进行了座谈,听取了副院长刘健对我校评建工作基本情况的汇报,审查了专家案头材料,考察了校内专家工作室、图书馆、实验室等场所和设施,对我校迎接教育部本科教学工作合格评估的准备工作给予肯定。

专家现场评估与反馈意见

2012 年 6 月 5—8 日,以南京金陵科技学院党委书记陈小虎为组长的教育部评估中心专家组一行 9 人莅临我校开展本科教学工作合格评估。

省教育厅副厅长杨辉和省教育厅相关处室领导,三明学院原院长、时任福建江夏学院院长郑建岚,校领导以及相关部门、教学单位负责人参加了 5 日上午举行的评估见面会议。

校党委书记马国防从评建工作、为地方经济社会发展服务、应用型人才培养、德育工作 4 个方面向专家组补充汇报了我校在教学工作评建工作中所作出的努力。马书记表示,学校将以"平常心、正常态""学习心、开放态"配合专家组的工作,虚心听取各位专家的意见,以合格评估为契机,努力推动学校各项工作再上新台阶。

见面会后,评估专家组集体走访了陶艺与雕塑实训中心、药用植物开发利用省级工程研究中心、计算机省级实验教学示范中心、鞋类设计与工艺实训中心、图书馆和展览馆等考察点。

进校考察期间,专家组集中考察了学院的基本设施,分散走访了职能部门及相关院系,采用现场考察、深度访谈、实地考察、随机进入课堂听课、随机抽检学生毕业设计(论文)、随机抽取学生试卷等方式对学院教学工作进行了评估,共计听课 28 节,走访校内单位 39 个,深度访谈 81 人次,召开座谈会 3 场,调阅试卷 1626 份,调阅毕业设计(论文)604 份,考察了吉口草珊瑚基地、三明电视台、三明市五一国际大酒店、三明市恩特电脑有限公司等 6 个实习基地及用人单位。

6 月 8 日下午,专家组评估考察意见反馈会在行政楼 8 楼会议室举行。教育部高校评估中心院校教学评估处处长刘振天,省教育厅副厅长杨辉,市领导张丽娟、梁晋阳出席反馈会。会上,专家组成员分别就对我校考察的总体印象和存在的问题作了反馈发言。

6 月 4 日晚,三明市政府市长邓本元受市委书记黄琪玉委托,会见教育部专家组一行。

6 月 15 日,专家组离开三明一周后形成《普通高等学校本科教学工作合格评估专家组考察报告》,概要如下:

三明学院自 2004 年 5 月经教育部批准升本以来,坚持立足三明,面向海西,辐射全国,为地方经济社会发展培养高素质应用型人才的办学目标,不断提高人才培养质量、科学研究水平、社会服务能力和文化传承能力。学院认真贯彻"以评促建、以评促改、以评促管、评建结合、重在建设"的方针,坚持评建工作与日常工作相结合,加强外延发展和内涵建设。评建工作使学院进一步明确了教学工作思路,提高了教学质量,凝聚了人心,促进了学院各项工作的协调发展。(1)学校办学定位较为科学合理,办学方向明确。(2)大力推进"质量工程"建设,教育教学工作成效明显。(3)校企合作开展科技攻关,科技工作水平快速提升。(4)学校服务地方经济建设意识强烈,事业发展迅速。(5)积极开展应用型人才培养的改革与实践。(6)服务关爱学生氛围浓厚,德育工作成绩突出。(7)教师队伍培养工作力度大,成效明显。(8)从学校发展态势来看,达到了"三个基本"要求。

发现的问题:(1)办学定位与办学思路尚未得到全校上下一以贯之地执行。(2)师资队伍总量不足,结构不合理,教师实践应用能力不能满足应用型人才培养需要。(3)人才培养模式需要大胆突破和创新。(4)专业设置与办学定位吻合度不够,产学合作教育处于较低水平。(5)教学管理的有效性亟须大力提升。(6)办学条件与应用型人才培养的办学需要差距较大,亟待加大投入,加强建设。

为学校改进教学工作提出的建议:(1)进一步转变观念,立足区域,探索应用型本科的办学思路。(2)调整优化师资队伍结构,加强应用型师资队伍建设。(3)优化专业结构,大力发展地方经济社会发展急需的应用性专业。(4)深入推进产学合作教育,创新应用型人才培养模式。(5)加强教学质量监控体系建设,提升教学管理的有效性。

最后,建议福建省政府及三明市政府进一步加大对三明学院的支持力度,在政策上给予更多倾斜,在经费上给予专项支持,在办学空间、办学资源、周边环境建设等方面给予切实支持;积极支持学校提出的"服务三明行动计划",力争早日把三明学院建设成为具有鲜明特色的多科性教学型大学,成为所在地区重要的人才培养高地和科技文化创新基地,为地方经济建设作出新的更大贡献。

合格评估的整改与结果

为总结工作,表彰先进,推动整改,2012 年 7 月 8 日,学校党委、行政发布《关于表彰本科教学工作合格评估先进集体和先进个人的决定》,对 19 个先进集体、97 名先进个人予以表彰,52 名先进个人予以通报表扬。

从 2012 年 6 月专家进校评估反馈结束到 2013 年 6 月,学校联系实际认真学习贯彻《教育部关于全面提高高等教育质量的若干意见》(教高〔2012〕4 号)等上级有关文件精神,及时研究部署整改工作,于 2012 年 9 月形成《三明学院本科教学工作合格评估整改方案》,按照教育部评估中心的要求有计划、有步骤地推进整改工作。2013 年 4 月 26 日,我校在开展评估整改校内检查的基础上,召开评估整改检查反馈会议。校领导、各部门负责人,各学院党政负责人、分管教学领导,以及校评估专家组成员等参加了会议。

2013 年 7 月,学校向教育部高等教育教学评估中心上报了《三明学院本科教学工作合格评估整改报告》,内容要点包括"珍视专家意见,认清评估整改重点所在""认真研究谋划,有序组织实施评估整改""注重实际成效,积极推进评估整改任务落实"3 个部分。学校推动评估整改工作成效明显,2013 年 12 月,教育部正式发布《关于 2009—2012 年普通高等学校本科教学工作合格评估结果的通知》(教高函〔2013〕16 号),明确学校顺利通过了教育部本科教学工作合格评估。

第二节　质量管理与学风建设

强化质量管理构建质量监控体系

本科教学工作合格评估强调学校建设内部教学质量保障体系。学校聚焦本科教学,积极改善办学条件,不断加强教学质量管理,努力构建质量监控体系,做好主要教学环节的质量监控,本科教学质量基本得到保证。

1. 建设教学管理队伍

学校重视教学管理队伍建设,努力打造一支结构合理、较为稳定、综合素质高、服务意识强的教学管理队伍。按照校院(系)两级管理模式要求,选拔素质高、熟悉教学管理工作、责任心强、具有奉献精神的人员充实教学管理队伍。截至 2012 年,全校教学管理人员 42 人,均具有大学本科以上学历,其中具有高级职称的 16 人,占 38％,45 岁以下的 26 人,占 62％,工作五年以上的 31 人,占 74％。

学校鼓励教学管理人员进修学习、晋升职称,给予教学秘书科级待遇,进一步稳定教学管理队伍。开展教学管理人员培训,不定期组织教学管理人员到省内外高校调研学习。截至2012 年,92 人次教师参加业务培训。

2. 规范日常教学管理

学校不断规范和完善教学管理相关制度,按照本科高校教学管理和应用型人才培养的要求,对教学管理规章制度进行了系统的制定和修订。2012 年编印《教学管理文件汇编》,包含教学基本建设、教学计划与教务管理、教学运行和质量监控、教师管理、实践教学等 5 大部分共57 个文件,涵盖了教学管理的各个环节,形成了较为完整的体系,从制度上保证了学校教学工作的正常运行,促进了教学管理的科学化、规范化和标准化。

严格执行各主要教学环节质量标准。学校在教学质量保障体系等相关管理文件中,详细规定了课堂教学、实验教学、实习实训、课程设计、毕业论文(设计),课程考核等各主要教学环节的质量标准,并严格执行。开展定期或专项检查评估质量标准的执行情况,进一步提升教学管理的精细化、规范化、常态化。

3.加强教学质量监控

学校基本建立教学质量保障体系,于 2010 年发布《本科教学质量保障与监控体系及其实施办法》,实行校、院(系)两级教学质量保障和监控,明确机构、人员和职责。校级由教务处履行日常教学监控职能;校评建办负责管理校教学督导团,并实施对校职能部门、教辅单位、后勤服务机构教学质量保障工作的指导、协调和评估职能。院(系)完善教学质量监控机制,成立教学督导组督导教学。校、院(系)两级质量保障和监控机构基本建立,教学管理制度和各主要教学环节质量标准基本完善,实施过程中,注重将目标管理和过程控制相结合,完善了教学督导、信息员反馈、日常教学检查、学生评教、领导评课、同行评课、教师评学、毕业生座谈会、院(系)年度考核等全过程质量监控。

4.实施自我评估和常态监控

自 2005 年始,不定期对院(系)教学工作进行全面评估;2006 年始,结合新办专业的学士学位授权评估进行专业建设评估,结合特色专业建设实行特色专业建设评估。对合格课程、重点课程、精品课程实行课程建设评估。对青年教师实行教学基本能力合格评估,对全校教师实行教学评估。2010 年以后,根据本科教学基本状态数据系统采集情况,试行数据分析评估。通过自我评估,认真检查办学条件,评价教学效果,总结成绩,寻找差距,有的放矢地加强教学建设。校、院(系)两级根据质量标准进行常态监控。教务处对各主要教学环节进行日常巡查和学期初、学期中、学期末的定期教学检查以及组织专项检查。评建办根据教育部评估指标、省学位委员会学士学位授权专业评审指标和学校质量标准,配合教务处联合开展专项评估和教学工作集中检查。校教学督导团在评建办的协调下,独立进行课堂教学听课,负责教学环节的督导。

5.建立质量监控信息系统

建立了校、院(系)教学工作例会、教研室会议、检查工作结束后的反馈会、教学督导员、学生信息员、教学质量分析报告、《教学简报》与《督导与评估》简报等渠道采集、分析、反馈教学信息的机制。通过教学工作例会、校教学工作指导委员会、校行政会议、党委会进行较大教学工作问题的调控和教学事故的处理。

强化学风建设构建学生服务体系

学校强调"以学生为本",突出学风建设,促进优良学风的形成,努力为学生成长成才提供指导与服务。

1.完善学风建设组织体系和制度体系

学校和各院(系)分别成立了学风建设领导小组,组织、指导和协调学风建设工作,并形成了由相关职能部门和各院(系)负责,辅导员、教学人员和学生导师等组成的学风建设队伍。始终把学风建设贯穿在学生思想政治教育工作中,在两周一次的思政工作例会上分析和研究学风建设情况。通过加强教学质量监控和师德师风建设,以良好的教风促进学风建设。加强辅导员队伍建设和实行学生导师制,以队伍保障学风建设。制定《关于进一步加强学风建设的意见》《三明学院学风建设规划(2010—2015 年)》,对学风建设作出总体安排。出台一系列评先评优、素质拓展、课外科技文化活动和综合素质评价方面的制度,逐步建立激励机制,调动学生学习的积极性。制定和推行学生日常管理规章制度,以较完整的学生管理工作体系规范学生行为,引导学生遵守课堂规范和考试纪律。设立学风建设专项经费,保障学风建设各项制度的落实。

2.多方举措推进学风建设

在新生入校时,组织开展专业思想教育,引导学生明确学习目标,端正学习态度,激发学生的学习兴趣。通过学术讲座、主题班会、先进典型和优秀毕业生现身说法等形式开展成才教育,帮助学生树立牢固的专业思想。通过开展"十大学风优胜班""十大学风优胜宿舍""十大学习标兵"等学风建设专项评选和表彰活动,激励学生刻苦学习,积极向上。重点落实课堂、宿舍、考场"三个阵地"的学风建设,抓好课内学习与课余自学、平时学习与复习迎考的各个环节,引导学生认真学习。在学生管理中开展"三三查"活动,课前查早起、查迟到、查校徽,课中查宿舍、查着装、查环境,课后查自习、查行为、查迟归,围绕校风、学风建设狠抓学生文明习惯的养成,维护良好的教学秩序,督促学生自觉学习。重点对学习上有困难或家庭经济等方面有困难的学生进行帮扶,把解决学生实际问题与推进学风建设有机结合起来,突出学生思想教育工作的人性化和实际效果,呵护学子成长成才。

营造勤奋好学的优良学风。通过加强学风建设,激发了学生学习的自觉性和主动性,课堂秩序良好,学生上课出勤率高。每年举办近百场校内外专家学术讲座和学习辅导讲座,吸引广大学生参加。重视学生榜样和典型的培育,每年评选校"十大学风优胜班"和"学风优良班级",评选校"十大学风优胜宿舍"和"十大学习标兵",树立学习方面的优秀典型,涌现出全国道德模范、中国大学生自强之星年度人物、省市校级先进班集体、三好学生、优秀学生干部、市级和校级优秀毕业生等先进典型千余人。

3.树立诚信守纪的优良校风

学校坚持思想教育与严格管理相结合,不断提高学生遵守校纪校规的自觉性,违纪率较低。高度重视考风考纪建设,制定一系列措施规范学生考试行为,通过考前教育和案例警示等形式帮助学生端正考风,预防考场违纪现象的发生。对于考试违规的学生,按照《学生学籍管理办法(修订)》严肃处理,学生考试违纪率、考试作弊率、旷课处分率比例较低。

4.打造丰富多彩的校园文化生活

以文化引领课外活动,围绕学校办学特色培育思路,将传承校史优良传统、融合地方特色文化和弘扬时代精神的文明校园建设有机结合,开展市情校史教育,引导学生了解三明革命老区的红色历史,组织新生参观三明学院展览馆,教唱校歌,结合校园建设,命名"师源大道""乌山路""大湖路""狮子坑路"等校园道路,激发学生的爱国、爱三明、爱校的情怀。开展各类学生群众性文化活动,形成第一学期以迎接新生系列活动、校运会、学生社团嘉年华和校园十佳歌手赛、校园模特大赛、新生篮球联赛、足球联赛为主,第二学期以校园文化艺术节、科技宣传周、宿舍文化节、青年志愿者服务月、篮球联赛、乒乓球联赛、排球联赛为主的学生课外活动,满足学生日益增长的文化需求。

加强学生社团建设。成立学生社团联合会,负责学生社团建设和管理,每个学生社团都有相对固定的指导教师,每年以"社团活动周"的形式集中展示学习成果。学生社团稳定,健康发展,形成了鸿鹄电脑技术协会、计算机协会、机械创新协会、电子协会、天工结构设计协会、青年马克思主义学习会、英语协会、青年志愿者协会、红帆文学社、大学生就业创业协会、紫藤书画协会、心理成长协会等一批涉及面广、受学生欢迎的优秀学生社团,其中,环保协会获得省协会最佳组织奖。

重视学生课外科技活动。探索"机制—项目(平台)—活动"的学生课外科技活动开展模式,从政策、经费、组织管理等方面保证学生课外科技活动的开展。制定《大学生课外科技学术技能竞赛活动管理办法》《大学生创新性实验计划项目管理办法(试行)》,每年拨出 60 万元用于支持大学生课外科技学术技能竞赛和创新性实验计划项目立项,并将立项项目奖金单列,遴选优秀专业教师对学生进行指导。学生参与面广,活动成效显著,万余人次参与各类校园文化活动,百余名学生获批大学生课外科技学术技能竞赛、省级大学生创新性实验计划项目立项,数千名学生在国家级、省级、市级以上各类竞赛中获奖。

5.健全学生管理机构与育人队伍

学校学工部(处)、团委履行学生工作职能,各院(系)党总支负责人分管学生工作。按照1:200 规定配足专职辅导员。实行教职工全员育人的学生导师制,每人负责指导 12～15 名学生,覆盖全体学生。设立心理健康教育中心,配备专职从事心理健康教育的教师。设置招生就业处,校、院(系)两级成立毕业生就业工作领导小组,配备就业指导教师和专职就业工作人员。成立家庭经济困难学生资助工作领导小组,设置学生资助管理中心,配备专兼职工作人员。

重视辅导员队伍建设,提升学生管理水平。制定《辅导员队伍建设和管理办法》《辅导员职务晋升管理实施细则》《辅导员专业技术职称评聘暂行办法》,明确和规范了辅导员工作的要求、职责和待遇,建立辅导员队伍职称职务双线发展、按四级六档进行管理的机制,为辅导员队伍职业化和专业化发展提供制度保障。鼓励辅导员根据个人兴趣选择思想政治教育、大学生心理健康教育、大学生就业指导、大学生日常事务管理等四个工作研究方向团队,申报专项课题项目,提供研究经费,开展理论研究和实践探讨。要求辅导员每日填写《辅导员工作日志》,推进辅导员工作的精细化。每年开展辅导员工作优秀案例征集活动,组织评选优秀辅导员等,激励和引导辅导员成长,学生工作的整体水平不断提高。

6.加强学生指导与服务

认真开展大学生学习指导工作。在校、院(系)两级工作安排中,将专任教师、辅导员、兼职班主任、学生导师、社团指导教师对学生的专业理论学习、能力培养、社会实践、课外科技活动、技能竞赛、职业证书考试和考研究生指导作为一项重要工作。对学生的学习指导注重分层次、分阶段,因材指导,注重实效,如对新生突出专业前景教育,对毕业生突出职前技能教育。在专业学习过程中,注重辅导答疑和指导学生根据个性特点与志趣自主学习;在能力培养方面,选配教师指导参加社会实践、社团活动、学科竞赛、技能竞赛等。

开展就业创业和职业生涯规划指导。邀请省、市人才市场职业指导和人力资源专家学者开设讲座。职业生涯规划教育和就业指导课程覆盖全校学生,建立了一支以专职就业工作人员和辅导员为骨干的职业生涯规划与就业指导教师队伍。为适应应用型本科高校就业指导课程教学需要,出版使用自编教材《大学生职业生涯规划与就业导航》(高等教育出版社出版)。

与两岸金桥(福建)就业训练机构合作举办两期闽台合作大学生创业培训班。开展就业咨询与指导工作,举办中小型招聘会,为学生提供各类就业岗位。

开展家庭经济困难学生资助服务。认真落实资助政策,建立健全各项家庭经济困难学生资助制度,形成了奖学金、助学贷款、国家助学金、困难补助、学费减免、学费缓缴等为一体的"奖、贷、助、补、减(免)、缓"学生资助体系,规范了各项资助工作流程。2012年2月,学校荣获全省学生资助管理工作先进单位荣誉称号。

开展心理健康咨询服务。成立校心理健康教育中心和大学生心理成长协会,每个班级配一名心理委员,宿舍配一名心理健康联络员,并培养了一批具有心理咨询与辅导能力的辅导员,为学生提供直接有效的心理健康咨询服务。每年开展"5·25"心理健康教育月活动。2010年11月,学校心理健康教育中心被中国心理学会心理学普及工作委员会评为全国"心理健康教育先进单位",2名教师评为全国"心理普及工作先进个人"。2010年6月,学校获评"福建省大学生心理健康教育工作先进单位"。

建立毕业生跟踪调查制度。制订毕业生就业跟踪调查实施方案,积极开展跟踪调查工作,了解毕业生就业情况和工作适应情况;听取学生在走上实际工作岗位后,对在学期间的教学运行管理、学生工作、就业工作等方面的反馈意见;听取用人单位在选用我校毕业生后的反馈意见。及时发现我校在人才培养工作中的不足,为人才培养模式改革提供具体参考意见,改进和完善学生指导与服务工作。

第三节 师资队伍建设

壮大队伍优化结构

2003年12月,《中共中央、国务院关于进一步加强人才工作的决定》(中发〔2003〕16号)提出实施人才强国战略是党和国家一项重大而紧迫的任务。2004年10月,中共福建省委福建省人民政府《贯彻落实〈中共中央、国务院关于进一步加强人才工作的决定〉的实施意见》(闽委发〔2004〕11号)提出实施人才强省战略,切实把人才工作摆在建设海峡西岸经济区的重要战略位置。人才工作得到前所未有的重视。

"十五"时期,国家要求高等学校以全面提高教师队伍素质为中心,以实施"高层次创造性人才工程"、培养中青年学科带头人和骨干教师为重点,建设一支结构优化、素质良好、富有活力的高水平的教师队伍。在师资队伍数量与结构方面,提出要优化职务结构,教学为主的本科高等学校教授、副教授岗位占专任教师比例一般为30%～40%;提高学历层次,教学为主的本科高等学校具有硕士研究生学历教师比例达60%以上。

刚刚升本的三明学院教师队伍的现状是:截至2004年9月,全校教职工605人,其中专任教师383人。专任教师中高级职称151人,中级职称155人,初级及以下职称77人;从学历结构上看,博士5人,硕士68人,本科341人,专科及以下33人,研究生学历教师不足;年龄结构方面,45岁以下中青年教师300人,占比78.3%。

对教师队伍建设存在的问题以及人才工作的紧迫性,2005年,郑建岚院长在首届教职工代表大会报告中讲得十分清晰:"当前学校最紧迫的工作之一,就是要突出推进人才强校战略。近年来,我院师资队伍得到了加强,但由于原有基础薄弱,与合格的本科学院要求还有较大差距,'师资瓶颈'问题突出,高层次人才严重不足。要使我院人才队伍建设符合本科大学的要求,必须大力实施人才强校战略,把师资队伍建设作为一项战略性工程来抓。要积极创新用人机制和分配制度,通过内培外引、实施'名师工程'、青年教师培养计划、学科梯队培养计划等,努力做到以共同的事业、真挚的感情、科学的制度和良好的工作、生活待遇,留住现有的人才,吸引更多的人才,用好每一个人才。"

2006年6月,《三明学院"十一五"发展规划纲要(2006—2010年)》全面分析了学校办学现状、机遇与挑战,提出要建设一支水平较高、结构较合理的师资队伍,到2008年教授达25名、副教授达140名、博士达10名、硕士达120名,高级职称占专任教师比例为40%;到2010年,教授达40名、副教授达160名、博士达20名、硕士达200名,高级职称占专任教师比例稳定在40%,各专业主要课程至少有一名副教授主讲,硕士、博士达专任教师总数的30%以上,覆盖全校所有专业,力争5年内培养出具有一定水平的学科带头人20名,骨干教师50名。师生比为1:16~1:18。

在人才队伍建设措施方面,提出要实施人才强校战略,造就高水平的人才队伍,努力在人才总量、人才结构、人才高地三方面有长足进展。一是围绕优势学科、特色学科、品牌学科建设,加大高层次人才的培养和引进力度,优化师资队伍结构,提高整体水平。二是加强管理队伍建设,逐步提升管理干部的管理水平和学历层次,造就一批素质高、能力强、懂教育、善管理的现代化管理队伍。三是加强学生政治辅导员队伍建设,充分发挥政治辅导员在学生思想政治工作的重要作用。

2007年,为落实教代会精神和学校"十一五"发展规划纲要,进一步加强学校师资队伍建设,学校制定了人才引进与培养相关制度。

一是出台《三明学院关于引进高层次人才的暂行规定》,提出凡学校急需的高层次人才,不受单位编制及进人计划限制均可引进;对引进的高层次人才专业技术职务可由学校根据其实际专业技术水平进行聘任,不受岗位职数的限制;有突出贡献的可破格晋升专业技术职务;对引进人才进行了分类,并分别规定了相应的安家购房补贴和引进待遇。

二是出台《三明学院教师进修及攻读学位暂行规定》,规定1994年以后参加工作的青年教师必须通过研究生教育取得硕士学位,不安排研究生课程进修;1994年之前参加工作的教师,申报中级职称之前可申请利用假期进修研究生课程(一次);为鼓励教师报考硕博士学位,对经学校同意并纳入年度进修计划,并与学校签订进修协议的教师,学校承担并提供其相应的工资、福利等待遇。

三是建立和完善教职工岗位聘任动态激励机制。在试行1年的基础上,出台《关于完善三明学院教职工岗位聘任制的若干意见》,从2006年9月1日起实施。指导思想是在现行职务任职资格基础上,建立与岗位责任和岗位津贴相关联的新的工作模式和动态激励机制,探索和建设适应发展需要的大学人力资源管理体制,以合理配置人力资源、优化人员结构,促使我校在人才总量、人才结构、人才高地三方面有长足进展,全面提高学校的教育教学质量和整体办学水平。岗位聘任制坚持按需设岗,保证重点任务;效益优先,强化激励机制;明确岗位责任,加强工作规范。这一改革的突出特点是,对教学、科研工作中,个别业绩特别突出的优秀教师,可突破级次的职称限制,破格聘任与工作业绩相应的级别岗位(中级可上浮至 4 级岗,副高可上浮至 2 级岗)。通过此项改革,优秀的年轻教师得以脱颖而出,形成良性的竞争局面,有效调动了教师致力于教学改革和科学研究的内在积极性。

四是积极利用和整合社会人才资源,加强学校兼职教师队伍建设。2009 年,学校出台《三明学院柔性引进教学型人才暂行办法》《三明学院柔性引进研究型人才暂行办法》。办法本着"不求所有,但求所用"的原则,为学校兼职教师聘用与管理提供了制度依据,推动了学校外聘兼职教师队伍建设。为健全外聘兼职教师管理体制,在原有柔性引进人才办法基础之上,学校于 2011 年 10 月出台《三明学院外聘兼职教师聘用与管理暂行办法》,进一步明确外聘兼职教师的类型、聘任程序,并对兼职教师的待遇标准做了规定。

2008 年,学校制定《三明学院服务海西建设师资队伍建设实施计划》,明确了 2008—2012 年学校师资队伍建设的指导思想、基本思路、建设目标、主要任务和保障措施。师资队伍建设目标是:教师数量适当,结构合理,素质优良,硕士和博士学位的教师达到专任教师总数的 50％以上。在师资队伍建设主要任务方面,提出了大力实施"高层次人才工程",重点培养和引进学科带头人、大力实施"优秀中青年教师培养工程",激励和培养优秀拔尖人才、大力实施"创新团队培养工程",着力加强学科梯队建设、大力实施"教师能力提升工程",努力提高师资队伍整体素质四大主要任务,系统完整地阐述了这一时期学校师资队伍建设的主要任务。在措施保障方面,提出了加强领导,为师资队伍建设提供组织保证、深化人事制度改革,为师资队伍建设提供制度保证、加大建设的经费投入,为师资队伍建设提供资金保证三大措施,为师资队伍建设提供了切实可行的措施。发挥重点建设项目人才集聚作用,力争建成 1～2 个教学科研水平在福建省内处于先进水平的重点学科梯队,4～6 个学术水平高、有明显特色的校级重点学科梯队,跨学科整合人才资源,精心建设 8 个校级优秀学术团队和 10 个校级优秀教学团队,促进师资队伍整体水平的提高。

2010 年 12 月,学校颁布《三明学院中长期发展规划纲要(2010—2020 年)》,在师资队伍建设方面,确立了师资队伍建设的总体目标:以全面提高教师队伍素质为中心,以提高人才培养质量为根本目的,以实施高层次创新人才队伍建设为突破口,抓住"吸引、培养与使用"三个环节,不断深化人事制度改革,建立有利于优秀人才成长的有效机制,促使师资队伍在人才总量、人才结构、人才高地有长足进步,努力建立一支德才兼备、数量适当、结构合理、素质优良、富有创新的师资队伍,为实现办学目标提供师资保障。同时提出了坚持内培外引,促进高层次人才队伍的建设;完善培养机制,不断提高师资队伍的整体素质;深化人事制度改革,形成优秀人才脱颖而出的激励机制的主要措施。

2012 年 6 月,学校接受教育部本科教学工作合格评估时,拥有专任教师 548 人,外聘教师 130 人,折合教师总量[①] 613 人;折合在校生 12186 人;生师比 19.88∶1。教师数量基本满足

---

① 折合教师总量＝专任教师数＋外聘教师数×0.5。

本科专业的教学需要。师资队伍结构基本合理,从学历结构来看,专任教师中具有博士学位28人,硕士学位287人,硕士和博士学位占专任教师比例达57.48%;从职称结构来看,专任教师中具有正高职称38人,副高职称176人,中级职称214人,高级职称教师比例为39.05%;从年龄结构来看,专任教师中35岁及以下243人,占专位教师总量的44.34%;36~45岁154人,占专任教师总量的28.10%;46~55岁127人,占专任教师总量的23.18%;56岁以上24人,占专任教师总量的4.38%。从学缘结构来看,专任教师中外校毕业教师542人,占专任教师总量的98.91%。师资队伍较学校成立之初有了较大改观。

强化师德提升水平

建立师德建设有效机制。制定和实施《教职工年度考核暂行办法》《教学事故认定和处理办法》《学术道德规范及学术不端行为处理暂行规定》等制度,建立师德评价与奖惩机制,将师德考核结果作为教师聘任、职务评聘、评先评优、工资晋级的重要依据,确保师德师风建设落到实处。

营造教书育人师德氛围。注重培育、树立师德典型,利用各种媒体和阵地宣扬优秀教师事迹,弘扬良好的师德和教风。将师德教育纳入新教师岗前培训内容中,在思想政治工作和文明建设中贯穿师德建设内容,每年教师节、"七一"表彰一批教职工先进个人和集体,营造教书育人的浓厚氛围。

涌现了一批师德先进典型。广大教师形成了正确的职业道德观念和强烈的教书育人责任意识,严谨治学,从严执教,恪守学术道德规范。涌现了一批师德先进典型:获得省级以上各类表彰和奖励的有36人次,其中,"福建省师德标兵""2008年感动福建十大人物"1人,全国优秀教师2人,"全国高校辅导员年度人物入围奖"2人,在社会上产生较大影响。

规范教学行为。通过落实《本科教学工作规范》《专业带头人选拔培养和管理办法》《教学工作两级管理职责规定》《新上岗教师"教学基本要求"达标规定》等一系列制度,进行教学质量监控,规范教学行为,保障教学质量。

提高教学水平。一是实行教研室每两周一次集体教研活动制度;二是设立"名师课堂",邀请校外国家级、省级教学名师来校上示范课、听评课,指导青年教师;三是开展优质一堂课、优秀教案、优秀多媒体教学课件等教学竞赛和教学名师、优秀骨干教师等评比活动;四是立项开展教学改革课题研究,更新教学观念,改进教学方法,提高教学水平;五是鼓励教师参加省重点建设高校硕博导遴选,提高培养高质量人才的能力。通过名师示范、技能竞赛、教学研讨、教改研究,全面提升教师教学能力和水平。到2012年,共有4人被评为省级教学名师,3位教授被聘为博士生导师,9位教授被聘为硕士生导师,教学改革项目立项253项。在福建省总工会、福建省教育厅举办的全省高校青年教师教学竞赛中获一等奖1人、三等奖1人。

进行教学团队建设。一是通过省教育教学质量与教改工程项目,组建教学团队;二是通过建设精品课程,培育教学团队。到2012年,有省级教学团队1个,校级教学团队11个。三是加大专业带头人培养力度,每年选送一批教学骨干作为高级访问学者到全国重点大学和国家科研机构进修,并积极引进高层次人才来校工作,逐步改善教师队伍结构。

加强教师培养培训

学校制定了一系列师资培养制度。2010年1月出台《三明学院关于加强青年教师培养工作的暂行办法》,对青年教师的培养做了系统规划,包含岗前培训、教育教学能力培养、学历学位提升、专业技能进修、实践能力培养、科研能力培养等6个方面。同时配套出台了系列制度。

一是2010年发布《三明学院青年教师助教培养暂行办法》,提出加强对青年教师的培养,针对毕业到校未从事教学工作和校内非教学人员转入教学岗位的教师实行助教培养制度,为助教培养对象配备指导教师,一对一指导,提升教育教学能力和水平,初步建立新入职教师培养体系,帮助新教师站稳讲台,保障教育教学质量。

二是2011年出台《三明学院优秀中青年教师教学科研资助计划实施办法》,选拔和培养优秀中青年教师,促进新一代学术骨干和学科带头人的成长。学校设立专项基金,对未获得国家、省市资助的教师予以资助,"资助计划"资助每位入选者社会科学类科研经费每年8000元,自然科学类科研经费每年10000元,用于支持教学和科研工作。经年度考核合格者,最长可连续资助3年,此举为中青年教师发展提供了保障。

三是2011年出台《三明学院中青年教师赴台访问学习暂行办法》,进一步加大强中青年教师队伍培养力度,学习台湾高校办学理念和应用型人才培养经验,在闽台合作办学过程中不断提高我校教师队伍的整体素质。学校每年选派两批共4人赴台湾合作高校进行为期半年交流访学活动,并给予相应的生活补贴和差旅补贴,2011年学校首次选派2位教师赴台进修,在加强与闽台合作高校联系的同时,拓宽了教师的学术视野,提升了青年教师教育教学能力。

四是适应学校应用型人才培养需要,满足实践性教学需求。2009年出台《三明学院加强中青年教师实践能力培养暂行办法》,坚持"按需派遣、重点培养、保证质量、学以致用"的原则,分批次、有计划地将中青年教师选派到生产科研和社会实践第一线,切实采取措施提升中青年教师的工程或专业实践能力,努力建设一支具有较强创新和实践能力的高素质教师队伍。选派年龄45岁以下专业课教师、专业基础课教师和实践指导教师到生产科研和社会实践第一线,力争到2012年全校参加社会实践的教师达到专业教师总数的25%。

五是2011年出台《三明学院"双师素质"教师队伍建设暂行办法》,进一步提升教师的实践教学能力,推进"双师素质"教师队伍建设,服务于我校高级应用型人才培养的需求。初步建立"双师素质"教师认定管理机制,对各学院"双师素质"教师进行认定统计,认定结果作为个人和二级单位考核的重要内容。2012年首次认定62位具有"双师素质"教师资格。

经过多年的努力,学校师资培养取得一定成绩,教师培养培训制度逐步完善,教师队伍整体水平得到提升。通过鼓励教师在职攻读研究生学历学位,逐步改变原有教师队伍学历整体较低和研究生学历学位的专业分布不平衡的状况。同时,有计划、多途径、分层次地开展国内外访学、博士后研究、课程进修、学术交流等各类培训进修,为教师更新知识、开阔学术视野、提升学术水平创造条件。2010年至2012年,教师在职(脱产)攻读博士学位24人,攻读硕士学位71人,国内访学、进修32人,其他培训976人次,提高了教师队伍的整体水平。

专业实践制度初步建立。2009 年制定和实施了《加强中青年教师实践能力培养暂行办法》，鼓励支持 45 周岁以下的专业课教师、专业基础课教师和实践指导课教师到企事业单位和相关行业一线挂职锻炼 3~5 个月；鼓励教师带队下企事业（学校）实习、指导课程设计和毕业设计；鼓励教师报考各类职业资格；优先引进既有扎实理论基础，又有企业生产、研发和管理经验的人才承担专业教学任务。2010—2012 年，选送 40 名教师赴企事业单位参加专业实践，教师专业实践能力得到提高。

青年教师教学水平逐渐提升。实施《青年教师助教培养暂行办法》，实行新教师导师和助教培养制度。学校重视青年教师培训，举办了 3 期青年教师培训班，共培训 226 人。实施《青年教师优质一堂课评选办法》，开展青年教师教学比武，设置青年教师优秀教学奖，激励青年教师潜心教学；2010—2012 年，青年教师教学比武参与率达到 95％，有 44 位青年教师获奖。

第四章 开放创新,服务经济社会发展

作为一所生于地方,长于地方的高校,三明学院与地方经济社会发展有着天然的联系。2004 年 11 月,中共福建省委颁发《海峡西岸经济区建设纲要(试行)》,开始启动海峡西岸经济区建设。2009 年 5 月,国务院正式下发《关于支持福建省加快建设海峡西岸经济区的若干意见》(国发〔2009〕24 号),海峡西岸经济区建设从福建省战略上升为国家战略。服务"海峡西岸先行先试区"或称服务海西建设逐渐成为福建高等教育改革发展中的一项重要内容和紧迫任务。三明学院紧紧抓住海西建设的历史机遇,确立"立足三明,面向全省,辐射海峡西岸"的服务面向,坚持以开放创新促发展,主动融入海西和三明经济社会发展大局,力求在服务社会的过程中提升办学水平,实现学校事业又好又快发展。

第一节 服务海西发展规划与实施

服务海西发展规划的制定与省领导批示

从 2006 年起,福建省人民政府及教育主管部门相继出台了引导高校服务海西建设的一系列政策措施,主要有《福建省教育厅关于适应海峡西岸经济区建设进一步优化高校专业结构的若干意见》(闽教高〔2007〕65 号)、《福建省人民政府办公厅转发省教育厅等部门关于实施高等学校服务海峡西岸经济区文化建设工程意见的通知》(闽政办〔2009〕7 号)、《福建省人民政府办公厅转发省教育厅等部门关于海峡西岸经济区建设技能型紧缺人才培养实施计划的通知》(闽政办〔2008〕50 号)等,在政策上、经费上支持高校服务海西工作开展。

2008 年 7 月,福建省教育厅、福建省财政厅发出《关于开展高校服务海西建设重点项目申报工作的通知》(闽教高〔2008〕75 号),力图通过重点建设好一批对产业发展和科技进步具有重要支撑作用的科技创新与成果转化项目,一批对繁荣发展海西文化具有重大推动作用的经济文化建设与创新项目,实现项目建设与产业结构调整、产业升级、科技创新和社会发展的紧密结合,出一批重大的标志性建设成果,不断提高创新能力和水平,努力在高校服务海西建设上发挥带头辐射作用,从而有效实现高等教育服务社会的功能,实现福建高等教育的历史性发展。

在政府的主导下,福建省高校主动贴近海西、融入海西、服务海西,切实履行高等教育重要职责和使命;高校自觉地把服务海西建设纳入战略行动计划,从战略高度科学谋划,精心布局,积极作为。高校与政府形成认识上的高度一致和行动上的充分协调。早在 2007 年,厦门大学从服务海峡西岸经济区建设全局出发,研究制定了《厦门大学服务海峡西岸经济区行动计划》。时任省委书记的卢展工对《厦门大学服务海峡西岸经济区行动计划》作出重要批示:"厦门大学能够不断提升自身的站位,立足地处海西的优势确立更高的目标,值得肯定。我省高校应该借鉴。"地处闽西北山区的三明学院也迅即行动起来,于 2008 年制定了《三明学院服务海西建设又好又快发展规划(2008—2012 年)》,从顶层设计上将学校建设发展全面融入海西及三明市发展战略,通过项目带动得以组织实施,开始了一所新建本科高校具有自身特色和使命担当的战略行动。

《三明学院服务海西建设实现又好又快发展规划(2008－2012 年)》(以下简称"服务海西规划"),包含 1 个总体规划和服务海西重点项目建设(8 个)、学科专业建设、师资队伍建设 3 个实施计划,于 2008 年 11 月上报市委省政府和省教育厅,并在校内印发施行。

总体规划是在《三明学院"十一五"发展规划纲要(2006—2010 年)》的基础上编制的,对指导思想、办学定位、建设目标进行了简要表述,突出了建设内容和保障措施。规划内容与地方经济发展紧密结合。建设内容包括"调整学科专业结构,培养应用型人才推进重点项目建设""提升服务海西能力实施人才工程""造就高水平师资队伍""保障措施"4 个部分。学科专业结构与布局符合海西建设和三明市"4＋1"产业发展需要,也反映了我国经济社会发展对应用型人才的需求。所遴选的 8 个项目均有较好的基础和前景,项目规划明确了建设意义、建设目标、建设任务、经费安排和预期成果,经过建设,力争成为服务三明、服务海西经济建设和社会发展的在省内有影响的示范性项目,从而带动学校办学实力和服务社会能力的提升。

在规划编制的过程中,经过了三明学院学术委员会、领导干部暑期研讨班的充分讨论和党委会议的认真研究,学校还于 2008 年 10 月 6—8 日邀请福州大学、福建师范大学、福建农林大学、皖西学院、武汉工程大学等省内外 8 位专家对规划进行了论证,并根据专家提出的意见进行了修订。规划形成后,即下发校内各单位学习讨论、组织实施。在这个过程中,全校上下进一步统一了认识,增强了服务海西的责任感和使命感。

服务海西规划是三明学院服务海西建设和三明市经济社会发展的行动纲领,对于实现学校事业又好又快发展具有重要意义。制定规划的目的在于紧紧抓住省教育厅开展高校服务海西重点项目建设的机遇,建设好科技创新与成果转化项目、经济文化建设与创新项目,发挥重点项目建设的示范和带动作用,加快创建若干个具有国内或省内先进水平的特色学科、品牌学科,促进办学水平和教育质量的提升,努力实现学校又好又快发展,更好地为海西建设提供人才、技术支持和知识贡献,为福建省建设"两个先行区"和三明市在海西建设中加快崛起发挥积极作用。

三明学院服务海西发展规划是福建省高校服务海西的一个典范。2008 年 11 月上旬,省政府黄小晶省长和省委常委、副省长、教育工委书记陈桦同志分别对《三明学院服务海西实现又好又快发展规划(2008—2012 年)》作出重要批示。11 月 17 日,中共福建省委教育工委办公室、福建省教育厅办公室编印的《教育情况通报》第 7 期全文印发《三明学院服务海西建设实现又好又快发展规划(2008—2012 年)》。该期通报的"编者按"写道:

三明学院制定了《服务海西建设实现又好又快发展规划》。省政府黄小晶省长作了重要批示:"各高校如都能结合各自实际开展服务海西活动,将会极大推动高校教育质量的提高。"省委常委、副省长、教育工委书记陈桦同志也作出重要批示:"这个规划制定得比较实,与地方经济发展结合得比较紧,应在全省高校中倡导。高校服务海西工程就是要这样扎扎实实地一个项目一个项目抓,持续数年,必有成效。"为认真贯彻落实省领导的批示精神,现将《三明学院服务海西建设实现又好又快发展规划》印发给各地教育部门和各高等学校,请结合本地本校实际,认真学习借鉴三明学院的做法,精心谋划发展思路,采取切实有效措施,不断提升高校服务海西的水平和能力,推动教育事业又好又快发展。

省领导的批示,在三明学院引起强烈反响。11 月 20 日,党委中心组第一时间召开学习会,组织学习贯彻。全体师生员工深受鼓舞,表示要认真学习、深刻领会省领导的批示精神,深入贯彻落实科学发展观,全力实施服务海西建设规划,为实现学校又好又快发展而努力奋斗。

服务海西发展规划的实施与项目推进

为贯彻落实好省领导的批示精神,进一步转变教育观念,牢固树立服务经济社会发展需求的办学理念,扎扎实实抓好项目建设,学校于 2009 年 1 月印发《三明学院关于实施"服务海西发展规划"的意见》,并配套出台了相关制度和政策。这些制度包括《三明学院服务海西建设重点项目管理办法》《三明学院服务海西重点项目专项经费管理办法》《三明学院柔性引进高层次研究型人才的暂行办法》《三明学院柔性引进高层次教学型人才的暂行办法》《三明学院加强中青年教师实践能力培养的暂行办法》《三明学院本科教学"质量工程"项目及经费管理办法》等。

实施服务海西发展规划,关键是要抓好重点项目。2008 年 12 月,学校成立服务海西重点项目领导小组,由马国防书记、郑建岚院长为组长,赵峰副书记、梁一池副院长为副组长,相关部门及项目所在系的负责人为成员,领导小组设办公室,挂靠在科研处,负责日常工作。

2009 年 2 月,省教育厅、省财政厅公布福建省高校服务海西建设重点项目,学校报送的 8 个项目顺利入选,并争取到省里 300 万元专项经费支持。这 8 个项目是:

(1)环保型建筑材料的开发与应用。服务海西交通等基础设施的土木工程建设,依托学校省级新建本科高校重点学科项目"结构工程",与厦门冠耀建材有限公司、三明钢铁集团劳动服务公司等企业合作。

(2)三明市天然药用植物资源开发利用研究。服务三明市生物医药产业,依托学校省级新建本科高校重点学科项目"植物学",与三明吉口林业采育场合作。

(3)三明地区化工类优势资源的开发和应用。服务三明市的化工产业,依托学校省级新建本科高校重点学科项目"生物化工",与福建三钢(集团)三明化工有限责任公司、三明百事达淀粉有限公司等企业合作。

(4)三明市纺织印染业废水治理技术研究与应用。服务三明市的化工产业,与福建纺织化纤集团等企业合作。

(5)三明载重汽车与机械产品先进设计建设的开发与应用。服务三明市的机械与汽车零配件产业,依托高校创新平台"三明机械 CAD 工程研究中心"及与永安市共建的福建三明汽车工程技术研究所,与福建福迪车辆制造有限公司、三明重型机械制造厂合作。

(6)三明地方文化资源与旅游开发。服务三明市的旅游产业,依托高校人文社科研究基地"三明学院生态文化研究中心",与泰宁古城旅游开发公司合作。

(7)三明市优势矿产资源开发利用平台建设。服务三明市的矿产资源产业,与三明市国土资源局、闽西地质大队合作。

(8)三明市林业产业发展与闽台林业合作创新研究。服务三明市的林业发展和闽台林业合作,依托学校与海峡两岸(三明)现代林业合作实验区共建的闽台林业研究所,与三明市林业局合作。

为做好第二批省高校服务海西建设重点项目申报准备工作,2009 年 10 月,学校启动校级服务海西科技开发与文化建设专项工作。

校级服务海西专项分为两类,一类是科技开发项目,另一类是文化建设项目。

科技开发项目重点资助范围:

(1)现代信息技术与信息系统集成方向;

(2)虚拟现实技术在网络推介三明地方资源的应用;

(3)三明真菌类保健产品的开发;

(4)其他围绕三明市五大产业集群的科技开发项目。

文化建设项目重点资助范围:

(1)三明万寿岩古人类文化的研究;

(2)三明革命老区历史文化研究;

(3)在海西建设中三明精神文明发展研究;

(4)三明涉台文物研究;

(5)林博会和三明旅游动漫产品的开发;

(6)其他海西文化研究与社会发展项目。

项目总数不超过 10 项,期限为 1～2 年,不超过 2 年。科技开发专项支持经费为 6 万元,文化建设专项支持经费为 3 万元。

学校有条不紊组织推进项目建设,分别于 2009 年、2010 年、2011 年多次召开服务海西建设重点项目工作会议,及时部署工作、检查进展情况、交流经验,不断推动工作取得新成效。

2009 年 1 月 5 日,学校召开服务海西建设重点项目工作会议,对服务海西建设重点项目实施进行了动员,郑建岚院长代表学校分别与 8 个服务海西建设重点项目负责人签订了项目任务书(合同)。

2009 年 5 月 20 日,学校召开了服务海西重点项目对接《振兴三明工业行动计划》会议。目的是要充分利用《振兴三明工业行动计划》逐步推进的良好契机,促进学校服务海西项目与《振兴三明工业行动计划》主动对接,在振兴三明 8 大产业中积极寻求作为。

2010 年 9 月 28 日,学校召开省级服务海西建设重点项目汇报会。会议进一步引导各个项目在研究上要突出应用性,通过服务海西重点项目、研究平台孕育出更多的项目和成果,通过项目带动人才培养,形成研究团队和学术梯队。

2011年3月2日,学校召开服务海西建设重点项目工作会议,会议分析了学校服务海西重点项目的总体情况,就2011年项目工作计划的制订提出具体要求,解读了《三明学院服务海西重点项目子课题管理的补充规定》(讨论稿),要求各项目组对照项目任务书,做出有显示度的系列成果,为2012年项目结题做好准备。

从2010年起至2013年,学校每年对上一年度服务海西重点项目建设优秀团队进行总结表彰,先后有"三明市天然药用植物资源开发利用研究""三明地区机械产品先进设计技术研究与应用""三明市纺织印染工业废水治理技术研究与应用""三明市特色旅游工艺品与动漫造型礼品的设计开发""三明土堡建筑仿真漫游与数字化保护""闽台客家文献数据库的建设和研究"等团队受到表彰。

服务海西推动学校发展上水平

服务海西对学校发展的推动作用是巨大的。2013年1月24日,刘健院长在三明学院二届三次教职工暨工会会员代表大会《三明学院工作报告》中深情回顾:"2008—2012年,是学校大力实施《三明学院服务海西建设实现又好又快发展规划(2008—2012年)》5年。我们按照学校第一次党代会提出的奋斗目标,坚持服务海西、服务三明市经济社会发展的方向,认真贯彻落实省领导对服务海西规划的批示精神,着力推进服务海西项目建设,全面完成规划任务,促进了规模扩大、办学转型和内涵提升,学校各项事业取得了历史性成就,实现了跨越式发展。"

具体来说,一是促进了规模发展。由于学校主动融入经济社会发展,"2012年在校生规模发展到11000人"和"2020年全日制在校生达到并稳定在15000人左右"分别写入学校服务海西规划和中长期发展规划,得到了省教育厅和市政府的大力支持,全日制在校学生由8086人增加到13907人,增幅达72％。本科专业由24个增加到34个。

二是促进了重点特色学科建设。不断凝练学科专业,省级重点学科由3个增加到6个,省特色专业建设点由1个增至6个。2011年,艺术设计专业获评教育部特色专业建设点。

三是增强了服务地方的能力。省级科研机构由2个增至8个,校级科研机构由8个增至12个。2010年获批的"福建省固定床洁净煤气化工程技术研究中心",是三明市和福建省新建地方本科院校第一家省级工程技术研究中心。获得各类科研课题302项,年平均增长15.2％;到位科研经费2089万元,年平均增长53.5％。其中,8个服务海西建设省级重点项目获得专项经费1500万元。引导教师重视科技创新和成果转化,获得授权专利13项,其中发明专利7项,项目成果鉴定6项,获奖成果81项。学校以服务海西为动力,大力开展校县(区)合作、校企合作,主动为海西及地方经济社会服务,产生良好的社会声誉。

四是形成服务海西的思想共识。在开展深入学习实践科学发展观活动中,学校确定了"坚持科学发展、突出服务海西、提升办学质量、推动教育创新"的活动主题,扎实开展学习实践活动。为了让全校教职工把思想统一到校党委的决策部署上来,学校结合学习实践科学发展观主题教育开展学习讨论,撰写心得体会,后编印成《服务海西求作为,科学发展上水平》文集。该书由人民出版社于2010年4月出版发行,全书共分为6个部分,收录了三明学院在2009年

3 月至 8 月期间开展深入学习实践科学发展观活动的重要文献、领导讲话、党员干部的心得体会文章,以及部分活动简报和媒体报道的内容,涵盖了学校学习实践活动的全过程。①

五是促进大学生在海西热土上实践成才。从 2009 年暑期开始,三明学院持续几年开展了以"与祖国共奋进·与海西同发展""青春奋进跟党走、服务海西促跨越"等为主题的社会实践团队活动。每年组织多个专业类和主题类团队活动项目,同时各系也自发组建了具有专业特色的暑期社会实践团队,引导青年学生踊跃投身社会实践活动,在推动科学发展、投身海西建设的伟大实践中奋发有为,奉献社会,唱响时代主旋律。师生们的足迹踏遍八闽大地,在海峡西岸经济区红红火火的建设中汇聚成青春而热情的火焰。

融入区域经济社会发展的主流,是新建地方本科高校走向成熟的必然选择。海西建设为三明学院的发展提供了良好的机遇,学校在服务海西中通过融入区域发展战略、对接区域主导产业、实施区域合作共建、引领区域文化传承创新等途径,承担更大的社会责任,赢得更多办学资源,以服务海西建设为契机提升办学水平,在全面融入海西建设中推进科学发展。

第二节 科研兴校战略的实施

科研兴校战略的提出

2006 年 6 月 24 日,三明学院第一届教职工暨工会会员代表大会第二次会议召开,与会代表表决通过《三明学院"十一五"发展规划纲要(2006—2010 年)》决议。在这份决议中,学校明确提出"实施科研兴校战略,增强服务经济社会能力"。

具体来说,一是在确保以教学为中心的同时,积极推动科研工作的开展,以此促进学科建设,促进师资队伍建设,促进教学和人才培养质量的提升,更好地为三明市社会发展、经济建设服务。

二是加强科研基地和科研团队建设,着力解决区域经济和社会发展的重大科技问题,加速科技成果向现实生产力转化。加强课题的立项、实施、鉴定和成果转化工作。加大纵向课题的申请力度,扩大横向课题的来源,使在研的科研课题每年保持 10% 的增长,每年科研立项达到25~30 项。争取每年到校科研经费按 20% 递增,到 2010 年要突破 100 万元大关。校内科研经费预算(包括事业费及科研专项经费)每年递增 30%。

三是积极鼓励和支持教师参加科学研究和科技开发工作,把教师参加科学研究和技术开发工作及取得的成果列为教师业绩的重要内容。

四是积极探索与科研院所、企业合作的新路子,充分吸纳社会研究资源,组建具有明显区域特色和学科优势的研究中心,逐步建立起产学研紧密结合的科学研究新体系,凸显主动为三明经济社会发展服务的作用。

---

① 俞杰.三明学院举行《服务海西作为科学发展上水平》新书首发式[N].三明日报,2010-05-25(A2).

五是加强学术交流。有计划地开展学术交流活动,邀请国内外知名专家、学者来校讲学或进行学术交流。加强学生课外科技文化活动,支持学生积极参加学术活动和课题研究。

六是加强学术期刊建设。提高现有学术期刊质量和知名度。

科学研究是高校的基本职能和重要使命。推动理论研究与技术创新,不仅对大学自身提高人才培养质量、提升社会服务能力至关重要,而且对国家发展、民族复兴乃至人类社会进步都具有重大意义。作为一所地方本科院校,学校旗帜鲜明地提出"科研兴校"的战略,说明学校已经意识到,只有将科研能力和水平真正提高上去,才能带动各学科专业知识生产能力的提升,才能为创新型人才培养提供更加丰富的知识积累和更多的科研实践,才能为提升教育教学现代化水平提供更加有力的依托支撑。这也标志着学校开始聚焦学术前沿和区域发展需求,着力向内涵式发展道路迈进。

"十一五"科研发展规划的制定

"十五"期间,学校处于升本建院时期。为了完成升本建院的历史性跨越,学校党委、行政于2001年2月成立了科研处,学校的科研工作从无到有,逐步发展起来。2001年,全校只有一个三明市科技项目,获资助经费2万元。2004年,全校获福建省自然科学基金项目1项、省市科研项目共12项,获资助经费共14万元。2005年,全校共获省市以上科研项目18个,其中国家艺术规划项目1项、省自然科学基金6项、省高新技术项目2项、省社科规划专项1项,共获资助经费58.6万元,位于全省新建本科院校的前列。

虽然学校在"十五"期间科研工作取得了比较大的成绩,但是,学校整体科研实力还比较薄弱,具有较强科研能力的教师不多,各系科研工作发展很不平衡,人文社会科学的研究水平有待提高,产学研科技开发工作有待加强。为了进一步推进学校的科研工作,学校制定了"十一五"科研发展规划(以下简称《规划》)。

《规划》是在《三明学院"十一五"发展规划纲要(2006—2010年)》的基础上编制而成的,对指导思想、科研定位、发展目标、保障措施等进行了阐述。在规划中,学校明确提出"面向三明市乃至福建省经济建设和社会发展需要,确立学科建设在我院各项工作中的龙头地位,明确科研工作在人才培养和学科建设中的重要作用,力争把我院办成先进的地方性本科院校"。

对学校科研工作的具体定位,一是发挥科研对学科建设的作用;二是发挥科研对师资队伍建设的作用;三是发挥科研对教学质量的促进作用;四是发挥科研对当地社会发展、经济建设的作用。

《规划》还明确提出:"以科研促进学科建设,促进师资队伍建设,以科研提升教学和人才培养质量,提升为当地社会发展、经济建设服务的水平。加强领导,加大投入,完善科研管理体制,进一步营造浓厚的科研氛围,争取多拿科研项目,多出科研成果,多出人才。"

具体而言,"十一五"期间,在科研项目方面,"争取获省市以上科研项目立项数以每年10%增长。2006年,争取省市以上的科研项目20项。2008年省市以上的科研项目争取25项,到2010年达到30项左右,国家科研项目争取2～3项"。在科研经费方面,"争取每年到院科研经费按 20％递增，2008 年获得国家、省、市科研经费和横向科研经费总额争取 70 万元，到2010 年要突破百万元大关。院内科研经费预算（包括事业费及科研专项经费）每年递增30％”。在成果转化方面，"充分发挥计算机应用技术研究所、林产化学与涂料研究所、应用生物技术研究所等科研基地的作用，面向三明市经济建设的主战场，主动参与产学研工作，为三明市企业提供技术开发和技术服务，力争 2008 年累计有 5 项高新技术成果转化，到 2010 年累计有 10 项高新技术成果转让，争取年均创收 10～20 万元"。在科研基地方面，"在办好现有客家文化研究所、林产化学与涂料研究所、计算机应用技术研究所、应用生物技术研究所的基础上，'十一五'期间，根据重点学科建设的需要，计划建设虚拟现实技术应用研究所、亚热带资源与环境生态研究中心、电子信息技术应用研究所等。引入研究机构的激励竞争机制，使科研机构成为重点学科建设的主要阵地，争取科研项目和科研经费的主要单位，科研成果产出的主要基地，科研团队和学科梯队培育的主要摇篮"。在科研成果方面，"在 SCI 和 EI 收录的论文在2005 年累计 14 篇基础上到 2008 年达到 20 篇，2010 年翻一番，累计达到 30 篇。在中文核心期刊以上发表论文数量平均每年接近 25 篇。到 2010 年，学术著作累计出版达到 15 部，获得省市级奖励的科研成果累计数达到 20 项，获得国家级（包括教育部）奖励的科研成果争取有所突破，专利和产学研技术开发成果争取累计达到 10 项"。在科研队伍方面，"加大人才培养力度，加快学术梯队建设，建立一支高水平、高素质、整体结构合理、富有生机活力的科研队伍，以科研促人才成长，使得专业技术队伍中具有高级专业技术职务人数接近 40％（其中正高级专业技术职务人数占高级职务的比例达到 22％以上）；促进重点学科发展，到 2010 年，争取省重点学科 1～2 个，争取建立硕士点 2～3 个"。

《规划》要求全校各级领导干部要转变思想观念，不仅要牢固树立"以教学为中心"的思想，也要牢固树立学科建设和科研是高校办学水平标志的意识，把科研工作摆在学院工作的重要位置，决不能以任何理由轻视或忽视科研工作。学院各个职能部门要统一思想，提高为教学科研服务的自觉性，特别要为科研发展提供良好的环境。科研管理部门要加强宣传和交流，营造浓厚的学术发展氛围，为科研人员争项目、争经费，铺路搭桥。设备管理部门要在科研仪器的采购、维护等方面为科研人员提供优质的服务，从硬件上为科研发展创造良好条件。图书管理部门要适应科研发展的需要，为科研提供必要的资料保障。人事管理部门的各项政策要与重点学科建设和科研发展相互衔接，相互协调。后勤管理部门要加强后勤保障，为科研人员提供优质的后勤服务。同时，随着学院财力的增加，要进一步加大科研投入，并根据科研发展需要及时设立新的专项经费，使有关经费每年保持较大的增长幅度。经费投向要与重点学科和重点研究基地建设的发展方向一致。要做好对上述科研经费的预决算和监管工作，科学计划，厉行节约，合理使用，提高资金使用效率。

《规划》提出要"加强学术队伍建设"，即"要结合岗位聘任制的改革，积极创造条件，形成有利于人才尤其是优秀人才脱颖而出和成长的机制。对于重点学科和科研基地，学院在岗位设置、专业技术职务评聘、外出进修、学术交流等方面给予倾斜；每年引进一定数量的学科带头人和骨干教师。积极吸纳博士及其他院校的硕士生导师、博士生导师等到我院工作；采取多种形式，有计划地组织学术骨干外出进修或攻读硕博士学位；完善岗位聘任制的改革，进一步提高学科带头人、优秀骨干教师待遇，在科研条件、经费、承担项目等方面给予倾斜。选派优秀科研人员到国内外大学、科研机构进修、访问或合作研究,提高我院科研水平和层次,扩大我院在国内外的影响。通过以上努力,建立健全有利于加强学科建设和调动广大教师科研积极性、主动性和创造性的环境,最终形成年龄、学历、职称结构合理、富有生机活力的学术梯队"。

《规划》明确要"加强制度建设,完善激励机制"。一是修订和完善科研管理的规章制度,加大科研工作的激励机制,采取各种形式,表彰在科学研究中作出突出贡献的人员和他们的先进事迹。继续办好科研优秀奖,加大对国家级、省部级项目获得者,权威期刊论文作者,省部级以上科研成果奖获得者的奖励力度。设立科研管理组织奖,对科研组织、领导、管理等工作中作出显著贡献的单位或集体予以奖励。学院要每年召开一次全校科研工作会议,定期表彰全校优秀科研管理先进集体和个人,特别对在重点学科建设、科研基地建设中有重大贡献者给予奖励。二是加强科研机构发展和管理工作。5年间,要配合重点学科建设,再建立5~6个科研机构。对科研机构要定期进行评估,对科研成就突出的系和研究机构给予表彰和扶植;对长期不出成果又不开展学术活动的科研机构,给予调整,直至撤销。三是充分发挥学术委员会在学术审议、学术评议和学风维护的作用,为院党委、行政的重大决策提供科学依据。四是理顺院、系二级管理的职责,分工合作。各系要有专门的领导负责本单位的科研工作,认真做好本单位教师科研材料审查上报,负责科研项目的运行管理,协调好科研活动中的人、财、物的投入,以确保科研任务的完成。

"十一五"科研发展规划,是学校升格为本科院校的第一个科研发展规划。它的制定,实现了全校思想上的统一、行动上的一致,保证了"科研兴校"战略的稳定性和连续性,能够发挥集中力量办大事优势推进重大项目建设,为推进学校科研工作指明了方向,标志着学校开始步入"科研兴校"内涵式发展的道路。

"十一五"时期取得的科研成绩

"十一五"时期,在省市党委、政府和省委教育工委、省教育厅的正确领导下,三明学院党委、行政带领全校师生员工坚持以邓小平理论和"三个代表"重要思想为指导,深入贯彻落实科学发展观,牢牢把握历史机遇,紧紧围绕海峡西岸经济区建设提出的新任务、新要求,全力推动科学发展、跨越发展,科研工作取得了明显的成效。

5年来,共获得各类科研课题212项,年平均增长25%。到位科研经费2330万元。发表论文1578篇,其中一级期刊论文90篇、核心期刊论文183篇、SCI收录31篇、EI收录56篇。出版著作10部。获得授权专利9项,其中发明专利5项。项目成果鉴定6项。获奖成果78项,其中福建省科技进步奖三等奖1项、福建省自然科学优秀论文奖15项、市优秀社科成果奖58项、市科技进步奖二等奖1项、市文艺百花奖3项。有28项成果与企业签约对接,有2项产学研项目获得教育部科技发展中心表彰。建成省级工程技术中心1个,省高校在建创新平台4个,成立校级研究所11个。《三明学院学报》被评为"全国高校优秀社科期刊""全国地方高校优秀学报"。稿源增加,2010年由季刊改为双月刊。

一些标志性的科研成果也在这一时期取得:2007年邓享璋老师的"内陆闽语语音的比较

研究"获得教育部人文社会科学研究一般项目资助,2009 年邓享璋老师的"内陆闽语的现状与历史研究"获得国家社会科学基金青年项目立项,分别实现学校教育部人文社会科学研究一般项目、国家社科基金项目零的突破;2008 年 1 月,"机械现代设计制造技术福建省高校工程研究中心""福建省高校人文社会科学研究基地三明学院生态文化研究中心"获批建设,学校省级科研平台实现从无到有;2010 年三明市首家省级工程技术研究中心即"福建省固定床洁净煤气化工程技术研究中心"获批建设,学校科技创新平台建设工作取得新突破。"马尾松优良种质材料收集及定向选育研究"获得 2010 年度省科技进步奖三等奖。

"十一五"时期取得的科研成绩来之不易,是全校上下奋力拼搏取得的。当然,学校的科研工作也存在不少困难和问题:高层次人才仍然缺乏;高水平、高层次的科研项目不多,国家级项目数量有待突破;办学经费紧张仍然是制约学校发展的主要瓶颈,等等。这些都迫切需要学校增强紧迫感和责任感,采取有力措施,认真加以解决。

第三节　开放办学赢得发展先机

先行先试开展闽台合作办学

三明学院是省内较早与台湾教育界开展交流的院校之一,学校前身之一的三明师范学校有许多校友在台湾。两岸民众开放交流后,学校与台湾校友的联系愈加密切。在校友的牵线下,1993 年 12 月 13 日,三明师范学校建校 90 周年校庆期间,由福建省中等师范教育研究会、《师范教育》编辑部、三明师范学校联合举办的"首届海峡两岸师范教育学术研讨会"举行,共商两岸师范教育发展道路。

三明学院成立以后,学校与台湾地区在人员往来、学术交流等方面有了很大进展。2007年 11 月 6 日,第三届海峡两岸(三明)林业博览会的分论坛"海峡两岸生物产业合作论坛"举办期间,新党主席郁慕明等嘉宾访问学校,并就"两岸生物产业合作与发展"议题做了专题演讲。学校还与海峡两岸(三明)现代林业合作实验区合作,成立"闽台林业研究所",为两岸林业科研人员开展合作与交流建立新的平台。在"请进来"的同时,学校也积极地"走出去"。学校行政管理人员和专业教师多次随福建省教育考察团、福建省高校艺术访问团、三明市文化交流代表团等到台湾考察交流。

2009 年,《国务院关于支持福建省加快建设海峡西岸经济区的若干意见》(以下简称《意见》)颁布,《意见》明确指出"海峡西岸经济区的战略定位为两岸人民交流合作的先行先试区域",鼓励"发挥独特的对台优势,努力构筑两岸交流合作的前沿平台"。为贯彻《意见》精神,响应省委"海西先行,教育要先行"号召,学校与台湾高校的交流与合作驶入快车道。2009 年 8月,学校成立由郑建岚院长为组长的"闽台合作办学工作领导小组",提出"集全校之力、聚全校之智做好闽台合作办学工作",并以申报闽台联合培养人才项目为契机,与台湾高校开展合作。

一是签订合作交流协议。2009 年 11 月 7 日,学校在深圳中国国际人才交流会上,签署了闽台项目合作协议书。这是学校与台湾高校签订的第一份合作交流协议。截至 2012 年底,学校先后与台湾中国科技大学、大叶大学、中原大学、岭东科技大学、勤益科技大学、义守大学、中华大学、德明财经科技大学、亚洲大学等 11 所台湾高校签订合作交流协议,建立合作交流关系。

二是开展合作办学。2010 年 4 月,学校经省教育厅批准开展闽台合作办学,成为福建省开展闽台高校联合培养人才项目的 5 所先行先试高校之一,也是全省第一所与台湾合作办学的山区新建本科高校。2010 年 5 月,学校成立海峡理工学院,负责项目管理与实施。学校的闽台高校联合培养人才项目紧紧围绕建设海峡西岸"两个先行区"的战略部署,紧密结合人才培养的市场需求,立足高等教育服务海峡西岸建设和紧缺急需的理工科应用型、技能型人才的培养,与台湾中国科技大学、大叶大学、中原大学、岭东科技大学、义守大学合作办学,先后设置了计算机科学与技术、市场营销、财务管理、土木工程、机械设计及其自动化、艺术设计、动画等招生吸引大、就业态势好的 7 个本科专业及方向,截至 2012 年,学校闽台高校联合培养人才项目共招生约 650 人。

三是进行师生互访。随着闽台合作办学项目的持续深入开展,学校与台湾的人员交流在规模和频度上都有显著增加。2010—2012 年,先后派出 60 余人次骨干教师和管理干部赴台参访或研修。根据《福建省教育厅关于报送 2010 年赴台学习学生派送计划的通知》的文件精神,2010—2012 年,除闽台高校联合培养人才项目学生外,还选派了 3 批 55 名交流生赴台湾高校学习。2011 年 10 月,组织 14 名师生参加台湾中国科技大学举办的"第二届海峡两岸高校学生营销策划邀请赛",并获得大赛唯一的金奖。2012 年 9 月 7 日,首批"3＋1"项目学生136 人顺利抵达台湾中国科技大学开始为期 1 年的学习。2008 级数信学院沈力同学在赴台学习期间代表台湾中国科技大学参加微软国际竞赛夺得金奖。学生在台湾高校期间表现良好,得到了所在高校师生的一致好评。与此同时,学校在对台交流上的积极作为,也得到了台湾高校的积极回应,校际互访频繁。除台湾高校教师来校授课外,台湾中华大学、岭东科技大学、义守大学、德明财经科技大学等高校高管和教授还主动到校参访。台湾中国科技大学校长、大叶大学校长专程前来学校出席 2011 级新生开学典礼,共同启动"三明学院-台湾中国科技大学-大叶大学远程视频教学系统";台湾大叶大学派代表专程前来参加"第九届海峡项目成果交易会",双方与中国重汽集团福建海西汽车有限公司共同签约成立"海峡汽车工程研发中心"。这些交流极大地密切了与台湾高校的合作关系,形成了对台交流的良好局面。

学校高度重视对外开放办学工作,把开放办学、合作育人作为推进应用型人才培养的战略举措,并将对台合作办学工作纳入《三明学院中长期发展规划纲要(2010—2020 年)》,力图通过闽台合作,继续推动多元化办学,深化应用型人才培养模式改革,对提升学校办学实力产生重要影响。

学校开展闽台合作办学和应用型人才培养模式改革、促进两岸交流和服务地方经济社会发展所取得的成效,也得到了三明市委市政府的大力支持和充分肯定。时任市委书记邓本元2012 年 3 月赴台开展经贸活动时,专程赴学校合作高校——台湾中国科技大学考察,对学校闽台合作办学给予了充分肯定,指出"'校校企'闽台高校联合培养人才项目"是"三明学院与台湾中国科技大学的教学交流,是三明与台湾开展交流的一张名片"。

开展校地、校企、校校合作

围绕"地方本科学院"的办学定位,学校坚持科研工作为地方经济社会发展服务的方向,坚持面向经济建设主战场、面向地方和企业急需的应用研究领域的工作思路。[①] 重点围绕三明"4+1"产业集群、福建主导产业、学校服务海西重点项目和经济、社会、文化建设的重大理论与实践问题,有效组织科研攻关,深化科研合作,学校办学水平和服务经济社会能力逐渐提升。

在自身资源有限的条件下,为了实现更快的发展,学校积极开展对外交流与合作,借用外力、外智加快学校发展。2006 年,学校依托生物技术专业,与复旦大学联合成立"复旦大学-三明学院天然药物工程研究中心"平台,致力于天然植物药物的研发和产业化工作;与福州大学建立了对口支援协作关系,并先后与厦门大学、福建师范大学、福建农林大学建立密切的合作关系;与永安市、沙县、明溪县等就人才培养、科技开发进行全面合作;与三钢集团、三明化工有限责任公司等多家企业进行了科技项目合作。2008 年,学校深化与三钢集团、永安汽车厂的合作。依托机械工程专业,与永安市共建"福建三明汽车工程技术研究所",开展载重汽车的新产品研发,为三明市汽车零配件企业提供技术服务;依托化学专业、机械工程专业,与福建三钢(集团)三明化工有限责任公司开展全面合作,开展节能减排等清洁生产技术研究;依托化工专业,与三明百事达淀粉有限公司合作进行木薯粉深加工等研究。深化与福州大学的全面合作,并有 3 位教授被聘为福州大学兼职教授。

2009 年,学校与明溪县人民政府、三明移动公司签订全面合作协议,着手进行科研项目合作、人才培养与培训、教学实习基地建设、高层次人才互聘、共建实验室等工作,服务海西项目建设迈开了坚实的步伐。依托中文、管理等社科专业,成立"三明学院生态文化研究所",围绕三明生态与地方文化开展研究。

2011 年,学校与宁化县签订全面合作框架协议,与尤溪县建立朱子文化研究合作关系。同时,牵头组建了三明市汽车产业技术创新战略联盟、三明市硅产业技术创新战略联盟。3 个项目成果在第 9 届"6·18"项目成果交易会上对接,4 个项目在福建省高校服务海西"闽西行"活动中成功签约。参加第 3 届海峡两岸(厦门)文化产业博览交易会,鞋类产品、软陶和硬陶动漫作品获得好评。拓展与企业的合作,与华宇置业集团、明商集团、安踏公司、永春福源锌业有限公司等企业达成战略合作的意向。

2012 年,学校与三元区人民政府被省科技厅共同列为"福建省中药材草珊瑚规范化种植科技示范基地"建设单位;建成省级(省发改委)技术开发基地"三明市动漫创意产品设计与研发公共服务平台"。海西(三明学院)园林景观规划与设计院士工作站在学校揭牌成立。有 7 个项目成果在第 10 届"6·18"项目成果交易会上对接。与中国重汽集团海西汽车有限公司、

---

① 马国防.深入贯彻落实科学发展观为实现三明学院又好又快发展而努力奋斗:在中国共产党三明学院第一次代表大会上的报告[Z].2009-01-17.

台湾大叶大学三方签约，成立海峡汽车工程技术研发中心。与中国重汽集团福建海西汽车有限公司签订战略合作协议。组团参加了第 4 届海峡两岸（厦门）文化产业博览交易会。加大力度推进校县、校企合作，特别是开展与三钢集团、海西重汽公司的科技项目的合作。抢抓我省大力发展创意产业的机遇，加大创意产业的科研开发工作，与中国动漫集团签订合作协议。与高等教育出版社签订合作协议。与华南理工大学出版社签订战略协议，共同开发客家数据库。

推进继续教育发展

落实函授教育专业社会化，建立终身教育体系。学校在函授教育专业选择方面强调与社会需要相结合，为社会发展提供社会需要的成人学历教育专业服务。其中，函授专科阶段的初等教育、工商企业管理、会计和函授本科阶段的市场营销、财务管理、土木工程、小学教育、学前教育，均吸引大量社会人员参加学习，既满足了学员个人成长与就业要求，也满足了社会发展急需此方面人才的需要。2004—2012 年，函授教育共录取 3896 人，毕业 941 人，其中函授本科是自 2009 年春季开始入学。

服务基础教育，促进教育高质量发展。做好省教育厅中小学骨干教师培训和相关专业培训；2011—2012 年承担国培项目——义务教育骨干教师培训，专业包括小学英语、小学科学、初中语文、初中数学、初中思品、初中体育、初中音乐、初中化学、初中生物、初中地理，共培训三明市中小学教师 2089 人次；2011—2013 年承担福建省中学数学学科带头人培训，培训全省中学数学学科带头人 90 人。

积极开展基础教育教学改革，认真做好面向三明基础教育的合作项目。坚持做好基础教育培训，常年培训项目包括中小学校长（幼儿园园长）培训、中小学教师培训、新任教师培训、班主任培训等，为三明基础教育事业的发展提供有力的服务；利用学校技术力量，为三明市基础教育学校提供校园文化建设规划和设计，加速学校的文化建设，提升学校的校园品位。2004—2012 年，共有 951 人参加中小学校长（幼儿园园长）任职资格培训，724 人参加中小学校长（幼儿园园长）提高培训，58 人参加中小学校长（幼儿园园长）高级研修培训。2012 年，遴选 37 所中小学校长（幼儿园园长）培训实训基地、52 名三明学院首批基础教育专家库专家。

开展满足教师岗位发展的多种培训。为满足教师专业成长需求，每年暑期邀请相关专业教师和教育专家给中小学（幼儿园）教师授课，提升他们的专业素养。2004 年举办中小学教务主任研修班和教育人事干部研修班，共培训 119 位干部；2004—2012 年，持续开展新教师任职培训和教师岗位培训，共培训中小学（幼儿园）新任教师 3753 人和在职教师 5867 人次；为进一步加强中小学班主任队伍建设，加大班主任培训力度，提高班主任队伍的整体素质，2008—2012 年持续开展中小学骨干班主任培训，共培训中小学班主任 2379 人。

服务乡村振兴，推进教育均衡发展。开展非学历培训互补的开放式终身教育体系。学校充分利用学校师资力量全的优势，通过开展转岗培训，为三明中小学富余学科教师转任紧缺学科教学提供教学理论提升及实践引领。2005 年,承接永安市小学教师转岗培训班,培训小学教师 36 人;2009 年,承接清流转岗培训班,培训中小学教师 22 人;2011—2012 年,承办小学富余教师转岗幼儿教师培训,共培训小学转岗幼儿教师 137 人,很好地缓解了幼儿教师紧缺难题;2011 年大田本科课程班,培训 17 人。2009 年开始,为服务三明基础教育,促进教师专业成长,解决中小学、幼儿园教师中存在的学历文凭与所任教学科专业不一致而影响教师职称评聘的问题,学校开办中小学本科课程培训,共计培训中小学教师 223 人;2011 年,承办永安市教育技术能力培训,共培训永安市中小学教师 100 人;2006 年和 2010 年,分别为明溪、大田举办小学英语教师岗位班,培训小学英语教师 66 人,以弥补小学英语教师不足问题;2003 年和 2011 年举办民办幼儿园园长任职资格培训,培训全市民办幼儿园园长 158 人,有效地提升了三明市民办幼儿园园长的知识水平与业务能力,为民办幼儿园规范化发展提供保证。

第五章　加强党建，深化思政教育改革

党的十六大、十七大进一步描绘了全面建设小康社会新的宏伟蓝图，进一步作出优先发展教育、建设人力资源强国和提高自主创新能力、建设创新型国家的战略部署。面对新形势、新任务，学校不断加强和改善党的领导，充分发挥党委总揽全局、协调各方的领导核心作用，坚持"育人为本，德育为先"，积极探索新时期高校党建与思想政治工作的新思路、新路径、新模式，为实现学校又好又快发展提供坚强有力的政治和组织保障。

第一节　全面加强党的建设

学习实践教育活动有序展开

学校党委把"三个代表"重要思想、"科学发展观"的学习，摆在党的思想建设的首位，作为领导班子的崇高使命和重要责任，有序推进党内集中教育活动的开展。

开展保持共产党员先进性教育活动。2004 年 11 月 7 日，中共中央下发了《中共中央关于在全党开展以实践"三个代表"重要思想为主要内容的保持共产党员先进性教育活动的意见》，决定从 2005 年 1 月开始，用一年半左右的时间，在全党开展以实践"三个代表"重要思想为主要内容的保持共产党员先进性教育活动。2005 年 7 月上旬开始到 11 月上旬，历时 4 个多月，学校按照中央和省、市委的要求，顺利完成了"学习动员""分析评议""整改提高"三个阶段的各项任务。全校 1 个党总支、28 个党支部、455 名党员，全部参加了学习教育活动，覆盖面达100％，达到了"使每个党员都参加活动，受到教育"的要求。广大师生员工对先进性教育活动的总体满意率达 96％。[①]

开展深入学习实践科学发展观活动。2008 年 9 月 5 日，中共中央决定从 2008 年 9 月开始，用一年半左右时间，在全党分批开展深入学习实践科学发展观活动。2009 年 3 月 30 日，学校根据省、市委深入学习实践科学发展观活动领导小组的统一部署，以"坚持科学发展、突出服务海西、提升办学质量、推动教育创新"为主题，以"建设具有明显特色、居省内先进水平的地方本科高校"为实践载体，组织全体党员特别是学校和系领导班子、党员领导干部以及党员骨干教师、学生党员深入学习实践科学发展观，自觉用科学发展观指导实践、推动工作，使我校党

---

① 李长生.在三明学院保持共产党员先进性教育活动总结大会上的讲话[R].2005-11-07.

267

的工作和党的建设更加符合科学发展观的要求。2009 年 5 月 25 日,学校召开领导班子深入学习实践科学发展观活动专题民主生活会,省委第十指导检查组到会指导,对学习实践活动做法和成效给予充分肯定。

开展创先争优活动。在党的基层组织和党员中深入开展创先争优活动,是党的十七大作出的重要部署,是深入开展学习实践科学发展观活动的拓展和延伸,从中央 2010 年 4 月作出决定,至 2012 年 11 月党的十八大召开前,历时两年半。根据中央和省委、省委教育工委有关部署精神,学校制定印发《关于深入开展创先争优活动的实施方案》,采用"公开承诺、党员示范、项目带动、现场观摩、五比五看、典型引路、全员育人、基层走访、两访两创、表彰先进"等十大载体,推动创先争优活动有序进行,基本实现"推动科学发展、凝聚各方力量、促进校园和谐、服务师生员工、加强基层组织建设"的目标。2012 年 9 月 10 日,制定印发《关于认真做好建立健全创先争优长效机制工作的通知》。

开展"两访两创"活动。"两访两创"即"学校管理干部访谈所有教师,教师访谈所有学生;创基层党建工作先进,争做优秀共产党员;创教育事业发展先进,争做优秀人民教师"。这是学校根据中央和省委、省委教育工委有关部署精神开展的主题教育,从 2012 年 3 月开始,到 12月结束。学校围绕科学发展、跨越发展,以"干部转变作风、教师教书育人、学生成长成才"为主题,通过活动开展,解决了一批实际问题,提升了基层组织的战斗力,加强和改进了学校群众工作,形成了密切联系师生的长效机制。2012 年 9 月 27 日上午,学校召开推进"两访两创"活动暨 2010—2012 年党支部工作"立项活动"校级优秀成果表彰会。

党建工作抓严做实

学校党委坚持"围绕发展抓党建、抓好党建促发展"工作思路,积极探索新形势下党建和思政工作新规律、新特点、新途径、新方法,推进学校党建和思政工作再上新台阶。

抓好党建是本职,不抓党建是失职。学校党委坚持把做好党建工作作为最大的政治任务,把加强党的建设作为主责主业,扛责在肩、抓紧抓实、长管长严。2004 年 2 月 1 日,学校召开新学期第一次教职工大会,校党委书记李长生作了讲话,强调切实抓好学校党的建设和思想政治工作,重点抓好"六项工作":要继续深入把学习贯彻"三个代表"重要思想和党的十六大精神作为新一年党的工作的首要任务;要切实加强各级领导班子的思想建设、组织建设、作风建设和廉政建设;要大力抓好校系两级后备干部队伍建设,加快选拔优秀中青年干部的步伐,坚持以发展论英雄,凭实绩用干部,使"政治上靠得住、发展上有本事、人民群众信得过"成为学校干部队伍建设的重要导向;要切实加强和改进党的基层组织建设,推进党支部建设目标管理,积极慎重地做好青年教师和学生中发展党员工作;要积极推进政治文明建设,拓宽民主渠道,推进校务公开,加强行政监督和校内审计,进一步提高依法治校、民主管理的水平;要坚持把思想政治工作摆在突出位置,加大思想政治工作创新力度,进一步推进思想政治教育进网络、进学生社团、进学生公寓。大力推进"三个代表"重要思想进课堂、进教材、进学生头脑,切实抓好省高校先进党委和省级文明学校、安全文明校园的创建工作,不断完善和加强校园安全稳定工作的责任制和运行机制,切实维护校园的安全稳定,积极配合市直部门和两区,加强对学校周边环境的综合治理。2008年10月31日,召开2008年党建与思政工作研讨会,校党委书记马国防在会上作了讲话,强调要以科学发展观为指导,"围绕发展抓党建、抓好党建促发展",实现学校又好又快发展。2009年1月17日,召开三明学院第一次党代会,马国防在工作中报告中强调,要全面加强党的建设,坚持党要管党、从严治党,紧紧围绕深入学习实践科学发展观,以执政能力建设和先进性建设为主线,全面推进党的建设新的伟大工程,努力把各级党组织建设成为推动学校又好又快发展的坚强领导核心。2010年3月25日,召开2010年党建工作会议,马国防在会上做了题为"努力提高党的建设科学化水平、扎实推进学校事业又好又快发展"的讲话。2010年12月3日,召开2010年党建与思想政治工作研讨会,马国防做了题为"提高党建科学化水平推进学校科学发展跨越发展"的讲话,强调要以科学发展观为指导,"围绕发展抓党建、抓好党建促发展",以科学制度保障党建,以科学方法推进党建,把提高党建科学化水平这一战略性要求落实到党的思想建设、组织建设、作风建设、制度建设和反腐倡廉建设的方方面面。2012年12月29日,在全校上下深入学习贯彻党的十八大精神之际,召开两年一度的党建与思想政治工作研讨会,马国防在会上做了题为"学习贯彻党的十八大精神,全面提高党建思政工作科学化水平"的重要讲话,强调要以党的十八大精神为指导,坚持"围绕发展抓党建、抓好党建促发展",深化高校党建"156"工作机制建设,推动学校加快内涵建设,提高教育质量,实现新的跨越。

建立和完善各项党建制度。学校党的制度建设一直在与时俱进、稳步推进。2006年3月7日,制定出台《贯彻落实中共三明市委关于建立健全保持共产党员先进性长效机制的若干意见的实施意见》。从机制和制度上落实党要管党、从严治党的方针,紧密围绕党的先进性建设、党建新的工程和新时期保持共产党员先进性的具体要求,建立健全党员"长期受教育,永葆先进性"的有效机制,不断增强党员队伍和党组织的创造力、凝聚力和战斗力,推进学校基层党组织建设,密切党组织和党员、党员与群众的联系,为实现建设型大学的目标和任务提供坚强有力的政治、思想和组织保障。2010年3月23日,制定印发《贯彻落实中央和省市委关于加强和改进新形势下党的建设的实施意见》,鲜明提出按照"围绕发展抓党建、关注师生抓党建、突出重点抓党建"的要求,全面落实学校第一次党代会提出的各项目标任务,大力实施学校"服务海西发展规划"和"中长期发展规划纲要",扎实推进学习型党组织和学习型高校建设,着力增强基层党组织的凝聚力、创造力、战斗力,着力提高学校党建科学化水平。2010年11月13日,制定印发《关于提升延伸"168"机制,在"六大领域"深化创先争优活动,推动三明学院科学发展跨越发展的实施意见》。"1"就是要解决"做什么"的问题。通过探索健全组织实行目标管理、个人实行设岗定责的目标责任体系,切实把创先争优和推进跨越发展的目标任务项目化、责任化。"6"就是要解决"怎么做"的问题。通过落实民主科学的方法,以规范的程序、创新的制度把党的领导、民主决策、公开监督等有机结合起来,确保基层各项工作真正做到有规可依、有章可循。"8"就是要解决"靠谁做"的问题。2012年9月10日,制定印发《关于实施创先争优"156"长效机制的意见》,探索建立创先争优"156"长效机制,即"围绕一个目标,构建五项机制,发挥六个方面作用"。一个目标:基层党组织创先进、共产党员争优秀,实现学校科学发展、跨越发展。五项机制:组织管理机制、学习教育机制、激励约束机制、服务保障机制、考评监督机制。六个方面作用:党组织的政治核心作用、行政班子的组织实施作用、教代会的民主监督作用、教授治学的引领带动作用、共产党员的先锋模范作用、教职员工的全员育人作用。

制度建设是保障,组织建设是基础。学校不断调整完善基层党组织设置,全面完成了系级党总支组建和党支部换届选举工作;制定实施党总支、党支部工作规则,建立党总支书记例会制度,推进了基层党组织制度化、规范化建设;大学生党建工作切实加强,2004—2008年,学校共发展大学生党员1638人,大学生党员比例逐步上升;基层党组织的凝聚力、战斗力增强,广大共产党员成为推进学校发展的中坚力量,涌现出一批先进集体和先进个人,省委授予化生系党总支"全省先进基层党组织",授予曹云露同志全省"优秀共产党员"荣誉称号。

统一战线历来是党的总路线总政策的重要组成部分,是我们党领导人民取得革命、建设和改革事业胜利的重要法宝。学校党委始终坚持把统战工作摆在重要位置。2009年5月13日,党委统战部单设,不再与党委组织部合署办公,校党委副书记、纪委书记陈若灿同志兼任党委统战部部长,初步形成党委统一领导、统战部牵头协调、有关方面各负其责的大统战工作格局。

党风廉政常抓不懈

在上级纪委和学校党委的领导下,学校坚持"标本兼治、综合治理、惩防并举、注重预防"的方针,紧紧围绕中心工作,强化廉政教育,注重制度建设,加强监督检查,构建惩治和预防腐败体系,深化落实党风廉政建设责任制,为学校科学发展、健康发展提供了有力保障。

2007年6月14日,学校召开2007年党风廉政建设工作会议,校党委副书记、纪委书记陈若灿做了题为"紧紧围绕学校中心工作,扎实推进惩防体系建设为我校持续健康发展提供坚强的政治和纪律保证"的报告,强调要强化监督检查、促进教育事业持续健康发展,要突出作风建设、引导党员干部做到为民、务实、清廉,要加强机关效能建设,提高服务质量;要严肃查处案件,推进预防学校职务犯罪工作;要拓展源头治理,有效规范权力运行;要加强领导,不断推进党风廉政建设。

2008年4月24日,学校召开党风廉政建设工作专题会议,陈若灿就抓好学校党风廉政建设工作提出三点要求:一是领会精神实质,提高思想认识;二是完善制度建设,规范办事行为;三是突出工作重点,强化监督检查。同时,传达了第十七届中央纪委第二次全会、省纪委八届四次全会、全省教育纪检监察工作会议的主要精神以及省委教育工委、省教育厅下发的《福建省教育系统预防腐败工作实施意见》和《关于福安市赛岐中学教育乱收费案件的通报》两份文件的主要内容。

2009年4月16日,学校召开党风廉政建设暨毕业生就业工作会议,陈若灿在会上做了"深入学习实践科学发展观,扎实推进我校2009年反腐倡廉建设"的专题报告,强调要深化反腐倡廉教育,形成拒腐防变的长效机制;进一步推进制度建设,完善反腐倡廉制度体系;强化监督制约,确保权力正确行使;改进机关作风,提高服务水平;依纪依法办案,严厉惩处腐败分子;加强组织领导,抓好工作落实。校党委书记马国防在会上作了讲话,他指出,省委教育工委对我校 2008 年党风廉政建设工作取得的成绩给予了肯定,要求各单位以此为动力,认真学习贯彻好上级有关会议精神,切实加强领导干部党性修养,树立和弘扬优良作风;突出工作重点,切实加强反腐倡廉建设;加强组织领导,扎实推进领导干部作风建设和反腐倡廉建设。

2011 年 3 月 31 日,学校召开 2011 年党风廉政建设暨校园综治工作会议,校党委书记马国防在会上做了题为"努力提升党风廉政建设和校园综治工作科学化水平"的讲话,强调要统一思想、提高认识,切实增强抓好党风廉政建设和校园综治工作的责任感、使命感;要围绕中心、服务大局,努力提升党风廉政建设和反腐败工作科学化水平;要围绕中心、提升水平,创新机制、强化教育,完善制度、规范管理,强化监督、查办案件。

2012 年 3 月 9 日,学校召开 2012 年党风廉政建设暨学校综治工作会议,校党委书记马国防在会上作讲话,强调要统一思想、深化认识,把党风廉政建设和校园综治工作作为一项重大政治任务,营造风清气正的干事创业氛围,构建具有高校特点的教育、管理、监督并重的惩防体系。校党委委员、纪委书记林群做了题为"加强反腐倡廉建设和综合治理工作,为推动学校科学发展跨越发展提供坚强保证"的工作报告。

第二节　"三育人"与思政模式创新

抓核心,创新思政工作模式

学校认真贯彻落实《中共中央、国务院关于进一步加强和改进大学生思想政治教育的意见》精神,始终把培养中国特色社会主义事业的合格建设者和可靠接班人作为根本任务,进一步完善和健全党委领导下的党政工团齐抓共管思想政治教育和德育工作的体制,把思想政治教育纳入学校建设和发展的总体规划,结合学校实际,坚持不懈在师生中开展积极有效的思想政治教育,采取多种形式促进邓小平理论、"三个代表"重要思想进课堂、进头脑、进教材。2004 年被授予"福建省思想政治工作研究会优秀会员单位"。

2005 年 12 月 29 日,学校成立以分管领导为主任的学生工作委员会,进一步加强学校对大学生思想政治教育和管理工作的领导。

2005 年 12 月 30 日,学校隆重召开加强和改进大学生思想政治教育工作会议,对致力"三育人",推进大学生思想政治教育工作的成绩与经验进行总结,提出要坚持以德育人,努力开创学校学生思政工作新局面。

2006 年 12 月 20 日,学校印发《三明学院共青团工作"十一五"规划》和《三明学院学生工作"十一五"规划》,聚焦学校事业发展目标和人才培养要求,对思想政治教育工作提出明晰思路。

在《三明学院共青团工作"十一五"规划》中,明确提出"以'三个代表'重要思想为指导,进一步加强和改进学校共青团的思想建设"。《三明学院学生工作"十一五"规划》将"学生思想政治教育"作为两项重点工作之一,提出政治教育工作在内容上要以中共中央《关于加强和改进大学生思想政治教育的意见》为指导,以爱国主义、集体主义、社会主义教育为主线,以世界观、人生观、价值观教育为核心,以"三个代表"重要思想为重点;在途径上要以学生党建为龙头,以政治理论课教育为主渠道,以政治学习为主阵地,以校园文化活动为引导,以国内外大事为契机;在形式上要形成理论学习、活动、宣传、网络、讨论等全方位立体式格局;同时,学生思想政治教育工作要把党的教育方针、政策和学校的办学思路传达到广大学生之中,渗透到广大学生的实际行动之中,结合学校改革和发展的实际,贯彻学校办学指导思想,唱响主旋律,教育和引导学生内强素质、外塑形象、修身立德、全面成才。

两个规划的制定为学校顺利开展大学生思想政治教育工作提供了行动指南,增强了思想政治教育工作的计划性和实效性。

在思政教育体系不断完善的同时,学校导师制工作取得了长足进展。2005 年 9 月 9 日,教务处下发《三明学院本科生导师制暂行办法》,提出率先在本科三、四年级推行导师制,待条件成熟后推行全程型导师制。2009 年 12 月 31 日,学校在总结经验的基础上,从校级层面印发《三明学院本科生导师制暂行办法》。

为进一步完善导师制,学校于 2010 年 11 月 29 日印发《关于建立学生导师制度的实施意见》和《关于成立导师制领导小组的通知》,并于 2010 年 12 月 15 日举行学生导师制启动仪式,进一步凝聚全校师生的共识。

在此基础上,学校形成"筑牢理想、典型引路、全员育人、机制保障"的育人模式 1.0 版,实现全体教师参与、覆盖全体学生,引起了广泛关注。2011 年 12 月,省委教育工委在学校召开全省高校导师制工作现场推进会,省委教育工委副书记、省教育厅党组成员郭绍生,省教育厅关工委主任、省高校思政教育研究会会长郭荣辉,省委宣传部学校教育处、团省委宣传部等部门负责人,以及省内 60 多所高校代表到会交流,充分肯定了三明学院工作经验和做法。

在之后的育人实践中,学校先后试点开展"导师组全员育人"模式,探索"一生五导"全员育人模式,校领导带头践行学生导师制,旨在持续推动全员参与育人,进一步增强育人的实效。

抓"主渠道",强化思想理论武装

学校十分重视中国特色社会主义理论体系的"三进"工作,认为高校素质教育中,思想政治素质是基础,是前提,是根本。紧紧围绕学校中心工作和学生成长成才的实际需求,开展形式多样的思想教育和理论学习活动,以社会主义核心价值体系、爱国主义、社会主义荣辱观等为内核,坚持用马克思主义中国化的最新成果武装青年学生,大力培养坚定的青年马克思主义者。

在 2005 年 3 月形成的创建第三届福建省党的建设和思想政治工作先进高等学校活动汇报材料《思想政治教育和德育工作》中,对学校重视日常思想教育工作进行了详细描述,指出正面教育以马列主义、毛泽东思想、邓小平理论、"三个代表"重要思想理论武器在课堂上、在党团政治学习活动中开展,阶段教育利用形势报告、理论宣讲、业务知识讲座等,开展党团教育、阵地教育、节日纪念日教育。2009 年 5 月 21 日,学校发布《关于围绕庆祝新中国成立 60 周年深入开展爱国主义主题教育的通知》,要求将主题教育与思想政治理论课、社会实践、志愿服务、典型学习等内容相结合。

在保证思想政治理论课"主渠道"作用的发挥上,学校于 2006 年 2 月 25 日印发《关于进一步加强和改进思想政治理论课的意见》,对加强党的领导、推进学科课程建设、教育教学方法改革、教师队伍建设等内容提出明确要求。2006 年 12 月 5 日,学校发布《关于成立思想政治理论课教育教学工作领导小组的通知》,成立由校党委书记亲自担任组长,分管宣传、思政和教学的副书记、副院长担任副组长,党政办、组织部、宣传部、教务处、人事处、学工部、政治法律系、思政部等部门负责人为成员,形成党委统一领导、各部门齐抓共管的领导体制,切实加强对学校思想政治理论课教育教学工作的领导。

2008 年 5 月 28 日,学校发文,把原隶属于政治法律系的公共教学部升格为"思想政治理论课教研部",正处建制,直属学校党委领导,与政治法律系合署办公、相对独立,以加强思想政治理论课教育教学工作。2008 年 11 月 18 日,学校印发《中共三明学院委员会宣传部关于思想政治理论课教师教学质量督导办法》,成立由校分管教学副院长为组长,党政办、组织部、宣传部、教务处、人事处、学工部、思政部等部门负责人为成员的思想政治理论课督导小组。

学校思政理论课的课程设置和学科建设也不断推进。通过大力建设省级精品课程,推进教学内容和教学方式、考核方式改革,更好地发挥了理论教育主渠道的作用。在 2011 年 4 月 7 日提交给省委教育工委的《关于思想政治理论课建设情况自查报告》中,对学校思想政治理论课教学改革成果进行了总结,其中提到:除选修课"当代世界经济与政治"正在申报校级精品课之外,所有思政课程均已创建为校级精品课程,"毛泽东思想与中国特色社会主义理论体系概论"成为省级精品课程。此外,思政教师队伍科研成果丰硕,在相关刊物发表论文 100 余篇,为教学工作积累丰厚的科研基础。

抓典型,有力推动校风教风学风建设

学校着重通过培养、发现、宣传、推广身边的先进典型教育全校师生,创建了"坚持典型引路,用身边事教育身边人"的思政教育新模式,"树立一面旗帜,带动一批师生",充分发挥各类典型的示范和带动作用,取得了显著成效。

开展"十佳大学生"评选活动。2004 年 11 月 18 日,《关于组织开展首届"UP 新势力"校园十佳大学生评选活动的通知》拉开了学校"十佳大学生"评选活动的序幕,至 2012 年,活动成功举办 6 届,表彰"十佳大学生"60 人次、"十佳大学生"提名奖 10 人次。同时,校内常态化开展国家奖学金、国家励志奖学金、精神文明建设先进集体与个人、优秀共青团干部、优秀党务工作者等评选活动,选树大量先进典型。2010 年 4 月,学校发布通知征集先进典型事迹素材,就学习成绩特别优异、社会工作特别突出、专业技能特别出色、在某一方面有突出表现等方面,建立"三明学院优秀学生先进典型事迹资源库",并从中确定颇具特色的优秀典型,组建三明学院优秀学生励志宣讲团,在全校各系开展巡讲活动,把典型引导活动与思政教育模式创新工作进一步引向深入。

挖掘、树立和宣传身边先进典型。学校先后推出师德模范优秀代表曹云露教授、青年学生榜样曹阳飞宇同学、优秀辅导员代表郭远景同志等先进典型。曹云露教授先后获得"福建省优秀共产党员"、福建省"师德标兵"、"感动福建"2008年度十大人物等荣誉。学校于6月和9月,两度发起学习宣传曹云露同志的活动,并于9月24日印发《关于进一步深入开展学习宣传曹云露同志活动的意见》,要求全体师生把学习宣传弘扬曹云露的"三平精神"与师德师风、学风、教风、校风建设相结合。2009年4月19日,福建电视台综合频道播放"新闻启示录"栏目制作的《曹阳飞宇——带着父亲上大学》专题片,省委教育工委常务副书记、省高校学习实践科学发展观活动领导小组常务副组长王豫生作出批示,要求学校做好典型引路工作,以身边事教育身边人,促进学习实践科学发展观活动不断深入开展下去。此后,曹阳飞宇同学入选全国"孝老爱亲"好人,当选2009年"感动福建"人物,荣获"中国大学生自强之星"称号,并入围"2009中国大学生年度人物"百名候选人。2011年9月22日,学校印发《关于开展向全国道德模范曹阳飞宇同学学习活动的通知》,引导全体学生牢固树立社会主义核心价值体系和以人为本的核心理念。

2009年8月25日,新华网福建频道"福建要闻"栏目刊发了《以身边事教育身边人,三明学院创建思想教育新模式》,对学校创建"身边事教育身边人"的思想政治教育新模式的做法进行了宣传报道。

抓实效,打造学生工作精细化特色

学校针对新形势下大学生思想状况的变化与思想政治教育工作中存在的问题,及时将精细化管理思想引入学生教育管理工作领域,强化"以人为本"理念,夯实"三育人"工作体系,不断改革创新,为学校建设发展和稳定大局服务。

在大学生心理健康教育工作方面,2007年5月15日,学校成立学生心理健康教育工作领导小组,由分管学生工作的校领导担任组长。6月5日,学校印发《关于进一步加强和改进大学生心理健康教育的意见》,对开展心理健康教育工作的总体要求、领导体制、方式方法作出明确规定,提出要把大学生心理健康教育与咨询工作纳入学校思想政治教育重要议事日程,并进一步完善心理健康咨询中心建设。

学生宿舍是大学生课余活动的主要场所,也是大学生思想教育的主要阵地之一。学校高度重视学生宿舍的管理工作,2006年重新修订《学生公寓宿舍入住须知》,积极探索学生宿舍教育管理新机制,在新的学生公寓试行学生楼栋管理委员会制度,建立了学生宿舍辅导员—楼栋长—楼层长—寝室长管理体系。2008年7月,学校成立学生公寓建设领导小组,进一步推进宿舍建设和条件改善。通过整合教育、管理和服务资源,进一步理顺学生宿舍的管理体制。专门成立了学生宿舍管理委员会,统一协调学生宿舍日常管理、安全保卫、物业服务、卫生保洁等工作,解决了学生宿舍"多头管理"的"老大难"问题。

在提高学生思想政治工作针对性和实效性方面,学校还十分注重引导全校党建与思政工作队伍加强理论研讨,将实践工作的经验提升到理论研究的层面加以认识和利用,用以指导新的实践。2008年10月,学校召开"学习十七大精神党建与思政工作理论研讨会",引导大家围绕"培养什么人、怎样培养人"这一主题,从学校改革与发展的实际出发,研究新形势下进一步加强和改进大学生思想政治工作的有效举措,全面提高人才培养质量。2011年1月,由校党委书记马国防主编,展示学校思政工作理论研究成果的《辅导员工作案例汇编》出版发行,进一步促进学校思政工作理论研究水平更上一个新台阶,有利于激发学校思政工作的生机活力,推动学校实现科学发展与跨越发展。

抓配套,促进辅导员队伍建设

学校十分重视辅导员队伍建设,通过完善管理制度、健全队伍建设、开展辅导员交流和研究工作,积极搭建提升辅导员工作研究能力和政治素质的平台。通过这些举措,学校初步建成了一支政治强、业务精、纪律严、作风正的辅导员队伍,为引导青年学生正确对待学习、生活、情感和就业等方面的问题,及时化解各种矛盾,维护校园和谐、安全与稳定,促进学校持续健康发展发挥了积极的作用。

2006年2月,学校印发《关于进一步加强辅导员队伍建设的意见》,从辅导员的配备与选聘、培养与发展、考核与管理、领导与组织等方面进一步明确和规范,充分体现了学校对辅导员队伍的关心关爱,强化了辅导员队伍建设的规范性和科学性。2007年6月8日,学校成立"三明学院辅导员协会",旨在通过协会团结带领全校辅导员,加强对学校思想政治工作的理论研究和工作交流,进一步为学校思想政治教育工作提供理论指导和实践服务。

2010年1月4日,学校学生工作处发布《三明学院辅导员工作考核实施方案》,明确辅导员考核细则、内容、方法以及结果评定等内容。2010年6月8日,学校印发《辅导员队伍建设和管理办法》,进一步明确辅导员职责和要求,突出辅导员业务素质提高,建立四级六档的辅导员职级晋升机制,并规范辅导员奖励、调整和退出机制,推进辅导员队伍朝专业化、专家化和职业化方向发展。2010年11月2日,学校学生工作处发布《三明学院政治辅导员精细化工作实施方案》,要求辅导员把思想政治教育覆盖到每一个过程、细化到每一个环节、规范到每一个步骤、具体到每一个动作、落实到每一个人员,进一步提升思政教育精细化水平。2010年11月,学校制定辅导员职务晋升管理实施细则和专业技术职称评聘相关办法,为辅导员的健康成长提供制度保障,保证了思政队伍的稳定发展。

抓本领,力求服务海西建设新作为

学校历来高度重视校园文化建设,始终坚持把校园文化作为加强和改进大学生思想政治教育的重要途径。通过开展主题突出、内容丰富、格调高雅、形式多样的校园活动,积极营造浓郁的文化氛围,不断满足大学生的精神文化需求,吸引广大学生自觉踊跃地参与到校园文化建设和精神文明建设中来,不断提升服务海西的能力,力求让学生在服务海西建设中更好地成长成才。

校园文化节活动源自三明高等专科学校时期,后来一直得以延续。2005 年 4 月 8 日,三明学院发布《关于举办纪念建团八十三周年暨 2005 年校园文化艺术节活动的通知》,以"弘扬五四精神繁荣校园文化"为主题,成立组委会统筹活动的组织开展,并设置歌咏比赛、辩论赛、演讲比赛、书法展、论坛讲座等 19 项子活动。2006 年 4 月 19 日,在学校发布的《关于举办纪念建团八十四周年暨 2006 年校园文化艺术节活动的通知》中,子项目扩充至 23 项,涵盖心理健康教育系列活动、篮球联赛、"挑战杯"创业计划竞赛、红色经典题材音像作品展播等丰富的形式和内容,营造出浓郁的校园文化氛围,不断满足大学生的精神文化需求。

在丰富校园文化活动形式与内涵的同时,学校注重加强对校园文化的组织领导,建立完善制度与机制。2006 年起,先后印发《关于加强和改进校园文化建设的意见》《三明学院校园文化市场管理暂行规定》《三明学院校园文化市场管理暂行规定》等系列制度,保证了校园文化的繁荣发展。2006 年 9 月 25 日,学校成立校园文化建设工作领导小组,进一步加强校园文化建设和管理,提升文化档次和品位。在教育部思政司组织开展的 2008 年高校校园文化建设优秀成果评选活动中,学校申报的成果"学习宣传曹云露加强校风、教风和学风建设"获全国高校校园文化建设成果优秀奖。在省委教育工委、省教育厅开展的 2012 年高校校园文化建设优秀成果评选活动中,学校获得二等奖 1 项、优秀奖 1 项。

2010 年 6 月 10 日,在海西高校党建和思政工作经验交流暨理论研讨会上,江芳俊副院长作主题交流发言,介绍了学校通过"抓典型,积极探索学生思想教育工作新模式;抓实效,努力形成学生思想教育新风气;抓配套,促进辅导员队伍建设新突破;抓氛围,拓展学生党建新途径;抓本领,力求服务海西新作为"的主要做法和成功经验,引起了与会代表的关注。

2011 年 12 月 21 日,福建省高等学校思想政治教育研究会 2011 年年会在三明学院隆重召开,省委教育工委、省教育厅、省教育厅关工委、省高校思政教育研究会、三明市委、市委教育工委、市教育局等单位代表参加年会。这是对三明学院积极探索具有本校特色的思想政治教育新模式,在人才培养、科学研究、社会服务、闽台合作、对外办学和文化传承创新等方面所获成绩的肯定。

第三节　大学生素质拓展和就业服务指导

深入实施"大学生素质拓展计划"

素质拓展教育是大学生素质教育的一项重要途径。为适应跨世纪人才的需要,学校在探索教育思想、办学结构等一系列改革的同时,把加强大学生综合素质作为教育改革的一项重点内容来抓。

2002 年 3 月 25 日,共青团中央、教育部、全国学联等单位联合下发了《关于实施"大学生素质拓展计划"的意见》,并在北京大学、清华大学、北京科技大学等 63 所高校全面推进实施"大学生素质拓展计划"。2007 年 1 月 29 日,学校印发《三明学院实施"大学生素质拓展计划"

暂行办法》,以提升思想政治素质为核心,以培养创新精神和实践能力为重点,围绕职业设计指导、素质拓展训练、建立评价体系、强化社会认同四个环节,在思想政治与道德素养、社会实践与志愿服务、科技学术与创新创业、文体艺术与身心发展、社团活动与社会工作、技能培训等六大方面,明确以2004级(包括2004级)以后的全日制本科生、2006级(包括2006级)以后的全日制专科生为实施对象,引导和帮助广大学生完善智能结构,全面成长成才。

为确保计划有效实施,2007年2月2日,学生工作处印发《三明学院学生综合素质测评办法》,将学生的德智体美等素质加以量化,依据学生平时的行为表现、学业成绩进行积分考核,比较客观、准确、全面地评价学生的综合素质。2007年4月18日,学校成立实施"大学生素质拓展计划"工作领导小组和大学生素质拓展认证中心,工作领导小组负责组织实施,认证中心按照《三明学院〈大学生素质拓展证书〉登记管理办法(试行)》,做好程序认证和登记管理。2007年10月17日,在本年度的校园文化艺术节上,学校正式启动了"大学生素质拓展计划"。

为进一步推进素质教育和创新教育,教务处印发《三明学院本科生创新教育学分制实施细则》,明确了具体的实施细则以及学生各类创新教育学分评分表,先后两次对原有的实施细则进行了修订,之后印发《三明学院本科生创新教育学分制实施细则(修订)》。

为增长学生专业技能,丰富学生的课余文化生活,学校积极响应团中央关于推广实施共青团"第二课堂成绩单"制度的号召,依托"第二课堂"这一重要阵地,通过强化制度保障、经费保障、场地保障,推动第二课堂的"学分化""课程化""项目化",极大地促进了学生实践能力和创新能力的提升。

深入推进共青团工作

共青团是党的忠实助手、可靠后备军。学校积极探索具有本校特色的团学工作理念和模式,不断提升团学组织的吸引力、团学工作的服务力和团学干部的战斗力。2004年以来,校团委多次获得团省、市委的表彰,主要有:省"五四红旗团委"及"五四红旗团委标兵单位"荣誉称号,9个省优秀志愿服务队;市推优工作先进集体,市创建"五四红旗团委"活动组织奖,市"三级联创"先进单位及市暑期社会实践先进单位;4个市级"五四红旗团总支";等等。

充分发挥共青团的政治优势、思想优势和组织优势。2006年2月25日,印发《关于进一步加强和改进共青团建设的意见》,强调要充分认识加强和改进学校共青团建设的重要性和紧迫性,进一步明确学校共青团组织的职责与工作任务。

为了全面贯彻党的教育方针,推进素质教育,2007年5月22日,学校印发了《三明学院共青团"十一五"规划》(以下简称"《规划一》")和《三明学院学生工作"十一五"规划》(以下简称"《规划二》")。

《规划一》以马克思列宁主义、毛泽东思想、邓小平理论和"三个代表"重要思想和党的十六大、十六届五中全会精神为指导,以活跃基层组织为重点,以提高服务能力为核心,以拓展大学生素质为目标,对5年共青团工作提出实施意见,进一步加强和改进共青团的思想建设、组织建设,丰富共青团工作内涵。

《规划二》以邓小平理论、"三个代表"重要思想和党的教育方针为指导,树立和落实科学发展观,以围绕学风建设为中心,加强学生思想政治教育和行为规范管理两个重点,深化就业指导服务、勤工助学指导服务和心理健康教育指导服务,实施文明修身、校园文化、实践创新、身心健康四项工程,营造学生成长成才的校园环境,全面提升大学生素质。

2007 年以来,学校共青团认真贯彻党的十七大精神,深入学习实践科学发展观,将学校发展的根本任务和育人实际紧密结合起来,建立和完善共青团建设的长效机制,大力实施"大学生素质拓展计划",保证大学生素质拓展教育在学校改革、发展、稳定的各项工作中得以落实。

2008 年 3 月 29 日,共青团三明学院第一次代表大会、三明学院第一次学生代表大会召开。大会回顾总结学校成立以来的共青团工作和学生工作,紧紧围绕学校中心任务和三明经济社会发展大局,研究部署当前和今后一个时期全校共青团工作的主要任务。

扎实推进学生社团建设管理

大学生社团是大学生素质拓展的重要阵地。学校把社团建设的发展纳入素质教育和加强大学生思想政治教育的轨道,坚持以德育人,以学为本,发挥社团育德的作用,使学生社团成为大学生素质拓展的重要平台。成立"学生社团之家",为学生开展社团活动提供专门场所;成立校级社团联合会督导、管理、协调工作,鼓励学生团体开展具有相当创造价值、公益效果及感染力的文化活动,打造书法协会、法律协会、丛林乐队、晓窗印社、红帆文学社、市场营销协会等一批有质量、有内涵、有潜力的品牌社团,呈现出"百团争先,百花齐放"的校园文化繁荣景象。

2001 年 5 月 12 日,召开共青团三明学院第一次代表大会,其工作报告中显示:全校有学生社团 33 个,其中校级 14 个,系级 19 个,成员 2362 人。2005 年,校书法协会选送作品参加"福建省大学生艺术展演大赛",其中 5 位同学获一等奖;荣获"首届全国大学生艺术展演大赛"一等奖 1 名,二等奖 3 名,三等奖 1 名。数计系学生参加全国数学建模大赛获国家二等奖 2 组6 人,福建赛区获一等奖 2 组 6 人,获二等奖 18 组 54 人。2007 年"全国山水杯"大奖赛和第 8届全国陶瓷艺术与设计创新评比展,艺术系 3 位同学的书画作品获铜奖和佳作奖;陶瓷作品入选 9 件。

2007 年 1 月 28 日,为鼓励和支持学生社团开展理论学习、学术科技、文化娱乐、社会实践、志愿服务、体育竞技等活动,学校出台《三明学院学生社团管理暂行规定》,明确校学生社团联合会负责学生社团的监督管理工作,校学生社团联合会通过指导监督各社团开展工作,使其在加强校园文化建设、提高学生综合素质、引导学生适应社会、促进学生成才就业等方面发挥重要作用。

认真做好志愿服务与社会实践工作

志愿服务与社会实践是大学生素质教育的重要途径。学校顺应高等教育发展新形势,坚持活动和建设并举,理论教育和实践教育相结合的原则,立足校园,深入基层,面向社会,结合所学专业,开展有特色的志愿者活动和社会实践活动。

在志愿者活动中,学校注重引导学生投身海西建设,主动服务社会。2004 年 2 月 20 日,学校团委启动青年志愿者示范月活动,通过义务家教、敬老助残、扶贫济困、支教助学、科普宣传、环境保护、社区服务、无偿献血等方式,普及文明风尚,送温暖献爱心。2006 年,开展"爱三明、爱学院、讲文明、当先锋"行动,以学校青年志愿者协会、物理与机电工程义务家电维修队等为中坚力量,坚持向三明市特殊教育学校义务英语支教,定期慰问福利院老人和孤残儿童,为社区农村义务维修家电等志愿服务,赢得了良好的社会声誉。2009 年,扎实开展"争做志愿者,创造新生活"主题实践活动,推进"志愿服务进社区""大手牵小手"义务家教等志愿者行动,推进青年志愿者"助残行动""金晖行动"。2010 年 3 月 3 日,学校团委启动以"弘扬志愿精神共建和谐三明"为主题的青年志愿者活动,在活动内容中常态化鼓励学生参与文明创城。在每年的海峡两岸(三明)林业博览会期间,学校志愿者也作出了突出贡献,学校团委多次获得先进集体,多人获得先进个人表彰。2011 年 11 月,校青协与三元区富兴堡华恩儿童村签订长期结对服务协议书,帮助与学校结对子的"和平家"宿舍;组织 550 名大学生志愿者参加福建省第七届农民运动开幕式文艺演出及赛会志愿服务工作,被评为"三明市承办福建省第七届农民运动会优秀组织奖"。

校团委 2003—2007 年连续四年被三明市无偿献血志愿协会授予"优秀团体会员单位"荣誉称号。2004 年学校被评为省"助残扶残"先进集体。2005 年,三明市特教校为团委送来"义务支教、真情奉献"的牌匾。2006 年 12 月与友邻荆东小学启动了"大手牵小手——义务家教活动",受到村民的欢迎,三明电视台对此做了报道。2012 年,"彩虹桥"祝你成长服务队被评为 2010—2012 年度福建省共青团关爱农民工子女志愿服务行动优秀志愿服务团队,1 人被评为 2010—2012 年度福建省共青团关爱农民工子女志愿服务行动优秀志愿者,2 人入选省高校"学雷锋我们身边的好榜样"百人名单,1 人获福建省"优秀红十字青少年志愿者"称号;组织近600 人参加世界客属第 25 届恳亲大会相关工作,圆满完成各项任务,被授予世客会筹备工作"先进单位"称号。

在社会实践活动中,学校注重将时代主题和专业特点结合起来,引导大学生学以致用,服务海西发展。2004 年暑期社会实践活动围绕社会实践考察、文化下乡、宣传宣讲、挂职锻炼、民俗调研等 11 个方向开展实践活动。中文系客家民俗服务文化实践团、政治系农村政策宣讲实践团、经济管理系社会实践队被评为 2004 年福建省暑期"三下乡"社会实践活动优秀志愿服务队。2005 年 1 月 19 日,按照省教育工委、省教育厅《关于在全省青少年学生中开展"爱祖国、爱福建"学习讨论活动的通知》精神,学校发布《关于学生离校及寒假返乡社会实践活动的通知》,组织学生利用寒假开展社会实践。江芳俊获"福建省青年志愿服务贡献奖"荣誉称号。2006 年,学校开展文化艺术"三下乡""走进西部""支教培训""问卷调查""法律宣传"等活动,让学生在实践中"受教育、长才干、做贡献"。2009 年 6 月,学校各系共成立了 35 支系级以上暑期社会实践团队,以"与祖国共奋进,与海西同发展"为主题开展暑期社会实践活动,将时代主题实践、专业实践服务、社会志愿服务、勤工助学及"五个一"活动、"青年马克思主义者培养工程"和"海西春雨行动"等结合起来,让广大学生发挥专业力量,为海西建设献智献力。2011

年,全校各级团组织紧紧围绕"青春奋进跟党走、服务海西促跨越"主题,组建 16 支重点团队深入农村基层,广泛开展科技支农、政策宣讲、企业帮扶、法律服务等丰富多彩的社会实践活动。

2006 年、2007 年,校团委连续两年被评为"福建省大中专学生志愿者暑期'三下乡'社会实践活动先进单位",20 支服务队被团省委授予"优秀志愿服务队"。2011 年、2012 年,政治法律系"大学生法律援助中心'12315'服务团队"等 5 个服务团队被评为"2011 年福建省大学生暑期'三下乡'社会实践活动优秀团队",林艺玲等 22 名师生被评为省、市先进个人。

大力繁荣校园科技文化

科技文化素质是当代大学生最基本的素质,而创新是科技文化教育的核心。为了培养青年学生的创新意识,挖掘创新潜能,激发创新兴趣,引导学生敢于创新,勇于实践,学校组织校、院系两级大学生参加课外科技作品竞赛,鼓励青年在创新中养成求真务实的科学态度,在创新中成才,使学生课外科技优秀成果不断涌现。

2005 年 5 月,福建省青年学生跨世纪科技行动领导小组公布《关于"挑战杯"第七届福建省大学生课外学术科技作品竞赛终审结果的通报》,学校获第七届"挑战杯"恒安集团福建省大学生课外学术科技作品竞赛科技制作类三等奖 1 项、优秀奖 1 项,自然科学类优秀奖 1 项。2008 年 3 月,共青团三明学院第一次代表大会工作报告系统回顾了学校成立以来的科技创新竞赛成绩:福建省大学生"挑战杯"科技竞赛,学校获二等奖 1 项、三等奖 3 项和优秀奖 6 项。2009 年 7 月 6 日,在第九届"挑战杯"福建省大学生课外学术科技作品竞赛中,学校选送的 8 件作品全部获奖,其中二等奖 1 项、三等奖 5 项、鼓励奖 2 项。2011 年 10 月 24 日,在第十届"挑战杯"福建省大学生课外学术科技竞赛中,学校获三等奖 4 项、优秀奖 4 项。同年,学校参加的省级以上大学生课外科技学术竞赛活动中,获得国家级奖励的有 17 项 38 人,获得省级奖励的有 40 项 93 人。其中国家级特等奖 1 项、一等奖 2 项、二等奖 5 项、三等奖 6 项、优胜奖 3 项;省级特等奖 2 项、一等奖 8 项、二等奖 13 项、三等奖 17 项,优秀组织奖 1 项。

深入开展就业指导服务工作

随着素质拓展计划的实施,学生的创业意识、实践能力、团队精神得到培养,就业能力得到显著提高。但面对日益严峻的就业形势和日趋激烈的就业竞争,学校始终绷紧学生就业服务这根弦。

1. 坚持落实就业工作"一把手"工程

校党委和行政高度重视毕业生就业工作,始终坚持把毕业生就业工作摆在学校发展根本性、全局性的重要位置,将其列入学校的重要议事日程,采取一系列措施,帮助大学生就业。2005 年 4 月 5 日,学校成立由党委书记任组长,院长任第一副组长的毕业生就业工作领导小组,加强对毕业生就业工作的领导,进一步明确就业工作的管理体制和运行机制。2006 年 8

月,学校成立了招生与就业指导中心,构建了"一把手工程贯彻实施,两级管理基本形成,专门人员负责到位"的格局,确保了就业指导工作的顺利开展。校党委会及校长办公会多次研究部署毕业生就业工作,并将毕业生就业工作与学科建设、招生指标、评先评优、领导班子年度考核相挂钩。

2.建立健全完备的就业工作、保障机制

学校根据国家、省、市有关方针政策,结合学校实际,先后出台了《关于进一步加强毕业生就业工作的意见》《三明学院就业工作评估标准》《关于引导和鼓励毕业生面向基层就业的实施意见》《三明学院毕业生就业工作奖励办法(试行)》等文件规定,进一步完善学校就业指导工作的政策体系和工作内容。学校结合发展需要,逐步做到了机构、人员、经费、场地"四落实",学校坚持按学费0.8%下拨就业指导经费,为毕业生就业工作提供有力保障。

3.建立就业指导工作体系

根据教育部关于"大学生职业发展与就业指导"课程纳入大学生通识教育必修课程的要求,学校积极创造条件,认真抓好贯彻落实,形成了以课堂教学为主渠道、以专题辅导讲座为补充、以网络学堂为延伸、以闽台合作创业教育为特色的就业指导工作体系。建立一支以辅导员为骨干的就业指导教师队伍,开展各种就业指导讲座和报告会,开通"职前教育网络学堂",开设就业咨询室,实施"闽台合作大学生创业培训圆梦工程"计划,举办大学生创业培训班,大力加强大学生就业思想、就业形势政策、就业技巧和职业生涯规划等方面的教育和指导。为加强大学生就业指导课程的建设与管理,根据教育部办公厅关于印发《大学生职业发展与就业指导课程教学要求》精神,2010年10月13日,学校成立三明学院就业指导课程教研室,由招生与就业处负责管理。同年秋季学期,学校开设"就业指导"课程,翌年开设"职业生涯规划"课程,均纳入正常的教学计划。2011年6月,学校自编教材《大学生职业生涯规划与就业导航》由高等教育出版社出版。

4.千方百计促进毕业生就业

一是加强就业工作信息化建设。2005年,建立了毕业生就业网站,设有招聘服务、大学生就业服务、政策法规等模块,开通"职业教育网络学堂",做好大学生就业指导和职业生涯规划工作。二是积极拓宽线下就业招聘渠道。做好招聘会、就业指导讲座、报告会等组织工作;加强市场调研,收集和发布人才需求,及时精准推荐毕业生就业。三是不断深化校地合作,推动在明就业。开展"百日走百企"活动,通过积极"走出去",强化三明地区毕业生推介力度。四是做好毕业生就业帮扶。分类建立困难特殊毕业生、离校未就业毕业生等重点群体毕业生帮扶台账,做好毕业生跟踪帮扶,对符合条件的毕业生发放毕业生求职创业补贴,及时提供精准就业指导服务。五是强化价值引领,服务国家发展需要。认真组织实施选调生、三支一扶、志愿服务西部等基层就业项目,助力毕业生基层就业。

据统计,2006年至2012年,毕业生就业率保持在92.5%以上。学校于2009年3月被授予"三明市高校毕业生创业培训基地";2009年中共福建省委组织部从学校选聘10名优秀本科毕业生到村任职。2009年6月学校被授予首批"福建省高校毕业生创业培训基地"。

第六章 文明创建，推进和谐校园建设

三明学院坐落于"全国精神文明建设的发祥地"三明，有着精神文明建设得天独厚的基因与优势。学校顺势而为，将创建文明目标作为学校精神文明建设和改革发展的重要任务之一，坚持高起点、高标准推进文明创建工作，坚持精神文明创建和资源条件建设相促进，培育具有大学独特魅力的校园文化，营造安全和谐的育人环境，推动学校各项事业和谐发展。

第一节 精神文明与大学文化建设

盛开在三明沃土的文明之花

2006 年 11 月，三明学院被福建省委、省政府授予"福建省第九届（2003—2005 年度）文明学校"，2009 年 1 月，被中央文明办命名表彰为"全国精神文明建设工作先进单位"。福建省第九届"文明学校"考评专家组李永苍组长曾恳切地说，"三明学院已经成为全省高校'文明学校'建设的排头兵，成为三明这座文明城市的一个文明窗口和一道亮丽的风景线"。

高水平创建全国文明单位，良好的工作机制是保障。2008 年 3 月，学校成立"精神文明建设办公室"，办公室设在党委宣传部。2009 年上半年，成立"三明学院精神文明建设指导委员会"和"三明学院创建文明校园工作领导小组"，及时调整充实"一办六组"（即创建办、教风建设组、学风建设组、综合治理组、校园管理组、宣传发动组、督促检查组）工作机构，健全完善了"党委统一领导、党政群齐抓共管、文明办组织协调、有关部门各司其职、全校师生员工积极参与"的领导体制和工作机制。

为总结经验，表彰先进，进一步调动广大师生的积极性和主动性，掀起新一轮创建全国文明单位的热潮，2009 年 7 月 1 日，学校召开表彰大会，对 2006—2008 年度精神文明建设先进单位和先进个人进行隆重表彰。大会还对精神文明建设新一轮创建工作进行动员部署，党委书记马国防作了动员讲话，强调要围绕创建目标，结合贯彻落实科学发展观，在服务海西建设中找准位置，通过持续深入的文明创建活动，推动学校各项事业又好又快发展，吹响创建全国文明单位的"冲锋号"。

为巩固创建成果，推进新一轮创建全国文明单位的工作开展，力争进入全国文明单位行列，2009 年 6 月 25 日，中共三明学院委员会、三明学院印发了《三明学院创建全国文明单位（2009—2011 年）工作规划》，提出了"确保创建全国精神文明建设工作先进单位成果，力争

2011年进入创建全国文明单位行列"的新一轮创建工作的目标任务。

创建期间,学校精神文明建设取得了阶段性成果。2010年至2011年,福建省总工会授予我校工会"模范职工之家"称号,学校喜获"福建省高校学生宿舍文明创建活动先进单位"称号,荷花苑6号等2幢学生宿舍楼被评为"省文明楼",12间学生宿舍被评为"省文明宿舍",1位教师被评为"福建省宿舍文明创建工作先进工作者",3名同学被评为"省宿舍文明创建优秀学生干部"。在第七届福建省五好文明家庭标兵户和五好文明家庭的表彰中,我校1户家庭被授予福建省五好文明家庭,1户家庭被授予"孝老爱亲家庭"称号。

2011年,是争创全国文明单位的关键之年。4月1日,挂靠在我校的三明市精神文明建设研究中心揭牌,该中心是由三明市委宣传部、市委文明办和三明学院联合举办的研究机构。4月28日,学校召开创建全国文明单位暨创先争优、全员育人工作会议,校党委书记马国防做了题为"文明创建、创先争优、全员育人、扎实推进学校科学发展跨越发展"的讲话。5月3日上午,三明学院召开创建全国文明单位"一办六组"专题工作会议,就迎接新一轮创建全国文明单位工作考评作了部署。5月中下旬,省、市全国文明单位创建工作考评组先后到校检查指导。

经过努力,学校精神文明创建再次开花结果。2011年12月22日,全省精神文明建设工作暨先进命名表彰大会在福州召开,学校荣获"福建省第十一届(2009—2011年度)文明学校"荣誉称号。省级文明学校,是福建省委、省政府联合授予积极开展精神文明创建活动成效突出,在全省发挥示范作用的学校的综合性最高荣誉称号,体现了一所学校的整体实力和综合竞争力。

从"省级文明学校"到"全国精神文明建设工作先进单位",再到积极争创"全国文明单位",学校精神文明建设一路走来,扎实推进,成绩斐然。

校训、校标、校歌和校园视觉形象识别系统

为提升校园文化内涵,彰显学校形象魅力,2005年4月29日,学校启动校训、校标、校歌征集工作。经个人征集、民主评审、集体讨论,于2006年12月12日公布获奖情况。获得一、二等奖的两首校歌作品经多场次播放投票评选,最终确定为《起航》;校标在获奖作品的基础上加以完善,确定为《扬帆》;校训因未产生一等奖,决定沿用原三明师范高等专科学校校训"厚德博学",并重新释义。2015年9月,经校党委会议研究决定,将原征集方案中的"明德、明理、明志"作为校训,并进行释义。学校开展了一系列校训教育、校标使用与展示、校歌传唱活动,使得校训、校标和校歌深入人心,成为体现学校办学定位和学校特色的最佳载体。

1.校训"厚德博学"

"厚德"出自《易经》:"地势坤,君子以厚德载物。""博学"出自《论语》:"博学而笃志,切问而近思。"

"厚德博学"校训,要求学生努力在品德、学识等方面锤炼自己,弘扬民族优良传统,紧跟时代前进步伐,胸襟开阔,志存高远,学而不厌,自强不息,成为品德高尚、学有所成,有所作为的人。

2.校训"明德、明理、明志"

"明德"即"明德致善"。语出《大学》:"大学之道,在明明德,在亲民,在止于至善。"要求崇德修身、锤炼品格、积极进取、臻善臻美。

"明理"即"明理致用"。意出《朱子语类》:"读书穷理,当体之于身。"要求明察事理、明了道理、躬行实践、学以致用。

"明志"即"明志致远"。语出诸葛亮《诫子书》:"非淡泊无以明志,非宁静无以致远。"要求志存高远、敢于创新、勇于担当、有所作为。

明德、明理、明志,既是我校师生坦荡做人、乐学勤业、成长成才的行事准则,又是严谨务实、艰苦卓越、奉献社会的精神追求。

3.校标"扬帆"

标志由"三明学院"的"三"字变化而成,形似船帆,展现"风正帆悬"的美好形象,预示"一帆风顺"的锦绣前程;又像春笋,节节拔高,象征三明学院饱蘸历史营养,沐浴世纪阳光,继往开来,敢于争先,勇往直前。激励师生积极进取,奋发图强,开创事业新的辉煌。

4.校歌《起航》

F大调,四四拍子,稍慢的进行曲速,既有二四拍子的坚定有力,又蕴含四四拍子的宽广豪迈。第一段,缅怀闽师源头的历史,音乐坚定豪迈、朝气蓬勃。第二段,我们站在新的起点上,展望充满希望的未来,旋律宽广豪迈、澎湃激昂,展现了三明学院师生面向世界、怀抱理想、自强不息、积极向上的精神面貌。

学校加强校名、校标等无形资产的管理,出台《三明学院校名、校标管理暂行规定》,规定了适用范围、审批权限,规范了使用办法,增强了全校师生员工自觉保护学校无形资产,维护学校权益和名誉的意识。

校名"三明学院"采用沙孟海书法集字,校训"厚德博学"采用苏东坡书法集字,校训"明德、明理、明志"采用朱熹书法集字。

此外,从2009年至2010年,学校组织校园视觉形象识别系统(VIS)建设,制定了《三明学院视觉形象识别系统设计方案》,规范现有视觉形象识别元素,充分展示学校的办学理念和大学精神,提升校园文化品位。完成了校内道路、楼栋命名及标牌建设,组织开展楼栋文化、走廊文化、室内文化试点建设,活跃楼栋文化氛围。规范校内宣传品设置审批制度,加强校园文化环境管理,完善体育、文化及娱乐设施建设。

融入德育的特色校园文化

高校校园文化作为一种高层次、特殊的群体文化,承载着学校的教育理念、育人原则、精神风貌和人文气息,渗透于学校的教学、科研、管理、生活及各种校园活动等方面,潜移默化地影响学生的思想观念、成才追求、道德规范和价值取向。学校始终坚持以人为本、科学发展、和谐发展的理念,高度重视大学精神的凝练和校园文化的建设,着力打造具有地方特色的校园文化品牌。

传承红色文化基因,打造校园红色文化。三明是中央苏区的"核心范围",中央苏区的"东方门户""扩红补给"的主要地区,东方军的主战场,"长征出发"的4个起点县之一(宁化县),是"红旗不倒"的坚强堡垒、"抗战文化"的东南名城。学校始终坚持立德树人、以文化人的教育理念,秉承红色文化传承与弘扬的使命担当,立足三明丰富红色文化资源的实际,系统梳理三明红色历史脉络,全面挖掘三明红色文化资源,深入开展三明红色文化研究,生动讲好三明红色文化"故事",以红色文化凝聚人心,不断增强传承好、弘扬好、研究好三明红色文化工作的政治自觉、思想自觉和行动自觉,不断激发全校师生加快老区建设的责任感和使命感,在打造红色文化育人品牌中切实培养堪当民族复兴大任的时代新人。

融入地方文化元素,打造校园雕塑文化。校园雕塑景观是传播大学精神的物质载体,承载着校园的历史文化和地域特色,是校园文化建设的重要组成部分。学校注重把三明学院精神和具有三明特色的地域文化在校园景观中以具象化、符号化和艺术化的形式呈现,精心打造文化景观和具有地方特色的校园文化品牌。

2009年4月2日,"感动福建"十大人物曹云露教授塑像在三明学院理工(一)楼前落成,塑像为半身铜像,连基座总高约2.4米。此后,每年清明节前,师生到曹云露教授塑像前缅怀追思成为传统。2012年5月31日,承载着朱熹"大学之道"深刻内涵,体现着三明学院学府气息的校园文化景观"朱子讲学"雕塑群落成。2012年12月25日,以"书写文明传承、绘制精神画卷"为主题的校园文化雕塑"文明与精神的史诗"大型浮雕墙落成,讲述了18万年前万寿岩古人类文明、丰富多彩的客家文化与开拓创新的客家精神、三明工业兴市和强市的第一炉钢、"五讲四美三热爱"的精神文明发祥,以及三明学院师生楷模的先进事迹。学校还有2013年4月在校保卫处红楼前落成取材于红色三明的"风展红旗如画"大型雕塑。

创新思政教育模式,打造校园德育文化。树立典型、宣传典型、学习典型,是学校营造积极、健康的校园文化的重要途径,是校园德育文化内涵建设和品位提升的有机组成部分。学校紧紧围绕"培养什么样的人,怎样培养人"这一根本问题,提出了"典型引路、榜样育人"的校园德育文化发展思路,将挖掘、宣传和推广先进典型作为一项育人重要工程,积极探索典型引路、榜样育人的新模式和好做法,不断探索和创新思想政治教育模式,以身边事教育身边人,让广大师生能够真切地感受到身边榜样的力量,真正被身边先进典型的事迹所感动、所激励,形成崇尚典型、学习典型、争做典型的良好氛围,激发出极大的工作和学习热情,不断推进师德师风建设,不断推动校风、教风、学风建设,进而丰富校园文化建设的内涵和品位。学校先后涌现出"福建省优秀共产党员"、福建省"师德标兵"、"感动福建"2008年度十大人物、福建省"敬业奉献好人"师德模范典型曹云露教授,"全国道德模范(孝老爱亲类)"、"感动福建"2009年度十大人物孝老爱亲典型曹阳飞宇同学和荣获"2010年全国高校辅导员年度人物入围奖"、"福建省十佳辅导员"爱岗敬业典型郭远景老师,在推动校园德育文化建设方面发挥了重要作用,取得了明显成效。

学校从曹云露教授的事迹中,总结提炼出曹云露教授的"五种精神",即对党和人民的教育事业忠贞不渝、鞠躬尽瘁,自强不息、无私奉献的精神;为人师表、爱岗敬业,恪尽职守、呕心沥血的精神;严谨治学、率先垂范,一丝不苟、精益求精的精神;锲而不舍、刻苦钻研,求真务实、开拓创新的精神;关爱学生、亲和友善,诲人不倦、甘当人梯的精神。从曹阳飞宇同学带着病重父亲上大学的事迹中,总结提炼出曹阳飞宇同学在困难面前表现出的"积极向上、锲而不舍、自立自强、勇于负责"的良好品质,看到了他的孝心、爱心、感恩之心,既传承了中华民族的传统美德,又体现了当代青年大学生的精神风貌,是当代青年学生的榜样。从郭远景老师从事辅导员工作 11 年的经历中,挖掘总结出郭远景老师"淡泊名利、默默耕耘、爱生如子、真诚为人"的崇高精神,找到了在"平凡岗位上演绎精彩人生"的典型和榜样。他们是学校在不同层面、不同角色中所表现出来的典型和榜样,已经成为学校精神和校园文化的重要组成部分。

契合人才培养需求,打造校园动漫文化。为加快海西动漫人才培养,学校建立与华宇(福建)置业集团、福州华宏数码动画有限公司、台湾远东动漫公司、中国美院开展动漫人才培养和产品研发合作关系,挂牌成立海峡动漫学院。紧紧抓住动漫发展良机,结合动漫专业优势,营造丰富多彩的大学生校园动漫文化氛围。

校园动漫节是集中展示校园动漫文化建设成果最为重要的平台。通过学生手工作品展、动漫社团嘉年华、"Cosplay 争奇斗艳"展示秀、动漫节优秀作品展、影视动画作品展、颁奖晚会等形式各异、丰富多彩的动漫系列活动,更多的大学生认识和了解动漫文化,激发兴趣去学习动漫,从而发掘和培养具有艺术理想、创新精神、良好艺术修养的动画新人;并结合三明本土文化宣传推广传统文化,促进传统文化和动漫艺术的结合,进一步弘扬传统文化,营造健康、文明、高雅的校园文化氛围,提升校园文化活动的品位。

第二节　和谐校园建设

帮扶困难学生,营造文明生活环境

学校坚持解决思想问题与解决实际问题相结合,深入学生实际,突出抓好经济困难学生的帮扶工作,不断完善学生奖、贷、助、补、减(免)、缓资助体系。一方面不断完善奖、助学金和助学贷款的运行机制,修订《三明学院政府助学奖学金管理办法》《三明学院国家奖学金管理办法》,同时做好国家助学贷款贷后管理与跟踪;另一方面则是积极创造条件,提高贫困学生受助资金。设立校内勤工助学岗位,建立勤工助学网站,及时发布相关信息;出台《三明学院家庭经济困难学生社会资助管理暂行办法》,并积极争取社会力量参与到捐资助学中来。同时,为确保学生不因经济困难而影响学业或辍学,学校还制定了《三明学院家庭经济困难学生减免学费暂行办法》,开辟新生入学"绿色通道",解除家庭经济困难学生的后顾之忧。2004—2012 年,学生资助项目从 2 个增加至 7 个,累计资助学生 20603 人次,总金额达 4590 多万元;为 1835 名学生减免学费 260 多万元。2004—2009 年,共帮助 574 名同学获得校园地助学贷款;2010—2012 年,共帮助 2878 名同学获生源地助学贷款;2004—2012 年,共有 131 人次获国家奖学金,1359 名学生获得国家励志奖学金。

三明市关心下一代工作委员会、三明市国有资产投资有限公司、"同心·海西"春雨光彩助学金、中国建设银行三明分行、卡丁公司、康海药业、华盛房地产有限公司、鑫明水电开发有限公司、台湾协涌实业有限公司董事长张龙清、台资佳昆食品有限公司总裁马福官、本校某教授、原土建系校友等两岸企业、基金和个人在这一时期资助了学校 1305 名学生,资助总额 93 万余元。

学校十分重视和谐宿舍的营造,做到管理育人、服务育人、环境育人和文化育人。修订《学生公寓(宿舍)入住须知》,积极探索学生宿舍教育管理的新机制,试行学生楼栋管理委员会制度,建立了学生宿舍辅导员—楼栋长—楼层长—寝室长管理体系,充分发挥学生党员和学生骨干自我教育、自我管理、自我服务的作用,通过开展学生宿舍考察评比、表彰先进宿舍,推动学生文明宿舍创建,积极营造文明、团结、温馨的生活环境。学校于 2009 年 12 月在学生处成立了学生宿舍管理中心,进一步加强对学生宿舍管理工作的指导,福建省教育学会宿专部 2009 年年会在我校召开。

这一时期学校成立了心理健康咨询中心,积极开展心理咨询工作,为大学生提供及时、有效、高质量的心理健康指导与服务,帮助他们处理好学习成才、择业交友、健康生活等方面的具体问题,2004—2012 年,学校共为 2154 名大学生提供了心理健康咨询服务。

解决民生问题,提升教职工幸福感

学校将维护整体利益与维护教职工自身利益统一起来,逐步提高教职工福利待遇,为教职工办好事、办实事,增强了广大教职工的归属感和主人翁意识。2008—2009 年,学校完成了首轮岗位设置与聘任工作,共有 320 多名专业技术人员随着岗位等级的提升获得工资晋级;2009 年,学校对优秀编制外用工人员(全日制本专科学历)工资待遇进行调整,给予享受校内在编同级教职工岗位津贴的 80%,对编制外人事代理人员(包括部分辅导员、教学秘书等)进行招聘考试,解决了 25 人入编问题;2011 年,新增了教职工郊区误餐补贴,并出台《三明学院绩效工资改革方案》,进一步推进以绩效工资为主体的分配制度改革,提高教职工整体收入水平。经过调整,教职工工资收入由 2008 年的人均每年 40505.93 元提高到 2012 年的人均每年 70508.89 元,年平均增长 14.86%。

教职工住房等民生问题逐步解决。2006—2007 年,建设完成青年教师过渡房 1 幢,共 114 套;2008—2012 年,又将三元校区展望楼 4 层及学生宿舍 1 号楼改造成为青年教师宿舍。麒麟新村经济适用住房于 2005 年获得市政府批准,424 套教职工经济适用房于 2009 年 5 月开工兴建,2010 年项目完成了边坡治理和 2 号、3 号楼基础孔桩建设,完成了 87 户拆迁安置协议的签订工作。

进一步完善了对离退休教职工的服务管理,逐步形成了离退休教职工年终校情通报会;教师节、"七一"、重阳节、春节对离休、高龄、退休校领导,特困病重孤寡离退休教职工、党员进行走访、慰问,春节前夕赴福州、厦门集中走访看望离退休教职工。2011 年初,学校制定实施了《三明学院离退休人员校、院(系、部门)两级管理暂行办法》并持续沿用、不断优化完善至今,深受广大离退休教职工的一致好评及市老干局、市退协等老字口管理部门的高度评价,2010 年 5 月福建省总工会授予三明学院工会"模范职工之家"称号。

开展综合治理,筑牢平安防线

学校认真落实综治目标责任制,构筑校园安全齐抓共管的格局。这期间,学校持续开展"平安校园"创建活动,健全管理制度,加强安全宣传,落实安全责任,积极采取措施,稳定食品价格,确保学生学习生活有序进行。深化安全隐患排查与整改,定期排查各种不稳定因素,及时处理突发事件,校园人防、物防和技防措施进一步落实,"平安校园"建设取得良好成效。2006 年 3 月,三明市社会治安综合治理委员会办公室、三明市教育局、三明市公安局授予三明学院"创建'平安校园'活动先进单位";2007 年 3 月,中共三明市委、三明市人民政府授予三明学院"2006 年度创建'平安单位'活动先进单位";2008 年 3 月,中共三明市委、三明市人民政府授予三明学院"2007 年度创建'平安单位'活动先进单位";2008 年 3 月,三元区人民政府授予三明学院"2007 年度消防目标责任考评先进单位";2008 年 7 月,中共三明市委、三明市人民政府授予三明学院"2004—2007 年度综治和平安建设先进集体";2009 年 2 月,三元区人民政府授予三明学院"2008 年度消防目标责任考评先进单位"。

2007 年,学校加大技防投入,促进人防、物防、技防的整体联动,在荆东校园安装视频监控系统,提高校园安全防范能力的综合水平,成立了综治及"平安校园"工作领导小组。

2008 年,学校根据奥运稳定工作要求,结合实际,制定了相适应的稳定工作责任目标;聘请福建省公共消防安全专业教师为 300 余名学生举办了一期内容涉及消防法律法规、消防基本常识、火场逃生技巧、重特火灾事故案例分析和灭火演练的消防培训;与三明市禁毒委员会、三明市公安局禁毒支队、三元公安分局联合举办有 1000 多名师生参加的,主题为"珍爱生命、远离毒品"的《禁毒法》宣传活动,收到了良好的效果。利用消防宣传日,邀请三明市消防协会人员到学校开展消防安全常识讲座,举办学生宿舍区模拟火灾应急疏散演练,增强广大师生消防安全意识。邀请三元区人民法院莘口法庭到三明学院开展"和谐校园,平安校园"暨"莘口法官进校园,法律咨询现场会"活动,宣传法律常识,为大学生提供法律咨询。

2009 年,学校制定了《三明学院网络与信息应急处置预案》《网络中心突发事件应急预案》,投入约 12 万元在人员密集楼栋和场所设置了补偿路灯 38 盏、消防应急灯 48 盏、消防层号灯 24 盏,应急疏散标志 90 处、应急疏散场所示意牌 11 面,校园应急突发事件防范措施得到进一步强化。同时学校还投入约 5 万元增补围墙,校园安全指数得到显著提高,校园信息安全管理得到进一步强化。同年 5 月 21 日,学校启动《三明学院甲型 H1N1 流感防控应急预案》,认真贯彻落实教育部、教育厅关于落实甲型 H1N1 流感防控措施的紧急通知等文件精神,认真落实"日报告""零报告"制度,做好相关防疫物资的储备和校园环境清洁、消毒等工作,购置防疫物资,确保良好、卫生、安全的校园环境。

2010 年,学校制定并实施了新的《三明学院消防安全管理规定》。当年 6 月,学校发布了《做好近期防御暴雨洪水的紧急通知》,6 月 24 日学校党委召开抗洪救灾专题会,认真做好防灾抗灾工作,关心滞留学校的毕业生,做好后勤保障工作,切实维护好校园安全稳定工作。学校获得 2010 年度省高校安全稳定工作先进集体。

2011 年，学校第二食堂被福建省卫生厅评为"食品卫生信誉等级 A 级单位"。2012 年，校党委会议专题研究了《关于加强校园治安秩序管理有关问题》，成立"校园管理综合治理工作委员会"负责指导全校二级综治考评单位开展综治工作。该年度学校投入资金，完善师生生活区域（宿舍区）监控措施，安装 298 处视频监控探头，并建设了校园监控系统主控室，逐步达到人防、物防、技防的整体联动目标。

推进普法工作，构建法治校园

学校深入开展法治宣传教育和法治实践，注重增强领导干部和广大师生员工的法律意识和法律素质，提高学校法治化管理水平，提升依法治校、依法治教的能力，为和谐校园建设和学校事业发展创造了良好的法治环境。

为更好地培养学生的法治理念，实现课堂教学与法治实践相结合，三明学院成立了法律协会和大学生法律援助中心，为学生搭建理论联系实践的平台。并且，本着"走出去，引进来"的原则，学校与三明市检察院、三明市中级人民法院少年庭、莘口法庭、三元区荆西街道达成共建协议和计划，学校法律协会与三元区人民法院达成共建协议，开展课题调研、延伸帮教、答疑释法、挂职锻炼、志愿服务等合作事宜，开展"优秀法律文书写作"大赛、组织"模拟法庭"、开展"法律实务"讲座、邀请法律界领导专家莅临指导等活动，还不定期地对法制课教师进行校内和外送培训，形成了一支专兼职相结合的法制教育教师队伍。通过主题班会和入学教育为学生普及法律常识、展示莘口法庭公开审判新闻图片、每年暑期社会实践立项等形式以及建立学校与家长的定期联络制度，形成了学校、家庭、社会"三位一体"的大学生法治教育网络体系。学校充分利用新生军训、"3·15"国际消费者维权日、"6·26 国际禁毒日"、"12·4 全国法制宣传日"等积极开展各项法制宣传教育活动，对广大师生进行国防教育、消防安全教育、禁毒教育、反邪教教育和安全防范教育，不断提高广大师生的法制观念、法律意识。

学校研究制定了《教师法律知识年度考核办法》，把法律知识的考核纳入教师考核中。通过年终举行的法律知识开卷和闭卷考试，把法律知识考核成绩作为领导干部和教职员工晋升评优的依据之一，以达到人人学法、懂法、用法的督促目的。2011—2012 年，三明市中级人民法院"青少年动漫法制文化研发中心"在我校挂牌成立。在人事工作方面，三明学院制定了《三明学院教师服务期限及违约责任暂行规定》等；在财务工作方面，制定了《三明学院教职工差旅费管理办法》《三明学院关于教职工参加培训进修等费用开支的规定》等；在招生工作方面，制定了《三明学院招生工作规定》《三明学院招生工作管理办法》等；在后勤国资工作方面，制定了《三明学院基建（修缮）和采购工作监督暂行办法》《三明学院国有资产管理暂行办法》《三明学院贵重仪器设备管理办法》等。通过制定和完善校内管理制度，强化了规章制度的"立、改、废"工作，使学校工作有章可循、有章可依、有章必依，实现了规章管人、管事的依法治校目的，使校园管理走上科学化、制度化、常态化的轨道。

三明学院被三元区工商局和三元区消费者权益保护委员会联合授予"2011—2012 年度消

费维权先进单位"荣誉称号,旅游学院(经济学院)法律教研室荣获"2011—2012 年度三明市'巾帼文明岗'荣誉称号"。

第三节　基础设施建设与办学条件改善

第一轮办学发展用地扩充

在合并组建三明高等专科学校和筹建三明学院前期征地的基础上,学校开始新的发展用地扩充。

2005 年 10 月,市委、市政府研究实施征用学校位于荆东向江坪的土地 656 亩(43.73 公顷),用于三元区荆东工业园区二期建设,三元区政府支付补偿款用于学校基础设施提升建设。

2005 年 12 月,尤溪县洋中镇向福建农林大学正式交地,标志着三明学院与福建农林大学土地置换工作顺利完成。

2006 年 2 月,为支持职业教育发展,三明市委、市政府决定组建三明职业技术学院,计划通过两校土地置换方式,将其校址设在我校列东校区。

2007 年 1 月,三明学院与三明职业技术学院正式签订置换土地资产协议书,以我校列东校区校园土地 158 亩置换职业技术学院校园土地 45 亩土地(其中,原三明卫生学校土地 26 亩、原三明财经学校土地 19 亩);两校资产经过第三方评估不足部分差价,由三明职业技术学院补偿我校 1340 万元。通过与三明职业技术学院的土地置换,学校将原三明财经学校土地用于继续教育学院教学培训使用,并以此建立了三元校区。

2008 年 1 月,学校同福建农林大学互换土地使用权证书。同时,市政府研究决定(三明市人民政府常务会议纪要〔2008〕1 号文件),同意对三明卫生学校 26 亩土地进行招拍挂出让,由市政府先行实施土地收储,并拨付学校土地补偿资金 5000 万元,用于基础设施项目建设。

至此,学校多措并举,不断扩充办学发展用地面积,实现了荆东校区办学用地连片。同时,妥善处理了原三明职业大学校园土地与荆东村纠纷的历史遗留问题,完成南区土地边界确权并办理土地使用权证书。截至 2008 年 1 月,学校办学用地达到 1012 亩(67.52 公顷),为日后办学规模突破 1 万人,提供了办学用地保障。

校园基础设施提升建设

学校基础设施建设是在比较薄弱的基础上进行的。荆东校区大部分建筑为原福建农学院于 20 世纪 70 年代末修建,多数建筑使用年限较久。随着高专时期本科筹建工作的展开,南北校区连接道路、图书馆、综合教学实验楼等基建项目相继规划建设,筹建中的三明学院的基础设施提升建设逐步走上正轨,呈现出蓬勃发展的良好势头。三明学院成立后,截至 2004 年 12

月,学校建筑总面积共 149121.1 平方米(含卫校),其中教学行政用房 89459.55 平方米,学生宿舍 35053.96 平方米,其他建筑 24607.59 平方米。

2005 年 7 月,学校陆续建成综合大楼、外语教学楼、体育馆、学术报告厅、学生公寓(紫荆园 6 号)、学生食堂(南区第二食堂)、商业街等一批基建项目,新增建筑面积 4.8 万平方米。

从 2007 年至 2010 年,为满足本科教学评估和不断增长的办学规模需要,学校接连启动了两期校园基础设施建设工程。

"一期工程"(五大工程)项目建设,总投资 1.6 亿元,列入省重点建设项目,主要建设内容有:(1)图书馆(逸夫图书馆),建筑面积 22056 平方米;(2)土建结构与机械实验楼,建筑面积 3798 平方米;(3)综合教学实验楼(博学楼),建筑面积 19536 平方米;(4)南区 400 米塑胶田径场;(5)北校区大门及广场,建筑面积 10086 平方米。至 2009 年 9 月,"一期工程"项目陆续竣工交付使用。其中,图书馆项目被评为福建省"闽江杯"省级优质工程,并获得教育部邵氏基金赠款大学项目一等奖。同时,"一期工程"项目被市委、市政府授予"抓项目、增后劲、促发展"重点项目工作竞赛三等奖。其间,2007 年建成青年教师公寓(朱子园),建筑面积 7285 平方米。

"二期工程"建设项目,总投资 1.2 亿元。主要建设内容有:(1)拆除南区 6 栋 70 年代原福建农学院教师宿舍,并新建学生公寓(荷花苑 5 号),建筑面积 19000 平方米;(2)新建北区教学楼(厚德楼),建筑面积 13495 平方米。"二期工程"于 2009 年 8 月正式开工,2010 年 8 月先后竣工验收交付使用。该项目被省重点项目建设办公室通报表扬,并被三明市委、市政府授予"深化项目推进年活动重点项目推进工作竞赛"二等奖。同时,完成 3 万平方米的校舍维修和 11 个实验室装修工程。

2009 年,是校园建设中具有标志性意义的年份。8 月,完成列东校区与三元校区等教学场所调整搬迁工作,形成至今稳定的荆东主校区和三元校区的校园格局。

与此同时,学校根据每年招生规模增长情况,有计划地新建学生公寓。2009 年,新建完成 3 幢学生公寓(荷花苑 6 号楼),建筑面积 23142 平方米,总投资 1.3 亿元。2011 年,学生公寓建设项目有:(1)荷花苑 7 号、8 号学生公寓,建筑面积 28962 平方米;(2)紫荆园 7 号学生公寓,建筑面积 12195 平方米;(3)紫荆园 1 号和 2 号学生公寓,建筑面积 21530 平方米。

2012 年 8 月,各新建的学生公寓在秋季学期开学报到前,全部竣工验收交付使用,增加学生公寓面积 6.27 万平方米,有效扭转了学生公寓面积不足局面。当年,学校总建筑面积达到 307739.84 平方米,其中教学行政用房 150470.05 平方米,学生宿舍 119855.20 平方米,其他建筑 37414.59 平方米。

主要建设项目情况如下:

(1)图书馆(逸夫图书馆)。2000 年 12 月获三明市发改委项目审批,项目投资 4800 万元,拟建 8 层框架结构,建筑采用"三统一"模式,即:统一开间、统一柱距、统一层高,设置阅览座位 2400 个,可藏书 150 万册。该项目学校自筹建设资金 4500 万元,申请获教育部邵逸夫基金捐赠资金 400 万元港币。2003 年 11 月完成建筑方案设计,2005 年完成施工图设计,2006 年 12 月完成招标工作,2007 年 1 月正式动工建设,2008 年 12 月竣工交付使用。

(2)综合大楼(行政楼)。2002 年学校规划建设综合大楼,大楼集会议、学术报告、档案管理、校史展览、智能化教学、办公等功能于一体,内设有计算机多媒体教室、学术报告厅、中小型会议室、多媒体教室、行政办公室等场所。该项目于 2002 年 9 月完成招标,2002 年 10 月开工建设,建筑面积 12743 平方米(其中主楼 9227 平方米,附楼 3516 平方米),项目总投资 2000 万元(其中,主楼 1530 万元,附楼 470 万元,由三明市下拨基建投资资金 970 万元,学校自筹建设资金 1030 万元),项目于 2004 年 8 月竣工交付使用。

(3)校大门。校大门及广场项目于 2003 年获三明市发改委批准,规划建筑面积 1 万平方米,总投资 360 万元。校大门建设用地需 17.2 亩,需要征用荆东村 7.2 亩土地。经与荆东村多次协商,双方同意使用从福建农林大学置换来的收容站 20 亩土地与荆东村置换,学校节约征地款 300 万元。同时,为筹集校大门建设资金,学校多渠道向社会各界募捐,获得 130 多万元捐赠资金。项目于 2007 年 3 月动工建设,11 月竣工投入使用。

办学资源条件不断改善

1. 不断提升图书资源建设

学校高度重视馆藏资源建设工作,图书资源、数据库资源等逐年增加。2004—2008 年,按照生均年进书量 4 册以上的要求,不断提升图书馆藏数量,馆藏文献总量达 78.94 万册,其中纸质文献 64.6 万册,达到生均 80 册。2005 年 7 月引进了中国期刊网专题全文数据库、中国期刊题录数据库、中国专利题录摘要数据库、万方数据资源系统等数据资源。

2008 年 12 月,新建逸夫图书馆正式投入使用。

2011 年,图书馆主动对接教学科研和学科建设需要,在原有数据库资源的基础上,进一步加强文献信息资源建设。开通 CALIS 馆际互借与文献传递系统,为全校读者开展全国范围的馆际互借与文献传递服务。借助该系统,我校读者可以获取北京大学、清华大学、厦门大学、福州大学等全国 46 所高校图书馆的文献资源。

2008—2012 年,学校图书资源建设得到长足进步。5 年间新增图书资料 61.9 万册(其中新增纸质图书 18.7 万册、电子图书 43.2 万册),馆藏图书总量达到 140 万册(含电子图书 56.7 万册),年平均增长达到 15.7%,图书资源日益丰富,基本满足本科教育发展需求。

2. 不断拓宽教育经费收入

学校建校资金以三明市财政拨款为主,采取政府拨款、学校自筹、银行贷款、争取侨资及社会力量捐资等多渠道投资体制。按照《三明学院 2003—2007 年发展规划》,至 2007 年,拟投入 2.6 亿元。建校资金从以下几个方面筹措:从 2001 年至 2003 年投入 8300 万元,由市财政筹集 7500 万元,学校自筹 800 万元,其中 6800 万元用于实验室建设、图书资料添置、师资队伍建设和部分基建工程,1500 万元用于征地。从 2004 年至 2007 年投入 17700 万元,其中市财政筹集 4500 万元,学校自筹 6200 万元,利用港澳侨资 4000 万元,社会资金 3000 万元。学校正常办学经费保持原有拨款渠道不变,并根据有关增长比例,逐年增加投入。学校认真按照学校总体发展规划,积极筹措资金,推进学校各项事业发展。截至 2005 年 7 月,累计筹集事业发展资金 1.29 亿元,其中市财政核拨贷款贴息等资金 1801 万元,省财政拨入基建项目补贴款 300 万元,学校自筹事业发展经费 2104 万元,筹集社会捐款 206 万元,银行贷款 8550 万元。筹集的资金主要用于加强基础设施、教学设备、人才队伍、图书资料等项目建设,累计投资达 1.27 亿元,办学条件明显改善。

2005 年,实现各项经费收入 5985 万元,同比增收 384 万元。完成事业发展投资 4000 多万元。在学校财力困难而又急需加强基础设施建设的情况下,进一步加强财务计划,千方百计地筹集资金,寻求比较稳定的、有利于学校长期发展的银行贷款,努力解决事业发展的资金瓶颈问题。

市委、市政府高度重视解决学校还贷问题,决定将原卫校、财校土地盘活,将净收益全部用于学校还贷,以降低学校负债率,保证学校可持续发展。2006 年,学校获得市政府担保的开发银行贷款 5000 万元和农业银行贷款 3000 万元额度,保证了当时校园工程项目建设顺利进行。2007 年,学校重点项目完成投资计划 3200 万元。同时,完成与农林大学土地置换工作,将向江坪置换地块向三元区政府转让,获得征地补偿金 1056 万元。

2008 年,全年实现各项经费收入 1.2 亿元,同比增收 413.63 万元,增长 4.9%。完成事业发展投资 3957 万元。新建图书馆项目获得 2008 年邵氏基金会 400 万港元赠款和省政府 200 万元配套经费。2009 年,全年实现各项经费收入 1.12 亿元,市财政拨款同比增收 250 多万元,教育事业费同比增收 1177 万元。获得建设银行三明分行 1.1 亿元中长期贷款,置换了 8090 万元的短期贷款,化解了学校短期还贷压力,填补了在建项目的资金缺口。2010 年,全年实现各项经费收入 1.15 亿元,同比增收 1341 万元,增长 13.15%。获得中央财政支持地方高校专项资金 400 万元。

2011 年是“十二五”开局之年,学校发展也迎来新机遇,各项经费收入显著提升。当年实现各项经费收入 2.1 亿元,其中,财政教育经费拨款 7039.26 万元,同比增加 1634 万元,增幅 23.56%;市财政专项贷款贴息 800 万元,省财政重点专业建设经费 300 万元,高校生均拨款奖补资金 400 万元,中央支持地方高校专项资金 600 万元。全年办学收入 8080 万元,同比增收 1841 万元,增幅 29.51%。通过各种渠道,筹集 9000 万元资金化解债务,为学校建设发展提供了经费保障。

2012 年,全年各项经费收入 2.33 亿元,其中,财政教育经费拨款 8720.9 万元,同比增加 1681.64 万元,增长 24%;市财政专项贷款贴息 800 万元,省财政重点专业建设经费 300 万元,高校生均拨款奖补资金 864 万元,中央支持地方高校专项资金 600 万元。全年办学收入 9226.25 万元,同比增收 1145.39 万元,增幅 14.18%。通过各种渠道,共筹集资金 11500 万元化解学校债务。

3. 不断充实办学硬件投入

2004 年 6 月,学校正式升本时,固定资产值为 33348.74 万元,教学科研仪器设备总值为 3438 万元。

2005 年 7 月,教学科研仪器设备总值增加至 3700 万元,计算机增加至 1800 多台,多媒体教室增加到 32 个;并建设有现代教育技术中心、网络中心、计算机中心等教辅机构,教学、科研的条件进一步改善。

2005 年至 2010 年,学校严格按照 5 年建设规划,不断充实办学硬件投入,新增教学科研仪器设备值 3491.98 万元,教学科研仪器设备总值达到 7120 万元。校园语音实验室座位达到

698 个,多媒体教室座位达到 11792 个。同时,2010 年 5 月,学校与中国电信三明分公司签订"合作共建校园网"项目协议,三明电信公司在 5 年内投入 200 万元用于三明学院校园网建设,并帮助学生宿舍网络出口带宽免费扩容。学校配套投入 400 万元用于建设校园网,校园网资产总值达 1000 万元,实现了有线和无线等多种网络信号覆盖校园,校园网络资源日益丰富,教学、行政、管理信息化的建设与应用水平不断提高。

截至 2012 年本科教学工作合格评估时,学校固定资产总值达到 42530 万元。2012 年新增教学科研仪器设备值 3608.83 万元,总量达到 8569.1 万元。

第四编 时代新篇(2013—2023 年)

三明学院校大门

2012年11月，中国共产党第十八次全国代表大会在北京召开，标志着中国特色社会主义进入新时代。2017年10月，中国共产党第十九次全国代表大会确立习近平新时代中国特色社会主义思想为党的指导思想。党的十九大把习近平新时代中国特色社会主义思想写入党章。党的二十大把党的十九大以来习近平新时代中国特色社会主义思想新发展写入党章。党的十八大以来，中国共产党带领全国各族人民实现了第一个百年奋斗目标，全面建成了小康社会，向着全面建成社会主义现代化强国的第二个百年奋斗目标迈进，中国高等教育也步入了双一流建设、高质量发展的新航程。

　　建设教育强国是中华民族伟大复兴的基础工程。要实现高等教育内涵式发展，必须学习贯彻落实习近平新时代中国特色社会主义思想，开启高等教育强国建设的"新征程"。

　　新时代，学校以新思想定向领航，在顺利通过教育部本科教学工作合格评估后，结合评估整改，积极探索应用型本科育人强校新路。学校坚持以立德树人为根本任务，以建设有特色高水平应用型本科大学为发展目标，实施"转型、提质、增值"战略，入选福建省八所示范性应用型本科高校，顺利通过教育部本科教学工作审核评估。学校以硕士学位授权培育单位建设为抓手，强化学科引领的内涵提升，确定了"三步走"创建地方一流应用大学的发展愿景，入选福建省一流应用型建设高校，列入教育部"对口支援西部地区高等学校计划"，迈入高质量发展新阶段。

第一章　坚定走新时代应用型发展新路

早在 2011 年暑期领导干部研讨班上,"把三明学院建成有特色高水平应用型大学"就成为学校领导干部研讨的主题,并开始在思想上形成共识。以此为出发点,学校在《本科教学工作合格评估自评报告》中明确了"教学型、应用型、地方性"的类型定位和"以工为重,多学科协调发展"的学科专业发展定位,明确提出了"建设有特色高水平应用型本科大学"的发展目标。进入新时代,在国家有关政策引导下,三明学院逐步调整、明晰"地方性、应用型、开放式"的办学定位,致力应用型办学的探索和改革实践。应用型的办学定位和发展目标正式写进 2014 年学校第二次党代会报告和"十三五"事业发展规划,进行总体部署和路径规划,学校办学踏上了应用型发展新路。

第一节　转型发展的战略部署

制订应用型改革方案,开展转型试点

2012 年 3 月教育部发布《关于全面提高高等教育质量的若干意见》,提出了探索建立高校分类体系的构想。之后,随着《国务院关于加快发展现代职业教育的决定》(国发〔2014〕19 号),教育部、国家发展改革委、财政部《关于引导部分地方普通本科高校向应用型转变的指导意见》(教发〔2015〕7 号)和《福建省人民政府关于加快发展现代职业教育的若干意见》(闽政〔2015〕46 号),福建省教育厅、福建省发展和改革委员会、福建省财政厅《关于开展普通本科高校向应用型转变试点工作的通知》等文件相继出台,为学校的转型发展指明了方向。

三明学院应用型改革的起点是学科专业调整和应用型人才培养模式改革。

2012 年 10 月,学校在合格评估后结合评估整改,制定并实施《三明学院院系设置及学科专业调整方案》,着手对院系设置进行调整,突出"应用"特点,体现应用型本科办学的鲜明特征。同时,根据海西(三明)产业发展需要,制定《三明学院 2013—2015 年学科专业调整计划》。经过调整改造,工科专业比例达到 40%。之后,又制定《三明学院 2014—2018 年专业建设计划》,计划工科、管理学科、应用文理科比例达到 85%以上。

2013 年 9 月 4 日,学校在学术报告厅召开应用型人才培养模式改革推进会,面向 2013 级启动应用型人才培养模式改革工作。11 月,印发《三明学院应用型人才培养模式改革方案(2013—2015 年)》,计划通过 3～4 年的努力,初步构建要素比较完整、制度逐步配套、运行效

果良好的应用型人才培养体系,建设一批具有示范辐射作用的应用型人才培养模式示范专业、若干以应用型人才培养模式示范专业为中心的专业群,构建以应用型、实践性、技能性课程模块为特征的课程群和课程体系,大幅提升应用型人才培养水平。为保证人才培养模式改革的深入进行,配套出台了《三明学院应用型人才培养模式改革方案实施意见》《三明学院关于2013 级本科专业人才培养方案制订的意见》《三明学院第二课堂学分管理指导意见(试行)》《三明学院教师教学工作量计算指导意见》等有关文件。

2014 年,三明学院开始整体向应用型转变。这一年元月,学校在二届四次双代会《三明学院工作报告》中明确提出"向应用技术型大学转型"。6 月,学校加入全国应用技术大学联盟。同月,经学校请示,三明市人民政府向省教育厅正式报送《关于请求支持将三明学院列入教育部转型发展试点校的函》(明政函〔2014〕40 号),明确支持三明学院建成有特色高水平应用型本科高校。

2014 年 5 月,学校制定《三明学院转型发展方案(2014—2018 年)》。这是响应国务院引导一批普通本科高校向应用技术类型高校转型的战略部署,推进学校转型发展,提高服务区域经济社会发展的能力与水平的具体行动。方案中筹划了转型发展的主要任务,共有 9 项:建立 4个紧密对接产业链的专业群、构建"343"人才培养模式、加强"双师型"教师队伍建设、加强校企合作实践教学平台建设、采取"123"创业教育形式、发展专业学位研究生教育、促进中高等教育有机衔接、发挥区域和行业技术中心作用、发挥地方本科高校"地方智库"作用等,兼顾到了发展转型与内涵提升,以及高校功能与作用的发挥。与方案相配套,15 个院(部)制订了转型与提升计划。《三明学院转型发展工作年报》(2014 年)收录了领导讲话、工作方案、典型案例、媒体报道、学术交流等方面的内容。

根据福建省教育厅、福建省发展和改革委员会、福建省财政厅发布《关于开展普通本科高校向应用型转变试点工作的通知》(闽教高〔2015〕39 号)精神,学校于 2016 年 3 月制定《三明学院向应用型转变试点工作实施方案》(2016—2020 年)。方案分为"办学基础""转型目标""建设任务""进度安排""保障措施"等五个部分。其中,建设任务有 7 项:应用型专业体系构建、应用型人才培养模式改革、课程体系和教学模式改革、"双师双能"型教师队伍建设、实践教学体系建设、服务能力提升、质量保障体系建设。相较于 2014 年的方案,更具系统性和体系化。2016 年 5 月,福建省教育厅发布《关于公布本科高校向应用型转变试点项目的通知》(闽教高〔2016〕16 号),我校等 18 所本科高校被确定为整体转型高校,获专业群试点项目 5 项,包括资源化工专业群、智能制造专业群、文化创意及衍生产品创新设计专业群、土木与园林专业群、ICT 专业群等。

中国共产党三明学院第二次代表大会

2014 年 11 月 2 日至 3 日,三明学院召开中国共产党三明学院第二次代表大会。选举产生了中共三明学院第二届委员会委员和中共三明学院纪律检查委员会委员。曾祥辉、刘健、王政、林群、江芳俊、陈晓明、赖锦隆当选为新的校党委委员,林群、陈修辉、秦玮、廖景榕、陈皓当选为新的纪委委员。

本次党代会,是在我校通过教育部本科教学工作合格评估、着力向应用技术型大学转型发展的关键时期,召开的一次十分重要的会议。大会的主题是:以中国特色社会主义理论体系为指导,深入学习贯彻习近平总书记系列重要讲话精神,深入贯彻落实党的十八大精神,十八届三中、四中全会和省委九届十次、十一次全会精神,深刻领会《国务院关于加快发展现代职业教育的决定》和《福建省人民政府关于改革完善高等教育治理方式推动高等学校内涵发展的若干意见》精神,总结经验教训,分析机遇挑战,明确目标任务,进一步统一思想,凝心聚力,加快推进实施"转型、提质、增值"发展战略,为把我校建设成为有特色高水平应用技术型大学而努力奋斗。

校党委书记曾祥辉代表校党委向大会做了题为"实施'转型、提质、增值'发展战略,建设有特色高水平应用技术型大学"的工作报告。

报告回顾了第一次党代会召开以来的工作。一是党委着力抓了五件大事,包括搞好顶层设计,明确发展方向;抓好合格评估,提高教学质量;创新思政模式,保证育人质量;开展专题活动,提升党建水平;总结十年经验,传承百年传统。二是学校事业取得长足发展,包括规模发展提前完成,办学条件不断改善;学科建设起步坚实,专业结构得以优化;教学改革逐步深化,培养模式初步构建;科研工作扎根地方,服务能力不断提升;产教融合日益紧密,协同创新成效初显;闽台合作成为亮点,国际交流取得突破;人才培养注重质量,社会声誉不断提升;文明建设基础厚实,和谐校园共建共享。

在总结成绩的同时,指出了工作中存在的问题与不足。总结了经验与体会,一是必须坚持勇抓机遇、敢为人先;二是必须坚持立足实际、打造特色;三是必须坚持艰苦奋斗、负重奋进;四是必须坚持党建强校、思政育人。

报告分析了面临的形势和挑战,提出今后五年的奋斗目标和主要任务。学校转型发展的总体目标,是要立足福建省特别是三明市经济社会与产业发展需求,加快调整办学定位,主动融入区域发展,走以提高质量为核心、产教融合的内涵式发展道路,不断推进办学机制、教学模式、人才培养模式和学校治理方式的改革,努力把学校建设成为有特色高水平的应用技术型大学。今后五年发展的具体目标,是通过实施"转型、提质、增值"战略,加快向应用技术类型本科高校转型,争取被纳入国家级转型发展试点校,在 2017 年前后通过教育部本科教学工作审核评估,并努力创建国家级转型示范校。今后五年应着力完成转型、提质和增值三大任务:(1)转型,一要转思想观念,二要转办学目标,三要转发展方式。(2)提质,一要提升教育教学质量,二要提升师资队伍质量,三要提升社会服务质量,四要提升学校治理质量。(3)增值,一要促品牌特色增值,二要促环境文化增值,三要促社会效应增值,四要促人生价值增值。

报告强调着力提高党建科学化水平,一是加强领导班子和干部队伍建设,提高办学治校能力;二是落实"五位一体"党建工程,保持和发展党的先进性与纯洁性;三是推进文明建设,开创全面协调发展新局面。

报告号召为建设有特色高水平应用技术型大学,实现三明学院新一轮科学发展、跨越发展而奋斗。

三明学院"十三五"事业发展规划(2016—2020 年)

2016 年 1 月,三明学院二届六次双代会审议通过《三明学院"十三五"事业发展规划 (2016—2020 年)》(以下简称《规划》)。《规划》提出"十三五"时期学校发展目标是:(1)深入推进高等教育综合改革,积极探索和构建应用型本科教育体系,推进应用型人才培养模式改革和创新创业教育,全面推动学校内涵式发展,加快推进应用型大学建设步伐,力争通过未来五年的努力初步建成有特色高水平应用型本科高校。(2)顺利通过教育部本科教学工作审核评估。(3)创建示范性应用型本科高校工作取得积极成效;适时发展专业学位研究生教育,学科专业水平明显提升。

2015 年 9 月,学校成立由校党委书记、院长为组长,分管副院长为常务副组长的"十三五"规划编制工作领导小组,制定印发了《三明学院"十三五"事业发展规划编制工作方案》,提出了"十三五"规划编制的指导思想、基本原则及工作任务,全面启动了学校"十三五"规划编制工作。规划编制中期,校党委曾祥辉书记主持召开"五个小组"工作汇报会,听取了"十三五"规划编制工作进展情况的汇报,对规划编制工作作出指示;规划编制后期,刘健院长专门召集会议,对"十三五"事业发展的具体目标进行把关;领导小组还召开工作布置会、工作推进座谈会、专项规划协调会,保证了规划编制工作的顺利进行。

《规划》编制体现了开门做规划的精神。初稿草拟过程中,刘健院长率领相关部门负责人到各院(部)、教辅单位开展"十三五"规划和教育综合改革调研。征求意见第一稿形成后,进行了为期一周的网上征求意见;征求意见第二稿形成后,学校分别召开各二级学院教授、博士和民主党派代表,各二级院(部)党政负责人和系主任代表,以及各机关教辅单位处级干部和科级干部代表等参加的 3 场座谈会,广泛征求意见和建议,共收集意见和建议 80 余条。规划编制小组在修改中充分吸收了意见建议。

《规划》简要回顾了"十二五"取得的办学成效,客观分析了学校面临的困难和问题。

《规划》文本简要分析了发展环境,认为国家、省、市特别是高等教育的改革发展战略、重大部署,为学校"十三五"发展提供了难得机遇,也明晰了我校发展的历史使命和前行路径。《规划》提出了指导思想,概述了发展战略,即转型发展、提质发展、增值发展,体现了与学校第二次党代会精神的衔接。《规划》还提出要坚持"地方性、应用型、开放式"办学定位。

《规划》提出的发展目标分为总体目标、分阶段目标和具体目标。

总体目标为:深入推进高等教育综合改革,积极探索和构建应用型本科教育体系,推进应用型人才培养模式改革和创新创业教育,全面推动学校内涵式发展,加快推进应用型大学建设步伐,力争通过未来五年的努力初步建成有特色高水平应用型本科高校。

分阶段目标是:到 2018 年,顺利通过教育部本科教学工作审核评估。到 2020 年,创建示范性应用型本科高校工作取得积极成效;适时发展专业学位研究生教育;"产业伙伴""地方智库""人才基地"及校园文化的品牌效应不断彰显,学校美誉度和社会影响力显著提高。

具体目标包含人才培养、学科建设、科学研究与社会服务、教师队伍建设、对外交流与合作、校园文化建设、办学条件建设和现代大学制度建设等 8 个方面,并附有主要指标规划表,不少指标有一定高度和难度,如生师比、博士数量、教学、科研以及教学行政用房建设等。《规划》用较多篇幅表述了应实施的 8 个专项计划和 6 项重大任务。8 个专项计划包括:(1)专业群和特色专业建设计划;(2)应用型人才培养模式改革计划;(3)创新创业教育计划;(4)重点学科提升与专业硕士学位点培育计划;(5)应用研究和技术创新能力提升计划;(6)高层次人才聚集计划;(7)双师能力提升计划;(8)审核评估推进计划。6 项重大任务包括:(1)落实立德树人根本任务,大力提高教育质量;(2)加强人力资源建设,优化人才队伍结构;(3)加强资源条件建设,提高公共服务水平;(4)加强对外合作交流,形成开放办学格局;(5)提升传承创新能力,打造校园文化特色;(6)推进体制机制改革,建立现代大学制度。计划和任务,都是为了实现总体目标,实现内涵发展和更高水平发展。不同的是,8 个专项计划更具针对性,突出了应用型本科建设的攻坚点、难点和突破点,突出创新发展和特色发展;6 项任务兼顾根本性、拓展性、保障性工作,体现全面发展、协调发展。

《规划》提出了应当采取的保障措施,包括加强组织领导、确保建设项目经费落实、切实维护学校和谐稳定、群策群力推进各项任务完成。

《规划》附件《三明学院"十三五"主要指标规划》中列出"在校生规模""人才培养与学科专业""师资队伍""科研工作与社会服务""办学条件"5 类具体发展指标,更具可操作性。

编制学校"十三五"事业发展规划,是科学规划、谋划未来的过程,是广纳群言、广集众智的过程,是深化认识、凝聚共识的过程。

第二节 应用型本科办学的不懈探索

应用型本科办学的学术交流

2013 年 11 月,全国新建本科院校联席会议暨第十三次工作研讨会在徐州工程学院举行,研讨主题发生了重要变化。教育部高教司司长张大良在主题报告中指出,占全国本科高校数三分之一的新建本科院校,要准确把握新建本科院校的发展方位,不简单模仿老本科,不盲目追赶老本科,关键是通过内涵发展,实现由"新建"向"新型"本科——应用型本科的转型。"走新型本科院校发展之路"成为本次会议最大共识。2016 年 10 月,全国新建本科院校联席会议暨第十四次工作研讨会在成都召开,在新建本科院校从"新建"转到"新型"的发展理念方面达成一致,形成了《成都共识》。2013 年以后,一年一度的全国新建本科院校联席会议暨工作研讨会,始终聚焦"转型发展""产教融合""应用型人才培养模式"主题进行研讨交流,我校均组织赴会,并以"转型发展背景下地方高校'双师型'教师队伍建设"(2015 年,刘健)、"以项目驱动创新班为引擎的'五位一体'应用型人才培养模式构建与实践"(2020 年,张君诚)等为题,分享了应用型改革经验,发出了三明学院的声音。

2014 年 4 月 25 日,在中国应用技术大学(学院)联盟、中国教育国际交流协会主办,驻马店市人民政府、黄淮学院承办的"产教融合发展战略国际论坛"2014 年春季论坛上,我校与参加论坛的 178 所高等学校共同发布了《驻马店共识》,共同探索中国特色应用技术大学建设之路。12 月 6 日至 7 日,产教融合发展战略国际论坛 2014 年秋季分论坛暨应用技术大学(学院)联盟年会在宁波举行。本次论坛印发的《普通本科高等学校转型发展资料汇编》(2014 年 10 月第 2 期),介绍了我校"求变革接地气,重应用谋特色"的转型发展经验。2015 年 4 月 15 日至 16 日,第二届产教融合发展战略国际论坛召开,校党委曾祥辉书记、刘健院长、三明市政府张丽娟副市长应邀出席会议。我校作为 30 所院校之一,参加了"教育部-中兴通讯 ICT 产教融合创新基地项目(一期)签约仪式",教育部鲁昕副部长等领导见证了仪式。此后,我校每年坚持参加该论坛活动,先后在主会场或分论坛分享了"促转型重提质求增值——三明学院转型发展的实践与探索"(2014 年,曾祥辉)、"服务战略性新兴产业发展培养高素质应用技术人才"(2014 年,刘健)、"绿色教育产教融合发展的实践"(2017 年,刘健)、"基于乡村振兴服务设计的人才培养研究与实践"(2018 年,刘健)等典型经验或案例。

此外,学校还多批次组织参加了中美应用技术教育国际研讨会(2016)、"迈向新时代——国际产教融合＋高水平应用型高校建设工程"中美绿色教育合作研讨会(2018)、地方高校新工科建设与发展研讨会(2018)、应用型高等教育体系构建与应用型本科院校发展学术研讨会(2021)等学术交流活动。

自 2014 年起,学校分别以"建设区域特色的应用技术大学""绿色发展产教融合""海峡两岸应用型高校创新创业教育"为主题,发起并连续举办了 3 届"海峡两岸应用型本科教育发展论坛"。

2014 年 6 月 27 日,学校借开展"十年本科、百年办学"纪念活动之机,与省教育厅两岸职业教育交流中心联合举办了首届海峡两岸应用型本科教育发展论坛。

2016 年 11 月 6 日至 7 日,由教育部学校规划建设发展中心指导,福建省教育厅、三明市人民政府、中国应用技术大学(学院)联盟、美国应用技术教育联盟主办,我校发起并承办的中美绿色教育产教融合国际论坛暨第二届海峡两岸应用型本科教育发展论坛在三明沙县举行,吸引了来自美、加、德等国 100 余家政府及教育行政主管部门、教育服务机构、高校、企业、媒体等的领导和代表,约 270 余人参加。教育部学校规划建设发展中心陈锋主任作主题报告,中国工程院院士、清华大学贺克斌教授,福建省人民政府发展研究中心副主任黄端,美国伊利诺伊州绿色经济联盟执行董事 Stephen Bell,联合国教科文组织可持续发展教育(ESD)美国负责人 Debra Rowe,兴业银行总行环境金融部副总经理巫天晓共有 5 位嘉宾作主场报告。18 位嘉宾作交流发言,6 位嘉宾参加中美对话。论坛秘书处征集汇编了论坛论文集,共收集 51 篇论文,其中,大陆 31 篇,台湾地区 4 篇,美方 16 篇。论坛成果丰硕,达成应用型本科绿色教育发展的诸多共识。作为东道主和会议考察现场,学校集中分享了三明学院在贯彻新发展理念、开展绿色教育、促进转型发展等方面的成果和经验。刘健院长代表学校做了"理念、行动与畅想——绿色教育在三明学院"的报告。

2017 年 4 月 11 日上午,三明学院"致用讲坛"正式开讲。合肥学院党委书记蔡敬民教授以"新型大学新思路:本科院校应用型人才体系的改革与实践"为题开启了第一讲。"致用讲坛"的取名源自与学校历史具有渊源关系的清代福州四大书院之一的致用书院,旨在传承弘扬致用文化传统,搭建应用型大学学术交流平台,打造具有自身特色和区域影响力的文化品牌。讲坛约每月举办 2 期,邀请省内外专家学者、企业家、校友及文化人士等登坛讲学,至 2023 年 6 月已举办 107 期。2019 年 10 月入选第二批福建省高校哲学社会科学优秀讲坛。

2018 年 6 月 18 日,第 3 届海峡两岸应用型本科教育发展论坛在福州海峡会展中心举行。福建省教育厅领导,台湾中国科技大学、台湾岭东科技大学嘉宾,国家创新与发展战略研究会创新驱动研究院领导等出席论坛。刘健院长在论坛上分享了学校以创新创业教育改革为牵引,推动内涵发展与质量提升,促进大学生更高质量创业就业,学校成为省示范性应用型本科高校、省首批深化大学生创新创业教育改革示范高校的有益经验。

2021 年 11 月 22 日,由福建省教育厅、21 世纪海上丝绸之路职业教育联盟、三明学院联合主办的第 3 届 21 世纪"海上丝绸之路"职业教育合作论坛暨东南亚客属华人与"一带一路"国际青年学术论坛在三明学院举办。来自中国、俄罗斯等国家和地区的 44 所高校、科研院所的 200 余人参与该论坛。论坛主题是"共筑海丝命运共同体,建构教育开放新格局"。论坛期间,中国职业技术教育学会会长、教育部原副部长鲁昕在线上作了主旨报告。

应用型本科办学的理论研究

为适应应用型本科教育改革发展的需要,2015 年 4 月,学校成立高等教育研究所,挂靠在发展规划处(质量监测与评估中心),开始有目的地研究国家高等教育发展的方针政策和高等教育发展规律,收集、分析、把握国内外高等教育发展的重要信息和最新动态,有组织地开展学校高等教育和管理科学等相关项目的研究工作,跟上了全国高等教育科学研究的步伐。2017 年,学校成为中国高等教育学会会员单位。2020 年,学校当选福建省高等教育学会副会长单位。

组织开展高教项目研究。组织各层次高等教育科学研究课题的立项申报、过程管理、成果验收、鉴定以及优秀成果申报工作。截至 2023 年 3 月,一共组织立项校内外各级高教研究项目 100 余项,其中省级以上项目 40 余项。2016 年,实现学校全国教育科学规划课题立项零突破;组织参加福建省高等教育学会第 7 届高等教育科学研究优秀成果评选,有 6 项高教研究成果获奖,其中一等奖 1 项,二等奖 1 项,三等奖 2 项,优秀奖 2 项,位居同类院校前列。自 2019 年开始,学校为推进地方应用型大学建设,促进硕士校创建工作,特设立定向课题,以应用型大学产教融合和建设地方一流应用型大学为研究对象,研究政策文本、发展路径、发展案例等有关内容,为学校深化应用型改革提供参考。先后立项校级以上高教研究类课题 100 余项,其中主持省级以上课题 8 项。

研究我国地方本科高校转型发展的理论与现实问题。对境内外高等教育的相关问题做比较研究,为学校建设高水平应用型大学提供理论支持和决策服务。在《三明学院学报》开辟"应用型本科教育研究"专栏,引领和带动全校开展群众性应用型高教研究。2015 年以来,学校教师先后在省级以上刊物刊发应用型大学科教育教学改革发展的案例和理论探讨文章 600 余篇,其中包括《中国教育报》《高等工程教育研究》《中国大学教学》《黑龙江高教研究》《教育评论》等权威与核心报刊。高教课题有福建省教育科学"十三五"规划 2016 年度海峡两岸职业教育专项研究重点课题"两岸应用型本科教师评价制度对比研究"、福建省 2014 年中青年教师教育科研项目 A 类第二批人文社科研究重点项目(两岸职业教育专项)"台湾科技类教师评鉴制度研究"、福建省教育科学"十二五"规划 2015 年度重点课题"提升新建地方本科院校服务区域经济社会发展能力的战略"等。发表的学术论文有《新建本科院校转型发展若干问题思考》《新建地方本科院校转型发展路径研究》《探索转型发展之路提升教育教学质量》《应用型本科高校定型发展的四项任务》《地方本科院校向应用技术大学转型中"三落实"问题研究》《新建本科院校课程体系重构研究》《分类管理与评价:高校转型必须解决的理论与实践命题》《融合发展:应用型本科教育的必由之路》《应用型人才培养模式改革顶层设计探讨——以三明学院为例》《地方应用型院校办学新路探索与实践》《新时代示范性应用型高校"12345"发展模式探析》《回归与提升:新建地方本科院校师范教育新思考与新实践》《应用型院校专业群建设的思维和路径选择分析》《双支点与大雁阵:地方应用型院校新师范教育形态构建研究》等。这些研究,不仅反映了我校高教理论研究水平的提升,也为应用型教育改革实践提供了借鉴。

应用型本科教学改革研究

学校把开展教育教学改革研究作为推动转型发展和内涵提升的重要抓手,组织各级各类教育教学改革研究项目的立项申报、过程管理、成果验收、鉴定以及优秀成果申报工作。

为提高教育教学改革项目立项的针对性和项目服务教学的能力,校级教改项目在立项形式和选题内容上不断探索,逐渐丰富。2013—2014 年,根据《三明学院应用型人才培养模式改革方案》《三明学院应用型人才培养模式改革方案实施意见》,围绕学校"343"应用型人才培养模式,设置了重点项目和一般项目两类。2015—2017 年根据学校教学工作重点,设置了常规类和招标类项目,其中常规类选题充分围绕学校应用型人才培养模式改革的中心工作展开;招标类课题聚焦专业群、产业学院(村镇绿色发展学院)和创新创业教育,以及网络课程建设和模块化课程建设等三类。2018 年设置了常规类及专项、招标类,其中常规类课题充分围绕学校应用型人才培养模式改革的中心工作展开,设置"闽师之源"教育教学改革、成果导向教育、教学督导、实践教学四大专项,招标类课题聚焦专业群、产业学院(村镇绿色发展学院)、项目驱动式创新实验班、应用型教学团队"四位一体"人才培养模式改革和在线开放课程建设。2019 年根据学校"课程建设年"整体安排,围绕成果导向、课程等"两性一度"以及课程建设的各类创新实践,设置了"基于成果导向的三明学院课程建设质量标准研制"招标类项目和"基于成果导向教育管理平台的学生学业评价改革探索与实践""课程非标准答案考试探索与实践""课程动态及格考试探索与实践""美育课程或劳育课程资源整合与打造""特色通识选修课程开发""校企合作开发课程的研究与实践""课程群建设的探索与实践""其他围绕课程'两性一度'开展的改革与实践"等重点类选题;同时在项目管理上采取分类建设管理,即无论是申报招标类课题还是重点类课题,都应组建不多于 3 个直接支撑该课题的子课题,获得立项的课题,其包含的子课题等同于校级一般课题。学校负责校级重点课题的管理验收,学院负责子课题的管理验收。2020 年除设置重点项目外,还针对教学秘书及从事教育教学管理的行政人员设置了教学管理专项,其中重点项目围绕线上线下混合式教学研究、新工科人才培养模式的探索、专业认证有关研究、成果导向教育管理有关研究展开;教学管理专项主要结合审核评估整改工作,选择 1 个学校现有管理工作的热点、难点问题,在 5 所省内外同类院校进行专题调研,形成不少于 1 万字的调研报告。聚焦学校"四新"建设和专业认证实际,2021 年校级教改项目设置了新工科改革实践项目、新文科改革实践项目、专业认证改革实践项目、思政教学改革实践项目和基础教育教学改革实践项目等申报选题;2022 年设置了思想政治课程建设、"五育并举"教育教学改革、人才培养模式改革与创新、专业与课程建设、课堂教学改革(含两类教材应用实践)、创新创业教育改革、实验室建设与实践教学模式改革、基础教育教学改革、教学管理与质量监控等选题。

在应用型转型发展探索中,学校始终围绕立德树人根本任务,聚焦"四新"建设、创新创业、"双万计划"等高等教育改革热点,不断推动教育教学改革创新,持续强化教学研究成果转化输出,形成一批特色鲜明、成效显著的教学改革成果。如获得 2022 年省级高等教育教学成果一等奖的 3 项成果,"以项目驱动创新班为引擎的应用型人才培养模式构建与实践"聚焦转型实践,针对资源整合难、要素协同差、产教融合效果不佳等问题,坚守校地共生、为用育人理念,创设项目驱动创新班新范式,为学生提供了个性化的培养路径。从"神画时代专班"的早期探索到"金砖(厦门)会晤服务创新班"的定型,创新班模式既考虑了应用型本科人才培养的基本要求,又有力黏合和驱动了转型发展关键要素,彰显教育教学的应用特质与色彩,并推动专业群、产业学院、应用型教学团队和课程内涵建设与彼此发展。学生的应用能力得到提升,应用型师资也得到强化,进而促进师资的跨界融合和应用能力的提升,形成"教学共同体"。经过一段时间的实践探索,学校以项目驱动创新班为引擎,构建专业群、产业学院、应用型教学团队和课程有机协同的"五位一体"人才培养新模式,形成了地方应用型院校转型、塑形、定型理论,在《高等工程教育研究》刊发,受到广泛关注。这样的改革研究与实践,为学校硕士点创建和地方一流应用大学建设提供了强有力支撑。

媒体聚焦的应用型本科办学经验

三明学院应用型办学引发媒体广泛关注。主要聚焦在以下几个方面:

整体转型。2014 年 6 月,中国高校之窗和东南网先后刊载刘健院长《新建地方本科院校转型发展路径》一文,从办学定位、专业设置、人才培养、师资队伍、学科建设和政策保障等六个方面,探讨新建地方本科院校转型发展的必要性与发展路径。10 月 27 日,《中国教育报》第 8 版刊发刘健院长的《致力转型发展,提升办学水平》一文,对转型发展进行解读。刘键院长介绍了学校已被遴选为福建省高校转型试点的 4 所高校的情况,回答了"为什么要转型发展?""怎样在转型发展过程中提升学校办学水平?"等热点问题。2021 年 10 月 28 日,"学习强国·福建探索"推出《三明学院:积极探索地方应用型本科高校办学新路》,介绍三明学院坚持把学习习近平新时代中国特色社会主义思想特别是习近平总书记关于高等教育重要讲话重要指示批示精神作为办学治校的根本指南,把立德树人与服务地方紧密结合起来,始终心怀"国之大者",扎根脚下土地。力行经世致用,奋力走出一条契合办学规律、符合社会需求、具有中国特色、充满福建气派的地方应用型办学新路。

立德树人。2018 年 11 月 1 日,《福建日报》报道《三明学院:在地有为兴致用大才》。2019 年 5 月 8 日,光明日报全媒体团队走进三明学院。次日,《光明日报》及光明网以《三明学院:产教深度融合培养应用型人才》为题进行了报道。2021 年 1 月 6 日,"学习强国·福建探索"推出《三明学院:坚持立德树人,培育"三明三康"时代新人》。2022 年 4 月 29 日,《中国教育报》刊出《三阶递进三轮并驱三维同育——三明学院化工类卓越工程师教育培养十年探索实践》。2022 年 11 月 6 日,《光明日报》以《三明学院:厚植创业沃土,培养双创人才》为题,报道三明学院把创新创业教育作为学校高等教育综合改革的突破口,以创建一流双创学院核心指标为导向,打造双创教育"特区",塑造学生双创"硬核"的情况。

人才强校。2021 年 11 月 22 日,"学习强国·福建探索"又推出《三明学院:探索新时期人才强校之路》,介绍三明学院贯彻落实习近平总书记关于加强人才工作的重要论述和中央人才工作会议精神,坚持"同气相求、用好用活、创造贡献"人才工作"三部曲",大力推进人才强校战略,矢志不渝地探索地方应用型高校的人才强校新路。2023 年 4 月 13 日,《福建日报》刊文《分层分类培养致力服务地方——一所山区高校的"人才经"》,讲述学校人才制度如何支撑青年教师把精力放在地区服务上,面向产业解决现实需求的故事。

红色文化与服务老区。2020 年 11 月 28 日,由福建师范大学马克思主义学院、三明学院马克思主义学院、《理论与评论》编辑部联合主办,"弘扬伟大建党精神 传承红色基因"学术研讨会在三明学院举办。次日,《人民日报》等媒体做了报道。报道服务老区的有《三明学院以产教融合服务乡村振兴:无缝对接农村的迫切需求》(《中国教育报》,2018 年 7 月 10 日第 6 版)、《三校协同,在传承与创新中再续红色文化华章》(《光明日报》,2020 年 12 月 8 日)、《振兴闽师之源,服务基础教育》(《中国教育报》,2018 年 9 月 26 日第 8 版)、《助力革命老区高质量发展和乡村振兴——三明学院成立两大研究院》(《光明日报》,2021 年 3 月 7 日)等。2022 年 12 月 30 日,《三明日报》刊文《三明学院——融入三明,服务三明,坚定走好地方应用型大学发展之路》,称三明学院"正奋力走出一条革命老区应用型本科高校振兴发展新路"。

党建引领高质量发展。2018 年 8 月 31 日,《福建日报》刊发《党建引领,三明学院奏立德树人进行曲》,报道学校扎实开展的"党建引领工程"。2020 年 6 月 30 日,《福建日报》刊发《三明学院:党建迸发"三力"》,报道学校通过"三力"建设引领三校同创,推进三个不一样改革的重要实践。2023 年 3 月 29 日,中国新闻网以《三明学院:凝心铸魂、强根固本,以党建引领赋能育人强校》为题,报道学校以党建为引领,推动高质量发展情况。

此外,学校"三创"教育、两岸融合、学生竞赛获奖、大学生社会实践与志愿服务等,一直保持较高的媒体关注热度。

第三节　贯彻绿色发展理念的办学实践

绿色教育

党的十八大以来,三明学院的一个重要探索与实践是,将贯彻新发展理念的时代主题与福建省全国第一个生态文明试验区、三明市绿色及生态文明资源优势结合起来,打造应用型人才培养特色和服务区域新优势,开展绿色教育。

2016 年 10 月,学校制定印发了《三明学院绿色教育方案》,明确绿色教育的指导思想、发展目标、实施内容和工作保障。学校以"创新、协调、绿色、开放、共享"五大发展理念为指导,服务国家及区域绿色发展和生态文明建设,着力构建符合时代特征、产教融合的绿色教育体系,不断培育和累积绿色学科专业优势,培养掌握绿色科技、具有绿色特质的应用型人才,更好地融入区域经济转型升级的产业链和价值链,有效提升服务国家及区域绿色发展和生态文明建设的能力。

绿色教育的实施内容包括:(1)树立绿色教育理念。(2)发展绿色学科专业(群)。结合三明地区产业发展实际,优先设置和改造涉绿专业,产教融合打造绿色教育品牌,组建村镇绿色发展学院。(3)培养学生绿色特质。培养具有绿色发展理念、掌握绿色发展技能、拥有自觉绿色道德及合格绿色行为的应用型人才。(4)开展绿色科研服务。加大绿色科研平台建设,助推地方林产技术创新与工艺升级;加大绿色科技创新,助推地方新材料、新能源、节能环保产业壮大;发展生态化技术体系,服务地方文化产业。(5)建设绿色校园环境。努力使整个校园成为一个理想的绿色生态系统,让全体师生员工共享绿色福利。(6)构建绿色文化体系。(7)打造绿色师资队伍。

绿色教育覆盖课程体系、师资配备、教研基地、人才培养等教学过程。在学生核心能力指标体系中设计了"具备突出的生态文明意识和绿色发展能力"指标,并落实到课程体系、教学单元设计。探索构建了"专业融入＋通识教育＋绿色实践"的多层次、多样化课程体系。设计并实施了包含绿色教育实践在内的第二课堂活动,充分拓展绿色教育的边界和内容。

《三明学院本科教学质量报告(2016—2017 学年)》显示,绿色教育独具特色,主要体现在:学校是中美应用技术教育"双百计划"首批试点院校,于 2016 年 11 月成功举办中美绿色教育产教融合国际论坛,成立中美应用技术教育研究院绿色教育研究分院,率先扛起绿色教育发展大旗。已在土木工程、财务管理等专业开展绿色教育试点,在公共选修课中开设涉绿课程;建立村镇绿色发展学院,对接企业需求研发绿色技术,先后承担国家及省级重大、重点绿色科研项目 36 项,搭建绿色科研平台 14 个,发表绿色科研论文 181 篇,出版专著 7 部,获奖绿色科研成果 88 项,授权绿色专利 322 项。学校成功探索了一条既符合国家发展理念又契合地方特色元素的绿色教育发展之路,构建了较为完整的绿色教育发展体系。

2016 年 11 月举办的中美绿色教育产教融合国际论坛,以"绿色教育让世界更美好"为主题,旨在探索一个问题:高校如何服务国家以及福建省绿色发展和生态文明建设。与会 70 所高校代表达成发展绿色教育的共识:绿色发展战略是我国实施的重大战略,教育是绿色发展的基石,我们必须在国家实施绿色发展战略中找到自己的责任和定位,在绿色科技和绿色产业发展中找到弯道超车的机遇,在中美绿色教育合作平台上找到跨越式发展的跳板,真正实现创新突破跨越。

这场论坛集中展示了三明学院绿色教育的成果,引起媒体的广泛关注。《人民日报》《中国教育报》《光明日报》《福建日报》等 10 家媒体作了报道。《中国教育报》以《三明学院:"从一根草"向"一片绿"的嬗变》《首届中美绿色教育产教融合国际论坛举办》等文章,介绍了三明学院绿色科研服务生态城市建设和产业发展情况,以及中美绿色教育产教融合国际论坛举办情况。《福建日报》先后刊登 5 个专题报道:《三明学院:扛起发展绿色教育大旗》《绿色教育:三明学院为什么能》《福建开启绿色教育发展之路——记首届中美绿色教育产教融合国际论坛》《我省率先启动绿色教育标准研究》《打造高校应用型转变升级版——三明学院发展绿色教育系列之三:如何做》,详细阐述了为什么是三明学院扛起发展绿色教育的大旗,三明学院为什么能扛起发展绿色教育的大旗,三明学院又如何成为率先进行绿色教育战略布局的学校。同时介绍了应用技术教育国际标准研究院三明学院绿色教育研究分院揭牌的标志性意义,以及三明学院绿色教育发展的理念、行动和畅想。新华网、人民网、福建卫视新闻、《三明日报》、三明电视台先后刊(播)发了中美绿色教育产教融合国际论坛活动,介绍了三明学院绿色教育的"智慧盛宴"。

论坛见证了应用技术教育国际标准研究院三明学院绿色教育研究分院的成立,启动了"海峡两岸应用型教材联盟绿色教材编写"项目,论坛上我校与 5 所应用型本科大学、8 家企业进行了绿色校园项目校企需求对接、绿色科研项目校企对接与签约。

2016 年 11 月,三明市发展和改革委员会将"三明市区域经济与绿色发展研究中心"落户三明学院。

美丽中国发展研究院

"美丽中国"是党的十八大提出的概念,强调把生态文明建设放在突出地位,融入经济建设、政治建设、文化建设、社会建设各方面和全过程。2017 年 10 月 18 日,习近平同志在党的十九大报告中指出,加快生态文明体制改革,建设美丽中国。

在此背景下,"美丽中国"开始进入学校党委的议事日程。2017 年 11 月 15 日,校党委会议研究关于成立美丽中国发展研究院(人才特区)问题。会议提出将成立美丽中国发展研究院(人才特区)作为深入贯彻党的十九大精神最为重要的举措之一,重点进行绿色智能制造、生态化工、生态康养、生态治理和生态文创等方向研究,借以加快高层次创新人才聚集和学科团队、学术梯队建设,加快形成具有重要影响的科研教学生产力,有力促进相关学科竞争力、人才培养质量、社会服务水平的提升。

2018 年 4 月 1 日,学校正式印发《美丽中国发展研究院管理办法(试行)》,明确提出将依托福建作为全国生态文明实验区和三明市青山绿水地理区位优势,把生态、绿色作为学校特色发展的主攻方向,深入实施好特色立校、人才强校、创新活校战略。以"美丽中国发展研究院"为组织形式,建设"人才特区、科研高地、致用总部"。着力把"美丽中国发展研究院"建设成为高层次应用型科研人才培养特区、高新技术研发与学科发展高地、科技成果孵化与技术转移总部,具有国内外先进水平的开放式、应用型研究基地。

经过积极准备,2018年5月17日至18日,由三明学院、中国社会科学院城市发展与环境研究所共同主办的美丽中国三明研讨会在我校召开,三明学院"美丽中国发展研究院""美丽中国发展研究院智能制造工程中心"揭牌成立。同时,由美丽中国发展研究院等省内9家单位发起成立了福建省生态文明智库联盟,以期为福建生态文明建设提供更多智力支持。其间,还召开了"海峡两岸生态文明建设美丽乡村研讨会"分论坛。

打造绿色生态科研高地。美丽中国发展研究院先后成立生态修复保护中心、智能制造工程中心、氟化工产业技术中心、生态文创研究中心。生态修复保护中心主要致力于国家提出的山水林田湖草生态保护与修复的理论研究和实践。智能制造工程中心瞄准新产业——机器人、新能源汽车、激光测量等新兴领域,以谐波减速齿轮、轮毂电机、激光扫描仪为创新点,抓住区域发展重大需求联合攻关。氟化工产业技术中心围绕绿色氟化工产业的关键性技术为技术创新点,以区域发展重大需求联合攻关。生态文创研究中心以传承和创新生态文化为目标,以促进生态文化传播与交流为导向,打造具有鲜明特色的生态文化传播与社会发展研究基地,提升我省致用书院文化研究发展后劲、综合实力和创新能力。

打造人才特区。研究院创新性地设立金凤凰学者岗位,金凤凰学者由全职引进人才、柔性引进人才和校内选拔的高层次人才担任。郑州机械研究所博士生导师、王长路研究员受聘为美丽中国发展研究院金凤凰学者。还聘请10余位专家学者为兼职教授。

探索"绿水青山就是金山银山"实现路径。以绿色智能制造、生态化工、生态康养、生态治理、生态文创为主要研究领域,累计为三钢集团、天尊实业、亿鑫钢铁等企业指导实施清洁生产中/高费方案共计96项,促进技术链—产业链—经济链—生态链循环融合,助推氟化工、钢铁制造等产业绿色高质量发展;联合开展以活性化铅锌尾矿微粉为主要原材料的自保温再生混凝土研发,显著提高建筑砌块的节能、环保性能;实施山水林田湖草生态保护与修复项目,其中"将乐县常上湖生态保护修复"项目入围"福建省闽江流域山水林田湖草生态保护修复试点",入选财政部、自然资源部、生态环境部山水工程首批15个优秀典型案例,形成国家级生态保护与修复的示范;推进习近平生态文明思想、"两山"理论、国家公园等研究,有关理论研究成果得到省领导的肯定性批示;开展传统村落设计、"城乡双修"规划、边坡滑坡监测及治理等项目,结合乡村旅游与村域特色经济发展,助推美丽乡村建设;将户外运动、休闲体育、民族传统体育与森林康养有效结合,推动森林康养产业规划、康养小镇设计、生态公园设计等研究,服务森林康养产业与乡村振兴。研究院教师先后承担国家、省级重点科研项目36项,发表高水平科研论文181篇,出版专著7部,授权专利322件,荣获省部级等各类科研成果奖88项。"调整优化福建产业、能源、运输结构,加快绿色低碳发展研究"项目获得2022年度福建省社会科学基金重大项目立项。

开发"美丽中国"课程资源,构建"专业融入＋通识教育＋绿色实践"的多层次分类课程体系和美丽中国公共选修课程体系,助推学校获批福建省第一所"生态文明教育服务试点高校"。

2020年10月19日,福建省总工会举办了"致敬劳动模范! 2020年福建省五一劳动奖'云'表彰",美丽中国研究院荣获福建省"五一"先锋号。

与绿色教育和美丽中国实践相关的重要事件还有:

2018年9月3日,北京大学"美丽中国三明行"博硕研究生实践团一行8人到校考察。

2018年10月23日至11月28日,由机电工程学院开设的"美丽中国十三讲"组织集中授课,13位校内外专家登上讲台与全校师生进行交流。

2018年11月,学校获批开展"省级生态文明教育示范校改革试点"工作。

2022年8月,组队参加第三届中国国际太阳能十项全能竞赛,获团队获得总分第二名、子竞赛建筑设计总分第一名、"市场潜力"分项第一名、"能源效率"分项第三名以及"最具智慧互联创新奖"。

2022年9月,海峡两岸乡村低碳建设与环境品质提升论坛在三明学院举办。

"河小禹"团队及大学生实践活动

从2013年开始,学校组建起一支由环境工程、资源环境科学等专业学生组成的大学生"河小禹"实践团队,围绕保护闽江源沙溪支流和三明饮用水源地,开展生态环保宣传、守护碧水净滩行动、水资源调查、水质监测等活动。团队自组建以来,积极践行习近平生态文明思想和"两山"理论,坚持做好爱河护河的宣传员、治理员和协理员,经过发展,拓展衍生了"三明学院河小禹专项行动""三明学院沙溪流域污染调研""三明学院碧水沙溪实践项目"等近10个子项目,共开展30余次净河护河活动,辐射带动1000余人参与活动,在社会上产生良好影响,赢得诸多赞誉。团队先后获得2013年三明市暑期学生教育活动先进集体、2014年福建省大中专学生志愿者暑期"三下乡"社会实践活动优秀团队、2017年福建省大学生暑期社会实践"河小禹"专项行动十佳优秀团队、2018年全国大中专学生志愿者暑期"三下乡"社会实践活动优秀团队、2019年三明市暑期学生教育活动先进集体等荣誉,荣获2020年福建省志愿服务项目大赛优秀项目。同时,团队指导老师张丽华博士获得2021年福建省校园河长荣誉称号。

新发展理念指引下的福建省全国生态文明先行示范区、国家生态文明试验区和美丽中国示范省建设,为三明学院广大师生提供了实践舞台,围绕社会需要和发展大局,学校精心打造以社会认同为导向、以绿色教育理念为主导的绿色文化及实践活动体系。

在校内,依托校园文化艺术节、社团文化艺术节、"三明三康"自主学习活动等品牌,发挥社团优势,深入开展环保知识竞赛、环保创意大赛、"以废换绿"活动、"奔跑吧明院"彩虹跑、"关掉电灯,点亮运动"地球一小时等宣传绿色生活方式的文体实践活动,突出"绿色"亮点,促进学生个体形成自我发展的新格局,提升育人成效。环境保护协会荣获2013年三明市"环保公益奖"、2013年福建省高校"优秀环保社团"荣誉称号,"三明学院环保创意大赛"荣获2013年福建省"优秀环保项目"荣誉称号,"环保公益超市"项目获得2014年"创青春"首届福建省大学生公益创业赛铜奖,"水果贺卡"环保公益项目获得2016年全国联校环保公益项目百大优秀奖,

"地球一小时"等 5 项活动获得 2018 年全国节能减排宣传周"保卫蓝天——环保学生社团活动方案"奖。

结合社会实践与志愿服务形式,学校把绿色实践作为课堂教学的延伸,把绿色服务作为思想政治教育实践的重要环节,培养青年大学生的生态文明意识与自觉行动。充分利用世界环境日、地球日、世界水日、低碳日等重要时间节点,每年常态化组织"美丽校园"清扫、义务植树、保护母亲河、绿色低碳公益行、绿道行志愿行等绿色志愿服务近百项。2017 年至 2021 年,学校连续 5 年获评大中专学生志愿者暑期"三下乡"社会实践活动"全国优秀单位",环境保护协会于 2016 年 3 月在福建省第一届"母亲河奖"评选中荣获"保护母亲河绿色团队奖","保护母亲河,青春建功行"项目获 2019 年福建省第三届母亲河奖绿色项目。

党的二十大再次催征绿色发展的伟大实践。2022 年 10 月 26 日,教育部发布了《绿色低碳发展国民教育体系建设实施方案》(教发〔2022〕2 号),要求把党中央关于碳达峰碳中和的决策部署纳入高等学校思政工作体系,加强绿色低碳相关专业学科建设,支持高等学校开展碳达峰碳中和科研攻关,开展碳达峰碳中和领域政策研究和社会服务。显然,伴随着新时代绿色发展、生态文明建设的推进,三明学院把践行绿色发展理念贯穿在人才培养、科学研究和社会服务各个环节,业已形成较为完善的工作体系。学校扛旗帜,走前头,做出了有价值的探索,积累了有益的经验,必定能在新的航程中勇立潮头,再立新功。

第二章　彰显应用型特色的人才培养

为全面建成小康社会、基本实现社会主义现代化、建成社会主义现代化强国提供强大的人才支撑和智力支持，是新时代高等教育的重要使命。向应用型转变，走新型本科院校发展之路，最根本的是要致力于彰显应用型特色的人才培养。学校始终把人才培养作为工作"主战场"，面向经济发展方式转变和产业结构调整，呼应"双创"浪潮，对标新时代师范教育改革靶向，深化高校本科专业供给侧结构性改革，以产业人才、三创人才、师范人才"三才同育"创应用强校，深化构建"五位一体"应用型人才培养体系，全面推进本科教育教学跃上新水平。

2013年起，学校年度本科教学质量报告向社会公布。

针对参加过教学评估并获得通过的普通本科院校，教育部于2013年启动了五年一轮的审核评估工作。截至2018年，全国共有800余所高校参加审核评估。三明学院作为参评院校，顺利通过评估，完成了用"自己的尺子量自己"的新型应用型本科高校的自我塑造。

第一节　应用型人才培养与创建省示范性应用校

打造应用型本科人才培养新范式

1. 转型发展起跑阶段："343"应用型人才培养模式

2012年，学校制定《三明学院应用型人才培养模式改革方案》，提出的目标是：通过1～3年的努力，初步构建要素比较完整、制度逐步配套、运行效果良好的应用型人才培养体系；应用型人才培养模式改革取得积极成效，建设一批具有示范辐射作用的应用型人才培养模式改革示范专业、若干以示范专业为中心的专业群，构建以应用型、实践性、技能性课程模块为特征的课程群和课程体系；积极争取"卓越工程师教育培养计划"和"服务国家特殊需求人才培养项目"硕士专业学位研究生试点工作，提升应用型人才培养的层次与规格，提升学科专业建设水平；不断提高学生的实践能力和社会适应能力，实现从注重知识传授向更加重视能力和素质养成的转变，应用型人才培养水平大幅提升，教学管理的有效性大力加强，推动学校向建设有特色高水平应用型本科大学的总体目标大步迈进。而主要任务则是改革应用型人才培养体系、改革第二课堂活动、推进产学研合作教育和提升学科专业建设水平。

据此,初步构建"343"应用型人才培养模式框架(见图4-2-1),以应用型课程体系改革为核心,以教师多元评价和第二课堂的"学分化""课程化""项目化"为两翼,三点联动发力,成效显著。

图 4-2-1 "343"应用型人才培养模式

2.定型与示范阶段:"四位一体"应用型人才培养模式

《关于引导部分地方普通本科高校向应用型转变的指导意见》(教发〔2015〕7号)、《关于开展普通本科高校向应用型转变试点工作的通知》(闽教高〔2015〕39号)等文件都提出了建设专业群、产业学院的任务要求。三明学院积极响应,主动对接产业需求和应用型人才培养模式升级探索,积极推动专业群、产业学院优先发展,组建了8个专业群、10个产业学院。

为解决专业群和产业学院实践过程中出现的出发点和目标不明确、载体不清晰、运行机制欠缺等问题,更好推进产教融合、校企合作,在"343"人才培养模式基础上,学校总结试点经验,构建了专业群、产业学院、项目驱动创新班和应用型教学团队"四位一体"应用型人才培养模式(见图图4-2-2),以适应和满足学校转型发展和省级示范性应用型高校建设需要,促进学生发展和教学资源优化配置,推进产教融合、校企合作,提升学校内涵建设水平,切实提高应用型人才培养质量。

学校先后出台《关于深化专业群、产业学院、项目驱动创新班和应用型教学团队"四位一体"人才培养模式改革的实施意见》《三明学院专业群建设管理办法(试行)》《三明学院产业学院建设方案》《三明学院项目驱动创新班管理办法(试行)》《三明学院"一课双师"工作实施方案》等制度,在校院两级加大宣传和指导力度,凝聚共识和力量,推动人才培养模式改革发展。"面向地方新兴产业,构建'12345'化工类创新型人才培养模式"等3项成果获2018年省级教学成果奖一、二等奖。

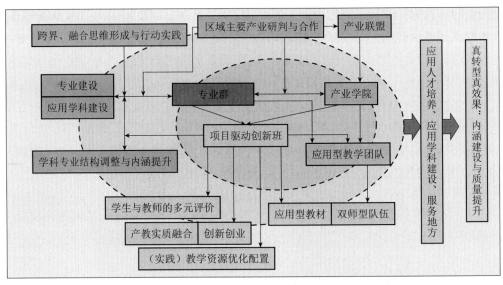

图 4-2-2 "四位一体"应用型人才培养模式

3.优化提升阶段:"五位一体"应用型人才培养模式

应用型大学高质量发展需要变革人才培养模式和创新教学组织形式。在"四位一体"应用型人才培养模式运行过程中,出现专业群黏合度或共享度低、产业学院"空心化"或"研究院化"现象明显、教学团队不紧密或不协同等问题,制约了转型发展步伐和应用型人才培养效果达成。

为了更好服务区域经济社会发展和人的全面发展,推动"专业设置与产业需求对接,课程内容与职业标准对接,教学过程与生产过程对接,毕业证书与职业资格证书对接,职业教育与终身学习对接",2019 年,结合审核评估整改工作,在"四位一体"人才培养模式基础上增加课程元素,并以项目驱动创新班为引擎,形成"五位一体"人才培养模式(见图 4-2-3),积极推进高素质应用型人才培养。

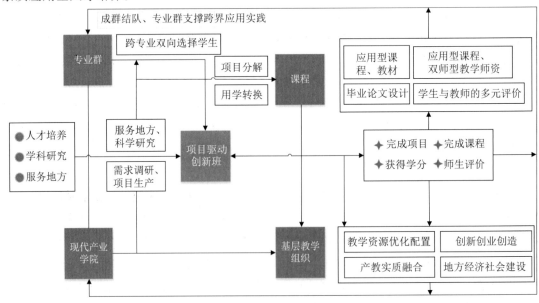

图 4-2-3 "五位一体"应用型人才培养模式

学校通过打造驱动引擎,突破专业群要素协同难的瓶颈。围绕真实项目,组建项目驱动创新班,引导不同专业师生"成群结队",有效对接产业链,服务教学科研。坚持学生中心导向,落实产业学院人才培养主体功能。做实项目驱动创新班,有效克服产业学院"空心化"或"研究院化"问题,赋能应用型人才培养。坚持校企多元混编,提升教学团队与课程建设整体水平。通过项目驱动创新班,教师深度参与项目实施,提升实践水平,润泽课程建设,切实引领应用型教学变革。经过多年实践,为用育人成效显著。毕业生就业率、社会满意度稳中有升;第二课堂育人能量获得释放,学生省级及以上奖项井喷式增长;与三钢集团共建"闽光学院",合作开发国内首台(套)辅助砂轮片自动在线更换系统,填补国内冶金行业智能制造领域空白。三明学院-中兴通讯ICT学院入选省示范性产业学院。《人民日报》《中国教育报》等媒体都对转型成果给予充分肯定。学校服务地方能力得到提升,应用型人才培养理论与实践探索得到推进。

推进省级示范性应用型本科高校建设

2015年9月,学校成立以党委书记、院长为组长的"三明学院示范性应用型大学申报工作领导小组",统筹推进示范性应用型本科高校申报。

2017年10月,福建省教育厅办公室发布《关于遴选示范性应用型本科高校及专业群的通知》(闽教办高〔2017〕15号),开展2015—2017年试点工作总结,并在此基础上遴选5所左右示范性应用型本科高校、20个左右示范性应用型人才培养专业群,列入2018—2020年省应用型建设重点支持项目。

2017年11月,学校提交《福建省示范性应用型本科高校申报材料》,并于2018年2月获批省级示范性应用型本科高校。

学校坚持人才培养高质量、地方服务高水平、学校治理高效能的办学追求,践行"校地共生、为用育才、为地方发展育力"理念,扎实推进省级示范性应用型本科高校建设。经过三年的实践探索,转型共识进一步达成,应用办学理念深入人心;产教融合进一步深入,人才培养体系渐趋成熟;办学实力进一步提升,支撑引领作用明显增强;立德树人进一步落实,三全育人成效逐渐彰显。

2020年12月,学校根据《福建省教育厅关于开展示范性应用型本科高校及相关建设项目验收(2016—2020年)的通知》(闽教高〔2020〕25号),对照《福建省示范性应用型本科高校评价指标体系》,撰写自评报告,并于2021年6月顺利通过在福建江夏学院举行的福建省示范性应用型本科高校验收评审会。

凝聚转型共识。学校聚焦地方对应用型人才的需求,优化学科专业布局,合理配置资源和专业师资,调整完善二级学院结构,进一步确保二级学院各项工作精准响应学校办学定位与目标。深入学习应用型高校发展的政策内涵,经常性组织教育教学思想转变大讨论,进一步凝练形成"校地共生、为用育才"的应用型办学共识。优化治理结构,充分发挥学校董事会、校友会、教育发展基金会功能,聘请福建三钢(集团)有限责任公司等行业企业骨干加入校院教学工作指导委员会,形成政府、行业、企业参与学校治理的现代大学治理体系。

优化专业结构。探索建立与招生就业等挂钩的专业动态调整机制,推动专业链与产业链、创新链有机衔接。2017年,撤销政治学与行政学,新增材料化学、电子商务2个专业;2018年,停招工业设计;2020年,停招光电信息科学与工程,恢复物理学(师范)专业招生;2021年,又停招了通信工程、电子科学与技术、资源环境科学3个专业,新增人工智能、机器人工程2个专业;2022年,新增思想政治教育、人工智能2个新专业,在材料化学、旅游管理与服务教育等专业设置氟新材料、生态旅游开发与管理(森林康养方向)、创新创业创造等专业方向,增强产业急需人才供给。

加强专业内涵建设。持续推进资源化工等5个省级专业群和化学工程与工艺等7个服务产业特色专业建设,校企共同修订了2018版和2021版人才培养方案。以"六卓越一拔尖计划"为指导,落实"成果导向"理念,推动IEET工程及科技教育认证。发布《工程教育专业认证工作实施方案》《师范类专业认证工作实施方案》,全面启动工程教育专业认证和师范类专业认证。组织工科专业和师范类专业开展自评自建,遴选化学工程与工艺专业参加工程认证;物流管理等12个专业入选省级1+X证书制度试点。机械设计制造及其自动化、网络工程、土木工程、化学工程与工艺、旅游管理与服务教育、产品设计、数学与应用数学、车辆工程、环境工程、动画、传播学、生物技术、电子信息工程、物联网工程等14个专业于2019—2022年间入选省级一流本科专业建设点。2022年,旅游管理与服务教育专业入选国家级一流本科专业建设点,是我校专业建设与教育教学改革的重大突破。

深化"五位一体"人才培养模式。以项目驱动创新班为引擎,依托8个专业群、10个产业学院、18个应用型教学团队,立项建设"闽光学院智能装备"项目驱动创新班等119个。开展项目驱动创新班认定及优秀案例评选,2021年评出优秀项目驱动创新班10个,优秀案例12个;2022年评出优秀项目驱动创新班6个。获批省级及以上教改项目81项,其中12个项目获批省级重大教改项目;111个项目获批教育部高等教育司产学合作协同育人项目。6个项目获省级及以上新工科、新文科项目立项,其中"基于新工科的ICT产业学院建设探索与实践"获批教育部新工科研究与实践项目立项(2020年),"设计类人才创新创业教育的新实践与新探索"获批教育部新文科研究与改革实践项目立项(2021年)。14项成果获得省级高等教育教学成果奖。

逐步完善应用型课程体系。对标《普通高等学校本科专业类教学质量国家标准》和相关行业企业标准,2018版专业人才培养方案融入"四新"教育理念,注重学科交叉和跨界整合,实现专业链与产业链、课程内容与职业标准、教学过程与生产过程对接,提高学生的实践能力和创新精神。2019年,制订并实施《课程建设年》实施方案,持续引进超星尔雅、智慧树等平台千门优质在线课程;《工程制图》在中国大学MOOC(慕课)平台成功上线,获批省级各类一流课程51门。主动对接业界需求,依托1+X试点专业、项目驱动创新班,校企共同开发课程约120门。加强思政课程与课程思政建设,成立思想政治教育学部,扎实推进思政课程与课程思政同步改革,共获批省级"思政课程""课程思政"4项,验收校级"思政课程""课程思政"教育教学改革项目34项。获批省高校"讲好中国故事·上好思政课程"教改精品项目2项。总结与推广课程育人经验,探索形成"地方红色文化进思政课堂"和"先进模范、优秀校友上思政课"品牌。与企业联合开发、具有自主知识产权的"三明学院成果导向教育管理平台",为教学过程持续改进提供全过程数据支撑。出版特色鲜明应用型教材,结合产业需求,校企共同开发《云应用系统开发》等应用型教材 19 本。与网龙等公司共建项目驱动创新班,结合项目内容,立项《Cocos 实战教程》等教材 35 部。与厦门建发旅游集团等合作在酒店、会展、文创营销等方面开展教学改革,形成企业经营事务等教学案例库。

强化持续改进。完善《三明学院教学督导工作条例》,成立校教学督导团,建立领导干部听课制度;形成教学过程全方位监督、监控后各类信息分析、反馈以及对改进情况进行监督的循环闭合的教学质量监督、检查体系。坚持以"学生中心、成果导向、持续改进"教育理念,不断完善学校人才培养目标和要求,修订《三明学院本科教学主要环节质量标准》《三明学院教学质量保障与监控体系实施办法》等文件,构建了目标决策、保障系统、过程监控、评估系统、反馈改进等五个子系统,形成监控—反馈—改进闭环,推动教育教学质量不断改进、持续提升。修订《教师教学质量评价办法》,从学院领导、系同行、校教学督导团和学生评价四个维度综合评价教师教学工作;将教学工作年度考评纳入绩效,扎实抓好教育教学各环节质量。

应用型本科教学改革成果

学校形成以教务处为牵头抓总,相关职能部门有机联动,各二级学院深度配合的应用型本科教学改革机制,积极推进教学改革创新,探索形成专业群、产业学院、项目驱动创新班、应用型教学团队和课程"五位一体"的应用型人才培养模式和教学改革成果。

持续实施"卓越人才培养计划",领跑应用型本科教学改革。化学工程与工艺(国家级"卓越工程师教育培养计划"),计算机科学与技术、机械设计制造及其自动化和电子科学与技术(省级"卓越工程师教育培养计划"),小学教育(省级"卓越小学教师培养计划")等 5 个专业为应用型人才培养的各类改革提供了样板。2013 年以来,立项校级教改项目 593 项,获批省级及以上教改项目 81 项,其中国家级第二批新工科研究与实践项目 1 项,国家级首批新文科研究与改革实践项目 1 项,省级重大教改项目 12 项,省级"课程思政""思政课程"教改精品项目 12 项。立项建设校、院级一流本科课程 215 门,入选省级一流本科课程 51 门,省级精品在线开放课程 4 门,省级创新创业精品资源共享课程 9 门,省级就业创业金课 1 门。教师出版教材 89 部,发表教学研究论文 469 篇。6 个教学团队入选省级教学团队,2 个产业学院入选省级示范性(现代)产业学院。新增省级实验教学示范中心 5 个,省级虚拟仿真实验教学中心 2 个。

深入实施校企合作,加强应用型本科教学改革路径研究。校企合作是我校全面提高应用型人才培养质量的必由之路,也是我校推进和深化应用型本科教学改革研究的重要举措。学校主动与企业开展深度合作,邀请企业参与人才培养方案的制订,聘请一线技术人员开展"一课双师"或指导毕业实习、毕业论文(设计),与企业共同出版《汽车工程制图与实训》等应用型教材,组建校企混编应用型教学团队。与行业企业共建(现代)产业学院 11 个,入选教育部高教司产学合作协同育人项目 111 项。校企合作共建校外教学实践基地 227 个,如与北京华晟经世信息技术有限公司建立"智慧学习工场",与用友新道公司共建 VBSE 创新创业经营决策训练平台等。2014 年起,在专业群、产业学院建设基础之上,创设实施项目驱动创新班,形成具有应用型本科标签价值的教学组织新形式。项目驱动创新班以一个或多个与地方产业关联的项目为载体,将项目任务分解与实施过程外化为教学内容,以校企混编的教学团队为师资,跨专业(专业群)双向选择学生组建班级,有效集成我校与业界资源开展教育教学,推动企业深度参与人才培养,实现学校教育与地方服务发展相融合。项目驱动创新班形成教学案例集《应用型大学教学组织形式——项目驱动创新班探索与实践》,获评 2022 年省级教学成果一等奖。

形成应用型本科教学改革合力,标志性成果不断涌现。学校鼓励各二级学院结合专业建设,根据学科优势、学院特色、专业特点组建研究团队,形成教改合力,以更好地集成研究力量与实践成果。学校积极组织教学成果奖评选,总结推广优秀教学成果与先进经验,以高质量的教学成果推动教育教学改革,提升教育教学质量,2013—2022 年共评选校级教育教学成果奖74 项,19 项教学成果喜获福建省高等教育教学成果奖,其中特等奖 1 项,为"以陶艺课程教学改革为试点的应用型创新人才培养模式探索与实践"(2014);一等奖 7 项,分别为"地方本科院校质量保障与监控体系的构建与实践"(2014)、"中国文化概论课程改革与实践"(2014)、"面向地方新兴产业,构建'12345'化工类创新型人才培养模式"(2018)、"旅游类产业学院新生态的人才培养模式构建与实施"(2020)、"以项目驱动创新班为引擎的应用型人才培养模式构建与实践"(2022)、"三阶递进三轮并驱三维同育:化工类卓越工程师教育培养十年探索与实践"(2022)、"旅游类课程群建设与实践:使命导向、范式转换与业态嵌入"(2022),其余 11 项为省级教学成果二等奖。

学校应用型本科教学改革成果喜人,人才培养质量不断提升,受到用人单位和社会各界的广泛认可。省内外同类院校到校学习借鉴相关经验,多次受邀在全省教学工作会议、产教融合发展战略国际论坛、全国新建本科院校联席会等会议上做典型经验分享,《中国教育报》《中国青年报》《福建日报》等媒体关注我校应用型本科教学改革研究,对其中典型做法进行了深度报道。

第二节　三创教育与入选全国创新创业典型经验高校

从乘势而起到问鼎全国 50 强

2012 年 9 月,三明学院 30 个项目入选福建省大学生创新创业训练计划项目,20 个项目获推荐国家级大学生创新创业训练计划项目,这是最早的大学生创新创业教育活动成果。[①]

从 2014 年开始,"大众创业、万众创新"新浪潮在全国掀起。学校积极营造氛围,全面推进大学生创新创业教育和实践活动,为此,2014 年 5 月 23 日,成立了大学生创新创业园管理委员会,协调和管理三明市大学生创新创业园,配合市政府开展三明市大学生创新创业园内项目孵化工作。2015 年 5 月 10 日,学校成立了三明学院大学生创新创业教育工作领导小组,并设

---

① 福建省教育厅关于公布 2012 年福建省大学生创新创业训练计划项目的通知(闽教高〔2012〕112 号)[Z].2012-10-09.

立创新创业教育学院（非实体，挂靠教务处），整合校内外资源，统筹开设创新创业通识教育课程，指导大学生创业孵化基地建设，开展大学生创业创新训练。由于大学生创新创业具有良好基础，市政府委托我校管理三明市大学生创新创业园和三明市电子商务创业中心。2016 年，为进一步贯彻落实《国务院办公厅关于深化高等学校创新创业教育改革的实施意见》《福建省教育厅关于开展高校大学生创新创业标准园区创建工作的通知》精神，推动学校创新创业实践平台建设，学校成立了三明学院大学生创新创业标准园区建设工作领导小组。同年，学校在教务处下设大学生创新创业科，属于正科级机构。

2017 年以来，学校每年从财政预算中划拨 100 万元作为校级年度创新创业专项经费，同时，地方财政给予一定经费支持，用于大学生创新创业园区建设、创业项目孵化等，2017 年三明市财政共划拨 1200 万元双创教育专项经费。学校通过人才培养聚焦满足社会对创新创业型高素质人才的需求，不断完善"12345"创新创业教育体系，强化组织领导，做好资源整合，优化管理机制，构建创新创业教育实践、创业指导帮扶、创业文化引领、创业生态良性互动的创新创业教育工作格局。基于以上系列措施，学校于 2017 年 6 月获批"福建省首批深化大学生创新创业教育改革示范校"。

2018 年，学校以"会应用、有后劲、好就业、能创业"的高素质应用型人才培养为目标，将创新创业教育基因与培养现代大学生的创新精神、创业意识和创新创业能力紧密结合，融入大学管理和教育全过程，创新大学内部治理机制和育人模式，构建现代大学治理体系。同年 4 月，学校成立国家级双创示范校创建工程工作组，通过牵手省内外高校，发挥北京大学、厦门大学、福州大学、福建农林大学等省内外合作高校的教育资源、课程资源优势，实现北京大学创业训练营创业特训班、"大家的董事会"等特色项目落地学校，并开展全国大学生创业实训营、项目驱动创新班、建设双创成果展等工作，培育创新人才，推动项目落地，同年获评教育部"2018 年度 50 所全国创新创业典型经验高校"，是福建省 2018 年唯一获此殊荣的高校。"50 所全国创新创业典型经验高校"是教育部对高校创新创业教育工作给予肯定的最高评价之一。

实体运作时期创新创业教育的新探索

2018 年 11 月，创新创业教育学院更名为创新创业学院，开始实体化运作。2019 年 4 月，为贯彻落实习近平总书记关于"创新创业创造"重要讲话精神和省委、省政府的决策部署，又更名为创新创业创造学院。同年 5 月，2019—2023 年福建省创新创业创造教育指导委员会成立大会暨第一次全体委员会会议在三明学院召开，学校成为福建省三创教指委的副理事长单位。创新创业创造学院是在校党委和行政的领导下，统筹全校创新创业教育各项工作有序开展的教学单位，主要开展以下工作：构建符合应用型人才规格要求的三创人才培养体系；建设以创新创业为导向的通识课程体系、以创新为导向的专创融合课程体系，以及以创业创造为导向的创业实践课程体系；开展三创教学改革、三创课程教学研讨；做好创新基础、创业基础、就业指导、职业生涯规划 4 门课程，致用特训营、创新创业辅修专业班级等教学活动的日常教学管理；组织各类三创教育的学术讨论、学术研究、学术交流，探索三创学科专业建设；引领各类三创资源服务地方；开展三创师资队伍建设，评聘考核校外创业导师，组织各类三创师资培训；开展"互联网＋"等大学生创新创业竞赛的组织、培训、参赛以及各类创新项目培育等工作；做好大学生创新创业训练计划项目及其创新创业类项目的申报、评定和管理工作；运营和管理各类大学生创业园、众创空间、孵化基地等大学生创新创业实践基地，申报各类国家省市级三创基地；构建三创教育师生评价体系，创新三创教育的体制机制；协调各类三创教育校内人财物资源，构建三创教育保障体系；营造良好的校园三创文化。

在前期基础上，2019 年起学校创新创业教育开始了新的探索。

建构矩阵型三创管理体系。将体制机制改革作为三创教育创新发展的突破口，围绕建设应用型大学战略目标，以创新创业精神培养为核心，以创业致用能力培养为重点，不断完善三创教育工作机制。打破院系、专业壁垒，成立三创学部，由分管校领导兼任主任，三创学院院长兼任常务副主任，教务处、校团委等相关部门分别安排 1 名副职兼任副主任，横向整合管理和育人资源，构建"课程—训练—孵化—保障—研究"一体化平台。同时，纵向搭建"学校三创领导小组—三创学部—院系三创领导小组"三级管理架构，确保管理力量贯穿全程、同向发力。矩阵型管理体系的构建，将原有的学校领导小组为中心、教务处为内环、相关部门为外环的"一心双环"线性思维管理体系升级为以三创学部为枢纽的矩阵型管理体系，政策执行落地明显更加高效有力。

推动三创体制机制创新。以制度创新为核心，提高三创学院实体化水平，不断优化内部治理体系，提升内部治理能力，打造三创"自贸区"；以创建一流三创学院核心指标为导向，保障基础人员配备和场所保障的同时，以绩效杠杆和项目化运作为载体，充分挖掘、调动学校优质的三创教育资源、人力资源。加大人才引进力度，持续引进全职台湾三创专业领域博士，择优引进校外优秀的专兼职三创人才，组建教学实践核心团队；优化专业技术职务评聘、教师培养计划和科技类竞赛奖励办法等制度，为推行岗前培训、课程轮训、骨干研修、企业挂职锻炼提供制度保障。

持续推进课程体系建设。不断探索研究新的三创课程体系，促进三创通识课程和选修课程、专业课程、实践课程相互融合，三创元素全面渗透，三创素养整体提升。构建"三原色"三创课程体系，促进三创通识课程和选修课程、专业课程、实践课程相互融合。主动将思政教育元素融入三创教育，实现课程思政与三创教育的有机融合。通过"三聚焦"激活课堂教学，以产业化、市场化、情境化等实战化方式提升学生三创能力。推行"一课双师"和引入业界导师的制度，吸收行业企业精英，组建专兼职相结合的三创师资队伍。以三创课程的质量为核心，持续推动专创融合课程向纵深发展，建设依次递进、有机衔接、科学合理的三创教育课程群。紧扣一流本科课程"双万"计划，打造三创一流课程，推动一流教材、一流教学团队建设。

升级人才培养模式。坚定将"五创融合"的人才培养模式作为产出优质三创人才的突破口。积极吸引优质教育资源投入三创人才培养，持续推动以项目驱动创新班为引擎的"五位一体"应用型人才培养模式改革，通过创新理工融合、工管结合、"人工智能＋"等跨学科专业培养的方式，探索出"三创＋"卓越类、复合类、创业类等多元人才培养方式。一是坚持思创融合，以树人为核心，以立德为根本，主动将思政教育元素融入三创教育，实现思政与三创教育的有机融合。二是坚持专创融合，立足新工科、新文科建设，打通三创教育与专业教育之间的学科隔阂，实现课堂、实训、实践和就业创业的一体化。三是坚持科创融合，注重科学研究与三创教育的有机融合,多层次推进三创教育项目化建设,多维度促进科研成果转化。四是坚持技创融合,整合现有科研基地、创新平台、教学实验室、大学生创新创业园,以第二课堂为纽带,形成开放式的三创技能提升集成系统;以"互联网＋""创青春""挑战杯"等创新创业大赛为抓手,对优秀项目进行"催熟",促进落地孵化。五是坚持产创融合,立足区域产业优势,着眼产业升级需求,将培养三创人才需要与地方经济社会发展需要相结合,吸收优质企业深度参与三创教育全过程。

全面整合资源促进自身发展。将各方优势资源整合作为三创教育发展的突破口。一是把好资源共享平台发展方向。将创新创业创造教育融入服务地方发展之中,搭建以三明学院为中心枢纽的"政、校、企、研、金"深度融合资源共享平台,稳步推动创新创业创造教育资源有效聚集,重点在产业服务、乡村振兴、生态文明、体育康养等方面精准发力。二是探索明台融合发展新机制。以国家支持三明建设海峡两岸乡村融合发展为契机,着力产业人才共培、科研平台共建、第一家园项目共推,有效聚合明台三创资源。三是高位嫁接北京大学创业训练营、福建省汇众创新创业研究院等优质双创教育资源,共同申报福建省三创师资培训基地,高水平帮扶大学生创业者解决实际问题,有效提升山区高校学生创业的信心。

创新创业教育的经验与成效

在转型发展和推进地方一流本科建设过程中,学校坚持专业教育与创业教育相融合,探索实践了课程教育、实践活动、服务指导、文化引领良性互动的创新创业教育体系,形成了政府、高校、企业和其他社会力量协同参与的创新创业教育工作格局,创新创业教育的典型做法获人民日报、光明日报、中国教育报、中国青年报、福建日报等主流媒体广泛关注。

政校企三创体系高效运转。一是助力地方政府经济发展。通过承接培训电子商务创业者30000 余名,孵化小微企业 100 余家,助推三明下辖 10 县(市)成为国家、省级电子商务进农村示范县,推进产学研用深度融合,促进科技成果转化,不断提高乡村人才培养质量,得到省教育厅、三明市政府高度认可,凭借在三创教育改革攻坚中的突出表现,获"三明市 2016 年以来改革创新特别贡献奖嘉奖",全面提升我校三创工作影响力。二是校企融合提升质量。设立"国科创新研究院(三明)",打造"苏区青年创业园""海峡青创小镇"等三创品牌,成立"青创未来产业学院",引入上市公司北京华普亿方等外部资源,协同运营福建省大学生创新创业基地(三明)、三明市电子商务创业中心,成功举办北京大学创业训练营 12 期,持续释放三创各类资源聚集效应。

"三原色"课程体系成效显著。坚持课程在三创人才培养中的基础性和原发性地位,围绕学生创新精神、创业意识、创造能力的培养目标,构建融通识课程、专业课程、实践课程的"三原色"三创课程体系,形成 116 门专创融合课程,实现三类课程融合一体,三创元素全面渗透,三创素养整体提升。紧扣一流本科课程"双万"计划,打造三创一流课程,推动一流教材、一流教学团队建设。申报并获批福建省首个三创专业——创业管理专业;2 个项目获省级高等教育教学成果奖二等奖;1 个项目获批福建省"十三五"教育科学规划本科高校教改专项重大课题;"乡村振兴创业实践"课程成为全省首个获得三创类国家一流课程;"红色公益创业实践""创新创业致用特训营"等 3 个项目获批省级本科社会实践一流课程;1 个项目获评 2021 年福建省高校就业创业金课;通过开设"大学生创新创业致用特训营""财务管理辅修班""半导体芯片封装工艺创新班""电子纸应用创新班"等项目驱动创新班,创新教育教学模式,培养学生创新意识和创业能力,使三创教育理念深入人心。

多点突破,持续增强学生的三创能力。以赛促教、以赛促学、以赛促创,学生三创能力迅速提升,在中国国际"互联网+"大学生创新创业大赛等三创类竞赛中成绩优异。2019—2022年,学校申报"互联网+""创青春""挑战杯"等项目 11502 项,累计 35087 次参与,获省级以上各类三创竞赛奖项 772 项,其中,在第一届至第八届"互联网+"大学生创新创业大赛中获得国赛 1 金 2 银 13 铜、省赛 20 金 21 银 28 铜,成绩位列省内同类高校前列。连续两次获世界机器人大赛大学组无差别"2V2"格斗项目总冠军,摘得德国"红点奖",学生创业群体比例逐年攀升,涌现出"漫鱼动漫"创始人王灿强、"紫云·鸟生态"创始人杨水清、丙申皮雕创始人连辉延等一批优秀创业大学生,其中连辉延上榜 2021 年"胡润 U30 中国创业领袖"。全面提升学生的创新精神、创业意识和创造能力,培养创新型、复合型、应用型三创人才。

借梯登高,持续显现三创教育成果。联合福建省汇众创新创业研究院等优质双创教育资源,共同申报福建省三创师资培训基地。闽台优势持续聚能,引入半导体芯片封装实验室领航三明新业态。引入台湾芯片产业高端人才,建成先进半导体芯片封装实验室,与联积电子(深圳)有限公司签订校企合作产教融合协议,共建"电子纸创新应用工场"和"人才培养创新专班"。同时,对标全国产创融合教育实践示范基地建设,全面推进海峡创新技术工程中心建设,实现三创教育与产业、行业、企业深度融合。

引领示范,持续提升社会影响力。致力于"产业人才、师范人才、三创人才"培养,始终将三创教育作为实现"创应用强校、育致用大才"办学目标的重要载体,不断聚集三创教育方面的优质资源,三创教育理念深入人心。学校先后获批"福建省首批深化大学生创新创业教育改革示范校""福建省大学生创新创业示范园区""全国大学生 KAB 创业教育基地";荣获教育部"2018 年度 50 所全国创新创业典型经验高校";并荣登创业时代网发布的"2019·中国大学创业竞争力 500 强"排行榜,位列 140 名,排名相比上年跃升 287 位,省内高校排名位列第六;2019 年底成功入选福建省创新创业创造教育示范院校和产创融合教育实践示范基地培育名单;2022 年成功入选首批国家级创新创业学院建设单位。

2022 年 5 月,为更好地推动三创人才培养,加快创业管理专业建设,创新创业创造学院更名为创业管理学院。

第三节　赓续闽师血脉与新时代师范教育改革

传承闽师传统,强化新时代师范教育发展定位

三明学院是一所有着悠久师范教育历史传统的综合性应用型高校,面对应用型转变的改

革浪潮,如何保持师范教育传统优势,处理好学科专业"师"与"非师"的关系,成了学校办学中需要加以重视的问题。就学科专业发展定位而言,经历了从"以师为精"到"做优师范"的发展历程。

"以师为精"的提出。2013年,学校在"以工为重,多学科协调发展"的学科专业定位中加入了"以师为精"的表述。时值省教育厅在全省高校开展办学规模核定,学校在上报文件中提出了"做精师范类专业,传承百年闽师教育传统,发挥师范教育优势,重点发展小学教育、学前教育,逐步形成教师教育特色"的思路。之后,"以工为重,以师为精,多学科协调发展"作为学科专业发展定位的完整表述出现在《三明学院2013年本科教学质量报告》、中共三明学院第二次党代会报告等各种书面材料中,并以这样的定位接受教育部本科教学工作审核评估,得到专家组的肯定。

"做优师范"的提出。2018年1月20日,中共中央、国务院发布《关于全面深化新时代教师队伍建设改革的意见》,直面"师范教育体系有所削弱,对师范院校支持不够"等突出问题,从兴国必先强师的高度,作出了大力振兴教师教育的部署,随即,教育部等五部委联合印发《教师教育振兴行动计划(2018—2022年)》;相应地,福建省和三明市也制定了相关贯彻落实文件。在此背景下,学校提出实施振兴"闽师之源"工程,确立"以师为精、因师而强"的指导思想,并在《三明学院"十四五"事业发展规划(2021—2025年)》中将学科专业定位调整为"做强工科、做优师范、做特文科,多学科协调发展"。

从"以师为精"到"做优师范",体现了学校对师范教育传统地位的确认和对师范教育高质量发展的新追求。

其实,早在2017年,学校就确定了"振兴师范教育、擦亮百年品牌"的办学思路,提出实施服务地方基础教育的"两个目标"和"两大工程"。"两个目标",一是传承和弘扬师范教育品牌,实现以师为精、因师而强的目标;二是本着"面向福建、三明优先"原则,补缺补齐基础教育短板的目标。"两大工程",一是实施农村教师定向培养工程,二是实施农村教师精准提升工程。

2017年12月11日,市委书记杜源生在《三明学院吹响重振"闽师之源"集结号》呈阅件上批示:感谢三明学院长期以来为三明发展培养了大量建设人才作出了重要贡献!站在新的历史起点上,三明学院实施服务地方基础教育"两个目标""两大工程",充分体现了深入贯彻落实党的十九大精神,主动服务新福建、新三明建设的责任担当。希望三明学院继续弘扬"闽师之源"的优良传统,不断提升办学特色、办学水平,为新时代建设新三明培养更多优秀人才。

2020年4月,市政府出台《关于进一步加强和改进师范生培养九条措施》,进一步明确学校办学定位,突出师范生培养工作重点,强调"三明学院主要负责培养初中和小学教师,兼顾学前教育等学段教师培养"的办学目标。

创新组织模式,提升师范专业发展平台

为落实"做优师范"办学定位,学校围绕全面推进教育现代化的时代新要求,顺应教师专业化发展客观趋势,主动响应三明市对基础教育师资新要求,有效整合校内外教师教育资源,于

2018 年 12 月 18 日成立融教学、科研、管理、服务于一体的"师范学部"。师范学部由校党委副书记兼任党委书记、副院长兼任主任，全力、全面、全方位推进师范教育改革，下设综合办公室、技能训练中心和教师实习实训中心 3 个正科级管理机构。实行师范学部和各二级学院共同培养、学科专业与教师教育双向强化的师范生培养机制，以实现各专业优势互补，提高教师教育师资水平。立足三明，面向福建，辐射全国，培养"下得去、留得住、教得好、有发展"的基础教育教师，打造有区域影响力和示范作用的基础教育教师职前培养基地、在职基础教育教师培训基地和基础教育理论研究基地。2022 年 5 月，师范学部完成统筹协调历史任务，更名师范教育中心，职能归属教务处。

2019 年 6 月，成立三明学院师范学部教学指导委员会，聘请福建师范大学教育学院院长余文森教授担任主任委员，三明市教局党组副书记、市教育局副局长、市委教育工作委员会副书记刘若嘉，三明学院副院长、师范学部主任张君诚教授为副主任委员，委员由上海师范大学、黄冈师范学院、三明教育学院、三明市第一中学、三明市第二中学、三明市列东中学等专家组成。采取教学指导委员会顶层设计、师范教育中心统筹协调、二级学院为办学主体、职能部门协同推进的运行机制，统筹协调、一体化管理全校师范类专业建设及师范生培养工作。

2021 年 10 月建成教师技能实训中心。该中心新建 30 间实训室，占地面积 1690 平方米，设置了相关技能训练教研室，聘请中小学一线教师担任兼职技能训练教师，设立了预约开放系统，学生随时可以预约开展技能训练，初步满足师范生普通话和口语表达、书写规范汉字和书面表达、课堂教学、教育信息技术等技能的实训与考核需求。2022 年 5 月，教师技能实训中心管理职能归属教育与音乐学院，资源保持全校共享。

做优师范教育,改革师范人才培养模式

一是以专业认证为引领，持续强化内涵建设。师范类专业认证是教育部高等教育教学评估中心组织开展的依照认证标准对师范类专业人才培养质量状况实施的一种外部评价过程，旨在证明当前和可预见的一段时间内，专业能达到既定的人才培养质量标准。根据《普通高等学校师范类专业认证实施办法(暂行)》规定，通过第二级认证的专业，其所在高校可自行组织该专业中小学教师资格证考试面试工作。通过建立师范毕业生教育实习档案袋，严格程序组织认定该专业师范毕业生的教育教学实践能力，视同面试合格。

福建省于 2018 年启动师范类专业认证工作，开始主要在福建师范大学等 4 所师范院校开展。2021 年，福建省启动综合院校师范类专业认证工作，学校作为首批参与认证的地方综合类院校之一，在与多所同类院校的激烈竞争中脱颖而出。2021—2022 年，汉语言文学、体育教育、小学教育、学前教育、美术学、音乐学 6 个专业通过教育部师范类专业二级认证，位居同类院校前列。

师范类专业认证是专业内涵建设的重要抓手，是本科教育教学工作的重要推手，是提升师范人才培养质量的重要突破口和着力点。学校以师范类专业认证为抓手，贯彻"学生中心、产

出导向、持续改进"理念,推进课程建设与教学改革,2019 年、2021 年分别修订师范类专业人才培养方案,确定以培养适应国家基础教育改革发展及地区基础教育需求,落实立德树人根本任务,立足三明,面向福建,具有高尚师德、深厚教育情怀、先进教育理念、扎实专业基础,具有较强教育教学、协作创新和持续发展能力,能胜任教学、管理、研究等工作的中小学教师为目标。强化师资队伍,健全质量保障体系,不断提升师范专业内涵与办学水平。学校切实以专业认证为引领,不断夯实应用型人才培养的主线和底线,逐步形成基于产出导向的质量文化。

二是以学科融合为支撑,全力助推做优师范。学校积极探索综合性院校的师范教育发展新范式,发挥多学科优势,注重学科交叉融合,为"做优师范"注入新动力。学校自主研发成果导向教育管理平台,促进信息技术与师范教育深度融合,2021 年获批教育部第二批人工智能助推教师队伍建设试点单位。2020 年成立苏区美育发展学院,积极开展"美育进校园"活动,推进"五育"并举综合育人,力争打造苏区美育建设示范区。累计在清流县、明溪县、将乐县完成 2.28 万名中小学生艺术素质测评,在将乐等 6 个县(市、区)开展民族管弦乐团、西洋乐团、合唱团培训指导,指导的中小学生在各级各类比赛中崭露头角。2022 年,师范生美育实践基地——"设计十"获评国家级众创空间。

三是构建师范生技能竞赛体系。为培养适应新时代基础教育改革发展的教师,提升师范生从教能力,达到"人人过关,追求卓越"的目标,2021 年,学校出台《三明学院师范生教师职业技能考核指导性意见(暂行)》,对师范生讲普通话和口语表达、书写规范汉字和书面表达、教学工作、班主任工作等 4 大部分教师职业技能训练与考核内容做了规定。一是要求实行统一考核过关制,全体师范生除班主任工作技能于教育实习期间考核外,其他技能需于第六学期结束前完成测试或考核,获得教师职业技能"合格"及以上等级者方可参加教育实习。师范生于第七学期参加集中教育实习,要求二级学院利用教育实习契机,营造以赛促学、比学赶超的良好氛围,引导师范类专业加强师范生教育教学技能训练,提升师范生教学技能水平和就业竞争力。二是建立师范生教师职业技能档案库,各二级学院为师范生建立教师职业技能电子档案,档案内容包括成绩卡、作品袋、视频文件、学生实践技能作品、学生获奖证书等。建立师范生技能竞赛体系旨在通过规范化、科学化地开展教师职业技能训练与考核,促进各师范类专业重视教育教学实践环节,改进实践教学方法,完善实践教学体系,提高师范生教师职业基本技能与素养,将教育教学理论有效运用到教学实践,培养师范生具备独立开展教育教学的能力,为教育实习及将来为师从教奠定扎实基础。2021 年,在首个师范生教学技能竞赛训练基地——永安市第三中学开展竞赛选手封闭强化集训,邀请三明教育学院等校外行业专家参与辅导,助力学校在第八届福建省高校师范生教学技能大赛中获一等奖 2 项、二等奖 5 项、三等奖 2 项、优秀奖 2 项,学校获优秀组织奖,创造了三明学院在该项赛事中的最好成绩。

四是持续实行教育实习"五化"升级。"五化"即时间和形式集中化,统一在第七学期安排不少于 16 周的集中教育实习;管理规范化,师范学部牵头、二级学院为主体的协同管理机制初具雏形;要求精细化,进一步明确教育实习内容,量化工作指标;指导专业化,我校及实习学校优秀教师"双导师"全程共同指导;考核多元化,由我校教师单一评价转向实习学校和我校双向多元评价。严格执行混合编队和"双导师"制度组织师范生开展教育实习,实习专业、实习生、实习形式、实习学校、指导教师数量逐年突破。分别制定了《三明学院教育实习工作管理办法(暂行)》《三明学院师范生教育实践经费管理暂行办法》《三明学院教育研习工作管理指导意见》等实践教学相关文件,将教育见习、教育实习、教育研习"三习"贯通,倡导"教育实习＋"与"＋教育实习"理念,丰富教育实习内涵。对比近4届满意度调查数据,实习生对学科教学工作指导教师、班主任工作指导教师、实习学校、三明学院和对自身的满意度逐年提升。

开拓校际合作,主动作为服务基础教育

以校地合作为依托,构建新型教育生态。学校坚持在地有为,构建以师范教育中心和师范教育市校联席会议制度为双支点的新型教育生态,打造三明基础教育的雁阵格局,推动政府—高校—中小学"三位一体"协同育人纵深发展,携手推动三明市加快教育强市战略实施。

通过举办师范教育纪念活动和市校联席会议,发挥师范教育传统优势,密切中小学合作关系,深化"UGS"协同育人机制,进一步稳固校地共生新生态。2014 年,举办三明学院"十年本科、百年办学"系列纪念活动,时任市委书记邓本元在活动中说,"十年树木、百年树人",三明学院前身作为福建最早的师范学校——全闽师范学堂,历经百年办学,走过十年本科发展之路,桃李遍及四海,影响播衍八方,为社会输送了大批人才,这里既是闽师之源、人才之源,也是创新之源,在创新办学理念、创新育人模式、打造创新战略联盟和创新平台上实现突破,为三明人民育了才、争了光,为党委政府尽了责、出了力,充分展示出山区本科院校的实力和魅力。2019年 5 月 10 日召开"百年闽师传承发展——纪念福建省立师范学校迁址永安暨推进新时代师范教育研讨会",2020 年 6 月 17 日召开以"师范教育新征程,校地共生促发展"为主题的首届三明市人民政府-三明学院师范教育市校联席会议,2021 年 12 月 30 日举办基础教育综合改革学术研讨会,展开"深化基础教育综合改革奋力建设'一区六城'"主题研讨。

主动对接地方教育政策,参与撰写《三明市创建国家基础教育综合改革实验区总体方案》《关于进一步加强和改进师范生培养九条措施》等文件,与三明市共建三明学院实验幼儿园、三明学院实验小学。

主动回应地方基础教育师资需求,逐步扩大师范类专业招生规模。三明市人民政府制定《关于进一步加强和改进师范生培养九条措施》(明政办〔2020〕23 号),提出"三明学院在继续办好原有专业基础上,适当加大化学、政治、生物、物理以及小学科学等紧缺学科教师培养,争取 2020 年先行恢复化学专业招生,师范生总量比 2019 年增加 100 人以上,力争 3 年师范类专业在校生占比达到 20％以上"。2019—2021 年,学校逐年恢复数学与应用数学、物理学、化学专业,2022 年新增思想政治教育专业,师范类专业数从 7 个增至 11 个,包括汉语言文学、英语、体育教育、美术学、音乐学、数学与应用数学、物理学、化学、小学教育、学前教育、思想政治等专业,师范类在校生 3077 人,占学生总数 20.91％。自 2018 年起,与三明各县(市、区)人民政府联合培养公费师范生,录取模式实现按县单列录取。探索公费师范生"双校园"培养,开设非师类学生师范教育项目驱动创新班,多管齐下鼓励师范毕业生留明就业,支撑引领老区苏区基础教育发展。2022 年,首届 181 名公费师范毕业生全部到基层从教。

主动协同基础教育教师专业发展,2019 年开始面向三明市基础教育开展项目合作,建设教师专业发展学校 41 所、优质生源基地 17 个,基础教育专家库有专家 48 名,基础教育教学改革项目 72 项,承办三明地区中小学教师专场招聘会 4 场,作为与三明地区基础教育深度合作的主要载体。通过开展见习实习、师资互聘、项目合作、交流培训、教材编写与课程开发、文化建设等活动,共建教师专业发展共同体,服务三类教师——基础教育教师、院校师范教育教师及后备教师(师范生)成长(见图 4-2-4),校际合作成效显著、特色鲜明,为提高新时代基础教育人才培养质量,推动"三位一体"协同育人机制,促进全市基础教育质量提升发挥有力作用。

图 4-2-4 教师专业发展学校服务人群及工作领域图

主动开放师资互聘"旋转门"。学校成立教育学心理学教研室、教师技能教研室,加强教师教育课程建设,深化一课双师机制,积极引进三明市中小学学科带头人参与教师教育类课程教学。鼓励师范类专业教师前往中小学一线跟岗学习,2019 年以来与三明市教工委联合选派 26 名教师到教育行政主管部门、中小学跟岗锻炼。

主动服务教师职后提升。2017 年 12 月,学校启动针对三明市基础教育师资提升专项——金凤凰教育服务公益培训。采用送培下乡、集中培训、外出学习等多种形式,完成中小学新任教师培训、中小学教师信息化教学培训、中小学书法教师培训、幼儿园教师培训、中小学资深教师综合能力提升培训、融媒体实用技术培训、中小学命题实操与教学指导研修、教育系统思政教师培训等 18 个班次,惠及三明市 3000 余名中小学教师。经过几年的探索实践,该项目已实现项目对接精准化、培训课程模块化、授课师资多元化、过程管理规范化发展,有效促进乡村教师成长、振兴乡村教育,获得 2020 年福建省"终身学习品牌项目"。

第四节 质量保障与接受教育部审核评估

建立健全质量保障体制机制

2011 年,教育部下发了《关于普通高等学校本科教学评估工作的意见》(教高〔2011〕9 号)(以下简称《意见》),对新一轮高校教学评估作出了全面规定。《意见》提出,建立健全以学校自我评估为基础,以院校评估、专业认证及评估、国际评估和教学基本状态数据常态监测为主要内容,政府、学校、专门机构和社会多元评价相结合,与中国特色现代高等教育体系相适应的教学评估制度。根据《意见》精神及 2012 年 6 月本科教学工作合格评估专家组反馈意见,学校进一步完善质量保障体系,建立健全质量保障的体制机制。

1. 完善自我评估

加强日常教学管理与监控,开展期初、期中及期末检查,加强教学督导工作,建立教学管理队伍和教学信息员队伍,抓好学生评教制度落实,实施教学工作学年度量化考核,完善课程及主要教学环节质量标准,改进毕业论文(设计)教学管理。

2. 推进专业评估

2015 年 2 月,福建省教育厅印发《福建省高等教育评估办法(试行)》,明确指出省教育厅负责规划、管理和指导院校评估、院系评估、专项评估等 3 类高等教育评估工作。2016 年 3 月,《福建省教育厅关于开展普通高等学校本科专业评估工作的通知》发布,福建省教育厅决定自 2016 年起开展普通高校本科专业评估工作,委托福建省教育评估研究中心负责本科专业评估项目实施。我校数学与应用数学、电子信息工程 2 个专业参加了 2016 年省本科专业评估试点,市场营销、英语、计算机科学与技术 3 个专业参加了 2017 年省本科专业评估。2016—2017 年,为强化专业建设,做好教育部本科教学工作审核评估的迎评准备,学校委托福建省教育评估研究中心对 23 个本科专业开展校内专业评估,同时,组织校内本科专业评估专家实地考察。

3. 推进专业认证

一是开展 IEET 工程及科技教育专业认证。2015 年 9 月《福建省人民政府办公厅关于印发加快发展现代职业教育若干意见实施细则的通知》(闽政办〔2015〕129 号)明确:委托台湾中华工程教育学会(IEET)对福建高等学校开展工程及科技教育认证。2015 年 10 月,包括我校化学工程及工艺专业在内的全省 8 所高校 14 个专业获批参加 IEET 工程及科技教育认证试点。2016—2018 年,我校化学工程与工艺、土木工程、机械设计制造及其自动化、网络工程、电子信息工程 5 个专业分别完成第一、二、三批 IEET 工程及科技教育认证专家组进校实地访评,并顺利通过 IEET 认证。二是开展工程教育专业认证。2019 年 8 月,学校印发《三明学院工程教育专业认证工作实施方案》,全面启动工程教育专业认证工作。化学工程与工艺专业于 2019—2021 年开展工程教育认证申请。2022 年,学校大力推进工程教育认证,将符合认证申请条件的机械设计制造及其自动化等 9 个专业列为学校工程教育认证培育专业。先后发布

《三明学院关于加强工程教育认证工作的指导意见》《三明学院 2023 年工程教育认证工作方案》,部署工程教育认证自评自建及申请工作。三是开展师范类专业认证。2019 年 1 月,学校印发《三明学院师范类专业认证工作实施方案》,全面启动师范类专业认证工作。2021 年,福建省启动综合性院校师范类专业认证工作,我校汉语言文学、小学教育、体育教育 3 个专业获批受理二级认证申请,于 2021 年 11 月接受现场考查,并顺利通过认证。2022 年,我校学前教育、音乐学、美术学 3 个专业获批受理师范类专业二级认证申请,于 2022 年 10 月接受现场考察(线上)。2023 年,我校英语专业获批受理师范类专业二级认证申请,于 2023 年 6 月接受现场考察。

4. 实施办学质量常态监测

开展教学基本状态数据常态监测,建立办学质量分析报告制度。每年,学校根据教育部要求采集和填报教学基本状态数据库,对照基本办学条件指标及评估认证要求,开展数据常态监测及分析对比研究,撰写数据分析报告,反映本科教学状况,服务自我诊断、领导决策参考及评估认证。学校充分发挥教学基本状态数据库的作用,根据教育部及省教育厅的要求,基于数据库填报的数据,每年编制学校本科教学质量报告,上报省教育厅并向社会公开,逐步建立办学质量分析报告制度。

审核评估的工作部署

教育部本科教学工作审核评估以党的十八大精神和《国家中长期教育改革和发展规划纲要(2010—2020 年)》为指导,坚持"以评促建、以评促改、以评促管、评建结合、重在建设"的 20 字方针;突出内涵建设,突出特色发展;强化办学合理定位,强化人才培养中心地位,强化质量保障体系建设,不断提高人才培养质量。在 2013 年教育部印发《普通高等学校本科教学工作审核评估方案》后,福建省教育厅根据国家要求和本省高校本科教学工作实际,于 2015 年 2 月发布《福建省普通高等学校本科教学工作审核评估实施方案》,确定我校于 2018 年接受审核评估。2015 年 3 月,学校发文要求各单位认真学习贯彻《福建省教育厅关于普通高等学校本科教学工作审核评估的通知》,由此开启评建工作部署。

2015 年 9 月,学校决定成立迎接教育部审核评估工作领导小组,领导小组下设办公室,挂靠在质量监测与评估中心。

1. 制订本科教学工作审核评估方案

经学校研究讨论及校长办公会审议,学校于 2015 年 12 月发布《三明学院本科教学工作审核评估工作方案》(以下简称《方案》)。《方案》包括指导思想和工作目标、组织机构、工作进度和基本任务、工作要求 4 个部分。

《方案》将审核评估的评建工作分为四个阶段,一是准备阶段(2015 年 9—12 月),重在学习动员,统一思想,提高认识,夯实评建基础;二是专业评估阶段(2016 年 1—12 月),重在通过开展本科专业评估,检验专业办学质量,梳理专业办学成效与不足,强化专业建设、教师队伍建设、学生指导与服务、质量文化建设及教学设施建设,提高人才培养质量;三是预评估阶段

(2017年1—12月),重在开展院(部)评估和专项工作评估,全面检查本科教学工作状态,确保各项指标全面达标;四是迎评阶段(2018年1月起),重在完成《自评报告》撰写等审核评估核心任务,做好专家组进校考察工作。

《方案》对照7个审核项目、24个审核要素、64个审核要点,对本科教学工作审核评估各项任务进行分解,确定每个审核要点的牵头单位和引导性问题。

2.加强学习宣传培训

2015年,先后组织教务处、人事处、质量监测与评估中心等相关职能部门分管领导和工作人员,13个学院分管教学副院长、系主任参加了教育部高等教育教学评估中心组织培训会议、福建省教育评估专家培训会议和工程教育专业认证培训会等多场培训会。2015年11月至12月,学校编制完成审核评估宣传手册,面向师生发布《审核评估学习手册》《审核评估一点通》等学习材料,初步完成审核评估专题网的建设工作。通过学习宣传培训,全校上下统一思想,提高认识,进一步明确开展审核评估工作的意义与重要性,对审核评估的内涵有了更加深入的了解。

审核评估的工作推进

2016—2017年,学校评建工作主要以专业评估和专业认证为抓手,提升内涵建设和人才培养质量。

1.开展校内本科专业评估

2016年3月,制定实施《三明学院本科专业评估实施方案》,正式启动委托福建省教育评估研究中心开展的校内23个本科专业评估工作。2016年,分两批开展校内专业评估工作,在各本科专业完成《本科专业简况表》《本科专业自评报告》《本科专业评估自评表》等自评材料撰写的基础上,聘请校内专家对专业自评材料进行评审,委托福建省教育评估研究中心对自评材料开展专业评估。2017年5月16日至18日,受我校委托,福建省教育评估研究中心聘请以省高教评估委员会副主任、原福建工程学院院长蒋新华教授为组长的本科专业评估专家组一行14人,对我校12个学院的23个本科专业进行实地访评。

2.参加省本科专业评估

2016年,组织数学与应用数学、电子信息工程2个专业参加了2016年省本科专业评估试点,经评审2个专业分别获得省内专业第6名和第17名。2017年,组织英语、计算机科学与技术、市场营销3个专业参加2017年省本科专业评估。参加省本科专业评估有助于推动我校本科专业提升人才培养工作质量,强化质量意识,形成质量自觉。

3.开展审核评估准备工作

一是开展学习培训,邀请多名校外专家学者到校讲学,组织校院领导、职能部门人员和院系教师参加审核评估、师范类专业认证、IEET专业认证等学习培训,开通"本科教学审核评估网",充分利用专题网开展评估政策宣传及督促指导,营造良好的迎评学习氛围。二是根据学校发展实际,调整本科教学工作审核评估工作领导小组与工作小组,发布《三明学院本科教学工作审核评估工作进度表》。2017年12月,组织开展本科教学工作审核评估自评报告和合格评估整改报告撰写工作,明确审核评估自评报告、合格评估整改报告的撰写任务分工。

迎接评估的准备工作

2018年,为精准高效推进本科教学工作审核评估,学校调整了本科教学工作审核评估领导小组办公室的人员组成,抽调人员以离岗挂职的形式到评估办工作。

1. 做好组织宣传工作

按照教育部、福建省审核评估相关要求,研究制定了《三明学院本科教学工作审核评估工作安排》(2018年3月—2019年1月)、《三明学院审核评估工作小组重点工作分工安排表》(2018年7—9月)、《三明学院本科教学工作审核评估工作推进计划》、《三明学院本科教学工作审核评估现阶段工作任务》,及时有序推进审核评估各项工作。利用报刊、广播、微信、审核评估网等媒体,印发评估知识手册、评估简报,发布高教动态等,对审核评估工作开展深入广泛的宣传,组织审核评估知识测试,营造"人人了解评估、人人参与评估"的良好氛围。组织相关人员参加审核评估培训会,先后组织学校相关职能部门、院系负责人赴莆田学院、集美大学、龙岩学院考察学习审核评估工作的经验和具体做法。

2. 组织四轮审核评估专项检查

一是2018年3月12日至13日,组织校内外专家开展本科教学工作审核评估第一轮检查工作,主要对2017—2018学年第一学期部分课程试卷(包括公选课程和辅修课程)、2018届毕业论文(设计)、系(教研室)活动情况,院领导、系主任、教师听课情况,教师上课情况等方面进行检查。二是2018年4月26日至27日,组织开展二级学院本科教学工作审核评估第二轮检查,主要对各学院2017—2018学年各专业见习(实习)、校外教学实践基地、实验(实训)教学、第一轮检查整改情况、境外合作办学等项目进行检查。通过每月一次大检查,查摆审核评估工作中存在的问题,及时进行整改。三是2018年5月10日,开展本科教学工作审核评估第三轮检查,主要围绕第二轮检查整改情况、学院"十三五"发展规划、自评报告、2018级培养方案(修订稿)等方面展开,采用专家审阅、现场答辩的方式。本次答辩共有4个专业的培养方案被评价为优秀,16个专业培养方案被评价为良好,1个专业的培养方案被评价为合格。四是2018年7月11日,开展第四轮专项检查,采用学院互评的方式,对考试科试卷、考查科期末考核材料、2018届毕业论文(设计)、2017—2018学年第二学期开课课程纸质教案展开专项检查并提出整改意见。

3. 准备审核评估材料

一是准备校级自评报告及支撑材料,撰写《三明学院本科审核评估自评报告》并不断修改完善。组织各部门紧扣审核评估自评报告,收集形成支撑材料,按照观测点撰写支撑材料综述。二是撰写本科教学工作合格评估整改报告,汇编专家案头材料;委托麦可思公司协同学工处组织开展学生满意度调查,完成《学生成长评价报告》。三是按时提交《本科状态数据库数据》《本科教学审核评估自评报告》等材料,制定《校内工作手册》《专家服务指南》,成立审核评估指挥系统,制定指挥系统工作流程,为审核评估期间专家指令的上传下达奠定良好基础。

4.细化专家现场考察方案

2018年5月至6月,初步确定校内考察路线、考察点。9月,进一步遴选讨论现场考察方案。11月,最终确定专家现场考察方案。

5.指导二级学院自评自建

2018年3月,发布《2017—2018学年第二学期二级学院开展本科教学工作审核评估自评自建的通知》,要求各二级学院完成"评估知识学习""自查教学质量标准和教学运行过程""自查教学档案""撰写完成自评报告及支撑材料"等自评自建工作。

6.开展审核评估预评估

2018年9月,学校制定《三明学院审核评估预评估工作方案》。10月10日至12日,邀请校外专家开展本科教学工作审核评估预评估。专家组一行13人进校开展为期1天半的考察,共深度访谈76人次,听课看课44节,查阅毕业论文(设计)460份,查阅试卷1436份,走访学院、部门39次,召开座谈会21场,共计338人次,查阅了校级支撑材料、人才培养方案、教学大纲、课程设计等档案,召开了专家反馈会。10月16日,学校召开本科教学审核评估预评估工作总结暨整改工作布置会。

专家进校考察与反馈意见

1.专家进校考察

2018年11月26日至30日,以原云南民族大学校长那金华教授为组长、原福建省教育厅巡视员李金莲研究员为副组长的专家组一行20人,对我校开展了为期4天半的本科教学工作审核评估。福建省教育厅副厅长陈国龙,省教育评估研究中心主任柏定国,三明市人大常委会副主任廖小华,三明市政府副市长张文珍,三明市人才办、市编办、市教育局、市财政局、市人社局负责人参加了审核评估相关环节。

进校前,专家组对学校本科教学工作审核评估自评报告、本科教学质量报告、教学基本状态数据分析报告等相关材料进行了详细审阅。进校考察期间,专家组按照"以学生学习成效持续改善为导向""一校一方案""下沉一级"为特色的福建评估模式的要求,对我校本科教学工作进行了多形式、全方位的考察和评估,共听课看课68门次,走访职能部门及教学单位34个,考察校内实践实训场所与平台103个,访谈用人单位2个,召开不同类型的座谈会63次,深度访谈校级领导和学院以及职能部门主要负责人476人次,调阅了28个专业的2783份试卷,23个专业的1189份毕业设计(论文),查阅了学校发展规划、教学管理与改革的文件,学校的会议记录,学校教学事故处理记录等材料。

11月30日专家组意见反馈会上,专家组指出,三明学院办学方向定位准确,发展思路清晰;人才培养的政策措施完善,推进落实、落地成效明显;师资队伍的数量结构不断得到优化,教师教育教学水平能力不断提升;办学经费逐年追加,相关平台资源的建设成效明显;深化应用型人才培养模式的改革,建立健全改革激励机制;坚持立德树人的根本任务,重视学生学风制度建设,毕业生用人单位满意度较高;重视教学质量保障体系的建立完善,本科教育教学水平不断提高。同时,专家组也指出了学校在办学定位和人才培养目标、师资队伍建设、教学资源、培养过程、质量保障体系等方面存在的问题,并提出了改进意见和建议。

陈国龙指出,学校要以审核评估为契机,逐条落实和整改专家反馈意见,继续在办学定位和办学理念、师资队伍建设、产教融合与校企合作、学科专业布局与建设、人才培养、应用型教育理念与实践、开放办学等方面下功夫,促使学校和三明市有更好的发展。

廖小华强调,市委、市政府将认真研究、积极采纳专家们的建议意见,一如既往地重视和支持三明学院的发展。刘健院长作了表态性发言。

2.专家组意见

2019年1月,《普通高等学校本科教学工作审核评估专家组审核评估报告》(以下简称《报告》)发布。《报告》认为,三明学院党政领导和师生对本科教学工作审核评估高度重视,认真贯彻"以评促建、以评促改、以评促管、评建结合、重在建设"的方针,评建思路清晰,工作举措有力,广大师生员工工作积极性高、精神面貌好,全力配合评估,为专家组评估工作奠定了坚实基础。

《报告》从总体印象、学校取得的成绩和值得肯定之处、存在的主要问题及改进建议3个方面,总结了学校审核评估的基本情况。专家组指出,学校传承百年致用办学传统,致力培养理论基础扎实、实践能力强、富有创新精神和创业意识、适应区域经济社会发展需要的高素质应用型人才。学校将建设有特色高水平应用型大学作为发展目标,以本科教育为主,积极培育建设专业硕士学位点。立足三明,服务福建,辐射全国,面向基层,为区域经济社会发展提供人才支持和智力支撑。学校重视人才培养,树立人才培养中心地位,在人财物及体制机制制度上保障本科教育教学水平的提高。学校坚持党建引领,思想保障到位。校领导班子团结敬业,开拓创新,奋发有为,积极作为;师生员工人心思进,勤奋务实。三明市委、市政府高度重视和支持学校的建设,努力为学校改革发展提供保障。学校上下协同抢抓机遇,内外合力乘势而上,发展势头好、后劲足,积极开展的模式探索具有示范性。特别是2012年合格评估以来,学校建设速度加快、成效好,有效地保障了人才培养质量。

存在的问题主要有:(1)在定位与目标方面,对应用型办学内涵和实现路径深化认识不够;二级学院对学校办学定位的认识理解回应尚有差距;相关支撑尚未充分体现"以师为精"的定位;部分学科专业对学校定位目标的理解融入不够。(2)在师资队伍方面,高层次人才总量不足;专任教师队伍不均衡;教辅和管理人员不足;教师实践教学能力不足;部分教师教书育人责任心不足;教师教学发展中心有待加强。(3)在教学资源方面,办学的经费不足,学校经费来源比较单一;学科专业动态调整机制不够健全;校内实验实训室条件支撑不足;实验实训室开放共享不够;课程资源系统建设不足。(4)在培养过程方面,人才培养模式改革共识不足;课堂教学模式创新不够;实践教学监管不够。(5)在学生发展方面,学风建设系统性有待加强;"全员育人"工作机制有待加强;学生"一站式"服务有待提升;毕业生跟踪工作有待加强。(6)在质量保障方面,质量保障机构设置尚需理顺;教育教学过程监控有待加强;质量改进机制有待完善。(7)在办学特色方面,系统挖掘不够,系统梳理、总结凝练不够。

审核评估整改工作与整改回访

1.审核评估整改工作

学校于 2019 年 6 月制定发布《三明学院本科教学工作审核评估整改方案》(以下简称《方案》),明确整改工作的指导思想、组织机制、进度安排、整改内容与措施。《方案》对照《报告》和学校发展实际,逐一说明七大审核项目的专家意见、整改措施及责任单位,确定审核评估整改工作历时一年。2019 年以来,学校高度重视审核评估整改,以此作为学校巩固评建成果,坚持"以本为本",推进"四个回归",全面深化教育教学改革,提升本科教育质量,服务学生成长成才,推动学校实现跨越发展的重要抓手。

2.审核评估整改回访工作

2020 年 9 月 16—18 日,以福建工程学院副院长刘国买教授为组长的本科教学工作审核评估专家组一行 10 人,对我校审核评估整改情况进行回访考察。

在 9 月 18 日召开的本科教学工作审核评估回访交流会上,专家组就现场考察的总体情况进行反馈,一致认为,学校坚持"以本为本",推进"四个回归",聚焦审核评估专家组提出的 26 个问题,建立整改台账,逐条对照,扎实推进整改落实,取得明显成效。同时,专家组也指出了学校在专业建设、师资队伍建设、质量保障体系建设等方面存在的不足和需要改进之处,为学校进一步提升办学质量提出有益意见和建议。

校党委书记兰明尚代表学校对专家组高质量的评价反馈、高切入的中肯批评及高水平的指导建议表示衷心感谢,强调将坚持问题导向、成果导向、师生导向,对专家组的反馈意见照单全收、坚决落实、深入整改,以召开第三次党代会和编制"十四五"规划为契机,围绕创建地方一流应用大学这一目标,坚持地方性、应用型、开放式办学定位,突出人才培养高质量、服务地方高水平、大学治理高效能三大追求,不断提高办学育人水平,全力实现跨越发展,为新福建建设作出积极贡献。

新一轮本科教育教学审核评估

2021 年 1 月,教育部印发《普通高等学校本科教育教学审核评估实施方案(2021—2025 年)》(以下简称《方案》),启动新一轮审核评估工作。2023 年 4 月,福建省教育厅发布《福建省普通高等学校本科教育教学审核评估实施方案(2023—2025 年)》,在国家方案基础上对部分指标进行了细化和拔高。新一轮审核评估紧扣上轮评估存在的短板及新时代本科教育要求进行优化改进,回应政府关切、社会关注、高校关心的热点难点问题,具有立德树人导向更加鲜明、坚决破除"五唯"顽疾、积极探索分类评价、大幅减轻评估负担、突出评估结果使用等五大特点。

1.新一轮审核评估申请

2021 年 6 月,学校向福建省教育厅报送《关于申请参加新一轮(2021—2025 年)普通高校本科教育教学审核评估的函》,确定三明学院属于已参加过上轮审核评估,重点以应用型人才培养为主要方向的普通本科高校,申请2023年及以后再参加第二类审核评估。2022年3月,根据国务院教育督导委员会办公室及福建省教育厅要求,报送"十四五"期间普通高等学校本科教育教学审核评估计划的函及申请报告,说明学校基本情况、上一轮评估整改情况及申请理由,确定申请2024年参加第二类审核评估。2022年10月,国务院教育督导委员会办公室发布《关于做好"十四五"期间普通高等学校本科教育教学审核评估工作的通知》,明确新一轮审核评估总体计划,三明学院于2024年参加第二类第二种审核评估。

2.新一轮审核评估部署

学校于2022年12月发布《三明学院本科教育教学审核评估工作方案》,成立三明学院本科教育教学审核评估工作领导小组与专项工作组,进一步明确审核工作的组织机构、责任分工及具体安排。2023年2月,学校召开新一轮本科教育教学审核评估启动大会,制定2023年审核评估工作进度安排表,按照四个阶段稳步推进迎评估工作。5月,学校组织校院两级领导、骨干教师近200人集中在线参加教育部教育质量评估中心举办的审核评估系列培训,推动全校上下深入领会审核评估方案的精髓要义,准确把握审核评估的指标内涵和工作流程,更好地开展自评自建工作。

第三章 以学科建设为引领的内涵提升

实现建设有特色高水平、地方一流应用大学发展目标,必须发挥学科建设的引领作用、科技创新的提升作用、人才队伍的支撑作用,不断促进内涵提升。《三明学院中长期发展规划纲要(2010—2020年)》明确提出"重点学科建设取得较大进展,实现研究生教育的突破",这一目标在"十三五""十四五"学校发展规划中得到强化。学校在2017年获批硕士学位授予单位培育立项建设单位后,全面强化落实学科建设在学校教育改革和发展中具有的战略性、引领性、全局性的重要地位,努力寻求应用型办学层次新突破,学科结构得到调整优化,科学研究和人才队伍建设水平不断提升,服务社会能力显著增强,完成了一系列卓有成效的工作。

第一节 学科建设与硕士学位授予培育单位建设

优化学科布局

增强学科观念,明确学科使命。学校面向地方经济社会发展需要,不断优化学科专业结构和资源配置,巩固和提升传统优势学科专业,强化应用学科专业,凝练特色学科专业。2013年7月,省教育厅研究起草《福建省高等学校重点学科建设规划(2013—2017)》(征求意见稿),明确学科建设的目标任务,引导一般本科高校重点建设一批服务地方支柱产业、新兴产业和特色产业发展学科。在此背景下,学校在《三明学院2014年工作报告》明确提出"逐步向应用型大学转型,加强学科专业建设,切实整合学科资源、强化学科特色,为提高应用型人才培养质量和层次打下扎实基础",将学科建设摆在重要位置。

学校确定2014年为学科建设年,印发《三明学院"学科建设年"活动实施方案》。明确提出以"塑学科、强专业、重应用、谋特色"为主题,以学科带头人培养为支点,以学科梯队与团队建设为核心,以重点学科建设为龙头,以建立和完善学科组织为保障,将学科建设与专业建设、人才培养、硕士点培育等紧密结合,着力提高办学水平,为推进学校内涵式发展、转型发展和应用型人才培养模式改革提供重要支撑。通过活动开展,按照"人人有学科,人人进学科"的原则,学校建立了学科组织,遴选了学科带头人,推进学科团队建设,开展学科研究方向凝练,修订完善了学科建设配套管理制度。作为学科建设年活动的延续,2016年3月10日至25日,学校举办学科建设与发展专题培训会,对二级学院(部)各系主任(副主任)、各教研室主任(副主任)、实验室主任(副主任)进行了专题培训。

谋划学科发展,统筹学科布局。根据学校办学定位和发展战略,积极探索学科建设模式和发展机制创新。坚持"统筹兼顾、集中优势、强化重点、争创特色"的方针,以 6 个省级重点学科建设为引领,带动"十二五"期间校级 5 个重点学科、9 个优势学科和 28 个学科组织的建设。把平台建设、科研项目及经费、科研成果(论著、专利、获奖等)、服务社会、人才培养、学科团队建设作为学科建设的主要内容,并进行量化考核。根据学科属性在二级学院下建立系一级组织,把教学、科研、服务社会等学科建设的内涵与系一级组织职能融合,实现了教师人人有学科、人人进学科、人人在学科组织中有作为。在此基础上,学校制定《"十三五"学科建设与科研工作发展规划(2016—2020 年)》,按照"有所为,有所不为"和"分层次建设"的要求,稳步推进省级重点学科、校级重点学科、校级优势学科的建设与发展。先后出台《三明学院学科建设项目实施办法》《三明学院学科建设项目经费管理条例》《三明学院学科带头人、学术骨干培养对象遴选与管理办法》等管理文件。加大学科建设经费投入,学科建设水平不断提高。

2017 年 6 月,为落实《福建省"十三五"教育发展专项规划》,加快福建省研究生教育发展步伐,省教育厅决定遴选一批硕士学位授予培育单位,同步部署高等学校应用型学科建设工作,以期推动转型改革,构建应用型高校办学体系。我校申报的"化学工程与技术""机械工程""生物工程"列入省应用型学科立项名单,"工商管理"列入省应用型学科培育名单。[①]

着眼国家战略需求,进一步凝练学科方向。省级应用型学科机械学科聚焦冶金压延、绿色铸锻和化工机械智能装备制造,助推区域产业集群基础高级化和产业链现代化。化学工程与技术学科结合区域新材料、生物制药和节能环保等新兴产业,凝练出新材料应用技术、绿色化工与技术、资源综合利用技术 3 个学科方向,注重学科间的交叉融合,聚焦区域氟化工、石墨和石墨烯特色产业,突出清洁生产,在服务区域产业中形成了鲜明的特色。工商管理学科对接地方产业链,围绕旅游管理、财务管理、商贸物流、技术经济与管理 4 个学科方向,服务生态与红色旅游、国家公园管理、绿色财政与环境审计、生态环境与技术经济评价,推进三明生态旅游先行区、海峡两岸旅游交流合作先行区和 21 世纪海上丝绸之路旅游核心区建设。同时,着力将绿色生态、工业基地等地方优势转化为学科专业优势。

提升学科内涵

2018 年,学校以新增硕士学位授予单位和专业硕士学位点为目标,以新增 4 个省级应用型学科为重点,不断加大力度推进学科建设,人才培养、科学研究、社会服务、平台建设、交流合作协同并进,形成学科建设新格局,学科内涵水平不断提升。

加强学科梯队建设,形成学科优势。为充分发挥重点学科的示范引领作用,2019 年,瞄准国家战略和区域发展需求,围绕三明新材料、高端装备制造、文化创意、旅游等重点产业,构建了学科梯队。其中重点学科 6 个,包括化学工程与技术(学硕)、材料与化工(专硕)、机械工程(学硕)、机械(专硕)、艺术(专硕)旅游管理(专硕);优势学科 2 个,包括生物工程(学硕)、生物

---

① 福建省教育厅关于公布高等学校应用型学科建设名单的通知(闽教高〔2017〕44 号)[Z].2017-12-26.

与医药(专硕);培育学科 6 个,包括土木水利(专硕)、新闻与传播(专硕)、教育(专硕)、体育(专硕)、翻译(专硕)、马克思主义理论(学硕)。

加大对重点学科的扶持力度,充分发挥重点学科的覆盖、辐射、带动作用,夯实基础学科力量,扩展应用型学科,积极推进学科交叉融合发展,培植交叉学科和新兴学科,以做强工科、做优师范、做特文科为导向,不断推进多学科协调发展,形成学科优势。为促进学科建设工作提质量、上水平,2022 年,我校开展"学科提质"攻坚战。以"学科建设"为引领,要求按照高原学科的标准深化硕士学位申报学科建设,按照应用型学科的标准培育建设一批重点学科,并从中遴选和重点建设后备硕士学位申报学科。组织开展了学科建设调研工作,先后调研了 16 个学科、70 多所高校、100 多家企业,组织召开专家论证会 10 余场,系统分析了各学科方向、学科队伍和学科基地等学科建设结构性要素,以及人才培养、科学研究和社会服务等学科建设功能性要素存在的问题,明确堵点,找准差距,精准施策。在此基础上,进一步修订、完善了《三明学院"十四五"学科建设发展规划》,围绕福建省"六四五"产业新体系及三明市"433"现代产业体系,构建高原学科—申硕学科—培育学科三级学科梯队,推动机械、材料与化工、旅游管理等学科重点发展,土木水利、新闻与传播、设计、能源动力、资源与环境、马克思主义理论、教育等学科协同发展,学科优势进一步凸显。

加入学科联盟平台,拓展学科资源。为进一步打破校际壁垒,强化高校间人才、教学、科研等要素的优势互补、资源共享,2022 年,省教育厅启动了省级学科联盟、政产学用金联盟申报工作。我校积极加入马克思主义理论、生物种业两大基础学科联盟,文旅经济、数字经济、绿色经济 3 个应用型学科联盟,制定了《三明学院服务福建省"四大经济"高质量发展行动方案》,强化与联盟高校的对接与联系,以学科联盟建设为契机,结合三明市沙县小吃、医改、林改以及基础教育综合改革需求,不断探索新的学科生长点。

汇聚学科优秀人才,促进学科发展。坚持引育并举汇聚优秀人才,通过实施教育科研类引进生支持计划、台湾高层次人才计划及柔性高层次人才计划,分类提高引进待遇、落实优绩优酬、强化服务保障、增大人文投入等举措,进一步加大引进人才工作力度,学校博士比超过30%,其中机械、材料与化工、旅游管理等 3 个学科博士占比超过 70%,学科实力明显增强。2021 年,学校制定《三明学院学科带头人遴选及管理办法》,开展学科带头人遴选工作,确定 15 人为第一批学科带头人(见表 4-3-1),聘期 3 年。充分发挥学科带头人、学科团队在学科建设方面的作用,强化提升学科内涵,切实提高学科建设质量。

表 4-3-1　2021 年三明学院第一批学科带头人名单

学院	一级学科(专业学位类别)	学科带头人
经济与管理学院	工商管理(旅游管理)	罗金华
	应用经济学	张桂梅
艺术与设计学院	设计学(艺术)	邱国鹏
信息工程学院	计算机科学与技术(电子信息)	贾鹤鸣
	数学(学科教学)	管强
机电工程学院	机械工程(机械)	高浩
	电子科学与技术	任雯

学院	一级学科(专业学位类别)	学科带头人
资源与化工学院	化学工程与技术(材料与化工)	苏志忠
	环境科学与工程(资源与环境)	李奇勇
	生物学(生物与医药)	孙刚
建筑工程学院	土木工程(土木水利)	曾武华
文化传播学院	新闻传播学(新闻与传播)	赵平喜
	中国语言文学(学科教学)	邓享璋
海外学院	外国语言文学(翻译)	蔡瑞珍
马克思主义学院	马克思主义理论	范连生

提升学科创新能力,激发学科活力。积极开展有组织的科研,推进创新人才和创新团队的建设,加快"三高"论文和"顶天"项目的产出。依托科技创新中心、重点实验室、工程研究中心、人文社科研究基地等科研创新平台,突出自主创新,聚焦氟新材料、装备制造等区域主导产业需求,持续推进产学研合作,开展产业关键核心技术攻关;聚焦"一带一路"区域价值链、农产品供给安全等国家战略需求,并立足区域特色,致力于地方文化传承与创新。学校重点项目承载能力持续增强,区域影响力不断提升。多类省级项目立项数、省科技进步奖居省内同类高校前列,学科活力不断增强。

推动学科服务地方,提升学科影响力。培育68个省级科技特派团队,404个省级个人科技特派员深入基层服务,致力乡村振兴与发展。紧抓革命老区高质量发展建设的政策机遇,充分发挥学科专业比较优势,强化校地合作与产教融合,推动更多科研成果在地转化。依托材料化工、机械电子、资源环境、低碳经济等领域的学科专业平台,推进校地合作重大课题和项目实施,提升区域创新驱动核心竞争力,支撑申硕学科和培育学科形成面向应用、产教融合的学科特色。聚焦集体林权改革、碳汇改革、基础教育改革、三明医改再出发等理论研究和政策研究,服务地方能力进一步增强,2022年荣获三明市"改革创新特别贡献集体"嘉奖,学科影响力不断提升。

深化学科机制改革,增强学科发展动力。(1)建立学科建设联动机制。将学科建设与专业建设、师资队伍建设、人才培养、科学研究与成果转化、平台与基地建设以及文化传承创新等工作紧密联系起来,形成联动机制。(2)强化学科管理体制机制建设。2022年,学校成立学科建设与研究生处,统筹全校学科建设任务。(3)落实学科带头人负责人制。设置由学科带头人、学科方向负责人和学术骨干为主体组成的学科建设与管理组织体系,明确学科建设主体,由学科带头人负责学科方向优化、师资队伍建设、人才培养、科学研究、学科平台与基地建设的规划,二级学院进行监督与协调,确保学科建设主体责任落实。(4)实行目标责任制管理。制订达标创优方案,激励机制与约束机制相结合,以考核评估为主要方式管理学科建设工作,以发展规划和资源配置为主要手段引导学科建设工作。

2022年3月,为贯彻落实《教育部、财政部、国家发展改革委关于深入推进世界一流大学和一流学科建设的若干意见》(教研〔2022〕1号)精神,福建省启动了福建省一流大学和一流学科(简称"双一流")建设工作,下发《关于开展福建省一流应用型高校建设的通知》。根据通知要求,学校认真组织制订方案,邀请全国知名专家评审与论证,完成省一流应用型学科建设方案和省一流应用型学科建设方案的编制和上报。11 月,我校入选福建省一流应用型建设高校(B 类),机械、材料与化工、旅游管理等 3 个学科确定为主干学科,学科建设跃上新台阶。

推动硕校创建

硕士学位授予单位创建是提升学校办学层次与水平的必经之路。2017 年 12 月,我校等 11 所省内本科高校获批成为福建省 2018—2020 年硕士学位授予培育单位立项建设高校。工程硕士(化学工程、生物工程、机械工程)、艺术硕士和旅游管理硕士被确定为专业硕士学位点培育建设项目[①],学校开始对标对表,统筹推进硕士授予单位创建工作。2021 年 10 月,学校再次被确定为福建省硕士学位授予单位培育项目,机械、材料与化工、旅游管理确定为硕士学位授权点培养建设项目,进入 2021—2023 年培育建设期。

加强领导,统筹推进。2019 年 4 月 23 日,学校成立由校党委书记任组长、院长任第一副组长的硕士校创建工作领导小组,并成立研究生处(挂靠教务处,2021 年 4 月挂靠发展规划处),统筹推进学科建设和硕士校创建工作。校党委以"硕士校、应用校、平安校"三校同创和"强三力、创硕校"引领学校整体工作,将创硕工作纳入"工作高质量、岗位创一流""达标创优""六大攻坚战"等专项行动计划,细化目标责任,稳步推进。2019 年以来,每两周一次的校党委会听取学科建设和申硕工作进展的汇报,根据校领导的意见和建议,强力推进申硕工作。2021 年 9 月,制定《三明学院 2021—2022 年创硕校"达标创优"目标管理工作方案》,不断落实推进各项指标。2022 年每季度召开硕士校创建工作推进会,任务清单化,采取销项管理,稳步推进硕士校创建工作。

精准对标,补短争优。根据"学位授权审核申请基本条件"(2020 年),在学校层面对标"新增硕士学位授予单位申请基本条件",在学科层面对标"专业学位类别硕士学位授权点申请基本条件"。

密集调研,学习取经。校领导及相关部门、相关二级学院领导、学科负责人赴国务院学位办、省教育厅高教处走访学习。校领导先后率队赴厦门大学、北京林业大学、湖州师范学院、重庆科技学院、南昌工程学院、福州大学、福建师范大学、福建农林大学、集美大学、闽南师范大学、福建工程学院、上海大学、华东师范大学及上海师范大学走访学习,洽谈对口支援、研究生联培等,取得一系列重要的合作成果。

专家指导,提高水平。邀请国务院学位办、国务院学位委员会有关学科评议组成员、全国硕士专业学位教育指导委员会委员等专家,采取线上线下等多种灵活方式精准指导学科建设和申硕工作。

精心打磨,提升文本质量。填报"申请新增博士硕士学位授予单位简况表""申请硕士专业学位授权点简况表",根据专家评审意见和建议,进行多轮修改、补充和完善,凝练学科方向,强化学科特色与优势。重点申硕学科制订硕士研究生培养方案,包括培养目标、主要研究方向、

---

① 福建省学位委员会、福建省教育厅关于公布 2018—2020 年博士硕士学位授予培育单位立项建设名单的通知(闽学位〔2017〕9 号)[Z].2017-12-26.

学制与学分、培养计划、课程设置、课程选修说明、中期检查、论文发表、学位论文、学位授予等。

积极争取,赢得政策支持。2020年,《国务院关于新时代支持革命老区振兴发展的意见》出台,学校抢抓机遇,积极与教育部、省市对接,争取将学校硕士校申报事项列入第八次部际联席会提请支持事项,国家发改委出台的《闽西革命老区高质量发展示范区建设方案》(发改振兴〔2022〕424号)也明确提出:"支持三明学院列入'十四五'时期'教育强国推进工程'和'中西部高等教育振兴计划'扶持高校,申报硕士学位授予单位。"2022年,教育部办公厅下发《关于对口支援甘肃农业大学等高校工作的通知》,学校作为受援高校列入教育部"对口支援西部地区高等学校计划",由厦门大学对口支援。这些都为申硕工作提供了强有力的支撑。

学校参照《博士硕士学位授权审核办法(2020)》的新增硕士学位授予单位标准要求,在重点指标达标的基础上,不断创优,争取在省内同类培育高校中形成比较优势。目前,学校5个核心指标均已达到现行的硕士学位授予单位申请条件,机械、材料与化工、旅游管理等申硕学科均已达到或优于新增硕士学位授权点标准。

硕士学位授权点培育建设简况如下:

(1)机械。所属学科是省级重点学科、省级一流应用型学科,拥有省级科技平台7个、省级产业学院2个和省级创新团队1个。近年来获批科研经费1493万元,成果获省科技进步二等奖2项、三等奖3项,授权发明专利11项。主持或参与科技部重大重点课题7项、福建省重大专项2项、重大项目(经费100万以上)18项,获省部级科技进步奖20项(第一署名的有7项)、省专利奖1项。依托现代产业学院,面向冶金及压延、汽车及机械装备产业集群,开展产业合作项目21项,获省工信厅智能化设备首台套认定1项。近5年培养本科生916名,联培研究生37名。

(2)材料与化工。材料与化工学科跻身省一流应用型学科。拥有1个省级服务产业特色专业、2个省级一流专业建设点、2个省级教学团队。是全省资源化工类专业本科教学联盟牵头单位。拥有省发改委氟新材料工程研究中心(年度评估优秀)、清洁生产高校工程研究中心(连续两轮评估优秀)等8个省级平台、2个省级科技创新团队,在含氟表面活性剂、先进碳材料、新能源氟化学品等领域获省科技进步二等奖1项、三等奖9项。与三明市政府共建全省首家氟化工产业技术研究院,获批工信部"氟新材料校企协同就业创业创新示范实践基地"。化学工程与工艺专业入选教育部卓越工程师教育培养计划。培养化工类应用人才4000多人,与厦门大学等高校联培材料与化工硕士157人。

(3)旅游管理。拥有省级一流应用型学科,获批国家级一流本科专业建设点,在"全国旅游管理与服务教育专业竞争力"排行榜中名列前茅;拥有国家公园、生态文化等省级科研平台;承担国家基金项目17项,在《管理世界》等期刊发表论文多篇,是国家级众创空间、国家级创新创业学院主要建设单位。牵头成立全国旅教专业联盟,建设旅游产业学院,深度对接区域文旅经济,服务旅游产业、龙头企业与高职旅游院校发展需求。培养旅游类应用型人才1700多人,与厦门大学、福建师范大学等联合培养研究生63人。

加强硕士联培

2009年12月10日,我校首次与福建师范大学签订校际合作框架协议,正式开始联合培养研究生。此后,学校根据学科建设和创硕校工作需要,有意识地扩大校校合作,拓展研究生联合培养渠道,锻炼研究生导师队伍,积累研究生培养管理经验,并按照福建省学位委员会有关研究生联合培养的通知精神规范开展。

硕士生联培规模不断扩大。积极探索新建本科院校的研究生联合培养模式。2014 年 2 月 21 日,与福州大学签订校际合作框架协议,开展研究生联培工作。2017 年 8 月 2 日,与福建农林大学签订校际合作框架协议,开展研究生联培工作。2019 年 12 月 24 日,在厦门大学举行了厦门大学-三明学院对口支援签约仪式,省委周联清常委、张彦书记、兰明尚书记等领导见证签约,主要涉及申请硕士单位及研究生联合培养事宜。俄罗斯克拉斯诺达尔国立文化学院、武汉理工大学等多所国内外高校共同培养研究生,联培专业包含电子信息、机械、材料与化工、资源与环境、土木水利、林业、思想政治、学科教学(生物)、学科教学(思政)、学科教学(英语)、学科教学(语文)、学科教学(数学)、旅游管理、公共管理、艺术(设计学)、食品工程、法学、历史学、体育教学、马克思主义理论、音乐等 21 个专业,开创了与一流大学、国外高校联合培养研究生的创新实践。2022 年 6 月,与福建工程学院签订合作协议,开展硕士研究生联培工作。

研究生教育管理水平不断提升。根据研究生教育工作相关要求,制定了涵盖招生、学位、培养、管理、奖助等研究生培养全过程的规范性文件 28 项,编制了学科建设与研究生教育相关政策文件 21 项,为创硕校和联培研究生教育管理奠定了坚实的制度保障。加大了优秀硕士学位论文的奖励力度。我校联培研究生共有 60 余人获得学业奖学金,其中 8 人获得一等奖学金;1 人在化学及环境领域权威期刊 *Angewandte Chemie International Edition*(《德国应用化学》)发表文章,影响因子为 16.82;1 人获得福建农林大学优秀毕业论文。联培研究生深受社会和用人单位的青睐和欢迎。

研究生导师队伍不断壮大。学校携手联培合作高校强化硕士生导师队伍建设,配合联培校严格做好硕士生导师的遴选、培训、考核工作。制定《三明学院硕士研究生指导教师管理办法》,先后遴选了 108 名硕士生导师。学校定期举办研究生导师培训,2019 年先后围绕"强化导师责任落实立德树人""加强研究生教育管理,提高培养质量"主题开展两个阶段的培训,硕士生导师管理和指导能力等综合素质不断提升,获得联培合作高校的认可。2020—2022 年,学校每年组织全体硕士研究生导师线上线下参与省教育厅组织的导师培训,并将培训内容纳入导师的师德师风考核。

第二节　科技创新与平台建设

重视科学研究

科学研究是现代大学发展的动力源泉与重要支撑,是衡量高校实力的重要标尺,也是高校核心竞争力和社会影响力的重要标志。作为一所新建地方本科院校,三明学院高度重视科学研究工作,始终坚持面向学术前沿、面向重大战略需求、面向区域经济社会需求,强化科研管理,优化研究平台,培育学术团队,加强内涵建设和特色发展,科研活跃程度与创新能力持续增强。

学校把科研工作纳入应用型本科建设的总体目标,与学科建设、创硕工作和服务地方同谋划、同部署。

2014年11月,根据国务院、教育部有关现代职业教育体系构建和地方本科高校转型发展的意见要求,以及省委、省政府关于推动高等学校内涵发展的意见要求,学校结合实际,在第二次党代会上对学校未来的科研发展方向提出具体要求。其中,在"转型"任务中,学校明确了新的科研导向,即要促进科学研究由单兵作战向团队攻关转变,大力加强应用研究,开展新技术开发与推广应用服务,增强科研成果的转化能力,积极探索和推进科技创新模式;依托重点学科,面向行业一线,继续加强与三明市及周边地区的企业、行业开展协同创新。在"提质"任务中,提出要提升社会服务质量,一是持续深化校县合作、校企合作,积极探索与企业、行业、区域协同创新模式,形成产学研用相结合,人才培养、项目研发、基地建设和社会服务相互促进、良性互动、快速发展的新机制;二是重点打造一批区域和行业的技术工程研究中心,建设若干接地气的科研创新团队,增强承担省部级以上重大产学研课题的能力和科研成果的转化能力;三是加大科研绩效评价和考核机制的改革与创新,优先支持可产生发明专利的项目,重点支持发明专利技术产业化项目;四是建设"地方智库",发挥其战略研究、政策建言、人才培养、舆论引导的重要功能。在"增值"任务中,提出要加大"2011协同创新中心"项目建设力度,深入挖掘"闽江之源""闽学之源""闽人之源"和"客家文化""红色文化"等地方文化的内涵,等等。

学校主动抢抓机遇,紧紧围绕发展第一要务谋划全局,制定政策,营造环境,相继出台《学术交流管理暂行办法》《科学研究发展基金管理办法(修订)》《专利管理办法》《科研项目经费管理办法(修订)》《横向科研项目管理办法(修订)》《科研成果奖励办法(修订)》《科技成果转化管理办法》《科技创新平台建设与管理暂行办法》等文件,并根据发展形势及时修改、完善相关制度,充分激发人才活力与创新潜力,有效提升了学校整体科研实力和学术水平,推进科研工作取得新突破。

2014年以来,学校共获得各级各类纵向项目千余项,其中国家自然基金15项、国家社科基金22项。学校于2015年首次获得国家自然科学基金面上项目立项(项目名称:纳米纤维传热传质特性的细观机理研究)。纵向科研项目经费也呈现逐年上涨趋势,从2014年的数百万上升至2022年的2000余万。学校先后获得省级科技奖34项、省级社科奖6项,形成一批标志性科研成果,部分项目成果处于国内领先水平。在省教育评估研究中心公布的普通高校发展潜力监测报告中,学校连续多年在"省部级科研成果奖"项目上位居全省同类高校前列。2017年,在中国大学有效专利排行榜500强中,学校排名359名,在省内同类高校中名列前茅。2020年,教师论文被顶级期刊*Chemistry of Materials*推荐为封面文章,实现高质量研究论文发表的历史性突破。

2021年3月,在中国共产党三明学院第三次代表大会上,学校明确提出要"要着力深化产教融合与校地共生相协同的发展机制。紧紧围绕'机制活、产业优、百姓富、生态美'新福建目标,探索'党政主导、企业主体、院校主动'的政产学研用协同创新机制。突出革命老区高质量发展研究院、海峡两岸乡村融合发展研究院、美丽中国发展研究院等平台建设和新型揭榜挂帅、成果转化、服务地方机制探索，打通科技创新、引领发展的'最后一公里'"。

这次会议在开启"十四五"新局的历史节点、在学校从地方新建本科向地方新型大学昂首迈进的关键阶段召开，具有承前启后的作用，明确了新时代学校科研工作的发展目标和发展方向。全校科研工作者统一了思想，朝着服务福建全方位推动高质量发展超越、三明革命老区高质量发展示范区建设方向奋勇前行。

加强产学研合作

随着高校功能从人才培育、科学研究到社会服务的延伸，高等教育、科技、经济一体化的趋势越来越强。尤其是在知识经济社会中，大学被推向社会发展的中心，产学研合作成为推动经济和整个社会发展的一种最强劲的动力。因此，推进产学研合作，既是推动高等院校事业发展的内在要求，也是高等院校服务经济社会发展的迫切需要。

2013 年以来，学校开始全力打造"产业伙伴""地方智库""人才基地"品牌形象，科研工作以"立地"为主攻方向，在服务地方经济社会发展中接地气、求作为、谋发展。2013 年 5 月，学校在科研处下设创新育成中心，负责对外科技服务、创业育成、成果推介、校地产学合作协调等事务。2014 年 7 月，创新育成中心更名为地方合作办公室，作为产学研合作管理机构，一手推进科研成果转化，一手落实地方技术需求，着力打通科研成果转化"最后一公里"的瓶颈。

2013 年至 2022 年，累计签约校县（地）、校企项目 964 项，签约金额 12654.9 万元。项目涉及规划、政策（决策）咨询、技术研发、技术咨询服务、培训服务等方面。

这一时期，学校与地方、企业的产学研合作围绕适应产业链的延伸拓展而不断升级，并经历了"一个二级学院＋一个县区政府""一个专业群＋一个产业链""一个基地＋多个平台"三次升级过程。

一次升级：学校主动对接地方产业发展需求，组织二级学院（部）与三明市所辖 12 个县（市、区）共建结对子，实现"一个二级学院＋一个县区政府"的校县合作模式，制定《二级学院（部）对接三明各县（市、区）开展服务地方与文化传承创新活动工作方案》，促进技术链、人才链与产业链、创新链有机衔接。

二次升级：通过研究科研整体转型发展方案、专业群建设方案、产教融合工程建设方案，学校制定《三明学院服务三明市产业发展行动计划（2016—2020 年）》。依托专业群建设产业学院，陆续成立绿色建筑产业学院、智能制造产业学院、数字创意产业学院，实现"一个专业群＋一个产业链"的校企对接模式，使人才培养、科研服务紧密对接大型企业的需求。

三次升级：学校根据"十三五"期间三明市产业链的拓展延伸需求，通过氟化工产业技术研究院、闽光学院、美丽中国发展研究院等平台，建立产学研用"一个基地＋多个平台"的科技创新与成果转化模式，着力构建高层次应用型科研人才培养特区、高新技术研发与学科发展高地、科技成果孵化与技术转移总部，打造国内外先进水平的开放式、应用型研究基地。

发展至今，学校克服种种困难，在产学研合作方面取得了许多成绩。

一是"氟化工产业技术研究院"。研究院是受市政府委托，会同三元、明溪、清流 3 个县区氟化工龙头企业,打造的政产学研用协同创新产业科研平台,是三明市人民政府重点打造的 6 大科技创新平台之一,是省内首家由"政府主导、企业参与、院校协同"的氟新材料专门研发机构。研究院以服务福建省氟新材料产业为宗旨,坚持"融合、协同、共享"的发展理念,构建"一院(研究院)、二平台(分析测试共享平台、网络技术服务平台)、三研究所(无机氟化物、精细化学品、含氟聚合物)和四工程中心(无机氟化物、精细化学品、含氟聚合物、循环经济)的组织体系。在中科院上海有机所、中国氟硅有机材料工业协会专家的指导下,整合全校优势力量,采取全链条参与、全人才服务的模式,开展产业关键技术攻关。用一年的时间打破"长丝"制备工艺瓶颈,"废弃轮胎裂解炭黑高性能化""环保型多氧杂含氟表面活性剂"等项目助力企业年新增产值 1.2 亿元,助推氟化工产业绿色发展取得的成绩得到了时任省委书记于伟国的批示肯定。研究院为产业发展提供招商引资论证、技术攻关与对接、政策咨询等产业服务近 200 项,协助投资总额超过 6.8 亿元的多个招商项目落地,连续 3 年承办中科院技术成果对接会,对接落地成果 20 多项,服务地方智库 25 项,其中 16 项得到省市领导批示或采纳,8 项被遴选为全国、省、市政协优秀或重点提案。

二是"闽光学院"。这是与三钢集团共建的产业学院,凝聚钢铁智能化装备技术、绿色铸锻成形技术、新能源汽车技术、网络通信工程 4 个研究方向,在人才培养、科技研发、人力资源共享、员工继续教育等领域精准服务全省最大的钢铁企业。围绕三钢集团及上下游链企业千亿产业发展目标,学校与三钢集团共同成立福建智能制造钢铁研究中心。依托该中心全力打造堆钢智能检测、物联网钢包信息跟踪系统、工业生产线大数据分析 3 大核心项目,助力三钢快速发展。自主研发的"基于机器视觉的砂轮片在线自动更换机器人系统"破解了轧钢实现数字化生产最大的"卡脖子"难题,实现了轧钢砂轮片全流程智能化更换,是冶金智能制造的全国首创,1 台设备的直接效益就超过 500 万,可以在全国量产推广。2022 年,闽光学院入选首批省级现代产业学院建设项目,并被福建省推荐参评教育部现代示范性产业学院。

三是"美丽中国发展研究院"。学校把"绿色铸锻及其高端零部件制造协同创新中心""福建省洁净煤气化技术协同创新中心""低碳经济研究中心"等 14 个绿色科研平台纳入研究院,并成立"美丽中国研究院生态保护与修复中心",初步形成政产学研用的协同创新体,打造绿色研究高地,为三明市生态文明发展贡献了强大的力量。学校引入中国社科院、北京大学、同济大学等相关资源,协同开展产业生态化和生态产业化的联合攻关,取得一系列成果①。

四是"数字福建工业能源大数据研究所"。研究所是福建省发改委批准建设的重点领域大数据研究所,依托"教育部-中兴通讯 ICT 产教融合创新基地",由三明学院、中兴通讯股份有限公司、科技谷信息技术有限公司、福建省中坚环保科技有限公司、福建闽光软件股份有限公司等企业以产学研用的方式联合建设。研究所利用人工智能与大数据技术,依托"云、管、端"架构,开展面向工业生产过程的智慧能源管理与控制的大数据云服务集成研究;应用物联网实现对工业能耗和环保设施进行实时数据采集,通过人工智能对能耗和环保的大数据分析与决策,实现远程数据分析与展示、安全预警、能耗智能控制和环保监测等功能,满足企业节能减排、安全生产、环保要求及碳排权交易需求,满足政府部门对企业节能减排和环保进行分层、分级监

---

① "美丽中国发展研究院"有关成果已在本编第一章第三节述及,此处不再赘述。

管。开发出基于工业能源大数据的"安全与环保智慧管理"平台、在线锅炉能源采集监测系统，已完成 10 余项对外服务项目，合同经费近千万元。

2019 年 3 月 22 日，省委书记于伟国在《三明学院深耕氟化工领域助推千亿产业集群绿色高质量发展》专报件上作出"聚焦服务革命老区、中央苏区脱贫奔小康，创新产学研用合作模式，打通科技成果转化最后一公里"的重要批示，学校致力于探索新时代产学研合作发展之路、助推地方经济社会高质量发展的实践得到省委领导的充分肯定。

深化科研平台建设

科研创新平台不仅是科技创新活动的承载基础，更是增强科技创新能力和提升综合竞争力的重要引擎，对高校而言具有十分重要的作用。作为地方高校，迫切需要构建高效率的平台运行机制，培养和汇聚一批拔尖创新人才，以适应地方一流应用型高校建设与新发展格局的需要。

学校历来重视科研平台的建设。2013 年，资源环境监测与可持续经营利用重点实验室获省科技厅立项建设，"福建省洁净煤气化技术协同创新中心"列入省首批"2011 协同创新中心"培育项目。2014 年，清洁生产技术福建省高校工程研究中心、电子商务技术福建省高校工程研究中心相继获批建设。

2015 年，新增 1 个协同创新中心、1 个省科技厅工程（技术）研究中心、1 个省科技厅重点实验室、3 个省教育厅高校创新平台，其中"福建省铸锻零部件工程技术研究中心""福建省农业物联网应用重点实验室"获省科技厅批准成立，"低碳经济研究中心福建省高校人文社会科学研究基地""竹资源开发利用福建省高校重点实验室""设计创新研究中心福建省高等学校人文社会科学研究基地"获省教育厅批准成立。

为了强化校地合作，深化校地互动，将服务社会的触角延伸至三明市产业发展的各个领域，2016 年学校制定《三明学院服务三明市产业发展行动计划（2016—2020 年）》，为三明市经济社会发展提供科技支持、智力服务和人才支撑。在平台建设方面，"行动计划"提出要"瞄准三明市'十三五'期间重点产业发展的需求和行业企业生产的现实需要"，"整合九个科技创新与技术服务平台，致力成为三明市重点行业企业信赖的'产业伙伴'"；要"充分发挥哲学社会科学认识世界、传承文明、创新理论、资政育人、服务社会的功能和作用，围绕三明市第三产业和社会公共服务发展的热点与难点问题"，"组建八个人文社科领域研究与服务平台，致力成为三明市党委政府和社会倚重的'地方智库'"。

2016 年 5 月，为全面规划 2016—2018 年期间人文社会科学发展，学校又制定《三明学院推进人文社会科学和基础教育发展提升方案》。方案明确要求"整合我校人文学科专业优势，创新哲学社会科学研究体制机制，以基础研究带动应用研究，立足学科力量和平台基础，积极与市政府部门、单位对接"，建设"三明市公共体育文化服务平台""三明市基础教育研究中心""三明市闽学研究中心""三明市文化创意与设计公共服务平台""三明市区域经济发展研究中心""三明市快递研究中心""三明市乡村休闲旅游服务平台""三明市地方文化研究中心"8 个市级科研平台,打造成为地方党委政府和社会倚重的"三明智库"。

"行动计划"和"提升方案"实施以后,在服务地方的同时,这些市级平台不断加强内涵建设,大部分已经升级为省级平台,学校科研创新平台建设走上快速发展之路。2016—2019年,国家公园研究中心、福建省微小型增程式电动汽车动力系统公共服务平台、两化融合管理体系贯标咨询服务机构、装备智能控制福建省高校重点实验室、福建省矿山生态修复工程技术研究中心、闽江源生态保护研究院、数字福建工业能源大数据研究所、工业大数据分析及应用福建省高校重点实验室、三明学院院士专家工作站、福建省氟新材料工程研究中心、苏区融媒体建设研究中心、"6·18"协同创新院氟化工产业分院、福建省氟新材料产业协同创新中心等省级科研创新平台相继成立,极大促进了学校科研工作的发展。

2020年4月,"设计+"众创空间成功入选2020年度国家备案众创空间名单,并被纳入国家级科技企业孵化器管理服务体系,实现学校国家级平台零的突破。11月,"闽台书院与经世致用文化研究中心"获批立项,实现学校省社会科学研究基地零的突破。

2013年以来,《三明学院学报》获评"全国地方高校精品期刊""全国高校社科优秀期刊""全国高校优秀科技期刊""全国地方高校学报特殊贡献奖";"应用型本科教育研究"栏目获评"全国地方高校学报名栏""全国高校社科期刊特色栏目"等荣誉。

发展至今,学校获批建设的高水平科研平台从无到有,数量不断增多,层次不断提升。目前,共建有40个省级及以上科研创新与服务平台,初步建立了以重点学科为依托、以重点实验室为基础、以工程技术研究中心为骨干的科研创新体系,在科学探索、人才队伍建设、学术交流、成果转化等方面发挥着举足轻重的作用,为学校创建地方一流应用大学作出突出贡献。

第三节　人才强校与人才工作机制创新

实施人才强校战略

人才是学校事业科学发展的第一资源,是学校改革发展的先决条件,在实现学校事业发展中处于十分关键的战略地位。为落实《三明学院中长期发展规划纲要(2010—2020年)》和学校第二次、第三次党代会精神,学校认真分析了师资队伍建设存在的许多薄弱问题,如学科领军人才和教学名师比较缺乏、具有博士学位的教师比例较低、双师型教师不足、人才结构和分布不尽合理、人才工作机制不够完善等,大力实施人才强校战略,不断提升人才工作上水平,努力建设一支与人才培养、学科建设和服务社会相适应的师资队伍。

实施"354"人才工程。2015年7月,学校发布《三明学院关于全面推进人才强校战略的意见》,围绕建设一支"数量适当、结构合理、素质优良、富有创新"的高素质人才队伍的总体目标,明确人才强校战略的"三个目标",即高层次人才持续增长,人才队伍结构更加合理,应用型师资队伍建设有所突破;抓住关键,全面实施人才队伍建设的"五个计划",即"高层次人才聚集计划""优秀中青年教师支持计划""教学名师培养计划""双师能力提升计划""支撑服务队伍建设计划";深化改革,完善人才队伍建设的"四个机制",即完善岗位设置与聘用机制、完善人才培养使用机制、完善人才考核评价机制、完善人才激励机制。意见还提出了落实人才强校战略的具体措施。

师资队伍建设指标列入发展规划。《三明学院"十三五"事业发展规划》确定了 2016—2020 年师资队伍建设方面建设目标,具体指标如:到 2020 年,专任教师达到 740 人,生师比达到 17：1。专任教师中具有博士学位人员达到 140 人,占专任教师的比例达到 20％左右;高级职称人数占专任教师的比例达到 40％以上;重点培养高水平、高技能、"双师双能型"的教学骨干 160 名,"双师双能型"教师占专任教师的比例达到 70％以上;等等。《三明学院"十四五"事业发展规划》则突出了学科建设的 3 个师资指标,即培育学科团队 2～3 个,具有博士学位的专任教师比例达到 32％,具有硕士以上学位的专任教师比例达到 90％。同时,明确了建设的主要措施。

出台一系列人事管理制度,落实人才强校战略。在人才引进方面,出台了《三明学院台湾地区高层次人才引进与管理办法》《三明学院高层次人才引进与管理办法(试行)补充规定》《三明学院 2013—2015 年"闽江学者奖励计划"实施细则》;人才培养方面,出台了《三明学院教师进修管理办法》《三明学院教师公派出国访学管理暂行办法(试行)》《三明学院加强中青年教师实践能力培养暂行办法(修订)》《三明学院新进专任教师培养办法(暂行)》《三明学院"双师型"教师认定与管理办法》;人事管理方面,制定了《三明学院专业技术职务聘任副教授分类评审细则(试行)》《三明学院台湾地区博士评聘专业技术职务实施办法(试行)》《三明学院专业技术人员岗位聘期考核实施办法(修订)》,建立健全了人才强校的人事管理制度体系。

推动创新团队建设。以重点学科专业为依托,以优秀学科带头人为核心,以科技创新群体建设为目标,引进、组建和培养创新团队,形成有利于团队建设和发展的投入、评价及考核体系。对创新团队进行整体投入、整体评价和整体考核,大力倡导团队成员团结、协作、奉献精神,营造有序竞争的工作环境和创新的文化氛围,促进形成具有较强协作精神和攻坚能力的创新团队。

学校逐年加大人才经费投入力度,每年按比例递增投入教师培训进修经费和人才引进专项经费,确保该专项经费用于教师的人才引进、进修培训、学术活动,以及人才奖励等开支,保障人才队伍建设的经费需求。2018 年,年度预算人才专项经费达到 1500 万元,近 5 年平均预算经费达到 2600 万元,新进高层次人才数量进入快速增长期。

2018 年 11 月,学校接受教育部本科教学工作审核评估,师资队伍建设接受全面检验。学校共有教职工 1010 人,其中专任教师 718 人,此外还有外聘兼职教师 179 人,生师比为 17.73：1。专任教师结构进一步优化,高级职称教师 309 人,占比 43.04％;具有硕士及以上学位的教师567 人,占比 78.97％;博士 145 人,占比 20.19％;45 岁以下教师 458 人,占比 63.79％。队伍的数量、结构和质量处于一个更加合理的水平。

"十三五"期间,是师资队伍加速提升的时期,专任教师数从 2015 年的 693 人增至 2020 年的 836 人,增长 20.63％;生师比从 19.10：1 优化至 16.50：1;具有博士学位教师比例从7.07％增至 29.19％,具有硕士学位教师比例从 71.43％增至 85.17％,高级职称教师比例从33.33％增至 44.02％,"双师双能型"教师比例从 30.01％增至 59.81％;省级高层次人才从

13 人次增至 74 人次,增长 469.23％;省级教学、科研团队从 2 个增至 7 个。生师比、博士比等核心指标已达到硕士授予单位的最低标准。

2022 年 5 月 4 日,学校召开人才工作会议,推进新时代人才强校工作。赖锦隆书记在讲话中要求,要认清新形势,高站位提升人才工作的政治自觉、思想自觉、行动自觉;要把握新任务,高质量推进人才"引育用留";要展现新作为,高效度落实责任担当。要以更加强烈的担当、更加务实的举措、更加过硬的作风,共同推进新时代人才强校建设,让三明学院成就人才,让人才成就三明学院。这次会议,是学校人才强校战略的再动员、再部署、再出发。

加大中青年教师培养力度

2012 年学校在接受教育部合格评估时对专任教师年龄结构的统计数据显示:35 岁及以下 243 人,占 44.34％;36～45 岁 154 人,占 28.10％;46～55 岁 127 人,占 23.18％;56 岁以上 24 人,占 4.38％。学校根据师资队伍建设现状和未来发展,把工作重心放在中青年教师的培养上。

重视师德师风建设。在师德师风建设工作领导小组统一领导下,2017 年 3 月,成立党委教师工作部,统筹协调师德师风建设。制定《三明学院关于加强师德师风建设的实施意见》《三明学院教师师德师风考核办法》《三明学院预防与处理学术不端行为细则》等系列制度文件;积极构建教育、宣传、监督、评聘、考核与奖惩相结合的师德建设长效机制,在教师年度考核、职务(职称)评审、聘期考核、岗位聘任、评优奖励等环节实行师德"一票否决";开展教师职业道德和品德教育活动,引导广大教师自觉遵守和践行师德规范,签订《师德师风公开承诺书》,实施学术诚信承诺制。

重视建立中青年教师加快成长的培养机制。在 2015 年出台的教师进修管理办法中,明确优先选派中青年骨干教师、重点学科教师,特色专业、新设专业教师和应用型专业教师,通过学位(学历)进修、国内访问学者、课程进修、社会实践、短期培训班、博士后流动站等形式进行。在职攻读博士学位的教师,可以全脱产学习一年,其后 2～3 年每年回校只应承担三分之一的教学工作量。攻读博士学位的教师,脱产学习期间学校承担学费并提供其相应的工资、福利等待遇,享受校内进修津贴(相应专业技术职务奖励性绩效的 50％)。在有关优惠政策的鼓励下,2016 年,在读博士达到 21 名,选派 88 名教师参加各类进修和企业实践,23 名优秀中青年骨干教师赴国(境)外高校访学进修。之后,教师外出进修保持良好势头。

注重提升中青年教师教育教学能力。实施"新教师教学研习营"和助教培养计划相结合的制度,发挥老教师传帮带作用;开展"卓越教师成长营",帮助青年骨干教师掌握教学新理念、新技术、新模式,持续改进教学,形成"追求卓越"的质量文化意识;以赛促教,构建学院—学校—省级及以上三层次的优质课教学竞赛体系。注重对专业带头人的选拔和培养,不断提高他们的教学能力和管理水平;加强应用型教学团队建设,提升团队的整体素质和教育教学能力。利用学校教育发展基金,加大教学科研奖励力度,激发教师积极性和创造性。

搭建教师成长平台。从 2013 年开始,依托立项建设的省级教师教学发展示范中心,形成新教师暑期培训、新教师教学研习营、卓越教师成长营、教师在线学习等系列化的校级师资培训品牌。

落实教学名师培养计划。2016—2018 年,学校连续开展"卓越教学奖"评选,每年评选 10 人,每人奖励 2 万元,激励教师重视教学、关注质量、提升水平。

2015 年 12 月制定并实施《三明学院实验(实训)室主任聘任与管理办法》,做好实验室主任聘任工作,进一步加强了我校实验(实训)室建设和管理,不断促进实验(实训)平台建设,使其有效服务于教学、科研工作,满足应用型人才培养的需要。

双师型教师队伍建设

大力推动应用型办学进程,不断强化双师型教师队伍建设,是师资队伍建设的重要一环。

加强教师实训基地建设。结合学科及专业特点和发展需求,充分依托本校的重点实验室、工程中心建立师资培训示范基地,为教师提供实践锻炼的平台;积极争取企事业单位支持,在建立学生实习、实训基地的基础上,与基地签订教师培养合作协议,建立广泛和相对稳定的教师实践实训基地及挂职锻炼场所。每个本科专业至少建立一个相对稳定的校外教师实践培训基地或签约一个教师实践能力培养合作共建单位。

以项目为引领多元化提升教师实践能力。引导教师通过承接企业项目研发任务,开展科技服务,提高教师的技术开发和革新能力;通过组建工作室开展社会服务,在服务社会的过程中提高教师的研发能力和创新能力;通过参与学科项目竞赛,及时了解行业现状和发展趋势,了解本行业学术领域的前沿动态,通过自身或组织指导学生参加各类专业技能大赛,提高创新实践能力。

落实中青年教师社会实践制度。根据《三明学院加强中青年教师实践能力培养暂行办法(修订)》,有计划、分批次地将中青年教师选派到生产科研和社会实践第一线,提升工程或专业实践能力;原则上要求 45 周岁以下中青年教师须累计具有 6 个月以上或脱产 3 个月社会实践工作经历,将参与社会实践列为教师职称聘任的基本条件之一。

实行"双师双能型"教师认定制度。建立"双师双能型"教师奖励激励机制;把教学水平与人才培养实绩、社会服务与技术推广贡献纳入"双师双能型"教师职务考核聘任的重要指标,作为教师技术职务聘任的重要条件。从 2017 年起,开展多批次双师型教师认定工作,共认定双师型教师 360 多名。

此外,加大兼职教师聘请力度。出台《三明学院外聘兼课教师管理办法》,引进或聘请一批优秀企业技术人员和管理人员担任专兼职教师,发挥其在学科专业建设中的实质作用;出台《三明学院兼职教师教学科研奖励办法》,建立外聘教师科研奖励制度,外聘教师以学校名义发表的科研成果,可参照校内教师科研奖励规定予以奖励。

教师评价制度改革

党的十八大以后,高等教育领域"放管服"改革进一步落地。2012 年 6 月,福建省人民政府发布了《关于进一步支持高校加快发展的若干意见》，提出支持高校自主评聘教师等专业技术职务。12 月，福建省公务员局、福建省人力资源开发办公室、福建省教育厅关于印发《福建省高校教师等专业技术职务聘任制实施办法（试行）》的通知（闽人发〔2012〕206 号），要求各高校根据《福建省人民政府关于进一步支持高校加快发展的若干意见》和本实施办法，制定本校教师等专业技术职务聘任制实施方案，并报省教育、人事行政部门备案后实施。意见和实施办法的出台，为学校构建与应用型本科相适应的教师评价体系提供了政策空间。

落实专业技术职务自我评审，实施分类评价。2013 年 11 月，学校发布了《三明学院专业技术职务聘任制实施办法（试行）》，标志着我校专业技术职务聘任制改革工作顺利完成。同年 12 月，学校首次实施专业技术职务自主评审，新晋升教授 8 人，研究员 1 人，副教授 15 人，逐步建立起适应学校本科教学、科研要求和具有本校特点的教师晋升评价体系，实行专业技术职务评聘结合，建立科学、客观、公正的教师考核、评价、激励机制。为进一步适应应用型本科办学需要，建设应用型教师队伍，学校制定《三明学院专业技术职务聘任副教授分类评审细则（试行）》，从 2015 年起试行。规定副教授实行分类评聘，按照教师从事工作的实际情况划分为教学科研并重型、教学型、科研型、社会服务与技术推广型 4 种类型。从推行结果看，起到了很好的引导作用。

坚持"立德树人"和应用型办学导向，推进评价改革。2020 年 10 月，中共中央、国务院印发《深化新时代教育评价改革总体方案》，引发教育评价一场新的革命。为落实新时代教育评价改革精神，学校修订了专业技术职务聘任工作规定，坚持把师德师风作为第一标准，把师德表现作为教师专业技术职务评聘的首要要求；坚持把立德树人成效作为根本标准，突出对教师教育教学业绩的评价，提高教师教学业绩在专业技术职务评聘中的比重，对教学业绩突出的教师同等条件下予以优先聘任；以服务地方成效为导向，重视社会服务考核，综合考评教师社会服务，作为专业技术职务评聘的重要依据。2021 年增设了正高级实验师，学生思想政治教育、马克思主义理论课教师以及科学研究系列教师评聘条件。2021 年，学校导向鲜明，职称评审向近三年参加专业认证专业和硕士学位授予建设学科点倾斜。同时，出台《三明学院优秀人才专业技术职务聘任管理办法》，加大政策支持力度，规定专业技术人员在某一领域取得特别突出的教学科研成果，或为学校发展作出重大贡献时，可不受学历、资历、年限等条件限制，直接申报聘任相应高级专业技术职务。

学校建立与职称评审相关联的评价制度，强化专业技术人员岗位聘任与管理，客观合理评价专业技术人员工作业绩，充分发挥考核的导向、约束和激励作用，体现"三个不一样"，为实现应用型办学目标提供保障。

从 2015 年起，学校按照 3 年一轮，开展了 2015—2017 年、2018—2020 年两个聘期的考核。考核对象为全校专业技术人员。

岗位聘期考核实施办法在实践中不断修订完善。现行的考核办法中，针对专任教师、实验教学专业技术人员，将考核内容分为教育教学工作业绩（占 65%）、教科研工作业绩（占 25%）、其他工作业绩（占 10%，包括参加学科专业建设、社会服务、教师个人业务发展等）。这一综合评价办法借鉴了闽台合作办学中台湾地区技职类高校的经验，并根据本校应用型教育改革需要做了科学设计。其有以下特点：一是既有量的规定，又有质的要求，如教学工作量占 45%，教学质量综合评价占 20％;教科研有基本积分,还要有标志性成果等。二是既有约束性,又有激励性。考核结果为"基本达到""未达到"的,下一轮聘期采用试聘方式,视情予以低聘、解聘或调整工作。同时,在聘期考核中教科研积分前 10％人员中评选优秀人员,"优秀"者享有优先申请使用校内高级职数和使用正式机动职数晋升专业技术职务的权利。三是重视教师专业成长,较好地处理了教学与科研的关系,教科研工作量与教师教学工作量可以互折算,人尽其才,才尽其用。四是与其他制度相配套,如教学工作量计算方法参照《三明学院应用型人才培养模式改革方案》《三明学院教师教学工作量计算指导意见》等教科研计分办法,与职称评审、年度绩效考核衔接一致,形成科学体系。这些,都体现了新时代教师评价改革的精神。

2015—2017 年专业技术人员岗位聘期考核结果中,"基本达到"25 人,"未达到"48 人,"优秀"27 人;2018—2020 年,"基本达到"31 人,"未达到"18 人,"优秀"23 人。"未达到"的明显减少。

人才工作机制创新

学校立足山区实际,在区位资源等劣势情况下,创新引才,探索老区、苏区、山区、不发达地区高校引才、育才、用才、留才的工作机制,为事业发展注入了强劲动力。

引进台湾博士。2014 年 5 月学校制定了《三明学院台湾地区高层次人才引进与管理办法》,加大人才引进力度,积极推进"人才强校"战略,不断优化师资结构。在引进方式方面采用签订柔性引进聘用协议,采用全职在校工作方式,聘用期限 1~2 学年,聘期内实施固定工资制,按实际在校工作月支付。同年 9 月首次引进第 2 位台湾博士,2015 年引进台湾地区博士 5 人。2016 年 11 月,为进一步完善台湾地区博士发展体系,建立健全评价制度,更好地留住台湾高层次人才,学校制定了《三明学院台湾地区博士评聘专业技术职务聘任制实施办法》。台湾博士群体逐渐壮大,学校通过台港澳办加大人才招聘宣传力度,贯彻落实习近平总书记"两岸一家亲"理念,积极引进台湾高层次人才。2019 年全年引进台湾博士 40 名,在校台湾博士达到 60 余人,此后每年台湾博士引进人数保持在 10 人以上,台湾博士总数保持 60 人以上。落实同等待遇,已有 4 人入编学校事业编制。

壮大引进生队伍。2017 年福建省出台了教育科研类引进生相关政策,校党委认真研究制定配套政策,借力发力,组队赴北大、清华高校招聘人才,当年成功引进我校第一位教育科研类引进生,在福建省高校中位列前茅,也是同类高校唯一引进教育科研类引进生的高校。此后,学校不断总结经验,发挥政策优势,开创性开展引才工作,北大、清华和国科大引进生数量逐年上升,2022 年达到 27 人。

建立高层次创新创业人才驿站。在学校的积极推动下,2018 年 7 月,三明学院、市委组织部、市财政局、市人力资源和社会保障局等 4 家单位成立"三明市高层次人才工作驿站",人才驿站设立管理委员会,办公室设在三明学院人事处(人才办)。制定了《三明市高层次创业创新人才工作驿站管理办法》,2019 年人才驿站成功签约 13 名高层次人才。同时,出台《三明学院聘任名誉教授、客座教授、兼职教授管理暂行办法》,坚持引才与引智并举,刚性人才引进与柔性人才引进相结合,加快推进三明市人才工作驿站建设,吸引和汇聚一批国内外著名学者和企事业创业创新人才到校任职、任教、讲学或开展实质性合作研究。

实施"金凤凰学者"人才支持计划。2018年,学校在美丽中国发展研究院建立"人才特区",设置若干"金凤凰学者"岗位,当年成功柔性引进"金凤凰"学者1人,组建起一支由国家"863计划"首席专家等校内外博士组成的科研团队,对团队成员实行了协议工资和校内绩效浮动津贴制度,4名专家获福建省高层次人才(BC类)确认,获资助经费150万元。为进一步加强高层次人才队伍建设,培养一批具有影响力的学术带头人,2021年9月,学校发布《三明学院"金凤凰学者"人才支持计划实施办法(试行)》,开展遴选工作,有15人入选首批"金凤凰学者",其中,领军学者5人,青年学者10人。这是学校迄今为止最高等次的校内人才支持计划。

第四章　增进发展新动能的融合开放

社会发展对应用型本科教育提出新的要求,反映出教育内涵和实现路径上有了新改变,融合开放发展成为地方本科高校的必然选择,成为增进转型发展、高质量发展的新动能。2021年3月,学校第三次党代会上明确提出"服务大局是高校的重要使命。要紧扣全方位推动高质量发展超越,强化产教融合、明台融合、校地共生,在投身地方经济社会主战场中促进育人强校的整体提升"。学校充分发挥地方本科高校办学资源和人才培养的比较优势,广泛拓展社会关系,以校县合作、校企合作、校校合作为平台,以闽台合作和国际合作为特色,促进校内外协同,在服务福建全方位推动高质量发展超越、三明革命老区高质量发展示范区建设、海峡两岸乡村融合发展上不断作为,奋力书写开放办学的新篇章。

第一节　产教融合与校地共生

产教融合打造校地命运共同体

2017年10月18日,习近平同志在党的十九大报告中指出,要深化产教融合。此后,随着《国务院办公厅关于深化产教融合的若干意见》(国办发〔2017〕95号)、《福建省人民政府关于支持深化产教融合十五条措施》(闽政办〔2018〕94号)、国家发展改革委、教育部等六部委《关于印发国家产教融合建设试点实施方案的通知》(发改社会〔2019〕1558号)等纲领性文件相继出台,产教融合已经从教育内部上升到教育与产业的关系问题,成为政府、高校、产业界等各方共同推进的重点工作之一。

在这一进程中,学校顺应时代潮流,始终认真贯彻落实国家和省市方针政策,坚定走地方应用型大学改革之路,真心实意地推进产教融合、校地合作,树立起服务地方、为用育人的鲜明导向,在服务福建全方位推动高质量发展超越、三明革命老区高质量发展示范区建设中持续展现担当作为。

三明学院是同类院校中较早探索产教融合发展之路的高校。学校第二次党代会提出实施"转型、提质、增值"发展战略,明确转型发展要以培养适应产业升级和公共服务发展需要的高素质应用技术型人才为主要目标,以推进产教融合、校企合作为主要路径,正式吹响了产教融合的号角,并大刀阔斧推动人才培养供给侧结构性改革,因地制宜探索政校企合作模式。

2019年11月27日,为促进教育链、人才链与产业链、创新链有机衔接,推动"机制活、产业优、百姓富、生态美"新三明建设,三明学院产教融合联席会议在三明市委礼堂召开,标志着三明市人民政府与三明学院产教融合联席会议制度正式开启。联席会议在三明市委、市政府和学校党委的领导下,着力研究解决全市产教融合发展的重大问题,统筹协调相关部门职责,加强监督管理和督促落实,其主要职责包括:

(1)落实产教融合发展重大政策措施。围绕中央及省、市产教融合决策部署、发展规划和资源布局,统筹优化教育和产业结构,推进人才培养改革、产教融合机制创新、重大平台载体建设,创建国家产教融合型试点城市、行业、企业,引导高校、职业院校、企业主动融入创新型城市建设。

(2)推进产教融合重点项目建设。探索建设区域性产教融合信息服务平台,促进校企各类需求精准对接。围绕做实"四篇文章"、推进"四个着力",研究确定一批产教融合重点项目,共建一批高水平的产业学院、专业化的产教融合实训基地。

(3)促进校企人才双向交流。落实三明学院与企业联合引进高层次人才,创建博士创新联盟基地,推动企业高层次人才到学校任教,推动学校专任教师到企业定期实践锻炼制度化,促进校企人才机制性、常态化共享交流。

(4)推进平台智库建设。打造一批符合主导产业、特色产业发展需求的科技创新平台和智库团队,协同开展关键核心技术人才培养、科技创新和学科专业建设,打通基础研究、应用开发、成果转移和产业化链条。

(5)支持指导三明学院应用型发展。重点发展和建设钢铁与装备制造、新材料、文旅康养、特色现代农业等三明产业急需的紧缺学科和专业,推动学科专业建设与产业转型升级相适应,逐步建立紧密对接产业链、创新链的学科专业体系。支持三明学院创建硕士学位授予单位,实现应用型强校建设。

(6)构建产学研深度融合机制。统筹政府、高校、企业等各方资源,支持校企联合开展科技创新活动,解决生产一线技术难题。

联席会议的第一召集人为三明市委书记,总召集人为三明市人民政府市长、三明学院党委书记,召集人为市政府常务副市长、市委或市政府分管领导、三明学院院长。成员包括市委办公室、市政府办公室、市委组织部、宣传部、编办、市发改委、教育局、科技局、工信局、财政局、人社局、自然资源局、生态环境局、农业农村局、商务局、文旅局、国资委、体育局,各县(市、区)政府,三明生态工贸区管委会、三明经济开发区管委会、三明高新区金沙园管委会等单位主要领导;三明学院分管副院长;三明市重点企业负责人。联席会议办公室设在三明学院,办公室主任由三明学院分管副院长担任,副主任由市政府办公室分管领导和市教育局局长担任。联席会议每年召开一次,根据工作需要可临时召开全体会议或部分成员专题会议。

产教融合联席会议制度的建立,是三明市和三明学院市校合作、共建融合发展命运共同体的改革创举,是深层次推动教育链、人才链与产业链、创新链有机衔接,努力争创国家产教融合型城市的机制创新,也是学校正式开启新一轮应用改革和服务地方大幕,正式迈向从"新建本科"向"新型大学"探索转变的"二次创业"。

在《三明市人民政府三明学院产教融合共建协议》的指引下,学校不断深化产教融合、市校合作、校企对接,顺利推进校区土地扩征,满足教育部最低办学土地面积指标要求;与地方共建共管三明学院实验小学、实验幼儿园,助推三明基础教育提升;中央苏区(三明)文化创意产业基地项目立项;中央苏区(三明)大学生科创园挂牌成立;积极推进荆东片区开发建设,助力三明南部新城崛起;120 多名教师加入"三明市创新创业创造专家智力服务团",承接三明相关县(市、区)政府及县级部门委托的发展专项规划、政策咨询、研学规划等 40 余项,其中体育与康养学院科研团队成功助力三明市成为与福州、厦门并列,福建省仅有的 3 个国家级体育消费试点城市;先后与明溪县、将乐县、三元区、宁化县等签订了战略合作协议,谱写了校地共生的新篇章。

2021 年 3 月,在中国共产党三明学院第三次代表大会上,学校明确提出"要着力深化产教融合与校地共生相协同的发展机制",使学校"校地合作项目成果更加丰硕,服务福建全方位推动高质量发展超越、三明革命老区高质量发展示范区建设的能力更强、作用更大,贡献度进一步彰显"。下一步,学校将立足三明、依托三明、服务三明,以机制创新为动力,以平台建设为抓手,主动融入区域发展和产业振兴的时代潮流,培养适应区域产业需要的应用型人才,不断提升学校服务区域高质量发展的能力和水平。

服务老区苏区脱贫奔小康

2017 年 10 月 18 日,习近平同志在党的十九大报告中提出实施乡村振兴战略。2018 年 9 月,中共中央、国务院印发了《乡村振兴战略规划(2018—2022 年)》,并发出通知,要求各地区各部门结合实际认真贯彻落实。

在乡村振兴上升为国家战略的背景下,学校直面中央苏区、革命老区、沿海山区的发展环境,积极响应国家、省委领导指示,全面服务乡村产业振兴、人才振兴、文化振兴、生态振兴、组织振兴,努力在服务福建全方位推动高质量发展超越、三明革命老区高质量发展示范区建设中展现担当作为。

提升农业科技原始创新能力。学校围绕农业科技前沿和重大发展需求,强化农业科技创新源头供给,获得国家自然科学基金 4 项、省级科技项目 24 项。开展"毛竹林精准质量提升遥感量化技术研发与示范"项目,构建毛竹林分质量遥感评价技术,研发毛竹林资源质量精准化管理平台,建立毛竹林优化经营技术示范林 447 亩,加速传统毛竹产业向省力化、高效化、信息化转型。实施"基于 Spark 大数据决策的智慧农业控制系统研究与开发"项目,有效解决海量、多源、异构、复杂无序的农业物联网数据的快速采集与有效汇聚问题,为农业生产环境数据的高效可靠传输、分析、决策与智能控制提供基础。

促进生物技术与农业发展交叉融合。依托药用植物开发利用福建省高校工程研究中心,探索药用植物产品开发技术。其中,"金线莲种子创新与高效栽培关键技术集成及应用"项目成果在三明、泉州、南平、龙岩等地推广应用,近 4 年累计实现产值 1.6 亿元;实施"多种兰科植物高效栽培模式与种苗繁育技术示范推广"项目,使企业的寒兰苗质量明显提高,产量增加23%;营建 100 亩金花茶在阔叶林下栽培的试验林,成功研发金花茶采穗圃营建关键技术,开展金花茶嫁接、扦插技术研究,年产穗条可培育扦插苗 10 万株、良种扦插苗 10 万株以上。

　　开展生态文明理论探索。围绕产业兴旺、生态宜居等热点、前瞻性问题,开展绿色经济、低碳产业、国家公园、生态补偿、生态旅游、生态扶贫、林业碳汇、林业金融等理论研究,为福建生态文明建设提供理论支撑与决策咨询。先后承担省级以上项目30余项,发表学术论文60余篇,获省社科优秀成果二等奖和三等奖各1项,5人入选全国森林康养专家智库成员,撰写《美丽中国福建路径研究》《习近平生态文明思想在福建的孕育与实践》等系列理论成果,《关于加快推进山水林田湖草生态保护修复的建议》《加快探索创建美丽中国福建示范区的若干建议》先后得到8位省领导的批示肯定。

　　深化乡村振兴战略规划。结合乡村发展实际,先后开展乡村振兴规划、旅游扶贫、新村规划、数字乡村等项目,助力乡村建设发展。如在明溪下汴村开展协同运营,打造订单式社区农业服务,规划"生态水稻""营房式"林下家禽养殖项目,实现年人均收入增加3300元,直接带动11户贫困户和6户建档立卡贫困户脱贫;在将乐县白莲镇设立乡村振兴工作站,按照"一村一特色"要求,以"数商兴农"为核心开展乡村振兴服务活动;将户外运动、红色研学、休闲体育、森林康养有效结合,服务三明市森林康养产业与乡村振兴。

　　加强美丽乡村建设。以建设美丽宜居村庄为导向,助推农村人居环境质量全面提升。先后实施将乐常上湖、尤溪紫阳湖-闽湖、泰宁金湖南会区、尤溪联合梯田、九龙江流域等山水林田湖草生态保护修复项目。开展沙县俞邦小吃第一村景区品牌创建、清流县林畲镇石下村村庄人居环境整治、元山村文化墙绘设计与绘画等项目,助推提升农村人居环境质量。推动竹资源开发利用,将竹筋混凝土预制构件应用于传统建筑修缮和新农村建设中,开展"城乡双修"规划、边坡滑坡监测及治理等项目,推进美丽乡村建设。

　　建设乡村振兴协同创新平台。紧扣全方位推动高质量发展超越主题,成立"海峡两岸乡村融合发展研究院",集结两岸乡村规划、文旅康养、智慧农业等领域高端人才,助力福建乡村振兴和第一家园建设。组织台湾教师赴清流参加"聚人才、谈融合、促发展"海峡两岸人才项目"揭榜挂帅"赶集日活动,为园区企业在品牌打造、市场营销、电子商务等方面开展交流指导。加强福建省统一战线与农村发展研究基地(三明)建设,服务海西农村科学发展。

　　开展乡村振兴人才培训。2018年以来,建立乡村振兴基层人才实训基地20余个,组织"福建省乡村振兴脱贫攻坚培训班""宁夏党委农办系统干部培训班"等9个专题培训班,组织地区新型职业农民培训20余期,举办市、县级基层农业技术推广人员培训5期。编制农村电子商务专项培训计划,开办"三明学院-北京大学创业训练营",开展返乡大学生电子商务创业培训项目累计14期,帮助数百名返乡创业青年提升创新意识和创业技能。组织金线莲等药用植物技术培训51场,编写《不同功能型毛竹经营及信息化建设技术推广示范》等技术手册,提升林业基层人员科技水平。

　　设计赋能乡村振兴。依托"设计＋"国家级众创空间,将设计创新与"三农"需求有效衔接,形成可持续乡村脱贫攻坚新路径,先后服务16个贫困乡镇。其中,在清流县官坊村实施工艺嫁接,将传统漆艺与葫芦创意产业嫁接的"福禄万代"高附加值农旅文商项目,实现土地流转面积占农村承包耕地面积35％以上,当地农民年收入由原来3500元增加到1.6万元;着力地方文化资源保护和再生,萃取区域文化创意元素,与福建广电集团联合打造的《建本留香》(动画部分)在中央电视台九套播出;经过设计和提升,试点村明溪县御帘村获国家级历史文化名村、中国传统村落、省级生态村等美誉;将课程教学、研发实践与服务地方有机融合,快速解决农业升级、农村进步、农民发展问题的"设计服务'三农'"实践,获得省领导的赞誉。

打造服务"三农"新格局。深入贯彻落实习近平总书记来闽考察重要讲话精神和对科技特派员制度作出的重要指示精神,坚持以服务"三农"为出发点和落脚点,不断壮大服务乡村振兴人才队伍,在推动乡村振兴发展、助力打赢脱贫攻坚战中取得显著成效。近年来,共选派省、市、区三级科技特派员 450 人次,省级科技特派员团队 88 组次,省级个人科技特派员数量位居全省高校前三,是唯一一家连续 5 年获选任省级法人科技特派员的高校。获科技特派员后补助项目 12 项,居省内同类高校首位;3 个项目列入省科技特派员助力产业融合发展及产业转型示范点项目,入选数量居全省科技特派员派出单位第二位。科技特派员数量位居全市首位,服务区域全覆盖三明市 11 个县市区,服务产业一二三产全覆盖。2020 年,学校获科技特派员市级先进集体,2 名科技特派员获市嘉奖。2021 年 8 月,学校科技特派员助推产业发展、乡村振兴的事迹被《福建日报》头版头条、人民网、学习强国等主流媒体宣传报道。2022 年,3 项优秀案例入选省科技特派员优秀案例,2 名科技特派员获省级通报表扬、2 名获市级通报表扬。

2021 年 1 月,国务院印发《关于新时代支持革命老区振兴发展的意见》,加大对革命老区的支持力度。2022 年 3 月,国家发展改革委印发《闽西革命老区高质量发展示范区建设方案》。学校借助革命老区振兴发展的春风,抢抓机遇,按照校第三次党代会确定的发展方向,全力推进地方一流应用大学建设,全面开启"十四五"发展新征程。

构建具有区域特色的继续教育体系

继续教育是终身学习体系的重要组成部分,在服务国家战略、行业及地区经济社会发展方面发挥着重要的作用。依托学校本部的办学资源,学校建立了体现区域特色的学历继续教育系统。根据省教育厅文件,自 2014 年起函授只招收本科专业。2013—2022 年,继续教育学院共招生 8315 人,毕业 6774 人。函授专业的设置根据社会发展和学生成长需要,不断进行增删,形成具有区域特色和学校特点的函授专业优势群,包括学前教育、小学教育的教育学科类,机械设计制造及其自动化、电子信息工程、土木工程的理工科类,市场营销、财务管理的经管科类,这些科类的学生毕业后,积极融入社会中,为地区经济发展贡献力量。

重视师资培训。2013—2022 年,学校共开展新教师培训 9450 人次、中小学校长任职资格培训 1558 人次、中小学校长提高培训 665 人次、班主任培训 2383 人次、骨干教师培训 404 人次、教师岗位培训 1125 人次、教师转岗培训 62 人次、教师本科课程进修 2434 人次、教育系统财务干部培训 2424 人次、省教育厅乡村教师素质提升工程之初中信息技术和初中美术教师培训 349 人次。在培训过程中,采用"走出去、请进来"方式,邀请省内外中小学教育界的名校长、名教师和专家学者来三明讲学,同时,也组织受训教师外出学习其他省市的先进教学经验,提升了能力水平,扩大了视野。

传承和弘扬中华优秀传统文化。学校积极响应国家"书法进中小学校园"的号召,确定培训三明中小学紧缺的书法教师,此项培训提高了三明市中小学书法教师教育教学理论与技能水平,为服务三明文化贡献力量。学校还聚焦三明市教育局"强基、壮腰、圆梦"工程的专题培训,从中小学校长、中层干部,到基层教师,分层分类,做好针对性培训,为三明基础教育发展贡献力量。

协同构建社区居民终身教育体系。实现学校教育资源与社区建设共享共用、互利双赢,建立学校、家庭、社会一体化教育格局。除拥有金凤凰教育服务公益培训2020年福建省"终身学习品牌项目"外,学校充分利用三元校区在市区内,交通便利、信息通畅的优势,积极引入外来培训机构共谋发展。现有名扬教育、明鸿教育、新启航教育等多家教育培训机构入驻三元校区,与校内全日制教育和函授教育等合作,优势互补,互惠互利。

满足各行业人员素质提升需求。继续教育学院于2018年获批省级公务员培训基地后,积极向省委组织部、省人社厅、省公务员局申请培训项目,承担西藏、新疆、宁夏公务员培训及省人社厅、省公务员局的乡村振兴培训和其他地市公务员培训。利用省人社厅授予的国家职业技能鉴定站的资质,依托学校教育资源优势,为校内学生、校外企业员工提供职业技能培训与鉴定服务,2013—2022年共完成国家统考、日常鉴定和省市统考13004人次。

学校非学历继续教育辐射全省甚至省外。2018年承办省公务员局脱贫攻坚培训60人和省人社厅扶贫干部培训131人,省委组织部委托学校承办西藏昌都中青年干部培训班、西藏昌都市村级党组织支部书记培训、宁夏党委农办系统干部培训和新疆昌吉州基层党务干部培训共计165人,以及省中华职教社系统新时代教育职业教育工作骨干培训47人。2019—2022年承担了宁夏青年干部"深化闽宁协作、投身脱贫攻坚"专题培训班和新疆昌吉州新闻宣传与新媒体建设专题培训班,与省市有关部门合作开展公务员及教育系统干部继续教育。2019年承办省人社厅乡村振兴脱贫攻坚专题培训班50人、宁夏青年干部"深化闽宁协作、投身脱贫攻坚"专题培训班40人、新疆昌吉州新闻宣传与新媒体融合建设专题培训班41人,福清市和三明市税务局知识更新培训共计270人。2020年承办福建省乡村校长助力工程(三明班)100人。2021年承办省文物局文物活化利用专题培训162人。

《中国教育现代化2035》中明确指出"构建服务全民的终身学习体系。构建更加开放畅通的人才成长通道,完善招生入学、弹性学习及继续教育制度"。学校将积极做好继续教育工作中,助力三明市终身教育体系和学习型社会的建设。

第二节 闽台融合与中外合作

两岸高校融合助力特色发展

福建与台湾一水相隔,同根同源。党的十八大以来,习近平总书记要求福建省"要突出以通促融、以惠促融、以情促融,勇于探索海峡两岸融合发展新路","建成台胞台企登陆的第一家园"。10多年来,学校认真贯彻习近平总书记重要指示批示精神,以新时代党解决台湾问题总体方略为指导,不断巩固两岸教育文化交流合作的既有优势,打造新优势,在探索海峡两岸融合发展新路中逐渐形成学校的办学特色。

搭建两岸优质教育资源共享的平台。学校作为全省首批闽台高校联合培养人才项目学校,累计培养9届2440位毕业生。2015年闽台合作项目学生数突破1300名。以稳定的校际合作关系为基础,柔性聘用项目台湾合作高校教师100多位,邀请400多人次台湾教师到校授课,开设"海峡成长论坛"系列讲座。2016年3月24日,学校召开对外交流合作与国际化建设进程会议。刘健院长在会上指出,学校在对外交流合作与国际化建设进程中初步实现了"四个转变"。一是在理念上从"被动接受"转变为"主动融入",二是在内涵上从"迎来送往"转变为实质性合作,三是在规模上从"点的突破"转变为"面的拓展",四是在管理上从"应急式服务"转变为规范化建设。2016年以来,福建省教育厅组织中外合作办学项目(机构)和闽台高校联合培养人才项目年审评估,学校均顺利通过。

搭建两岸教育文化交流的平台。2013年、2015年、2017年,学校被省教育厅确定为福建省"台湾大学生八闽行""海峡两岸暨港澳大学生中华文化研习营"三明站活动组织单位,先后有300余名师生到学校参访交流,扩大了学校在两岸教育界的影响。2015年12月,学校成功主办了国台办重点项目"海峡两岸青年大学生创新设计大赛",共征集到来自两岸高校的900多件作品,共有16所台湾高校的60余名师生代表现场参会。大赛期间还举行了海峡两岸创新设计教育研讨会,以"创新""设计""教育"为关键词,展开交流研讨。2016年11月,学校和长沙理工大学、台湾岭东科技大学共同主办的"同源写意——两岸三校中国书画联展"在三明市举行,共聚两岸书画家50余名,作品共计160余幅。2014年、2016年、2018年,学校举办了3届海峡两岸应用型本科教育发展论坛,牵头组建了"海峡两岸高校应用型教材建设联盟"。2017年、2018年、2019年,学校举办3次海峡两岸(三明)大学新生篮球联谊活动。2019年、2021年,学校先后举办了海峡两岸舞蹈大赛、海峡两岸线上美食大赛。2021年,台湾教师国情省情研修活动获教育部对台教育交流项目立项,海峡两岸乡村融合发展论坛获省台港澳办立项。此外,组织师生赴台参加海峡两岸森林经营学术研讨会、客家文化与社会环境研讨会、中华建筑文化交流论坛等学术研讨活动。依托各级各类教育文化活动,增进明台友谊,推动明台教育交流与合作。

搭建两岸学术交流的平台。2015年12月,学校与台湾义守大学整合多元研究力量成立"闽台系统架构研究所",促进与周边企业和研究机构横向联合,积极开展产学研合作。2019年学校引进台湾博士团队,建设半导体芯片封装实验室。2020年3月,闽台书院与经世致用文化研究中心获批福建省社科基地,通过开展福建书院与经世致用文化研究,促进两岸对中华民族传统优秀文化的认同。2021年3月,探索成立"海峡两岸乡村融合发展研究院",开展两岸乡建乡创研究和助农兴乡实践。2022年,学校主办了"海峡两岸管理论坛""福建省首届两岸融合森林康养交流研讨会"等活动,助力三明参与海峡两岸乡村融合发展。

打造台胞登陆的"第一家园"。学校将引进台湾人才作为"人才强校"战略的突破口,累计引进全职台湾人才103人,其中90%以上具有高校任教、企业或研究院工作经验,聘用人数在省内同类院校中名列前茅。学校出台有关台湾地区高层次人才引进、专业技术职务聘任、管理与服务等文件,打通台湾人才工作生活和职业发展的"最后一公里"。遴选32人次台湾全职人才担任福建省科技特派员,3人入选省引进台湾高层次人才"百人计划",5人获批为省引进高层次 B、C 类人才,1 人获得福建青年五四奖章,1 人获国家社会科学基金西部项目。学校通过三明市氟化工产业技术研究院、美丽中国发展研究院、海峡两岸乡村融合发展研究院、天元产业学院等科技服务平台"引、留、用、育"台湾人才。

国家"十四五"发展规划已明确将建设海峡两岸融合发展示范区上升为国家战略,福建省也相应出台了促进闽台高等教育融合发展的八条措施。学校十分重视闽台高等教育融合发展工作,把明台港澳的交流融合作为学校新的办学增长点。2021 年,学校第三次党代会上提出,"明台融合步伐更快。创建海峡两岸教育融合发展示范校取得实质性进展,明台高校合作机制更为创新,在助力第一家园建设、服务乡村融合发展、探索明台融合新路上发挥更大作用,不断形成特色办学优势"。

明台高等教育的融合发展是"真金活水",不断"助力学校弯道超车",成为构筑起学校"创建地方一流应用大学的'四梁八柱'之一"。

创建福建与台港澳地区先行先试交流平台

学校充分利用中央、省市各级党委、政府给予的政策环境,紧紧抓住开放办学先行先试的机遇,打造两岸教育交流合作的平台。为了适应学校与台港澳,尤其是台湾高校宽领域、深层次合作办学蓬勃发展的新形势新要求,学校于 2012 年 10 月成立台湾事务科,2013 年 5 月成立台港澳事务办公室,挂靠海峡理工学院,由海峡理工学院院长兼台港澳办主任,实现对台港澳合作交流业务归口管理。2022 年 5 月,学校印发《三明学院行政管理、教辅等单位机构设置及人员编制方案(修订)》,新设立对外合作与交流处加挂台港澳办公室。这些机制的建立为学校全面推进与台港澳高校的互访交流、合作发展提供了有力的保障。

学校与台湾高校的交流和互访进入常态化。2013—2022 年间,从人员来访方面看,共有台湾合作高校师生及企业人士 93 批次 1387 人次来校交流。从出访的情况看,学校应用型人才培养模式考察团、闽台合编教材考察组、教学管理干部考察团及"3+1"闽台合作项目学生等 72 批次 4076 人次师生赴台学习交流。另有 13 人赴澳门科技大学交流学习,17 人考取澳门科技大学的研究生。

学校与台港澳高校频繁的交流取得了积极的成果。2013 年以来,学校继续与原有 11 所台湾高校合作交流,还与台湾联合大学、台湾虎尾科技大学、台湾南华科技大学等台湾高校新签合作交流协议,开展师生交流和科研合作。同时,与港澳交流也取得了突破。2015 年 1 月 21 日,学校与香港高等科技教育学院签署合作办学协议,协议包括教师研修、学生互换交流、学术研究、联合培养本科生等具体事项,开启了学校与香港高校合作办学之路。同日,学校与澳门科技大学达成人才培养与学术交流合作意向,并于当年正式启动向澳门科技大学免试推荐研究生。除闽台高校联合培养人才项目外,2015 年,学校与台湾大叶大学联合申报的"电子信息工程"专业获教育部中外合作办学项目审批,是全国第二所、福建省第一所与台湾高校联合申报合作办学"4+0"项目。2020 年 10 月,学校获批面向台湾地区招收本科学生的资格,通过台湾"学测"成绩招收台湾学生。

学校明确将开放办学纳入发展战略和总体布局，致力于创建闽台教育交流与合作先行示范校。2017 年 10 月 19 日，《福建省教育厅关于印发进一步深化闽台教育交流与合作的若干意见的通知》下达后，学校认真贯彻落实。同年 11 月 16 日，校长办公会议审议通过《三明学院创建闽台教育交流与合作先行示范校实施方案》，明确指出学校创建闽台教育交流与合作先行示范校的 10 项主要任务：（1）完善学校闽台联合培养人才布局结构。（2）提升学校闽台合作办学层次水平。（3）推进学校高素质专业化师资队伍建设。（4）推动两岸优质教育资源深度融合。（5）打造学校闽台教育交流知名品牌。（6）借力闽台教育合作展示平台。（7）推动两岸高校学生深度交流。（8）激发两岸科研合作创新驱动力。（9）深化闽台教育评估交流与合作。（10）加强学校与台湾高校的文化交流。学校同时成立了三明学院创建闽台教育交流合作先行示范校领导小组，做好顶层设计和制度配套，全面指导闽台教育交流合作先行示范校的创建活动。经过几年的建设，学校的对台融合实践获得了国台办、省市台港澳办的充分肯定。2020 年，学校受国台办委托草拟教育部台湾教师管理办法。2021 年 2 月，校党委兰明尚书记应邀作为高校唯一代表在全省对台工作会议上做典型经验介绍。3 月，国台办交流局黄文涛局长来校实地考察指导工作。6 月，福建省委常委周联清在《八闽快讯》交流版刊登的《三明学院积极探索海峡两岸高等教育融合发展新路》上作出批示，肯定了学校在探索海峡两岸高等教育融合发展中的积极作为。

全面助力海峡两岸乡村融合发展。学校紧抓机遇，于 2021 年 2 月 27 日出台《〈落实国务院关于新时代支持革命老区振兴发展意见的分工方案〉的通知》（明院办发〔2021〕6 号），明确支持三明市推动海峡两岸乡村融合发展，更高质量、更加实效、更有力度地为地方发展服务。2021 年 12 月，学校制定实施《三明学院"十四五"事业发展规划（2021—2025 年）》，明确提出"以三明建设海峡两岸乡村融合发展实验区为契机，加强同台湾文创、电子等优势学科和产业交流合作，着力产业人才共培、科研平台共建、第一家园项目共推。整合台企台校台师与地方资源进行协同与集成创新，打造海峡两岸产学研创一体化平台。调整和优化闽台联合培养人才项目结构"。这为学校探索闽台教育融合发展新路，积极推进两岸合作，指明了方向和道路。2022 年 8 月 10 日《台湾问题与新时代中国统一事业》白皮书发表，提供了新时代做好对台工作的根本遵循和行动纲领。作为闽台联合培养人才项目学校、面向港澳台地区招收本科生资格学校、台湾高层次人才闽西北聚集高地，学校从祖国和平统一的战略高度来部署和推动台港澳地区的教育交流与合作，体现了山区高校的主动作为和历史担当。

深化国际合作办学

国际交流合作是随着学校各项事业不断向前发展、开放办学不断深化而出现的一项新事物。2009 年 1 月 17 日，校党委书记马国防在中国共产党三明学院第一次代表大会上指出：必须以创新的精神、改革的举措推进开放办学；积极拓展社会力量及海内外力量参与的联合办学，力争实现多元化投入与融资的新格局。自 2009 年起，学校党委、行政高瞻远瞩，准确判断形势，紧紧抓住高等教育国际化的有利时机，在新建本科院校中快走一步，作出了开展国际交流合作、推进国际化建设的战略性决策。2014 年 11 月 2 日,学校第二次党代会报告指出:在学校向应用技术型大学转型发展的过程中,必须坚持开放办学,以国际化的视野、开放的心态和科学的方法进一步拓展对外交流与合作,促进学校转型目标的实现和办学水平的全面提升。"十二五"期间,学校国际交流合作各项工作砥砺前行,从无到有,从小到大,取得了显著的发展。"十三五"期间,学校着力开辟合作渠道,加强对外交流合作,国际交流与合作工作实现新突破,人文交流合作模式有创新。2021 年 3 月 30 日,学校第三次党代会报告指出:要扩大开放合作,增强支撑能力。服务国家对外开放战略,加强与共建"一带一路"国家高校合作,建立学术交流、联合培养、学生互换、学分互认、学位互授等制度机制。

为推进国际化工作顺利开展,学校多措并举,加强保障条件建设,为国际交流合作工作的开展创造有利条件。一是组建国际交流合作工作团队,配强配优管理队伍。2010 年始,学校主要领导亲自挂帅并抽调 2 名工作人员筹办国际合作办学项目,2012 年 10 月正式成立国际学院(国际处)。二是积极拓展对外合作,构建多元交流平台。2013 年,学校加入教育部留学服务中心国际通识教育课程项目平台,与美国、马来西亚的 10 所高校形成了办学项目合作关系。现与国外 38 所高校、2 所科研机构直接建立合作关系,覆盖美国、英国、马耳他、澳大利亚、日本、韩国、俄罗斯、乌克兰、印尼、马来西亚、泰国等国家。三是完善保障机制,夯实工作基础。先后制定《三明学院国(境)外公务接待管理办法(试行)》《三明学院外事工作管理办法(修订)》《三明学院国际合作办学项目管理办法》《三明学院国际学生管理规定(修订)》《三明学院学生出国学习管理规定(试行)》等数十个文件,涵盖因公临时出国、外事接待、外教管理、学生出国留学、国际学生培养及管理等内容。四是加大物力财力投入,2015 年投入 1500 万元建成可供 300 人住宿的留学生公寓大楼,2016 年起设立"来华留学奖学基金""学生出国交流学习基金""教师国际学术交流基金"等,为国际交流与合作提供有力的经费保障。

10 多年来,学校奋力开拓国际交流合作关系,积极走出去寻求合作伙伴,拓宽与共建"一带一路"国家的教育交流途径,认真践行新时代教育对外开放战略,逐步推进应用型地方大学的国际化办学特色建设,学校的国际影响力和整体发展水平得到了稳步的提升。

以合作办学项目为抓手,推进人才培养模式改革。2013 年,学校获省教育主管部门批准开展国际通识教育课程项目,设有土木工程和财务管理 2 个专业。2013 年初又成功获教育部批准开展中美合作体育教育(体育管理)项目,该项目与美国特拉华州立大学合作,属福建省新建本科院校首个中外合作办学项目。这 2 个项目于 2013 年开始正式招生,累计培养 833 位毕业生,40 名学生通过项目出国留学,67 名学生被国内外高校录取为硕士研究生,毕业生就业率达到 98% 以上。2016 年 11 月,经双方协商终止中美合作体育教育(体育管理)项目合作,从 2017 年开始不再招收新生。合作办学项目对带动校内教学理念革新、实现教材和课程国际化、推动专业教师队伍国际化建设、提升教师教学能力和外语水平、培养具有全球竞争力的人才产生了积极的促进作用。

以国际化人才培养为牵引,助力师生开拓国际视野。学校加强选派教师、管理干部出国留学或研修工作,至今共选派 24 位教师和 23 人次干部出国留学、研修或考察,从海外引进硕士、博士 36 人和外籍教师 13 人,助力学校学科专业建设和国际化发展战略。学校与俄罗斯克拉斯诺达尔国立文化学院签署联合培养博士协议和本硕合作项目意向书,建立起完整的本硕博连读体系,已选派 13 名教师和 56 名学生赴该校攻读硕博学位,有 3 名音乐学教授被聘为该校硕士生导师。学校还与美国、英国、韩国、马来西亚、俄罗斯等近 10 余所高校建立了学生交流交换和学历提升项目,累计选派 148 名学生赴合作院校交流学习,国际化师生人才培养水平显著提高。

以来华留学教育为突破口,推进教育国际化迈上新台阶。2016 年,学校全面启动来华留学生教育,开设机械设计制造及其自动化、化学工程与工艺、财务管理、计算机科学与技术 4 个全英文授课专业,累计招收来自全球 40 余国家共 163 名国际学生到校学习,其中有 10 多位毕业生被清华大学、上海交通大学、重庆大学、南京理工大学、英国利兹大学、美国威尔斯克大学等国内外知名大学录取攻读硕士研究生。在来华留学生教育过程中,学校通过开展汉语知识竞赛、传统节日文化体验、“感知中国”社会实践,鼓励学生参加省级汉语及才艺表演比赛,培养了一大批“知华、友华、爱华”人士。育人工作先后被人民网、中国新闻网、学习强国、《福建日报》、福建电视台文体频道、三明电视台等主流媒体报道。

以中外人文交流为特色,丰富中外人文交流途径与方式。推进与共建“一带一路”国家的人文交流合作。以 21 世纪海上丝绸之路首倡之地和“一带一路”建设重要节点——印尼为着力点,为增进中国和印尼两国人文交流作出积极贡献。2018 年,学校入选中印尼青年互访交流互游活动,选派 6 名师生赴印尼交流。学校于 2018 年、2019 年和 2021 年主办 3 届“东南亚客属华人与‘一带一路’国际青年学术论坛”,于 2021 年承办第 3 届“21 世纪海上丝绸之路”职业教育合作论坛,为助推“一带一路”合作高质量发展、凝聚共识增进友谊发挥了重要作用,得到海内外媒体高度关注。中国驻印尼肖千大使更是 3 次发来书面贺信,肯定学校在推动中国、印尼等共建“一带一路”国家人文交流合作方面的努力。2021 年 8 月,学校获批“福建省海外华文教育基地”,已有 611 位国外青少年到校交流访问。2016 年,“海丝路-三明行”马来西亚华裔青少年“中国寻根之旅”冬令营到访学校。2017 年,菲律宾华裔青少年“亲情中华”夏令营成员到访学校,学习中国传统剪纸文化;由南非籍政府官员和企业技术骨干组成的 36 位南非鞋类设计与制作技术培训班成员来校进行为期 20 余天的制鞋理论和实践技术学习;2018 年,南非林业管理与发展研修班到校参访。2019 年,“寻根之旅”冬令营马来西亚霹雳州到访学校学习汉字发展历史。

2020 年,新冠肺炎疫情突如其来肆虐全球,全球高等教育与国际合作交流面临新形势,学校常规国际交流合作项目受阻。面对疫情挑战,学校跳出固有思维,从线下转线上,谋求新变革,创新方式方法,继续稳步推进国际交流与合作。

第三节　校友工作与社会支持

校友会的组建与发展

作为一所具有悠久办学历史和多校合并背景的本科高校,校友工作的开展、校友资源的挖掘和整合对学校发展显然有着特殊的意义。

2009 年,学校成立校友联络办公室,并开始着手创建校友信息数据库。2011 年 7 月 4 日,学校召开三明各县(市区)、市直机关校友联络员会议,就校友会和各地分会的组织机构以及校友会章程(讨论稿)征求了意见。

2016 年 7 月 2 日,三明学院校友会成立暨第一届会员代表大会在三明学院举行。会议选举产生 33 名理事会成员和 3 名监事会成员。赖锦隆当选为三明学院校友会会长,王震宇、刘宏、严明清、宋孝金、张卫、张新文、陈海涛、林家祥、练佐福、钟艳、耿鸣任副会长,龚榕容任秘书长。

2017 年 6 月,中国高等教育学会校友工作研究分会将我校批准为会员单位,三明学院校友工作就此打开了全新的局面。

从 2016 年起,作为三明学院校友总会分支机构的地方校友会相继成立,至今已达 31 个,其中 19 个地方校友会,包括省外的广东校友会、北京校友会、上海校友会、西藏校友会、重庆校友会、新疆校友会、香港校友会,省内的福州校友会、漳州校友会、厦门校友会、泉州校友会、龙岩校友会、宁德校友会、莆田校友会、南平校友会,本市的三明市区校友会、大田校友会、永安校友会,1个行业校友会(建筑行业校友会),校内 12 个二级学院校友分会。校、院二级校友工作机制基本建立,校友会组织架构更加完善,为三明学院校友会在新时期的快速发展注入了全新的活力。

2012 年 3 月 10 日,三明学院福州校友会成立,1977 级中文专业校友张善文当选为福州校友会会长。现任会长为 1978 级中文专业校友张卫。

2013 年 3 月 15 日,三明学院三明市区校友会成立,三明学院党委原书记李长生当选为会长。

2014 年 5 月 11 日,三明学院漳州校友会成立。1981 级体育专业校友王震宇当选为会长。现任会长为 1986 级体育专业校友许志成。

2016 年 12 月 10 日,三明学院广东校友会成立。这是三明学院在省外成立的第一个校友会。1985 级生物专业校友练佐福当选为广东校友会会长。

2017 年 1 月 8 日,三明学院厦门校友会成立。1985 级数学专业校友刘宏当选为厦门校友会会长。

2017 年 7 月 8 日,三明学院泉州校友会成立大会在泉州举行。1996 级体育专业校友郑志林当选为泉州校友会会长。

2017 年 10 月 9 日,三明学院北京校友会在北京中标集团会议中心成立。1997 级政史教育专业校友陈晓东当选为北京校友会会长。

2017 年 12 月 23 日,三明学院龙岩校友会在龙岩市成立。1984 级体育专业校友章达滨当选为龙岩校友会会长。

2018 年 3 月 31 日,三明学院宁德校友会成立。1995 级历史专业校友陈长根当选为宁德校友会会长。现任会长为 1999 级机械专业校友陈迎春。

2018 年 5 月 19 日,三明学院莆田校友会在莆田仙游成立。1991 级美术专业校友张建华当选为莆田校友会会长。

2018 年 11 月 17 日,三明学院南平校友会在南平市延平区成立。1989 级音乐专业校友邵宏当选为南平校友会会长。

2019 年 5 月 11 日,三明学院首个行业校友会——建筑行业校友会成立。1984 级工民建专业校友李伟当选为会长。

2019 年 8 月 18 日,三明学院上海校友会成立大会在上海举行。2002 级投资专业校友李建平当选为上海校友会会长。

2022 年 2 月 12 日,三明学院大田校友会成立大会在大田县举行。1986 级政教专业校友杜建辉当选为大田校友会会长。

2022 年 5 月 21 日,三明学院永安校友会在三明学院第四届秩年校友返校暨校友开放日活动现场正式成立。1991 级中文专业校友王向东当选为会长。

2022 年 8 月 7 日,三明学院西藏校友会在拉萨成立。2016 级机械设计制造及其自动化专业校友旦增罗布当选为会长。

2023 年 6 月 10 日,三明学院重庆校友会成立大会在重庆举行。1992 级美术专业校友雷长天当选为首任会长。

2023 年 8 月 6 日,三明学院新疆校友会成立大会在乌鲁木齐举行。1985 级工民建专业校友盛勇当选为会长。

2023 年 9 月 20 日,三明学院香港校友会成立大会在香港举行。1988 级工民建专业校友郑早早当选为会长。

校友会服务学校中心工作

校友会始终围绕学校立德树人根本任务,聚焦学校中心工作,为学校建设发展争取最广泛的资源和支持。

助力完善学校人才培养体系。针对学生成长需求和专业要求,挖掘遴选行业企业校友专家担任客座兼职教师,参与学校"一课双师"工作,在提高学生专业水平的同时,也促进了校内专任教师实践教学能力和水平的提升。将校友纳入学校育人体系框架内,充分发挥校友榜样引领作用,加强学生理想信念教育,为在校生的成长成才明灯引路。

构建基于校友资源的人才培养反馈机制。通过走访考察、交流座谈或发放问卷等形式收集校友及用人单位对学校专业建设、育人模式等方面的意见建议,了解企业人才培养需求和市场需求,构建基于校友资源的人才培养反馈机制,助力学校优化人才培养结构,提高育人成效。

融入学校教育教学工作。积极参与学校师范人才培养及师范专业认证工作,助力学校与三明市各中小学共建教师专业发展学校,发挥教育行业校友作用,支持学校振兴"闽师之源"工程。在学校三创教育中导入校友资源,在政策指导、项目帮扶、技能培训等方面为学校三创教育提供全方位全过程有力支持。

校友会高质量品牌活动

创新工作思路,高站位谋划校友活动。特别是社会反响好并已形成品牌效应的秩年校友返校、校友企业招聘会、校友论坛、校友思政讲堂、优秀校友报告会等活动不断创新提质，有力地提升了校友对母校的认同感，促进了母校和校友的共同发展。

秩年校友返校暨校友开放日活动。2019 年 5 月 18 日，学校举办第一届秩年校友返校暨校友开放日活动，迄今已连续举办 4 届，共有近 4 万名来自各行各业各地的校友通过线上线下形式参加。向母校报到、校友书画展、社团文化节、"舌尖回味·食堂老味道"及校园新景观通关打卡等系列活动广受好评。

校友企业专场招聘会。自 2018 年开始，在学校大型校园招聘会之前，专门为校友企业召开专场招聘会，优先向校友企业输送优秀毕业生。校友企业专场招聘会经过几年的发展，已逐渐形成品牌效应，在校友企业和学生中的分量也越来越重，校友企业和学生的参与热情也越来越高。2020 年校友企业专场招聘会采用"现场招聘＋直播带岗＋现场宣讲＋实况转播"的招聘形式，打造了校友企业与毕业生全新的就业互动平台。同时开展校友回归工程，积极引导校友企业落地三明，精准服务三明地区主导产业，为三明地区用人单位与毕业生搭建了人才输出与地方引才的渠道，支持助推三明区域经济建设发展。

校友论坛。2019 年 11 月，举办创新创业校友论坛。邀请多名优秀校友从就业创业经验、成长经历等多方面进行交流分享，为学校探索产教融合、校企合作新途径及培养应用型人才提供意见和建议。2021 年 12 月，举办基础教育校友论坛。来自三明各县市区中小学的 12 位校长、校友代表，围绕当前基础教育综合改革的热点、焦点和难点问题进行交流探讨，进一步推进师范教育学科专业建设和师范人才培养。2023 年，举办博士校友论坛，邀请在各专业领域的博士校友为在校生们答疑解惑，传经送宝。

校友思政讲堂。2023 年 3 月 22 日，首期校友思政讲堂开讲。我校第一届本科生、全国应急管理系统先进工作者、2003 级化学工程与工艺专业校友陈华森为首期主讲嘉宾。2023 年 5 月 17 日，举办三明学院首期"校友劳模进校园"活动，1995 级三明师范普师班校友、省五一劳动奖章获得者、三明市劳模创新工作室领衔人、三元区沪明小学教育集团校长叶文香为首期活动嘉宾。

校友文化建设。推出校友卡，为校友开辟专属进校认证服务，优化简化校友返校程序。校友卡充值后可到校内食堂用餐、超市消费，实现校友进入校园、图书借阅、餐厅就餐等校内资源使用和各类权益专享。邀请校友参与设计制作开发校友文化衫、徽章等具有学校元素的特色纪念品，增进广大校友的身份认同感和归属感。

校友捐赠与社会支持

长期以来，三明学院的人才培养、科学研究、捐资助学、毕业生就业等工作，离不开社会各界的关怀相助，凝聚着校友的感恩和奉献。

校友会开通了毕业季小额捐款、校友林认捐、校园基础设施捐赠等通道，开展爱心捐赠活动，培养校友感恩意识，鼓励校友感恩回馈母校。除传统的校友个人自愿捐赠外，还出现了以专业、班级、家庭、宿舍等多样化的捐赠形式。尤其是新冠肺炎疫情发生以来，广大校友通过各种途径调动各方资源为母校防疫工作筹集物资,与母校守望相助,共克时艰。

学校建设发展受到社会各阶层的广泛关注和支持,社会捐赠成为学校必不可少的重要经济来源。据不完全统计,2004 年以来,三明学院获得社会捐资助学款约 500 万元,资助人次达 3652 次。社会各界对学生的资助、帮扶、支持、援助,激励了先进,并有力支持了经济困难学生顺利完成学业。比如,全国政协委员、周安达源校友回校考察,捐赠人民币 103 万用于兴建校大门。台商张龙清董事长自 2010 年至 2014 年,连续 5 年资助我校家庭经济困难学生,共为我校 206 名家庭经济困难学生提供 23 万元资助善款。2017 年闽南师范大学外国语学院教授、福建所罗门投资有限公司创始人、董事长郑声滔先生向我校捐赠 60 万元设立郑声滔自强助残助学奖教基金。2020 年我校客座教授王任享院士捐款 45 万元,成立科研奖助基金。从 2006 年起,市关心下一代工作委员会持续帮扶资助我校学生,累计款额近 100 万元。2020—2022 年,兴业银行三明分行投入 2100 万元,用于改善学校信息化建设。

除了捐资,还有一些个人和团体以捐物的形式助力三明学院的发展,包括书法作品、图书资料、仪器设备等。例如,2017 年 11 月 16 日,教育部触控未来产学合作协同育人合作项目在三明学院签约揭牌,触控未来向海峡动漫学院捐赠价值达 110 万元相关设备,推进校企合作;2020 年 4 月 23 日,福建新华发行集团向我校捐赠的万余册古籍图书(古籍及民国版图书 12000 多册,优质雕版近 1700 片);等等。

2014 年,三明学院教育发展基金获得捐赠 2975 万元;截至 2023 年 6 月,基金会共获得捐款 5127 万元。2015 年 10 月,出炉 2014 年中国大学基金会捐赠收入排行榜,三明学院名列榜单第 37 名,在福建省高校中居第 2 名,是榜单 37 强中唯一的新建地方本科院校。

第五章　党建强校与立德树人

党的十八大以来,学校坚定不移地坚持和加强党的全面领导,坚持"以一流的党建和思想政治工作带动全校各项工作实现一流"这一基本工作导向,有针对性地探索党建引领在贯彻立德树人、人才培养根本任务以及落实管党治党、办学治校主体责任中的实现路径,大力探索地方应用型高校党建引领的育人强校之道,确保习近平总书记和党中央国务院、省委省政府的重大决策部署得到高质量落实、取得高水平成效。

第一节　党建引领　赋能强校

政治统领,坚守初心

学校坚持把党的政治建设摆在首位,坚决落实"第一议题"的政治学习机制,围绕深入学习宣传贯彻党的十八大、十九大、二十大精神,习近平新时代中国特色社会主义思想和中央、省委有关重要会议精神,深入开展一系列主题教育工作。

1.开展党的群众路线教育实践活动

围绕保持党的先进性和纯洁性,在全党深入开展以为民务实清廉为主要内容的党的群众路线教育实践活动,是党的十八大作出的一项重大部署。我校教育实践活动从2014年2月底开始到10月底基本结束。活动中,省委第十督导组精心指导,校党委班子先行一步,示范带动,全校15个处级班子、81名处级干部、166个党支部、3022名党员认真贯彻落实习近平总书记重要讲话精神,紧紧围绕"为民、务实、清廉"主题,按照"照镜子、正衣冠、洗洗澡、治治病"的总要求,扎实有序开展,成效明显。特色做法和经验主要有:在全校师生中开展了"三学三做"活动,提炼出"戒四风、扬四德"的宝贵经验,丰富了学校党建和思政工作内涵。

2.开展"三严三实"专题教育

2015年5月25日,曾祥辉在图书馆学术报告厅为全校副处级以上干部上专题党课,正式启动"三严三实"专题教育工作。高质量抓好四个"关键动作",讲好专题党课,组织好四个专题学习研讨,认真召开专题民主生活会和组织生活会,抓好整改落实和立规执纪,推动中央部署不折不扣落到位、见成效。省委教育工委组织处副调研员郭林同志到校指导并给予充分肯定。

3.开展"两学一做"学习教育

按中央和省委"给基层留出空间和余地"的要求,学校及时指导各基层组织创新自选动作,于 2016 年 4 月 20 日启动"两学一做"学习教育,立足实际,突出问题导向,强化全面覆盖,着眼教育实效,接连开展了"庆祝建党 95 周年'两学一做'"学习教育知识竞赛、"学习廖俊波,争做合格党员"主题实践活动座谈会、"两学一做"学习教育工作推进会等。2017 年 6 月,根据省委相关文件精神,制定印发《关于推进"两学一做"学习教育常态化制度化的实施方案》,并开展"两学一做"学习教育常态化制度化第一主题学习讨论,与会领导表示,要落实全面学,结合工作学,推动持续学,努力以优异的成绩迎接党的十九大胜利召开。

4.开展"不忘初心、牢记使命"主题教育

校党委主动对标中央和省委要求,紧跟第一批主题教育工作进展,第一时间抓落实。从 2019 年 9 月 11 日开始到 2020 年 1 月 16 日基本结束。活动中,围绕理论学习有收获、"强三力"得到明显提高,围绕思想政治受洗礼、"讲政治"得到明显增强,围绕干事创业敢担当、"创硕校"得到明显推动,围绕为民服务解难题、"爱师生"得到明显强化,围绕清正廉洁作表率、"精气神"得到明显提振,省委主题教育第五巡回指导组组长吴晓丁对学校主题教育的开展予以充分肯定。2021 年 2 月 23 日,制定印发《关于巩固深化"不忘初心、牢记使命"主题教育成果的若干措施》,从 5 个方面制定 15 条具体措施,巩固扩大主题教育成果。

5.开展党史学习教育

2021 年是中国共产党建党 100 周年。根据中央、省委统一部署,学校党史学习教育从 2021 年 3 月初开始到 2022 年 1 月初基本结束。其间先后召开党史学习教育推进会,举办处级以上干部学习贯彻习近平总书记来闽考察重要讲话精神专题研讨班暨党史学习教育专题读书班等,推动党史学习教育持续升温。立足"四个聚焦",精心谋划布局,坚持上下联动,突出特色特点,在学思践悟、学用结合、推进工作上下功夫,形成了许多好经验好做法,推进了党史学习教育走深走实。省委党史学习教育第三巡回指导组副组长张元闽到校指导。

6.开展学习贯彻习近平新时代中国特色社会主义思想主题教育

校党委深入领会、对标对表中央部署和省委要求,2023 年 4 月,第一时间召开学习贯彻习近平新时代中国特色社会主义思想主题教育动员大会,成立学校主题教育领导小组及其办公室,及时制定主题教育实施方案,形成上下联动、齐抓共管、协同推进的工作合力。紧扣"学思想、强党性、重实践、建新功"总体要求,在省委第十三巡回指导组的具体指导下,坚持"第一议题"抓学习、"第一遵循"抓贯彻、"第一任务"抓落实,聚焦主题教育根本任务,立足学校中心工作,把理论学习、调查研究、推动发展、检视整改贯通起来,有机融合、一体推进,推动主题教育不断走深走实。

正向激励,锻造队伍

学校认真贯彻习近平总书记关于干部工作的重要论述,从加快推进新时代党建强校出发,注重遵循干部成长规律,建立源头培养、跟踪培养、全程培养的素质培养体系,健全干部选育管用环环相扣又统筹推进的全链条机制,为推动学校创建地方一流应用型大学提供坚强的组织保证和战略储备。

1.建立健全干部管理机制

学校坚持党管干部原则,树立选人用人正确导向,把新时代好干部标准落到实处。2013年 5 月 15 日,制定印发《三明学院干部选拔任用工作规定》《三明学院干部交流轮岗工作规定》《三明学院处级领导干部职务任期制定实施办法》《三明学院竞争性选拔干部实施办法》《三明学院后备干部选拔培养暂行规定》。2017 年 9 月至 10 月,制定出台《关于强化一线考察干部突出正向激励的暂行办法》《关于建立周工作情况公开制的通知》,鲜明提出"三个不一样"①的一线考核机制,建立"日常考核、分类考核、近距离考核的知事识人体系",实行"职责目标化、目标任务化、任务清单化",着力建立以德为先、任人唯贤、人事相宜的选拔任用评价体系。2019年 6 月,制定印发《关于进一步加强组织员队伍建设的意见(试行)》《关于进一步加强二级学院团委书记队伍建设的意见(试行)》,探索建立干部能上能下渠道。2020 年 12 月,制定印发《三明学院中层领导班子和干部队伍建设规划(2021—2025)》,启动了"789"干部队伍建设工程,即着重选拔"70 后"正处级干部,重点培养"80 后"副处级干部,积极培育"90 后"科级干部,抓好后继有人这个根本大计。2021 年 4 月,修订《三明学院处级领导干部职务任期制实施办法》《三明学院干部交流轮岗实施办法》,探索"双肩挑"干部退出机制,形成了用当其时、人尽其才的良好局面。

2.开展校内挂岗锻炼工作

针对学校干部编制严重不足、干部整体缺乏活力的实际,学校注重立足养用结合,守正创新,于 2017 年 11 月 1 日开始尝试以校内挂岗锻炼的方式盘活人才资源、锤炼干部能力素质。从前期以优秀年轻干部为主,到干部自荐、单位推荐、组织遴选,再到 2021 年 11 月 5 日第 6 批精准化遴选,共组织 6 批次 350 多人次干部校内挂岗锻炼,采取"上挂"学习,"下挂"实践,加强年轻干部思想淬炼、政治历练、实践锻炼、专业训练,推进年轻干部"墩苗式"培养,让年轻干部"墩好信念""墩出本领",很大程度上激发了干部干事创业的热情。

强基固本,建强堡垒

学校坚持以组织体系和组织能力建设为重点,以强化党的有效领导和领导有效为核心追求,不断夯实组织基础,强化体制创新,提升组织效能,推动协同攻坚,将组织势能转化为学校高质量发展动能。

1.强化党建引领作用

学校党委矢志不渝地树牢"抓党建是主责主业、不抓党建是失职渎职、善抓党建是最大本领、抓好党建是最大政绩"的思想意识,紧抓党建强校工作,强化工作部署和推动。通过召开年度党建与思想政治工作理论研讨会,校党委总结交流经验,树立典型,下发责任书,凝聚发展共识,压实主体责任。2018 年 12 月 25 日,召开庆祝改革开放 40 周年暨 2018 年党建与思政工作理论研讨会,兰明尚书记强调要全力推进学校新时代党建引领工程,以政治力、组织力、育人力

---

① "三个不一样"指"干与不干不一样、干多干少不一样、干好干坏不一样"。

建设为重点,强化政治、思想、治理、作用、作风五个引领。2021 年 5 月 6 日,召开基层组织建设工作专题会议,强调要进一步落实好以政治力为统领、以育人力为核心、以组织力为重点的新时代党建引领工程,进一步探索地方应用型高校中的党建强校之道。同年 10 月,召开党建工作专题会议,总结、研究、推进新时代党建强校工作,明确深化"三力"建设,创造性实施"新时代党建强校工程"。2022 年 3 月 31 日,以线上线下相结合的方式召开 2022 年党建工作会议,赖锦隆书记强调要压紧压实责任,突出实干实效,强化问责问效,坚持"五个持续推进"。2023 年 3 月 10 日,召开党建思政与平安建设工作会议,强调要坚持把党的全面领导作为战胜一切困难挑战的根本保证,把大抓基层作为推进党建高质量发展的鲜明导向,强化党建示范,对着问题抓整改,对着要求抓规范,对着发展抓引领,抓好"党支部提升年"行动、党建"一融双高"、党建品牌建设等工作。

2.织密建强组织体系

加快构建上下贯通、执行有力组织体系是抓好基层党建的关键。2016 年以来,学校先后成立统一战线工作领导小组、新时代党建引领工程等"六大工程"工作组、巡察工作领导小组、党的建设工作领导小组、落实全面从严治党主体责任工作领导小组和宣传思想工作领导小组等,在学校党委的统一领导下,通过搭建工作小组来建强党组织带动实施。同时,从 2021 年以来,学校大力弘扬"支部建在连上"的光荣传统,将党支部延伸至专业、学科、科研平台等"前沿哨所"以及实践基地、学生社团、"一站式"服务社区等"神经末梢",教师党支部按系(教研室)设置,学生党支部按学科专业或班级设置,行政教辅部门党支部按部门设置,党组织政治功能和组织功能不断增强,使党支部成为凝聚力量的"主心骨"和"主阵地",打通党建育人"最后一公里"。截至 2022 年 12 月 31 日,学校共有二级党委党(总支)14 个,其中 12 个二级党委,1 个马克思主义学院党总支和 1 个离退休党总支;共产党支部 108 个,其中行政教辅党支部 23 个、教师党支部 34 个、离退休党支部 5 个、学生党支部 46 个。全校共有党员 2208 人,其中教师党员 677 人,占教职工比例为 61.7%;学生党员 1373 人,占学生比例 9.3%;离退休党员 162 人,占离退休教职工比例 44.4%。

3.夯实基层党建基础

学校以新时代高校党建"示范创建、质量创优"工作为着力点和突破口,以"培育为基、重在建设,典型引领、整体推进"为创建思路,深入实施党组织"对标争先"建设计划和教师党支部书记"双带头人"培育工程。2018 年,制定印发《三明学院 2018—2020 年教师党支部书记双带头人全覆盖工作规划》《中共三明委员会发展党员工作细则》。同时,从 2020 年开始探索开展"一部一品"到 2022 年创新开展"一院一品",学校持续打造具有持久生命力、影响力的党建品牌,着力提升基层党建工作质量。2019 年以来,学校入选"全省党建工作示范高校",2 个院系入选全省党建工作标杆院系培育创建单位,2 个党支部入选全国党建样板支部培育创建单位,20 个党支部入选全省党建工作样板支部,2 个教工党支部入选全省第 3 批"双带头人"教师党支部书记工作室,1 篇优秀案例入选福建省新时代党建优秀案例,7 个项目在全省高校党支部工作"立项活动"优秀成果和"党员好故事、书记好党课、支部好案例"中获奖,学校斩获全省首届高校基层党务干部职业能力大赛本科组二等奖,等等。

4.完善党建工作机制

党建工作机制在推动党建工作质量全面创优、引领地方一流应用型大学建设中起着示范性、引领性、关键性作用。2014年4月18日,学校制定印发《关于推进服务型党组织建设的工作意见》。2018年11月16日,制定印发《关于实施新时代党建引领工程的意见》,聚焦一个主责(管党治党、办学治校),提升"三力"建设(政治力、组织力、育人力),强化五大引领(政治引领、思想、治理、作用、作风),落实五项保障(机制、队伍、阵地、经费、监督),把党的政治优势、组织优势转化为学校"转型、提质、增值"的发展优势。2019年3月以来,学校聚焦中心工作和重点任务,探索创新"组团式"机关党建工作机制,实行"四联四共"机制,有效破解机关党建"灯下黑""边缘化""弱化"等难题。2021年11月2日,制定印发《关于进一步加强学校党建工作机制的若干措施》,持续深化政治力建设、育人力建设、组织力建设,深入推进坚持"第一议题"的政治学习机制等"十项机制"建设。

从严治党,涵养生态

学校坚持"严"的主基调,压紧压实各级党组织全面从严治党主体责任,从严落实"一岗双责",准确用好"四种形态",不断提高一体推进不敢腐、不能腐、不想腐的综合功效,切实做到固本培元、防微杜渐。

1.全面从严治党

党的十八大以来,学校坚定不移推进全面从严治党,自觉接受省委巡视,扎实做好整改"后半篇文章"。2013年至2017年,每年召开党风廉政建设工作会议,进一步统一思想、提高认识。2018年以来,每年召开全面从严治党工作会议,坚持不懈把全面从严治党向纵深推进。同时,持续深化纪检监察体制改革,有力促使监督体系更好融入学校治理体系,不断释放治理效能。学校坚定落实党委的主体责任和纪委的监督责任,全面深化政治巡察监督,注重有形覆盖和有效覆盖相结合。2018年9月,制定印发《中共三明学院委员会巡察工作暂行办法》;2020年11月,制定印发《中共三明学院委员会落实〈党委(党组)落实全面从严治党主体责任规定〉实施办法》《中共三明学院委员会落实全面从严治党主体责任清单》;2022年,制定出台《巡察工作实施办法》《巡察干部人才库暂行办法》《巡察组工作规则》等制度文件6个,进一步完善校内巡察工作机制。通过纪检监察、党政办、科技处、财务处、审计处等多部门协同监督,探索建立"1+X"工作机制,根据不同板块、对象、任务,开展交叉、提级、延伸、专项、机动等巡察,打好监督"组合拳"。

2.强化正风肃纪

学校坚持依规治党、纪法贯通,坚持抓住"关键少数"以上率下,加强对"一把手"和领导班子监督,压紧压实全面从严治党政治责任,推动主体责任和监督责任贯通融合、一贯到底,引导全体师生和党员干部知敬畏、存戒惧、守底线。2013年1月18日,制定出台《关于改进工作作风、密切联系师生的实施办法》。同年,修订《三明学院党政领导班子成员党风廉政建设岗位职责》。2015年3月至4月,制定印发《三明学院贯彻落实惩治和预防腐败体系五年工作规划的实施细则》《党风廉政建设责任追究实施意见》。2016年6月3日,制定印发《三明学院落实党风廉政建设党委领导班子及其成员责任清单》。2018年3月以来,创造性持续开展"846"(严格落实中央八项规定、坚决纠正"四风"问题、从严开展六大纪律教育)为主要内容的学习教育、警示教育,严肃执纪问责,营造风清气正的政治生态。2019 年 7 月 5 日,制定印发《三明学院贯彻落实中央八项规定及其实施细则精神实施办法》。2019 年 12 月 31 日,制定印发《三明学院校领导联系二级学院若干规定》。2020 年 11 月 4 日,制定印发《三明学院贯彻落实中国共产党重大事项请示报告条例实施细则》。2021 年 3 月 26 日,制定印发《关于工作过失责任追究办法(试行)》。2022 年,制定印发《三明学院关于加强对"一把手"和领导班子监督的若干措施》。廉洁根基不断夯实,清风正气更加充盈。

第二节　三全育人　立德铸魂

坚持党的领导,探索思政育人新模式

坚持定期召开党建与思政工作理论研讨会、定期检阅党建与思政工作成效是三明学院一项十分重要的传统与优势。2012 年党建与思想政治工作理论研讨会,要求要巩固延伸教育主阵地,继续创新完善思政教育模式,切实增强思政工作的针对性和实效性。2015 年党建与思想政治工作理论研讨会议,要求进一步丰富"新模式",强调"接地气",与时俱进创新思政工作。

在以"筑牢理想、典型引路、全员育人、机制保障"为内涵的 1.0 版育人模式基础上,2017年初,学校党委提出"三明三康"育人理念,构建以"明德、明理、明志"校训精神为追求目标,以"思想健康、生命健康、心灵健康"为工作重点,涵盖全体师生的"三明三康"育人工作体系,通过全体动员、全面覆盖、全线发力,着手打造"三明三康"的 2.0 版育人模式。学校立德树人开启全新篇章。

2018 年 12 月 25 日,庆祝改革开放 40 周年暨 2018 年党建与思政工作理论研讨会强调,要落实立德树人,在坚定理想信念、推进思政课程和课程思政、实施"三明三康"育人工作体系、提升师德师风建设等方面下功夫、出成效。

学校深入实施高校思想政治工作质量提升工程,深化落实教育部"三全育人"工作要求。2018 年 9 月 17 日,《关于建立新生导师制度的实施意见》中提出"成长导师、学业导师、朋辈导师、帮扶导师、创新创业导师"的概念,要求将落实新生导师制作为"三明三康"教育理念的一项重要举措。2019 年,学校入选福建省高校"三全育人"综合改革试点培育建设高校。"三明三康"教育理念,由此成为学校落实"三全育人"的载体和品牌。2019 年 10 月 18 日,《三明学院"三全育人"综合改革试点培育建设实施方案》出炉,紧密围绕"三明三康"的内涵,提出"立足思想领航,守护思想健康;立足阳光远航,守护心灵健康;立足生命护航,守护生命健康;引领修身筑梦,弘扬明德致善;引领乐学追梦,弘扬明理致用;引领立志圆梦,弘扬明志致远"六大任务。

"三明三康"的育人氛围在校园内蔚然成风。自 2017 年至 2021 年,学校连续 5 年举办以"三明三康"为主题的校风提升月主题活动,推出《"三明三康"育人力提升计划》《关于推进"三明三康"育人品牌的实施方案》等,将"三明三康"切实作为学校提升育人力的有效途径和载体,推进学校育人强校目标的达成。

2021年1月6日,校党委组织召开构建新时代思政工作的"三明三康"明院模式专题会议,研究部署以"三明三康"为主线的三明学院思政工作体系建设事宜。要求把习近平总书记和党中央关于思政育人工作的要求同三明学院的特点特色相结合,把"三明三康"作为主线及内容,从力量资源和组织体系上整体推进"三明三康"思政育人体系建设,把学校思政工作做得更有成效、更出亮点、更成特色。

2021年3月17日,学校印发《中共三明学院委员会三明学院2021年工作要点》,明确要求"深化'三明三康'育人导向",从课程化、项目化和网络化层面完善"三明三康"思政工作体系,推动"五育并举",提升"三全育人"工作质量。2021年3月30日,中国共产党三明学院第三次代表大会工作报告中再度强调要深推"三明三康",坚持"五育并举",构建大思政工作格局,立体化打造"三明三康"育人品牌,促进成长成才。

创优方式方法,多点多位协同育人

1.落实领导干部带头讲授思政课制度

2015年10月,校党委书记曾祥辉为学生讲授"明德、明理、明志"专题思政课,活动被《三明日报》报道。2019年5月29日,为深入贯彻落实习近平总书记在纪念五四运动100周年大会上的重要讲话精神,校党委书记兰明尚为学生讲授"百年五四,青年先锋"主题思政课。2019年6月6日,院长刘健为学生讲授"乡村振兴的时代意义与人才培养"思政课,引导学生树立服务地方意识,培养创新创业创造精神。2021年3月25日,校党委副书记赖锦隆以"明理增信崇德力行做三明三康时代新人"为题,引导学生争做"三明三康"时代青年。2022年10月5日,校党委书记赖锦隆以"喜迎党的二十大,青春奋斗正当时"为题讲授"开学第一课",激励广大新生"立大志""明大德""成大才""担大任"。2023年3月10日,校党委书记赖锦隆讲授"青年在中国式现代化中的使命担当",引导学生争做有理想、敢担当、能吃苦、肯奋斗的新时代好青年。

2.实施思政教育"心贴心"工程

通过搭建校领导与师生沟通交流平台,开展"我与书记话心语""校长面对面""校长有约"等活动,提高思政教育针对性。2017年3月19日,校党委书记兰明尚与思政教师及学生座谈交流,共同探讨学校思政课改革创新问题。2017年4月10日,第二十三期"校长有约"活动以"课程思政与思政课程的教育功能之我见"为主题,精准聚焦学生成长成才需求,为下一步推动思政课程改革、推进课程思政提供了有益借鉴。2019年9月10日,学校举办庆祝教师节暨深化思政课改革创新座谈会,进一步学习贯彻《关于深化新时代学校思想政治理论课改革创新的若干意见》精神,推动学校思政课建设内涵式发展,凝聚起全面构建"三明三康"大思政育人格局的共识与合力。2020年9月9日,学校举办"学习习近平总书记《思政课是落实立德树人根本任务的关键课程》重要文章,推进三明学院思政课改革创新"专题座谈会。

3.开展五大主题月活动

为精准服务学生成长成才,2017年9月3日,学校印发《关于开展"尊师爱生月"主题活动的通知》,要求按照全员育人导师制的要求,给予精准辅导与个性化关爱,将解决思想问题和解决实际问题相结合,让学生有更多获得感。此后,学校陆续启动"教学相长月"、"科研推进月"、以"三明三康"为主题的"校风提升月"和"党建引领月"主题活动。自 2017 年起,学校持续推进五大主题月活动,以月为单位时长滚动推进,反复强化,不断深化,推动形成好机制塑造好教师、好干部的良性发展态势。

4. 拓宽思政教育阵地

2018 年 11 月 16 日,三明学院思想政治教育研究院成立,这是学校贯彻落实习近平总书记的重要指示精神,着力提高思想政治教育水平的主动探索。2019 年 4 月,学校成立融媒体中心,注重将融媒体产品与热点时事、校园文化、地方产业相结合,拓展网络思政育人平台,提升思想教育影响力。2020 年 5 月 26 日,学校融媒体中心建设专题会议要求打造三明学院"网络校园",实现师生"云学习""云成长",提升学校"云影响"。2020 年 10 月 15 日,学校成立思想政治教育学部,统筹推进全校课程思政和思政课程建设。三个平台的成立,极大激发了思政教育活力。结合《教育部等八部门关于加快构建高校思想政治工作体系的意见》文件精神,2022 年 1 月 11 日,学校出台《关于新时代加强和改进思想政治工作若干措施》,通过实施铸魂补钙工程、强筋壮骨工程、固本强基工程,深化理论武装体系、学科教学体系等九大体系建设,统筹各方力量,推进形成"大思政课"育人格局。

5. 加强心理健康教育

2014 年 6 月"三明学院心理咨询中心"更名为"三明学院心理健康教育中心";2019 年 9 月,由教育与音乐学院调整挂靠学生工作部(处)。学校将积极心理学理念融入学校"心灵健康"育人实践中,形成队伍建设、课程教学、实践活动、咨询服务、预防干预、平台保障"六位一体"的心理健康工作格局。开好"大学生积极心理健康教育"必修课程以及"社会心理学""变态心理学"等公共选修课,围绕重要时间节点开展系列积极心理活动。建构了学校、学院、班级、宿舍"四级"预警防控体系。建立心理档案,对学生中存在的心理危机早发现、早预警、早干预,保障学生的生命安全和心理健康。2013 年 4 月,学校被中共福建省委教育工委授予"福建高校学生心理健康教育工作基本建设标准示范校"。

6. 加强辅导员队伍建设

一是注重系统谋划,完善队伍建设体系。2019 年配齐 11 个二级学院分管学生工作的专职党委副书记;2021 年,印发《三明学院辅导员重点工作团队建设方案》,成立实践育人、网络育人、文化育人、心理育人 4 个辅导员重点工作团队,推动"三明三康"体系建设落实落细。二是注重考核激励,激发队伍建设活力。制定辅导员工作考核办法,落实专职辅导员专项工作补贴和职务职级双线晋升制度。三是注重培训交流,增强队伍能力素质。2013 年以来,聚焦高校思政工作队伍实际需求,通过举办辅导员论坛,开展专题培训班、实践教学等形式,帮助辅导员拓宽工作视野,锤炼过硬本领。四是注重以赛促学,激发干事创业动力。2016 年、2017 年,先后开展第一届、第二届辅导员职业能力大赛。2020 年起,在三明市总工会的大力支持下,联合举办"三明学院三明市总工会辅导员素质能力大赛"。2021 年,启动辅导员年度人物评选,评出年度人物 3 名、年度提名人物 3 名。2013 年以来,6 人次在全省本科高校辅导员职业技能竞赛中获奖,5 人次获评福建省高校优秀辅导员,1 人次获评福建省高校优秀辅导员提名奖,1

人次获评"福建省最美高校辅导员提名人物"。

7.加强和改进团的建设

学校共青团积极融入"三明三康"育人工作体系建设中,打造"青春三原色"品牌提升工程,在扎实抓好共青团自身建设的基础上,不断深化"思想引领和成长服务"两大战略任务,充分发挥社团组织在培养学生创新精神、实践能力中的重要作用,为学生搭建成长平台。学校现有学生社团43个,其中校级社团21个,院系社团22个,包括思想政治类社团3个,学术科技类社团13个,创新创业类社团4个,文化体育类社团17个,志愿公益类社团5个,其他类社团1个。坚持开展社团嘉年华活动。学校强化思想引领,健全制度体系,加强队伍建设,培育示范项目,使社团活动成为团组织面向青年学生开展思想政治引领的有效载体,为广大学子提供展现自我、提升自我的平台。共青团工作卓有成效,获得全国"五四红旗团委"称号,获省"五四红旗团委"、省"五四红旗团委"标兵称号。

8.高度重视关心下一代工作

坚持以党建带关建,充分发挥"五老"的育人优势。2022年以来,学校关心下一代工作委员会被列入第二批全省基层"五好"关工委示范点,获全省关心下一代工作突出成效奖。

加强教育引导,打造持续发展的育人格局

1.坚持"三区"特色,红色教育多措并举

三明市是革命老区、中央苏区、福建山区,学校立足地方,拥有将丰富的红色文化资源转化为开展思想政治教育的优势。2016年9月8日,学校印发《三明学院开展红色文化传承弘扬工作方案》。2016年12月14日,三明市红色文化研究中心在学校成立,通过广泛整合研究力量,为三明红色文化保护、传承与弘扬提供坚实的理论支撑和智力支持。2017年10月30日,学校与井冈山大学、武汉理工大学共建红色文化协同创新中心,推动三地红色文化实现协同创新发展。2018年6月8日,"三明学院、武汉理工大学、井冈山大学红色文化协同创新中心"正式揭牌。

学校注重引导青年学子传承和弘扬"三区"精神,感受红色文化魅力。2015年,师生创作编演南词说唱《香樟颂》和客家讲古《军号》,2项作品在福建省首届"丹桂奖"电视曲艺大赛中分别获得新人奖一等奖、创作奖一等奖,以及新人奖二等奖。2016年5月,学校广泛开展纪念红军长征胜利80周年主题教育,以"唱红军歌曲""看红军影片""颂红军精神""忆红军事迹""讲红军故事""走红军道路"的方式,加强对青年学生的爱国主义教育。2019年7月,学校大学生骨干培训班以"红色传承,福建如你"为主题赴厦门、泉州等地开展社会实践,传承红色基因,获得全省高校大学生暑期社会实践活动先进团队称号。

学校组织编写校本教材《三明红色文化读本》(大学版)、《三明红色文化读本》(高中版),开发"走进三明""三明红色经典故事导读""三明红色艺术作品赏析""永安抗战文化记忆追寻"等课程,为推进地方红色文化校本课程大中小一体化建设提供人才支撑和智力支持,同时全方位、多角度地展示三明红色文化的"源、根、魂"。

2.坚持以文化人,实践引领价值追求

2013 年 5 月 13 日,学校启动 2013 年校园文化艺术节暨社团巡礼活动,围绕"凝聚正能量,共圆中国梦"主题,设置 28 个子活动,力促广大青年学子在校园文化浸润中成长成才。2014 年 4 月 28 日,学校发布《关于举办"十年本科、百年办学"校庆系列校园文化活动暨 2014 年校园文化艺术节的通知》,聚焦"十载育人成果,百年文化传承"主题,策划开展 24 项活动。此后持续至 2019 年,校园文化艺术节每年举办一次,充分结合庆祝中华人民共和国成立 70 周年、纪念五四运动 100 周年、庆祝改革开放 40 周年、纪念红军长征胜利 80 周年等主题,不断丰富活动内涵,提升校园文化育人功效。

学校大力推进"一院一品""一品一新"校园文化品牌建设工程。2014 年 5 月 18 日,原创校园剧《上大学》在首届福建省大学生戏剧节暨海峡两岸校园戏剧交流展演活动中斩获优秀剧目奖、优秀编剧奖、优秀导演奖、优秀表演奖(3 人)、优秀舞美奖、音响效果奖和优秀组织奖等 7 个大奖。2014 年 11 月 12 日,该剧目再度斩获第 4 届中国校园戏剧节最高奖"中国戏剧奖·校园戏剧奖",得到省政府嘉奖,为学校"以高尚的精神塑造人,以优秀的作品鼓舞人"的校园文化建设添上出彩的一笔。

3.坚持典型引路,榜样育人成效显著

学校每年开展一次"文明班级""三好学生""优秀学生干部""精神文明建设积极分子""十佳大学生""优秀毕业生""三明之星"等各类先进个人(集体)评选活动。2014 年 3 月 28 日,学校发布《关于在党的群众路线教育实践活动中开展"三学三做"活动的通知》,号召广大师生学吴龙,做爱岗敬业、无私奉献的好干部;学刘持标,做教书育人、关爱学生的好教师;学伏旭斌,做奋发有为、品学兼优的好学生,以先进典型为镜子、作标尺,见贤思齐。2017 年,学校推出"三明之星"评选活动,评选表彰"明德之星""明理之星""明志之星"各 10 人,进一步强化引导全校学生争当校训代言人,营造积极、健康、向上的校园风气,此后"三明之星"评选活动每年举办 1 届,至 2022 年已顺利举办 6 届。2021 年 4 月 21 日,学校策划推出"三明三康"青春奋斗故事分享会品牌,邀请师生代表分享青春奋斗故事。2017 年 10 月 13 日,学校大力选树金砖(厦门)会晤服务团队、2017 年世界机器人大赛冠军团队、德国"红点奖"团队为"三个先进团队",号召全校师生开展学习活动。2018 年,学校再度选树 2018 年世界机器人大赛冠军团队和美国 IDEA 奖团队"两个英雄团队",开展专题学习活动。2018 年 12 月 31 日,学校教育与音乐学院 2015 级小学教育 2 班张彦同学获得第 3 届"福建励志先锋"荣誉称号。2021 年 12 月,机电工程学院 2018 级电子信息工程专业姚鸿图同学荣获第 4 届"福建励志先锋"荣誉称号。

4.坚持以赛促学,经世致用深入人心

2017 年 6 月 15 日,出台《三明学院大学生科技创新奖励办法(试行)》。2018 年 7 月 9 日,成立大学生科技创新指导委员会。2020 年 1 月 6 日,正式印发《三明学院大学生科技创新奖励办法》。2021 年 1 月 13 日,印发《三明学院大学生科技创新竞赛项目经费管理办法(试行)》。一系列制度办法的制定,进一步强化学校对大学生科技创新竞赛的分析研判,为青年学生"明理致用"指明了方向。

2017 年、2018 年,学生团队蝉联世界机器人大赛大学组无差别"2V2"格斗项目总冠军。2017 年 7 月,学生李克军的作品摘得具有"设计界奥斯卡"之称的德国"红点奖",2018 年王林、朱明辉等师生团队获得美国 IDEA 国际工业设计大奖。2019 年 10 月,在第 5 届中国"互联网＋"大学生创新创业大赛中获得国家银奖 1 项,铜奖 2 项,实现了学校在该项赛事国家级竞赛中零的突破。2021 年 5 月,在全国第 6 届大学生艺术展演中斩获一等奖、二等奖、三等奖各 1 项,取得该项赛事的历史性突破。在 2021 年第 17 届"挑战杯"全国大学生课外学术科技作品竞赛红色专项活动中,获得国赛二等奖 1 项,三等奖 2 项,省赛特等奖 2 项、一等奖 1 项、二等奖 2 项,获奖数量和层次在省内高校排名第二。在 2022 年第 8 届中国国际"互联网＋"大学生创新创业大赛中获得金奖 1 项、银奖 1 项、铜奖 2 项,实现在该项赛事中国家级金奖零的突破。

5.坚持线上引领,网络阵地不断夯实

2015 年 9 月 17 日,学校研发福建首个团员手册手机 APP,有效拓展了"互联网＋团员意识教育"的新途径新方法。2016 年 1 月,学校申报的"三明"(明德、明理、明志)大学生网络文化工作室入围全省首批大学生网络文化工作室名单,成为 5 个培育项目之一。2017 年 7 月,学校"易班'三明'大学生网络文化工作室"入选"福建高校网络文化示范工作室",易班轻应用"辅导员在线测评系统"入选福建易班"十佳特色应用"。2019 年 9 月,学校团委整合共青团全媒体中心,推进学校共青团新媒体运营。2019 年 4 月,学校成立融媒体中心。2020 年 1 月,学校隆重推出校园文化 IP 形象"明日明月",于 2020 年 7 月启动"明日明月"文化 IP 形象馆建设,2021 年顺利投入使用。

学校以丰富的线上线下活动为引领,提升有效引导组织服务学生的能力水平。2017 年 12 月 13 日,学校邀请全国青联委员、共青团中央青年网络智库特聘专家、2017 年中国青年五四奖章获得者雷希颖等人,以专题报告、主题座谈、现场调研等形式,引导广大师生在网络上树立正确价值导向。2020 年初,学校围绕疫情防控宣传教育,推出"明日明月"主题宣传海报,"宜建钟情""福运昌盛"专题图在全省和湖北宜昌数十家平台展示,成为宜昌人民欢送福建医疗队返程的欢送图片,全网累计阅读量突破 2000 万。2021 年 6 月 19 日,师生团队创作的动画片《明日明月心向党》首映,先后在央视频、学习强国、福建电视台、福建新闻网等媒体播出,荣获"第四届全国青少年文化精品征集推荐活动优秀作品",充分展示学校网络思政工作成果。

6.坚持一把手工程,就业工作稳步推进

每年召开毕业生就业工作推进会议,强调要认真落实就业工作"一把手"责任制,把任务落实到二级学院、落实到个人,举全校之力,创造性地开展工作。2019 年,学校成立以党委书记、院长为双组长,分管学生工作和教学工作的校领导为双副组长,各部门负责人、各二级学院党政负责人为小组成员的校级就业工作领导小组,形成"党政主抓、部门协同、校院联动、全员参与"的一盘棋工作格局。2021 年,学校印发《三明学院毕业生就业工作管理办法》《三明学院毕业生就业跟踪调查实施办法》,进一步健全就业工作推进与反馈机制,压实工作责任。2022 年以来,为贯彻中共中央、国务院关于高校毕业生就业工作重要决策部署,校党委书记、院长带头落实访企拓岗,校地、校企、校友多方联动,通力合作,推进校企供需精准对接。学校通过深入实施校、院两级就业工作"一把手工程",带动学校全员积极拓宽就业渠道,优化指导服务,凝聚就业资源,稳步推进毕业生就业工作。2013—2022 年,毕业生平均就业率(毕业生毕业去向落实率)达 96.23％。学校被福建省人社厅授予"福建省高校毕业生创业孵化基地",获"2022 年福建省高校毕业生就业创业工作先进单位"。

第三节　推进文明建设与全面协调发展

久久为功,持续推进文明创建

1.加强组织领导,凝聚创建合力

2013年伊始,三明学院创建全国文明单位以及省级文明学校工作进入关键阶段。校党委召开专门会议研究部署学校文明创建工作,强调要从思想上重视,突出重点抓建设,明确责任抓落实,确保创建工作落实到位。2015年,三明市当选第四届全国文明城市,也是三明首次获得全国文明城市荣誉称号。有了基础优势,学校更加坚定了创建文明学校的步伐,及时制定《三明学院创建福建省文明学校(2015—2017年)工作规划》,进一步明确新一轮创建工作的目标任务、阶段安排、创建重点、保障措施等内容。2016年10月17日,校党委召开全校领导干部大会,就省级文明学校创建工作进行再动员、再部署。校党委书记曾祥辉强调,要做到宣传教育、责任落实、持续创建三个到位,持续推动文明创建工作出成绩、取成效,为在更高平台上展示学校文明和谐的良好形象作出新的更大贡献。2016年12月19日,学校召开迎接第十三届省级文明学校初评工作部署会。会上要求各部门对文明自查报告和支撑材料等各类文明创建材料进行严格把关,确保材料的准确性、完整性。2018年12月11日,学校召开第二届福建省文明校园动员会,要求进一步对照《测评细则》,细化工作方案,划定时间表任务图,确定责任人,确保每项工作落到实处,取得实效。2021年9月,第三届高校省级文明校园创建工作部署会再召开,有力推动文明校园建设上水平,上台阶。

2.搭建特色平台,激发建设活力

创建学习型党组织是精神文明建设的有力推手。自制定实施《中共三明学院委员会关于推进学习型党组织建设的意见》后,学校定期举办党建与思政工作研讨会,评选优秀论文,编印《春风化雨》论文集,结合各类主题学习教育,精编《思想理论动态》,坚持运用马克思主义中国化最新理论成果武装师生头脑。2016年,学校在图书馆打造了"三明学院展览馆",将其作为师生了解校情、校风、校貌和展示文明校园创建成果的重要平台。用好用活南北区宣传橱窗,积极开展精神文明创建的宣传和展示,制作了"念好发展经　画好风景画——三明学院'转型、提质、增值'在路上""学习雷锋精神弘扬文明新风""翰墨书写新校训文化传递大文明""学文明礼仪做谦谦君子"等宣传专栏15期,传播文明风尚。为传承百年致用文化,开设了"致用讲坛"。学校把培育和践行社会主义核心价值观贯穿于文明创建活动全过程,在开展一系列提升师生文明素质的践行社会主义核心价值观活动的同时,积极组织师生开展形式多样的志愿服务,加强对校园及周边环境的治理,建设美丽校园,并参与三明市创建全国文明城市和卫生城市活动,为三明市创建工作作出了积极贡献。被三明市委、市政府评为"三明市创建全国文明城市工作先进单位"1项,"三明市创建全国文明城市工作先进个人"2人;5人被三元区委、区政府表彰为"三元区创城工作先进个人"。

3. 繁荣校园文化,丰富内涵建设

大力弘扬社会主义核心价值观,积极开展各类主题鲜明、内容丰富、贴近师生、生动多样的校园文化活动。2014年11月12日,原创校园剧《上大学》荣获第四届中国校园戏剧节最高奖,受到省政府表彰和奖励,得到原副省长李红批示。依托三明精神文明建设发源地的文化起源底蕴优势,引导大学生用好三明文化,创演红色文化精品。学校第二次党代会以来,学生自创自演《香樟颂》《军号》《夜半三更哟》《师魂》《青春是什么》《语同音》等优秀剧目;组建三明学院大学生艺术团,将自创自演的优秀作品编成文艺节目,走进三明各县(市区)开展专题巡演;以"风展红旗如画"为主题,推出了《战火中的大学生》《踩雷奇遇记》《难忘红蘑菇》《缅怀》《我爱我家》《钢铁》等微剧作品。持续推进高雅艺术进校园活动,承办省文联"礼赞新中国 奋进新时代"文艺演出、福建省非物质文化遗产地方剧种公益性演出、三明市第24届群众广场文化活动开幕式,大大提升校园文化品位。

4. 对标对表推进,创建成效显著

学校按照创建工作规划,高标准、严要求推动各项工作。2017年1月5日,学校接受省级文明校园初评,获得最高分103分(满分110分)。2017年11月20日,学校第一届省级文明校园考评,成绩突出,名列前茅。2018年7月,学校荣获2015—2017年度"福建省文明校园"称号。2019年10月30日,中央文明办三局副局长邓丽娟、团中央志愿者工作部部长张朝晖莅校调研精神文明建设及志愿服务相关工作。调研领导充分肯定学校精神文明创建工作做法及成效。2020年2月24日,"三明市新时代精神文明建设研究中心"成立并挂靠三明学院,中心设两个研究方向:三明精神文明创建经验研究、三明新时代精神文明建设研究。2020年,三明学院荣获2018—2020年度"福建省文明校园"称号。

凝心聚力,持续办好民生实事

1. 完善教代会暨工代会制度,加强学校民主管理

进一步健全和落实校院两级教代会工作制度,做好提案办理、代表答询等工作,充分发挥民主管理和民主监督作用。坚持重大事项提交教代会审议制度。2013年10月25日,第二届教职工暨工会会员代表大会专题会议审议并通过了《三明学院专业技术职务聘任制实施办法(试行)》。2014年1月9日,二届四次"双代会"提出的增加福利待遇的承诺,教职工奖励性绩效工资的增幅达到12%得以兑现,教工食堂运营模式得以改善。2017年3月16日,三届一次"双代会"通过《三明学院重大基础建设方案》。2022年6月28日,四届一次"双代会"审议通过《关于〈三明学院绩效工资实施办法〉的决议》。

2. 建立健全二级"双代会"制度,推进基层工会组织建设

为全面落实二级"双代会"制度,2018年,学校制定《三明学院二级单位教职工暨工会会员代表大会实施细则》,并下拨专项经费用于各基层工会"双代会"的筹建工作。加强对二级工会

组织的工作指导,全校各二级单位均成立二级工会,每年组织召开"双代会"。校工会积极推进基层工会开展"教工小家"建设,2014年起按会员数划拨专项经费予以支持,并加强指导,不断完善"教工小家"制度建设,丰富工作内涵,突出活动特色,发挥"教工小家"在维护教职工合法权益、活跃教职工业余生活、促进和谐校园建设中的积极作用。

3.坚持典型引路,用榜样的力量激励教职工

积极引导广大教职工学习身边榜样,立足本职岗位,促进师德师风建设。学校涌现了一大批先进集体和个人。2013年以来,学校荣获中华全国总工会授予的"全国模范职工之家"、省五一劳动奖章,天然药物工程研究中心等5个基层单位荣获"福建省五一先锋号",3个二级单位荣获"三明市工人先锋号"等荣誉称号,4个单位获评"三明市模范职工小家",1位教师被评为"全国模范教师",1位教师为奥运会冠军,1位教师为"福建省百千万人才工程人选",3位教师被评为"福建省优秀共产党员",2位教师获评"福建省五一巾帼标兵",2个女教师集体被命名为三明市巾帼文明岗,2位教师被评为三明市劳动模范,多名女教师获省市"三八红旗手"称号,营造"崇尚先进、学习先进、争当先进"的良好氛围。

4.以坚定的信心和强有力举措,全力推进重点民生工程建设

为解决教职工长期以来的住房紧缺问题,2015年3月,学校开展了公有住房专项整顿行动,修订出台《三明学院公有住房管理办法》,对全校公有住房实施有组织的改造提升,并清退长期占用公有住房人员,形成有效的住房管理进退机制。同时,为了吸引人才、留住人才、稳定人才队伍和解决学校教职工的住房困难,学校积极推动教职工限价商品房建设。2006年三明市人民政府召开专题会议,将三明学院受地质灾害威胁的宿舍楼重建项目列为三明市经济适用房建设项目。经多次协调,2009年,三明市怡景房产开发有限公司先行开工建设一期项目(共140套房产,其中76户安置户、4套校产、60户限价商品住房)。因经济适用房项目前期立项时,未说明需拆迁安置的具体情况,项目一度搁浅。经多方努力,市政府于2014年1月6日召开专题会议,同意将原三明学院经济适用房二期项目变更为三明学院教职工限价商品住房项目。2015年,学校加速推进民生项目,投资1000万元,完成一期工程水电、电梯等配套建设,为教授、博士等高层次人才申请和分配房源24套,完成76户征迁和安置工作。2018年,有序推进一期46户住房大证的办理。2019年10月,限价房二期工程开工,2022年12月全面竣工交付使用,共计建成237套房产,其中116平方米93套,119平方米144套。符合条件的青年教职工分期选房,陆续入住。

5.打造"安心"工程,助力高层次人才"安家立业"

为保证教职工全身心投入工作中,校工会紧扣学校人才强校战略,积极落实高层次人才子女入学服务工作。在学校党政领导支持下,2013年以来,校工会牵头多次与市、区教育局、市委组织部、市人才办沟通协调,争取资源,先后为291位教职工解决子女的入幼入学问题。2021年8月,学校与三元局教育局合作在荆东村底洋建设的三明学院实验小学和实验幼儿园顺利通过竣工预验收,小学建筑面积11422.32平方米,开设18个教学班,可容纳学生810名;三明学院实验幼儿园建筑面积3240平方米,开设9个教学班,可容纳270名学生。2021年9月,三明学院实验小学和实验幼儿园正式投入使用,教职工子女的入学难题得到有效解决。

多措并举,持续推进平安建设

1.健全责任体系

紧紧围绕深化"平安校园"建设总体目标,始终坚持"安全第一、预防为主、标本兼治、长效管控"的方针,在全面落实"一岗双责"安全责任的基础上,建立"党政同责"领导体制,逐级签订责任书,形成一级抓一级的平安建设工作推进机制。先后制定《校园防暴恐突发事件应急处置预案》《安全风险隐患及其等级清单》《校园安全风险等级及责任清单》等安全保卫规章制度,构建平安校园建设长效机制,打造"三明三康"总体校园安全体系。

2.强化安全管理

全面开展消防安全、治安防范、安全宣教和校园交通管理等工作,为建设"平安校园"提供有力的保障。推进物防、技防、人防"三防"协同,2013 年,完成校园公共面可视监控系统的安装工作;2015 年,三明市公安局荆东派出所正式入驻校内。常规化开展校园安全隐患大排查,集中整治师生反映强烈的治安问题和安全隐患,如 2018 年,及时有效处置南区 7B 学生宿舍室外地面溜方事件;2019 年,解决南区第二食堂、北区垂裕祠周边违章搭盖及南大门外非法占地等历史问题。

3.强化安全宣传

2013 年,开展消防安全"四个能力"建设、军事理论和国防安全教育工作,全面推进安全防范体系建设,切实维护校园安全稳定。2014 年,积极开展军事理论、国防安全教育。2021 年,将法制教育列入课程,开展"远离艾滋病""关爱生命、远离毒品""崇尚科学、反对邪教"等教育活动,开展防范网络诈骗和"校园贷",预防传销进校园,以及消防、食品安全等内容的宣传教育,为构建和谐平安校园奠定坚实的法制基础。

4.创建平安校园

2015 年,顺利通过教育厅"两项创建"考核评估,获得 5A 级平安校园称号。2016 年,校园综治"三率"测评达优秀等级,校园发案率同比下降 20%,荣获市"5A 级"平安校园称号、市平安单位称号和校园安全标准化建设一级达标校称号。2017 年,严格执行"六好"标准,全员参与、合力推进文明校园创建,第一届福建省文明校园初评和总评成绩均排名全省前列,荣获三明市综治平安先进单位、三元区消防安全先进单位;2018 年,实现安全工作"七无"目标,校园综治"三率"满意度高,荣获 2018 年度三明市平安先进单位;2020 年至 2022 年,连续 3 年荣获"三明市平安先进单位"。

有形有感有效,加快推进统战工作高质量发展

1.聚焦凝聚共识,加强思想政治引领

通过召开统一战线情况通报会、专题培训、座谈会等,宣讲党的创新理论,积极开展"矢志

不渝跟党走,携手奋进新时代""凝心铸魂强根基,团结奋进新征程"等主题教育,举办民主党派、党外知识分子联谊会学习贯彻习近平新时代中国特色社会主义思想专题研讨班等多种方式,引导广大党外知识分子始终站稳政治立场,不断增进对中国共产党和中国特色社会主义的政治认同、思想认同、理论认同、情感认同。学校现有民革、民盟、民建、民进、农工党、九三学社等6个民主党派和知联会,共124人。

2.聚焦风险防范,扎实做好民族宗教工作

学校以铸牢中华民族共同体意识为主线,构建"33133"的全国民族团结进步示范单位创建机制,广泛开展民族团结进步教育和社会实践活动,促进各民族师生交往交流交融。扎实开展"铸牢中华民族共同体意识主题月"活动,2023年与列东中学开展"大手拉小手"结对共建活动,积极探索推进铸牢中华民族共同体意识大中小学一体化发展。2020年,三明学院被命名为福建省第一批民族团结进步重点单位;2021年,作为福建省唯一高校被命名第九批全国民族团结进步示范单位。学校认真落实统战领域安全风险防范工作要求,不断健全工作机制,形成合力,筑牢织密抵御宗教渗透防线,切实维护校园和谐稳定。

3.聚焦品牌创建,激活统战育人"新动能"

学校现有维吾尔族、藏族、回族、蒙古族和其他少数民族学生共计1162人。学校以"三引三关"工作理念为指导,通过定期举行的"书记下午茶""我与书记话心语""校长有约"座谈会、餐叙会,组织少数民族学生喜迎新年联欢晚会,开展"民族团结进步直通车""民族团结一家亲,端午粽香满校园"等有形有感有效的活动,对少数民族学生开展引领思想动态、引导学习生活、引路健康成长的"三引"工作和关注学业发展、关心生活情况、关怀创业就业的"三关"工作。2019年,三明学院"石榴籽"工作室被福建省委教育工委确定为福建省首批少数民族学生辅导员(教师)工作室。2023年建成石榴籽广场和石榴籽工作室。

4.聚焦作用发挥,加强党外代表人士队伍建设

校领导带头落实联系民主党派和党外知识分子制度,经常性走访各民主党派和党外代表人士,以加强党外代表人士培养为抓手,做好党外代表人士的发现储备、政治培训和实践锻炼,深入推进联谊交友工作。在学校教代会、学术委员会、职称评审委员会等多个工作机构和涉及教职工切身利益的绩效改革方案制订等方面,广泛听取吸纳党外人士和专家意见建议,扩大了党外人士的知情权和参与权,创优纳言问策环境,促进学校决策的科学化、民主化。积极举荐优秀的党外人士担任各级人大代表、政协委员,目前2人担任三明市人大代表(其中1人为常委),1人担任福建省政协委员,5人担任三明市政协委员(其中1人为常委),4人担任三明市三元区政协委员。

第六章 大学治理与服务保障

从管理体制改革到治理现代化,是中国高等教育的时代命题。为深入落实《国家中长期教育改革和发展规划纲要(2010—2020年)》,进一步健全完善中国特色现代大学制度,破除束缚高等教育改革发展的体制机制障碍,加快推进教育治理体系和治理能力现代化,激发教育活力,教育部相继出台《深入推进教育管办评分离促进政府职能转变的若干意见》(教政法〔2015〕5号)、《关于深化高等教育领域简政放权放管结合优化服务改革的若干意见》(教政法〔2017〕7号)等重要文件。立足地方应用型本科办学的新要求,面对社会主义现代化强国建设的新需要,学校致力于构建以党委领导下的校长负责制为核心,以职能部门和专业院系为依托,以学术委员会、教代会、董事会等为支撑的现代化大学内部治理体系,逐步形成内部运行更加科学、高效,服务保障质量更优的办学新格局。

第一节 完善治理体系与提升治理效能

持续完善党的领导治理制度体系建设

坚持党委统一领导学校工作,完善党委领导下的校长负责制。为落实《中共中央办公厅关于坚持和完善普通高等学校党委领导下的校长负责制的实施意见》(中办发〔2014〕55号),2015年2月,学校制定印发《贯彻〈关于坚持和完善普通高等学校党委领导下的校长负责制的实施意见〉实施办法》。随后,根据中央有关文件精神,又修订印发了《关于坚持和完善普通高等学校党委领导下的校长负责制的实施意见(修订)》《中共三明学院委员会工作规则(修订)》《三明学院校长办公会议议事规则》《关于落实"三重一大"决策制度的实施办法(试行)》等重要文件,进一步健全党政议事规则和决策程序,依法落实党委职责和校长职权,推进民主管理。

加强学术组织建设。根据教育部《高等学校学术委员会规程》规定"本科以上教育的高校应当在2014年年底前,完成本校学术委员会章程或者相关制度的制定或者修订工作,并按照新规定,完成学术委员会的组建或者改组工作",2014年11月,党委会会议研究通过《三明学院学术委员会章程修改及人员调整方案》和《三明学院第三届学术委员会组建(换届)方案》。文件明确规定学术委员会委员"由具有教授及具有正高级以上专业技术职务的各学科专家学者代表组成",实现了行政权力与学术权力的相对分离,保障学术权力相对独立行使。

推进以章程为龙头的制度体系建设。遵循《三明学院章程》等文件规定,推进规章制度的梳理和"废、改、立"工作,完善学校治理制度体系,依法治校,自觉维护师生员工合法权益,依法保障学术自由、教授治学。《三明学院章程》先后于 2015 年 10 月、2023 年 1 月经省教育厅核准向社会公布。学校在教育部教学工作审核评估前,编制了《三明学院制度总纲》(2018 年版)。之后持续加强制度建设,制定《三明学院规范文件管理办法》,进一步规范文件制定及撤销程序。

成立二级党委,完善议事规则。2017 年 9 月,校党委研究决定成立二级学院党委,坚持二级学院党政联席会议制度,先后于 2015 年、2018 年制定和修订了《三明学院二级学院党政联席会议制度实施细则》《三明学院二级学院党委议事规则》。

成立董事会。2014 年 6 月 28 日,在三明学院正式成立 10 周年之际,三明学院董事会成立,三明市人民政府市长杜源生为董事长,市分管领导和学校党委书记、校长为副董事长,成员由三明各县(市区)有关领导、校企合作单位负责人、校友和师生代表组成。组建董事会是新形势下推进高等教育综合改革、落实高校办学自主权、完善现代教学治理体系、提升高校办学水平的必然要求,是三明学院推进现代大学制度建设、加快向应用型大学转型发展的里程碑。

完善派驻监督体制机制。学校根据省委机构编制委员会《关于省属公办本科高校纪检监察机构编制有关事项的通知》(闽委编〔2019〕20 号)等研究制定《三明学院关于调整纪检监察机构的通知》,决定调整纪检监察机构:保留纪委设置,与省监委驻三明学院监察专员办公室合署办公,下设三明学院纪委(监察专员办)纪检监察室,为校中层正职部门。三明学院纪委(监察专员办)接受学校党委和省纪委监委的双重领导,全面履行党章赋予的职责,根据授权履行监察职责,剥离审计等职能。纪检监察机构人员编制核定 9 人,其中纪委书记 1 名,纪委副书记 1 名(兼任纪检监察室主任),副主任 1 名,工作人员 6 名;核定处级职数 2 名,科级职数 4 名;下设 3 个科室,即综合科(案件审理科)、监督检查科、审查调查科。

审计监督机构逐步实现独立审计监督权。2019 年 9 月,学校决定筹建成立审计处,先行挂靠学校党政办公室;2020 年 3 月,决定成立审计与资产管理处,将原国有资产管理处成建制和原纪委办、监察审计处剥离出的审计职能划转到审计与资产管理处。2021 年 3 月,成立审计处,将原审计与资产管理处剥离出的审计职能划转到审计处。同时撤销审计与资产管理处机构。审计机构独立后,2022 年 7 月,研究制定《三明学院党政办公室关于印发〈三明学院内部审计工作规定〉的通知》,明确学校内部审计"组织和领导、审计机构和人员、审计职责与权限、审计工作程序、审计整改与结果运用、责任追究"等,将审计监督权制度化、规范化。

建立和完善三级建制二级管理机制

建立健全校、院、系(教研室)三级建制二级管理机制。2015 年,学校根据三级建制二级治理需要,研究制定了《三明学院系的建设与管理暂行办法》等。其中最重要的内容就是新的学科组织的设置。截至 2015 年底,原则上,学校基本取消原有教研室设置,除国际学院和海峡理工学院外,其他各学院共设立 39 个系(教研室),平均每院设有 3 个系(教研室),最多的有 4 个,最少的有 2 个。由于各学院学科专业设置及教学需要不同,体育学院、外国语学院和马克思主义学院有 6 个学科组织保留或沿用原来的教研室(承担公共教学任务或未设置专业的学科组织)命名;另有 33 个学科组织以系命名。这是教研室制学科组织向系(教研室)制学科组织的转变。截至 2022 年,学校系(教研室)共 58 个。与 2015 年相比,增加 19 个。

明确院系二级建制关系,以及系属于学科建制的学术性质和组织任务。2015 年,实施《三明学院系的建设与管理暂行办法》,规定各学院是在学校的二级办学实体,对系工作起指导、协调和服务作用。系是最基本的学术单元,是由学院教学人员按学科组建而成的以教学、科研、社会服务为主要任务的基层学术组织,是学校的办学基础。文件明确了院系二级建制的关系,以及系(教研室)属于学科建制的学术性质和组织任务。系(教研室)从行政机构转变为学术组织,自主承担系的学科建设、教学工作、科研和社会服务;参与人才评聘、业绩考核、学生管理和经费管理等。系具有了教学、科研、考核、经费等相对独立治理的权力与责任,突破了传统上传下达的行政化管理职能范畴,优化了内部治理机制。

基层管理机构设置与改革

本科教学合格评估通过后,为加快转型、提质、增值发展,学校适时进行了新的机构设置与调整。2012 年 11 月,将原评建办更名为发展规划处(质量监测与评估中心),成立了国际合作与交流处,以适应高等教育改革发展、教育教学评估和对外合作的需要。成立海峡动漫学院和海峡理工学院 2 个教学机构,以适应动漫产业发展和两岸合作办学的需要。

2019 年 3 月 14 日,学校发布《关于新组建(成立)经济与管理学院等 5 个教学机构和调整机关党委等 10 个党政管理机构的通知》,新组建经济与管理学院,不再保留管理学院和旅游学院(经济学院)建制;新组建艺术与设计学院,不再保留艺术设计学院(鞋服学院)和海峡动漫学院建制;新组建海外学院(外国语学院),不再保留原外国语学院、国际学院建制;新组建体育与康养学院,不再保留体育学院建制;成立创新创业学院,并确定为教学机构。同时,对学科建设、招生与就业、教育技术与网络技术、档案管理、离退休干部管理、教师教学发展中心等职能作了调整。

2021 年 10 月 26 日,根据《中共三明市委机构编制委员会办公室关于调整三明学院机构编制事项的通知》(明委编办〔2021〕199 号),同意调整机构编制事项如下:党政管理机构 19个,教学机构 15 个,教辅机构 2 个。

2022 年 5 月,为进一步规范学校内设机构设置,提高工作效能,促进事业发展,不断适应教育改革发展的新要求,经校党委会研究发布《三明学院行政管理、教辅等单位机构设置及人员编制方案(修订)》,根据工作需要作出了较大的改革。内部机构实行分类管理,在处级和科级的基础上,增加了自设机构,分为一类、二类和三类,分别参照正处、副处和正科级机构管理。一类机构:美丽中国发展研究院(新技术研究院);二类机构:校档案馆(校史办)、学报编辑部;三类机构:校医院、资产经营管理公司。

党政管理机构有 21 个,分别为党政办公室、组织部(机关党委)、宣传部、纪委综合室、纪检监察室、统战部、人事处(教师工作部)、教务处、科技处(社会科学处)、财务处、学生处、国有资产管理处、发展规划处、对外合作与交流处、后勤管理处、保卫处、学科建设与研究生处、审计处、社会合作处、工会、团委。其中纪委综合室和纪检监察室根据省有关规定设置。

新成立了纪委综合室、对外合作与交流处、社会合作处。将教师工作部从组织部调出,与人事处合署办公;将离退休工作办公室、教师教学发展中心分别从挂靠工会、教务处调整为挂靠人事处。

根据工作需要,宣传部加挂文明办、统战部加挂校友会、人事处(教师工作部)加挂人才办、学生处加挂学生工作部、对外合作与交流处加挂台港澳办公室、保卫处加挂武装部;发展规划处、学科建设与研究生处暂时合署办公;科技处(社会科学处)、社会合作处暂时合署办公。

教学机构为:教育与音乐学院、经济与管理学院、艺术与设计学院、信息工程学院、机电工程学院、资源与化工学院、建筑工程学院、海峡理工学院、文化传播学院、海外学院(外国语学院)、体育与康养学院、创业管理学院、马克思主义学院、继续教育学院。

教学辅助机构为图书馆、网络技术中心。

绩效工资改革

绩效工资改革始于 2012 年。根据福建省公务员局、福建省人力资源开发办公室、福建省财政厅《关于福建省其他事业单位实施绩效工资的指导意见》(闽人发〔2010〕135 号),三明市人事局、三明市财政局《关于三明市属其他事业单位实施绩效工资有关问题的指导意见》(明人〔2010〕316 号)等,2011 年 12 月,校党委会研究通过《三明学院绩效工资实施暂行办法》,决定从 2012 年 1 月起执行,实行事业单位绩效工资制度,将原工资体系中岗位津贴、职务补贴、地区补贴、考勤奖及单位自筹发放的各种补贴、奖金和福利等逐步取消,纳入绩效工资实施和管理范围。

绩效工资分为基础性绩效和奖励性绩效,基础性绩效设岗位津贴和生活补贴 2 个项目,按照市有关规定的标准发放。奖励性绩效工资以岗位工作业绩为基础,根据教职工完成工作任务、取得创新性成果和贡献发放的绩效工资部分。奖励性绩效工资标准由学校根据当年财力状况以及上级主管部门核定的绩效工资总额确定。

奖励性绩效工资按专业技术岗位、管理岗位、工勤技能岗位 3 种类型,分别设置不同的岗位级差,每个级差给定对应的绩效级点,其中专业技术岗位分 14 个等级,管理岗位分 17 个等级,工勤岗位分 8 个等级。同时,按正厅到副科设置不同的领导责任津贴绩点。根据绩效绩点发放奖励性绩效工资。

这一改革的指导思想是,在岗位聘任的基础上,坚持多劳多得、优绩优酬,重点向高层次人才、优秀人才和关键岗位倾斜,向教学和科研一线教师倾斜,发挥激励导向作用;同时推动校院(系)两级管理,实行目标管理责任制和奖励性绩效津贴总额切块、动态包干的分配办法。

绩效工资改革取得一定成效,但仍存在一些问题。实施绩效工资以后,对在教学、科研、学科建设中作出突出贡献的教师,按规定予以奖励,未纳入绩效管理范畴;继续实施教师超工作量津贴,其津贴由学校全额承担,也未纳入绩效管理范畴;年度考核奖励津贴、学校原发放的误餐补助、过节费以及年终一次性奖金等暂予以保留。而这些经费开支项目均属于绩效工资的范畴。

2016 年三明市首次核定我校人均绩效工资为 8 万元,并实行总量限制管理,2019 年提高到 9 万元。基于绩效工资总量的控制和高等教育改革发展的新要求,结合教育综合改革,新的绩效工资改革方案在持续酝酿之中。

2020 年 10 月,中共中央、国务院印发《深化新时代教育评价改革总体方案》,进一步深化人事分配制度改革,完善收入分配体系,建立与岗位聘任相适应的分配制度,并充分发挥绩效分配政策激励导向作用。2022 年 6 月,福建省和三明市也出台关于规范事业单位工作人员津贴补贴的文件,进一步对绩效工资的范畴进行了规范。明确国家工资、绩效奖金和明确规定的可发放项目外,其他都要纳入绩效工资范畴,严禁超总量管理。同时在绩效评价上,要破"五唯",要综合评价。正是在这样的背景下,2022 年 8 月,《三明学院绩效工资实施办法》经党委会议研究、校第四届教职工暨工会会员代表大会第一次会议审议通过后颁布,从 9 月 1 日起施行。

新绩效方案强调以新时代教育评价改革为导向,以提高教学科研能力和人才培养质量为目标,坚持稳中求进的工作总基调,落实"放管服"要求,将管理重心下移,逐步推动"校办院"转向"院办校"。

新绩效方案在奖励性绩效中设置岗位责任奖励、超额业绩奖励、专项奖励和其他奖励 4 个项目,将原来教师超工作量津贴、食堂补助以及年终一次性奖金等纳入总量管理。在原来绩效绩点的基础上,引入"积分+现金"考核方式,在教学、科研和服务学生工作量上主要用积分来评价,打通三者间的壁垒,实现综合评价。通过积分浮动的方式,把绩效工资总额控制在规定范围,把绩效工资各板块的构成比例和各板块内部的结构比例调整在合理区间。加强绩效工资的统一管理,除绩效办外,学校其他职能部门不得出台涉及绩效工资分配的管理办法。

新绩效方案注重落实两级管理。明确在二级学院建立绩效专户,要求二级单位根据学校绩效工资方案,制定自己的实施细则,真正落实"切块下拨,自主分配"的二级分配管理模式。明确学校以二级单位为整体,确定年度教学、科研和服务学生的工作量,以单位为整体核拨奖励性绩效总额,学校不针对教师个人。明确以二级单位为主,确定教师个人年度教学、科研和服务学生的工作量,并落实绩效工资考核工作。开学初将绩效总量核拨下发,完全由二级单位进行二次分配。

为体现分类管理和评价的特点,根据二级学院学科专业的不同特点,学校在工作量的一级考核指标中,设置 5 个不同的任务标准,并由二级学院自主选择拟完成任务。同样地在二级考核指标中,学院为教师设置 7 个不同的年度任务考核标准,由教师自主选择拟完成任务。为了改革的平稳过渡,方案还制定了诸多保护措施,如高龄教师科研免考核、新进教师有半年的保护期,科研"信用卡"制度等。根据不同的类别实行不同的考核体系,高层次人才主要以签订的协议任务考核为主,二级单位主要正职领导单独考核,教学、管理、教辅人员分类考核等。

第二节 公共服务与保障体系

财务服务与保障

1.加大资金筹集力度

"十三五"期间,办学经费收入从 3.71 亿元增至 2020 年 4.81 亿元,增长 29.65%。经过积极争取,2021年学校获得534国道二期、莆炎高速互通项目征迁土地补偿款2636万元;2022年首获8000万元中央预算内资金支持项目和地方政府专项债2亿元资金支持项目。充分利用国家重大仪器设备购置与更新项目申报贷款贴息政策,为提升学校实验室建设水平提供资金保障。

2. 健全财务制度建设

修订《三明学院现金管理暂行办法》,并于2015年1月开始,首次采取"非必要无现金"方式报账,教职工通过银行转账的方式领取报销款,改变了以往以现金报账为主的报销方式,这一举措给广大教职工提供了极大的工作便利,也有效规避了使用现金结算潜在的财务工作风险。2018年完成财务制度分册编制工作,2019年修订完善《三明学院财务管理暂行办法》《三明学院经费使用审批和管理暂行规定》《三明学院国内公务接待管理办法》等10余项制度,财务服务保障制度体系建设逐步完备。

3. 推进财务服务能力提升

积极探索通过信息化的手段,不断提升财务服务的智慧化、便捷化水平。2017年9月,引进微信取号排队系统,改变以往教职工在报账大厅长时间排队等候问题;2018年4月,开通财务信息网上综合查询系统;2019年10月,试行建立财务预审员制度,提升服务效能。在此基础上,2020年建立预审员创新班制度,进一步提高学生财务预审服务水平。同年,学校以智慧校园建设遴选合作银行为契机,进一步优化提升财务收费系统,通过兴业银行"兴e付"收费平台开发出可部分缴费的收费系统,给无法全额缴费的学生提供便利。同时,将财务处微信查询及缴费平台对接财务系统信息,便捷各类财务信息查询。推进新一卡通系统升级,推行"校园码"身份认证。

2021年以来,学校推进"一趟不用跑"改革,上线财务"网报网批"财务系统,实现了财务信息化与智能化等融合,使财务工作智能化水平有质的飞跃。解决了广大教职工财务报销"签字审批难""等待时间长""前来次数多"等问题,财务信息化建设水平迈上新台阶。

审计和法律服务与保障

审计和法律事务工作锚定高质量推进地方一流应用型大学建设战略目标,依规依法全面履行监督服务保障职责,加快构建全面覆盖、权威高效的监督体系,充分发挥审计与法律事务推进学校治理体系和治理能力现代化的作用。

1. 聚焦完善体制机制

深化审计管理体制改革,成立审计委员会,把党对审计工作的领导更加实化细化制度化。健全完善审计与其他监督贯通协同的体制机制,成立经济责任审计工作联席会议,推动各类监督相向而行、同向发力。为全面推进依法治教、依法治校,成立由专兼职人员组成的法律顾问团队,维护学校和师生的合法权益。

2. 聚焦规章制度建设

为提高制度化规范化程序化水平,陆续完成内部审计工作规定、内部管理领导干部经济责任审计实施办法、经济责任审计工作联席会议制度、审计整改工作实施办法、合同管理办法、法律事务管理办法、法律顾问管理办法等规章制度的制定工作。持续优化工作流程,加强廉政风险防控,按照制定修订后的规章制度,对有关送审材料清单和审核流程进行优化,对照工作职责和权力运行轨迹,全面梳理廉政风险点,制定防控措施。

3.聚焦工作高质量

加强教育引导,开展法律法规、学校规章制度宣讲及创业就业和防诈骗知识培训,做好审计咨询和法律事务咨询,严格合同审查工作,增强师生纪律、规矩、法治意识,做到关口前移,有效发挥免疫作用。注重工作闭环管理,探索形成检查、反馈、整改、报告工作模式,保障重点工作落实落细落地,为学校事业实现高质量发展提供坚实保障。

后勤服务与保障

理顺后勤管理服务体制。2004年成立后勤管理处,2009年4月,学校实施后勤管理处内设科室调整,将国有资产管理职能从后勤管理处剥离,单独成立国有资产管理处。同时,基建办公室并入后勤管理处,后勤管理处下设综合管理科、校园管理科、规划建设科。2014年4月,为改善学校后勤服务工作存在的多头管理、责任不明等现象,学校将后勤服务中心撤销,并将相关后勤服务保障职能并入后勤管理处统一管理。后勤管理处下设综合管理科、物业管理办公室、基础建设科、膳食管理科、车辆管理科,医务室为学校直属单位,挂靠后勤管理处管理。

开通公交专线,便捷师生出行。在市政府的支持下,2013年9月,三明公交公司开通三明火车站至三明学院39路公交专线,又于2014年6月学校"十年本科、百年办学"系列活动前夕,开通三明学院至列东四路公交直达K37专线,后又将终点延伸到东新六路,更加方便师生来往市区。

实施社会化改革,提升后勤管理精细化水平。2015年,学校按照全国高校后勤改革工作会议精神,组织对校园绿化、公共卫生服务进行了初步改革,首次通过公开招标方式,引进社会力量做好相关服务工作。2016年,学校成立物业改革领导小组,按照"探索推进后勤大物业改革,引进优质团队,实现后勤工作社会化"的总体工作部署,拟定后勤大物业改革方案,通过招标方式,引入第三方,实行整体外包。10月,珠海丹田物业管理股份有限公司正式进驻学校,服务内容包括校内水电供应、绿化卫生、200元以内小型修缮、会务接待、安保及学生宿舍、教室、多媒体、公寓楼等综合管理服务。至此,学校基本构建起物业服务保障全面社会化的新格局。

提升餐饮服务标准,打造师生满意食堂。从师生餐饮服务需求出发,积极利用"学校设计＋中标方投资"、餐厅智慧化管理、餐厅后厨标准化改造等创新手段,先后引入福建京元餐饮、广州妈妈菜餐饮、利新源餐饮、立品餐饮等多家优质餐饮公司,在全国高校中率先引入沙县小吃旗舰店,校内餐饮服务环境、品质得到大幅提升。北区食堂获评三明市A级餐厅和"放心"食堂荣誉称号;南区食堂通过福建省伙食管理专业委员会评审颁发"6T"实务现场管理示范食堂(三明市唯一一家)、三元区标杆食堂等荣誉称号,相关工作受到三明市食药监局的高度肯定,将南区食堂作为企事业单位食堂管理典型经验对外推广,管理和经营模式多次被三明市电视台和"三明食客"等自媒体宣传、报道。

改善就医条件,提供贴心医疗服务。2016 年 10 月,校医务室与中西医结合医院签订了医疗联合体,促进医务水平的提高。学校投入资金,对医务室进行了装修改造,并在市相关部门的支持下,财政专项投资 100 多万元购买添置医疗设备。2017 年 3 月 15 日,经三元区卫生和计划生育局批准,校医务室升格为医院,医疗环境进一步改善。

加强车辆管理,推进实施公车改革。2018 年 3 月,按照省、市有关部门公车改革精神,学校将小车队整体划转后勤管理处,采取社会化保障方式,向市公交公司租用公交车辆补充校车不足,保障了教职工日常上下班接送需求;向市公务用车保障平台租赁小型车辆,保障重大活动期间公务用车需求,为相关活动的顺利开展提供了有力保障。此次公务车辆改革,进一步捋顺学校公务车辆编制、司勤人员及保障内容,进一步规范公务车辆管理。

2018 年 9 月,学校组织开展的国家级节约型公共示范单位申报创建工作,在全省 65 家参与创建的单位中,以创建评价分福建省第一名、综合分福建省第二名的成绩荣获"国家级节约型公共示范单位"荣誉称号。

历经多年发展,后勤服务保障体系逐步建立完善,有力保障了学校事业发展。

网络和信息化服务与保障

1.校园网络建设

2017 年,学校与三大运营商签订《移动通信基站设置场地租赁合同》,明确三大运营商校内场地租赁、水电使用等事宜。与中国铁塔三明分公司签署战略合作协议,由铁塔公司对校园内 4G 网络进行统一规划部署、规范管理,整洁美化校园环境。

2018 年,学校与中国电信三明分公司签订《智慧校园信息化服务平台业务合作协议》。电信投入 650 万元用于智慧校园网升级项目所需校园网有线无线一体化改造、智慧校园网络双万兆核心单出口建设、全网统一认证计费等内容。

2020 年,学校与福建省电子信息(集团)有限责任公司签署战略合作协议,同时,完成银校合作共建"智慧校园"项目部分合同签订。

截至 2022 年 12 月,学校已基本完成老旧网络线路和落后设备的升级替换,极大地降低了网络故障率,提高了网络运行速度,提升了师生的办公学习效率。校园无线网覆盖率达到90%(不包括新建楼幢),全校楼幢进行桥架覆盖,学校核心设备已经完成升级替换工作。实现学校网络出口总带宽 26100 M,为我校"智慧校园"项目打下硬件基础。

2.数字校园建设

2017 年,为提高学校关键数据的应用和管理水平,解决学校关键数据的安全使用问题,学校利用中央财政支持地方高校项目建设经费,投入 500 多万元建设三明学院数据中心。

2017 年,启动网络教学平台建设,截至 2022 年 12 月,已建设网络教学数据本地化存储容量 80 T,创建课程共 8717 门。2018 年 11 月,成果导向教育管理平台顺利通过三明市科技局(三明市生产力促进中心)组织的科技项目评审鉴定,并举办了发布会。

2019年,完成了"三明学院网络安全二级等级保护工作"的设备部署与安装调试工作,并完成了福建省网络与信息安全测评中心对我校网络安全进行等级测评工作,提高校园网整体运行的安全性和可行性。学校成立"三明学院网络安全与信息化工作领导小组",进一步加强网络信息安全和教育信息化建设领导工作。

2020年,启动《三明学院智慧校园可行性研究报告暨初步设计方案》编制工作,全面启动银校合作"智慧校园"项目认证和建设工作,包括"智慧校园"可研方案、数据中台、虚拟电子身份系统等。

3.网络教学资源建设

学校高度重视课程信息化建设,努力依托课程建设平台,以精品资源共享课建设为手段,积极推动网络互动教学,形成开放、互动、共建、共享的教育模式,逐步实现课程管理的数字化、网络化,提高学校整体教学水平和教学质量。引进超星尔雅课程平台,打造网络教学平台,不断丰富网络教学资源库,实现MOOC教学和移动教学功能,提高了教学资源的共享程度,为学生提供了一个专业覆盖面广的网络教学资源库。利用在线联盟、超星尔雅、智慧树等平台的网络课程资源,进行全校公共选修课、专业混合式教学课程的修习。学校建设了录播系统、教学资源网站和精品课程资源网站,为教学提供了一系列信息化平台和资源。

2008年,精品课程资源网投入使用。此为学校自建资源的精品课程集中展示平台、教学资源共建共享服务平台,集中展示100多门精品课程。

2012年,建设远程教学视频资源平台,实现与台湾姐妹院校实时远程视频教学,并实现远程视频教学资源录制存储。

2014年,采购高校教师培训平台——教师在线学习中心,主要利用数字化和网络技术,通过遍布全国的省市分中心体系,组织开展以课程教学、专业建设、教师发展为主要内容的培训。

2015—2016年间,建设视频新闻点播、直播平台,实现跨平台、移动视频点播、移动直播功能,现有视频新闻资源量500 GB。

2016年,建设自动录播教室,这是基于标准课室建设、能实现常态化录课的系统,并借助互联网技术,将录播系统的音视频服务统一由部署在学校的视频应用云平台,进行对外服务。

2017年,整合相关学科的教学和人力资源,建设"虚拟仿真实验教学中心"。该中心现有绿色铸锻虚拟仿真实验教学中心、供应链(鞋服)虚拟仿真实验教学中心、茶浓缩液制作虚拟仿真实验教学项目、数字化艺术与设计虚拟仿真实验教学中心、四氟乙烯乳液聚合虚拟仿真实验教学项目、施工现场布置与安全管理虚拟仿真实验教学项目等6个实验仿真教学项目。2017年9月,网络在线课程平台开始建设并投入教学应用,该平台可利用课程数量达到1000多门,其中校内自建课程60多门,注册师生数2万多人,平台访问数约2000万次/年。网络课程平台通过教学互动平台、管理平台实现教学互动功能、资源共享功能、移动学习功能、教学门户的建设,使教师能够进行课程建设、教学监控、资源共享,学生能够自主学习,并实现所有数据的整合。

图书馆不断优化馆藏资源多元保障体系,初步实现集纸质与数字资源、课程学习与科学研究、文化传承与创新为一体的绿色知识家园目标。

图书资源共享及服务体系建设

图书馆根据学科专业建设的发展需求,不断调整和优化馆藏资源建设,加强特色资源的搜集整理与自建,逐步形成了纸质资源与电子资源、普通资源与特色资源相结合,既满足学科专业需求,又体现本校历史特色的馆藏文献信息资源体系,以服务保障学校教育教学工作。遵循以人为本、读者至上的服务宗旨,保障每一位读者享有平等利用图书馆的权利,凡持有三明学院校园一卡通书刊借阅功能的读者,均可凭本人校园一卡通进馆阅览图书、报纸、杂志或电子资源,通过自助借还机或总服务台办理馆藏书刊的外借或预约借阅手续,同时,可登录学校知识服务平台,免费使用数字资源。

图书馆馆藏资源涵盖以下 5 个方面:(1)旧藏,即三明学院图书馆前身三明高等专科学校图书馆的原有馆藏资源,包括原三明师范学校(含原福州致用书院、东文学堂、全闽师范学堂等珍藏古籍)、三明职业大学和三明师范高等专科学校等图书馆的各类藏书总量 60.3 万册(含电子图书 10 万册),现报、现刊 1464 种,各类光盘 600 多盘。主要来源于旧藏、购置、社会捐赠、共享和自建 5 个方面。(2)购置,在原有旧藏的基础上,每年投入一定经费,购置扩充各类纸质图书和电子资源。(3)社会捐赠(含校友),社会各界机构和个人捐赠的图书、手稿、作品等。(4)共享,三明学院图书馆 2009 年加入中国高等教育文献保障系统(简称 CALIS),2016 年加入福建省高校数字图书馆(FULINK)。(5)自建,2012 年开始先后自建闽台客家文献数据库、"闽台书院与经世致用文化研究资料室"、"敦煌文献室"(电子)和"万寿岩考古"等电子文献室。另建立"闽师之源"特藏文献室,整理出版《三明学院图书馆古籍普查登记图目》,该图目被国家古籍保护中心批准列入"中华古籍保护计划成果"。

图书馆数字资源全天 24 小时开放,读者可通过手机、电脑或图书馆资源检索厅终端,登录三明学院知识服务平台访问万方数据资源系统、中国知网、超星数字图书馆、读秀学术搜索平台、书香三明学院等各种电子数字资源,在线阅读或下载利用。2014 年 5 月 19 日开通"书香八闽——三明学院"互联网数字图书馆。

2015 年以来,图书馆积极参与校园文化建设,开展阅读推广服务工作。持续开展"历史上的今天与阅读"推送专栏、"每天阅读经典一小时"等读书打卡活动;联合校党委宣传部、校团委,深入挖掘馆藏致用书院藏书蕴含的传统文化价值,开展"致用之声"有声阅读活动;联合学生社团,举办展览、观影、沙龙、讲座活动;在图书馆门户网站主页开辟专家/教师导读、馆长推荐、经典丛书推荐等栏目。

从 2017 年开始,图书馆开展校内外引证查询、数据分析、专业评估,为学校人才引进提供学术评价、科技查新等方面的学科服务工作。(1)创办《知识管家》内刊;(2)科技查新,联合福建农林大学图书馆、福建大学图书馆,设立了"福建农林大学科技查新工作站三明学院工作点""福州大学科技查新工作站三明学院工作点",承接校内外科技查新服务。

同时,图书馆充分发挥高校文献信息资源优势,积极为社会各企事业单位提供文献信息资源共享服务。2012 年,与三明市博物馆签订了合作协议,实现了资源的共建共享;2015 年,与三明市中级人民法院订立合作协议,共建三明学院图书馆法律分馆;2017年7月,在驻明某部队62分队设立阅读点;2018年4月,在永安大湖中学设立三明学院图书馆"闽师之源大湖读书社";2018年6月,在中铁十一局集团有限公司莆炎高速三明段项目部设立阅读点;2018年12月,三明学院图书馆被中国图书馆学会列入"全民阅读示范基地"名单。

第三节 校园建设与空间拓展

基础设施条件持续改善

在学校中长期发展规划和"十四五"规划目标指引下,学校持续强化校园基础设施建设,校园面貌日新月异。

1. 持续提升基础硬件设施

2013年暑期,为适应学校招生规模进一步扩大,做好基础设施保障工作,学校新建北区第二学生食堂等项目,并完成荷花苑3号学生公寓和专家楼的维修改造工作。

2014年,学校迎来"十年本科、百年办学"校庆,这期间,规划启动了一系列基建项目建设。主要有:

商业街桥梁修复拓宽工程。该项目建设46.5万元,于7月7日进场施工,8月30日交付使用。

理工三、泊雅楼、鸿文楼、外语楼外立面改造。项目投资355.2万元,暑期完成了改造项目设计、预算、预算审核及施工招投,8月7日进场施工,10月份完成施工。

学生公寓建设。荷花苑1号、荷花苑4号公寓维修改造,项目建设投资分别为113.1489万元和39.8987万元,暑期实施修缮改造,2014年9月初完工并投入使用;紫荆园1号学生公寓,项目建设总投资1297.1万元,2014年9月开工建设,2015年6月完工并投入使用;紫荆园2号学生公寓,该项目于2012年7月11日立项,建筑面积6546.58平方米,为7层框架结构,项目总投资1809.82万元,于2015年12月4日竣工投入使用。

供电扩容改造。2014年8月19日,启动全校电网主电网改造及南北区高压配电房建设工作,解决学校电网容量不足问题。建设内容为对10千伏供电网及南北校区配电室、图书馆配电室进行扩容改造,于2015年7月8日完工投入使用,总投资1800万元。

北区田径场建设。2015年6月,经磋商,对北区大门旁的20亩荆东村土地采用先租后征的方式取得地块使用权。2015年8月,北区田径场项目正式开工建设,项目占地面积12677.16平方米,建设内容包括:250米塑胶跑道田径场、铅球投掷区、跳远沙坑等运动区,项目总投资317.6687万元,项目分两期建设,于2017年3月正式建成投入使用。

2016—2017年,建成南区学生活动中心和学生服务中心。

2. 推进建设产教融合实训基地建设

2014年1月,为迎接教育部本科教学工作审核评估工作,学校决定在未来3~5年内规划建设产教融合实训基地。通过建设工科实训楼、艺术楼、体育馆"三大项目",并通过购买三元区政府原荆东生物医药科技楼,以解决学校办学实训场所不足问题。

文科实训楼(科技楼)。2015 年 1 月 3 日,学校与三元区人民政府签订房屋土地购置协议,购得原荆东生物医药科技大楼,用于扩充学校办学实训场所面积。大楼主要用于信息工程学院教学、办公、实训,入驻教育部-中兴通讯 ICT 产教融合创新基地,并承担着我市 ICT 行业人才培养的重要任务。2021 年下半年,信息工程学院正式搬迁入驻。2018 年 9 月,市长余红胜到校调研,为解决国道 534 线建设影响,阻隔学校主校区和科技楼连接通道问题,市政府规划建设三明学院科技楼"科技行知"天桥项目,并将该项目列入市政府支持三明学院发展的重点建设项目,实行"交钥匙"工程。该项目建设总投资 690 万元,桥长 130.5 米,桥面宽度 3.5 米,最大跨径 39 米,桥梁最高处达 28.48 米,2021 年 1 月 25 日竣工投入使用。

工科实训大楼。该项目系我校产教融合实训基地建设项目一期工程,总用地面积 15552.01平方米,总建筑面积 30000 平方米,建安投资 1.16 亿元。主要建设机电工程学院、资源与化工学院的教学、行政、实训场所,内含机械工程实训中心,海峡汽车工程技术研发中心,化学工程与工艺专业国家卓越工程师、IEET 工程教育专业认证服务平台等,项目于 2020 年 11 月完成竣工验收,2021 年 3 月机电工程学院、资源与化工学院正式搬迁入驻。

体育馆。该项目总用地面积 30511 平方米,总建筑面积 16900 平方米,建安造价 1.12 亿元,主要建设综合体育馆、体操馆、游泳馆等。2020 年 9 月以来,由于该项目施工单位管理原因,项目建设工作暂停。学校积极通过法律途径维权,经过司法诉讼,学校最终胜诉,2023 年重启该项目建设工作。

艺术综合楼。为我校产教融合实训基地建设项目二期工程,总建筑面积 21933 平方米,总投资约 1.7 亿元,内含音乐演奏大厅、教学排练厅、舞蹈厅、琴房等用房。项目于 2021 年 7 月完成竣工验收,2022 年 3 月艺术设计学院、教育与音乐学院(音乐方向)正式搬迁入驻。

新工科实训中心。该项目获教育强国推进工程计划 2022 年中央预算内投资计划支持。项目选址农机站和林械厂东侧部分地块,总用地面积约 10800 平方米,建筑占地面积 4418 平方米,总建筑面积约 19600 平方米。建成后将入驻各类科研平台和实训室。并建设三明学院融媒体实训中心、校史馆、博物馆、档案馆等功能场所,已于 2022 年 10 月开工建设。

截至 2022 年 12 月,学校各类建筑面积达到 40.50 万平方米,其中教学行政用房面积23.64 万平方米,学生宿舍面积 13.53 万平方米。

校园景观持续美化提升

学校于 2011 年先后荣获全国绿化先进集体、全国绿化模范单位等荣誉称号。在此基础上,学校围绕便捷师生、美化环境,着力推进校园景观建设。陆续新建了校园景观栈道工程,实现校园重点区域人车分流,在有效保障师生人身安全的同时,美化了校园环境。同时,学校加大校园绿化苗木新植、补植力度,提升校园绿化率,并定期开展绿化树木、花草修剪、病虫害防治及施肥养护等工作,打造"花园式校园"。

2014 年 6 月,学校迎来"十年本科、百年办学"活动。当年上半年,荷花苑公园(中心公园)

项目、南北岸石栏杆工程、校训碑改造工程、行政楼及理工二号楼周边防腐木步道景观工程、理工二号楼西侧石材栏杆工程、全校人行道板更换工程、北区百级阶梯宣传栏建设等项目陆续建成,校园景观面貌及文化氛围进一步提升。同时,实施了中心公园植被绿化,美化了校园环境,为师生提供了新的活动、休憩场所;开展了校大门区域绿化种植工程以及对学校南北区、商业街、各教学楼周边的绿地整治,美化了校园环境;完成了南区荷花池硬地周边铺贴嵌草砖,设置美人靠,建成楼旁休闲广场;整理了外语楼东侧边坡的原有地形,回填种植土,种植灌木及小乔木进行绿化,持续营造了美丽的校园绿化景观。

2016 年,学校以打造校园景观文化为抓手,着力美化校园,提升校园品位。一是对商业街行道树进行种植和改造,移植樟树 55 棵,打造校内樟树一条街;二是在北区专家楼公寓周边种植了 5 个品种桂花共 337 棵,打造桂花园;三是在北区朱熹讲学雕塑群周边种植杨树,结合原有杨树,打造杨树园;四是在博学楼周边集中种植桃树 50 棵,打造桃树园;五是对荷花苑 1 号、2 号楼周边地块进行改造,种植福建山樱花 200 棵,打造樱花园;六是在行政楼附楼周边实施防腐木步道景观工程,与行政楼周边、资化学院周边原有的防腐木步道形成集休闲、散步、观景的场所;七是与市郊林场合作,对北区"南起三明学院机电实验室,北至机械厂南端,西起三明学院与市郊林场用地分界线,东至原市郊林场伐木通道边缘"现有场地进行改造,增设漫游步道、台阶、路灯及音响等设施,逐步建成一处游步休闲、教学实验与定向运动功能相结合的场所。

2018 年,学校投入约 450 万元用于建设校园景观栈道、校园景观实训基地等基础设施。实施了北区学生活动中心西侧栈道、南区灯光球场南侧栈道、荷花池周边栈道、北区田径场东侧景观栈道、图书馆中庭及二层天台景观改造、陶艺工作室周边空地景观改造及建工学院景观实训基地等一批校园景观提升项目。同时,开展了扁担溪河道及景观池清淤、旧防腐木步道翻新、教学楼外立面粉刷等工作。

2019 年,通过内外联动,在三元区委区、政府支持下,先后完成南区第二食堂旁违章搭盖建筑物拆除、北区垂裕祠周边违章搭盖建筑物拆除、南区原邓氏祠堂异地迁建、南大门周边违章搭盖建筑物拆除及国道 534 线周边环境治理等工作。同时,完成南区灯光球场周边栈道建设,完成学校北区垂裕祠周边、北区网球馆周边、南区食堂周边、国道 534 线边界周边、工科实训大楼周边区域景观提升项目方案设计工作。

2020 年,推进实施荷花苑 7B 公寓至国道 534 线周边空地改造、荷花苑 6C 公寓挡墙边坡综合治理及北区垂裕祠景观公园建设,进一步提升校园生态环境。同时,协调配合三元区政府,推动学校南大门、北大门等校园周边环境整治。

2021 年,完成校内北区、中区、南区室外球场修缮改造,完成学校西大门建设,新建南区智慧体育公园,师生健身娱乐设施更加完善。

目前,学校已建成一批校园景观栈道设施,校园绿化面积也达到 58.3 万平方米,"花园式"校园初显成效。

荆东片区开发建设助力学校发展

学校位于三明南部片区,毗邻城东乡荆东村,区域内现有的交通枢纽、工业园区与高校资源,为片区综合性开发提供了优势条件。2019 年市委、市政府提出全域布局、特色定位的方式,以三明学院为中心,加快荆东片区开发建设,打造"学院经济带",努力将荆东区域打造成为市区经济新的增长点。这给学校发展带来重大机遇。

1.积极拓展校园空间

学校自 2012 年通过本科教学评估后,校园办学发展用地在册面积 1012 亩,但由于受市政道路建设征地等因素影响,校园土地面积仍然存在不足。为全面完成本科基本办学指标建设,推进解决办学发展用地受限问题,学校上下持续想方设法,努力克服资金短缺等困难,积极寻求办学发展用地扩充工作。

永林地块征迁。2013 年,学校加强与永林集团联系,积极向市、区政府争取支持,以每亩20 万元资金完成了永林集团荆东 26.47 亩土地征迁及地界界定、地界围墙建设工作。

实施校园整体控规。2017 年 3 月,校园总体规划编制完成,并于 4 月 19 日经三明市政府批准实施,规划控制了学校周边约 1400 亩土地资源,并对水电供应、污水排放、校园景观等进行了翔实的规划,学校周边荆东底洋地块、北区后山林地、三明林械厂、三明林业综合加工厂地块等地块规划纳入学校办学发展用地范畴。

林械厂地块、荆东底洋地块及北区后山林地征迁。2017 年,学校多次与三明市林业局、三明林业机械厂协调协商,就林械厂场地过渡租赁和收储方案等事宜充分沟通,酝酿三明林业机械厂地块征迁工作。2018 年,由于国道 534 槐林至荆东段及莆炎高速三明东互通连接线项目建设需要,共征用学校建设用地面积 91.9772 亩(其中国道 534 槐林至荆东段 81.2310 亩,莆炎高速三明东互通连接线 10.7462 亩)。受此影响,学校办学土地面积骤减,在市委、市政府支持下,学校正式动议征迁毗邻的三明林械厂地块、荆东村底洋地块等作为学校办学发展用地。2018 年 9 月 18 日,时任三明市市长余红胜到校调研,并召开协调会,研究同意将学校图书馆前约 133 亩荆东村菜地规划作为办学用地,并将林械厂、农机培训班地块约 85 亩规划作为学校教育事业用地,将该项目收储工作列入当年"市区和谐征迁冲刺 100 天"行动重点项目。

2019 年 11 月 26 日,三明市政府召开第 46 次常务会,研究三明林业机械厂征迁事宜,会议研究同意《三明林业机械厂停业清算和职工安置方案(送审稿)》,要求三元区要负责做好征迁和安置工作,及时将地块交付三明学院使用,三明学院负责承担征迁、资产清算、职工安置所需费用。

2020 年 8 月 16 日,三明学院与三明市三元区荆西街道、三明市三元区城东乡荆东村正式签订《办学发展用地荆东村土地征迁协议》,标志着荆东底洋地块、北区后山林地共计 689 亩土地征迁工作取得突破性进展,实现学校荆东校区土地办学面积跃升目标,成功破解困扰学校多年的办学发展用地不足难题,保证了荆东校区的完整性。

2.配合推进荆东片区开发建设

2019 年 11 月,荆东片区规划建设工作开始启动,主要内容包括实施三明学院附属幼儿园和附属小学建设,实施荆东片区 70 亩商业用地及荆东商业街开发建设等。在市委、市政府的强力推动下,项目建设进展顺利。

三明学院实验幼儿园。2021 年 4 月 6 日,三明学院实验幼儿园暨三明市实验幼儿园荆东分园揭牌开园。该项目位于荆东片区底洋地块,占地面积 5001.72 平方米,建筑面积 3240 平方米,开设9个教学班。实行总校制管理,由三明市实验幼儿园具体指导,秉承"启稚成长,逸趣相伴"办园宗旨,幼儿园立足高起点,强化新理念,致力建成全市幼儿园办学的示范和标杆园。

三明学院实验小学。2021年10月15日,三明学院实验小学举行学校落成揭牌仪式,项目总投资约4800万元,学校占地面积14998.28平方米,建筑面积5249.40平方米,办学规模为18个教学班,可提供810个学位,功能室17间、宿舍14间,拥有200米跑道。学校于2020年8月开工,2021年6月竣工,9月投入使用。

荆东老街改造设计。利用学校智力优势,由建筑工程学院和艺术设计学院跨学科组建专业设计团队,实施荆东老街改造方案设计工作。2020年以来,设计团队克服疫情严峻形势,深入一线了解市、区政府及荆东村民需求,多方征求意见,反复优化,高标准如期完成荆东老街改造项目方案,获得高度评价。

学校西大门。为协助荆东片区新商业业态开发,借助学校人员基数优势,根据校区功能定位,学校实施学校西大门项目建设,作为荆东千米学生街建设规划配套项目。该项目纳入荆东片区建设项目包整体实施,2022年9月西大门完成建设并投入使用。

截至2022年12月,学校办学发展用地面积达到1421.43亩,各类建筑面积达到40.4万平方米,学校基础硬件设施持续改善,办学基础硬件水平显著提升。

第七章 迈向地方一流应用型大学新征程

本科办学 20 年来,特别是进入新时代以来,三明学院正以青春步伐踏上新征程,进入高质量发展期。

三明学院坚决贯彻落实党中央决策部署,坚定社会主义办学方向,坚持把立德树人作为根本任务,主动向应用型转变,学校办学实力不断提高、学科特色不断凝练、内涵质量持续提升,一年一个新台阶,跑出了提质增值的加速度,跃上了高质量发展新起点。党的十九大报告将"双一流"建设作为"优先发展教育事业"的重要内容,吹响了新时代"双一流"建设的号角。党的二十大提出加快建设高质量教育体系,为新时代教育工作指明了前进方向,为加快建设地方一流应用型大学提供了根本遵循和行动指南。面向全面建设社会主义现代化国家、向第二个百年奋斗目标迈进的新征程,全校上下深入贯彻习近平总书记来闽来明考察重要指示和关于高等教育的重要论述,牢牢把握高质量发展主题,坚持问题导向和目标导向,踔厉奋发,奋跃向上。

新征程上,三明学院地方一流应用型大学建设蹄疾步稳。

第一节 奋进新时代 踔厉展宏图

"地方一流应用型大学"战略目标的确定

2020 年 4 月 8 日至 21 日,根据疫情防控背景下育人强校和干部成长需求,学校举办统筹推进疫情防控与育人强校工作专题培训班,培训班设置了"深入学习贯彻党的十九届四中全会精神,推进教育治理体系和治理能力现代化""'五比五晒'与'十四五'规划"等课程,一方面为干部师生坚定信心、提质蓄能,另一方面为"十四五"干部中坚解放思想、出题答疑。院长潘玉腾教授在"高水平应用型大学的特征和使命"报告中总结了学校多年应用型办学经验,阐述了当下应用型大学的鲜明特征,并提出建设高水平应用型大学的思路和方向。校党委书记兰明尚在"'三三战略'与百日攻坚"报告中提出,从"新建本科"向"新型大学"转变的历史进程中,学校的战略目标——建设的"高水平应用型大学"就是"地方一流应用大学",为"地方一流应用大学"初步定下基调。

2020 年 8 月 24—27 日,学校在泰宁举办领导干部暑期研讨班,研讨班主题为"提升办学育人水平,创建地方一流应用大学"。会上,兰明尚同志做题为"关于创建地方一流应用大学的思考"主题报告,提出学校贯彻党的十九届四中全会精神的总体思考,即,"一个目标"——创建地方一流应用大学；"两大追求"——创应用强校，育致用大才；"三三战略"——战略方向概括为"为党育人、为用育才、为地方发展育力""三为"宗旨，战略任务为"硕士校、应用校、幸福校""三校"同创，战略重点为"政治力、育人力、组织力""三力"建设。

接下来的 2020—2021 学年，各项决策、各类会议均围绕"创建地方一流应用大学"这一构想展开探究、谋划，不断丰富内涵、拓展外延。2020 年 10 月 30 日的干部培训班上，兰明尚同志做题为"明方略，创一流"的辅导报告，提出"创建地方一流应用大学"重点突破内容，即，人才培养高质量、地方服务高水平、学校治理高效能；"党建方略"则丰富"三力建设"内涵，即以"两个维护"为重点的政治力建设，以"两支队伍"（干部、教师）为重点的育人力建设，以"两类资源"（校内、校外）为重点的组织力建设，提出要通过"三力建设"全面加强党的领导，通过"三力建设"凝心聚力育人强校，通过"一部一品"体现"三力建设"成效。2020 年 12 月 11 日，在学习宣讲党的十九届五中全会精神、提出贯彻全会精神的思考时，指出"三为方略"为办学方略，"三校同创"为办学重点，"三力建设"为办学保证，核心是回答好"新时代我们要发展什么样的学校、怎样实现高质量发展"的问题。

2021 年 3 月 3 日，在学习贯彻党的十九届五中全会精神专题研讨班专题辅导中，在强调关于"创建地方一流应用大学"的根本目标、初心使命、"三三战略"的同时，进一步丰满"创建地方一流应用大学"的战略框架，提出根本任务是立德树人、人才培养，中心任务是学科建设、创硕攻坚，重要要求是产教融合、校地共生，特殊使命是明台合作、教育融合，核心任务是党建引领、"三力建设"。这些日后都成为"创建地方一流应用大学"战略部署的重要内容。

2021 年 3 月 22 日至 25 日，中共中央总书记、国家主席、中央军委主席习近平在福建考察，其中，在闽江学院考察调研时，习近平指出，要把立德树人作为根本任务，坚持应用技术型办学方向，适应社会需要设置专业、打好基础，培养德智体美劳全面发展的社会主义建设者和接班人。3 月 29 日，三明学院党委及各级党组织相继召开专题会议，传达学习全省领导干部大会和市委常委会有关习近平总书记来闽考察重要精神。全校干部教师表示要深刻领会"不求最大，但求最优，但求适应社会需要"的办学理念，要以习近平总书记来闽考察精神为引领学校正确前进的根本指南、根本遵循、根本法宝，锚定"创建地方一流应用大学"战略久久为功，为实现人才培养能力更强、学科专业特色更亮、服务地方贡献更大、明台融合步伐更快、党建强校水平更高不懈努力，奋力在服务福建全方位推动高质量发展超越中实现育人新突破，取得强校新成效。由此，"创建地方一流应用大学"的战略思想几近成型。随后，"创建地方一流应用大学"写进了学校第三次党代会报告和《三明学院"十四五"事业发展规划（2021—2025 年）》。

2021 年 9 月，福建省人民政府办公厅印发《福建省"十四五"教育发展专项规划》（闽政办〔2021〕50 号），实施《福建省高等教育高质量发展行动计划（2021—2023 年）》，决定推进应用型高校建设。文件明确："实施一流应用型高校建设工程，推动福建工程学院、厦门理工学院、福建江夏学院、泉州师范学院、莆田学院、闽江学院、三明学院、龙岩学院、武夷学院建设一流应用型高校，立项建设 5 所左右一流应用型高校培育单位。支持符合条件的应用型高校纳入新一轮博士硕士学位授予单位培育项目。"为学校新一轮发展战略目标的确定提供了政策依据和支持。

中国共产党三明学院第三次代表大会

2021 年 3 月 30—31 日,中国共产党三明学院第三次代表大会召开。大会选举产生了由兰明尚、潘玉腾、赖锦隆、廖景榕、张君诚、吴龙、詹学齐、谢松明、林建伟组成的新一届党委委员和由詹学齐、黄建总、夏志勇、赖文忠、王喜燕组成的新一届纪委委员。

大会审议并通过了兰明尚书记做的题为"强化立德树人、服务发展超越,坚定走高质量地方应用型办学新路,努力创建地方一流应用型大学"的工作报告。正式、全面将创建地方一流应用型大学的战略予以公开、部署。

1. 战略概要

"十四五"时期争创硕士学位授予单位,形成比较成熟的立德树人与服务地方循环促进的新格局新机制;到二○三五年,内涵建设指标、人才培养质量、学校治理水平与办学综合实力走在省内同类校前列;到 21 世纪中叶,建成在全国具有鲜明办学特色、灵活办学机制、出色办学成果的地方一流应用型大学,简称"三步走"战略。

2. 战略主要目标和重点任务

(1)人才培养能力更强。"三明三康"育人体系更加完善,教育教学质量明显提高,"五位一体""三才同育"培养特色更加鲜明,立德树人、"三全育人"得到有效落实,面向地方需求的应用型人才培养能力持续增强。(2)学科专业特色更亮。学科专业结构更加契合新福建、新三明产业实际和需求实际,建成若干特色鲜明的一流应用学科和一流应用专业并形成合理梯队,力争 2023 年获批硕士学位授权单位,整体办学实力得到明显提升。(3)服务地方贡献更大。产教融合、校地共生机制更加健全,校地合作项目成果更加丰硕,服务福建全方位推动高质量发展超越、三明革命老区高质量发展示范区建设的能力更强、作用更大,贡献度进一步彰显。(4)明台融合步伐更快。创建海峡两岸教育融合发展示范校取得实质性进展,明台高校合作机制更为创新,在助力第一家园建设、服务乡村融合发展、探索明台融合新路上发挥更大作用,不断形成特色办学优势。(5)党建强校水平更高。管党治党、办学治校主体责任的实现路径和落实机制更加科学,学校治理体系与治理能力现代化建设持续推进,党建强校的引领作用和保障作用充分发挥,形成特色鲜明的新时代高校党建品牌。

完成主要目标和重点任务要建立健全高质量地方应用型办学新路的体制机制:(1)要着力构建立德树人与服务地方相促进的办学机制。(2)要着力完善学科专业与地方需求相适应的调整机制。(3)要着力深化产教融合与校地共生相协同的发展机制。(4)要着力探索明台合作与教育融合相推进的创新机制。(5)要着力提升管党治党与办学治校相融合的治理机制。

3. 战略基本内容

(1)强化立德树人,提高应用型人才培养能力。一要深推"三明三康",促进成长成才。二要优化学科专业,突出应用特色。三要完善培养体系,提升育人能力。四要扩大开放合作,增强支撑能力。(2)服务发展超越,构建全方位校地共生格局。一要深化产教融合,服务融入新发展格局。二要致力老区振兴,服务区域高质量发展。三要勇担融合使命,探索明台发展新路径。(3)扛好主体责任,探索高质量党建强校之道。一要增强主责意识,强化引领能力。二要全面从严治党,强化正风肃纪。三要推进改革创新,强化治理效能。

三明学院"十四五"事业发展规划(2021—2025 年)

"十四五"时期(2021—2025 年)是学校全面提高教育教学质量和办学水平,提升办学层次,建设地方一流应用型大学的重要时期。学校高度重视"十四五"事业发展规划编制工作,充分发挥规划对学校建设与发展的引领作用,科学研判新形势新情况,在总结"十三五"规划实施情况、组织专题调查研究、开展对标学校分析、广泛征集意见、提交会议审议等深入细致工作的基础上,科学编制学校"十四五"事业发展规划,积极应对高等教育事业改革与发展新常态,推动学校事业迈向高质量发展新征程。

2020 年 4 月,学校发布《三明学院"十四五"事业发展规划编制工作方案》,对规划编制工作进行全面部署。学校确定福建工程学院、浙江科技学院、高雄科技大学 3 所学校作为对标学校,开展学校"十四五"发展重大问题的前期研讨。2020 年 10—11 月,形成"十四五"总体规划、专项规划和二级学院规划初稿。2020 年 12 月—2021 年 1 月,通过各种形式和渠道在全校范围内征求意见。2021 年 1 月,《三明学院"十四五"事业发展规划(讨论稿)》,提交校党委会研究,之后,形成《三明学院"十四五"事业发展规划(草案)》,提交 2021 年 1 月 16 日召开的三明学院第三届教职工暨工会会员代表大会第五次会议审议。2021 年 4—12 月,根据《福建省"十四五"教育发展专项规划》《三明市"十四五"教育发展专项规划》等文件,结合学校第三次党代会精神,对学校"十四五"事业发展规划进行了修改和完善。

2021 年 12 月 24 日,学校正式印发《三明学院"十四五"事业发展规划(2021—2025 年)》(以下简称《规划》),包括 5 个部分内容。

第一部分是发展基础。《规划》主要从办学影响力、人才培养、科学研究和服务能力、师资队伍、办学格局、办学基本条件、党的建设等 7 个方面进行了全面总结,深入分析了学校"十三五"期间取得的成绩与存在的不足。

第二部分是发展环境。《规划》从世界格局新形势、新时代中国特色社会主义建设、新科技革命和产业变革浪潮、高等教育发展新阶段、新福建新三明建设等 5 个方面,全面分析了我国高等教育发展新机遇、高校办学新使命、高校发展新挑战、学校发展新目标和服务地方能力新要求。

第三部分是发展目标。《规划》明确了学校发展的指导思想、发展定位及发展目标。

学校的发展定位:坚持"地方性、应用型、开放式"办学定位,落实立德树人根本任务,走以提升办学层次为抓手、以质量提升为核心、以服务地方为导向、以产教融合为路径、以明台合作为特色的内涵式发展道路,做强工科、做优师范、做特文科,多学科协调发展,培养理论基础扎实、实践能力强、富有创新精神和创业能力、适应区域经济社会发展需要的高素质应用型人才,为深耕三明、服务福建和辐射全国提供人才支持和智力支撑。

学校发展目标包括"十四五"总体发展目标、远景目标及主要发展目标三个层面,其中,总体发展目标与远景目标紧扣学校第三次党代会精神，主要发展目标从人才培养、专业建设、学科建设、科学研究与社会服务、师资队伍建设、交流与合作、校园文化建设、资源条件建设、大学治理体系与治理能力建设、党的建设等十个主要方面，明确了定性与定量的发展目标。

第四部分是主要任务与举措。《规划》紧扣创建地方一流应用型大学的目标，围绕"十四五"主要发展目标，提出了九大建设任务与举措，包括人才培养、学科建设、科学研究与社会服务、师资队伍、交流与合作、校园文化建设、资源条件建设、大学治理、党的建设。

第五部分是组织实施。《规划》从加强组织领导、落实经费保障、营造良好氛围三个方面，提出规划实施的保障措施。

此外，《规划》以附件形式，通过 2020 年实际值及 2025 年目标值的对比，说明了学校"十四五"时期学生规模、学科建设、人才培育与专业建设、师资队伍、科研工作与社会服务、对外交流与合作、办学条件等方面的主要指标情况。

四届一次、二次教职工暨工会会员代表大会

围绕落实学校第三次党代会工作部署和"十四五"规划，学校相继邀请中央党校和省内外高水平院校相关领域专家开展系列辅导报告，组织学科专业、实验室建设等专题调研，举办中层干部培训班、研讨班，掀起了推进建设"地方一流应用型大学"战略落实、推动现代大学治理体系创新和治理能力提升的学习讨论热潮，并通过教职工暨工会会员代表大会，对实现一流应用型大学目标的思路举措有了更清晰的认识。

1. 四届一次"双代会"

2022 年 6 月 28—29 日，学校第四届教职工暨工会会员代表大会第一次会议召开，审议并通过了王乾廷院长做的题为"踔厉奋发　笃行不怠　全力冲刺实现应用型办学层次新跨越"的工作报告。报告要求，下一步要聚焦立德树人根本任务，坚持以课程思政、思政课程为重点，着力提升思想政治工作实效；坚持以课堂革命、课堂建设为着力点，不断夯实本科教学基础；坚持以专业认证、卓越人才培养为抓手，持续提高本科人才培养质量；坚持以一流专业、一流课程建设为着力点，提升本科人才培养水平；坚持以积累经验、建立制度机制为目的，扎实做好联培研究生工作。要聚焦硕士授予单位建设，持续推进硕士授予单位建设，按照高原学科的标准深化硕士学位申报学科的建设，聚焦省市产业体系需求着力打造若干个特色重点建设实验室平台；推进高层次人才队伍建设和科研创新，实施各类高层次人才引进计划和"柔性引智计划"，开展有组织的高水平科研工作。要聚焦新发展阶段新福建和三明市"一区六城"建设，更新学科专业以新内涵，突显服务地方的应用型办学特色；以科研创新引擎驱动，提升科技服务能力；全面实施落实"十四五"规划目标任务；构建合作办学新格局，探索国际和港澳台合作发展新路；加强学生的数字素养和数字能力培养。要聚焦学校高质量发展，推动发展动能转换，深化人事制度改革，加强基础服务保障，提升网络信息化服务能力，夯实学校治理基础。要聚焦底线和风险防范，统筹安全稳定和学校事业发展两个大局，持续强化师生安全教育管理，进一步提升校园安全建设水平，扎实推进新一届文明校园创建工作。要聚焦强化党的全面领导，毫不松懈加

强党的政治建设,持之以恒把全面从严治党向纵深推进。

2.四届二次"双代会"

2023年4月7日,学校第四届教职工暨工会会员代表大会第二次会议召开,审议并通过了王乾廷院长做的题为"瞄准高质量 抢抓新机遇 奋力开启一流应用型大学建设新征程"的工作报告。围绕贯彻落实党的二十大精神,推动教育、科技、人才一体化高质量发展,报告提出,要以"一融双高"为牵引,不断凝聚奋进合力。扎实开展学习贯彻习近平新时代中国特色社会主义思想主题教育,细化党建与业务一体推进、双促双升工作举措,引导全校上下以高质量党建推动各项事业高质量发展。要以创硕工作为核心,持续加强学科建设。发挥机械、材料与化工、旅游管理主干学科特色优势,全力冲刺硕士学位授予单位创建工作。以基础学科为重点,推进特色学科分层分类建设,增强综合竞争力。要以专业建设为基础,稳步提升教育质量。积极谋划面向省、市行业前沿、技术导向变革趋势的新兴专业的论证和增设,推进"四新"专业建设,推进教育教学指标提升,夯实本科教育基础。要以改革创新为动力,统筹推进内部治理。按照新修订的《三明学院章程》,建立完善适应现代化大学所需的规章制度和治理架构,确保科学有效的治理体系持续为学科建设、人才培养、科研创新、文化涵养等提供高效、稳定的支持,推动学校各项事业高质量发展。一流应用型高校的战略逐渐由蓝图变为时间表、路线图,走向落地。

一流应用型高校建设

2022年11月,福建省教育厅、福建省发展和改革委员会、福建省财政厅印发《福建省第二轮一流大学和一流学科建设实施方案》《福建省一流应用型高校建设实施方案》(闽教高〔2022〕30号),将省内一流应用型高校分为A、B和培育项目3类进行分类建设,引导建设高校在不同领域和方向争创一流;明确B类高校力争2023年建成硕士学位授予单位,A、B类高校坚持以学科建设为中心,分别确定3个学科建设进行重点建设。作为B类高校,根据方案要求,学校成立了由党委书记、校长为组长,其他校领导为副组长的一流应用型高校建设工作领导小组,组织学校建设方案的制订实施。

《三明学院推进福建省一流应用型高校整体建设方案》落实习近平总书记"不求最大,但求最优,但求适应社会需要"的定位要求,坚守学校第三次党代会确定的学校办学方位和奋斗目标,进一步明确了长期目标(2050年)是建成在全国具有鲜明办学特色、灵活办学机制、出色办学成果的地方一流应用型大学。中期目标(2035年)是内涵建设指标、人才培养质量、学校治理水平与办学综合实力走在省内同类校前列。近期建设目标是"十四五"时期创成硕士学位授予单位,形成比较成熟的立德树人与服务地方循环促进的新格局新机制。近期建设目标分两步实施,其中"2021—2023建设目标"是,坚持立德树人根本任务,党的领导落实到办学治校全过程各方面;构建与办学定位相适应的人才培养体系,持续优化专业结构,加大新工科、新文科建设力度,深耕"五位一体"应用型人才培养模式,4~6个专业通过认证,人才培养能力和水平得到提升;通过有计划、有组织地全面培育和着重建设,获批硕士学位授予单位,新增1~3个硕士专业学位授权点;多措并举加强师资队伍建设,省级高层次人才、省级以上团队、高水平论文、高级别项目等数量逐年增加,服务地方经济发展能力不断提升;闽台合作交流持续推进,"一带一路"国际交流逐步深入;红色文化、绿色文化、客家文化、致用文化形成相应成果,有力推进地方文化传承。"2024—2026 建设目标"是持续深化"三全育人"模式,形成思政育人特色,应用型人才培养体系不断完善;优化后的专业结构、数量满足学校发展需求,力争获批国家级现代产业学院,新增 1~3 个专业通过认证,教育教学质量显著提高;不断加强硕士校建设,遴选培育学科,培育建设 3~4 个硕士学位授权点;教师科研应用能力大幅提高,科学技术转化能力显著增强,国际行走能力持续增强,服务经济和社会发展水平得到社会认可。为实现近期目标,拟采取 6 个方面建设与改革举措:(1)深化培养体系改革,大力提升培养质量;(2)发挥学科引领作用,提升学校办学层次;(3)推进管理机制改革,激发研究创新活力;(4)健全成果转化机制,提高技术应用能力;(5)传承区域优秀文化,打造校园特色品牌;(6)探索交流合作新路,构建协同发展格局。

该方案还明确了"学科布局总体情况和学科建设的总体目标",即围绕省、市现代产业体系,进一步优化学科结构布局,形成工学、管理学、艺术学、文学、理学、教育学、经济学、法学等多学科协调发展的学科建设体系,积极打造高原学科、申硕学科、培育学科 3 大学科梯队,进一步推动做强工科、做优师范、做特文科。聚焦硕士学位授予单位创建,参照省级高原学科标准建设机械、材料与化工、旅游管理等 3 个重点学科;高标准建设新闻与传播、设计(艺术)、教育、能源动力、马克思主义理论等一批硕士专业学位授权点培育学科,不断提升学科建设水平,提升学校办学层次。获批硕士学位授予单位,新增 1~3 个硕士专业学位授权点,遴选 3~5 个培育学科申报新的硕士学位专业授权点;力争获批 3~5 个省级一流应用型学科,培育学科基本达到硕士专业学位授权点标准。

第二节　聚焦高质量　迈步新征程

统筹疫情防控与育人强校百日攻坚

2020 年,是"十三五"规划收官之年,也是谋划"十四五"规划的关键之年。面对突如其来的新冠肺炎疫情,学校党委坚决落实习近平总书记和党中央关于统筹疫情防控和经济社会发展的重要要求,在深度研究、科学研判、精准防控的基础上,2020 年 3 月 13 日,启动实施"百日攻坚、三校同创"工作,高质量高水平创造性推进育人强校目标。

"百日攻坚"以疫情防控为重点,推动"平安校"落实。把确保师生安康作为第一要务、把严守校园安全作为第一责任,制定《毕业班与非毕业班返校工作方案》和"校园安全地图",深入开展校舍房屋、工地边坡、实验室等重点场所安全隐患大排查大整治行动,阶段性保证"疫情零输入、校园零感染"。以专硕联培为重点,推动"硕士校"创建。以荆东片区开发为重点,推动"应用校"提升。推进三明市委、市政府提出的以三明学院为中心的荆东片区大开发,同三元区委、区政府签订合作协议,建立联席会议制度,牵头分解项目任务,组织专班力量,主动策划提出大学科创园、苏区文创园、产教融合示范基地等建设项目,助推三明创建国家产教融合示范城。

统筹疫情防控与育人强校百日攻坚,一手抓防控,一手抓机遇、抢时间,毫不耽搁推进育人强校,保证事业发展不断档,为高质量发展奠定了基础,积累了靶心发力、协同攻坚、挂图作战等行之有效的做法经验。

"工作高质量岗位创一流"创建

围绕落实《福建省人民代表大会关于动员全省人民全方位推动高质量发展超越的决议》,贯彻三明学院领导干部学习贯彻党的十九届四中全会精神暑期研讨班上提出的"创建地方一流应用型大学"战略构想,推动"十三五"圆满收官、"十四五"良好开局,2020年9月,学校党委部署启动开展了为期一个学年的"工作高质量、岗位创一流"创建活动。创建活动坚持突出人才培养高质量、地方服务高水平、学校治理高效能三大追求,将有限的办学资源聚焦到全方位推动高质量发展超越的核心关键,主要包括强化党建引领、抓好思政育人、提高教学质量、推进科研创新、深化校地合作、着力队伍建设、提升治理效能等内容。

2021年7月上旬,组织开展创建活动届末考评工作。本次考评分别对6大项目和教学单位、机关教辅单位的创建总体情况进行考评,对6个项目进行评分,教学单位评出教育与音乐学院、艺术与设计学院、机电学院、资源与化工学院4个优秀,机关教辅单位评出党政办公室(地方合作办)、组织部、学工部、人事处、科技处(研究生处)、发展规划处6个优秀。

创建活动期间,召开汇报会、推进会,实行挂图作战、每月督评。全校上下紧密结合党史学习教育,突出"学党史、强三力、创一流"主题,以"再学习、再调研、再落实"为载体,在党建引领、思政工作、教学工作、科研创新、校地合作、队伍建设、治理服务等方面取得较大进步,营造了干事创业的良好氛围,以扎实的工作成绩实现"十三五"的圆满收官、"十四五"的顺利开局,喜迎建党100周年。

"达标创优"工作

2021年9月20日,校党委会议审议并原则上通过了《三明学院2021—2022年创硕校"达标创优"目标管理工作方案》,决定以2023年硕士校创建为"一号工程",在2021年9月至2022年12月期间开展创硕校"达标创优"目标管理活动,力争2023年新增硕士授权单位申请条件及各项指标数据在全省同类院校实现"拼二争一"目标。

《三明学院2021—2022年创硕校"达标创优"目标管理工作方案》明确,创硕校"达标创优"目标管理考核指标,对照5大核心指标及新增硕士授予单位申请简况表中各类代表性成果存在的重大缺项与短板,提取出24项考核指标。其中Ⅰ类8项,Ⅱ类8项,Ⅲ类8项,Ⅰ、Ⅱ、Ⅲ3类指标主要根据指标存量紧缺程度以及指标本身完成难度来划分,权重由高到低,表示指标任务的重要程度。指标设"达标标准""创优标准"两个层次。达标标准是二级单位目标管理考核指标的基本要求,是指二级单位在日常运行过程中必须完成的目标任务;创优标准是指二级单位在达标标准的基础上不懈努力,争创一流、追求卓越,取得突破性进展的指标要求。

"达标创优"活动坚持目标导向,靶心发力。全校各单位按照《机关党建组团工作要点》通知要求,围绕"一号工程",谋划、布置、落实相关重点任务。由分管或联系校领导作为创硕校"达标创优"目标管理工作的指导领导,定期深入各单位开展督促指导工作。同时各单位根据自身实际情况和特点,目标导向,靶心发力,做到"有所为,有所不为"。"达标创优"活动启动后,全校各单位签署《创硕校工作承诺书》,分项细化创硕校"达标创优"目标任务,以创硕工作为引领,带动学校其他各项工作高质量推进。

"六大攻坚战"行动

2022年是党的二十大召开之年,是贯彻落实省党代会精神和学校党代会精神的开局之年。校党委围绕学习宣传贯彻党的二十大精神这条主线,围绕"三提三效"主题,高处谋势、实处落子,谋划开展打好创硕建设、学科提质、专业提升、治理改革、保障升级和党建创优"六大攻坚战"。2022年2月22日,校党委书记赖锦隆在动员会上强调,"要以更清醒的历史自觉,把握机遇,强化创硕攻坚;以更高远的战略思维,前瞻思考,强化学科建设;以更深沉的育人情怀,以本为本,强化专业建设;以更果敢的定力魄力,鲜明导向,强化综合改革,以更忠诚的大局观念,提速提质,强化保障升级;以更强烈的政治责任,示范创优,强化党建领航;以更坚决的态度举措,真抓实干,强化落实落地"。一场实效比拼、作风"比晒"在全校展开。

谋定而动。学校通过举办学习贯彻党的十九届六中全会精神暨省第十一次党代会精神专题研讨班,统一思想行动。2022年春节开假后第一个工作日,省委研究部署"提高效率、提升效能、提增效益"行动。师生返校前一个工作日,校党委集中学习领会省委市委决策部署,结合前期思路研究落实举措,以"打好'六大攻坚战'"为载体,强化政治引领、思想引领、党的建设,强化发展资源要素对服务地方和学校发展的支撑保障,协同抓好服务新发展阶段新福建建设与学校高质量发展、疫情防控和育人强校工作,"快""优""实"一体贯通,吹响了"开年即冲刺、起步就攻坚"的集结号。

项目驱动。校领导带头,主要领导担任"六大攻坚战"组长,其他校领导担任副组长并带领6个工作组分头行动。采用"项目工作法",实行"任务项目化、项目清单化、清单责任化",逐个对标对表,将"六大攻坚"细化为66项具体任务,并逐项明确工作内容、目标要求、完成时限、责任单位和责任人,做到"一切盯着项目看、一切围着项目转、一切扭住项目干",用一个个项目的落实换取高质量发展的"加速度"。

注重落实。建立校领导随时随事调度机制,项目攻坚组内部定期沟通,相关分管校领导下沉一线协调解决项目节点难点问题;建立纪检部门专项督查机制,对"六大攻坚战"进展情况分4个阶段开展专项督查,通过跟踪检查问题整改情况和建议落实情况,形成闭环管理。召开半年成果汇报会。以"六大攻坚战"简报的形式,搭建展示进度、比学赶超、引领进步的擂台,编发2篇信息报送至省委办公厅,获省领导批示。

"三突三争"工作

2023年1月28日上午,全省"深学争优、敢为争先、实干争效"行动动员部署会暨重大项目推进会召开,要求增强争优、争先、争效的意识,始终保持昂扬向上的精神状态,以拼的姿态、抢的劲头,推动全省发展稳中有进、提质增效,在推进中国式现代化中展现福建作为、谱写福建篇章。当天下午,市委、市政府落实省委实施"深学争优、敢为争先、实干争效"行动部署,召开全市会议,部署2023年"抓重大项目、促高质量发展"工作。

学校党委紧紧围绕学习宣传贯彻党的二十大精神这条主线,紧扣"四个更大"重要要求、省委"深学争优、敢为争先、实干争效"和市委"抓重大项目、促高质量发展"行动部署,紧盯教育部、省教育厅工作要点,坚持稳中求进工作总基调,开展"突出突破突显、争优争先争效"工作,即"深学争优,突出主题主线""敢为争先,突破重点难点""实干争效,突显比较优势"。

突出主题主线,包括突出抓好党的二十大精神学习宣传贯彻工作和党中央开展的主题教育;突出抓好一流应用型建设;突出庆祝办学120周年暨本科教育20周年活动。突破重点难点,包括突破办学层次,推动综合实力和申硕建设点长足进步;突破学科水平,力争在优势学科引领下,在有组织的科研上有突破、在高级别项目和成果上有突破、在成果转化利用上有突破;突破治理瓶颈,力争在制度治理、信息化治理、现代化治理上有突破。突显比较优势,包括突显内涵发展优势、突显开放发展优势、突显稳定发展优势和突显党建引领发展优势。

"三突三争"工作实行"现场推进、线上'亮晒'、季度督查、年终总评"工作机制,即校领导定期到分管部门和联系单位现场调研推进工作;通过工作简报、户外电子屏等公开"亮晒"工作进展;年终开展综合考评工作,总结全年工作落实成效。各二级学院结合一流应用型高校建设方案和新一轮审核评估自评自建工作,形成本单位的工作方案和责任清单,同心协力朝着硕士单位、优秀本科、特色学科目标不懈奋进。

第三节　廿载本科路　扬帆正当时

20年本科发展成就

从2003年第一批本科生入学,到2023年相继圆满完成"十一五"以来发展规划目标任务,三明学院走过了令人难忘的20年本科办学历程,学校事业发展取得重要成就。

人才培养能力持续增强。学校从升本初期的7个本科专业,发展到面向产业、面向未来的48个本科专业,涵盖工学、管理学、艺术学、文学、理学、教育学、经济学、法学等8个学科,其中省级重点学科6个,省级应用型学科4个,硕士学位授权单位培育学科3个,拥有国家级一流专业建设点1个、省级一流专业建设点14个、省级特色专业4个、省级服务产业特色专业

11个、国家级一流课程2门;拥有省级现代产业学院2个。学校全日制学生规模从5000余人增至近15000人,与厦门大学、福州大学、福建师范大学、福建农林大学、福建工程学院、俄罗斯克拉斯诺达尔国立文化学院等国内外高水平大学联合培养了硕士研究生182名,2004—2023年学校向社会输送57644名毕业生,其中,本科43440名,专科生14204名,培养了53名留学生(本校国际生)。学生考取研究生1045名。2008年至今,学生学科竞赛共获得国家级二等奖以上奖项950项,省级一等奖494项。

队伍质量持续提升。教职工队伍不断壮大,专任教师数从升本建院时的365人增至2022年的890人,增长了243.84%;具有博士学位教师比例从3.00%增至31.80%,具有硕士以上学位教师比例从31.20%增至86.29%,高级职称教师比例从38.40%增至45.73%。其中双聘院士1人,国家级人才和省级高层次人才101人,省百千万人选3人,闽江学者特聘教授15人,台湾高层次人才及"百人计划"3人,省级教学、科研团队7个;引进清华大学、北京大学等知名大学教育科研类引进生36名,居全省同类校第一。干部队伍、管理队伍建设始终坚持五湖四海、任人唯贤,先后引入2名海归博士、2名教授、2名台湾高层次人才、7名科研类引进生、2名企业教授级高工任副处级以上干部,处科级干部数由升本时的113人增至2023年的221人,目前硕士以上学位干部占75%,高学历高职称人员逐年增多,学缘地缘结构更加丰富,队伍肌体更具活力。

科研能力持续提高。省级科研平台从无到有,到2022年6月,省级科研平台达到40个,其中,"设计+"众创空间获批国家备案众创空间;省级科技进步奖、社科奖等重要科研奖项也实现了丰收,到2022年,学校已获得省级科技进步奖34项,社科奖6项。仅"十三五"以来,学校就获得了发明专利授权121件,科学成果转化落地项目45项,出版学术著作46部,发表"三类高质量论文"等成果438篇,为省市提供政策研究报告、政策咨询建议37份。学校连续5年获选任法人科技特派员,累计获选任省级个人科技特派员450人次、团队科技特派员88组次,科技特派员服务实现全市11个县市区全覆盖、一二三产业全覆盖;3个项目列入省科技特派员助力产业融合发展及产业转型示范点项目,示范点项目数量居全省第二位。

服务发展持续深入。构建立德树人与服务地方相促进的办学机制,以师生为发展主体、以企业为创新主体、以社会为评价主体,通过提高人才培养能力、形成更多科技成果和三创成果来提升服务地方发展水平,通过扩大产教融合、校地合作反哺应用型人才培养水平,使立德树人与服务地方相辅相成、相互促进,形成了较为成熟的立德树人与服务地方循环促进的新格局新机制。与三明市政府建立了产教融合市校联席会议制度、师范教育市校联席会议,与三明市所辖2区1市8县人民政府建立了全面合作关系,与企业共建省级创新平台22个,校企联合研发中心8个、产学研基地33个、校企联盟4个,与区域钢铁龙头——三钢集团共建"闽光学院",牵头组建"三明市氟化工产业技术研究院",产教融合向纵深挺进;"服务氟化工产业绿色发展"获时任省委书记于伟国重要批示,联合三钢集团成功开发国内首台(套)"基于机器视觉的砂轮片在线自动更换机器人系统",联合攻关的"将乐县常上湖生态保护修复"项目获评全国山水工程首批优秀典型案例,成功助力三明市入选国家体育消费试点城市、教育部基础教育综合改革实验区。

办学条件持续改善。经过20年的发展,校园占地面积从不足700亩增至1429亩,学校各类建筑面积从 17.1 万平方米增至 40.40 万平方米,其中教学行政用房面积从 7.81 万平方米增至 23.50 万平方米,学生宿舍面积从 4.12 万平方米增至 13.49 万平方米,教学科研仪器设备值从 3438 万元增至 2.58 亿元。馆藏图书达到 170 万册,校园网实现了有线和无线等多种网络信号覆盖,出口带宽达 22550 M;网络接入信息点 18876 个。固定资产总值达 11.21 亿元。学校办学空间大为增长,办学条件大为改善,校园格局更加完整,景观环境更加优美,不断满足师生学习、工作和日常休闲需求。

办学经费持续增长。2004 年至 2022 年,财政拨款收入从 2280.27 万元增至 32928.94 万元,增长了 30648.67 万元,涨幅达 13.45 倍;教育事业收入从 2835.77 万元增至 13769.12 万元,增长了 10933.35 万元,涨幅达 3.85 倍;科研事业收入更是从 0 增长至 4830.23 万元,财务服务保障学校发展建设的作用十分凸显。

办学特色培育

本科办学伊始,学校就把"具有明显特色"作为重要目标追求。"十一五"时期和"十二五"初期,学校的发展目标是"把三明学院办成一所在学科建设、人才培养、校园文化方面具有明显特色的具有省内先进水平的地方本科学院",明确从"学科建设、人才培养、校园文化"三个方面培育办学特色。从"十二五"中期到"十三五"时期,学校的发展目标是"建设有特色高水平应用型本科高校",明确"以产教融合、协同育人作为突破口,凝练办学特色、转变办学方式,加快推进学校向应用型本科转变"。进入"十四五"时期,学校提出"三步走","到 21 世纪中叶,建成在全国具有鲜明办学特色、灵活办学机制、出色办学成果的地方一流应用型大学"的发展目标,具体包括"学科专业特色更亮""五位一体""三才同育"培养特色更加鲜明;在助力第一家园建设、服务乡村融合发展、探索明台融合新路上发挥更大作用,不断形成特色办学优势;等等。

学校特色发展的目标,通过党代会、"双代会"以及事业发展规划等绘制蓝图和施工图,并在长期的办学实践中得以贯彻落实,在培育和凝练中形成丰硕的实践成果。

学校有组织进行的特色凝练主要有两次。

第一次特色凝练。2012 年 6 月,三明学院本科教学工作合格评估汇报材料《艰苦奋斗,追求卓越》中陈述了学校特色培育情况:根据办学定位,在办学基础比较薄弱、区位处于劣势、投入相对不足的条件下,发扬"艰苦卓越"的优良办学传统,扎实推进办学转型、结构优化、内涵提升和特色培育,显示了发展活力。主要体现在:一是坚持立足地方,在服务海西(三明)中培育学科专业特色。二是推进开放办学,在合作育人中提升应用型人才培养水平。三是探索德育模式,彰显"厚德博学、艰苦卓越"校园精神。探索实践"筑牢理想、典型引路、全员育人、机制保障"的思想政治教育模式,取得明显成效。重视利用校史资源,融合区域内客家文化、朱子文化、革命老区红色文化和三明市精神文明建设成果等,丰富校园文化内涵,发挥文化育人作用,彰显以"厚德博学"校训为核心、以"艰苦卓越"办学优良传统为特征的校园精神,激励师生在办学条件相对困难的情况下,历艰苦,求卓越,推进学校事业科学发展跨越发展。

第二次特色凝练。2018 年 11 月,学校在《普通高等学校本科教学工作审核评估专家组审核评估报告》中,将"弘扬致用文化,扎根'三区'办学,培养创新创业人才"作为特色项目。主要理由有:一是传承创新校园致用文化精髓,服务发展定位,激活育人活力。三明学院重视挖掘学校办学底蕴和文化,从致用书院"通经致用"的意旨,到省立永安师范学校"三杆教育"的要义,再到三明师范、三明师专和三明职业大学培养乡村师资和地方实用人才的担当精神。一路走来,致用文化已成为三明学院人共同的价值追求、特有文化符号与精神气质。学校秉承致用书院重实学教育的传统,将"经世致用"等理念融入学校转型发展办学实践中,倡导师生志存高远、崇德修身和躬行践履,逐渐形成"经世致用、自强致胜、致知于行、砥砺创新"的新致用文化。在"致用文化"的土壤里,学校致力于创应用强校、育致用大才,坚持产教融合,培育创新创业,注重绿色发展,办学活力得到前所未有的释放。二是面向"三区"需求初衷不改,创新创业教育培养成效突出。学校以振兴"三区"为己任,将"经世致用、自强致胜"的文化内涵,融入学校制度与办学实践与"双创"工作中。学校 2014 年创新创业教育就被列入学校重点工程,制定并实施的《三明学院创新创业教育工作实施意见》等文件,规范了"双创"教育的目标、制度和策略,较早成立创新创业教育学院,全面推进"双创"工作,启动面向"三区"的双创教育工作,较好地回应了 2015 年 5 月《国务院办公厅关于深化高等学校创新创业教育改革的实施意见》的要求。在此基础上,创新创业教育新目标列入"十三五"发展规划中,构建了"一心双环"创新创业教育工作机制,实现了国家战略、地方需求、人才培养、学校特色的有机统一,把学校的致用基因融入"三区"院校的"双创"人才培养体系,实现创新创业教育全员参与、全过程覆盖的育人新格局。三是系统探索构建双创机制路径,主动作为,培育培养致用人才。学校始终坚持服务区域建设发展,探索具有自身特色的创新创业融入专业课程体系、实践能力培养和服务地方发展的"三融入"人才培养路径;构建创新创业校校协同、校企协同和校地协同的"三协同"生态系统;形成了优化师资队伍、资源配置和服务机制"三优化"的创新创业保障机制。推动创新创业教育理念与时俱进,实现教育和实践资源在更广范围和更深层次的共享,培养了一批创新创业致用人才。

两次凝练,都紧扣学科专业、人才培养和校园文化三个维度,体现了历届领导班子对办出学校特色的高度共识和接续奋斗的办学追求。面向未来,学校在一流应用型大学的进程中,办学特色的培育将更加聚焦。中共三明学院第三次代表大会报告提出,要紧抓产教融合、明台融合两大路径,适应社会需要设置应用专业、根据产业需求开展科技创新,在服务福建全方位推动高质量发展超越中凝练特色、打造品牌、形成优势。四届一次"双代会"明确,人才培养方面,"五位一体""三才同育"培养特色更加鲜明;学科建设方面,争取在"文旅经济""数字经济""绿色经济"上形成新的增长点,打造三明学院特色;在开放办学方面,在助力第一家园建设、服务乡村融合发展、探索明台融合新路上发挥更大作用,不断形成特色办学优势;党建强校方面,形成特色鲜明的新时代高校党建品牌。四届二次"双代会"提出,要聚焦内涵提升建设,持续在建设硕士单位、优秀本科及特色学科方面发力,争取在重点领域推进质的有效提升和局部突破,在基础领域推进量的扎实积累和合理增长,不断增强创新能力、治理能力及省域竞争能力。

学校荣誉与社会影响

全校师生认真贯彻党的教育方针,深入落实立德树人根本任务,学校办学工作受到了教育部、中央文明委、国家民委、共青团中央、省教育厅等单位的荣誉表彰和社会各界的充分肯定,得到了人民日报、新华社、光明日报、中国教育报、中国青年报、福建日报等主流媒体和学习强国平台的关注报道。

1.党建引领

始终坚持和加强党对学校的全面领导,把党的建设和思想政治工作贯穿教学、科研、管理全过程和各方面,努力把学校建设成为坚持党的领导的坚强阵地。2006年学校获评"2002—2004年度福建省党的建设和思想政治工作先进高等学校",2011年学校团委被团中央授予2010年度"全国五四红旗团委"荣誉称号。进入新时代,学校深入贯彻习近平总书记关于教育和关于高校党建的重要论述,以强化政治建设为统领,以强化立德树人为根本,积极探索地方高校党建强校之道,2019年学校团委再度被团中央授予"全国五四红旗团委"称号;2021年7月,学校获评全省10所省级党建工作示范高校;2021年12月,学校获评"全国民族团结进步示范单位"。

2.应用办学

从升本之初明确应用型办学理念和办学模式,到2012年学校以扎实的教学工作基础和鲜明的应用型办学特色,高质量地通过教育部本科教学工作合格评估;从制定《三明学院中长期发展规划(2010—2020年)》,锁定"地方性、应用型、开放式"的办学定位,到2013年学校加入全国应用技术大学联盟并参与发布"驻马店共识",成为全国率先整体转型的高校;从响应国家"引导部分地方普通本科高校向应用型转变"的号召,出台《三明学院应用型转变试点工作方案》,到市政府全力推动三明学院整体转型,将"支持三明学院创建省级示范性应用型高校"写入《三明市国民经济和社会发展第十三个五年规划纲要》学校矢志不移朝着应用型方向发展,2018年获评福建省示范性应用型本科高校。如上所述,学校在向应用型转变过程中锤炼塑造了"三创"特色,获评"2018年度50所全国创新创业典型经验高校",2022年入选首批国家级创新创业学院建设单位、福建省一流应用型本科建设单位。

3.文明校园

三明是全国闻名的精神文明建设发祥地,三明学院作为三明市最高学府,文明实践、践行社会主义核心价值观是全校共识。在全校师生共同努力下,2009年被中央文明委命名为"全国精神文明建设工作先进单位",之后连续获得福建省第一届、第二届文明校园称号。文明创建过程中,学校还先后获得全国绿化模范单位、全国绿化先进集体、华夏书香校园、国家级节约型公共机构示范单位等"国字头"荣誉,在新时代文明实践的道路上不断作出新探索、形成新经验、作出新贡献。

4.交流交往

作为首批闽台高校联合培养人才项目试点学校、教育部中外合作项目学校和接收外国留学生学校,先后与台湾中国科技大学、香港高等科技教育学院、澳门科技大学等17所台港澳地区高校签订合作交流协议,与美国、俄罗斯、澳大利亚等国高校与机构建立合作关系。依托闽台合作项目,学校从两岸人才培养合作逐渐拓展到师资队伍建设、产学研、服务地方、文化交流等领域,从校校间合作拓展到校地企人的交流,以两岸教育互动促进了两岸民间融合往来,在2021年全省对台工作会议上作为高校唯一代表作典型发言。依托合作项目和合作高校,学校以己为媒,创办东南亚客属华人与"一带一路"国际青年学术论坛,举办中美绿色教育产教融合论坛、21世纪"海上丝绸之路"职业教育合作论坛以及两岸教育、两岸创新设计、客家武术文化、运动森林康养、乡村低碳建设提升等论坛、研讨会,打响了"两岸"牌、"三明"牌;同时,随着学校办学实力提升,国内外大型会议越来越多在三明学院召开,各领域高水平专家学者、代表人物越来越多走进三明,三明学院已经成为三明对外交流的一个璀璨的窗口、一张烫金的名片。

在"艰苦奋斗,追求卓越""经世致用、自强致胜"优良传统和"明德、明理、明志"校训精神的滋养下,先后涌现出全国优秀教师周文富、全国优秀教育工作者俞白桦、感动福建十大人物曹云露、全国道德模范曹阳飞宇、全国模范教师苏志忠等优秀师生,以及全国特殊教育先进工作者黄金莲、全国优秀教育园丁高觉慧、全国优秀教师洪英兰和郭新芳、全国最美教师杜成露、全国模范教师林爱如、全国"人民满意的公务员"方秋轩、全国"最美基层民警"刘才添、全国应急管理系统先进工作者陈华森、全国人大代表雷金玉等优秀校友,激励着师生全面发展和成长成才。

2022年3月25日,中共福建省委教育工作领导小组正式行文发布《关于改革部分省属普通本科高校管理体制促进学校高质量发展的若干意见》,明确"将地处非省会、计划单列市的泉州师范学院、莆田学院、三明学院、龙岩学院、武夷学院、宁德师范学院等6校(以下简称6校)的管理体制同步由现行体制调整为'省市共建、以省为主',加大省市支持力度,促进更好地融入全省发展大局,更好地服务区域经济社会发展",拓展了学校发展新格局。

2022年4月13日,经国务院批复同意,国家发展改革委公布了《闽西革命老区高质量发展示范区建设方案》,明确提出"支持三明学院列入'十四五'时期'教育强国推进工程'和'中西部高等教育振兴计划'扶持高校,申报硕士学位授予单位,申报建设现代产业学院",为学校发展带来新机遇。2022年5月,国家发展改革委出台《革命老区重点城市对口合作工作方案》,明确三明市和上海市建立对口合作关系。趁着沪明合作东风,学校与华东师范大学、上海大学、上海师范大学等上海高水平院校对口合作加快推进。2022年11月,教育部下发《关于对口支援甘肃农业大学等高校工作的通知》,学校作为受援高校列入教育部"对口支援西部地区高等学校计划",明确由厦门大学对口支援三明学院,为学校发展带来新机遇。

三明市第十次党代会工作报告、2022年三明市政府工作报告明确"支持三明学院建设一流应用型大学"。2022年4月21日印发的《三明中心城市融合发展规划》,提出要打造以三明学院为核心的现代教育高地,推动三明学院、医技院、职业教育做强做大,深化基础教育改革,创建全国基础教育综合改革实验区,开阔了学校发展新天地。

中国式现代化正在全面向前演进,三明学院将始终坚持地方性、应用型、开放式的办学定位,解放思想,深化改革,提升内涵,争创一流,协同推进教育科技人才一体化发展,在迈向一流应用型大学新征程上行而不辍,履践致远。

附　录

附录一　三明学院校史大事年表(1903—2023 年)

年度	史实
1903 年(光绪二十九年)	12 月 12 日(十月廿四),始建于 1898 年的新式私立东文学堂改建为官立全闽师范学堂正式开学,陈宝琛任监督。
1904 年(光绪三十年)	正月,于学堂西面建设附属小学。 八月,修葺致用书院为简易科教室。
1905 年(光绪三十一年)	春,开设师范简易科。 二月,附属小学举行开校式。
1906 年(光绪三十二年)	五月,全闽师范学堂改名为福建师范学堂。
1907 年(光绪三十三年)	正月,福建师范学堂增设优级理化博物选科两班,分设初级师范科和优级师范科两部分(俗称两级师范学堂)。
1912 年(民国元年)	1 月 19 日,教育部颁发《普通教育暂行办法》,规定学堂改称学校,监督改称校长,福建师范学堂依令更名为福建师范学校。
1913 年	4 月,福建师范学校改称福建高等师范学校,下设中师和高师两部分。
1914 年	8 月,福建高等师范学校改为福建省立第一师范学校。
1927 年	3 月,省立第一师范学校、省立福州女子师范学校和省立第一中学、第二中学等七校合并为福建省立第一高级中学,下设师范科。
1929 年	1 月,省立第一高级中学改称省立福州高级中学,增设幼稚师范科、初中部及短期民众师范讲习所。
1931 年	8 月,省立福州高级中学改为省立福州师范学校。
1936 年	省立福州、莆田、龙溪师范学校及省立福州、建瓯乡村师范学校合为福建省立师范学校,于 10 月 9 日正式开学。设普师、体师、幼师、社师等科,招收对象为初中毕业生,招收名额分配给专署统一选送。 12 月 12 日,福建省立师范学校在乌石山举行 33 周年校庆。
1938 年	3 月,省立师范学校从福州迁到临时省会永安县文庙。
1939 年	5 月,在永安县城的省立师范学校遭敌机轰炸迁到永安大湖乡。
1942 年	6 月,福建省师范教育恢复分区设置,并按所在地命名。福建省立师范学校改名省立永安师范学校。

续表

年度	史实
1943 年	7 月,在永安师范学校体育师范科的基础上扩建为省立永安体育师范学校。1945 年秋季,改名福州体育师范学校,并迁到福州办学,1948 年 12 月撤销并入林森(闽侯)师范学校。
1946 年	1 月,省立永安师范学校迁回永安文庙。
1947 年	8 月,永安县立初级中学附设简师班并入福建省立永安师范学校。
1950 年	7 月 13 日,永安县人民政府接管福建省立永安师范学校。普师招收初中毕业生,初师招收小学毕业生,学制均为三年。
1951 年	2 月,永安师范从文庙搬迁至永安西门外东坡原永安县立初级中学旧址。接管永安县立第一小学,改办为师范附小。
1952 年	9 月,永安师范学校增办三年制初师,招收小学毕业生;增办一年制速成师范班,招收初中毕业生。设立函授部,培训文化程度不足中师毕业的在职小学教师。
1953 年	8 月,宁化中学初师班和大田初中初师班并入永安师范学校。
1960 年	全省新办中级师范 9 所,位于明溪雪峰的三明师范学校 9 月 1 日开学。
1962 年	2 月,福建省撤并 9 所师范,三明师范学校被撤销并入永安师范学校。
1963 年	10 月 3 日,永安师范学校举行 60 周年校庆活动。
1966 年	6 月,"文化大革命"全面开始,永安师范学校停课参加"文化大革命",1966—1971 年停止招生。
1969 年	11 月,永安师范学校被宣布停办,校舍被占用。
1971 年	11 月,省革委会发出重新筹办师范学校的通知,因永安师范学校原址改建工厂难以复原,三明地区革委会决定重新选址筹办三明地区师范学校。
1972 年	4 月,三明地区革委会选定三明市麒麟山东侧的狮子坑为新校址。原永安师范部分教职员工陆续返校前往三明地区师范学校工作。 9 月 15 日,三明地区师范学校正式开学,招收两年制普师专业工农兵学员,暂借地委党校,与地区师训班办在一起。 10 月 15 日,三明地区师范学校举行开学典礼。 11 月,三明地区师范学校接收三明市东方红小学为附属小学。
1973 年	9 月,新生在狮子坑新校舍上课。
1975 年	9 月,三明地区师范学校受福建师范大学的委托,创办数学大专班,开设数理专业,招收工农兵学员 56 人,学制三年。 9 月,三明师范附小改名三明师范附属学校,小学与中学合办,招收小学和初中学生。
1977 年	6 月,取消"推荐"办法,实行统考、统招制度。三明地区师范学校两年制普师招收高中毕业生。 12 月,经福建省教育厅批准开办"三明地区师范大专班",设政教、中文、数学、物理、化学等 5 个专业。
1978 年	3 月,三明地区师范大专班 1977 级新生开始分批入学。 9 月,三明地区师范学校开设民办教师班,学制两年。在尤溪、宁化、永安、大田和三明等县(市)设师范分班。
1979 年	2 月,全省中等师范学校实行省属地管的领导体制。"福建省三明地区师范学校"改名"福建省三明师范学校"。
1980 年	2 月,"三明师范附属学校"中学部分分出独立办学,组建"三明师范大专班附属中学"。 9 月,福建省三明师范学校增设幼师专业。中师恢复函授教育。

年度	史实
1981 年	2 月,三明地区师范大专班从三明师范学校分出,开始逐步独立办学。
1982 年	4 月,省教育厅决定将全省师专学制由两年改为三年。 6 月,省教育厅决定全省中等师范学校停止招收高中毕业生,改招应届初中毕业生,学制由两年改为四年。
1983 年	7 月 11 日,福建省人民政府同意创办三明职业大学。 10 月 22 日,召开三明职业大学成立大会。先设中文(学制两年)、英语(学制三年)、水泥工艺(学制三年)三个专业,学制两至三年。 12 月 9 日,经福建省人民政府批准,同意以三明师范大专班为基础,成立三明师范专科学校。
1984 年	9 月,师范普师改招三年制新生。
1985 年	9 月,师专三年制恢复为两年制。 9 月,三明职业大学永安分校成立。
1986 年	全省共有中等师范学校 24 所。 8 月,三明师范专科学校开始搬迁到原福建农学院三明荆东校址。
1988 年	10 月,福建省三明师范学校收回原永安师范学校全部历史档案。 12 月 12 日,三明师范学校隆重举办全闽师范学堂成立 85 周年校庆。成立“全闽师范—福建师范—永安师范—三明师范校友会”
1992 年	8 月 26 日,“三明师范专科学校附属中学”改名为“三明市列东中学”。
1993 年	9 月,福建省三明师范学校面向泉州市招收 40 名学生;恢复设置三年制幼师专业,面向三明地区招生;增设中函班(中师函授起点的民师班),面向三明地区招生。 10 月 17 日,三明职业大学举行建校 10 周年暨董事会成立庆典。 12 月 12 日,福建省三明师范学校举行盛大的建校 90 周年庆典活动。福建中师教育研究会、《师范教育》编辑部与福建省三明师范学校联合举办首届海峡两岸师范教育研讨会。三明市政协文史资料委员会、福建省三明师范学校编辑出版《三明文史资料》第十辑《闽师之源》,书名由全国人大常委会副委员长叶飞题写。
1994 年	3 月 11 日,经国家教委批准,“三明师范专科学校”更名为“三明师范高等专科学校”。
1998 年	11 月 28 日,三明师范高等专科学校举办 20 周年校庆活动。 12 月 12 日,福建省三明师范学校举办 95 周年校庆活动。
1999 年	9 月 1 日,三明师范高等专科学校、三明职业大学、福建省三明师范学校和三明市教师进修学院(部分)实行实质性合并,按新体制运作。
2000 年	6 月 12 日、8 月 2 日,教育部、福建省人民政府先后下发通知,同意组建三明高等专科学校。 10 月 15 日,三明高等专科学校举行挂牌成立大会。
2001 年	9 月,停招中师专业,小学教育专业全面提升到专科层次,面向初中招收小学教育、小学计算机教育、小学英语教育等 3 个五年制师范专业;面向普高招收 11 个三年制师范专业(其中 1 个为小学教育专业);招收 23 个高职专业(其中高职单招专业 6 个)。
2003 年	2 月 9 日,教育部发展规划司发文同意在三明高等专科学校基础上筹建三明学院。 7 月,最后一届中等师范生毕业。 9 月,三明学院(筹)招收汉语语言文学、英语、数学与应用数学、物理学、化学、电子科学与技术、化生工程与工艺 7 个本科专业 350 人。 12 月 26 日,举办纪念三明师范建校 100 周年庆典活动。

年度	史实
2004 年	5 月 18 日与 5 月 27 日,教育部、福建省人民政府先后下发通知,同意三明高等专科学校改建为三明学院。 6 月 28 日,举办三明学院挂牌成立庆典活动。
2009 年	1 月 18 日,召开中国共产党三明学院第一次代表大会。 8 月,完成列东校区与三元校区等教学场所调整搬迁工作。
2010 年	9 月,开始举办闽台高校联合培养人才项目。
2012 年	6 月 5—8 日,接受教育部本科教学工作合格评估。
2013 年	9 月,招收教育部中外合作办学项目体育教育(体育管理)本科教育专业;招收国际通识教育课程项目财务管理、旅游管理与服务教育、土木工程三个专业的本科生。
2014 年	6 月 28 日,举办"十年本科、百年办学"纪念活动,成立三明学院董事会。 11 月 2—3 日,召开中国共产党三明学院第二次代表大会。
2016 年	7 月 2 日,召开三明学院校友会成立暨第一届会员代表大会。 9 月,停止专科招生,全部招收本科生。
2017 年	7 月,最后一届专科生毕业。 12 月,被省学位委员会、省教育厅列为福建省 2018—2020 年硕士学位授予培育立项建设单位。
2018 年	11 月 26—30 日,接受教育部本科教学工作审核评估。
2020 年	11 月,福建省人民政府公布第十批省级文物保护单位名单及保护范围,"福建省立师范学校旧址群"被列入近现代重要史迹及代表性建筑。
2021 年	3 月 31 日—4 月 1 日,召开中国共产党三明学院第三次党员代表大会。 9 月 1 日,三明学院实验小学、实验幼儿园正式开学。
2022 年	3 月,省委教育工作领导小组决定,将地处非省会、计划单列市的三明学院等 6 校的管理体制同步由现行体制调整为"省市共建、以省为主"。 11 月,入选福建省一流应用型建设高校;列入教育部"对口支援西部地区高等学校计划",由厦门大学对口支援三明学院。
2023 年	3 月,《三明学院章程(2023 年修订)》规定,学校校庆日为每年的 12 月 12 日。

附录二　历任校领导一览表

校名/机构	书记/校长	副书记/副校长
全闽师范学堂	陈宝琛(监督,1903.12—1906.6)	
福建师范学堂	陈宝琛(监督,1906.6—1909.9)	
	潘炳年(监督,1909.9—1911年秋)	
	林元乔(监督,1911年秋—1912.3)	
福建师范学校	林元乔(校长,1912.3—1913.4)	
福建高等师范学校	林元乔(校长,1913.4—1914.8)	
福建省立第一师范学校	林元乔(校长,1914.8—1925.4)	
	林炯(校长,1925.4—1925.6)	
	陈鼎亨(代理校长1925.6—1926.4)	
	吴则范(校长,1926.4—1927.3)	
福建省立第一高级中学	陈秉乾(校务委员会主任委员,1927.3—)	
	王勖(校务委员会主任委员,1927—1928.3)	
	吴则范(校长,1928.3—1929.1)	
福建省立福州高级中学	吴则范(校长,1929.1—1931.8)	
福建省立福州师范学校	吴则范(校长,1931.8—1935.2)	
	林炯(校长,1935.2—1936.5)	
	王受泰(校长,1936.5—1936.7)	
福建省立师范学校	姜琦(校长,1936.7—1938.5)	
	王秀南(校长,1938.6—1942.6)	
福建省立永安师范学校	王秀南(校长,1942.6—1942.12)	
	黄震(校长1943.2—1944.7)	
	王敦善(校长,1944.8—1946.1)	
	王藏修(校长,1946.2—1948年春)	
	魏承驹(校长,1948年春—1949.3)	
	陈子彬(1949.5主持校政,1949.10—1950.8代理校长)	

校名/机构	书记/校长	副书记/副校长
福建省 永安师范学校	林志群(专员兼校长,1950.8—1952.10)	
	林汝南(专员兼校长,1952.10—1953.6)	
	何邦基(校长,1953.6—1959.4)	崔立勋(副校长,1955.4—1959.4)
	崔立勋(校长,1959.4—1971.11)	黄炳超(副校长 1959.4—?)
	吴进灼(迁址复办负责人,1971.11—1972.10)	
福建省 三明地区师范学校 福建省 三明师范学校	崔立勋(革委会主任兼党支部书记, 1972.10—1978.1; 党总支书记,1976.1—1978.1)	马新民(革委会副主任,1972.10—?)
		吴进灼(革委会副主任,1972.10—1979.10)
		孙萍(革委会副主任,1973.5—1975.10)
		周汉昭(党支部副书记,1974.2—1976.1; 党总支副书记,1976.1—1978.2)
		王振铭(革委会副主任兼党支部副书记,1975. 4—1976.1;党总支副书记,1976.1—1978.2)
		林耀坤(革委会副主任,1975.9—1979.10)
		李吕铭(革委会副主任,1977.10—1979.10)
	马长光(革委会主任兼党总支书记,1978.2—1981.4; 校长 1979.10—1980.10)	林耀坤(党总支书记,1979.10—1981.4; 副校长,1979.10—1980.10)
	林耀坤(党总支书记,1981.4—1986.9; 校长,1980.10—1986.9)	林春堂(革委会副主任,1978.9—1979.10; 副校长,1979.10—1986.9)
	杨真才(党总支书记,1986.9—1993.8; 校长,1986.9—1996.2)	陈修庆(副校长,1984.4—1996.9)
		姜维光(党总支副书记,1987.8—1993.8)
	姜维光(党总支书记,1993.8—2000.9)	陈言霭(党总支副书记,1991.8—2000.9)
	陈修庆(校长,1996.9.16—2000.9)	卢昌荆(副校长,1991.8—2000.9)
		王招凤(副校长,1998.3—2000.9)
三明地区 师范大专班	马长光(校长,1980.10—1984.4)	伍开谟(副校长,1980.10—1984.4)

续表

校名/机构	书记/校长	副书记/副校长
三明师范专科学校 三明师范高等 专科学校	马长光(党委书记,1984.4—1989.12; 校长,1984.4—1986.9)	陈纯珀(党委副书记,1984.4—1992.7)
		伍开谟(副校长,1984.4—1985.5)
		徐政(党委副书记,1991.1—1994.3)
		何国清(副校长1984.4—1992.10)
	徐政(校长,1986.9—1994.3)	谢扬庭(副校长1986.10—1994.3; 党委副书记,1993.6—1997.7)
	林发茂(党委书记,1989.12—1992.5)	
	蔡添瑞(党委书记,1992.9—1998.8)	方敬如(副校长,1993.6—1998.5)
	徐政(校长,1994.3—1998.8)	谢扬庭(副校长,1994.3—1997.7)
	李长生(党委书记,1998.8—2000.9)	丘德奎(副校长,1998.5—1999.9)
	赵峰(党委副书记、校长,1998.8—2000.9)	周勇(党委委员,1998.5—2000.9; 工会主席,1998.10—2000.9)
三明职业大学	邓超(市委书记兼任校长,1983.8—1986.6)	马长光(常务副校长,1983.8—1986.11)
		洪广大(党委副书记,1983.8—1985.2)
	洪广大(党委书记,1985.2—1986.6)	林春灼(副校长,1985.5—1998.5)
	周申(副市长兼任校长,1986.6—1988.3)	林建明(副校长,1986.9—1998.5)
	李春高(党委书记,1986.6—1988.3)	赵峰(党委副书记、副校长,1988.3—1992.10)
	蔡添瑞(党委书记兼校长,1988.3—1992.10)	
	赵峰(党委书记,1992.10—1998.8)	周勇(工会主席,1992.7—1998.5)
	何国清(党委副书记、校长,1992.10—2000.9)	余能干(副校长,1996.9—1998.10; 党委副书记,1998.10—2000.9)
	江芳俊(党委书记,1998.10—2000.9)	叶良茂(副校长,1998.5—2000.9)
		李显淮(副校长,1998.5—2000.9)
三明高等专科学校	李长生(党委书记2000.9—2005.2)	江芳俊(党委副书记,2000.9—2005.3)
		姜维光(纪委书记,2000.9—2002.2)
	赵峰(党委副书记、校长,2000.9—2005.2)	耿鸣(党委副书记、纪委书记,2002.4—2005.2)
		叶良茂(副校长,2000.9—2005.3)
		吴长彬(副校长,2000.9—2005.3)
		周勇(工会主席,2000.9—2005.3)

续表

校名/机构	书记/校长	副书记/副校长
三明学院	中共三明学院临时委员会(2004.9—2005.2) 党委书记:李长生; 党委副书记:赵峰、江芳俊、耿鸣 成员:叶良茂、吴长彬、周勇 三明学院临时管理委员会(2004.9—2005.3) 主任:赵峰 副主任:叶良茂、吴长彬	
	李长生(党委书记,2005.2—2006.7)	赵峰(党委副书记,2005.2—2010.3)
		陈若灿(党委副书记、纪委书记,2005.3—2010.3)
	郑建岚(党委副书记、院长,2005.2—2011.12)	梁一池(副院长,2005.3—2009.6)
		江芳俊(副院长,2005.3—2017.9)
		叶良茂(副院长,2005.3—2009.4)
	马国防(党委书记,2008.4—2013.6)	刘健(副校长,2009.6—2012.9)
		王政(党委副书记,2010.5—2016.9)
		林群(纪委书记,2011.12—2016.4)
	刘健(党委副书记、院长,2012.9—2019.9)	陈晓明(副院长,2013.6—2017.9)
		赖锦隆(副院长,2013.6—2016.9; 党委副书记,2016.9—2021.11)
	曾祥辉(党委书记,2013.6—2017.1)	张君诚(副院长,2016.9—2023.10)
		吴龙(副院长,2016 年 9 月至今)
		詹学齐(纪委书记,2017.1—2022.6)
		俞白桦(院长助理,2011.6—2014.5)
		王宗簇(院长助理,2011.6—2016.9)
	兰明尚(党委书记,2017.5—2021.11)	廖景榕(党委副书记,2017 年 5 月至今)
		李莉星(党委副书记,2023 年 10 月至今)
	潘玉腾(党委副书记、院长,2019.9—2021.10)	谢松明(副院长,2018 年 12 月至今)
	赖锦隆(党委副书记,2021 年 11 月至今)	林建伟(副院长,2018 年 12 月至今)
	王乾廷(党委副书记、院长,2021.11—2023.10)	
	张君诚(党委副书记、院长,2023 年 10 月至今)	游龙桂(纪委书记,2022 年 7 月至今)

附录三　三明学院内设组织机构及沿革表

总序号	分序号	单位全称	组建时间	备注
		一、党政管理机构		
1	1	党政办公室	2004 年 5 月	2006 年 2 月学校办公室分设为党委办公室、院长办公室,2009 年 6 月合并更名为党政办公室
2	2	组织部	2004 年 5 月	
		党校办公室	2009 年 6 月	挂靠组织部
		机关党委	2004 年 5 月	2009 年 6 月由原机关党总支更名,并与党政办合署,2019 年 3 月调整与组织部合署
3	3	宣传部	2004 年 5 月	
		文明办	2009 年 6 月	挂靠宣传部
4	4	纪委(监察专员办)综合室	2022 年 5 月	主要承担原纪委(监察审计处)的综合业务和案件审理工作
5	5	纪委(监察专员办)纪检监察室	2019 年 10 月	主要承担原纪委(监察审计处)的纪检监察工作,剥离了审计职能
		巡察工作领导小组办公室	2022 年 6 月	挂靠纪委(监察专员办)纪检监察室
		纪委办(监察审计处)	2006 年 8 月	由原纪委办公室更名,2019 年 10 月撤销
		纪委办公室	2000 年 10 月	由三明高等专科学校设立
6	6	统战部	2009 年 6 月	2009 年 6 月前与组织部合署
		校友会	2016 年 7 月	成立后挂靠党政办;2019 年 3 月调整挂靠创新创业学院;2021 年 3 月挂靠统战部
7	7	人事处	2004 年 5 月	
		人才办	2017 年 11 月	挂靠人事处
		教师工作部	2017 年 3 月	与人事处合署,2017 年 10 月—2022 年 5 月与组织部合署
		教师教学发展中心	2012 年 6 月	挂靠人事处,2019 年 3 月—2022 年 5 月期间挂靠教务处
		离退休人员管理办公室	2005 年 10 月	与人事处合署,2019 年 3 月—2022 年 5 月与工会合署
8	8	教务处	2004 年 5 月	
9	9	科技处	2019 年 9 月	
		社会科学处	2019 年 9 月	与科技处合署,2022 年 5 月由原社科处更名社会科学处
		科研处	2004 年 5 月	2019 年 9 月撤销,其成建制转入科技处(社会科学处)

续表

总序号	分序号	单位全称	组建时间	备注
10	10	财务处	2004 年 5 月	2022 年 5 月由原计划财务处更名
11	11	学生处	2004 年 5 月	
		学生工作部	2004 年 5 月	与学生处合署
12	12	国有资产管理处	2009 年 6 月	2020 年 3 月—2021 年 3 月与审计处(筹建)合并为审计与资产管理处
13	13	发展规划处	2012 年 10 月	2022 年 5 月由原发展规划处(质量监测与评估中心、高等教育研究所)更名
		评建工作办公室	2006 年 8 月	直属机构,不设行政级别,2012 年 10 月撤销,成建制转入发展规划处(质量监测与评估中心)
14	14	对外合作与交流处	2022 年 5 月	
		台港澳事务办公室	2013 年 4 月	挂靠对外合作与交流处,2013 年 4 月—2022 年 5 月期间与海峡理工学院合署
		国际交流与合作处	2012 年 10 月	与国际学院合署,2022 年 5 月撤销,成建制转入对外合作与交流处
15	15	后勤管理处	2004 年 5 月	
		后勤服务中心	2004 年 5 月	直属机构,不设行政级别,2014 年 1 月成建制并入后勤管理处
		基建办公室(副处级)	2004 年 5 月	2009 年 6 月成建制并入后勤管理处
16	16	保卫处	2004 年 5 月	
		武装部	2004 年 5 月	与保卫处合署
17	17	学科建设与研究生处	2022 年 5 月	与发展规划处合署
		研究生处	2017 年 10 月	2019 年 3 月由原研究生教育与学科建设办公室更名学科建设办公室,2020 年 3 月再更名研究生处;2017 年 10 月—2019 年 3 月期间与原科研处合署,2019 年 3 月—2022 年 5 月期间与教务处合署;2022 年 5 月撤销,成建制转入学科建设与研究生处
18	18	审计处	2021 年 3 月	2019 年 7 月设立审计处(筹),2020 年 3 月撤销,成立审计与资产管理处,2021 年 3 月剥离成立审计处
		法律事务办公室	2017 年 3 月	挂靠党政办公室,2022 年 5 月职能划转审计处下设法律事务中心
19	19	社会合作处	2022 年 5 月	与科技处(社会科学处)合署,2023 年 9 月与党政办合署
		地方合作办公室	2020 年 3 月	与党政办公室合署,2022 年 5 月撤销,成建制转入社会合作处
20	20	工会	2004 年 5 月	

总序号	分序号	单位全称	组建时间	备注
21	21	团委	2004 年 5 月	
		招生与就业处	2004 年 5 月	2009 年 6 月由招生与就业指导中心更名,2019 年 3 月撤销,其招生职能划转教务处,就业职能划转学工处
			二、教学机构	
22	1	教育与音乐学院	2012 年 11 月	由原教师教育系与原艺术设计学院(鞋服学院)音乐专业组建
		教师教育系	2004 年 5 月	2005 年 9 月由原初等教育系更名,2012 年 11 月撤销
23	2	经济与管理学院	2019 年 3 月	由原管理学院与原旅游学院(经济学院)合并组建
		旅游学院(经济学院)	2012 年 11 月	2019 年 3 月撤销
		管理学院		2011 年 5 月由原经济管理系更名经济管理学院,2012 年 11 月再更名为管理学院;2019 年 3 月撤销
24	3	艺术与设计学院	2019 年 3 月	由原艺术设计学院(鞋服学院)与原海峡动漫学院合并组建
		艺术设计学院(鞋服学院)	2012 年 11 月	2011 年 5 月由原艺术系更名艺术学院,2012 年 11 月再更名;2019 年 3 月撤销
		海峡动漫学院	2012 年 11 月	2019 年 3 月撤销
25	4	信息工程学院	2004 年 5 月	2005 年 9 月由原数学系与计算机科学系合并组建数学与计算机科学系,2011 年 5 月更名数学与信息学院,2012 年 11 月再更名
26	5	机电工程学院	2004 年 5 月	2005 年 9 月由原应用物理系更名物理与机电工程系,2011 年 5 月更名物理与机电工程学院,2012 年 11 月再更名
27	6	资源与化工学院	2004 年 5 月	2005 年 9 月由原化生工程系更名化学与生物工程系,2011 年 5 月更名化学与生物工程学院,2012 年 11 月再更名
28	7	建筑工程学院	2004 年 5 月	2005 年 9 月由原土建系更名土木建筑工程系,2011 年 5 月再更名
29	8	海峡理工学院	2012 年 11 月	
30	9	文化传播学院	2004 年 5 月	2012 年 11 月由原中文系更名
31	10	海外学院(外国语学院)	2019 年 3 月	由原外国语学院与原国际学院合并组建
		外国语学院	2004 年 5 月	2005 年 9 月由原英语系更名外语系,2012 年 11 月再更名;2019 年 3 月撤销
		国际学院	2012 年 10 月	2019 年 3 月撤销

续表

总序号	分序号	单位全称	组建时间	备注
32	11	体育与康养学院	2004 年 5 月	2012 年 11 月由原体育系更名体育学院,2019 年 3 月再更名
33	12	创业管理学院	2014 年 5 月	2014 年 5 月,设立创新创业教育学院(非实体),挂靠教务处;2019 年 3 月成立创新创业学院,4 月更名创新创业创造学院;2022 年 5 月再更名
34	13	马克思主义学院	2012 年 11 月	2016 年 9 月由原思想政治理论课教研部更名
34		三明学院思想政治教育研究院	2018 年 11 月	挂靠马克思主义学院
34		政治法律系	2004 年 5 月	2012 年 11 月撤销,其经济学类教师主要分流原旅游学院(经济学院),其余部分教师分流原思想政治理论课教研部
35	14	继续教育学院	2004 年 5 月	
35		公共教学部	2004 年 5 月	2009 年 6 月撤销,根据专业相近原则,将教师分流到相关系
35		师范学部	2018 年 12 月	2022 年 5 月撤销,相关职能划转教务处
35		思想政治教育学部	2020 年 10 月	2022 年 5 月撤销,相关职能划转马克思主义学院
三、教辅与自设机构				
36	1	图书馆	2004 年 5 月	
37	2	网络技术中心	2019 年 3 月	原与信息工程学院合署,2022 年 5 月独立建制
37		现代教育技术中心(正科级、挂靠教务处管理)	2004 年 5 月	2019 年 3 月撤销,成建制转入网络技术中心
38	3	美丽中国发展研究院(新技术研究院)	2018 年 4 月	2022 年 5 月参照正处级机构管理
39	4	校档案馆(校史办)	2022 年 5 月	挂靠党政办公室,参照副处级机构管理
40	5	学报编辑部	2004 年 5 月	原挂靠科研处;2022 年 5 月参照副处级机构管理
41	6	校医院	2014 年 1 月	挂靠后勤管理处,2017 年 3 月由原医务所更名
42	7	资产经营管理公司	2022 年 5 月	挂靠国有资产管理处,参照正科级机构管理

附录四 三明学院专业设置情况表(2003—2023 年)

学院	专业	时间	类型	备注
教育与音乐学院	小学教育	2003—2004	专科	2003—2004 年,小学教育师范类
	小学教育	2005—	本科	2005 年,教育学(小教方向)(本科师范)、小学教育(师范);2006 年,教育学(小教方向/本科、师范);2007 年,教育学(小学教育方向/师范类)、教育学(小学英语方向/师范类);2009 年,教育学(小学教育方向)、教育学(小学英语方向)、教育学(小学科学方向);2008—2009 年,小学教育(师范);2011 年,小学教育、小学教育(小学英语方向)、小学教育(专升本);2013 年至今,小学教育(师范类);2016—2018 年,小学教育(师范类)(面向三明);2018 年,本科公费师范生
	音乐学(师)	2003—2004	专科	2003—2004 年,音乐教育(师范类)
	音乐学(师)	2005—	本科	2005—2006 年,音乐教育(师范类);2007—2009 年,音乐学(师范类);2010—2012 年,音乐学(音乐教育方向)(师范类);2013 年至今,音乐学(师范类)
	音乐学(非师)	2003—2004	专科	2003—2004 年,音乐表演(高职类)
	音乐学(非师)	2005—	本科	2005—2008 年,音乐表演;2009 年,音乐学(艺术管理方向);2010—2011 年,音乐学(艺术管理方向)、音乐学(器乐演奏与钢琴调律方向)、音乐学(声乐与舞蹈方向);2012 年,音乐学(艺术管理方向)、音乐学(音乐表演方向);2013 年至今,音乐学(非师范类)
	学前教育	2015	专科	五年专(师范类)
	学前教育	2005—	本科	2005 年至今,学前教育(师范类);2016 年,学前教育(师范类)(面向三明);2012—2014 年、2017—2018 年、2021 年,学前教育(师范类)(专升本);2018 年,学前教育(师范类)(定向);2019 年学前教育(师范类)(公费 3 人)

学院	专业	时间	类型	备注
经济与管理学院	财务管理	2003	专科	2003—2005 年,财务会计(高职类)
	财务管理	2006—	本科	2006 年,会计;2007 年至今,财务管理;2010—2017 年,财务管理(专升本)
	市场营销	2005—2022	本科	2009—2020 年,市场营销(专升本)
	物流管理	2012—	本科	
	电子商务	2017—	本科	
	贸易经济	2016—	本科	
	旅游管理与服务教育	2003	专科	2003 年,旅游管理
	旅游管理与服务教育	2004—	本科	2004—2005 年,旅游与酒店管理;2006—2008 年,旅游管理;2009 年至今,旅游管理与服务教育;2013—2022 年,旅游管理与服务教育(专升本)
	数字经济	2023—	本科	
艺术与设计学院	美术学	2003—2006	专科	2003—2004 年,美术教育(师范类);2005—2006 年,美术学(师范类)(三年制)
	美术学(师)	2005—	本科	
	服装与服饰设计	2013—	本科	2013—2019 年,服装与服饰设计(鞋类设计与工艺方向);2016 年至今,服装与服饰设计;2015—2021 年,服装与服饰设计(高职招考)
	视觉传达设计	2010—	本科	2010—2012 年,艺术设计(视觉传达设计方向);2013 年至今,视觉传达设计;2013—2017 年,视觉传达设计(专升本)
	环境设计	2013—	本科	2011 年至今,环境设计;2013—2016 年,环境设计(专升本)
	产品设计	2014—	本科	2012 年至今,产品设计;2021 年,产品设计(专升本);2015 年至今,产品设计(高职招考)
	数字媒体技术	2016—	本科	
	动画	2011—	本科	2011 年至今,动画;2016—2018 年,动画(专升本);2016—2017 年,动画(高职招考中职生类)

学院	专业	时间	类型	备注
信息工程学院	数学与应用数学（师）	2003	专科	2003 年,数学教育（师范类）
	数学与应用数学（师）	2003—2011 2018—	本科	2012—2017 年停招
	计算机科学与技术	2003—2004	专科	
	计算机科学与技术	2005—	本科	
	网络工程	2006—	本科	
	物联网工程	2013—	本科	
	通信工程	2016—2020	本科	
	人工智能	2021—	本科	
机电工程学院	物理学（师）	2003	专科	2003 年,物理学教育（师范类）
	物理学	2003—	本科	2003—2009 年,物理学（师范类）;2010—2016 年,物理学（光电子技术与应用方向）;2017—2019 年,光电信息科学与工程;2020 年至今,物理学（师范类）
	电子信息工程	2005—	本科	2005—2014 年,电子信息工程;2015 年至今,电子信息工程,电子信息工程（中外合作）;2017 年,电子信息工程（专升本）
	车辆工程	2012—	本科	2012 年至今,车辆工程;2018—2019 年,车辆工程（高职招考）
	机械设计制造及其自动化	2003—2005	专科	2003—2005 年,机械电子工程
	机械设计制造及其自动化	2006—	本科	2016 年至今,机械设计制造及其自动化;2010 年、2015—2017 年、2021—2022 年,机械设计制造及其自动化（专升本）
	机器人工程	2021—	本科	
	工业设计	2016—2017	本科	
	光电信息科学与工程	2016—2019	本科	
	电子科学与技术	2003	专科	
	电子科学与技术	2003—2020	本科	

学院	专业	时间	类型	备注
资源与化工学院	材料化学	2015—	本科	2015—2016 年,化学(高分子材料方向);2017 年至今,材料化学
	化学工程与工艺	2003—	本科	
	生物技术	2006—	本科	
	环境工程	1999—2003	专科	
	环境工程	2004—	本科	
	化学(师)	2003	专科	2003 年,化学(师范类)
	化学(师)	2003—2011 2021—	本科	2012—2020 年停招
	资源环境科学	2011—2020	本科	
建筑工程学院	土木工程	2006—	本科	2005 年至今,土木工程;2010 年,土木工程(建筑工程方向)、土木工程(道路与桥梁工程方向)、土木工程(专升本);2011 年,土木工程(包括建筑工程、道路与桥梁工程、岩土与城市地下工程三个方向)、土木工程(专升本);2015—2018 年,土木工程(专升本)
	工程造价	2014—	本科	2014 年至今,工程造价,2021 年至今,工程造价(专升本)
	风景园林	2013—	本科	2013—2016 年,风景园林(景观建筑设计方向);2017 年至今,风景园林
	智能建造与智慧交通	2023—	本科	
海峡理工学院	财务管理(闽台)	2011—	本科	
	市场营销(闽台)	2011—	本科	2011 年,市场营销(连锁经营管理方向);2012 年至今,市场营销(闽台)
	土木工程(闽台)	2011—	本科	
	视觉传达设计(闽台)	2013—	本科	
	环境设计(闽台)	2013—	本科	
	动画(闽台)	2011—	本科	

学院	专业	时间	类型	备注
文化传播学院	汉语言文学(师)	2003	专科	2003,汉语言文学教育(师范类)
	汉语言文学(师)	2003—	本科	
	汉语言文学(非师)	2003—	本科	2003—2012年,汉语言文学(文秘方向本科);2013年至今,汉语言文学(非师范类)
	传播学	2007—	本科	2007—2012年,汉语言文学(新闻与传播方向);2013年至今,传播学
	播音与主持艺术	2015—	本科	
海外学院(外国语学院)	英语(师)	2003	专科	2003年,英语教育(师范类)
	英语(师)	2003—	本科	2003年至今,英语(师范类);2009年、2012—2014年,英语(专升本)
	商务英语	2003	专科	2003年,实用英语
	商务英语	2004—	本科	2004—2005年,实用英语;2006—2009年,应用英语;2010—2012年,英语(商务英语方向);2013年,英语(非师范类);2014年至今,商务英语;2009—2011年,英语(商务英语方向)(专升本)
	土木工程(国际课程项目)	2013—	本科	2013—2019年,土木工程;2020年至今,土木工程(国际课程项目)
	财务管理(国际课程项目)	2013—	本科	2013—2014年,2019年,财务管理;2015—2018年,财务管理(国际会计方向);2020年至今,财务管理(国际课程项目)
体育与康养学院	体育教育(师)	2003—2008	专科	
	体育教育(师)	2005—	本科	
	社会体育指导与管理	2010—	本科	2010—2012年,体育教育(社会体育方向);2013年,体育教育(非师范类);2014年至今,社会体育指导与管理
马克思主义学院	思想政治教育	2022—	本科	

附录五　三明学院高层次人才名单(省级以上)

一、国家百千万人才工程人选(1 人)

王乾廷

二、福建省百千万人才工程人选(1 人)

高　浩

三、福建省引进台湾高层次人才"百人计划"(2 人)

吴志鸿　黄　鹏

四、福建省 A 类高层次人才(1 人)

王乾廷

五、福建省 B 类引进高层次人才(7 人)

王焜洁　刘　振　苏志忠　吴志鸿　周　鹏　黄　鹏　薛荣荣

六、福建省 C 类引进高层次人才

2018 年(2 人)

曹　宁　魏　静

2020 年(1 人)

林福星

2021 年(4 人)

王玮彬　孙　刚　苏　红　贾鹤鸣

2022 年(32 人)

王　爽　王棹仁　任仕钊　刘持标　池毓锋　孙志霞
苏　君　李冰新　李　杭　李　银　杨基鑫　何力鸿
余　鑫　张建汉　陈风华　周玉珏　郑文辉　郑启芳
郑　荣　赵晶晶　宫辽阔　敖　鹏　袁　堃　高　浩
黄世俊　曹建波　崔积适　彭光中　韩　威　游晗晖
鄢树枫　蔡豫威

七、闽江学者

2016 年(1 人)

王宏兴

2017 年(3 人)

吴　坚　李　辉　张东亮

2018 年(3 人)

孙　刚　原　方　魏　静

2019 年（4 人）

余江滔　张　峰　高　睿　傅少君

2023 年（3 人）

王　伟　苏佳灿　舒江鹏

七、福建省高等学校新世纪优秀人才支持计划（14 人）

王立端　邓享璋　邓维明　李军龙　肖旺钏　吴　龙

吴志鸿　邱国鹏　张君诚　陈礼炜　罗菊香　黄宝玖

曾令超　管　强

八、福建省高校杰出青年科研人才培育计划（12 人）

石庆会　李　想　李福颖　肖旺钏　余高锋　张建汉

陈礼炜　郑联慧　黄文义　董国文　管　强　颜慧贤

附录六 三明学院教学成果获奖情况表

序号	获奖时间	获奖名称	获奖类型	获奖项目名称	主要完成人	完成学校（院系）
1	2010	省级教学成果奖	二等奖	工科类人才培养模式创建与学生工程综合能力培养的研究与实践	周文富、郑建岚、卢昌荆、张启卫、吴龙	三明学院
2	2014	省级教学成果奖	特等奖	以陶艺课程教学改革为试点的应用型创新人才培养模式探索与实践	林梓波、李敏、金优石	三明学院
3	2014	省级教学成果奖	一等奖	地方本科院校质量保障与监控体系的构建与实践	周文富、周斐芳、许明春、黄宝玖	三明学院
4	2014	省级教学成果奖	一等奖	中国文化概论课程改革与实践	邓天杰、靳阳春、余达忠、蔡登秋、廖开顺	三明学院
5	2014	省级教学成果奖	二等奖	IT类应用型人才培养模式创新探索与实践	卢昌荆、邱锦明、周文富、林克明、颜建军	三明学院
6	2014	省级教学成果奖	二等奖	《歌曲作法》课程教学改革的探索与实践	赖登明、伍荣生、吴彪、唐进宝、邓滨涛、司季发	三明学院
7	2014	省级教学成果奖	二等奖	三维CAD实践教学新模式在培养创新应用型人才方面的研究实践	闻霞、吴龙、熊昌炯、晋芳伟、张雯娟、邱丽梅、魏剑、纪联南	三明学院机电工程学院
8	2018	省级教学成果奖	一等奖	面向地方新兴产业，构建"12345"化工类创新型人才培养模式	李奇勇、苏志忠、林明穗、肖旺钏、王仁章、崔国星、董国文、张丽华	三明学院资源与化工学院
9	2018	省级教学成果奖	二等奖	基于"两导向三聚焦"的山区高校应用型人才培养创新与实践	刘健、张君诚、赖祥亮、许明春、陆发信、曾玲、肖爱清、蔡萍萍	三明学院
10	2018	省级教学成果奖	二等奖	"3355"应用型人才培养模式的架构与实践——以三明学院机电工程学院为例	吴龙、刘建军、廖景榕、高浩、张雯娟、闻霞、陈刚、洪吴	三明学院机电工程学院
11	2020	省级教学成果奖	一等奖	旅游类产业学院新生态的人才培养模式构建与实施	罗金华、石玉、龚琳、官长春、李想、孔泽、苏雅婷、张玉嫣	三明学院经济与管理学院
12	2020	省级教学成果奖	二等奖	基于资源化工试点专业群的生态智慧型实践教学模式改革	李奇勇、林明穗、肖旺钏、董国文、苏志忠、赖文忠、邱冬梅、张丽华	三明学院资源与化工学院

序号	获奖时间	获奖名称	获奖类型	获奖项目名称	主要完成人	完成学校（院系）
13	2020	省级教学成果奖	二等奖	创新创业创造人才培养"三变革"模式的构建与实践	廖景榕、叶志鹏、黄鹏、曾玲、杨红梅、刘景苗、曾祥添、陆发信	三明学院三创学院
14	2020	省级教学成果奖	二等奖	设计类专业"三对接三转变三合力"实践教学体系改革与构建	邱国鹏、戴红宇、杨晓燕、信玉峰、余水妹、周学划、罗奋涛、张欣宇	三明学院艺术与设计学院
15	2020	省级教学成果奖	二等奖	基于成果导向管理平台的教育教学改革与实践	林志兴、李增禄、刘健、刘持标、张武威、王红雨、刘孙发、肖香梅	三明学院信息工程学院
16	2022	省级教学成果奖	一等奖	以项目驱动创新班为引擎的应用型人才培养模式构建与实践	兰明尚、张君诚、许明春、赖祥亮、龚兵丽、蔡萍萍、肖爱清、何宁	三明学院
17	2022	省级教学成果奖	一等奖	三阶递进三轮并驱三维同育：化工类卓越工程师教育培养十年探索与实践	李奇勇、林明穗、肖旺钏、董国文、苏志忠、赖文忠、邱冬梅、张丽华	三明学院资源与化工学院
18	2022	省级教学成果奖	一等奖	旅游类课程群建设与实践：使命导向、范式转换与业态嵌入	石玉、龚琳、孔泽、罗金华、李想、官长春、陈爱兰、杨萍芳	三明学院经济与管理学院
19	2022	省级教学成果奖	二等奖	"三阶梯六层次三导向"双创实践教育模式探索与构建	廖景榕、叶志鹏、杨红梅、游耿林、龚兵丽、黄鹏、许勋恩、任雯	三明学院创业管理学院
20	2022	省级教学成果奖	二等奖	众创空间十年建设：双创教育赋能设计类人才培养探索与实践	邱国鹏、张君诚、杨晓燕、闻霞、原佳丽、许明春、余水妹、周学划	三明学院艺术与设计学院

附录七　三明学院科研获奖情况表

序号	获奖时间	获奖名称	成果名称	获奖人	颁奖单位
1	2011	2010 年度福建省科技进步奖三等奖	马尾松优良种质材料收集及定向选育研究	梁一池	福建省人民政府
2	2011	福建省第九届社会科学优秀成果奖三等奖	郭祖荣室内乐研究	赖登明	福建省人民政府
3	2012	2011 年度福建省科技进步奖三等奖	低锰合金贝氏体铸铁气缸套的研究开发	高浩	福建省人民政府
4	2013	2012 年度福建省科技进步奖三等奖	全铝发动机用无余量汽车缸套成型及节能降耗技术研究	高浩	福建省人民政府
5	2013	2012 年度福建省科技进步奖三等奖	草珊瑚优良种质资源筛选及快繁技术研究	梁一池	福建省人民政府
6	2015	2014 年度福建省科技进步奖三等奖	马尾松工业原料林红心装饰材新品种选育研究	梁一池	福建省人民政府
7	2015	2014 年度福建省科技进步奖三等奖	马尾松毛虫快速监测预警技术及应用研究	刘健	福建省人民政府
8	2015	2014 年度福建省技术发明奖三等奖	磁动式氧含量测量仪	魏茂金	福建省人民政府
9	2016	2015 年度福建省科技进步奖三等奖	耦合生态敏感性和林分生长模拟的生态公益林优化经营关键技术研究	刘健	福建省人民政府
10	2016	福建省第十一届社会科学优秀成果奖三等奖	乱弹魅影:福建省非物质文化遗产南芹小腔戏	杨业辉	福建省人民政府
11	2017	2016 年度福建省科技进步奖三等奖	离心铸造气缸套数字化精密成形技术的研究与产业化应用	吴龙	福建省人民政府
12	2017	2016 年度福建省科技进步奖三等奖	林地土壤有机碳遥感估测及保持机制研究	刘健	福建省人民政府
13	2017	福建省第八届百花文艺奖二等奖	《出海》中国画(美术类)	罗奋涛	福建省委、省人民政府
14	2017	福建省第八届百花文艺奖三等奖	《自作诗大道之行》四体楷书中堂	连长生	福建省委、省人民政府
15	2018	2017 年度福建省科技进步奖二等奖	毛竹林资源信息管理关键技术及土壤肥力保持机制研究与示范	刘健	福建省人民政府
16	2018	2017 年度福建省科技进步奖三等奖	节能环保型尾矿混凝土自保温墙体砌块技术研发	刘纪峰	福建省人民政府

序号	获奖时间	获奖名称	成果名称	获奖人	颁奖单位
17	2018	福建省第十二届社会科学优秀成果奖三等奖	福建省小流域及农村水环境整治的调研报告	李奇勇	福建省人民政府
18	2019	2018年度福建省科技进步奖二等奖	高品质气缸套绿色数字化制造关键技术与应用	高浩	福建省人民政府
19	2019	2018年度福建省科技进步奖二等奖	应对脆弱环境的山区及沿海森林资源优化经营遥感量化模拟及示范	刘健	福建省人民政府
20	2019	2018年度福建省科技进步奖三等奖	改性单体法合成长丝专用高压缩比聚四氟乙烯分散树脂的新工艺研究	念保义	福建省人民政府
21	2019	2018年度河南省科技进步奖二等奖	螺旋锥齿轮数字化制造关键技术及应用	邓效忠	河南省人民政府
22	2019	2019中国机械工业科学技术奖—科技进步类三等奖	高效内燃机气缸套低摩擦关键技术研发及应用	高浩	中国机械工业联合会、中国机械工程学会
23	2020	2019年度河南省科技进步奖二等奖	高效环保气缸套关键技术研发及应用	高浩	河南省人民政府
24	2020	2019年度福建省科技进步奖三等奖	高品质大型汽轮机铸钢件关键技术研究与应用	刘建军	福建省人民政府
25	2020	2019年度福建省科技进步奖三等奖	环境友好型含氟多氧杂表面活性剂的产业化技术及应用	肖旺钏	福建省人民政府
26	2020	2019年度福建省科技进步奖二等奖	镶块式高性能旋切刀辊关键技术及应用	吴龙	福建省人民政府
27	2020	2019年度福建省科技进步奖三等奖	高性能特大型高锰钢圆锥破碎机衬板关键技术研究及应用	王春荣	福建省人民政府
28	2020	2019年度福建省科技进步奖三等奖	病死畜禽无害化智能处理机关键技术及应用	任雯	福建省人民政府
29	2020	2019年度福建省科技进步奖二等奖	废弃轮胎裂解炭黑的高性能改性技术及工业化应用	苏志忠	福建省人民政府
30	2021	2020年度河南省科技进步奖二等奖	高效内燃机气缸套低摩擦关键技术研发及应用	高浩	河南省人民政府
31	2021	福建省第十四届社会科学优秀成果奖二等奖	A Compromise-Typed Variable Weight Decision Method for Hybrid Multiattribute Decision Making（混合折中型变权多属性决策方法）	余高锋	福建省人民政府
32	2021	福建省第十四届社会科学优秀成果奖三等奖	内陆闽语的语音变例	邓享璋	福建省人民政府
33	2021	2021年度中国机械工业科学技术奖二等奖	高效内燃机气缸套关键技术及装备	陈刚	中国机械工业联合会、中国机械工程学会

续表

序号	获奖时间	获奖名称	成果名称	获奖人	颁奖单位
34	2022	2020 年度福建省科技进步奖三等奖	高性能贝氏体内燃机气缸套关键技术及应用	高浩	福建省人民政府
35	2022	2020 年度福建省科技进步奖三等奖	经编智能数字化集成系统关键技术及应用	任雯	福建省人民政府
36	2022	2020 年度福建省自然科学奖三等奖	数据驱动的多粒度异质信息变权多目标决策理论模型与方法	余高锋	福建省人民政府
37	2022	2020 年度福建省科技进步奖三等奖	高性能酚醛树脂模塑料绿色生产关键技术开发及工业应用	苏志忠	福建省人民政府
38	2022	2020 年度福建省科技进步奖三等奖	新型环保制冷剂关键技术与产业化	董国文	福建省人民政府
39	2022	2020 年度福建省科技进步奖三等奖	高纯双氟磺酰亚胺锂的产业化技术	肖旺钏	福建省人民政府
40	2022	2020 年度福建省科技进步奖三等奖	钢铁生产过程物联关键技术及应用	余晃晶	福建省人民政府
41	2022	2021 年中国产学研合作促进会产学研合作创新与促进奖	高效内燃机气缸套精密成形技术及装备	吴龙	中国产学研合作促进会
42	2022	2021 年福建省专利奖	基于机器视觉全自动砂轮在线更换系统	吴龙	福建省人民政府
43	2022	2022 年度中国汽车工程学会科学技术进步奖授三等奖	面向重大灾害智慧型电力应急车开发与应用	陈刚	中国汽车工程学会
44	2022	2022 年度机械工业科学技术奖科技进步奖三等奖	面向特大自然灾害的超大功率智慧型电力应急车	陈刚	中国机械工业联合会、中国机械工程学会
45	2023	2021 年度福建省科学技术进步奖三等奖	智慧型超大功率电力应急车关键技术及应用	陈刚	福建省人民政府
46	2023	2021 年度福建省科学技术进步奖三等奖	超高强度超低摩擦高效内燃机灰铸铁气缸套制造关键技术及应用	高浩	福建省人民政府
47	2023	2022 年度中国公路学会科学技术奖	公路边坡强降雨致灾机理及多源信息智能监测预警及防治技术	刘纪峰	中国公路学会
48	2023	2022 年度河南省科学技术奖二等奖	高性能内燃机气缸塞关键技术及应用	高浩	河南省人民政府

附录八　三明学院国家级科研项目一览表

序号	项目类别	负责人	项目名称	立项年度
1	国家自然科学基金 （青年科学基金项目）	肖波齐	纳米流体流动与传热的分形分析	2011
2	国家自然科学基金 （合作）	颜慧贤	孔隙弹性理论在智能药物释放系统中的应用	2012
3	国家自然科学基金 （青年科学基金项目）	董国文	Geobacteraceae 种群胞外电子传递过程及对沉积物中砷释放的影响机制	2013
4	国家自然科学基金 （青年科学基金项目）	肖旺钏	基于重金属离子吸附的哑铃型 $Au-Fe_3O_4$ 纳米粒子的多功能化研究	2013
5	国家自然科学基金 （青年科学基金项目）	管强	小样本区间型加速退化试验中的客观贝叶斯方法研究	2014
6	国家自然科学基金 （物理专项）	陈礼炜	非理想费米气体的卡西米尔效应研究	2014
7	国家自然科学基金 （合作）	陈礼炜	熔融碳酸盐直接碳燃料电池的机理模拟及性能多目标优化	2014
8	国家自然科学基金 （面上项目）	肖波齐	纳米纤维传热传质特性的细观机理研究	2015
9	国家自然科学基金 （青年科学基金项目）	颜慧贤	两性 pH 敏感凝胶组织工程支架失稳特征与演化规律研究	2015
10	国家自然科学基金 （青年科学基金项目）	洪海莲	置换型面心立方固溶体合金团簇球周期共振模型及相关合金成分的研究	2016
11	国家自然科学基金 （青年科学基金项目）	罗菊香	Photo-PISA 制备毛发状手性杂化纳米粒及其应用	2017
12	国家自然科学基金 （青年科学基金项目）	郑联慧	高光谱分辨率太阳阶梯光栅光谱仪的高精度光谱定标技术研究	2018
13	国家自然科学基金 （青年科学基金项目）	陈礼炜	直接碳燃料电池-热机耦合系统的性能分析及多目标优化	2018
14	国家自然科学基金 （青年科学基金项目）	郭孝玉	顾及叶物候光谱特征的中亚热带山地毛竹林精细提取研究	2018
15	国家自然科学基金 （青年科学基金项目）	彭平	碳纤维 AFM 探针的制备及其性能研究	2019
16	国家自然科学基金 （合作）	信玉峰	三维动漫玩具纸样智能设计技术研究	2019

续表

序号	项目类别	负责人	项目名称	立项年度
17	国家自然科学基金 (青年科学基金项目)	陈凤华	无定型鸟嘌呤的合成、晶化和短程结构研究	2020
18	国家自然科学基金 (青年科学基金项目)	郑文辉	酸雨背景下杉木凋落物诱导的激发效应与其缓冲能力的关系研究	2020
19	国家自然科学基金 (青年科学基金项目)	余高锋	多源异质信息下网络安全态势多维变权评级及防御策略研究	2020
20	科技部"科技助力经济 2020" 重点专项(合作)	肖旺钏	锂离子动力电池石墨烯包覆 B 型二氧化钛复合负极材料的产业化技术研究	2020
21	科技部"科技助力经济 2020" 重点专项(合作)	高浩	高速口罩机核心部件研发	2020
22	科技部"科技助力经济 2020" 重点专项(合作)	王焜洁	智能化花岗岩矿物复材高精度五轴车铣磨复合加工中心机研发	2020
23	科技部国家重点研发计划 "制造基础技术与关键部件" 重点专项(合作)	吴龙	大功率核电齿轮箱故障诊断与健康监测技术	2020
24	国家自然科学基金 (青年科学基金项目)	李银	树种多样性对亚热带森林土壤有机碳累积影响的微生物学机制	2021
25	国家自然科学基金 (面上项目)(合作)	付晓强	MICP 功能菌 *S. pasteurii* 在饱和多孔介质中的迁移机制及调控	2021
26	国家自然科学基金 (青年科学基金项目)	宫辽阔	非质子型离子液体构筑发光零维杂化铅基卤化物的研究	2022
27	国家自然科学基金 (青年科学基金项目)	李冰新	番荔枝科花粉管跨心皮生长的导向机理	2023
28	全国艺术科学"十五"规划 2005 年度课题 (青年基金课题)	李勋祥	数码图形艺术的审美特性研究	2005
29	国家社会科学基金 (青年项目)	邓享璋	内陆闽语的现状与历史研究	2009
30	国家社会科学基金 (西部项目)	余达忠	边缘族群苗族三撬人生存现状调查与研究	2014
31	国家社会科学基金 (一般项目)	邓享璋	福建省尤溪县七种过渡型闽方言的调查研究	2015
32	国家社会科学基金 (西部项目)	徐桂兰	生态文明建设中环境人权的制度化研究	2015
33	国家社会科学基金 (一般项目)	靳阳春	移民、变动与控制:宋代汀州社会发展研究	2016
34	国家社会科学基金 (西部项目)	李军龙	闽江源流域主体功能区生态补偿式扶贫机制与政策研究	2016

序号	项目类别	负责人	项目名称	立项年度
35	国家社会科学基金（一般项目）	罗金华	中国自然遗产保护的国家公园管理模式研究	2017
36	国家社会科学基金（西部项目）	黄文义	劳动力价值规律与社会主义市场经济工资运动研究	2017
37	国家社会科学基金（西部项目）	徐涓	日据时期（1895—1945）台湾儒学研究	2019
38	国家社会科学基金（西部项目）	张美艳	重点生态区位商品林赎买机制与模式研究	2019
39	国家社会科学基金（西部项目）	李想	利益相关者视角下国家公园跨界利益实现路径与机制研究	2020
40	国家社会科学基金（西部项目）	余达忠	资源·市场·社会重构：明清时期黔湘桂边区族群关系研究	2020
41	国家社会科学基金（西部项目）	郑顺婷	闽台方志中清代台湾文学史料整理与研究（1662—1885）	2020
42	国家社会科学基金（西部项目）	蔡瑞珍	社会学路径下陈荣捷中国哲学译介传播研究	2020
43	国家社会科学基金（一般项目）	邹晓芟	中央苏区红色标语的收集整理与育人价值研究	2021
44	国家社会科学基金（西部项目）	欧阳秀敏	中国共产党百年青年革命文化教育的经验与启示研究	2021
45	国家社会科学基金（西部项目）	李俊融	东亚各国世界遗产发展与软实力之比较研究	2021
46	国家社会科学基金（西部项目）	林阳华	文化视阈中的宋诗引唐诗自注研究	2021
47	国家社会科学基金（重点项目）	邓享璋	闽中尤溪县16个过渡型方言点词汇深度调查与多维研究	2022
48	国家社会科学基金（一般项目）	张桂梅	"一带一路"区域价值链高质量共建的理论构建、路径选择和瓶颈突破研究	2022
49	国家社会科学基金（一般项目）	金雷磊	历代闽本别集的编纂、刊刻与传播研究	2022
50	国家社会科学基金（一般项目）	吴莲花	全面推进乡村振兴视域下闽赣粤客家民间体育组织的集体行动研究	2022
51	国家社会科学基金（青年项目）	王玮彬	农产品价格保险助力农民收入保障与农产品供给安全研究	2022
52	国家社会科学基金（一般项目）	李军龙	"双碳"目标下林业碳汇富民机制、路径与政策研究	2023
53	国家社会科学基金（西部项目）	唐进宝	戏曲生态学视阈下闽台戏曲的传承发展研究	2023
54	国家社会科学基金（西部项目）	王宣标	《千顷堂书目》整理与版本研究	2023

附录九　三明学院招生与毕业生数据表

序号	年份	招生数/人			毕业生数/人		
		本科	专科	招生总数	本科	专科	毕业生总数
1	2003 年	350	1600	1950	0	1806	1806
2	2004 年	500	1989	2489	0	1318	1318
3	2005 年	1000	1800	2800	0	1685	1685
4	2006 年	1400	1400	2800	0	1768	1768
5	2007 年	1200	1200	2400	342	1738	2080
6	2008 年	1628	1000	2628	432	1216	1648
7	2009 年	2090	950	3040	971	1217	2188
8	2010 年	3184	950	4134	1359	967	2326
9	2011 年	3839	918	4757	1229	904	2133
10	2012 年	4000	700	4700	1748	703	2451
11	2013 年	4200	500	4700	2389	853	3242
12	2014 年	3900	70	3970	3174	810	3984
13	2015 年	4070	85	4155	3485	550	4035
14	2016 年	3860	0	3860	3427	368	3795
15	2017 年	3850	0	3850	3680	102	3782
16	2018 年	3690	0	3690	3596	5	3601
17	2019 年	3680	0	3680	3970	0	3970
18	2020 年	3900	0	3900	3321	0	3321
19	2021 年	3950	0	3950	3161	0	3161
20	2022 年	3550	0	3550	3475	0	3475
21	2023 年	3350	0	3350	3681	0	3681
合　计		61191	13162	74353	43440	16010	59450

附录十　三明学院办学源流论证报告

（2019 年 5 月 18 日）

为了进一步梳理三明学院百年办学源流，传承、弘扬百年闽师与经世致用优秀传统文化，三明学院于 2019 年 5 月 8—9 日组织厦门大学教育研究院博士生导师刘海峰教授、湖南大学博士生导师邓洪波教授、福建师范大学博士生导师方宝川教授、福建师范大学博士生导师谢必震教授、厦门大学教育研究院博士生导师张亚群教授及福建省闽学研究会顾问朱清教授等专家对三明学院办学源流进一步梳理与论证。

上述专家通过查阅三明学院提交的纸质与电子档案史料等百年办学源流佐证材料，现场咨询与论证，形成以下结论：

1. 根据三明学院提交的福建省、三明市、永安市档案馆及三明学院保存的相关文件档案史料和现藏于三明学院图书馆"闽师之源文献室"百年办学传承的古籍与民国图书等历史实物，"全闽师范学堂—福建师范学堂—福建省立师范学校—福建省立永安师范学校—永安师范学校—三明师范学校—三明学院"办学脉络清晰、顺畅，承传有序、无断点，实事求是，文献档案与历史实物均可相互佐证，校名变更与校址搬迁不影响校史溯源。

2. 福建省城的福州致用书院于 1905 年并入全闽师范学堂，成为汇入"闽师"源流又一重要支流，福州致用书院与三明学院具有历史文化渊源。因此，三明学院办学源流与福州致用书院经世致用文化联系起来，有力提升三明学院百年办学文化底蕴。

3. 基于上述可以明确认定，三明学院办学历史可追溯到 1903 年 12 月 12 日正式开学的全闽师范学堂。

专家签名：

后　记

《三明学院校史（1903—2023 年）》的出版，是三明学院办学历程中值得记载的大事。

为迎接办学 120 周年庆典，2019 年 12 月 20 日，三明学院召开史志编纂工作启动会，拉开史志编纂工作序幕。之后，学校成立校史编纂委员会，并安排专人从事史料收集和二级单位志的编纂工作。2021 年 4 月，明确校史编纂人员的组成，并于下半年形成编写提纲；2022 年 4 月，形成校史编纂工作方案，明确编纂规则、人员分工和工作进度，全面进入写作阶段。经过紧张的工作，书稿终于付梓，即将与读者见面，我们既感到欣慰，充满感激，又不免有些不安。

欣慰的是我们付出的努力终于有了成果。《三明学院校史（1903—2023 年）》是第一部对三明学院 120 年办学历程进行全面陈述和总结的著作。本书力图客观记述学校办学源流、发展历程，发掘校史资源，展现办学成就，彰显办学特色，以激发全体师生员工的爱校情怀，弘扬优秀校史文化，推进三明学院地方一流应用型大学建设。在编写过程中，我们坚持实事求是，尊重历史，存真求实；坚持服务大局，突出育人，面向未来；坚持把握主线，讲究方法，深入研究。着力处理好历史发展的外部因素与学校演变的内在逻辑关系；处理好大学发展中学术与政治、学校与政府的关系；处理好学校影响自身发展的内部因素与我国师范教育、应用型本科教育改革的关系；处理好各个历史时期学校变迁发展与传承延续的关系。尽可能全面地收集、辨别、分析、使用相关史料，并对历史存疑进行多方论证。

但我们又是不安的。三明学院的历史是一部有着 120 年悠久历史的源流史、变迁史，是近现代以来福建师范教育的改革史、成长史和传承史，是新中国成立以后特别是改革开放以来中等师范教育和三明高等教育的建设史、发展史，更是新时期地方应用型本科高校的创业史、奋斗史。校史的编纂是一项具有奠基性和开创性意义的工程。承担如此浩大的工程，我们既感到重任在肩、使命光荣，唯有全身心投入方能不负重托，又深感时间仓促，水平有限，心有余而力不足。因其时间跨度大、办学节点多，校名、校址变化频繁，尤其是历史人物、历史事件背景繁复，档案不全，无论资料搜集或取舍，还是内容编纂方面，都难免挂一漏万，留下遗憾。

我们恳请广大读者不吝赐教、指正。

《三明学院校史（1903—2023 年）》的编写工作由编委会统一领导，校党委副书记廖景榕分管。

各章节主要执笔人员如下：

第一编：第一章（余达忠）；第二章第一节（余达忠），第二、三节（肖振家、余达忠）；第三章（肖振家、李彬）；第四章第一节（李彬），第二节（李彬、刘建朝），第三、四节（刘建朝）；第五章（刘建朝、余达忠）。

第二编：第一章（陈会明）；第二章（刘云桢）；第三章第一、二节（宋孝金），第三、四、五、六节（陈艳权）。

第三编：第一章（宋孝金、陈艳权）；第二章（许明春、龚兵丽）；第三章第一节（宋孝金）、第二节（黄妙娟）、第三节（温桂林）；第四章第一节（宋孝金）、第二节（李彬）、第三节（林文婕、王子坚、周斌）；第五章（王祖章、吴爱娣、郑薇、苏潇）；第六章（韩巍巍、陈功、张宇涛）。

第四编：第一章第一节（宋孝金）、第二节（宋孝金、龚兵丽、陈艳权）、第三节（宋孝金、张丽华、李银、郑薇）；第二章第一节（许明春、龚兵丽）、第二节（叶志鹏、魏海亮）、第三节（卓增蓉）、第四节（黄妙娟）；第三章第一节（魏丽娟、陈燕）、第二节（李彬）、第三节（温桂林）；第四章第一节（李彬、林文婕、王子坚、周斌）、第二节（林文婕、陈慧玲）、第三节（何秀清、张弢）；第五章（王祖章、吴爱娣、郑薇、韩巍巍）；第六章第一节（宋孝金、刘景苗），第二、三节（张宇涛）；第七章（康志亮、黄妙娟）。

全书统稿由主编负责。前言由宋孝金、余达忠执笔，附录由宋孝金、刘景苗、温桂林、郑吉香、朱伟健、李彬等整理；图片由邓翼强、吴爱娣等提供，陈艳权整理；陈艳权、余姝媛参加了书稿汇总及编务工作。

参加编纂和提供素材的还有：王婷、郭蓉、李建华、吴焰辉、谢莹、高怀宾、余京京、黄勤、陈艺琛、谢永阳、张长华、陈舒曼、李汉生、冯倩、林玲、郑博洋、胡怡雪、苗雨欣、王钰兰、刘妍欣以及三明市档案馆等。杨业辉参加了第二编的审校和附录二的审核、整理。

原院长王乾廷对本书编纂给予了具体指导。本书征求了部分老领导、部分离退休老同志的意见。各部门负责人对涉及本部门内容进行了审核把关。

赖锦隆书记主持党委会会议，研究通过了送审书稿。

本书的出版，得到厦门大学出版社的大力支持。

对此，我们万分感激，一并表示诚挚的谢意！

最后，借本书的出版，祝三明学院120周年校庆圆满成功，祝福三明学院在建设一流应用型大学过程中再创辉煌，明天更美好！

宋孝金　余达忠

2023年10月